英年自选集

臧英年

亚美出版社

作者臧英年简介
教授，美籍华人，控烟义工，社会活动家。

1932年天津出生，四川省三台县长大。

1949年夏随家人赴台湾。1954年毕业于左营海军机械学校获得工学士学位，1962年服役海军期间曾担任何应钦将军侍从官兼译员出差欧美。1963年在海军退役（上尉军衔）。1964年就职台湾政治大学时获奖学金前往美国匹茨堡大学攻读公共行政和外交事务研究所一年。1967年赴美就读西雅图华盛顿大学，获教育心理学硕士学位，1976年获华盛顿大学高等教育博士候选人资格证书，后在美国西雅图社区学院和社会公益领域里从事心理辅导和诸多义务工作约40年。

1988年开始至2018年，每年在中国大陆长住约十一个月做公益活动和舆论工作。臧英年教授资历丰富，热心公益，长期致力于促进中美交流，海峡两岸和平统一，舆论报国和大陆控制烟害等公益活动。在美国曾担任华盛顿州美籍华人促进美中关系正常化组织主席，全美华人协会西雅图分会会长，西雅图重庆友好城市协会会长，主持西雅图钓鱼岛运动和参加美国国务院接待邓小平访美代表团工作。在大陆曾任联合国儿童基金会中国办事处顾问，世卫组织烟草或健康合作中心顾问，兼职教学于数所大学，中央电视台英语频道及中国国际广播电台英语节目时事评论员，吴阶平医学基金会控烟公益活动专项基金负责人，北京市卫生局控烟项目高级顾问。

现任多家美国华文报纸的撰稿人。

有志一同

邓小平　一九八二年　八月廿四日

邓小平先生
何应钦将军
卡特总统
都是
拒烟者
臧英年注
1995.8.11
于美国
西雅图

臧英年先生，美籍华人，祖籍辽宁，60年代在台湾任何应钦将军的侍从副官。从军界退役后，1967年移居美国西雅图市定居，就职于华盛顿社区学院，曾任华盛顿州促进美中关系正常化委员会会长，全美华人协会文化委员会主席，全美华人协会西雅图分会会长。70年代，为中美建交呼吁、奔走，1977年7月被召进白宫直陈中美建交的迫切意义（上图为1980年10月卡特总统和夫人在白宫接见臧英年先生（右一））。

左上：1962年，臧英年担任何应钦将军的上尉随从参谋（兼译员）
右上：邓小平副总理1979年2月5日在西雅图接见当地华侨代表，臧在邓氏身旁、时臧为全美华人协会西雅图分会会长。后邓氏为臧在合影旁签名留念。
下：1980年在白宫与卡特总统夫妇合影

人民日报社公用信笺

丽华女士
英年先生 留念

一颗中国赤心
满腔民主热情

胡绩伟
1991.3.5

胡绩伟题字

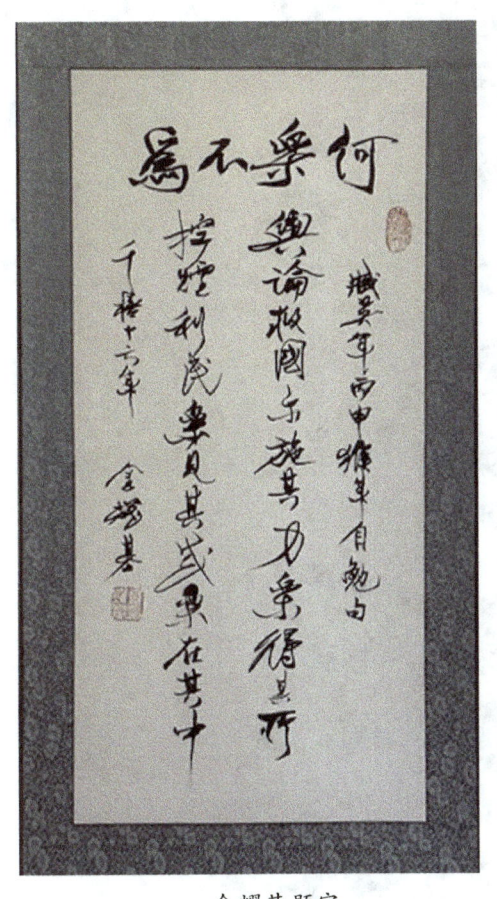

金耀基题字

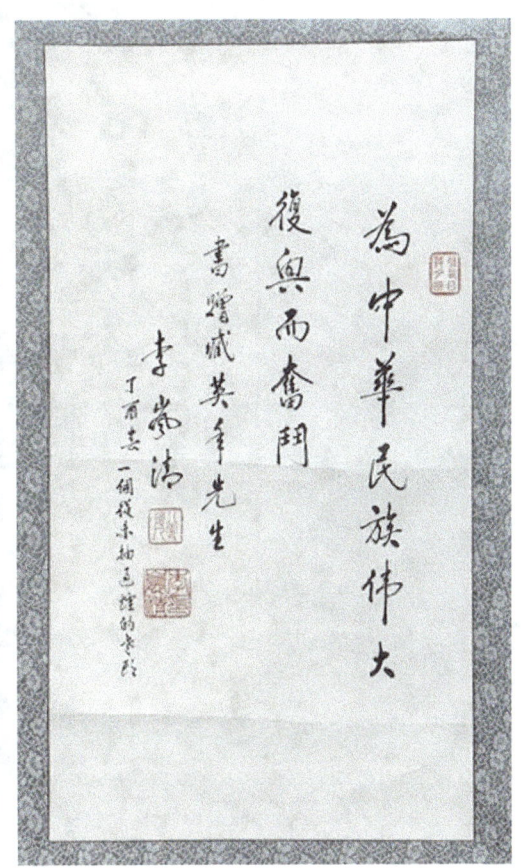

李岚清题字

上：卫东题字；下：陆壮题字

目　　录

序　　言 19

第一部分　澳门日报（1993-2010） 20

　　愿中国民航改善顾客服务 21

　　美国新闻处理忆往 22

　　新年感言谈教育 23

　　务实是治国之本 25

　　庆香港回归祝祖国进步 25

　　诤友可贵　友邦难得 26

　　白宫情趣 28

　　画者有心　观者得意 29

　　美妙的经验 30

　　服务态度应改改 31

　　怀念陈敏章部长 32

　　既要廉正又要透明 33

　　两岸关系以和为贵 34

　　当官不能终身制 35

　　西方冒险　东方守成 36

　　世纪之交　想前思后 37

　　友谊长在　和乐共享 38

　　我所认识的几位中国大使 39

奥巴马访华中美双赢 ... 41
喜闻温总谈两岸关系 ... 42
天渊之别 ... 45
"五都"选后处好两岸关系 ... 46
阿扁入狱 ... 47
朝鲜局势 ... 48

第二部分 央视内刊（2006-2018） ... 50

事在人为 ... 51
上行下效 ... 52
民富国强 ... 52
两岸双赢 ... 53
一以贯之 ... 54
一吐为快 ... 55
有缘相逢 ... 56
大爱无疆 ... 57
礼让为先 ... 58
天下为公 ... 59
旦夕祸福 ... 60
剑及履及 ... 61
他山之石 ... 61
智者长逝 ... 62
事出有因 ... 63
控烟有术 ... 64
运动报国 ... 65
意在何为 ... 66

禁烟场所 67

何去何从 67

第三部分 星岛日报（2015-2017）......... 69

务实进取 台湾有望 70

中国控烟面临考验 72

从李光耀逝世谈起 74

论海峡两岸走向 76

盼望实现习朱会 79

台湾大选两插曲 81

习朱会圆满结束 82

看大局 论中国 84

美中相处 行其正道 86

北京室内禁烟满月谈 90

审视九三大阅兵 92

习近平访美赠言 94

治贪治本舍此无他 96

广开言路振兴中华 99

解读新加坡"习马会" 101

习马会后展望两岸 104

智者良言难能可贵 106

试论纪念胡耀邦 107

论台湾大选和走向 109

论台湾大选落幕 114

烟盒警告图像不可或缺 117

为民服务要掌其要义 118

控烟立法 不容倒退 120

蔡英文重任当前好自为之 121

原子弹投日本催生新中国 123

今年五月的前四天 125

蔡英文执政满月看两岸 128

六月的联想 130

盼蔡英文正途迈进 133

蔡英文执政乏善可陈 135

试论洪秀柱大陆行 137

和平奋斗救中国 139

中国控烟任重道远 141

社会不能良知尽失 143

中国控烟刻不容缓 145

庆祝儿童节有感而言 146

乐观展望中美交往 147

前日相鸠山促进日中合作 149

第四部分 西华报（1983-2016） 153

不能保持沉默 154

内外有别 厚此薄彼 155

中美关系重要 善处撞机事件 158

恐怖难逞 民主必胜 160

反馈社会 各尽其能 163

中美、两岸、世贸、奥运 167

振兴大中华 172

南开校庆的联想 176

忆张将军 想家国事 179

听讲演 谈中美 181

海军同窗旅游散记 185

欢晤顾崇廉 倾谈中外事 188

政坛迭换 中美有别 192

兴国之道是运用人才 195

萨达姆一退成名 196

送往迎来面面谈 198

在太空看长城 200

忠言逆耳应听取 201

中国的和平统一 204

初做爷爷的感想和期望 211

记实、回忆和前瞻 212

祝福台湾和大陆 214

关注和祝福宝岛 216

评议菲台海难事件 217

论时事吐心声 220

试论香港学运和中国前途 223

追求幸福自我驱动 226

身心健康 重在自取 230

率真幽默 优化人生 232

珍惜爱情 加深培养 234

图片（1）政要活动 238

图片（2）社会活动 246

第五部分 亚美导报（2018-2023）......253

堂堂大中华 自处应有道……254

谈两岸自理和三方互动……255

痛惜友人李敖去世有感……258

先父臧启芳 堂堂中国人……260

美国对华不宜强硬登场……267

读"川习危险论"有感……269

台湾热选后 冷眼看前程……271

百年忧患寻出路，路在何方……273

为实现中国和平统一献策……277

聆听真知灼见，慎思中国前途……280

怀念民主斗士李锐先生……282

川金会败局 新希望兴起……284

台购美机 有害无利……286

有些人要不得 也有人是好样的……287

入乡随俗 昂首阔步……289

川普请减少祸从口出……291

轰炸东京 略数前情……292

乐为郭台铭台湾参选出招……294

重要时日 始末慎思……297

可敬可爱的卡特总统……299

怀念过世老友李敖……301

谈台购军备和大陆走位……303

旧事重提："听取群众的意见"……304

太空遨游，梦寐以求……307

熊猫留守不去 促进美中友谊……309

欣见郭台铭不独立参选	310
祝福祖国 爱深盼切	312
为海外华文报纸点赞	315
两位美国前总统现身说法	317
大陆行谈时事和养生有道	319
访台行乐闻益友直言	321
审视港澳 热盼统一	323
追思怀念黄华先生	324
台湾大选后 沉思看前程	326
心系两岸 再进一言	328
彭博参选 选局大变	329
时事三桩 一陈所想	332
超级星期二 选后看选情	335
中国政治外交的浓墨重彩	337
疫情影响选局 拜登获胜可期	339
追思郝柏村 展望大中华	342
要为吹哨人敲边鼓	346
疫情正蔓延 放眼向前看	351
面临疫情考验 川普失态万千	354
观察美国警员暴力事件	356
控烟报国 未了心愿	358
中华百年动荡 前途走向何方	361
天将降大任于拜登也	365
试论关闭休斯顿中国使馆	369
论中美善处有道	371

美国总统选情的影响因素	375
谈拜登选贺锦丽为副手	378
铲除家暴 行动趁早	381
讨论存偏见和加标签	383
拜登待进白宫 两岸相应行动	385
川普给拜登架设亲中高帽	388
论述台海兴战不会发生	391
何以看好拜登执政	393
盼拜登妥善掌握对华政策	395
台湾要善处大陆和美国	397
完成西安事变的历史任务	399
拜登执政 任重道远	401
盼拜登对华另辟佳径	404
解读美国国务卿的外交演说	407
控枪除害 此其时也	408
看阿拉斯加中美对话前后	411
略谈大陆、台湾、美国三方互动	416
美中两国不是生死对头	419
美中互动 你来我往	421
美中避免恶斗 双方诚心携手	424
可亲可佩的美国第一夫人	427
美中互动要踏上正途	430
美中互动 走向如何	435
略谈美中过招的进展	438
论及北京举办冬奥会	442

俄乌战争触动中国转向良机 445

中国自新有道，自助有方 449

九十自述自勉 452

论拜登就职后首访亚洲之行 456

世界局势险恶，美中加强合作 461

从佩洛西访台成行谈起 464

天将降大任于中美也 468

中共廿大召开，中国挺身前进 472

论美国中期选举和美中互动 476

追思民主斗士鲍彤好友 480

对华认知失误 483

苦口婆心 再进一言 485

转化气球危机为契机 487

侯一民钞票设计和油画创作 491

中美避免战争，彼此增进友谊 493

怀念老友蒋彦永大夫 494

可盼拜登连任获胜 497

第六部分 各报散登（1979-2018） 502

和平统一中国 503

怀念老将何应钦 505

赞颂邓颖超 507

祝爱妻生日快乐 507

有缘千里来相逢 509

从送报纸开始 511

厕所：国家文明状况的写照 513

省了蛋 害了店 ... 514

两岸相争，得利的是外国 ... 515

钱用在刀口上 军备非当务之急 ... 516

在西雅图捉螃蟹 ... 516

我的太空人外甥 ... 518

开放改革与民主政治 ... 520

五星旗照遨游太空 ... 521

实做实说救中国 ... 522

名至实归苗老师 ... 523

孩子听话，未必就好 ... 524

尽心尽力为报国 ... 525

恭贺张学良百龄寿诞 ... 527

爱国宏愿仍待实现 ... 528

于是之逝世有感 ... 529

敬爱有加 怀念胡老 ... 531

有志者事竟成 ... 535

怀念臧伯母 ... 537

第七部分 书序尾语（1999-2014） ... 540

为发挥创造力作证 ... 541

为发挥创造力作证 ... 542

《你能够不吸烟》自序 ... 544

《你能够不吸烟》书序 ... 546

《戒烟指南》诞生记 ... 547

《无烟是福》序一 ... 548

《无烟是福》序二 ... 549

《无烟是福》序三 ... 550

《无烟是福》感恩与感谢 ... 551

陈情表 ... 551

《铲除烟害处处好》 ... 555

《铲除烟害处处好》推荐序 ... 558

《进攻日本》译者序言 ... 559

《进攻日本》译者后记 ... 560

《战乱与革命中的东北大学》序 ... 562

第八部分 报导作者 （1986-1997） ... 568

美籍华人臧英年谈"创造性" ... 569

青云高处有鸿雁 ... 570

嗨，自费控烟的倔老头！ ... 575

《戒烟大王》臧英年 ... 578

臧英年获控烟义工终身贡献奖 ... 582

第九部分 白宫通讯 （1977-1980） ... 583

致电国务卿万斯 ... 584

致电卡特总统 ... 584

致电卡特总统和国务卿万斯 ... 585

国务院助理国务卿豪才·卡特来电 ... 585

国务院助理国务卿豪才·卡特来电 ... 586

总统助理文汀顿来电 ... 586

卡特总统来函 ... 587

国务院公关部威廉姆斯来电 ... 587

致电卡特总统 ... 588

总统助理威克斯勃来电 ... 588

卡特总统来函 589

第十部分 英文论著（1975-2019） 590

    A False Image 591

    Losses In Asia 592

    Human Targets 593

    The Two China Question 594

    Chinese Center Valuable Aid to Asians 595

    Social Casework 596

    Asian Center Will Meet Ethnic Needs 598

    Asian Immigrants Need Helping Hand 599

    Next Time, a Joint China-Taiwan Team? 600

    Gang Fights: 'Only Tip of an Iceberg' 601

    At Last, Asians Test the Political Waters 602

    Letter to Editor 603

    Shipping Out Aliens Not the Answer 604

    Asian-American Myth 605

    Hope for Closer Ties with China 607

    Bakke Protest 608

    Skills Are More Than Skin Deep 609

    Asians Weren't Welcome Here 609

    Parade Due on Bakke Case 611

    People-to-People Exchanges with China 612

    Fairness Benefits All 613

    Bridging East-West Gap 614

    Journey of a Thousand Miles Begins 615

Sino-Americans Cheer Diplomacy 616

Governor Ray Hopes to Renew 'Happy Relationship' with China 617

Chinese Cannot Remain Silent 618

Cigarette Industry Is a False Economy 620

Smokers Urged to Stub Out Bad Habit 621

Interview Transcript of Gregory Ying-Nien Tsang 622

Remarks to Celebrate the 40th Anniversary of US-China Diplomatic Relationship 631

图片（3）控烟活动 632

图片（4）亲友活动 639

图片（5）家人照片手迹 644

    祝贺爱妻诞辰喜日 648

后　　记 657

序 言

年过九十，积累了不少经验和回忆，五光十色，应有尽有，现做一总结。我要把一些以往发表的文章，有趣的照片，和难得的题词等收集在一起，出版这一"英年自选集"，用以分赠亲朋好友一阅，把我"私人天地"的一隅公之于众。

多年来我在三方面付出许多时间和精力，略有建树。一是，促进中美民间交流活动。二是，从事中国大陆控烟义务工作。三是，透过新闻媒体和报章杂志发表时事评论，一抒己见，意在舆论报国。做这些事都要克服许多障碍，要专心一意，持之以恒，我基本做到了。本书的内容也展现了上述活动的一些实际情况。

有趣的是，做这三桩事都是顺其自然，水到渠成。而不是"少怀壮志"，以救国爱民为念所致。但隐约中都朝向了"人生三不朽"之所指，控制烟害是"立德"；发表见解是"立言"；促进交流是"立功"。

当然，我要特别感谢一些亲友支持我出书。一是我的爱妻苗丽华，多年来她是全天候地支持我，充满爱心，情意十足，如今又全力赞同、督促和协助我出书。二是亚美导报社社长李维华，她热心掌控、编排、设计、印刷此书。三是好友陈子寒和侄女婿董昕不辞辛劳，敲打录入多篇文章。四是几位亲友资助此书出版。这有吕建琳、郦潔泉、孫樂瑜、臧雪蓮、臧锡慧各位。是乃，亲友齐协助，好事不多磨。

正所谓："人生九十古来稀，头脑清醒有余力。自选文集今出版，大功告成谢天地。"

臧英年2023年3月20日于西雅图

第一部分 澳门日报（1993-2010）

1993年我以读者投书方式投稿澳门日报，建议中国民航改善旅客的服务，投书立获刊载，就此开启了我向该报投稿之门。

后来我和该报总编辑蒋忠和先生直接联系，相谈甚得。他为我安排在该报要闻版开辟一"京华随笔"专栏，供我写东道西，谈古论今，毫无局限。此部分刊载了我在该报发表的部分文章。

愿中国民航改善顾客服务

我是中国民航界的老朋友，20年前就和中国民航派往西雅图接收波音707客机的人员见了面。到了1979年民航人员抵西雅图培训和接收波音747巨型客机，我又以当地华协会长的身份安排组织了许多接待民航人员的活动。此后和民航的交往也一直没断。

1978年10月我第一次从美国组团到中国访问，便感到中国发展旅游事业是宣扬文化，促进交流和赚取外汇的有效途径。当年12月初我路经香港返美，大公报记者来访，要我谈谈访华观感。我特别提出，中国发展旅游事业是一桩投资小而收入大的生意，有利于中国实现四个现代化。我也说过，中国要办好旅游，也得在不少方面多下功夫和寻求改进。

在旅游服务中最基础和最重要的先决条件便是服务素质和服务态度。这个软件比豪华设施的硬件更重要。因为外国游客到中国来，不是要来住五星旅馆的，对旅馆的基本要求是干净舒适、服务周到。而他们在中国周游，到处都要接触到中国人，对人的印象和体会就最深。不论他们来华的目的是观光游览，是了解中国历史文化，还是从事工商学术交流，他们都要透过国人的接待、安排与合作去达成其目的。而在旅游活动中，服务人员的素质和表现就会直接影响到旅游事业的兴衰成败了。

一般来说，一流服务可以弥补旅游设施条件的不足，服务好，设备差些，旅客的观感是地主服务圆满，尽其在我，已难能可贵。设备不足，有情可原。但是反过来，有一流设施，收费高昂，而服务低劣，旅客就感到一切是本末倒置，上当受骗了。

谈到服务素质，服务态度，让我举例说明：第一例：一次我在国内乘民航飞机头等舱。登机后坐第二排座，飞机刚起飞爬高，前座突然后仰，连人带椅压在我腿上。我丝毫动弹不得，直到飞机停止爬高，我才摆脱出来。事后机上服务人员来到我身边，了无歉意，旁若无人的说："真奇怪！椅子怎么倒了……啊，原来是下面螺丝钉没有装好，修座椅后忘了复原，真是的。"语音初落便扬长而去。他当时的话，首先是自言自语，其后是针对椅子，而完全忽略了客人的受惊和存在。

第二例：前几天我的岳父到北京一家民航售票处更改回程日期。由我的侄女婿陪同去，陪同者到了售票处要坐下休息，不料那排座椅，形同虚设，一坐下就散了，使他跌到地上而大叫一声。售票处柜台上的人员都兴高采烈地大笑起来。旁观客人觉得过意不去，向售票处人员责问，售票处人员轻松地回答说："这椅子是样子货。"过了一会，一个保安人员出现，很无礼地对我的侄女婿说："你把椅子坐坏了，修理好！"双方意见不合，争议起来。最后售票处拥出五、六个人，七手八脚的把他推出售票处。把他带去的手提包也一并丢出门外。看到这番景象，旅居国外已四十多年的我的岳父，真是惊慌失措，目瞪口呆！现场客人愤愤不平，自愿留下姓名、地址、电话，答应以后可以做证人，以旁观者身份说明有关情形。

第三例：就发生在今天我自北京登机去上海前。在候机室里一位外籍亚洲客人操生硬英语，向服务台人员打听飞机起飞时间。他手执机票，指着乘坐班次，说："What time? What time?"（何时？何时？）服务台的小姐不予理会，反而提高嗓门，用戏弄的口吻模仿说："何时？何时？"这位外国客人只好转向另外一位服务小姐询问，其答复是："无可奉告！"这种态度对待旅客，怎不令人心寒。

从1987年开始，我已经往返美国和中国大陆近50次。在国内乘飞机更是不计其数。陆续不断的看到许多服务素质差，服务不周到的情况。面临此情此景，尽管旅客们的观察和反应不同，他们的感受是一致的："服务不佳，亟待改进。"

如今中国正在争取主办2000年奥运会。听说陈希同和张百发两位今年9月下旬便要专程去欧洲听取奥委会最后发布奥运主办国谁属的消息。中国雄心勃勃要主办奥运，岂能仅求在运动场上大展雄风。在会前、会后和会外，为国外来宾的一切服务是不是也要有所讲求呢？果如此，我们为促进旅游，招来游客，办好奥运，为国争光，就要从基本上提高国民的认识和服务人员的素质，从而改善服务工作的质量，使游人顾客获得更多的礼遇和满足。这些要求是过分吗？最后让我再强调一句：请善待游客，尊重顾客，使他们身在中国，感觉是到了"礼义之邦"。

1993年7月1日

美国新闻处理忆往

和中美建交关系密切而贡献重大的两位中国领导人是周恩来和邓小平。周氏于1972年2月28日和美总统尼克松签署了上海公报，为中美建交奠了基。邓氏于1979年1月1日完成中美建交，结了尾。从此中国从国际围堵和故步自封中跨出来，大步迈向改革开放之路。

1976年1月8日周恩来逝世，在举世哀悼声中西雅图凯若电台广播说："周去世了，美国既没有丧失一个伟大的朋友，世界也没有失去一个特殊的人物……周的去世不利于美中关系的改善，这是美国惋惜他去世唯一的理由……"我在西雅图听到这个播音后，即投书西雅图邮情报表示不同意见。数日后投书见报于"人民之声"专栏里，标题是"赞颂周恩来"。我主要说："周的逝世对中国和全世界都是莫大损失。他将被长期怀念，既是中国人民中的伟大斗士，也是实至名归的卓越人物……希望他开拓美中关系的精神和成就可以开花结果。人生自古谁无死，死后原本万事空。但周氏确是世间名垂青史的少数人之一了。"

中美建交后一个月，邓小平率中国代表团抵美访问，1979年2月3日到达最后一站西雅图。当天当地的两家大报却唱了对台戏。西雅图邮情报破例用中文标题在头版头条登出："热烈欢迎邓小平副总理莅临西雅图访问。"西雅图时报却醒目登出一则强烈攻击邓氏访美的全页大广告来。该广告既不注明是一则广告，也不标明来处，明显违背了刊登广告的要求和惯例。看到这则广告我立即打电话到西雅图时报提出抗议。

第二天西雅图时报便刊出声明，承认广告处理失当。但辩解说，这是无意中文字上的疏忽。我不满意这个答复，便再投书该报。很快，时报就再度答复，标题是："对反邓广告的批评。"刊答中首先引用我投书的原句："登广告而不注明是广告便造成一个错误的印象，似乎西雅图时报采取立场，指责正以贵宾身份访问西雅图的邓氏和中国代表团。西雅图时报不应有此失误……其结果是十分不幸的。"在时报刊答全文的最后一段里代表报社回答我的副总编辑说明他同意我的看法。至此，我和西雅图时报之间的对话就平息结束。

以上两个十多年前我在西雅图亲身经历的过节都充分说明了一个事实。那便是新闻传播必须要园地公开，并和读者、听众等双向交流才有吸引力，才能扩大影响。报纸有错，读者指出，报馆就爽快承认并及时更正。美国许多报纸都专门指定资深报人负责处理读者的来信和意见，并予以恳切答复。这样做既加强了对读者的服务，也保障了读者的发言权。

在西雅图我定居近30年，我知道西雅图的几家电视台在播出评论后，若观众有反应强烈的不同主张，电视台便要特意安排播出节目，让他们现身说法，表达相反意见。而许多报纸也例常同时刊载对同一问题正反两面的看法。

1994年3月4日

新年感言谈教育

时代的进步给我们最大的启发是："以多取胜"的时代已经过去了。如今科技、企业、国防等各方面的发展都要靠智慧的结晶，靠知识、技术和人才。而教育工作者的最大任务就是：作育英才，知识救国。

今日世界上凡是重视教育、投资教育和发展教育有成效的国家都是身居先进国家之列，而发展中国家的特征便是教育落后。教育水平和国家发展是互为因果的。而任何国家如不痛下决心，从加强教育着手，是不可能翻身有日的。日、德两国是第二次世界大战的战败国，如今是仅次于美国的世界经济强国，重视教育和发挥人才是他们富强和取胜的第一法宝。

缺乏知识的国民不仅是乌合之众，发挥不了力量，更是社会混乱的祸水和根源。因为他们缺乏就业谋生的条件，又要挣扎去生活，在纸醉金迷，引诱万千的社会里，便自然走上铤而走险的歧途。这时只以"严刑峻法"事后去制裁，不但不能解决基本问题，反而伏下了以后事态更形恶化的导火线。

新中国建国后一直对教育和知识的运用不够真正重视。穷困潦倒和在运动连绵下抬不起头的知识分子是无法切实发挥力量的。要实现"尊师重道"，也就得从解决基本问题方面下手。那便是调节国家税收，保证合理的教育经费投入，真正提高教师的待遇、福利、住房条件和教学设施。使他们可以安心而比较顺手的发挥教学能力。

凡是工商活动频繁，烟酒应酬盛行的地区都应该多收宴席税，专用于教育投资。收到的税也要保证是用于教育，没有转为他用。生产烟、酒的地方可附征教育税，用于当地的教育建设。

美国在取得科威特沙漠战争的胜利后，切实检讨国策，得到的结论是加强教育、减缩军事开支。因为人的素质高，合作好，是国家建设成功的最佳保证。"兵多将广"的口号也为"精兵强将"所取代了。

要发挥教学效果，除了改善教师的物质条件外，同样重要的是创造出一个理想的"求知若渴、教学相长"的软环境。教师教书兴致勃勃、教材新、方法好、态度认真，学生努力向学、日以继夜。而"学以致用"的要求也是必要的，在校所学能用于工作岗位，便自然提高了学生学习的兴趣。如今在国内的一个怪现象是，一方面知识人才缺乏，一方面学非所用、及在工作岗位上大有人才闲散浪费的情形出现。这对于提倡"尊师重道"自然也产生了恶劣的影响。

"知识救国"的口号不能空喊。这里有两个先决条件。一是知识是真知实学，可以真正发挥建国、救国的作用；二是国家确实重用知识，使能者、智者可以大展宏图。

在美国，没有盛大庆祝"教师节"一说，但并不妨碍美国教育方面突飞猛进的发展。中国年年庆祝教师节，显然不足以成为促进教育发展的最佳手段。一旦中国人上上下下都把"尊师重道"当做身体力行的方针，切实向学，有效执行，使教师和学生都受到鼓励和实惠，即使教师节取消，优秀教师丧失了每年一度颁奖的机会，他们也不会在意的。因为在良好的教学环境下，心情舒畅、成绩优秀的老师们，拥有日夜丰收的教学成果和前途似锦的成群子弟，他们早已陆续获得无数价值无限的无形奖章，还会计较教师节那天，要衣冠楚楚，登台排队，去郑重领取那附加的一枚吗？

1995年1月7日

务实是治国之本

从美国高等教育岗位上提前退休后，返国长住北京已快八年了。在这段时间里，既看到了国内经济发展的进步，也感到形势发展中的隐忧。

1990年初我的妻子苗丽华就开始受聘以文教专家身份在北京任教，我们双双返回北京定居。两年后我也展开了在国内全力从事控烟、禁烟活动的义务工作，我们落叶归根、发挥余热的行动持续至今。

国内目前存在的问题有多方面，交互影响，急待改进。管理层次的贪污腐化、效率低落是其一，许多国民不务正业、投机倒把是其二，科技成果的商业转化缺乏有效辅助是其三，教育机构经费不足、士气不旺是其四，公、检、法机构不利于小民伸冤告状是其五。

目前国内十分盛行的是各种名目的庆祝和纪念，某某机构或地区成立若干周年庆祝，某某名人逝世若干周年纪念，国家领导人出入国门的送迎，某某先进分子、好人好事的祝贺和学习，某某言论发表若干周年纪念等等。要知道垂暮老人靠往日辉煌的记忆取得安慰，才大做祝寿文章，年青人要展望未来，是没有时间也没有金钱年年要用于自我生日庆祝的。

当然，庆祝和纪念有不忘历史、鼓励当前的含义，但重点要放在今后努力一方面。庆祝香港回归，国内各地的盛大节目耗资亿万，倘在花费上、节目上适可而止，意义是一样深刻，感情是一样浓厚，而省下的大批经费用于社会福利、科技发展、教育支持，岂不更好、更有实效吗？

很希望国内各级领导要以务实求实、为民服务为主旨，减少和压缩各种形式主义的庆典，让民冤民怨处处平息，要贪官污吏多多收敛，使科技教育大大伸张。这样，国家安定团结、繁荣进步的局面也必然出现了。

1997年7月2日

庆香港回归祝祖国进步

在热烈庆祝香港回归的狂欢声中，我要讲几句希望的话。我和我的妻子苗丽华专家已在北京长住七年多了，我们非常高兴能在中国赶上香港回归祖国的喜庆之日。

如今我们庆祝香港回归，便要用心思考香港回归以后的展望。因为香港今后的前景和发展，不但直接影响到香港居民的幸福和中国的声望与前途，也会为澳门、台湾、东南亚和全世界所关注。"一国两制"的行使是国之创举，是只能成功，不得失败的。

如今香港的市场经济和行政措施要和中国特色的社会主义制度接轨，一方面是意义重大，一方面是责任艰巨。因为兼取两家之短容易。例如，谈吃喝玩乐，行贪污腐化。而兼取两家之长困难。例如，要公平竞争，发挥人才，又要服务社会，顾全大体。港民和国人在香港交会，彼此要了解、体会、学习与合作，双方都需要有耐心、热情和智慧去推动。

目前香港房地产的不断升值和股票价格的努力上涨，主要原因之一是国内资金大量投入，造成声势，这并不代表香港经济发展的常态，对香港市井小民来说，也未尝是好消息。香港真正的进步和繁荣则要靠香港人民自身的努力，中国政府的支持，和世界上金融投资、工商企业人士对香港整个经济环境继续看好，保持信心和不断投入。

香港也必须要保持良好的经济条件、政治气氛、社会秩序和生活环境，才能百尺竿头更进一步，继续为香港繁荣和中国发展做出大的贡献。为了要做到这一点，相信中国政府会努力维护香港的法律和体系，保持香港的言论自由，不断发挥以舆论督促政府和社会进步的良性作用，不为达政治目的，干涉经济发展。再有，中国政府也会言而有信，高瞻远瞩，在香港的运作里吸收良好和成功的经验，为国内政治和经济进步提供信息和参考方案。

这样，中国在香港回归后，不但能促进香港的进步和繁荣，也将为中国和平统一和人民幸福康乐奠定最佳的基础。

注：此文内容是作者在国家外国专家局香港回归庆祝会上的发言

1997年7月5日

诤友可贵 友邦难得
——江泽民主席访美有感

在北京与我隔墙而居的老专家爱泼斯坦是中国政协常委，他如今已82高龄了。12年前他过70寿诞，寿堂设在人民大会堂。邓小平亲往祝贺他的生日，并当众与寿星点燃了一只香烟。这镜头在电视中出现，招来了爱泼斯坦友人的直言："祝寿是喜庆的好事，但吸烟之风却不可长，你还是及早戒烟吧！"从善如流的爱老随即接受了朋友的劝告，立即把逾半世纪的吸烟习惯彻底戒除了。戒烟至今已12年，爱老是"无烟一身轻"，写作不断，活动频繁，精神旺盛，身体健康。爱老戒烟成功有两大因素，一是诤友进言，听忠言而不逆耳；二是当机立断，弃恶习而获新生。

人与人的交往中有诤友存在，就事论事，直言不讳，是当事人之福。国与国之间打交道，也有类似的情况出现吗？

中美两大国分据太平洋的东西两岸，两者分举社会主义和资本主义的大旗，中国是文明古国，美国是科技先进。在二次世界大战以后，双方从意识形态的对立，进入韩战、越战的武装对抗，双方断交30年。直到1972年尼克松与周恩来签订上海公报，中美双方的关系才解冻，最后于1979年初正式建立邦交，双方敌对的立场才消除了。

中美建交后，彼此的经贸活动、双边往还都与日俱增，直到"六四"事件爆发，两国关系进入最低潮。但在此一关键时刻，美国的卸任总统尼克松、布什和卡特都先后访华，以诤友的立场和中国领导人进行了坦率的谈话，他们一面恳切表示美中关系不容后退，要在困难处境下求发展，一面他们也婉言表明中国要自救自强，必须要不断改善人权状况，这是势在必行的安家立国之本。讲这样的话要有道德勇气，要不怕得罪朋友，很不容易。要接受这样的话，就更要心胸坦荡，高瞻远瞩。

中美关系的发展的确是一波三折的。美国曾经把中国人权改善与否问题和美国经贸最惠国待遇挂钩，美国曾允许台湾李登辉"总统"去康乃尔母校参加校庆活动，美国曾关注去年中国人民解放军在台湾海峡实弹演习情势的发展，这些举动和立场都导致了中美双方的摩擦和不快。要知道，国与国之间的行动，每个国家都是以本国的利益和价值观念为出发点的。中美两国历史、文化、政经体制的差异，自然会带来双方的一些对立和彼此的不了解。但是在今日世界的进步下，无论如何也不会再成为生死大敌、干戈相对了。

中美双方的歧见可以在理性讨论、相互让步和顾全大局的前提下逐渐消除或互相认可，而并无大碍。

1971年冬季，尼克松在美宣布要访问中国，我应邀在西雅图凯若电视台参加了一个半小时的"观点"讨论节目。电视台节目主持人问我，为什么我赞成尼克松访华，我说："由于美中两国政经体制和人文背景有所不同，双方沟通了解的必要也相应加强，尼克松访华是朝正确方向跨出一大步。"

美国现行的社会保险、医疗保险、劳工保险等，何尝不是社会主义国家希求达到的目标。而中国如今强调的商品经济又何尝不是美国市场经济的范畴。所以中国开放改革之后所发展的结果，是不断在增加中美双方互通的语言和共识，正在"求大同、存小异"的道路上稳步迈进，而前景可喜。

美国社会强调自由平等，公平竞争，宪法对基本人权的保障是不遗余力。而美国行政、立法和司法系统的三权分立，也巩固了一个彼此支持、相互制衡的良好制度，这强化了法治，也限制了政府官员大权在握、为所欲为的横行霸道。

相信中国在完成"社会主义初级阶段"的征程后，会更进一步改善现行的体制。

江泽民访美之行，会给中美关系的发展加一把力和更上一个台阶。美国的先天条件和后天发展，都使美国可以成为中国的"诤友"和守望相助的友邦，我们要珍惜和发展中美友谊。

1997年10月27日

白宫情趣

近些年来，美国每到两个节日，白宫主人的美国总统就要出面做两桩有趣的事。11月第四个星期四是众所周知的感恩节，那一天美国总统要在众目睽睽、镁光闪射之下，把一只肥大的火鸡恕死放生，送归动物园，安享余年，免去屠宰场的一刀之危。对在场火鸡而言，这自然是万中挑一的绝大好运，比一般抽奖中头奖都难。据说这个传统是从杜鲁门总统在一九四五年入主白宫后开始的。那时第二次世界大战刚刚结束，在感恩节来到时，感恩的范围便从敬天爱人而扩大到象征性的释放火鸡求生了。

到了每年12月25日圣诞节降临前夕，美国总统又会把一些小孩子请进白宫，围坐总统一旁，听他说圣经、讲故事，这也是与民同乐的一个表现方式。有时总统也会因为特别事件而安排儿童学生等进入白宫，彼此亲切交谈，其乐融融。例如，两年前克林顿总统就专门请了一批中学生到白宫去，说美国政府将采取的一些严格的控烟措施，以加强保护美国青少年，使少受烟害的侵犯。在美国开国以来的历任总统里，把控烟问题的重视性提高到这个层次，还是克林顿首倡其举。

我觉得美国总统在感恩节和圣诞节的两个"小动作"，既有趣味性也有人情味。

杀猪宰羊，供人享用，本是物尽其用，理所当然。而感恩节的大餐更是一副"没有火鸡不成席"的固定模式，却有人灵机一动地想出了一个点子，在百万行将就毙的火鸡里选出一只幸运鸡来，放生去罢！与其说，这只火鸡是前生修来的福，还不如说是美国人如今使出了招，在火鸡放生的点子上表现了趣味和创意，这便也自成其理。不错，一般政治人物在出巡、竞选和上镜头时，往往出现拥抱和亲吻儿童的模样，这当然是就地取材的宣传画面。美国总统把孩子和学生专门请进白宫，欢度佳节，展开话题，其意义就更近一层。因为，贵为国家元首，就是万人之上的"大龙头"，理当是"可望而不可及"。如今，他和幼童、少年们近在咫尺，亲切把谈，尽管也是计划安排，别有含意，其平易近人的人情味的一面也自然流露出来了。因为，日理万机的美国总统，要特别抽出时间来，排除其他重要约会，专门和儿童与少年聚会，这就是一种选择和人情了。我旅美逾30年，对美国社会里处处有趣味性和人情味的表现而感到欣喜。也许，在一个健康和乐的环境里，这种表现也不足为奇吧！

1999年1月7日

画者有心 观者得意

正所谓"大年初一安闲坐,精彩节目扑面来。"1999年1月1日那天一早,我在宾馆住处打开了电视机,正好看到有线新闻电视台(CNN)莱瑞·金主持的对谈节目。两位曾获普利策新闻奖的漫画大师,一位是以画政情漫画著名的麦克·拉克威奇,另一位是美国《洛杉矶时报》的漫画高手麦克·瑞米兹。他们两位经现身说法,在节目主持人莱瑞的穿针引线下,畅谈了他们漫画创作的经过、心得和用意。

当然,一年多以来以白宫绯闻而名著天下的美国总统克林顿,也主动提供不少素材,融入两位漫画大师笔下传神的画面。例如,克拉威奇的一副创作画是克林顿刚从美国总统专用的"一号直升飞机"上落地下来,双臂高举,双指V形,摆出一副当年尼克松总统宣布获胜的姿态。但该画面画龙点睛的美妙处是,总统专机一号变成"守口如瓶一号"了。是讽刺克林顿处处设防,话不吐实。

他们都认为,漫画是一种反面艺术的表现手法,产生一种震撼,引发读者注意和重视某些问题,它也是一种媒介和触发剂,鼓舞读者对揭示问题的参与。漫画的内涵一定是反映现实中大家关注的事件,用一种强调和出其不意的方式表现出来,从而引人入胜,博人一乐,发人深思。他们的漫画描述某人某事时,对当事人并无恶意和恶感,纯粹是就事论事。例如拉克威奇尽管画了一些以克林顿白宫绯闻为主题的漫画,他在电视访问中对克林顿本人的感觉是:"他是一个充满热情和具有领导魅力的人物。"

因为他们在漫画的表现上淋漓尽致,毫不留情,而涉及的题材又经常是争议多、主观强的人物和事件,便也会引来读者书面和电话的恐吓,甚而是生命或炸弹爆破的威胁。

虽然这些威胁从未兑现,他们要承担这份不便和打扰,也成为他们从事此行业必须付出的代价。

70和80年代我长住西雅图,《西雅图邮情报》有一位出色的漫画记者,他经常画政治题材的卡通漫画,笔下描绘的人物之一就是当时华盛顿州的州长。后来,这位漫画记者将历年发表的该州长的漫画搜集成册,印书发行,还专门请那位州长写一序言,州长也欣然从请,愉快下笔,没有任何"秋后算账"和痛加拒绝的不愉快表现。漫画家尽情发挥,报刊全画登载,读者们会心一笑,被画者处之泰然,这种可能和表现是否也是说明了一种特定的社会风气和价值呢?

1999年1月13日

美妙的经验

人就是这么奇怪，一件事物，一个经验在尚未亲身体会或接触时，往往是视而不见，听而不闻。而一旦有了身临其境的美妙经验时，这件事物，这个经验就会不时在眼前和心里出现，反而是挥之不去了。

例如，我们在美国西雅图有一位好朋友，多年来她一直是我们报缴年税的会计师，彼此由业务需要而结识，感情也自然促进，终于成为乐于相处的好朋友。她自小在美国长大，祖辈从欧洲移民到美国新大陆，她对中国的兴趣和了解也在和我们陆续的接触下逐渐加深。她向往中国，但从无成行游览的机会。

四年前我和妻子决心要送她一份有意义的礼物，我们便送了她一张西雅图至北京之间的往返机票，并安排她在北京我们住处下榻，在圣诞节前后玩个十天。

当然，这十天是一晃而过，北京市内和近郊的旅游胜地她都走马观花地蜻蜓点水一番，最后她兴高采烈地返回西雅图，临行前还在音乐乐器商店买了一个笙，如获至宝地捧上飞机，带回了西雅图。

但此后，在她的生活环境里，中国东西，中国产品，中国消息，中国图案……任何和中国沾边的实体形象和抽象信息都会立即引起她的注意，涌上心头，跃然眼前，而她数年前北京一游的甜蜜回忆也隐隐出现了……。在我们的交谈中，她告诉了我们她个人的体会和改变。

1997年10月，我们夫妻和邻居好友一对匈牙利夫妇去九寨沟旅行，也就便爬了成都附近的峨眉山，在山腰上游览了一个"万年寺"。从此，这"万年"两字就打入我们生活素语的内圈了。我妻子一向是我全部采购的总管和执行人，我衣食住行上的需要，她都四面八方一一打点。她为我在美国采购了两条贴腿舒适的厚棉裤，四川之行时我也得意非凡地穿上了，还被同行邻居注意到，而特别夸奖了一番，主要是说衣服好，不是称赞我的腿漂亮。于是，返回北京之后，我们就无形中改口，将这条裤子称为"万年裤"了，是强调其大方实用、耐久经穿和百穿不厌之意，这也是有褒无贬的正面评价。但这一来，"万年"之辞就蜂拥出现了。妻子把各种剩菜和饭倒在一起，热起来，我便尊称是"万年饭"。我出门前，妻子提醒我，外面天冷，要擦面霜，这便是"万年霜"。

等我对"万年"一词几近泛滥成灾而表示略有疑问时，她笑容满面，口吻甜蜜地给我吃了一个定心丸，她说："别忘了，你也是我的万年丈夫。你仔细想想看，我不是随时随地爱着你吗？我哪曾见异思迁，或另做他想呢……。"这一来，"万年"一词就要在我们臧家永垂不朽，甚至是世代相传了。

1999年1月30日

服务态度应改改

3月7日上午，我从北京搭机经东京返美，在登机大厅内随身行李和登记牌最后检查的入口处，看到两个着公安制服的干警，大声叱责一位要登机的女乘客，说道："你态度不好，不按指示办，无论如何，也不让你上飞机……你有美国绿卡也不行，把你的护照拿出来！"

看到这一幕，我心头顿有感触。我不知道这位手执绿卡的女乘客，到底违反了什么具体规定。但是从公安干警声色俱厉、气急败坏的情势看来，我知道这位女乘客的确是得罪了这两位公安人员了。

当然，"态度不好"这句话的弹性是很大的，在北京街头违反交通规则的出租汽车司机，都了解"态度不好"一语的严重性，因为违规罚款的数额是可以因为违规司机对交通警察态度的好坏而上下变动数十元，乃至上百元的。当然，交警对司机"态度不好"是意料中事，是理所当然。因为，在执法过程中，也包括了训斥和指教，要完成这个工作，态度好，就不配合形势和交警们高"民"一等的身份了。

我长住北京十年，坐出租车不计其数，每听到出租汽车司机接近声泪具下的诉苦，自己如何如何"挨宰"，吃苦受难频频，我就也同时产生了义愤填膺但爱莫能助的不安情绪。我还清楚记得，17年前的1982年秋天，我以美国代表团领队身份，从西雅图和当地20多位友好访问团员抵达北京，要再转往重庆，为建立西雅图重庆友好城市做初访会谈工作。大家兴高采烈地在北京落地，在共同通过"健康调查表"的关卡时，同团一对美籍日人夫妇走过了通道，不知道要交表。这时，在关卡驻守的人员就用中文大吼一声"你们往哪里去？给我回来！"但是，这对夫妇完全不懂中文，听到了这声"狮子吼"，只知道事情有些不对劲，却不知"错从何来。"我正在他们身后，就立即向那位工作人员解释说："他们是美籍日人，听不懂中文，你这样讲，没有用。我去让他们把填好的表交给你，就好了。"这位一夫当关的工作人员眉头一扬地说："真奇怪！他们看上去，和中国人一样，但是完全不懂中文。"他言下之意是说："他们有这副长相，我不说中文说什么！"

在17年后的今天，中国开放改革已超过20年。不幸，若干在中国为人民服务的公职人员还不能跟着时代进步，还保持了"我管事，我说了算"的老风格，老习惯，这岂是人民和国家之福。行为改变的前提是思维改变，看法改变，但要改变看法，就得有外在的要求和影响，只靠当事人"福至心灵"，而面目一新，是不大可靠的。

我还记得，十多年前，我初自美国回访中国不久，看到人民日报上登载了华裔名人陈香梅批评北京友谊商店服务态度欠佳的一篇读者投书。

于是，报上就掀起一阵"改善服务态度"的讨论热，一连多少天可以看到一些"自我检讨、自我改进"的议论。显然，那股风早已吹过去了，而我炎黄大地仍是处处旧习难改。

有一天，中国的为人民服务的公职人员都能把每个公民当做"陈香梅"一样看待，或当他们自己态度不好，人民可以斥训他们一番，就好了！盼此日及早到来。

1999年3月21日

怀念陈敏章部长

3月7日至21日我去了美国参加"儿童与烟草国际政策研讨会"，返回北京，得知前任卫生部长陈敏章已因癌症不治，与世长辞了。

我很怀念他。1992年9月下旬在我参加北京人民大会堂举行的国庆酒会时，经原北大校长丁石孙的介绍，结识了陈部长，并当面约我到部里谈谈中国控烟问题。11月上旬我们见了面，恳谈个把小时，有相见恨晚之感。后来，他介绍我和中国吸烟与健康协会常务副会长翁心植联络，我也欣然应聘担任协会的美籍名誉理事，这便正式展开了我在中国义务从事控烟工作的征程。七年于兹，义无反顾，不尽不休，愈战愈勇。

在中国，和一位部长级领导接触，有亲切感，无官架味，是难得的。在家里，在部里，他只要在，都常亲接电话，可以立即交谈。这给了我很多方便，我可以就国内控烟问题和他交换意见，直截了当，立有所获。

例如，数年前，北京一家大报登了一篇访问纪，为"吸烟有理"大做文章，我和陈部长通话后，他同意我把他反驳的意见写下，送了另一大报发表，及时反应，以正视听。又如，第十届世界吸烟或健康大会于1997年8月在北京召开，中国主办大会方面希望能在国内发行两枚提倡禁烟的邮票，还得央求中国邮电部去办，陈部长便也一再接受我们的建议，给邮电部写公文，最后争取到邮电部在世界大会前印发了一枚"戒烟有益健康"的邮政明信片，大功告成，功德圆满。吴阶平也写信支持这项建议，若没有他们大力的投入，是不会产生效果的。

对我在国内从事的控烟活动，陈部长一直是热心支持，照顾有加。除了彼此通话和通信以外，他还推荐我参加国内青少年、儿童控烟的报告会，和在他主持的会议里让我发言。他对中国控烟活动的关心和细心，也由此可见一斑。这些细微的事，在部长眼中，原可为无暇一顾的小事，但是，他并不轻易放过，要用心处理，这就特别显现他为人施政的特殊风格了。

世界卫生组织和泰国国王都会授奖给陈部长，表扬他在中国控烟工作里特殊的贡献。而我也知道,他在部长任上,虽说对控烟工作全力以赴,但也有力不从心之感。他曾对我说,控烟工作是需要国内许多部委彼此呼应,共同携手去做,这不纯粹是一个狭义的国民健康或健康教育问题。希望他的真知灼见可以为更多的国家的决策人所重视和接受才好。今年3月中旬我以联合国儿童基金会中国办事处顾问身份去美国华盛顿参加的会议里,有联合国卫生组织总干事布仑阑德博士精辟的发言,她特别强调,各国政府在其本国的控烟工作里,"有责、有权、有能"去采取有效措施,抑制"烟草世界瘟疫"的蔓延和扩散。

陈敏章部长在离任后不久就过世了。可是他为促进中国人民健康而从事的努力和贡献是令人持久难忘的。他认真负责的精神和平易近人的态度也为国内各级为民服务的领导树立了一个值得和理当效仿的榜样。

1999年5月13日

既要廉正又要透明

不久前在美国电视节目里听到美国联邦储备局长格林斯潘和美国财政部下任部长鲁实对亚洲金融和经济风暴发生缘由的评论。他们说,其主要成因有二:一是亚洲各国的行政体系贪污腐化;二是金融操作过程缺乏透明度,黑箱作业。

政府官员贪污腐化,政府就缺乏应有的行政效率,不按经济规则运作,假公济私,利益交换。在官官相护、各得其益的大前提下,法律、公正和公平的要求和标准都退居二线,或烟消云散了。

本来,银行和金融机构最主要的任务和功能是健全金融运作,扶植企业发展,保障存户利益。可是,亚洲地区许多银行以往多年的操作成了官府下发放贷款的账房,贷款多少,条件如何,贷款给谁,都是私下由领导说了算,这和借款方的借款用途,金融信用,还款能力都不相关。

还记得辽宁一个暴发户十分自满于他个人的运作手法,他对人说:"我每个周末都陪银行行长打麻将,或是钓鱼消遣,一切费用由我出,可是到头来,我是花小钱赚大钱,一本万利……"显然,这还是低层操作的一例,许多大规模的非法运作都是在幕后,神不知鬼不觉的情况下圆满达成了。

银行贷款的这种不合理、不合法、不是生财有道,为银行盈利打算,而是银行担任了"散财童子"的角色,使散财和敛财双方都皆大欢喜,而国家、社会和存款小户都大遭其殃了。说到这里,就得提出银行运作黑箱子作业的影响了。黑箱子作业的特点是运作内容、过程和后果都高度保密,不为外人知晓,不受外界监督,不负败渎责任。一旦东窗事发，早已钱财四散，各有安置，公家收回的是呆账一批，望洋兴叹而已。前一阵广东省中国信托投资公司的渎职大案曝光后的处理结果，就是其中一例。

在以往几年房地产和股票投机最得手的时日，不少机构都透过银行和金融作业的配合，而调动市场，翻云覆雨一番。其特点又是黑箱子作业，赚了，是自己的；赔了，是公家的。不少银行都纷纷将客户存款转做房地产投资之用，一旦房价低落，房屋滞销，国家和存户的钱就成了一堆有行无市，废置一旁的水泥堆集物，食之不能，弃之不得了。而黑箱作业的特点也特别保障、鼓舞和特惠了这帮里应外合的国家蛀虫和败类。他们上下其手，为所欲为，而国家和人民的利益都一泻千里，直落谷底。

我爱妻的两个妹妹，都是在美国知名银行任职的高级管理人员，她们也曾先后来中国为美国银行开展业务和在中国人民银行研究生部任教。美国银行的操作透明度极强，责任感极重，为客户服务的效率也极高。因为体制健全，服务人员素质高，银行顾客的要求广。

这便形成了和黑箱作业恰恰相反的良性循环。银行在公开竞争和有效监督之下，业务不断进步和增长，银行客户也人人获得良好服务，而保持和银行的往还。行政机构和金融银行界的贪污腐化和黑箱作业一日不除，国家和人民便永无宁日。

1999年6月24日

两岸关系以和为贵

看到台湾《中国时报》5月28日社论的最后一段话，其中说到："……台湾应该促进美中改善关系……若以为美中关系恶化台湾便可以从中取利，将是无可挽回的错误与妄想。"我在十分同意此一结论之余，也想就此看法加以申论。

28年前的1971年，美国总统尼克松做出震惊世人的宣布：他要在次年2月前往北京访问。我在西雅图电视台就此事发表意见说："正由于中美双方的政治和经济制度上差异大，双方才更有沟通和了解的必要，尼克松访华是必要和有益之行。"

那时我就认为，中国大陆情况改善，才是海峡两岸双方之福，大陆情形混乱和落后，既不能产生台湾"反攻大陆"的机会，也可能在大陆极左的情况下，更增加两岸之间的敌对和危机。美国和中国大陆接触，大陆才能面对国际实况，从自封自困中走出来，逐步走上进步之路。

我当年"超前"的说法，使我列入了台湾的黑名单，直到九三年才"榜上除名"。

20多年后的今天，情况虽有变化，道理还是一样。在任何情形下，海峡两岸的任何一方与美国交恶，另一方就也连带受累。尽管海峡两岸还称不上是同舟共济，他们都得以积极和正面的态度去处理他们之间的关系。任何一方要打美国牌或日本牌，挟洋人而自重，都不是明智之举。

例如李登辉访问美国和台湾"总统"大选，解放军在台湾海峡演习，美国军舰最初做出驶入台湾海峡的姿态，而后来改变主意，都增加了两岸关系的紧张。后来美俄双方都乘机卖了海峡两岸大批军备武器，看上去是"雪中送炭"，实际上则是乘机发一笔海峡危机财！

南斯拉夫中国大使馆挨炸以及美国掀起的华裔科学家涉嫌泄露军事机密案，于是美国又同意将价值3200万美元的240枚地狱火飞弹卖给台湾了。试问，这一组十万美金一枚的将由直升飞机发射的空对地飞弹，就能压制解放军一旦发起的凌厉攻击吗？就能改变两岸导弹实力悬殊的现况吗？

要知道，两岸统一决不能陷入军事解决的死角，等到两岸干戈相向，大打出手时，就一切都晚了，那将是中国历史上空前绝后的无比灾难，大家全盘尽输，彼此均非赢家！

促进两岸之间的交流、合作与友谊，也以同样构思处理两岸和美国的关系，才真正是增加两岸福祉与双方和平统一进度的最佳策略和手段。

1999年7月1日

当官不能终身制

5月下旬赴台开会，路过澳门特别住了两天，看看朋友。在旅馆看到美国哥伦比亚电视台的节目，报道美国总统的年薪在60年代的美国国会订为20万美金，至今没有改变增加。而美国副总统的年薪却有逐年按生活指数上调的规定，如今已是每年17.5万美金了。再继续下去，到了下世纪初，副总统年薪便将超过白宫主人的美国总统了。于是，美国国会乃有动议，要将总统的年薪加倍到四十万美金，这对日理万机、席不暇暖的美国总统来说自然是喜讯一桩。

老实讲，美国总统的年薪即使是上涨到40万，也远远无法和美国企业界的大亨比。他们若是大权在握、业务兴旺的董事长或首席行政官，其年薪加上公司红利和股票等收入，其总值逾百万美元者大不乏人。但尽管这些企业巨子财大气粗，他们仍然敬仰美国行政一把手的总统，因为人的价值到底是不能只以经济收入去衡量的。再有，各行各业的社会贡献和影响也不一样，无法只以年收入为指标，大家用同一尺码去衡量。例如，美国每州只有两名的国会参议员，其年薪不过十多万，而因他们拥有在国会制订立法、通过预算及同意总统任命人选等操作的影响力，即使是美国企业界的百万富豪，也得对这些参议员"退让一步，畏惧三分"。

在美国当行政高官，不可能成为终身职业。因为他们是人民普选产生，迟早要鞠躬下台。他们任期一定，不出数年，有时连选连任的次数也有限制，例如，美国总统任期不能超过四年一期的两任。部长级的高管是由总统提名，参众两院同意，不要说连任了，有时在两院的阻止下，连上任都上不了。而一旦白宫主人换为另一党的身份，"一朝天子一朝臣"的定律也在美国适用，新内阁里的部长也一定大有变动，便也不会有什么"三朝元老"之类的不倒翁出现，赖在内阁里不走。所以，这既是新人辈出，也保证了终身职的不能出现。任何人要一劳永逸地独霸大权，也美梦难成了。这种机制和情况，便也是美国民主体制的特色之一。

再有，美国的高官既不可能是终身职，他们也没有居其位，而依依不舍的"恋栈"行为和必要。因为他们在当选或任命担任该职之前，都是学有专长、事业有成的人。离开行政现职，出路也很多，可以重操旧业，也可以另立门户，因为良好的行政经验既建立了他们更广泛的接触，也增加了他们的见识和自信，他们便也可能为其他行业重金礼聘，而在新的领域里一显身手。例如，在十多年前我熟悉的西雅图市长若叶，他原是新闻记者出身，在西雅图连任市长两届，他市长卸任，便被美国哈佛大学聘为政府事务研究所的所长。

任何一个政治体制里，要是"当官"成为一个终身的行业，有进无退，有升不降，产生的问题就大了。因为官在权在，官去权空，谁要让他离职或退位，就是断其前程名利的生死斗争，他会不奋力保护吗？

1999年7月6日

西方冒险 东方守成

五月底在台北参加控烟会议，又遇见了香港前来的约翰和尤迪诗·马凯两位医生夫妇。尤迪诗是国际知名的控烟专家，长驻香港，她的先生约翰对她的控烟工作的支持可说是不遗余力，夫妻俩常常一道同行，参加各种控烟主题的活动或会议。

这次在台北相聚，我问起约翰，他休闲活动的嗜好是什么，他立即说，是爬山。他又补充说，这是为了登高望远，接近自然，开拓视野，锻炼身体，而不是探险爬山，登绝壁，攀冰山，要征服世界第一高峰而后已！当然，为享其乐而丧生的爬山探险者，多矣！

不久前，又在电视看到年逾七旬的前美国总统布什，张开降落伞，冉冉从天而降，安全着陆的镜头。他的两位公子，一为下任美国共和党总统候选人呼声最高的德州州长小布什,一为佛罗里达州州长的乃弟,这父子三人可真是了得。

高峰攀登、海底探测和高空跳伞都是冒险犯难式的行为,西方人往往趋之若鹜,而东方人则避之唯恐不及。用一句中国话来说,这些事干起来是自找麻烦,和自讨苦吃,为"智者"所不取。而东西有别,各擅胜场,也由此可见了。冒险犯难是外向的、开拓的、征服的、乐观的行为。这和"老成守业"构成一个强烈的对比。所以,在十八、十九世纪欧洲各海权国家在尽力开疆辟土、四海巡航,争取殖民地的同时,大清法律的条文却是"擅自出海者,斩"。直到150年前鸦片战争爆发,英舰直叩虎门,中国海疆门户大开,列强长驱而入,中国才切实领略了西洋人冒险犯难,和他们的侵略成性,中国也沦为"次殖民地"的悲惨境界了。

西洋人冒险犯难是要和大自然一争,是要和大自然接近。从而既发展了上天、下地、入海、登山的知识和技术,探索和揭发了大自然的本质和奥妙,欣赏和体会了大自然的美妙和伟大,也逐渐获得珍惜自然、爱护环境的启示,并陆续采取了一些保护资源、爱惜动物、保持水土的措施。例如六月五日的世界环保日,国际上闻名的保护绝种动物协会等,都是人类在环保意识增强后的产物。

中国人对大自然的欣赏大多是止于泼墨作画,诗文抒情之间。要背井离乡,跋山涉水,接近自然,一登绝峰,兴致是不浓的。这样,一方面他们是对自然环境的探讨、了解和利用不足,一方面是储存精力,向内发展,在人际关系上大下功夫。

例如,英语的 uncle 和 aunt 两词在中国社会里,就精心细致地分为伯父、叔父、姑父、姨夫等,而且每一"父"都还有大小顺序的排列。同样的,伯母、婶母、姑妈、姨妈,也是一一列开,各有精确的亲属关系的含义。此外,堂兄妹、表兄妹等也是层次分明,不容含混。这复杂的一大堆名称,用英文来说,也只是简简单单的"cousin"一词而已。

时至今日,东西交流已畅,世界一家属实。人与人的关系,人与自然的关系,都得深加留意,仔细定位。任何自私的,唯我独尊的,忽视他人和自然环境的行为,都往往会自食恶果,或到头来作法自毙。缺乏世界宏观,就不配做现代人。

1999年7月26日

世纪之交 想前思后

12月19九日上午,我接到国家外国专家局一位承办人的电话,他说:"明天下午六时,在北京人民大会堂举行庆祝澳门回归的招待会,由朱镕基总理主持,这里有两张票送你和你的夫人去参加。"我们在北京已长住十年,没有错过任何一次国庆招待会。

两年前在人民大会堂举行的香港回归招待会，我们也应邀参加了。

1999年一年中国发生的大喜事可真不少。昆明世界园林博览会圆满完成，历时半载，观众逾千万，我和妻子也曾于7月上旬专程前往，目睹美景，心旷神怡。11月中旬，中美双方代表经过五昼夜谈判，终于达成协议，美方支持中国成为世贸组织的成员。中国加入世贸最重要和最困难的一关是达成中美双边的协议，此事大功告成，剩下的收尾工作便是顺水推舟，水到渠成了。在这番奋斗的过程里，也使人想到朱镕基今年四月美国行时的铺路工作，和双方在北京谈判进入紧张胶着状态时，他又介入会谈，于谈判第四天的11月13日在中南海会见了以巴尔舍夫斯基为首的美方代表团为双方谈判注入新动力的一番努力运作。

11月21日，中国航天事业进展中跨过了一个重要的里程碑。当日凌晨3时许，中国第一艘载人航天试验飞船"神舟"号经过了21小时多的太空飞行后，在预定地点安全落地回收。这个成果是具有科学进展，经济运作，和国防安全等多方面的意义的。这也使我想到了我的外甥卢杰，他于1995年加盟美国太空总署宇航员的行列，1997年2月首次以宇航专家身份执行了太空任务，明年3月，他又将第二次奉派升空了。

在参加12月20日北京人民大会堂澳门回归招待会时，我听到了朱总理简短而有力的致辞，直陈澳门回归的重要意义和前途展望，讲话中没有任何陈词滥套，是已开风气之先了。

澳门回归是"归回来"，是中国继香港回归后，成功运用"一国两制"的第二回合，这有助于实现中国最后的和平统一。昆明世博会成功是"显出去"，是将园林之美和爱护自然的成果和要义展现在国内外的观众之前。中美商贸谈判成功，中国进入世贸组织指日可待，是"接其轨"，将中国的经济发展与世界水准靠拢。中国"神舟"号试验成功，是"飞上天"，既显现了中国的科技成果，也表明了中国要不断重视科技、知识和人才的运用，兴国之道亦在于此。

世纪之交已在眼前，中国的前进是机遇和挑战并存，国人既不能妄自菲薄，更不能骄傲自满，而应以足履薄冰般的细心和励精图治的决心去开创今后中国美好的前程。

1999年12月29日

友谊长在　和乐共享

4月1日是周六，我和内人双双应邀去了相识逾20年的老友吴蔚然和黄伍琼夫妇在北京三里河的家。近11年来我们在北京长住期间，不时去蔚然家造访，而每次去，都感到格外亲切和喜悦，他们夫妇不但是热情待人，更是轻松自在，交谈之中可以天南地北，无拘无束，而乐在其中矣！

这次去，我们发现他们客厅和书房的部分又延伸了出去，加盖了一个放置花草的暖室，玻璃三面，阳光透顶，花卉四陈，千姿百态。吴大嫂还特别告诉我们："这个书房属于蔚然支配，这个暖室全归我。"

这次登门造访，我注意到在吴寓的客厅、暖室和书房里有鳄鱼标本一个、美丽兰花两株，和争鸣蝈蝈三只，而在墙上所挂鳄鱼标本尾部还有一个精美雕刻的侧坐美女，体态玲珑，风情万种。这就勾起我的调皮念头来，当即写下两句话："癞蛤蟆想吃天鹅肉，鳄鱼不睬娇艳女。"蔚然看后，也调笑地说："你把这个留下来，让我悬挂示众。"为了说明早年一些"玩物丧志"的公子哥儿常把蝈蝈养在葫芦里，蔚然专门从书架上取出一本精装书加以论证了一番。

还是21年前的1979年1月下旬，我正在西雅图社区学院执教时，受到美国国务院的邀请，我加入了美国接待中国访美代表团的礼宾工作。这是当年1月1日美中建交后，邓小平副总理率中国代表团的访美之行。我参加接待工作时是住在华盛顿的麦迪森旅馆，部分中国代表团团员正同住该馆。一天，我在旅馆的餐桌上结识了中国代表团的医务小组组长，那便是吴蔚然医师，那时他在国内的职位是北京医院副院长。我们一见如故，相谈甚得，而从此订交。

吴院长是中国著名的胸腹腔外科专家，医术精湛，医德至上，后来他也成为邓小平医护小组的负责人，直到1997年邓的去世。

1980年以后，我开始每年都从美国越洋来到中国大陆，推动美中交流。这样，我常到北京，也不断和吴院长保持接触，彼此的了解和相交也与日俱增了。

最近11年，我和妻子都长住北京，就有了近水楼台之便，可以不时去看望吴院长夫妇了。我们同属猴年生，但他大我一轮，我们又同是天津南开校友，他便又是我的学长。这种种缘分加在一起，更增加了我们的感情。

我很敬重他们夫妻之间的相敬如宾。蔚然在敬业乐群之外，更保持了一颗安详平和的心。伍琼嫂已从医护专业退休，她持家有方，大大增加了整个吴家健康、幸福与和乐的气氛。有了这样的朋友和家庭，我们能够轻舍登门共乐和大沾其光的机会吗？

2000年4月4日

我所认识的几位中国大使

我长住西雅图，旅美30多年期间，在上世纪七十和八十年代时曾参与促进美中邦交和双向交流工作，故结识了早期中国驻美的四位大使，他们是黄镇、柴泽民、章文晋和韩叙。

七十年代美中建交前，黄镇和韩叙是以联络处主任和副主任身份驻节美国首府华盛顿，我最初认识他们两位于华府，也参加了1979年在华府为黄镇送行返国前的一次华侨欢聚的盛会。

先后与四位大使结交

美中于1979年1月1日建交，中国首任驻美大使柴泽民其后不久到达旧金山主持当地中国总领馆开馆庆祝仪式。我也亲临盛会，一面认识了柴大使，一面认识了当时的中国驻旧金山首任总领事胡定一，他后来又升任中国驻美大使馆公使和驻英大使两项重要职务。从这时起奠定了我和柴、胡两位继续交往的根基和友谊。他们二位在任上都曾多次访问西雅图。章文晋是中国第二任驻美大使，1983年6月西雅图和重庆结为友好城市，我安排并陪伴重庆由于汉卿市长带队的一组五人前往美国东部一行，也专门拜会了正在华府的章文晋大使和大使夫人张颖参赞。其后我和章大使夫妇又数次在美见面，记得其中一次是1984年秋天全美华人协会在波士顿开年会，章大使夫妇应邀到会，章大使并发表了精短、幽默的讲话，予人轻松愉快，耳目一新之感。在会上我也有幸结识了时任北京大学数学系主任的丁石孙教授，他后来出任了北京大学校长，如今是中国人大常委会副委员长。章大使在任期内也曾到西雅图访问，一次是1983年西雅图和重庆结为友好城市时，他来到西雅图，和西雅图市长若叶及重庆代表团人员会面。另一次是1984年《中国七千年传统科技展览会》在西雅图揭幕，章大使夫妇来参加了揭幕典礼。如今以中国外交部副部长身份移任中国驻美大使的杨洁篪，在1980年代已在中国大使馆任职，他也常伴章大使出行。算起来，他应是第七任中国驻美大使了。

说中美和两岸关系

美中复交已逾20年，两国之间的关系和交往也不断在起伏动荡，再加上台湾与华府和北京之间千丝万缕的互动和影响，这使美国与海峡两岸的沟通和运作就更加复杂和微妙起来。但无论如何，三者之间的关系和牵连应是"两相得益，全盘受惠"。

任何要挟洋人以自重和自保的打算和措施最终都会造成得不偿失和国人受损的不良后果。因为在和平统一到来的过程里，减少敌意，增加友善；消除对抗，促进交流；降低磨损，提升互惠，是势在必行，而刻不容缓的。这也是"成事在我"，不可"假手他人"的基本道理。再说，在两岸交恶，各奔前程的情况下，你购俄舰，我买美机，两岸的财源外流，不能用于其他正途不说，这种机舰对抗，一决胜负的前景，又岂是两岸和平统一的手段和答案呢。

贺杨洁篪大使上任

最后我要向新任驻美的杨洁篪大使祝贺。他的责任和使命是艰巨而意义重大的。在大使任上他要促进邦交，兼利中美；认识美国，反馈北京；解释国情，增进理解；维护国民在美权益；招揽人才返国服务、宣慰侨胞，促进感情等等，这也真是一个充满挑战而负荷不轻的重担。

中国要迈向世界，中国的外交使节便也得大力发挥双向沟通，全力促进的桥梁作用。

2001年4月4日

奥巴马访华中美双赢

奥巴马总统开创了美国总统在就任当年就访问中国的先例，有重要官员随行，于11月15日至18日在中国上海和北京两处停留，和中国胡锦涛主席在17日的两次面对面的会议里恳谈，共同发表了联合声明，明确两国关系的新定位是战略互信，多面合作，彼此双赢。针对奥巴马总统这次在中国的国事访问，我有以下观感。

一、奥巴马总统是有心而来，有备而来：他1月20日就任总统后，先后派遣国务卿希拉莉·克林顿、美籍华人商务部部长骆家辉和能源部部长朱棣文抵京访问，就外交、安全、商业、和能源各方面和中国领导人及专业对等高层会面，达成基本共识。这次美总统随访人员中的前几位正是这些"先遣要员"，他们探路的准备发挥了作用。

二、中美两国彼此互补，乐于合作：中美双方达成的合作协定指明三个重要领域，一是经济合作和全球复苏，二是应对地区及全球性安全挑战，三是处理气候变化、能源与环境问题。这三个工作对中美两国来说都是影响深远，不容忽视，而唯有中美通力合作才能在整个世界大局产生不可或缺的主导力量和实质作用。

三、美国新人新政影响深远：奥巴马当选总统不只是打破了美国1776年立国以来由白种人把持白宫的传统，也放下了"总统之尊"的身段，认真在世界各动乱地区及欧、美、亚、非的首脑和政治集团之前进行经济、政治和军事的协商，表现出平等相处，共商大事的意愿。这种行动有利于促进世界和平与繁荣，值得赞美。这也是他今年获得诺贝尔和平奖的原因之一。另一获得此奖的美国前总统卡特说："奥巴马获奖是他具有远见和承诺，要促进国际关系的和平与和谐。"如今世局的重要变化是，二十世纪美国一雄独霸的局面已消失，欧亚两洲都兴起了势力庞大的力量和组织与美国的势力相持和互补，使协商、互助及和平相处的模式渐渐成为国际成员之间交往互动的主要方式。美国在"形势比人强"的情况下便出现了奥巴马的国际运作方式。

四、中国的进步已面临关键考验：中国的开放改革已历时30载，在经济建设方面的成就是有目共睹，进步迅速。但是，集中在扩大生产、安置就业和争取投资的同时也增加和突显了政治体制、人权保护、自然环境、社会关系和贫富悬殊的种种问题。至此，中国体制改革和民主政治的推动都已是当务之急了。在中美互动时，中国应认真考虑民主政治具有"普世价值"的内涵，维护人权促进平等，全民票选的优上劣下和新闻监督的反映民意等都是任何"以民为本"的政治体制所具有的特质。奥巴马在这次访华的公开发言里也提及关心中国人权和宗教自由的发展，此番忠言值得听取。

深入民间与游览古迹

奥巴马此次访华也用心有意安排了一些正式会谈之外的趣味节目。他11月16日在上海科技馆和数百青年学生交流对话，现场回答了八个问题。这是他身体力行实现"深入民间，直接交谈"的行动。他在上海之行时强调了加强中美人民友谊和交流的重要性。他举例说，第二次世界大战时，美国在华助战的美国飞行员在战场飞机中弹后跳伞逃生时获得中国人民冒死相救，是中美人民互助合作的具体表现。

17日下午，奥巴马总统一行以不到一小时的时间"快马加鞭、蜻蜓点水"式地游览了故宫，又于18日出现在八达岭长城，饱览美好风光。这些安排都是"重质不重量"，以突出重视中国历史文化这一焦点，此一礼貌性游览，心到人到，安排周全。

"他山之石可以攻玉"

中国政府在2008年奥运会和2009年国庆大游行里精彩卓越的表现，都说明中国在集中人力、物力、资源和智慧的大动员下是可以成就非凡的。10月1日国庆游行时我也有机会和同一观礼台的多位外国驻华大使们交谈，得知他们对中国的一些看法和期望。他们都认为中国只要方向正确，专心一意就可以做好许多事。

美国政治制度中的许多架构和措施，也值得中国在政治体制改革的过程中加以参考和酌情采用。"他山之石可以攻玉"，不是吗？最后祝愿奥巴马访华之行可以成为中美国运昌隆的推动力和新起点。

2009年11月19日

喜闻温总谈两岸关系

3月5日上午，在第十一届全国人大第三次会议的闭幕式的工作报告里，温家宝总理谈及海峡两岸关系发展的现状和走向。他说，两岸关系在去年一年里有了重大和突破性的良好发展，有利两岸，造福全民，而今后的努力方向更是加强、加速、加码，平稳迈进，最终达到两岸和平统一的最终目标。

台湾媒体和世界媒体都十分关注针对两岸问题中国政府是如何定调，如何展望，以及如何运作。当前的情况是，中国60年前发生的内战分裂了两岸，破坏了中国的统一。今后要家国重建，两岸整合便成为全民期望和需要全力以赴去达成的理想目标。

可是，两岸关系从中断到缓和，从缓和到接触，从接触到发展，从发展到大步迈进，都是一个循序渐进和摸索发展的漫长过程。两岸双方60年来的内在情况和前景愿想也在不断地变化和更新，对统一也有了不同的构思和追求，双方都得在自我不断进步，双方利益结合及双方互信增强的必要基础上拟定两岸和平统一的里程表和操作方案。既不能强加己愿于对方，也不能急于求成。

在我多次接受中央电视九台（国际英语台）采访的时候，说及两岸关系，我一贯的说法是，两岸统一绝对不可武力行事，两岸也不必武力竞赛，进行扩充军备的抗衡。因而台湾从美国采购武器和大量飞弹的措施都有更新思考的必要。真希望两岸在经济建设和相互受益的基础上尽早进入政治协商，肯定"和平相处，绝不动武"的信条和协定。让两岸今后努力的方向和宝贵资源的运用多多用于民生建设、经贸发展和社会繁荣方面。

3月4日晚上7点半至8点半央视九台针对两会开会的访谈里我参加了上半段，提及中国要长足进步要参考采用其他国家有益的措施和优点。在下半段接受采访的嘉宾们也谈及对权力的牵制与平衡是有效防范滥用权力，无分东西中外。我在电视节目中被问及如何看待贪腐的影响时，我说了两个重点。一是国家税收和资源被贪腐无谓浪费太可惜，二是为官若榜样恶劣，打击士气，为人民所不齿，令人民失望，太可怕！

两会召开前中国网民在网上发表的意见里强烈指责政坛要员贪腐的严重性，要求严加惩治，不得手软。这是民心向背的重要指向。

显然，两岸走向和平统一前的"自清门户"和各有长进是不可或缺的。反腐倡廉的重大课题不但在中国要严肃对待，力求有成。台湾在陈水扁贪腐执政，纲常重挫八年后执政的国民党，也得去腐创新，力除旧病。

2010年3月12日

"龙腾虎跃"促进中美友谊

促进中美友谊及民间交流的"龙腾虎跃"项目，已面临最后冲刺。此一项目是要在湖北省监利县开掘、修复和展示二战期间美国飞虎队在当地坠落的一架 P-51野马式战斗机，并将坠机前后的感人事迹与二战时中美人民通力合作，抵抗日寇入侵中国的一个片段史实发掘重现。

坠机前后

"龙腾虎跃"的取名颇具创意。"龙腾"是中国,"虎跃"是美方。中华民族是"龙"的传人,正振兴"腾"飞,前程似锦;要发掘的战机是美国飞"虎"队员驾驶,现要一"跃"出土,重见天日。

坠机事件发生在66年前的1944年5月6日。年方双十的美国援华作战飞虎队空军中尉本尼达在湖北执行攻击地面日军任务时,其驾驶的野马式(P-51)战斗机中弹直降湖北监利县一湖塘,他跳伞逃生跌落在附近农田,受到当地几十位中国农民的救助,立即送到李先念为师长的新四军第五师总部,接受了妥善的保护和治疗,两个月后他康复归队。

劫后余生的本尼达也因功晋升为空军上尉。

战机坠入监利县周老嘴镇的下凤湖里,为使该机不被日军搜走,当地农民将其坠以重物沈到湖底。该湖现已成为一片稻田。

湖北省文物部门曾于1987年和2005年两次对上述飞机坠落地点进行了发掘。都由于设备不足和资金缺乏功败垂成。

后来,经由华夏文化纽带工程与湖北省监利县共同努力,中国国家文物局于2008年批准开掘、修复和展示此架坠机的工作项目,由华夏文化纽带工程组委会牵头主办。

美方支持

我有幸应邀加入了推动这个项目的工作,就立即进行多方联系。首先我与相交了近30年的老友美国众议院议员麦克德门联系,他后来致函组委会说:"飞虎队的事迹展示了中美卓越的合作、共同的努力和相互的关怀。我们不能错失机会,而要趁机将这段历史在当前呈现,用以引导今日的国民去领会中美历史里这一重要段落。"

另一位美国众议院议员瑞克·拉森在支持信中说:"飞虎队的故事是中美合作和共同努力的其中一个例子,是一笔悠久和骄傲的遗产。这些英勇的飞行员对中国战场的胜利起了重要的作用,同时很多飞虎队的成就归功于中国盟友的英勇努力,P-51的发掘和保护工作将向世人展示中美这种合作精神,同时将这段历史展现在中美两国的人民面前。"

美国驻华大使洪博培也给组委会写去热情洋溢的支持信,信中说:"飞虎队的历史记载了中美两国的合作和共同努力,也是中美两国共同协作,创下辉煌的众多例子中的一个。P-51战斗机的开掘、修复和保护作为中美双方合作的见证,将会在中美两国历史中留下重要的篇章。"

去年11月上旬我得知美国总统奥巴马即将访问中国，便立即写信寄交美国商务部部长骆家辉，请转送奥巴马总统，信内告以美国战机发掘项目，盼他予以支持。当年11月16日奥巴马总统在上海和上百青年学生交流对话时指出，二战时美国在华助战的美国飞行员在飞机中弹后跳伞逃生时受到中国人民拼死相救，这是中美人民互助合作的具体表现。

现在，美国总统、美国驻华大使和美国资深国会议员都已公开表示对挖掘项目的支持，这就"万事具备，只欠东风"了。

努力完成

华夏文化纽带工程组委会已完成了不少前期铺垫工作，如今要"竟其全功"，还得在民间筹集到足够的资金。希望中美企业界和人民努力奉献，促成项目成功，再创中美人民合作、共成大业的美满佳话。

2010年8月1日

天渊之别

7月31日星期六那天，美国纽约州的一个小城市仁纳贝克举行了一场誉为"世纪婚礼"的盛典。新娘芳龄30，是美国前总统克林顿和美国现任国务卿希拉莉·克林顿的独生爱女切尔西。新郎年及32，是一位银行家，名为马克·麦文斯基，两人相识相爱已十多年，如今大事敲定，结为连理。

这场婚礼的举办便自然成为美国社会的一个焦点，婚礼举行前后成了新闻报道和大街小巷里最热门的话题。此一婚礼有以下几个特点：

一、新娘在成长过程里一直受到她父母的关爱保护，不让媒体和公众侵犯她的"隐私"，打扰她的日常生活、求学和就业。新娘本人也一向低调收敛，不张扬自己是"豪门之女"，与众不同。此一婚礼主要的客人也来自新娘和新郎的至亲好友，一切以新人夫妇为主轴，双方父母到场的宾客也为数极少，退居次位。

二、此婚礼若要席开百桌，宾客上千，自然可以安排，可是婚礼到场宾客仅四百多人，不凸显政要和明星。许多克林顿的关系人物都未能受邀，照他们的说法是，"有些失望，但不伤感情"。美总统奥巴马没有参加婚礼，他最幽默的说法是，"有哪场婚礼希望看到两位总统同时出席的？"

三、新娘和新郎分属基督教和犹太教。就一般情况而言，这是一个困难和不常见的组合。而如今，爱深情切，两者合一。婚礼的仪式里也展现了两大宗教的特色，令人赞美，发人深省。只叹息如今多少世界的混乱是来自不同宗教之间的摩擦和冲突。

四、婚礼安排充分保密，不向新闻媒体宣传并要求提供婚礼用品、食物和服务的公司厂家都事前和婚礼主持方签署了"保密协议"，不得在事前对外界透露任何有关信息。此一协议也严格有效执行了。

和克林顿爱女婚礼形成强烈对比的，是在台湾恶名远扬的陈水扁家庭。阿扁在台执政八年，借儿子、女儿的婚事以及各种生日祝贺的机会，一向是门户大开，广招宾客，送金献银，贪腐满堂，不知这是"东西有别"呢，还是阿扁DNA与众不同，要大显其特色与奇丑。

2010年8月6日

"五都"选后处好两岸关系

11月27日晚，台湾"五都"选举结果揭晓，蓝营取得台北市、新北市和台中市三都，绿营赢得高雄和台南两市。但在选民总数的较量下，绿营以四十万票的差距领先蓝营，于是蓝绿两营都以"胜出"自许。这一情势虽然保住了蓝营北中的三都，却也敲响了蓝营今后要格外努力，好自为之的警钟。11月28日和29日两天我在中央电视台英语新闻节目里评论台湾"五都"选情时提出了以下看法。

一、选前，蓝营以执政党和参选者的政绩良好，颇有建树，为宣传主题。国民党重新主政后的两年里大大改善了两岸关系，带动了两岸间良好的互动。郝龙斌、胡志强和朱立伦当前和以往主持市政的贡献也令人称道。

绿营在竞选宣传时主打的方向却是抹黑和挑毛病。攻击台北市"花博会"和"北二高"工程实施不力，又挑剔朱立伦以往在桃园实政不当。绿营在北中"三都"的竞选人都拒绝和蓝营对手就施政实质问题进行电视公开辩论，这都是避重就轻，不负责任的选举操作。

二、选前一天的11月26日晚，在台北县发生了国民党荣誉主席连战之子连胜文突遭枪击，险些送命的不幸事件。随后国民党主席马英九和连战的发言都是持平公正，忍痛克制，避免借题发挥。而民进党主席蔡英文，也是民进党推举的新北市候选人，却乘机宣言，枪击案发生是国民党治安能力不够，应负有关责任。这是多么片面和挑剔的说法。

三、国民党"三都"获胜是台湾人民对该党执政方向和成就的肯定，今后马政府要继续前进，扩大和加强两岸互动交流的领域，在经贸、文教、旅游等方面充分交流合作之余，也要逐渐进入两岸和平协议和政治对话的新课题。

四、台湾全面进步，在经济、社会和民主建设各方面更上一层楼，便要减少内耗和内斗。民进党不能一味以意识形态和族群对立为号召，去吸引选票，民进党要修正"逢中必反"的偏失政策，要认可两岸经贸协议的正面贡献，要以台湾全民的真实利益为依归。努力促进两岸关系，增强互动互利是势在必行的。

我认为台湾已经建立了"民主政治初级阶段"的基础，在立法殿堂里出现的打斗和竞选临头的偶一杀伤都是台湾政治形态中的偏风，而非主流。一旦台湾全民认定大陆是对台湾关切最甚、互动最多的基地和来源时，两岸和平统一的局面便会应运而生，自然实现。

2010年12月6日

阿扁入狱

陈水扁家族共同涉入的四大弊案部分已三审定案，陈水扁也已于12月2日下午被投入台湾龟山的台北监狱服刑。入狱后他和其他犯人一样，除名去姓，身获1020编号，与另一个犯人同居于转身不易的狭小牢房。在两岸的近现代历史上，他是唯一的卸任领导人身陷囚狱，贻笑天下。

从2000年到2008年，位居台湾领导人崇高地位的陈水扁执政8年期间，呼风唤雨，唯利是图，"台独"走向，破坏和谐，但最后是恶贯满盈，出了事。在国民党第一战将邱毅立委的侦查揭露下，各种弊端曝光出笼，法院的查案也跟踪而至。

陈水扁滥用专权，败坏法治，挑动族群，肇祸台湾。其真相和罪过已举世皆知，但他个人毫无忏悔之意。他的家人也个个昧失良心，前呼后应，臭味相投，陈幸妤在其母吴淑贞即将服罪执行前还发出"母亲有个好歹，国家要负责任"的狂言。而令人玩味的是，陈水扁之子陈致中，个人身临弊案，最后入狱机会极大不说，他却和陈水扁办公室成立了"救扁小组"，要为陈水扁"洗刷罪名，恢复自由"，这既是痴人说梦，又是令人不齿。

陈家上下正在通力演出一场空前绝后的闹剧和丑闻。此时民进党为了政治前途着想，不能不和已入狱服刑的阿扁拉开距离，划清界限，民进党官方尚未发表声明，公开支援阿扁应"无罪释放"。

陈氏家族和支扁死硬派的如意算盘是，若2012或2016年民进党能在大选中击败国民党而再次执政时，便可由新上任的领导人以"特赦"方式将阿扁解救出狱。果真如此，民进党在"私情"下的运作，便也在"正义凛然"的朝堂里留下永难洗清的一大污点了。

为了防止台湾领导人滥用"特赦"的特权,有人提议,应加设条款,实现这种"特赦"要获得"立法院"绝大多数委员的同意,例如将同意票的门槛设为全体委员人的四分之三。此一构想和设置诚然是民主政体里"牵制平衡"的手段之一。但是最重要和最基本的防御是,"宪法"政令,官员职责,民众意识,新闻监督,社会习俗和道德规范里都不许可和可以制止"枉法独夫"和"残忍暴君"的出现。因为未雨绸缪和防患未然的运作,永远比亡羊补牢更及时、更有效。

2010年12月7日

朝鲜局势

在朝鲜半岛局势剑拔弩张之际,中国继续展开穿梭外交。继上月底专程访问韩国后,中国国务委员戴秉国于八至九日访问朝鲜,并与朝鲜领袖金正日会面。中国派出国务委员先后造访朝鲜半岛南北两方,显示中国对半岛局势的极度关注和对地区安全的负责任态度。

戴秉国已于11月28日去韩国,和该国的领导层就朝韩局势进行会谈,如今再访问朝鲜便是两者兼顾,取得平衡。中国政府希望有关各方共同努力,继续推进六方会谈进程,全面落实"九·一九"共同声明,以缓和半岛紧张局势,维护东北亚和平稳定。

戴氏访问朝鲜之行并不是交予朝鲜可以自填数字的无限额支票,而是提示对方使用中方注入的储蓄存款已将提取殆尽,所剩无几了。在朝鲜局势六国会谈的成员国里,中国虽然是对朝鲜最具有影响力的国家,然而朝鲜的自我中心和急躁冒进超出了中国能够掌控的范围。中国不希望朝鲜崩溃,局势大乱。中国也不愿朝鲜为所欲为,破坏整个朝鲜半岛的和平与稳定。

最佳的出路是朝鲜理智思考,及早返回谈判桌,在六方会谈的架构下解决争议,促进和平。朝鲜有可能愿和中国配合,促成六方会谈紧急磋商。这次朝鲜领袖金正日出来与戴秉国会面,据报道还达成了一定的共识,显示朝鲜可能愿意合作回到六方会谈谈判桌上来。

至于朝鲜向韩国外岛发炮,自称是"自卫反击",又指称,在炮击事件中美国是最大受益者的问题,我的看法是:朝鲜"自卫反击"的解释十分牵强。因为韩国军演炸弹落在朝鲜水域,和朝鲜实弹杀死韩国外岛平民和军人,在伤害性和严重性上有明显的差别。这是进一步的恶性攻击和升级挑衅。

当然,朝鲜炮击事件引致美国与其日、韩盟国扩大和加强了联合军演,也使得日韩两国会更倚重美国的军力为其安全保障的后盾。但是,美国在此一领域里增加了额外的投入,也加重了美国军事和经济的负担,并引发了中国对美国的介入不满,这使得中美关系的发展与合作又增加了一个不利的变数。

所以总揽全局,美国未必是当前情势的受益者。

2010年12月12日

第二部分 央视内刊（2006-2018）

我从2006年到2018年连续在中国中央电视台英语节目部担任时事评论员13年，登台评论数百次。

该台有一"央视新闻内刊"，是供台内人员写作的平台，此刊内部发行和传阅。

我利用该园地陆续写了一些短文刊登，有的内容是反映电视评论所讲，有的是借题发挥，谈论控制烟害和其他情况。此部分刊载其中20篇。

事在人为

6月2日那天我去回龙观一家科技店取回复制的电视节目光盘。返程时在附近的公共汽车站等车。看到有一批中学生也在车站候车，便向几位正在交谈的男学生问起："你们男同学吸烟情况如何？"答案是直接了当的"有很多人都吸烟"。这时我便掏出一个刚刚取到的光盘说："你们认识这两行英文字吗？这是电视台节目的英文标题"。他们注视了一阵，面面相觑，无以应答。我将标题用英语念出，他们仍然是听而不懂。他们都是高一学生，念英文都有四年的学习经验了。我上了车，座位前正好站了几位女学生，我又特意问起，是否认识光盘上的英文标题．反应依然是"见而不识，一无所知"。光盘上的两行字是"Construction of Xinjiang——建设新疆"和"tobacco control——控制烟害。"

于此我感慨万千。这批中学生显然是轻率有余，用功不足。高一学生就大言不惭地承认吸烟者众。这显然是坏的开始。前程堪忧！他们都是十多岁的青少年，自食其力，打工赚钱的可能性不大。于是香烟的来源不是"伸手牌"，就是取自家中，或用父母的钱去买，这便是不良依赖的开始。吸烟行为极可能导致少读书，多偷闲，上歪路，走下坡……破坏了前途的发展。

不知道在富士康工人跳楼事件频传中的自杀者。是否有人也是家庭，学校和社会教育失败下的脆弱者。不能吃苦耐劳，不善适应环境。有了挫折感，遭受不如意就放弃奋斗，轻易丧生！

五月里在中央电视台的新闻评论里我也数次谈及富士康员工连续跳楼的悲剧事件。丧生者都是在个人心态．工厂环境和社会影响下，缺乏自调和自控能力的不幸牺牲者。要防止和减少这种自杀行为的出现，不能只靠加设护网，门窗紧闭，而是有待社会、学校和家庭大环境的改善，也要重视工厂工作和生活条件的调整和改进。例如要防止过度加班，增加薪酬福利，提供心理咨询，加强工会对工人的实质服务，建立工人间互助互爱的架构和实施，并由工厂提供工余之暇各种进修，娱乐和运动的安排和选择。从根本上缓解工作的压力。调控工作的单调，和增强工人努力向上的动力。在美国我有专业从事大专院校和社会家庭心理咨询约20年的工作经验，评论富士康事件也反应了我的背景和认知。

"事在人为"这句话可以用于中学生戒烟和努力向学两方向。就富士康公司和其工人而言，此一指南落在实处，也可改善环境，优化个人，创造和谐，增添幸福。

CCTV 椭圆桌 央视新闻内刊 2010年6月22日 第21期 总第32期

上行下效
——达人见解

中央电视台九频道自今年四月底改为英语新闻频道了。我也欣然应邀在该台每周驻台一天，评论当天时事。对我说，这是一桩有意义和有挑战性的差事，这也合乎我的兴趣和背景。

5月19日那天在新闻评论时议及"新疆建设"话题。我认为，新疆具有经济建设，战略部署和政治影响的特殊重要地位。如今获得国家最高领导层的关注，可以得到人力，财力和物力等多方资源的投入，便正是良机当前，千载一时。便也要全力以赴，加强建设。中央对新疆的建设也不再只是注资输血，利在一时，而是要在新疆的基础建设，民生改进和绿化环保等多方面着手，要培育和鼓励新疆本土人士多多加入建设，从根本上培植和增强新疆的实力和持续发展的能力。我认为新疆应加强教育建设，职业培训，并输送学校的高材生到外地著名大学和培训中心进修。目的是学成返乡，建设家园。新疆若能充分掌握时机，努力奋进，未来定可逐渐赶上中国平均的生产和生活水平，这是重任当前，有后望焉！

5月31日是世界无烟日，我除了当天三次上镜，纵谈控烟主题外。也针对温家宝总理五月下旬访日期间接触日本民众，在公园跑步，做体操，打太极拳，在棒球场上和日本大学生挥棍打球之事一抒所感。我说。温总理一向掏心讲话，发自肺腑，关心民生，身先士卒。国内有重大灾难发生，便率先赶到现场，指挥若定，亲切慰问，是一位爱民亲民的好总理。他在访日时以与民同乐的健身活动向日本人民表达了中国人民的友好之情。跑步和体操是全球风行的健身运动。棒球像是乒乓球为中国的国球一样，是日本的国球。太极拳则是强身锻炼，修心养性的中国国粹。这样，温总理在日本展现的多种健身运动便也是面面俱到，适得其所了。

我希望中国各级的领导干部们可以学习温总理的榜样。与人民接近，与民同乐，赢得民心。我也认为。在温总理的示范下，中国要加强全民健身运动，不能只集中力量，在竞技运动里孤注一掷，而忽略了普遍提高全体国民的健康意识和健身活动。

CCTV 椭圆桌 央视新闻内刊 2010年6月29日 第22期 总第33期

民富国强
——达人见解

当前中央电视台中，英语新闻台节目里的一个重要议论是国民收入贫富悬殊和经济结构需要调整的问题。6月29日晚在新闻报道里针对此议题我陈述了三点评论意见。

一者，我不认为如今 在都市工厂打工的广大多数来自农村和有基本教育背景的青年人要求增加工资和改善工作环境是要求过分，理想过高。因为时至今日，他们在工作岗位上做出的贡献理当获得这种待遇。我认为国内规模较大的企业和中外合资的工厂应率先做出好榜样，顾及以下四点：一是将工业生产的过程，要求和环境人性化。例如，不强迫工人过多的加班，每周至少让工人空出一天休息和自由活动时间。在厂房里要注意通风，光线、温度和安全施工条件。二是要和工人分享赢利成果，提高工人工资和福利待遇，让工人感到自尊，劳有所获，从而提高工作情绪和效果。三是美化工厂外在环境，有空间，有绿化。并提供工人进修，健身和娱乐的条件，让工人的身心得以舒缓和调整。四是加强管理方和工人之间的意见沟通，让资方更能了解工人的问题和心态，将许多困难提前化解，以免走向最终的正面冲突或罢工事件。

二者，在近期爆发的多桩罢工事件里，厂内现存的工会组织都没能发挥为工人维权，助劳资和解的作用。

三者，中国逐年在国家税收方面收益递增，去年已高达9万亿。便得在使用方面提高分配比率，用于三个人民最关心和需要的方向。一是提供廉价租房，公平分配，让极需者得到安置。二是增加教育经费，添加教育设施，提升教职工资，并彻底实施免费中小学教育。四是改善保健条件和退休收入，让病患和退休老人无后顾之忧。

当然，政府施政要减少假公济私的种种浪费，增加行政透明度和民间舆论监督，各级人大和政协也得有效发挥其督政、议政的作用。从而将总体的"民富国强"的理想目标落在实处。

CCTV 椭圆桌 央视新闻内刊 2010年7月6日 第23期 总第34期

两岸双赢
——独家观点

6月29日下午代表两岸经贸谈判的海基会和海协会在重庆市圆满完成了两年来第5次会议，并将两岸"经济合作框架协议"商讨通过，只待执行。台湾方面还要在今年8月里立法院复会后审议通过，才正式生效。尽管民进党籍的立法委员会在院会里出面阻挠，但大势所趋和两岸互利的公正实质，必会赢得该方案在台湾立法机构的通过。

在当日晚10点的英文新闻播报里，我被问及有关协议（ECFA)的两个方面，我的意见是：

一、我不赞同将协议视为"台湾经济的维他命丸"的一种说法，因为协议完成不是"灵丹天降"，或上天赐福，得以除百病，振精神，救魂灵。此一成就是来自大陆和台湾双方面的真诚合作，全力以赴，历时两载，行经五都（北京、台北、南京、台中和重庆)。在此协议的实施下更是两岸受益,互补双赢,又岂能是台湾单方面得利的偏一局面。

二、我认为两岸经济合作框架协议通过对海峡两岸有三方面共同的利益产生。就经济方面而言,彼此的获利是最明显和直接的。两岸工农商产品都各取所需,各得其所的列入了"早期收获"名单,获得减免关税的优待,此一名单的内容也要在今后实施中加以调整扩大,去包含更多的项目和做更宽广的互动交流。双方的贸易投资和专利保护增加了,走私和其他经济犯罪的控制加强了,这便正是前途似锦,后望无穷。台湾更可在与大陆签署协议之后,和东南亚地区,美、日等国建立经贸合作协议,扩大交流,增加动力,取得实惠。

就社会利益而言,经贸处境的改善,便直接增加了就业人数,稳定了社会环境,减少了失业和贫穷的困扰。两岸在经贸合作里也扩大和加强了人才,理念和人文的交流,从而增加了两岸同胞之间的了解.友谊和互信。

在政治和解方面,有了以上的各种收获,两岸间的敌对意识必然下降,军事对峙和竞争的安排也相应压缩,双方向海外购置军备的费用也可大量移用于各自的民生建设、教育福利措施等直接造福人民的领域,两岸签署"和平协议",并且走向和平统一的结局也是久后可盼可行的理想目标了。也唯有在顺其自然,造福两岸和水到渠成的情况下才能真正实现两岸的和平统一。

签署两岸经济合作框架协议既是好的开始,也在两岸双赢互利的路程上跨出了一大步。

CCTV 椭圆桌 央视新闻内刊 2010年7月13日 第24期 总第35期

一以贯之

做任何事能坚持近20年都不容易,而我在从事控制烟害的征途上已经迈进第19个年头了。

1992年1月7日我在杭州机场候机室等候飞返北京。看到在场的数百名乘客里有数十位都在吸烟喷烟,各得其乐。对身后墙上"禁止吸烟"的警示是有视无睹。我请求候机室服务人员出面禁止或播音警告,都碰上了不予受理的软钉子。此时我灵机一动,走到候机室大厅中央大吼一声:"违规吸烟的乘客立即到服务台交罚款十元!"我话音方落。已烟火尽熄。这便也开始了我其后持续至今的控烟义工活动。

2006年5月31日。我首次登上杨锐主持的"今日话题"节目。谈中国控烟的情势。节目开给前他告诉我。他烟瘾不大,是抽"应酬"烟。但在节目结束前一刻,他掏出了一支香烟，一折为二，在镜头前信誓旦旦地说："今后我决定戒烟了"。其后他果真不沾香烟了。却仍留下一个偶吸雪茄的尾巴动作。这个尾巴他迟早得连根斩断。

我初到中央电视台做"今日话题"节目的时候，常看到台里的人在走廊上。在餐饮店里吸烟。我都是毫无例外地加以劝阻，成效是百分之百。我从未遇见拒不熄烟，与我对抗的"瘾君子"。但我感到遗憾的是，何以台里有室内禁烟的规定。却是难以执行。后来我发现。台里的工作人员，不论是主持节目、编辑、摄影、灯光、化妆…都大有吸烟者在。于是我便"进步"到主动问他们吸不吸烟，吸烟助其戒，戒烟助其成。2009年中央电视台新楼旁配楼的一把大火把台里室内吸烟的歪风压了下去。如今，吸烟者都是走出门口。在近处三五成群，点烟自遣。这时．我又进了一步。常常携带我写的"戒烟指南"小册和天津出产的戒烟最有功效的"维尔戒烟贴"，趋前和吸烟者搭话。"你有意戒烟吗？ 看看这本书，贴上这个贴。"

戒烟是困难的。上了烟瘾，吸烟减少压力，烟燃功成，方便之极，这便也害了他们。欲罢不能，直到重病上身，后悔已迟。

据了解，中央电视台的高层领导群里也不乏吸者客。我切盼他们做出表率，首先戒烟，再切实鼓励和支持台内所有的吸烟者采取戒烟行动。要知道，"戒烟成功是每个人一生中能在爱己利人领域里完成的最重要的一桩事"。而无烟单位也体现了该单位健康文明的最高境界。

现正式递话给中央电视台领导，我可以应邀协助台里吸烟者戒烟成功，将全台变为吸烟绝迹，名至实归的超一流新闻单位。

CCTV 椭圆桌 央视新闻内刊 2010年7月20日 第25期 总第36期

一吐为快
——不能说的秘密

我在〈央视新闻内刊〉7月13日第24期里读到《杨利伟，七年之后吐真言》一文，颇有所感，乃成此文。

"有口难言"，"难言之隐"，"欲言又止"和"言不由衷"等成语都是描述了发言者有所顾虑，便不能在公开发言时"畅所欲言"，"实话实说"和"一吐为快"。其结果便是"话到嘴边留半句，欲听真言待来时"。这到底是怎么回事。是什么习俗，环境和压力阻止了当事人说实情，讲真话呢？

2003年10月16日．杨利伟从太空归来的第二天，他接受《东方之子》主持人张恒的访问时。就没有如实吐露他升天和落地上下两程中的"意外"和"艰险"。留给节目观众的印象便是"全程顺利。毫无风险"。他的英勇表现是完美无缺的。

显然，有一支隐形的手和无形的压力要促使杨利伟避而不谈那登空和降落时"惊险万状"的实情，这表示没有"失控"情况出现，完成此宇航任务已接近"完人完美"的境界了。但他的"难言之隐"终于在七年之后突破。他在2010年1月出版个人自传《天地九重》一书时纳入了《我以为自己要牺牲了》一个标题。实述了当年执行太空任务时身历的极端痛苦，和在牺牲边缘里讨回生机的一刻。他说，早年"这些称不上是秘密，但是就是不能公开说。"

巧合的是，在2003年10月中旬，杨利伟升空执行任务的同时，我的外甥，美国宇航员卢杰博士，也和他的太空任务伙伴，俄国宇航员马林肯柯驻守太空站长达半年，即将工作圆满结束，返航地面了。杨利伟升空后，卢杰发表声明说："此刻的太空上有三分之二的宇航员是华裔。"这是指他和杨利伟两人而言。他也透过美国航天总署向杨利伟发出了祝贺之言。

卢杰在太空站长达半年，他利用时间写了十多篇长文，如实仔细地描写了他的"太空生活、工作和乐趣"。各文写好便用电子邮件传送给他在地面上的至亲好友，我和爱妻丽华也在收文之列。2007年12月〈中国科学探险〉杂志独家披露了卢杰手写，我加以译述的《太空生存手记》。杂志将他部分的著述公之于世，献给了中国的读者。

显然，卢杰的即写和即传是毫无约束的。我的即读和即译也是顺理成章，这都比杨利伟"七年之后吐真言"要快的多了。

CCTV 椭圆桌 央视新闻内刊 2010年8月3日 第27期 总第38期

有缘相逢
——中美邦交

"有缘千里来相逢"这一说是不错的。1979年1月中美建交，首任中国驻美大使是柴泽民。其后4年里他曾多次造访西雅图，促进中美邦交，参加侨团活动。使馆里伴他同行的英文秘书便是其后担任中国外交部副部长、上任中国驻美大使，和现任博鳌亚洲论坛秘书长的周文重。

1980年代，我在西雅图从事社会活动时担任了全美华人协会西雅图分会会长和西雅图重庆友好城市协会会长两职。每次在西雅图招待柴大使都有机会和周文重接触，后来我也在不同的场合里见到他。今年8月7日我参加"发展中国论坛"的活动，又见到周大使。他从美国返回，大使卸任后又新任了博鳌亚洲论坛秘书长的要职。此论坛经过多年的培植和发展，已成为亚洲政要和专家学者探讨亚洲经贸和其他领城话题的重要平台。年年聚会，每况愈胜。如今周大使担任论坛秘书长，便正是从国际外交的施展里转向民间交流的方向，继续为国宣劳，为民服务。

趁着在休息室里和周大使邻坐的机会，我和他谈及中美邦交和两岸关系两个话题。我问及，"对中美的互动和前途发展，您的看法如何？"。他说："多年来中美关系的发展是不断起伏动荡的。而两国合作互助的领域广，吸力强。这超过了相互的冲突面与隔阂处。所以综合来说，中美关系的前途是看好的。美国应遵守三个中美公报的精神和要求，在'一个中国'的准则下运作。但由于中美制度不同，美国对中国的信任和信心是有所保留的。"

"那么，您对两岸关系的前景如何看？"回答是："中国最关心的自然是台湾不走上台独的自毁之路。美国对台售武的现状也不会立即改变。而如今两岸沿和平合作之路继续前进，互利互助的大方向是不会改变了"。

针对以上话题我向周大使说："美国的主流思想不是顾虑中国的崛起和与美国对立，而是盼望中美合作，对促进世界和平与繁荣协手贡献。两岸关系的前景也是乐观的，绝不会武力相向．而是稳步向前，最终达成和平统一"。

我看到8月17日周大使在CCTV New《今日话题》节目里接受了杨锐的专访，谈及相似话题。这也提醒了我写下这篇短文。再有，我和周大使交谈时才听他说起柴大使不久前过世。我十分敬佩柴大使的公忠体国和平易近人，如今他年过九旬与世长辞，令人深切悼念。

CCTV 椭圆桌 央视新闻内刊 2010年8月24日 第30期 总第41期

大爱无疆
——开展和推广公益活动

"大爱无疆"之语常见于说明中国全民奋起，助人忘己，努力投入救助重大灾难（如地震，洪水，泥石流的突然侵袭）时的表现，其情在美国社会展现时，则更为常见，普及和俯拾即是，出现在日常生活里，实践于众人身上。

美国是志愿从事公益活动生效最显著的国家。美国退休老人里有五分之一的人经常担任义工，不断出动，助人为乐。美国的富豪人士也有不少人设立了公益基金会，大量从事社会慈善公益活动，造福人民，反馈社会。如今其中最显眼的带头人便是比尔.盖茨。据了解，他将于今秋抵华，鼓励号召中国的富豪捐献身家财产，注重公益，共襄义举。其成效如何，有待观察。

几天前我和返美照料家事的爱妻丽华通电话，得知她的二妹丽丽刚刚完成了"女铁三项运动"的参与。这是跨湖游泳半英里，骑单车12英里，再长跑3英里。此运动项目在西雅图有3900多位女选手参加。她以两小时之内的成绩完成三项，成绩居于前三分之一之内。她是50多岁的银行高层人员，平素勤于锻炼身体，并定时举办拍卖会，全部进款送交社会公益慈善机构。我和爱妻多年来积存的中国礼品和实用物件也一直经妻妹之手，投送义卖，支持活动。

美国有不少集体健身活动是兼有募捐与公益事业的功能。参加活动的人都事前征集身旁亲友的支持，自己达成运动目标，亲友们按预定协议捐款，送给预定的公益机构。丽丽这次参加"女铁人三项运动"，受益的是美国癌症协会。在美国从事公益活动义工，可用许多方式达到目的。可前往医疗养老机构，学校，社区去协助老、残、幼和新到的移民等等。有人遭遇车祸，有人不幸落水，在场和路过者加以援救屡见不鲜。

一般说来，推展和扩大公益活动要有许多条件支持：国家重视，政策支持，社会响应，蔚为风气，媒体宣传，推广号召，运作透明，声誉良好，众人参与，付诸行动。有一说是："任何社会有越多和越高比例的人乐于支助素不相识的人，这个社会就越和谐，越温暖。"

CCTV 椭圆桌 央视新闻内刊 2010年8月31日 第31期 总第42期

礼让为先
——提高软件建设

我住在昌平区回龙观，出行时第一公共交通工具是临近的地铁。乘地铁，准时，可靠，廉价。尤其在交通运输高峰时刻，可保证准时到达目的地。这样，多年来我在中央电视台接受采访，做〈今日话题〉节目和英语新闻评论时从来没有迟到的失误。

地铁列车上设有"老、幼、病、残、孕"专座，乘地铁时也不时听到播报："中华民族的美德是尊老爱幼，请让座给需要的乘客……"。可是，面临实践，就完全走样了。不少年轻乘客一屁股坐在"专座"上，对身后的标示和播音的提示就一律是"视而不见，听而不闻"了。我常乘地铁可以目睹其现象。

年近八旬的我，身体健朗．但斑斑白发，看上去显然是"老"字号人物。一旦我站在"专座"前，没人让座，为了达到"教育"和"传播"作用，我会口音清晰地宣布："有哪位年轻人可以让座，我要坐下办点事"。这时会有人站起来让座给我。我一面谢谢他，一面把随身携带的所著"戒烟指南"小册相赠，并告诉他"你要是吸烟，赶紧戒。不吸烟，看了这本书可以知道如何助人戒烟。"常此以往，我在地铁列车上送出的书已经不计其数了。

不久前。台湾电视台播放一则新闻，台湾公车"博爱座"，相当于大陆的老幼"专座"上的一位大学生，不满于一位老人要他让座，而出手打人。此事件立即成了台湾媒体和网上热烈讨论的话题．有不少评说，大学生打人的不良表现是反映了台湾家庭、学校和社会教育的不足．这不是孤独事件。这是反映时态，一叶知秋。

一般说来，台湾、香港、新加坡和日本、韩国等守法、知礼和注重公益的表现还都不错。这也代表了当地人民的素质和修养不低俗。中国多年来修建开发等硬件的进步十分突出，在"软件"方面的建设还有待努力。

现以打油诗一首鼓励年轻人让座："起身让座又何妨，尊老爱幼好风尚。礼让为先传四邻，和谐欢笑人共创"。

CCTV 椭圆桌 央视新闻内刊 2010年9月7日 第32期 总第43期

天下为公
——放之四海为皆准

做时事评论的准备工作之一是广收时讯，存乎一心。这样，我就不时收看海内外新闻和电视播报。不久前看到台湾一则消息，说的是当地修改立法，一旦领导人在刑事案件里一审定罪，其优越待遇就一律剥夺。这包括其薪给，办公室补助和护从人员削减。率领全家贪腐而恶名远扬的陈水扁就首当其冲，搭上头班车了。这是多行不义者的必然下场。

该立法通过后，阿扁的律师和身陷召妓丑闻的阿扁儿子陈致中都立即发表了"哭穷"的声明。也要转移目标．将"罪有应得"扭曲为"政治追杀"。可是，公道在人心，事实胜雄辩。依然是家财万贯，富甲四邻的阿扁，其哭穷之辩和追杀之解便正是睁眼说瞎话，无耻之尤了！一位台湾电视名嘴对扁家哭穷的评语是："他们穷到只剩钱了"。阿扁恶行对台湾造成两大损害，一是滥用领导人的公权．破坏法治，动摇根本。二是假实现"政治理想"之名，中饱私囊，玷污民主。

任何政体若是法治不彰，领导层次贪赃枉法，其部属便会一拥而上，上行下效。反之，若领导阶层清康自持，便做出了好榜样，有助于廉政的全面推动。马英九先生主政台湾，便是以廉政和守法著称。要照料全局，还得增加亲政，勤政和善政。亲政是用心尽力，亲临其政；勤政是夜以继日，为国为民；善政是善用人才，团队发挥。

台湾五都选举今年十一月登场。台北市郝龙斌市长的部属因处理"花卉展览"事务时有失误，这既影响了郝市长的声誉和民调，这也是台湾民主政治运作时产生的作用和影响。那便是，行政有过失，领导要负责。好在郝市长主政台北颇有建树，有目共睹。他应可渡过考验，重振旗鼓，赢得台北市普选的市长席次。多年来，台湾民进党走偏锋，搞民粹，逢"中"必反，遇"马"必批，诚然是心胸窄狭，难成大事。

领导要心胸坦荡，政党要去私为公。这岂不是"放之四海而皆准"的道理吗？孙中山先生在世时最常用的题词便是"天下为公"四个大字，意在其中矣！

旦夕祸福
——吉人天相

趁国庆放假之便，我在中央电视台的委派下前往台湾，接连于10月6日至9日采访了台湾政界的三位名人，一是国民党战将邱毅立委，二是前民进党大佬沈富雄，三是新党主席郁慕明。任务达成，乘兴归来。11日上午还做了时事评论节目，10月14日晚上却不能按照预定安排前往中央电视台担任英语时事评论工作了。

这是我担任评论工作（自2006年"今日话题"访谈起）第一次取消预订。理由也十分充分。13日下午我因盲肠炎突发而住进北大第一医院，下午便顺利完成手术，吉人天相，情况良好。平常没有任何老年人易害的高血压、心脏病、糖尿病和前列腺炎等，动起手术来就相对安全和顺利，术后也很快恢复，畅行无阻。

当然，在中国"朝廷有人好做官"的话，如今延伸为"地方有人好办事"的现况。我幸有相交多年的老同学和老朋友北大第一医院荣誉院长郭应禄院士的协助，入院办手续，配病床和动手术都在10月13日一天内顺利完成。这免除了不少后患和节省了不少麻烦。因为开刀的外科主任汪欣大夫事后告诉我，我的盲肠已化脓，开始扩散，形成四处散布的感染，治疗越拖延，病情越严重。我有一位1948年在天津南开同窗的老友孟宪纲，他在大跃进时患盲肠炎又赶上劳动改造，拖延开刀，恶化成腹膜炎，陆续动了四次手术，折腾得死去活来，最终有幸逃脱了死门关。

出乎我意外的是，年近八旬居然还受到盲肠炎的特别光顾，显然，此症是到处伸手，男女兼顾，老幼不分，肇祸人间。住院时我受到护理人员亲切周到的照顾，医务专业人员的手术精湛，更是手到病除。为了打发时间，放松消遣，我特别留意了医护人士的姓名，做了一些谜语，以他们的姓名为谜底。这让他们感到意外，也逗个笑，又发挥了幽默感，实为一举数得，何乐不为！

入院前后三天我取消了六场原订要参加的专业和社交活动，对我说这原都是很有意义和乐于前往的聚会。如今突然入院，便都全部退出了。这看上去是不无遗憾和颇有损失，但实际上让我体会到另一境界和别有感受。我住院数天，静心休养，怡然自得，抛除外务，不问世事，出院后亦然是阳光普照，地球运转，而我却是病患铲除，体态一新。这只值得庆幸，而无从抱怨。

剑及履及

早就和友人有约,要于10月下旬在山东枣庄和两位朋友见面,10月13日因阑尾炎开刀入院,幸能恢复迅速,16日就出了院,21日顺利拆线,当晚就夜车南下枣庄了。下午4点半进入北京火车站月台,便连续看到有四五位候车旅客点烟自娱,旁若无人,我一一向前制止了他们的吸烟。告诉他们。进入车站,便到了公共场所,这包括候车月台,是禁止吸烟的。他们都个个接受了我的劝阻,还有人说声:"抱歉",没有一位吸烟旅客是对我的规劝反目相向,或是拒不熄烟。

进入了软座车厢,我很满意我的行动。就对车上的服务员说到这一经过。她说:"我们没有火车月台上禁烟的规定和要求,平常不少乘客都在登车前吸烟,我们从来也不能制止他们。"闻此言,我的兴致和"成就感"已大大削减。但我要提出的质疑是,北京市和其他都市的火车月台真的是"烟客点烟,各行其便,各得其逞"吗?我准备正式向铁路局询问,是否如今未将火车站台列入禁烟区,果如此。应该立即加以改正。在火车月台上吸烟,不但助长吸烟风气,对烟民个人健康有害,也散布二手烟,伤及其他绝大多数不吸烟的旅客。尤其是,月台上吸烟已是世界卫生组织规定下严禁之列。中国早已签署了《烟草控制框架公约》,也有义务要执行公约的规定。

10月22日至25日 在枣庄三天,我也陆续鼓励和劝助了好几位吸烟者戒烟,都是在活动时,餐桌上和住宿时看到的吸烟者,都一一劝阻,并送了我所写的戒烟书和天津维尔戒烟贴。这都启动了他们改变人生旅程和迈上健康之路的开始。

我助人戒烟,推动禁烟和传播控烟观念,都是时时刻刻,随时随地去开展。这既是我信念所在,及时操作,乐在其中,这也是我希望中国全民可以用心努力,共襄义举的一桩工作。

中央电视台还有不少吸烟待戒的"瘾君子",你们也能回心转意,一致采取利已、爱人、护家、护"台"的戒烟行动吗?

CCTV 椭圆桌 央视新闻内刊 2010年10月26日 第36期 总第47期

他山之石
——社保优先

10月28日晚10时.在中央电视台英语"中国24小时"《CHINA 24》节目里我论及两个提问。"社会保险的范围为什么要包括工人工作时受到伤害的情形在内?"再有,"推行全面社会保险要注意什么?"

我的答复是:"社会保险必须包括因公受伤事件在内。因为社会保险的设立便是要提供保障，救助在特殊情况下需要获得帮助的人。工人们完成生产任务或提供服务，对社会贡献良多。他们因公受伤正好像士兵在战线挂彩一样，需要及时和妥善的救助，以便恢复健康，重返岗位。有了这种保险。他们才能士气高涨。无后顾之忧，社会的安定与和谐也获得了促进。

管理保险基金，善加使用。则要注意四方面。一是，该项基金要妥善管理和保护。不得违法挪用和越权处理。二是，基金要在专业人员的主持管理下，生财有道，滋生可观的利润，以扩大基金的底盘，足以应对未来的支出。三是，中国社会有三大弱势群体，缺乏收入的孤独老人和伤残者，自我生存的大量农民，和在都市打工的农家子弟。社会保险要逐渐改进和扩大范围，最终可以给这些人提供最基本的社会支援。四是，职业病和工伤的鉴定标准要参考国际惯例，妥善建立，对投保者有具体的支援和保护。

在1970和80年代我曾在美国西雅图市高等院校工作近20年。学院提供教职员的保险有人寿险20万美金。医疗健康险，让投保者和其家人在患病求医和住院时个人不付分文，薪水继续保险，一旦投保人因病而失去执教能力时，六个月后，学校将开始支付半薪，直到他告别人世。平常我个人也投保了房屋险和汽车险。于是房屋着火、倒塌、失窃、汽车出车祸或被人偷盗，全部损失都由保险公司支付。在这种处处保险，时时安全的情况下，一般人在美国"安居乐业"的基本保障已固若金汤了。

显然，在十分成熟的美国社会制度下，伤残孤寡的社会保障是相当完备的。这也增加了社会的稳定和减少了社会的不平。中国正面临社会转型和社保制度初创的阶段，盼能有好的开始和持续的进步，最终实现"以人为本"、"为民服务"的理想和初衷。

CCTV 椭圆桌 央视新闻内刊 2010年11月2日 第37期 总第48期

智者长逝
——环保至上

中国民间环保运动的先行者和领头人梁从诫先生于今年10月28日在北京逝世，享年78岁。他出身名门，祖父是清末维新运动的倡导者、国学大师梁启超先生，父亲是民国时期建筑大师梁思成先生。梁从诫自己则于1993年开始投身民间环保保护运动，创建并领导环境保护组织"自然之友"，并言行合一的贯彻这一主张和行动终身不渝。

11月2日 我前往世纪坛医院参加了梁先生的告别式。前往致奠致敬者人数众多，大家都怀了一致的心情，要向中国民间杰出的环保勇士最终告别。

在场有一个中新社的记者问起我为何前来告别，并对中国环保前途的发展有何看法，我说，推动环保是一种任重道远的社会工程，要从多方面着手努力。

一是改府政策的引导：推动中国的环保、绿化、低碳等工作，政府的主导作用至关重要．立法要严谨，有前瞻性。执法要公正，有实践性。调节要及时，有灵活性。立法不能纸上谈兵，执法不能空备一格，调节需要与时俱进。

二是企业执行与实践：环保政策要执行得力，落在实处。这包括监管生产企业污水和有害气体的排放，节省能源的实施，和农业操作对水土的保护等。一切要依法行事，不得疏通监管人员，便宜操作。破坏环保。

三是民间组织行动：这包括"自然之友"在内。要不断的呼吁和推动。响应政府号召。督促政府进步。唤醒全民参加，各尽其责，各司其职。

四是个人的警觉和行动：每个国民都要有环保重要和环保必行的基本认识。并且人人参加，自身做起，不浪费水电资源，不破环身旁环境，点滴积累，共成大事。

五是媒体的著重宣传：利用新闻电视、广播、报章杂志的时段和篇幅，不断宣传环保的重要，应如何实施，要如何见效等等。唯有环保意识深入民心，一致行动，才能众志成城，共成大业。

我的先父启芳公1920年代末和梁思成先生在沈阳东北大学共事。先父任法学院院长，梁先生在东大开办建筑系，这都是80年前的往事了。数年前我结识从诚先生的夫人方晶老师。彼此通邮通话，交往至今。她也是十分鼓励支持我从事控烟义工的好友。

CCTV 椭圆桌 央视新闻内刊 2010年11月9日 第38期 总第49期

事出有因
——药价高昂

药钱贵的问题在中国存在已久，可以归入"老大难"的行列，这也是许多病患者无可奈何的心腹大患之一。11月9日北大刘国恩教授和我接受了〈今日话题〉节目由田薇女士主持的访谈。就"药费高昂"的现象各抒所见。

刘教授谈及药价高的原因来自药厂，代理商和医院三方面运作过程里的潜规则和层层加码。我说，政府有全权和垄断地位用以决定"药号颁发，药价定位和药品登录医保采购单"。其操作方式若不当，就助长了输通、贪腐和售药成本上涨。刘教授又指出，一般说来，医生开药单，用高价药可以增加个人的收入，这一"动机"和促进因素若不能有效铲除，让药价高和收入高彻底脱勾，并让医务人员平常就有良好的收入，药贵高的情况是难以改善的。针对如何降低药价，直捣问题核心，我提出几点意见。

一是，政府对医药管理的运作要透明度强，要提高行政效率和廉明程度，产生对调控药价正面的作用。据了解，有些地方领导，为促进本土利益和争取"入围"医保采购单，而向上层关说输通，势在必行。

二是，改善医院"以药养院"的情况，让医院创收和自给自足都另有妥善途径。解除就医者必领要在院内购高价药的局限和要求。设法照料医患双方的利益，两者兼顾，取得平衡。

三是，整顿当前中国药厂数量高达4000家以上的臃肿情况。目前大多数药厂没有自主研发的能力，缺乏药效显著的"拳头产品"。于是便得在剽窃，复制和恶性竞争下求生存，并增加下游环节违法运作的机会和打乱了药价市场。

四是，新闻媒体应与病患者和其家属联合，消费者要组织起来，媒体要仗义执言，以揭发医药价高，经营不善的时弊，并要献言和鼓励政府，改善药政的实施，以利国利民。

在访谈节目中我没有提及，却要补述的一点是，农村农民的"治病难和治病贵"的严重问题，要从治本的控烟、禁烟和戒烟方面切入。农民吸烟遍地，病患丛生，因烟致贫，因烟受害和连累家人的情况便应运而生。中国关心三农问题，必须要提倡农民不吸烟，及早戒烟，创建无烟环境。中央和地方政府也要大刀阔斧，力倡其行。

CCTV 椭圆桌 央视新闻内刊 2010年11月16日 第39期 总第50期

控烟有术
——捐款更名

拥有"控烟活动家"称号的我一定要拨乱反正，义不容辞。

刚在电视节目和报纸上看到国家烟草专卖局向中国妇女发展基金会捐赠1000万元，设立"金叶基金"。基金会的一位发言人也在电视银幕上公开表示，乐于接受这笔捐款。以推行基金会的工作项目。这一"愿捐"和"愿受"的实况让我产生了以下的感叹和意见。

一是，基金会"会穷志短"，急于接受这笔捐款。不考虑其来源，用心和命名的含义，直称其为"金叶基金"，显然是言明意显，烟草味浓，直冲霄汉。不论基金会如何需要捐助，有的钱是拿不得的。

国家烟草专实局假捐献之名，为烟草推销做隐性广告，专卖局是枉法非为，基金会是"玉成其事"。因为中国人大早在2005年8月28日批准了世界卫生组织在全球推动的《烟草控制框架条约》，并于2006年1月9日全面生效。于是中国政府应无条件履约。其中的一条便是"广泛禁止所有的烟草广告的促销和赞助。适用于所有形式的商业宣传，推介和活动。以及对任何事件，活动或个人的所有形式的捐助。其目的、效果或可能的效果在于直接或间接地推销烟草制品或促进烟草使用。"于是，国家烟草专实局的所为便是直接违反《公约》规定。基金会接受这笔捐款也是行有不当。

二是，国家烟草专卖局的职守是防止烟害散播，推动控烟措施。它是政府机构，不但要尽忠职守，更不能违反中国政府已承诺要执行的《公约》规定。因而，烟草专卖局假捐献之名捐款给中国妇女发展基金，结果是完成了促销烟草之"实"。

这种知法犯法和监守自盗的违法和枉法行为是不可原谅和天人共愤的。上海烟草公司也曾试向"2010年上海世博会"捐赠2亿元人民币。但这笔捐献被拒之门外了。中国妇女发展基金会不能"饮鸩止渴"地接受这笔非法的捐款。国家烟草专卖局也应受到上级主管单位，工信部和国务院的纠正。中止这笔美其名为"金叶基金"，由烟草专卖局出面的捐献。

三是，国家烟草专卖局有这笔钱可捐献，工信部和国务院应将该款纳入国库，再以政府拨款方式直接交中国妇女发展基金会使用，并更"金叶基金"之名为"爱民基金"。

CCTV 椭圆桌 央视新闻内刊 2010年11月23日 第40期 总第51期

运动报国
——退场机制

乒乓球是中国的国球。在11月16日结束的亚运会男女乒乓球团体决赛里，中国男队击败了韩国。中国女队站胜了新加坡。男女中国队以各自出赛的三位顶尖选手都以三比零的压倒优势取胜，两队也令人十分赞美的取得了亚运会比赛的十连冠。这自然是喜讯频传，万众欢腾，赛后中国体育总局副局长蔡振华在接受媒体采访时既谦虚又满怀深意地说，中国既要珍惜这一成就，在今后的竞赛里要全力以赴，再接再厉，中国的乒乓球教练也要不断在教练方面精益求精，鼓励队员，发挥战力。

37年前的1981年，我正在美国西雅图社区学院执教时，结识了那时年仅19岁的蔡振华。那年9月中国乒乓球国家代表队自国内出发，长征加拿大和美国两地，参加了加美两国的乒乓球公开赛。战将如云，由世界乒乓球赛国际冠军们组成的中国代表队的成员有李振恃、蔡振华、谢赛克、张德英和童玲。他们出征加美，囊括了男女单打、双打和混双的各项冠军，并在赛后由美国前总统尼克松接见。

中国乒乓代表队完成美国公开赛后，返国前路过旧金山，由我穿针引线，让当地的华侨乒乓好手和中国世界乒乓球冠军过招、学习、举行了一场友谊表演赛。公开赛在美国东岸普林斯顿大学体育馆进行时，我也专门从任职学院请假一周，飞往赛场为中国队助威。比赛期间也拍了数百张照片，做成影集，分送中国队各队员和教练。

我也有机会在比赛场地之外和中国各队员轻松交谈，了解到他们的背景、生活和培训情况。在他们返国后我和他们保持了联系，并在大陆上不同的地点和他们见过面。其中，联系最多，持续至今的便是蔡振华。至今，我还珍藏了蔡振华赠我的他在加拿大竞赛时获得的一枚冠军奖牌。

令人高兴的是，不久前看到一则消息，今后中国乒乓球员的培训要增加一些体育之外的专业知识，让球员的学习更全面。以后退休，便会有更好的准备和转业条件。这一安排应该从尝试做起，并逐渐普及到所有的运动培训里，以支持和慰劳他们辛苦锻炼，运动报国的贡献，和减少他们离开竞技赛场之后的后顾之忧。

CCTV 椭圆桌 央视新闻内刊 2010年11月30日 第41期 总第52期

意在何为
——执行任务

1978年9月 我第一次从美国率友好访问团抵达上海入关时，受到优待，全团30人的行李一件都没有打开，顺利过关。可是当场我看到一位中国籍的老太太也从美国返华，她的行李不但是一一打开，每件衣服都抖开来，要彻查一切。我在旁边看到这一情况就向验关工作人员说："入关检查行李是需要的。但有必要这般仔细的检查吗？"工作人员言色并厉地对我说："中国有中国的作法，这是执行任务！"。从比，执行任务一语就深入我心了。

在以往30多年来，我已经往返中美两岸近百次，在国内停留的时间也越来越长，便也不断的听到"执行任务"一说在任务执行者口里吐出。最近的两次经验是：12月4日中国"法治宣传日"那天，中央电视台东门前平素集结的上访者路-律清除了。我路过现场时看到一位上访身份的老大太被请送上警车，正要离开，我便问执行工作的警员，这是怎么回事，他面带苦笑的回答说："我们清晨5点多就来了，这是奉命令执行任务。我也顺便和他攀谈了几句。我说"上访者不是身受委屈，而求助无门，是不会直到北京做最后一搏的。北京当局也很难受理上诉和切实了解上访者在当地的冤情和细节。这不如在北京就地统计有多少上访者抱怨地方政府行政不公，抱怨多的地方领导便要受到北京当局的通告，已受到北京关注。他们要自行改进，否则，会有严重后果。"和我对话的警员说："这一招不错，可是你要向上级反应，我们无能为力。"

上周日的12月12日，我自回龙观邮局寄衣物给韩国首尔的孙女后返回住处。看到街上有一辆工程车沿街缓行，两侧有离地的毛刷转盘转动。我好奇心切地问到司机，这是干什么？他回答说："这原是要沿街洒水，但是天气太冷了，喷水管已冻结，水喷不出来了。可是，我还要做，这是执行任务。"显然，"任务"是泼水消尘。但任务难成，"执行"的照做不误，是势在必行，更为重要。

CCTV 椭圆桌 央视新闻内刊 2010年12月21日 第44期 总第55期

禁烟场所

2010年12月18日上午我应邀参加了清华大学法学院卫生法研究中心主办的"清华控烟论坛",主题是"健康与自由"公共场所禁烟谈。参加发言和讨论的学者专家约有二三十位,旁听的记者和学生也有数十人。

在发言和讨论中首先出现的争议是:"如何界定公共场所"和"公共场所全面禁烟对在场的吸烟者是否是剥夺其人权"。再有,"二手烟伤人有科学依据吗?"

进入讨论阶段我首先发言说:"公共场所的定义是两人以上的室内空间(这不包括家庭在内),这在控烟先进国度里早有定论,并实施已久。"我又说:"二手烟伤人早已在医学界认定。吸烟者进入禁烟区不吸烟,是尊重法规,是不得以吸烟行为危及他人健康和剥夺他人拒烟自卫的优先权利。"再有,公共场所禁烟可以"压缩烟民吸烟的时空范围,鼓励他们采取利己爱人的戒烟行动,免除了他们以二手烟伤人的损害和过失,而且一旦他们戒烟成功,对四周环境里的年轻人也做出了戒烟拒烟的好榜样。这便是一举三得,皆大欢喜。"

如今中国烟害弥漫的原因是,政府控烟政策和行动疏缓,缺乏全国通行的公共场所禁烟的立法和行政规定,政企不分,国家烟草专卖局和中国烟草总公司两为一体,售烟至上,控烟止步。烟草公司推动的变相香烟电视广告和捐献也层出不穷,烟草加价和烟盒图像警示也迟迟不行。有公共场所禁烟规定的地点、单位和县市也大多是有法不从,执法不严,聊备一格,几近虚设。最后,控烟团体、人士和不吸烟者的呼声和影响比起推广烟草销售的势力和实效而言,便都是弱不禁风,难有作为了。

我建议,一是全国人大和国务院必须完成和执行"烟害防治法",其中第一条便是"公共场所严禁吸烟";二是加强戒烟服务。吸烟是成瘾性慢性疾病,戒烟费用可以报销;三是鼓动知名人士、社会精英率先戒烟,做出率领群伦的好榜样;四是普遍推行无烟家庭措施,家人互助戒烟在先,亲友登门禁烟在后;五是全国上下众志成城,把禁烟控烟推行到底,贯彻执行,改善民风,振兴中华。

CCTV 椭圆桌 央视新闻内刊 2010年12月28日 第45期 总第56期

何去何从
——烟害可防

去年底恶讯传来,与我相交20多年的挚友高建中因癌症缠身,挣扎逾年,终归不治。前年春天我还和他在一位共同友人开业庆典中见面,那时他还没有发现癌症早已启动,自己仍浑然无觉,待到数日后症状突现时已是癌细胞扩散的晚期了。

他一直是一位敬业乐群、爱家重友的好君子。多年前在军旅退役后转入出版业工作，在专业里贡献良多。卓有声誉。80年代末我有缘和他相逢，相谈甚得，他便撰写了一篇介绍我从事中美建交来龙去脉的长文在他主编的杂志发表。这样，我们也一直保持联系，交换信息，彼此鼓励。

到了2004年我完成第一本提倡控烟的专著〈你能够不吸烟〉时，也找到了他。在他担任副总编的民族出版社发行问世。那时我已从事控制烟害的义工多年，发现他烟不离手，烟瘾已深。在每次和他见面时都力劝他要及早戒烟，不可延误。我也把身边常带，助人戒烟的天津产"维尔戒烟贴"送他使用。但他却一再拖延，不能痛下决心将烟瘾彻底割除．他的自我安慰的说法是："我工作压力大……吸烟可以减缓紧张，没法全面戒烟，但我已经在减量，在努力控制了，等到退休后，无事一身轻，就可以自然而然和香烟告别了。"

显然，癌症细胞已抢先下手，作一了断，让高君"有愿难偿"了。至此，出版界丧失一位精英，其家人妻儿哀痛欲绝，我也提前告别了一位相交甚得的好朋友。这也一再显示了烟害伤人的威力和可怕性，它是慢慢的运作，深深的潜入，狠狠的爆发，重重的杀人。

于此我也要提及另一个脱离烟害的实例。近年来我参加一些庆祝活动，结识了经常扮演周恩来总理的名角曹志颖先生。得知他吸烟经年，欲罢不能。我便立即提出助他戒烟的想法。起先他拿不定主意，没有采取行动，后来"福至心灵"借"维尔戒烟贴"之助，摆脱了烟不离身，社交烟频的约束，还更进一步的成为支持控烟活动的义工了。

以上一失一得的两个实例的启发一是，烟害的隐蔽性高和伤杀力强是引诱烟民深入，最终后悔已迟的致命组合。二是，吸烟者面临戒烟行动前的一再拖延和暂缓实施都是自我摧残的前奏和成因。三是，戒烟成功要说服自己，断然行动，借重外援，坚持到底。四是，吸烟难舍和拒烟有成的最终结果是黑白分明的。前者折寿，后者得福。戒烟及时才能维护身心健康，为自己开辟一片健康自由、快乐幸福的新天地。

央视新闻内刊 2011年1月11日 第1期 总第57期

第三部分 星岛日报（2015–2017）

"星岛日报"总部在香港，在美国旧金山发行美西版。该报每周有一"星岛论坛"专版，供各界人士发表时事评论，我为该版撰文多年，该版以最上端显要地位披露我的评论。此部分各文是2015到2017年在星岛日报发表的。

务实进取 台湾有望

去年台湾的两大新闻是学生"太阳花"运动和"九合一"选举。最近台湾又传出引人关注的两件大事：一是台湾民进党主席蔡英文倡议要召开"国是会议"和重新启动该党"中国委员会"的运作。二是国民党新选主席朱立伦发表了国民党革新策略。去年台湾学运凸显了青年学子的冲击力和影响所及。今年国民党和民进党党魁的表态则是两者间的过招和较量，都要争取民心和扩大影响。

朱立伦发言为国民党的前进策略定调是绝对必要的。因为他即将主掌国民党党务，要找出一条可行之道，针对去年11月大选惨败的结果作出检讨，深自反省，另起炉灶。他提出的主张包括：听取基层民意，培养可用人才，吸引年轻人入党，注重网络操作和增加党内团结等等，这都是切中时弊的好主张。但是要将好主张落到实处则是一个艰辛的过程。这需要全党上下，齐心协力，改变思维，建立体系，并克服重重阻力，才能面貌一新，东山再起。

如今台湾的民主体制已日渐完备和成熟。两党轮换已两易其手，倘若民进党2016年大选获胜，再度掌权，四年后民进党的诺言兑现和施政成绩便也是台湾选民十目所视，十手所指的专注点。成绩不好，人民失望，2020年便仍然要面对败选，鞠躬下台。

到目前为止，台湾的统独之争，族群互斗，以及立法院询政、督政的不佳表现都令人担忧。国民党和民进党为了要继续执政或接手政权都往往过于讨好选民，投其所好，相互揭短，近期着眼，而忽略了长远之计。

面对世界大局，大陆崛起和两岸关系，台湾面临的情势如下：

一、尽管中国大陆有法治不彰和人治当道的局限，其经济增长，军力扩充和整体实力壮大发展的趋势已日益明显，形成定局。大陆专心一意要维持社会稳定，手段强硬，不遗余力，也不会出现大问题和大变化。因而，台湾今后若干年要面对和交往的乃是一个日益强盛和国际地位不断提升的中国，这一前景是可以预见和难以改变的。

二、台湾民进党尽管在党章里列有"台独"条款，面对实情，台独之念是无法兑现的。受理性引导的大多数台湾人民也不会诉诸全民公投，选择台独走向。更何况，台湾宣布独立，就逼迫大陆动手，那便是引火焚身，事与愿违。新加坡资政李光耀针对实现台独的至理真言是"决定台湾未来的将是台湾与中国力量对比的现实，以及美国是否打算进行干预来确定的。"如今美国与中国大陆利益结合之处甚多，彼此互助互补，相依相赖，美国岂能违背其国家基本利益，去支持台湾独立，为台湾撑腰到底，与中国不惜一战。

三、在最近十多年的发展里，两岸之间的经贸往还，文教交流，旅游互访，座谈会商等，都已两得其益，形成规模，只能前进，不容后退。同时，两岸也达成了默契，有了"九二共识"的认可，就彼此可以交代，不急于进行政治对话或达成和平协议。2011年7月4日我采访台中胡志强市长时，他说："一旦两岸和平相处持之以恒，成为常态，就不再需要什么政治对话或和平协定了。"此言甚是。针对两岸和平统一的最终目标，为避免僵化自缚，北京没有预设时间表。一切是水到渠成，听其自然。

以上的三点推论便说明了，中国崛起势在必行，台湾独立无法实现，两岸交流顺其自然。这是大势所趋，这也是台湾执政者要面对的实况。

台湾要自强自保和争取未来最佳发展，必须要改善和加强自身建设。执政党执政为民，在野党全力监督，在振兴民主，促进经贸，稳定社会，保障和谐，发扬文化，改善教育和修好大陆的各个领域里都日有进步，欣欣向荣。并且在两岸和平，维持现状的前提下压缩军备的开支，将省下的预算用于岛内其他利民项目。建设台湾为一个自由民主，繁荣稳定，光芒四射的宝岛，让世界注目和欣赏，让大陆参照和认同。

这次蔡英文先提出召开国是会议，后发言要重启中国委员会运作，但对两会的主旨和内涵是闪烁其词，语焉不详，不像是策略在握，胸有成竹的政治家，理解台湾前途的走向，可以提出施政高见，照顾台湾利益，促进人民福祉。有观察者认为，重启中国委员会运作是意在误导选民和应付大陆，不是要认真改善民进党现有的两岸政策。蔡英文建议召开国是会议是要挑拨制造马英九和朱立伦之间的矛盾与不和，若马朱两人对召开会议的意见不同而对立，就可削弱国民党内部的团结。我不希望这是蔡英文提及两会建议的伏笔、谋略和初衷，不然就太令人痛心和失望了。但无论如何，台湾的全民和朝野都要确切认清台湾的基本定位和前途走向，才能面对实况，出良策，用高招去建设和振兴台湾。

当前美国和大陆及台湾的互动关系自然引人注目。如今美中互动的主旋律是互补合作，不是竞争对抗。美国最近延长大陆居民访美签证期长达5年或10年，就是对大陆开放而非围堵的最佳说明。中国和平崛起并不会也不能形成对美国的威胁和打压，美国也乐见中国走上自由民主之路，这将是亚洲稳定、世界和平的助长因素。

美国和台湾曾有协防之约，既珍惜又看重台湾的民主体制，要加以支持和呵护，是合乎情理的意料中事。所以美国早已向中国大陆慎重提出"两岸纷争要以和平方式解决"的意见和立场。两岸关系不断改善和发展至今，彼此间爆发武力冲突的可能性又不存在。台湾向美国支付"保护费"，去购买美国武器的行动应大量减少而最终停止。更何况，制造先进武器的军备强国将二手货到处出售也正是世界上战乱不已的促成因素之一，此风不可长！

最后我也要向台湾青年们提醒一声，你们关心前途国事的心愿和行动是可嘉的，但唯有本人最后能够壮大滋长，成为品学兼优、独立思考和剑及履及的实践者，才能真正对你本土或寄居之乡有所贡献。

我现年八十有三。在大陆出生成长，台湾毕业工作，美国深造磨练。二十多年前又回到大陆从事义工。我十分关心以上三地。一直不分彼此，对他们恳切认同，感恩图报。我也言行合一，去做一些力所能及、乐得其所和心安理得的工作。在最近四十多年里我认真从事的社会公益活动是集中在促进美中建交和交流，从事大陆控烟义务工作，倡言两岸和平相处，最终实现统一，怀书生报国之念，透过海内外新闻媒体就事论事，坦陈己见。我视回馈社会为己任，而身体力行之。

我衷心希望，也真诚祝福大陆、台湾和美国都能与时俱进，蒸蒸日上，最后成为和乐安康的人间福地，进而促进世界的和平与进步。美中两国是全球发展和发展中国家的首席代表，相互增长补短，携手共进所产生的良好效果可以惠及全球，远播四方。这一结果便也正是我期待实现的中美双栖之梦！

正所谓："台湾迈向康庄道，务实进取莫浮躁。两岸互助获双赢，民族振兴朝天笑。"

2015年1月23日

中国控烟面临考验

刚刚看到国务院重要人事任免消息说，曾任职国家烟草专卖局副局长多年的李克明（李克强总理的弟弟）现免去副局长职务，转任国有重点大型企业监事会主席。这显然是比烟草专卖局副局长职责更重和业务范围更广的重要职位。

期盼李克明

我切盼李克明可以就此多多为国效劳和为民服务，并在中国控烟大业的领域里做出贡献。他早于2003年就在国家烟草专卖局任职，而在以往的十多年里烟草工业在中国大陆的发展是突飞猛进，声势夺人，成为国企纳税大户中的佼佼者，对国家税收卓有贡献之余，也造成了国民健康和社会风气（烟酒当道）最突出的败坏。换言之，这便是"肥了国库，伤了子民"。算算总账，是得不偿失的。更何况中国面临的是革旧出新，以民为念，并要和世界先进国家接轨并行的大好时代。习近平主席和国务院办公室都对全国（这包括军民两界）发出了控烟、禁烟的强烈信号和指令，中国控烟志在必得，上下齐心共同努力的声势和走向都强大而明显，这便正是全国国民从上到下，除烟害，去恶习，争健康，重文明的不二良机了。

政企要分开

按说，"政企不分"的现象一直是国内行政效率低下和利益冲突的重大弊病之一。直到如今，国家烟草专卖局，负有控制烟害的责任，和中国烟草总公司，负有烟草销售责任，仍是"两为一体，一人双职"。于是，增加烟草销售的优先考虑就把国民健康的重要性置诸脑后了。这样，烟草越畅销，国民越受害。（中国的医疗费用有80%是用于各种慢性疾病，而吸烟正是导致和加深多种慢性疾病的罪魁祸首。中国每年因烟害而送命的人数已高达120万，这破坏了多少家庭的幸福。）

因而，中国要治理烟害，完成签署全球《烟草控制框架公约》的责任就要达成公约的基本要求，并从烟草管理"政企分开"着手，分离烟草管理和销售的混合职责，让"控烟"和"卖烟"的任务彻底分开，以各专其职，各务其实。李克明身任"国有重点大型企业监事会主席"之职，应可就烟草业政企分开的必要措施进行研究，获得结论。国务院也要针对这一国内控烟专家们鼓吹已久，迄未实现的目标作出决定，促其实现。

就教凌成兴

据中共中央党校《学习时报》2014年12月1日刊登国家烟草专卖局局长凌成兴的专访披露，凌局长一方面信誓旦旦的表示"对于控烟履约工作，国家烟草专卖局的立场是明确的、一贯的；吸烟有害健康，控烟势在必行，履约是义务，更是责任。"另一方面他又补充说明："吸烟有着数百年的历史，还存在客观的市场需求，这就决定了烟草控制是一项长期的、复杂的、艰巨的工作，要注意避免片面化、绝对化、扩大化倾向，使控烟工作健康有序有效扎实推进。"

现我要向凌局长公开请教以下两个问题，并希望获得他的回覆。

一、"吸烟历史悠久，有市场需要。"

请问，任何历史悠久的行为和习惯就一定要继续下去，执之以恒吗？恶劣行为和不良习惯不应该革除和消灭吗？缠小脚，吸鸦片的传统习惯为何早已不继续了？

吸烟早已被国际卫生界定性为"可以预防的成瘾性慢性疾病"，其杀伤力强，普及面广，是人间健康重大隐患，势在必除。所以，世界卫生组织才发起了全球《烟草控制框架公约》，要号召和要求全球各国一致行动，贯彻实施，目标明确，尽扫烟害。中国也早于2006年就签署了此公约。

国内常说"与时俱进"，那么负责控烟的凌局长对控烟职责的认识，和对烟害内容的理解是否已达到与时俱进的要求呢？世界烟草界大户美国雷诺公司的高级领导在数十年前就在内部宣称，"烟草是要卖给无知和低下的顾客，我们自己不吸烟。"不知道烟草专卖局和烟草总公司领导层的主流观点和行动是否是"拒烟千里、拒烟者众"。

我的结论便是，吸烟是恶习，不要延续，要及早戒除。以"历史悠久和市场需要"

为说词而鼓励吸烟和卖烟是违背真理，不得其所。除非凌局长另有高论，足以服众。果如此，愿闻其详。

二、"为使控烟工作健康有序有效扎实推进，要注意避免片面化、绝对化、扩大化倾向。"以上这段说法是出自凌局长煞费苦心的一番设计，要提醒推动控烟应掌握分寸，不要过激，以免产生反弹，事与愿违。现我仅就"片面化、绝对化和扩大化"三词一一讨论之。

1、片面化——片面者便是没有照顾全局，是有局限性的。那便是没有考虑到"烟民过瘾"和"国家税收"的事实和需要。但，我已早就说明了，吸烟是恶习，害己伤人。控烟戒烟是善举，利己安家。再有，国家不能靠烟税收入撑大局，这是得不偿失，祸国殃民的。所以，提倡控烟，鼓励戒烟是理直气壮，不是片面化。

2、绝对化——不要绝对化就是不要雷厉风行，贯彻到底，要网开一面，要留有余地。那么，"除恶务尽"，为国民健康和家庭幸福的促进全力以赴，义无自顾的立场和要求可以改变和放松吗？答案是否定的。推动全国控烟工作，是利国爱民的千秋大业，要绝对去做，彻底实施，不能妥协，不容改变。

3、扩大化——不要扩大化就是不要全面展开，普及全国，惠及全民。这是什么论调！努力做善事和传播好消息都要一传十，十传百，全面普及，扩大影响，哪有自我打压，自我收缩的道理。如今中国大陆的现状之一正是有不少人唯利是图，违法犯纪，忽略公德，缺乏爱心。我们若呼吁控烟，劝人戒烟，便正是扩大关怀，爱人若己。对这样散布正能量的行动是应该努力扩大化，还是应该"收敛"和"缩小"呢？凌局长何以对善举若是的扩大化忧心似焚，期期以为不可，就要听听他自己的认真解释了。

控烟成大业

20多年来我返回祖国，一直坚持控烟义工，毫不退缩，就是认定控制烟害在中国是势在必行和行可见效的社会工程。如今国内的最高领导层已经发号施令要大力推动控烟工作。全国人民也要响应号召，共襄善举，将爱护自己，造福家庭和带动全民的控烟工作顺利推行，贯彻到底。

正所谓，"吸烟陋习祸害深，全民控烟要认真。铲除烟毒齐努力，重造金刚不坏身。"

2015年2月20日

从李光耀逝世谈起

新加坡建国之父李光耀于3月23日病逝，享年91岁。他是一位举世公认的杰出的政治家，祖籍广东，留学英国，在东方背景和西方教育之下成长、求学、工作和从政。最后努力奋斗领导新加坡脱离贫困，晋身为世界耀眼夺目的先进国家。他的贡献和成就是巨大的，突出的。

李光耀认为新加坡的成功有三大特性。一是确保国家是人们最安全的生活与工作之地。二是平等对待每一个公民。三是确保每一代新加坡人能持续成功。他自信新加坡拥有在这个区域里超凡出众的制度，他也期望新加坡沿着轨道稳健前进。

他的长子，现任新加坡总理李显龙在悼念李光耀时说及，新加坡人民纪念李光耀最好的方式就是步其父的后尘，继续努力，持续新加坡的进步与繁荣。其言甚是，新加坡的成就展示了事在人为，和众志成城的至理名言。

李光耀在新加坡执政（1958—1990年）期间和退休以后经常造访中美两国。1976年5月曾在北京与毛泽东暂短会晤。他视毛为一个伟大人物。但，"这个解放中国的人通过文化大革命几乎毁了这个国家"。（注：李光耀2013年著《李光耀观天下》）1978年11月邓小平在新加坡会见了李光耀，目睹新加坡建国后的显著成就是源于开放改革，而切身感悟。1993年由李光耀搭桥安排，第一届汪辜会谈在新加坡召开，这也重启了两岸会谈之门。

2007年11月造访北京时李光耀会见了时任中共政治局常委的习近平，习给他的第一个印象是"一个心胸开阔的人，大器，有深度，不愿炫耀才华，显得很庄重……曾受过困苦磨难，从不抱怨或发牢骚，努力工作，慢慢地证明自己。因此我将他列为南非曼德拉这级人物。"

在《李光耀观天下》一书里，他对中国的情势提出了许多深刻和坦率的评论：

"五千年以来，中国人一直认为，只要中央政权是强大的，这个国家就安全。"

"随着中国各地出现的变化，中国的政治也必须变革。任何制度都不可能永远一成不变。"

"中国共产党热于探索党内民主。"

"共产党称反腐斗争关系到党的生死存亡。"

"腐败，缺乏法治和治理制度可能会继续成为中国体制的特色，这都是明显的弱点。"

"没有法理制度，个人不服从领导人。没有法治，掌权人在统治。"

"腐败不会促使这个制度垮台，但会阻碍它有效的运转，也使这个国家不可能得到最理想的发展。"

"中国面临更为迫切的问题，是如何处理效率低下的国有企业。"

"没有从地方腐败中获利的农民把希望放在加入城市人口。"

"中国的官员是实用主义者，决心要塑造一个富裕发达、拥有先进技术的国家。"

"中国需要从出口导向经济转变为国内消费导向。"

"经济成长取决于生产力，国民要透过教育和培训，掌握不同的技术和劳动工具。"

"财富必须更加合理的分配，经济成长必须惠及所有的人。"

"中国能否像新加坡那样确立法律和治理制度呢？这可不是那么容易，这需要政府和人民在思维方式上有一个根本性的改变。"

李光耀一书也提及，"美国不会为维护台湾的独立与中国交战。两岸和平统一是时间的问题。逐步和不可阻挡的经济整合将把这两个社会连接在一起。假如民进党上台要改变政策，台湾的农民和企业家会感到痛苦。民进党就会在下届或再下届的选举中落选。两岸不断发展的互相依赖关系将使台湾无法实现独立。"

"中国要韬光养晦。悄悄地成为强国，悄悄地扩大影响。避免惹怒现有大国，与所有的人交朋友，只会变得愈来愈强大。这将留出空间，去处理国内问题，继续发展经济。使『东协』把中国的发展看作是机会，而不是威胁。"

"中美之间目前不存在激烈、不可调和的意识形态冲突。中国需要和美国保持友好关系，确保继续获得其市场、投资、技术以及获准进入其大学。美国更没有必要与中国长期为敌。"

李光耀不愧是"友直、友谅、友多闻"的中国人民的知心朋友。他见多识广，谅解体会，直言不讳，针对国际局势和中国现况用心论述，深入浅出，实话实说，一言中的。中国拥有历史文化悠久灿烂的优点，也肩负了一些相应的包袱。中国一定要存良去腐，与时俱进，努力建设一个富强康乐的新中国。这也正是中国执政的共产党和全体人民要共同奋斗，努力实现的目标。

正所谓，"普世价值真善美，爱人利己说实话。开放改革兴中国，自由民主利天下。"

2015年4月1日

论海峡两岸走向

2014年，台湾出现了"太阳花"学运，不少青年学子对两岸服贸协议的内涵作用和审批程式产生质疑，对台湾经贸发展时获利分配不均的情况产生不满，也对两岸互动最终走向存有戒心。这一学运虽不能贴上台独和反中的标签，却影响和带动了大批青年及中间选民在台湾2014年11月"九合一"选举中支持了民进党候选人。再加上国民党内部松散，与年轻人脱节，又竞选手段不佳，在选举中遭受空前惨败，丧失了许多地盘和资源，让2016年大选时民进党获胜的前景看好，有望再掌政权。

3月里大陆全国政协和人大两会召开期间，针对两岸关系的发展，习近平主席和李克强总理都强调，两岸发展的政治基础是"九二共识"。也重复了2005年连战访问大陆时国共两党的倡议，"认同九二共识，坚决反对台独，促进和平交流，获得互利双赢"。李克强于3月15日人大闭幕前的记者会里回答台湾 TVBS 记者发问时说："两岸是一家人，是骨肉同胞，坚持一个中国，九二共识，反对台独，维持两岸关系和平发展就会给两岸经济合作创造基础，扩大空间。大陆将会继续维持台资企业和台商的合法权益，维持他们的合理优惠政策。"此一论述被视为是送给大陆台商一粒定心丸。

于3月13日去世的前新加坡总理李光耀是一位知识渊博，见地深远的政治家。他在世时曾频频造访大陆、台湾和美国，也一直和各地的领导人不断接触，亲切会晤。1993年经他安排，首届"汪辜会谈"在新加坡召开（这化解了去大陆或是去台湾召开的取决之难），也就此打开了两岸执政者经过巧妙管道进行交流会晤的大门。

针对两岸最终的和平统一及美国有关立场，他认为：一是，美国不会为支持台独而战。二是，台湾不可能实现独立。三是，疏远舍弃大陆，台湾要吃尽苦头。四是，两岸迟早会完成统一。此一论点是十分中肯的，观察是可靠可信的。

2008年台湾大选前，民进党主席蔡英文应邀去美国阐明其两岸关系的立场。她推出"台湾共识"之说，给美国官方留下的印象是"欠明朗，不可靠，添麻烦"。以这种态度出发，处理两岸关系不利于美国的国家利益和亚太地区的稳定发展。美国就此表态，蔡英文也无法走完在台执政的"最后一里路"。

明年又将是台湾领导人的大选年，蔡英文又将成行向美国朝野"应考面试"。前美国驻台协会台北办事处处长包道格近日在美国发言说，九二共识是推动两岸关系正常发展的必要基础。这一民间发言已暗示了美国官方的立场。如今蔡英文要两面讨好于绿营内部台独势力，和美国官方取向，是难以两全的。

如今中美两国要维持良好关系和共同处理国际事务，双方面合拍处多，分歧处少，互惠性强，对抗性低。所以美国在处理台湾情况时不会偏袒台湾，树敌大陆。好在，维持台海现状的"不战、不独、不统"是符合美国国家利益的，这也保证了台湾的安全，和留下了运作空间，让两岸和平相处，有利互动和迈向未来。

倘若两岸和解统一是大势所趋，是时间问题；倘若此一结局也是造福两岸同胞和振兴中华的大好结局；倘若两岸的执政者都有此信念，要促其实现，今后该如何做呢？以下是我的意见：

一、实现习朱会面——国民党主席朱立伦3月9日访港时表示了国民党将继续认可九二共识，他在适当时机可以前往大陆。就此一表态国台办发言人范丽青随后在记者会里作出了正面回应。

那么，国共两党党魁会面的最佳时机是什么呢？那便是今年九月大陆举行庆祝二战胜利七十周年大典之际了。抗日战争期间国共第二次合作，国军在主战场和日军正面交锋，共军在沦陷区侧击呼应，双方携手取得了抗战的胜利。为热烈庆祝和尊重史实，大陆应邀请台湾重要代表参加此一盛典，而最佳代表就是朱立伦主席。

二、加强经贸往还——两岸经贸合作已有良好的基础和成效，只待扩大发展，更上层楼。两岸经济合作框架协议（ECFA）的继续推动和完善工作要加速进行。这指向在台湾要完成立法程序，让当前的服贸协议和后续的物贸协定顺利通过，将协定的全面运作常规化，制度化和精良化。此一责任便得由台湾的朝野两党携手推动，力促其成了。两岸促进经贸发展是互利互惠，造福双方，不是"亲中"或"卖台"。

三、加强台湾建设——这样做，一是在经济繁荣，社会和谐及民主体制的进步里直接惠及台胞，二是产生激励和对比效应，鼓励大陆全力实现"以民为本"和"服务人民"的目标和宗旨。国民党和民进党执政台湾要产生造福台胞的实际效果，彼此监督和竞争，改善台湾面貌，以执政成效供选民评议和取舍，而不是争权夺利，自饱私囊，内斗不休，败坏大局。

四、扩大全面合作——这要包括教育、文化、新闻、旅游和政治等方面。由官方民间携手推进，共促其成。在教育交流方面要着重两岸彼此接纳大专学生，提供奖学金，支援研究项目，从事人员互访，承认彼此学历和安排就业机会等。两岸同文同种是文化交流的坚强有利基础和后盾。文化交流的范围也十分广泛，包括文艺演出、文物展出、共庆佳节、共襄盛举等等。新闻合作方面要在两岸互设新闻采访常驻机构，充分报道两岸情况，发挥回馈和监督作用。依法发行书报杂志，两岸流通，广为传阅，以展现言论自由，百鸟争鸣的效果。两岸开展旅游，迄今已门户大开，交流顺畅。这种民间的实地接触和体验最能促进理解、友谊与合作，是兴趣高涨，扎根切实，受益良深。在政治领域里双方可以配合的是要共同维护国土完整，两岸与邻国间起纷争，彼此间要暗地呼应或公开支持，立场一致，共御外患。再有，要在两岸最高行政、立法和司法机构之间建立交流、互访、谘询的管道和机制，在防腐倡廉和打击犯罪的领域里也要彼此协作，共求进步。

五、建立两岸"政治新常态"——大陆近来有"建立经济新常态"之说，那便是注重环境保护，国民健康，不盲目追求国家生产总值的增长，要保障经济可持续发展等等。新常态一词用于两岸关系便是要建立两岸间的政治新常态。那便是将两岸和平相处，共求进步，放弃竞武，共促繁荣的状况定位和视为两岸间的政治新常态。彼此善意肯定，信任巩固，就有了内心笃定，彼此坚守的铁定之约，也不再需要签署什么和平协定的书面协定了。

习近平主席于3月28日在海南召开的博鳌论坛开幕式里倡议说，亚洲各国要彼此尊重，开放包容，努力发展，共同繁荣。此一立意用于国内，便也是海峡两岸关系发展的写照和指南。

两岸的和平统一是要在水到渠成，两岸认可的情势下自然完成。快不起，急不来，催不得。世界上没有任何国家可以一直维持"一国两制"。两制是过渡，不是结局。两制必须不断彼此磨合、探讨、改善和趋而为一。实际上，大陆如今公开提倡人民要学习奉行的行为准则，如富强、民主、自由、平等、和谐、公正等，便也是普世价值的内涵。那便是改专政为宪政，改专权为民权，改人治为法治。中国人有勤劳、聪明、努力上进的良好传统和本质，中国大陆的政治体制和社会环境便要提供条件和动力，鼓励，保障，和助长他们发挥这些优点和长处。

两岸要通力合作，共奔前程。两岸和平相处，和平互助，及和平统一的进展也要步步实施，循序渐进。正所谓："和平相处订基调，和平互助是通道，和平统一成正果，民族振兴闪光耀。"

2015年4月10日

盼望实现习朱会

4月14日我在北京新闻播报节目里获悉国民党主席朱立伦宣称，他将于5月2日抵达上海，于次日参加第十届两岸经贸文化论坛。以往朱立伦曾两访大陆，第一次以台大客座教授身分于1998年到北京参加北京大学建校百年庆祝活动，第二次是2009年前往厦门参加两岸经贸文化论坛第一届会议，那时他拥有国民党副主席身分。

此行大不同

显然，他这次造访大陆是更具有重要性和时机性，除例行的参会、参观、讲演以外，又可能实现"习朱会"，那将是他上任国民党主席后第一次的国共两党党魁会晤。此时，中国大陆已进入改革热潮，三月里结束的全国政协和人大会议里，都着重和针对习近平主席倡议强调的"四个全面"政治理念展开讨论和出谋划策，要落实执行大陆为民服务，创新突破的重责大任。从共产党的自律、自新做起，依法治国，深化改革，创造小康社会。

台湾面临的另外一考验是明年将举行大选，国民党和民进党要再一次厮杀较量，争取选民，以决定国民党再连任四年呢，还是民进党要再执政。每逢此一紧要关头，台湾的执政党和在野党都要倾巢出动，施展浑身解数，竞选期中也曾出现恶性攻击，造谣生事，甚而是"子弹横飞"的变数，改变了民意的走向。

胜选三因素

台湾大选鹿死谁手的三大影响因素是岛内争雄，两岸互动和美台关系。岛内争雄要看竞选政党如何自我整合，一致对外，以什么宣传重点、竞选手段和重要策略去争取选民，和抨击对方。最后希望其立场、宣言和姿态可以争取到多数中间选民及初选族的认可、信任和支持，以赢得胜算。

两岸互动是要看台湾多数选民如何看待和斟酌当前两岸关系的处境，今后两岸关系的走向，而执政党会如何促进两岸关系的发展，以达到他们认为是利于台湾经济繁荣、社会安定和个人前途有望的目标。若是他们对大陆的作法和体制不放心，就会产生一些疑虑，不希望两岸关系的发展走的太密和太快，以防范失控和失迷。所以，大陆只是一味在经贸合作里施惠和释放善意，或是特别针对台湾头面人物和其团队在大陆投资经商时予以"款待"，是不足以有效争取台湾同胞的民心的。而大陆上的行政措施和生活环境若能真正影响、保护、鼓励和支持大陆人民产生"吾爱吾土，乐此不疲"的信任和向心力时，台湾同胞对大陆向往的力度就自然会顺流顺水，每况愈增了。

美国国会在36年前通过的《美台关系法》一直发挥了维持台海和平的作用，这绝不是在该法案的安排下美国军备得以售台，对大陆形成真正的牵制和顾虑，这实际是美国向大陆提出"用和平手段解决两岸纷争"的建议，是符合大陆、台湾和美国三方面利益的构思和框架，使两岸放心松绑，将"攻防"之念置诸脑后。而各自有了空间、时间和沉静下来，首先从事更迫切的经济民生的建设、发展和互动，直接给两岸同胞带来了利益和福祉。

最近十多年来，美国为了维护和促进其国家利益，一直十分关注台湾领导人大选一事及其结果，并且也一再及时表态和出手，发挥其影响力。美国已认定要维持和加强美中关系，以照顾到双方的基本利益，并要尽力促进亚太地区的和平稳定和经济发展，让美国从中获利。中国实力增加和崛起是必然的走向，美国正在认可和接受这一事实的前提下与中国合作，互利互赢。这样，维持台海和平，保持两岸"不战、不统、不独"的现状是美国十分乐见和大陆目前可以接受的实情。只可惜民进党主席蔡英文只能说一声"维持现状"，却无法吐出三个"不"字，怕得罪党内基本教义派和口头争取台独的陈水扁的亲近分子。她的处境是既为难又可怜。2016年台湾大选之际，很可能还是走不通最后一里路。

期望习朱会

朱立伦于3月8日在香港声称自己有愿赴大陆一行，国台办发言人范丽青随后在记者会作出正面反应。如今朱说，国共两党主席的会面与否还未定论，这自然是要留时间给大陆方面表态欢迎，确定安排，才能算数。我想，2005年4月国民党主席连战在北京与中共总书记胡锦涛的会面打开了两岸关系和平稳定发展，互信互助，创造双赢的门户，如今习朱会的跟进便更是两岸在十年正面互动，双双获益的大好基础上更进一步的重要契机了。

以往国共曾两次合作，北伐时期铲除军阀分割，抗战时间抵抗日军侵略，如今第三次合作就是振兴中华，共赴前程的画龙点睛之作了。这次合作不是狭义的两党之间的"家务事"，而是要共同带动两岸的民意、资源和动力，去缔造一个热爱和平、自由民主、繁荣富强的新中国，雄立亚洲，造福世界。

今年5月里习朱会实现后，还可再邀请朱立伦主席代表台湾参加大陆九月举行的抗日战争胜利七十年庆典，坚定彰显抗日战争里国军的重大贡献和牺牲，及今后国共两党努力合作，共成大业的决心。

殊途可同归

据了解，朱主席五月到访上海，将赴复旦大学讲演。我希望他讲演内容要阐述台湾缔造民主体制的必要因素、艰辛过程、当前成就和今后展望。台湾希冀的目标和如今大陆公开宣传要遵守的社会主义核心价值是不谋而合，同一归属。这样，两岸就有了坚实一致的目标和方向，携手共进，促其实现了。

正所谓："五月实现习朱会，双方合作归正位。民族振兴要争取，实质操作获真昧。"

2015年4月21日

台湾大选两插曲

最近台湾政坛有两事发生，为台湾明年大选增加了色彩和谈论资料。容我就此一论。

国民党副主席及立法院副院长身分的洪秀柱女士4月20日登记参加国民党内初选，要成为该当明年一月竞逐总统大位的候选人之一。

她扬言要粉身碎骨，在所不辞，带领台湾走上正路。她参加党内初选是正常和公开的步骤和行动。若缺乏这一过程，国民党人选的产生就成为"闭门作业，内部协商"了。

当然，如今民进党已经敲定由该党蔡英文主席出马，党内没有任何人出面竞争，蔡英文是顺利登场。

可是，有趣的是，台湾《中国时报》却刊出社论，主张台北市新任市长柯文哲应挺身而出，参加明年大选。理由是：一、虽然蔡英文代表民进党参选，前景看好，但并非定论。二、台湾多年来的蓝绿对抗已大大引起了许多选民的反感，柯文哲以第三方立场参选，对不少选民有极大吸引力，会成为90后年轻选民支持的对象。再加上柯文哲执政台北市以来，作风一新，透明度强，口碑不错，引人注目，若挺身参选，出师有据。

当然，在当前，政选获胜绝对需要人力、组织、财力和宣传的支持。在如今台湾两党轮替的既成体制下，不属于两大政党的候选人是难以脱颖而出，身登大位的。柯文哲竞选台北市市长宝位时，民进党没有推出党内的竞选者，而全力支援柯文哲当选，如今是总统选举，民进党便不可能不支持蔡英文，而去为柯文哲撑腰。

2000年大选时，国民党一分为二，有连战和建立亲民党的宋楚瑜双双出马，选票分散，便宜了陈水扁渔翁得利，侥幸当选。故而，如果绿营理念的柯文哲参加明年的角逐，一定会夺走不少中间选民和部分绿营选票，对蔡英文的票仓产生不利作用。

洪秀柱有"小辣椒"的称号，平民出身，力争上游，心直口快，作风朗爽，是一位女中豪杰。她不满意国民党有潜力的三员大将朱立伦、王金平和吴敦义都仍然思考再三，迟不表态，便决定挺身而出，要"催动"国民党参选人物及早产生。

她主张两岸互动要进入"难易并举，政经兼顾"阶段，是积极进取之见。这也可以掀起注意和辩论，在国民党内初选时，让候选人针对岛内施政，台湾前途和两岸走向等重要议题力陈己见，直对选民。洪秀柱的现身和柯文哲的可能参选都是台湾民主政治不断发展和成熟运作时有益有趣的插曲，为吾人所乐见。

2015年4月29日

习朱会圆满结束

国共两党领导人习近平和朱立伦已于5月4日顺利会晤。彼此重申《九二共识》是两岸和平相处，互助互惠的必要基础，两岸要加强合作，命运同享，共同振兴中华民族。

多年来我一直倡议中国大陆要力求进步，海峡两岸应和平统一。1979年12月下旬，新中国在美国三藩市开设总领事馆，我特地从西雅图赶赴现场会见中国驻美柴泽民大使，参加了开馆的庆祝仪式，其后我投稿三藩市《时代报》，以《和平统一中国》为题，写出我的感想，结尾时说：(血浓于水)的真理恒古不变。中美断交30年，而今中美建交，两国人民之间的友谊之门打开。在三藩市中国总领事馆的建馆招待会里，我们一方面看到中美国旗并列，数百位中美人士欢聚一堂的盛会，听到中美双方代表快乐兴奋的致辞，共同为中美人民友谊和中美两国友好合作的前途干杯，一方面我们也深深的感触到，台湾海峡两岸的中国人，是无法世代结仇、老死不相往来。大陆和台湾双方面认定要努力克服一切障碍，达成中国和平统一的目的，造福所有的中国人。美国采取敌华政策二十多年，都有顺应国际局势，作一百八十度大转变的一天，大陆和台湾之间的兄弟阋墙之争，还会永远维持下去，没有和解的一天吗？

2000年1月31日我在三藩市《星岛日报》上发表《乱世用重典不是答案》一文，开始时说："1月15日我自北京经东京返美，在飞机上看到《人民日报》海外版当天头版头条的消息，说的是："治国必先治党，治党务必从严。"这是江泽民在中央纪委会议上强调的论点，而1月14日共党中央纪检会全体会议通过的报告也说"反腐败任务还相当繁重，我们对此必须保持清醒的认识，增强责任感和迫切感，采取更有利的措施，深入推进党风廉政建设和反腐败斗争。"

障碍：老实说，至今共党治国而弊病滋生的根本原因就是凌驾于其他民主党派和万民之上，缺乏人民的监督，不受舆论的影响，不为民主和爱国人士的"苦口婆心"所动。所谓"我们的党是一向可以自我纠正自我错误"之说，也只是说说而已，没有什么实际意义。半世纪以来，中国走了不少冤枉路，运动频频，进三退二，人民和民主党派在共党的领导下，惟命是从还唯恐不及，有能力，有可能去纠正"党的错误"吗？

也许如今最佳的唯一治国治党之道是，跳出在党内兜圈子的老套，让人民真正当家作主，让民主政治发扬光大，让舆论监督和爱国爱民的党员和人民发挥更大的力量。唯有这样，才能使中国走上泱泱大国、民主幸福的康庄大道。

15年前的2000年5月20日陈水扁在台湾就职执政，我于5月22日在三藩市《星岛日报》刊出《本是同根生，和统应更急》一文，言及："两岸和平统一的一个障碍来自两岸政治体制的差异，生活条件的不同，和彼此互信的不足。邓小平倡议的一国两制，只能是过渡，不能是终结。150年前美国南北战争的史实就已普告天下，制度不能一分为二，自由不能厚此薄彼。因而，和平统一的中国也必须是自由民主的中国，两岸一体，不分彼此，全民一致，共享福祉。"

2002年9月29日我在北京大学历史系举办的"抗日战争遗留问题与中美日关系"研讨会里就中国的和平统一主题发言时又提出了中国改进的一些具体建议，说的是：中国希望获得真正的安定团结和长久进步就得先逐渐放宽学术研究、文化、新闻和言论自由的尺度。十多年前胡绩伟先生说得好，他说"一个国家没有新闻自由，就没有真正的安定。"时至今日，要控制民间资讯的流通，尽管采用新闻导向、审读小组、电波干扰和网路监控等手段，想也是防不胜防，得不偿失的。人民要发挥力量，认真报国，必须有正确的资讯为引导，才能有效发挥。再有，中国的党禁和报禁迟早也得开放。蒋经国在台湾去世前开放了党禁和报禁，这是他对台湾民主建设最大的贡献。

结论：在中国必须创造一个宽松和谐，自在从容的大环境，好鼓励大家发挥创造性和积极性，服务社会，好让大家可以公开坦率，实际有效的为中国的政治改革、中共的改善进步，和中国的和平统一集思广益，出谋献策，各尽其力，力促其成。毛泽东早年的名言是"党外无党，帝王思想；党内无派，千奇百怪。"他说的很有道理，因为他早年提倡中国必须有民主，而民主的重要基础就是各施所长，公平竞争。要是党外无党，党内无派，这种公平竞争能够出现吗？毛老人家数十年前说了这句真话，到了今天，应该也必须有实现的机会了。

5月2日朱立伦率领台湾代表团赴大陆，先在上海参加第十届经贸文化论坛，再北上北京于5月4日和习近平总书记会面，恳切交谈，共商大事。正所谓："十年前破冰之旅，到如今习朱会议。都坚持九二共识，同享受和平红利。"

2015年5月9日

看大局 论中国

人民网4月20日发表了一篇英文文章，标题是《中美势力平衡的新变化》。文章开头便说："除了美国是显著例外，57个国家已经联合加入了亚洲基建投资银行，韩国、英国、澳大利亚、法国、德国和意大利都是原始加盟国，这表示这些国家要和中国与亚洲共用经济发展的成果。再有，这显示了事实上中国的影响力已经提升到新的高度。中美势力的平衡也产生了重要的改变，世界已进入一个新的格局。"

中国崛起

该文用以下之说去支持上述论点：

一、中国的国民生产总值预估将超过美国——近年来中国每年的经济增长率优于美国、欧盟和日本，中国的国民生产总值最后超越美国是不可避免的。

二、中国将重整世界经济现状——中国人民币的国际地位在不断改进，金砖四国银行和亚投银行将建立。

三、中国的友谊圈在不断扩大——中国不断延伸其政治和道德影响力，受到各国的欢迎，美国则看重武力和独霸而招致反感。

四、中国军事力量稳步提升——中国航母已成军运作。中国武装护侨和执行国际救援任务，赢得国标赞赏。

五、中国文化影响全球远播——中国历史悠久，文化遗产丰富，得天独厚，主张天人和谐，对促进世界合作与繁荣贡献良多。

六、中国对全球的影响将与日俱增——中国的"一带一路"措施已吸引到了全球注意。去年11月习近平和奥巴马会面时说，中美两国要彼此理解和尊重，求同存异，和平相处。两国要维持稳定，以建设性方式解决纷争，以达到合作与双赢。

当前局限

我十分同意此文中习近平的结论。那便是中国势力日增，情况变化，中美要相互尊重，合作双赢。可是，我认为该文对中国崛起的乐观看法是有待商榷。

古语说："满招损，谦受益。"此说对个人和国家都适用。中国当前的处境虽比30年前大有改进，但是和"国泰民安，富强康乐"的境界还有很大距离。中国对内仍需要振兴经济，保护环境，争取民心，革新政体，对外则要避免张扬，韬光养晦，量力而行，稳步前进。

中国拥有13亿人口，约占全人类的四分之一。而平均个人所得，仍居国际中下水准。中国的经济力虽日渐增长，但经济结构和持续力都存在问题，中国自然资源的紧缺和人力资源的浪费也不容乐观。

中国有一艘培训航母下海运作，美国有11个威力强大的航母战斗群。中国当前敦亲睦邻政策的实施也不是处处风光，人人欢迎。中国文化的优点要在软实力里展现，那便该是自由、平等、公正、法治、和谐、诚信等，但这些品质至今还不是畅行中国，世人公认。

全球局势

美国二战后的霸权地位虽然下滑，但其全盘影响力仍然是首屈一指，举世无双。如今世局的重大变化是多元化、区域化和协商化，美国已失去轻易动武，盟邦跟进，经济独霸，众国称臣的昔日威风。这也产生了机会和空间，让欧盟、东盟、金砖四国等政经合作体产生了彼此照料，共同发展的契机和作用。中国便也要因势利导，健全自身，建设亚洲，展望未来。

令人悲伤的是，尽管当前局势是全球一体，同舟共济，全球面临的严重问题却也很多，如战乱不已，军备竞赛，环境污染，气候变暖，资源减少，教育落后，贫富悬殊等。而已发达国家出于自私自利的考虑，还没能真诚投入，为解决世界问题而牺牲一些自身利益。联合国虽大声呼吁，也面临局限，不能长期有效化解各种危机。

自力更生

总结来说，中国最佳的自处和处世之道是，一切从自身做起，要脚踏实地，逐步前进，不要未腾飞先自满，而要首先创造自由民主的良好环境，产生利民兴国的自然成效。果如此，那便也是美梦成真，国人称庆了。

2015年5月13日

美中相处 行其正道

美中两国是当前全球位居一、二的经济体，又各在"发展"和"正发展"国家里占有领导的地位。于是两国之间的互动和走向就对世局的发展产生举足轻重的影响，而分外引人注目了。针对两国之间合作与对抗的话题便也是众说纷纭，各有出处。

近来，美国《国家利益》杂志刊出一文，强调美国有遏制中国的必要，而设定了美国对华政策的五个显著目标，其为：

一、重振美国经济，以保持不对称的经济优势。（我的注解：以压制中国全面发展。）

二、在盟友中建立有意识排除中国的新贸易协定。（注：以孤立中国经济运作。）

三、建立技术管制机制。（注：以削弱中国军备改进。）

四、采取行动增强中国周边的美国盟友的力量。（注：以阻碍中国睦邻修好。）

五、提高美国向亚太投送兵力的能力。（注：以增加美国应变能力。）

这些主张是从敌对和怀疑立场出发，强调防范，重在围堵，以偏盖全，言不及义。

在2006年到2009年担任美国财长的亨利·保尔森是《和中国打交道》（十二册）书籍的作者，他总结了该书的主要观点，于2015年4月9日公布。文内开头便说：

"在不久的将来，中国可能超越美国成为世界第一经济体，让我们称雄世界150年的地位下降一格。中国不断在亚洲显秀其新肌力量，也加强了国内的压制。中国也是美国外来最大的债权主，拥有接近13000亿美金的华盛顿债券。

美中之间存在全球最重要的双边关系，对美国产生的作用是，增进美国的国家安全，经济健康，环境品质，使美国保持强大。我愿意提出八点美国对华策略。我不以学者或理论家的身分提出这些论点，而依靠自己特有的背景，我造访中国逾百次，和中国高级官员交往近25年。（注：他在美国财长任上，曾于2006年9月19日和习近平在杭州会面。）"

以上是一段精彩务实的开场白，以下我将直译他的八点主张，再加以反应说出我的感想。

一、"助我者我亦助之——当美国极力交涉，要中国市场自由化，开放中国面对实质竞争时，我们也帮助了改革者（中国内部）完成了他们的经济目标。中国领导往往借用外力去推动内部的改革：中国加入谈判，在2013年探讨建立美中之间双边投资协定，这也局部催动了国内停置的改革过程。该协议成功建立将使中国的经济市场更加对美国公司开放，并转移中国经济走向，更加着重国内消费的增长。美国也将因此获益。"

我认为这一论点是中肯的，实际的。这也说明了中美之间彼此协作，礼尚往来的现况。中美经济有许多互补之处，而不是要处处竞争，一分高下。中国要维持经济上可持续发展的势头，就必须逐渐加强国内消费的力量，而减弱对外销市场的过度依赖。因而在经济市场的领域里，中美可以互惠互补，前途看好。中国已公开宣布的经济政策。也持有此一立场。

二、"显露光亮，黑暗中好事难成——在中国支持改革，要推动建立更大的透明度和更贴近普世价值。保持透明度是打击贪腐，及争取中国人民和外国投资者对中国政府和推行法治产生信心的最佳手段。我们要促进中国在各方面发布可靠正确的资讯，这包括水质资料，环保规定的执行，直到地方政府财政的实况。"

这段陈述是直言不讳，切中时弊的。中国贪腐运作最大的护身符就是掌权者一手遮天，为所欲为，和黑盒子作业畅行无阻。再有，部下为了自我保护掩藏真相，或投其所好，讨好上级，公开和上报的统计数字和施政成效往往是添油加醋，美其味，而失其实。这种做法表面上看去是一切顺利天下太平，举国上下皆大欢喜，实际是藏污纳垢，不堪闻问，伤民祸国，每况愈下。所以，保尔森提出的忠言逆耳之言，是值得国内虚心接受和痛加检讨的。

三、"权威发声，一人作主——中国决策过程要发挥最佳效果需要由资深领导掌控，来自上峰的明确指示可以形成下属的一致认同。美国若没有一个最后发言的权威者存在，中国方面就难以断定谁最能代表美国总统进行表态。我离开政府公职以后，中国官员曾无数次向我咨询，美国总统奥巴马和中国联系时是由何人出面。就美国而言，其人似应为美国副总统，中方的代表者就可能是国务院总理。"

此说是透视现实，妙到极点。中方常以自己的眼光和作法去估量美方，而产生误判。例如，在中国是头头说了算，不找代言人。在美国则是七嘴八舌，针对同一事务或命题，会有许多不同和彼此矛盾的说法出现。白宫、国务院、各部、地方官、军事首长、政客、学者、智库都可各执一言，立陈己见，毫无禁忌，侃侃而谈。针对这种分散和混乱，中国方面是诸多困惑，难求甚解的。

实际上，美国最高决策的过程和敲定是协商的，缓慢的，要注重民意，和反复推敲。在酝酿过程中是百鸟齐鸣，言者奔放。发言者大多立足于自家立场，自我专长，就事论事，畅所欲言。美国白宫和国会的领导人便也要听取有关争论和幕僚报告，再仔细斟酌，权衡利害，最后产生决策，公布实施。

国内有些新闻媒体在做评论和采访节目里，往往会针对美国的"一家之言"，尽管是偏激之论，脱离主流和不足为训之说，却视以为真，痛加批判，这便是"火力十足打错靶,小题大做费不值"了。

四、"为中国安排较好的席次和地位——我们应该让中国在国际组织里,例如是世贸组织担任更重要,更负责的角色,让中国更加支持全球的经济体制,并从中获益。我们需要准备做出实质的让步(并对中国的善意投桃报李),让中国升格进入领导地位。"

作者这一论点已是国际共识和中国应有的待遇,而现实中存在阻力,难以实现。美国及其他发达国家应该重视现实和国际需要,提升中国的地位,语言权和责任感,让中国获得更好的发挥,世界增加更多的实惠。

五、"在国外展示经济领导的力量——美国一定要保持强大地位和中国竞争。我们要重新认定美国是太平洋区强国的地位,立足于《北美自由贸易协定》,促进国门近处的经济整合,并推动《泛亚合作体》,创建太平洋地域的自由贸易区。此举将便于争取中国的注意与合作,这便需要总统(美国)立意坚决,投入政治资本,与国会取得合作。"

作者强调美国要振兴经济,发挥领导作用,这基本是必要的,正确的。可是在安排《北美自由贸易协定》时将中国排除,则是不妥和短见的。因为中国是亚太地区所有国家最重要的经贸伙伴,中国也牵头,发动设立了《亚洲投资银行》,吸引了欧亚地区大量国家加盟与投入。(至今美国和日本尚未加入),这已奠定了中国在亚太地区带动区域经济发展的龙头地位,这和美国宣导组织的《北美自由贸易协定》是可以呼应互补,而非牵制对抗。所以美国为了维护其国家利益和促进亚太地区繁荣稳定的最佳措施便是开放《北美自由贸易协定》,欢迎中国加入,再放下身段,面对现实,参加《亚投行》。这将使中美互利,美果共用。

六、"发现更多途径彼此首肯,同声说是——我们不要劝服中国处处采纳美国方式,我们最好是共同开放新策略——或是装陈酒于新瓶。美国既不能修正中国发展模式,中国也无法修正美国经济滑坡,但若是,美中双方都各行其道,各自安排本身的经济复苏,我们就会更加互利和互补。"

作者这段陈述是颇有见地,深入浅出。中美历史、文化、地域、环境不同,要争取发展,解决问题都得各行其道,各得其当,不能"照猫画虎",牵强比照。可是,在普世价值部分,是"放之四海而皆准"的。中国提倡的社会主义核心价值观与普世价值是不谋而合,目标一致的。而实现方法和运作途径不同,便是理所当然。所以,中美两国各谋其政,减少彼此之间的指手画脚,相互批评,才是道理。

七、"避免突然变招——中国的企业首脑和政府领导参加会议前都是妥善准备,目标明确。而一旦遭遇复杂问题最后一分钟的改变,他们事前的精心准备和统一决策就面临突变，而让他们心态不宁，这便可能破坏全局，影响成交。因而我们不但要避免突变，还要在处理棘手问题时（例如北朝鲜）和中方全力合作，并做好应变计划。"

这段叙述是据实说明了中国的特色和局限，按原定计划和上峰旨意行事，成败与否，心安理得，了无后患。而做临时调整，方便行事，虽成功过关，却可能受到指责，咎由自取，得不偿失。因而，细心和了解中国国情的美国人便要面对现实，适当准备，理解中国习俗，成全大事。我很欣赏作者的观察入微，能够设身处地为中方着想，也为自己达成任务，增加胜算。

八、"采取行动要反应和面对中国实况——用事实而非意愿或梦想去引导我们和中国的合作交往。中国和美国大不相同，我们便不能一厢情愿，存在妄想，希望中国变得几乎和美国一样。我们需要尽量了解中国内情——充满自信和面对现实，集中完成可行之事。

美国拥有实力和中国打交道，才能获得最佳成效，若是自身软弱就难以成就。我们必须恢复我们的经济竞争力，才能以身示范，心想事成。"

作者这番话言之有理，掷地有声。美中相处要各自进步，强强结合，不要浪费精力，在"美国围堵中国论"和"中国军事威胁论"的议题里费尽口舌，大造文章。因为中美合作，互利互补，是大势所趋，理所当然。而双方军事冲突，对敌对抗，是匪夷所思，两败俱伤。

振兴中华

中国必须振兴经济，改善民生，革新政体，激励民心，拥有真正实力，才能富民强国，振兴中华。就中国而言，最重要和迫切的是权势者要自醒自律，真正顾全大局，减少私心，放松垄断，要"视民可爱而爱之"，不能"视民可欺而欺之"。中国要依法治国，彻底进行政治体制改革，增加行政透明度，对民负责，以民为主，鼓励全民发声，听取有益建议，放弃假大空，拥抱真善美，创造宽松有利环境，让中国人民可以发挥创见，大力施展。海峡两岸也要不分彼此，通力合作，十足进步，共奔前程。如此，则人民幸甚，国家幸甚！

金玉良言

一位有见识，友好中国，祝愿中美合作，互补共赢的美国人，提出《美国对华八策略》主张的保尔森先生，见多识广，立论公正，令人赞赏，引人注目。正所谓："美中相处行正道，双利互赢前途好。中华振兴重改革，自助天助增荣耀。"

2015年6月6日

北京室内禁烟满月谈

自2015年6月1日开始,北京市推动了公共场所室内禁烟的"史上最严"控烟令。一个月后执行的效果究竟是如何呢?

初见成效来日方长

根据北京市卫生监督所的通报,"6月15日至19日共开出51张个人罚单。室内禁烟条例实施后前三周的检查结果显示,合格率最高的医疗机构是78.29%,最低的是餐饮业37.9%。"这便是说,应该率先作出严格禁烟表率的医疗机构有四分之一的机构没有达标,在餐馆内则有三分之二的场所是禁烟失效,这不是禁烟规定严格执行时应出现的结果。再有,北京市在6月15日至19日的五天里,只开出个人罚单51张,平均每天10张,北京市有烟民数百万,餐馆有数千家,餐馆又是违规吸烟的重灾区,每天只开出10张罚单,这个执法的力度和成效是太初步,太有限了。

北京市卫生监督所检讨执法不利的构成原因是:"内部控烟管理制度不健全,禁止吸烟场所无举报投诉电话,控烟巡查记录缺失或不完整,缺少禁止吸烟标志,"(注:以上引述见《新京报》6月30日D版)

禁烟措施生效关键

北京市立意良好的公共场所室内禁烟的规定一定要彻底有效实施才能做好首善之都的好榜样,再逐步推动,遍及全国,有效维护不吸烟者在公共场所不遭受二手烟侵害的权利,压缩吸烟者吸烟的空间和时间,让他们少吸烟,多受益,并鼓励他们迈向戒除烟瘾,恢复身心健康的康庄大道。以下是禁烟措施有效执行的三个关键步骤:

一、烟民自律——希望控烟禁烟的有效资讯,说服力强,威慑性大,可以大量出现,鼓励和要求烟民不违规吸烟,并及早戒烟。接受规劝和可以自律的烟民就不会在室内公共场所吸烟了。工作单位和家庭成员也要加入支援烟民戒烟、禁烟的"劝服大军",发挥爱人利己,亲友互助的威力,创造无烟单位和无烟家庭的美好境界。

二、有效遏制(标志和广播)——在室内公共场所要张贴明显禁烟标志,注明"违规举报核实,房主和违规者分别罚款10000元及200元。"并在标志下出现举报违规可以使用的二维码,举报者将违规情况直传举报中心,不必打12320的举报电话。这种举报方式快捷、有效,举报者可以方便采用,接受举报中心可以核实跟踪,执行罚款,产生强大威慑力。餐馆老板也会提高警惕,力劝力阻顾客吸烟,以维护自家利益,在阻止顾客吸烟时更是理直气壮,刻不容缓。再有,在室内公共场所定时播报禁烟资讯也是必要的手段。

三、严格执行——禁烟执行单位应派员走遍重要室内公共场所(以餐馆、旅馆为主），查看各地点是否贴有禁烟标志（注明罚款数额和手机举报方法），并在接获手机举报后派人到达举报地点核实规违吸烟情况，立即执行罚款，并可设立举报获奖措施，如餐馆交纳罚款10000元，举报者获奖数百元。

禁烟执法情况要每周播报一次，见诸新闻媒体，及有明确统计数字，列举违规单位类别，如餐馆、旅馆、办公楼、住宿楼等，违规举报和罚款执行的次数和金额。陆续违规单位，有三次记录者，公告其名称。以后陆续违规，罚款倍增。

控烟大业任重道远

北京市在十多年前就有室内公共场所禁止吸烟的明文规定，该规定十周年时又加强宣传了一次。2008年奥运会在北京举行，也执行了一段公共场所室内禁烟的规定。只可惜次次推行都是纸上谈兵，成效不足。很希望这次执行可以立改前非，立竿见影。北京市执行有效，便可全国立法，在国内普遍展开公共场所禁烟的规定。中国早已于2006年就签约参加了世卫组织发起的《控制烟草框架公约》，其中的第一要求便是禁止烟民在公共场所吸烟，其他四点是：协助烟民戒烟，烟盒有图像警示，严禁烟草违法宣传，和提高烟草税收。以上各点要求中国都没有做到。烟害横行，中国每年因此提前丧生人数达140万人。中国是世界第一种烟、产烟、售烟和烟害大国。烟民有3亿5000万，被动吸烟者逾7亿之众，这一可怕现象岂是家国之福！

控烟义工终身不辞

我在中国大陆义务从事控烟义工已进入第24个年头。多年来用尽全力，随时随地在控烟工作的领域里努力施展。用著书、撰文、宣讲、培训、发表论文、助人戒烟和上书国家领导人等诸多方式具体执行，剑及履及。近日来我就曾接受四家电视台的专题采访，就北京和全国控烟情况一抒己见，我也应邀去了外地高校和国企做了提倡控烟的专题报告，尽管这些努力仍然是杯水车薪，成效不足。就我个人而言，则已是尽其在我，用心良苦了。

好在，中国的最高领导层已经对中国控烟问题产生了关注，和采取了一些有效措施。我希望这一好的开始可以持续下去，并获得企业界和从事公益活动者的参加，将戒烟、禁烟的措施在单位展开，创造名副其实的无烟单位，并支援中国控烟活动。中国各阶层的领导干部和社会知名人士，尤其是在卫生、教育和环保领域内的工作者都要挺身而出，做好戒烟和禁烟榜样，中国的民间组织，如全国妇联，共青团，总工会和工商联等也要共襄义举，共同推动中国控烟大业，以促进个人健康，家庭幸福，社会和谐和国家进步。

2015年7月6日

审视九三大阅兵

纪念抗日战争暨世界反法西斯战争胜利70周年的北京大阅兵,称之为"扬国威,壮豪情,气吞山河,坚不可摧",已经顺利完成于9月3日,至今已十多天了。这次大阅兵除了气吞山河,观者动容外,为了制造"阅兵蓝天"和万无一失,采取了诸多措施,对北京和附近地区的交通、生产和日常生活都带来了诸多的限制和不便,这就大大减少了与民同庆,万众欢腾的节日气氛。在阅兵演练和阅兵进行的两天,阅兵团队所到之处的沿街建筑都达到了全部停摆,渺无人迹的地步,这自然也不是"夹道欢迎"和"万人空巷"的空前胜景。

美国缺席

再有,这次北京九三大阅兵庆祝抗日战争胜利70周年在亚太战区与中国并肩作战,并以原子弹投掷日本而缩短战局的美国没有派遣代表出席,道理何在?我想,美国缺席的原因可能有以下各点。

一是,抗日战争时期,美国援华和支援的对象是国府和国军。在这次大阅兵里竟然缺席,主持抗战者和如今庆祝的主人不吻合,美国感觉不对味。

二是,俄罗斯总理普京来华参加阅兵被奉为上宾。美国的官方态度是,二战日军战败投降,苏军在美国投弹广岛后才动兵,不是对日军投降有重要贡献,而是占便宜,趁火打劫,入侵东北,洗劫一空,并扶植了北朝鲜的成立。美国不愿派高官抵华与普京为伍。

三是,美国在亚太地区的盟国,如日本和菲律宾,都没有出席阅兵,美国要表示对他们的支持和兑现"互相承诺",便也裹足不前。

四是,中美在国际和双边事务里合作已成定局,习近平访美在即,抵美后一切都好谈,不出席北京阅兵,并无大碍。

总之,美国不出席阅兵应是深思熟虑后的决定,事出有因,并非轻率。

审视阅兵

此时,撇开大阅兵的多种惊人数字不说,其中包括10个空中梯队,17个全国方队,27个装备方队,30位外国领导,50余名将军领队,57个地面方队,万余人参阅等等,让我直奔大阅兵的重要目标,说的是:"铭记历史,缅怀先烈,珍爱和平,开创未来。"我要说说这些目标的意义和达成途径。

先说"铭记历史"。正所谓,前人之事,后人之师。铭记历史最主要的目的是,后人要从历史的真实面目吸取经验,好的,加强建设;坏的,避免重复。新中国建国六十多年来,颇有成就,但犯下的错误太多。数十种全民运动几乎都是破坏性的。对国共合作，一致抗日的历史过程的解释和宣传也是全面曲解，言不及义。

例如，在这次规模庞大的阅兵里只出现国民党老兵少许人乘车通过天安门大道，没有番号，没有气息。9月3日晚的庆祝节目里便更是红旗招展，铺天盖地，那有足够的表示抗日战争里国军是对日正面作战的主要劲旅和牺牲者。

因而，在"铭记历史"部分，大陆方面还有许多工作得做。要切实纠正抗日史实的误导和宣传，承认开国后运动连绵的错误。

"缅怀先烈"是阅兵庆典的第二主题。的确，在抗日战争中有国共双方的烈士为国捐躯，一去不返。其中国府人员占绝大部分。但极端不幸的是，二战结束后国共内战兴起，不少国军的抗日名将都在手足相残的格斗里送命。建国后中共又推动了大清洗，三反、五反、镇反、肃反之中，将报效沙场的国军将士屠杀无数。早年抗日的英雄人物，如飞虎队员，远征军战士……都成了"叛国之徒"，而一再摧残，不遗余力。我的大哥臧朋年在抗战末期辍学从军，加入了青年军，这也成为他后来在大陆存活时一大"历史污点"，倍受折腾，仅以身免。

那么，请问一声，此次大阅兵里有了少许国军老兵出现，就达成了"缅怀先烈"的目标了吗？显然不够，缅怀先烈要继续完成他们卫国、护国，希望中国成为诸邪不侵，民富国强的堂堂大国的最终目的。这一大国不是火力鼎盛，耀武扬威，而是自由民主，康乐富强，那便也是如今大陆宣传的社会主义核心价值观，就国家和社会而言，其为："富强、民主、文明、和谐、自由、平等、公正、法治。"就公民而言是："爱国、敬业、诚信、友善。"

"珍爱和平"是第三目标。珍爱和平对内，对国人而言，就是要促进"和谐、和善、和气"，将社会风气改变为"友爱、友善、友好"，放弃"斗争、斗天、斗人"（毛泽东治人的残酷手段）。对国际和邻邦而言，就是"和解、友谊、合作"，展现敦亲睦邻，自尊自重的大国风范。如今大陆提倡领导的经济建设，如"一带一路"和亚洲开发银行等，就是一个造福亚洲，各国互惠的良好运作模式。

"开创未来"是今后的走向。要实行民主政治，要做到习近平倡言的"四个全面"，那便是共党自律，依法治国、深化改革和实现小康。习近平另一真言的重点是：正义、和平、人民。那便是主持正义，宣导和平，爱护人民。

最终期盼

中国共产党肩负救国重任，责无旁贷，必须要掌握时机，洗心革面，全力以赴，义无反顾。那不是坐而言的口号，乃是起而行的目标！不是吗？

正所谓："阅兵过后心沉稳，铭记缅怀要认真。珍爱和平爱百姓，开创未来换新身。"

2015年9月15日

习近平访美赠言

9月3日抗日战争胜利70周年北京盛大庆典过后,中国习近平主席将于9月下旬应邀访美,这是促进中美新型大国关系的重要事件。他访美到达的第一站西雅图正是我定居近半世纪的老地方。

2014年1月上旬我在三藩市《星岛日报》和西雅图《西华报》发表了《新岁寄语习近平主席》一文。我看到习主席言词平实,语重深长的新年贺词,他表示要推进改革,让国家更加富强,社会更加公平正义,人民生活更加美好。我盼望他能兑现诺言,为民造福,为国争光,使中国在促进世界和平与繁荣的领域里做出重要贡献。

从上次《寄语》到如今已一年八月之久。在以往这段时间里,在习主席的领导下,中国的情况已产生了重大的变化,改良司法,打击贪腐,整顿国企,加强区域合作,发表"四个全面"等种种措施都为中国革新进步有了好的开始,有后望焉。习近平此行访美,对中美关系的发展会有什么影响呢?

中美关系展望

中美关系发展的前途基本是乐观的。中美之间有许多彼此借重之处,可以维护和发展本国利益,两国之间可以携手合作,共奔前程,不会产生对立冲突。

为维护美国的国家利益,美国不希望中国动乱,从而动荡亚洲,波及全球。美国希望中国长足进步,日益自由民主,可以成为安定亚洲和造福全球的一股主力军。而中国的正常发展,不论是经济建设、文化传播,还是充实军备,都不会真正造成对美国的威胁和挑战,这不存在"中国威胁论",也不需要美国对中国进行围堵和打压。美国近来对中国访美旅客签证期限放宽到5至10年,就是美国对中国放心,欢迎访美,要促进相互了解和交往的具体措施。应记得半世纪前美国在冷战时期对付苏联和古巴的强硬手段,那是拒绝并封锁贸易和旅游等一切联系,是"敌我分明,各立门户,老死不相往来。"

中美两国都有一些有心人士,为了切身利益(不是国家和全民利益),而鼓吹中美之间有基本利益冲突,难以化解,甚而是"最终要兵戎相向,难免一战"。但,审看时势和前景,这一"中美互斗"的观点难以成立,绝非主流之见。

习近平主席的访美之行,被称为是"增信释疑"之旅。在习近平访美的习奥会里,双方一定要探讨彼此都关心的国际和双边互动问题。这可能包括全球气候变暖,美台关系，中国东南沿海局势，朝鲜半岛和平发展。亚洲区域经贸合作，和中国内情（如人民币贬值，股票市场动荡）引起美方关注等问题。然而，对这些问题的探讨，难以立即获得重大突破的解决方案。

要知道，展现国家实力和发挥国际影响，其动力来自国内硬体和软体的结合，两者一体，相辅相成，这也是治国有方，民心振奋的结果。所以，习近平主席访美，进一步和美国搭建战略伙伴关系的后盾和实力是要来自国内的建设、进步和成果。这不靠武力展示和自我标榜。

中国求治要点

中国需要脚踏实地，切确去做的应有以下各点：

一是，要加强政治（政体）改革——早于80年代，邓小平就说过，中国的建设要用经济和政治的两条腿走路。因为经济建设没有政治体制的配合是难以持续发展的，不久前习近平又提出"四个全面"的战略思想，这成为今年二月里全国人大和政协两会召开的主题。两会期间我也曾应邀在中央电视台英语国际频道的新闻节目里进行评论，我认为，中共在中国执政，别无他选，中共必须首先要自醒、自律和自新，真正做到遵宪行事，依法治国，才能进一步深化改革，实现小康。

二是，要团结正面力量——这力量来自关心、希望和监督中共进步的诸多来源，有创见的知识分子，有良心的企业家，有胆识的新闻从业者，有不放弃希望的广大人民和诸多爱国爱党的党内同志。他们说真心话，尽管是忠言逆耳，但不失为苦口良药！请不要辜负他们的苦心和善意，请不要把他们作为灭口或维稳的对象。在乱世中，说捧场和悦耳话，十分容易，既讨好领导，又一帆风顺。说真话难，既难以受听，又身临风险。可是，治国之君的正确取舍就是国家兴亡的关键所在了。受批评，而知过必改之君主不会亡国；受吹捧，而不知所以的君主才会沦为亡国之君。《炎黄春秋》是一本好杂志，能言敢言，言之有物，但在国内办得十分辛苦！鲍彤、蒋彦永等爱国和开明之士的处境很维艰。他们都受到一些非法和违法的限制，缺乏行动自由，这一"维稳"的力量是用错了地方，产生了恶果。我认识他们两位，要为他们呼吁一番。

三是，要认清真正敌人——为了维护自身私利，掌握权势，贪污腐化，官运亨通……有不少既得利益者是以"爱国爱党"者的面貌出现的，他们操刀挥拳，高举左倾大旗，打压真正的爱国者，却自认是完成了"维稳镇压"的重责大任。他们越朝"天下无声，众口一词"的目标迈进，中国的前途就越快坠入深渊，而万劫不复。这就得看最高领导的自我境界和识人能力了。他们在君子与小人之间的认别与取舍，就也决定了国家的走向和命运。

四是，要参考先进模式——北欧诸国如瑞典、挪威、荷兰、丹麦等，再加上加拿大和澳洲，都是社会主义先进国家。新加坡、香港和台湾地区也是亚洲领域重要民生建设成绩显著的佼佼者。他们的表现和经验定有中国可以参照和学习的可能。请不要用"中国特色社会主义国家"一词去全盘否定他们的成就，和推诿说"那些招在中国不适用"。例如，世界卫生组织老早就提出了全球控烟的必行策略，可以处处适用，国国通行，到了中国大陆就面临阻力，到处碰壁，说的是："中国有中国的做法！"

五是，要善处两岸关系——台海两岸分离和分治已久，处境不同，各成气候。尽管近十年来两岸之间的交流与合作已获得重大的进展，"两岸归心，和平一统"的前途仍然是任重道远！这时，大陆方面要格外有爱心、耐心、善意、好意去适应当前的情势，不要急于求成，也不要威胁利诱，要自我图强，增加台湾对大陆的向心力和信任感，使一切顺其自然，水到渠成，两岸和统的一天自会到来。这次北京大阅兵，台湾新党主席郁慕明随台湾团队来参加，我无法到他那戒备森严的饭店去见面，只在九三阅兵后的下午和他通话了半小时。他告诉我，"台湾民调里最喜欢的对象是美国，一旦台湾民调里，大陆取代了美国的优先地位时，两岸就自然统一了……"此言甚是！

赢获和平诺奖

2000年，南韩总统金大中因推动南北韩和解，采取行动，获得了至高荣誉的诺贝尔和平奖。难道，堂堂中国领导的习近平主席就不能和他先后媲美吗？

二战结束后欧亚两洲出现了四起国家分裂的悲剧，其为东西德、南北越、南北韩、大陆与台湾。至今前两者已合并，后两者仍分裂。二战过后，蒋中正有大好的机会建立民主中国，尽释前嫌，不要向中共发动攻击，要诚邀中共参加国家建设。他错过了这个机会。等到解放军陈兵北岸，要渡过长江追击国军时，毛泽东也要一统天下，不说什么"联合政府"了。如今习近平似乎又有了荣获诺贝尔和平奖的希望，他要做的是，改变专政，促进统一，造福全民。我谨祝习近平主席访美之行成功，中美合作更上一层楼，两岸关系顺利发展。他也能向荣获诺贝尔和平奖迈进一步。

正所谓："天降重任习近平，风尘仆仆美国行，治国良方有多种，获得民心自然赢。"

2015年9月21日

治贪治本舍此无他

9月22日习近平主席抵达访美首站华盛顿州西雅图市后，在当地政府和民间联合举行的欢迎宴会发表演讲，强调中国反腐没有什么权力斗争，腐败分子没有避罪天堂，反腐是中共为民服务的基本任务，要坚持到底。

但如今，治贪由党内启动，不由国法做主，这种自律、自理的手段难以彻底，用左手砍右臂，谈何容易。更何况，治贪要直捣虎穴，深入引发贪腐的腹地，以彻底断阻其生存和发展空间。正所谓："物必自腐，而后虫生"，世间哪有清洁幸福之地，虫害横生之理！

如今，地方的贪腐干部是直接损害平民利益的要凶。他们为数众多，就地吸血害民。他们难比"老虎"之贵，却为人民造成追身切骨之痛。

于此，我就要针对"治贪如何求其本"这一重要专题畅所欲言，一述究竟。我以为，"治贪治本"要认定和处理五个要素：行政体制，法治功能，道德风气，社会监督和薪酬保障，形成"不能，不敢，不肯，不易，不必"五道关口。

1. 行政体制——此一体制必须要能贯彻实施牵制平衡的功能。透明度强，权责分明，功过出现，奖罚随之。绝不能形成唯命是从，和一把手说了算的操纵局面，这也正是中国当前官场贪腐横行的首要成因。如今在中国，手握行政、人事和财务大权的各级领导都可以一手遮天，为所欲为，并迅速变身成为"金砖银器"（国家资产、人民血汗）的搬运工，纳入私囊，远走高飞。据统计，中国外逃贪官，数以万计，层出不穷，而捉拿归案者甚少。

在民主法治国家里存在的三权分立（行政、立法、司法）是人类近数百年来为追求和平幸福，自治自理，认真体验和逐渐改进的架构和成果。例如，美国的行政体制要实现"民有、民治、民享"，白宫、高院和国会要彼此牵制平衡。重大事件，重要任职，重量改革的推动和定案都要有三者间的沟通，呼应和认可。这种体制就大大削减了当权当政者贪腐的空间及可能。而结果便是，腐败的分子要贪污腐化，非不欲也，"不能"也。

2. 法治功能——发挥法治功能的机构一是立法，二是执法。

立法部门是指代表民意，建立法规的组织。在西方国家可以是各级议会，在中国是各级大人，其成员由民选产生。任何法规法案的通过和成立都是针对国内不同利益团体进行权益分配或提供保障。这时贪腐成员就可能利益交换，受贿立法。而出现了贪腐行为。

美国的国会议员（参众两院）是专职的，不能来自政界或司法界的在职人员。他们在议会中表现不好，失去选民信任，就会受弃于民，自然出局。

如今中国各级大人成员被裁定贪腐违法的事例随处可见，中国人大成员可来自任何政府机关，在立法过程里便会产生利益冲突（立法或败法以自惠自利）的可能。例如，中国大人不断讨论"在职干部财产公开"的立法条律时，受到全国人大内部成员有力的阻止而一再流产。中国大人体制的突出缺陷和重大弱点由此可见。

司法是指法院和监察系统担任了执法、护法、监察、查办的职责，要保障民权，治腐除恶。这便要具备司法独立的必要条件。司法体系不受外力干扰，不受政党指挥，执法时也不能为满足政治需要去进行各种"严打"。

如今中国法院和高检部门的领导干部大多是党员，上级党部的指示会干扰其司法判决和检办走向。他们的去留又受到党内组织部的指挥，要实现司法独立就更加困难了。如今司法改革是中国领导者着重推动的改革领域之一。怎样落实完工，怎样改变党大于法的现状，是一个十分困难，又必须解决的问题。

一旦中国司法独立实现，司法判决公正、公平、公开，贪污者避罪天堂不复存在，贪腐者易于东窗事发，注定身败名裂，他们犯法贪腐的欲望虽在，却"不敢"轻易以身试法了。

3. 道德风气——这道阻止贪腐的防线是来自社会风气和个人道德水准。假如社会风气和流行作法是"有权不用，过期作废"，"笑贫不笑娼"，"有奶便是娘"，"有钱能使鬼推磨"……等等，再加上当权者道德沦丧，财色双收，他们就会缺乏自醒和自律，而鱼肉百姓，畅行无阻了。

所以中国若能持久努力去重整道德，改善风气，在家庭、学校和社会的教育环境里推动和宣传，就会减少和削弱了贪腐者的立足地和支撑点。形成自我约束，"不肯"贪腐！

4. 社会监督——这来自群众百姓和新闻媒体。两者可以发声发话，诉苦伸冤。能产生压力，令贪官胆寒。政府绝不可以"维稳至上"取代"维权为民"。1989年六四事件爆发前，中国新闻界第一战将胡绩伟先生（人民日报前社长、总编辑）公开说"没有新闻自由就没有社会稳定"。此言是千真万确，屡试不爽。再说，人民说出真心诚意的话就可以威胁或颠覆的政体，还有什么令人留恋的存在价值呢？

所有政治进步的国家都突显了人民呼声和新闻监督的威力，这也是治腐扶正的主力军。正所谓十目所视，十手所指。这时，一切贪污官员要违法败行，贪污腐化，非不欲也，"不易"也！

5. 薪酬保障——高薪养廉，收入充足，让任职者可以维持安全舒适的生活水准，也是重要的。这一情况在欧美发达国家大体实现，在亚洲先进地区也是如此，凡是奉公守法的工作者都有足够收入，维持有体面的生活及获得退休后生活无忧的保障。因而，条件配合，自处无忧，他们很少走上贪污腐化之路。

贪腐与否，因人而异。在任何社会和国度里都会有铤而走险，贪得无厌之人。可是其存在比例和贪腐数量就显然有别了。

先进国家贪腐者人数比例小，贪污数量低。而落后国家就是贪官倍出，入账庞大。如今在国际贪腐调查排名的行列里，中国处境欠佳，属于中下地位，在亚洲的排名大大低于新加坡、南韩、日本、香港和台湾地区。请不要忘记，这些国家和地区都是在中国文化历史的覆盖和影响之下，只因社会政治制度不同，而产生明显之差。

中国贪官遍地，私囊甚丰。曾有一主张是，鼓励要求在职和退休的渎职干部用提前退休和自动交款的方式去换得减刑甚而是免刑的宽厚处理。这不失为一个一石数鸟的高招，国家财库大量增收，可用于利民和加薪措施，失职人员提前退位，可以让称职者，年轻者就职和升迁。国威、世风和民心也大获一振，何乐不为！要推动此一措施，可先选一示范突破乡县，尽力开放和运用地方人民举报当地贪腐人员的有效力量和天然后援，显其功效，昭示天下，乐见其用，乐得其所。

总之，中国要想"正朝纲，铲污吏"，就一定要彻底修正那引发贪腐的现行专权体制，要不断改善广大环境和社会风气，要借鉴国际上治理贪腐的具体经验和必要措施，融入国情，放手去做。中共主政中国必须推行实质深入的全面改革才能与时俱进，身担重任，脱胎换骨，造福全民。

以上就是我"知无不言，言无不尽"的治贪良方。正所谓："贪腐盛行坏国事，万众遭劫伤民志。治贪治本无他途，五'不'良方天下治。"

2015年10月3日

广开言路振兴中华

习近平主席9月下旬的访美之行称之为"增信释疑"之旅。这便是要和美国官方民间进行积极、正面、有建设性的沟通对话，以促进彼此的理解，增强相互的信任，共同在建立新型大国间战略合作关系的构架上再求发展。

在国事之旅的商谈和交流里，彼此要开诚布公，就事论事，建立共识，齐奔前程。那么，在治理内政时，政府与民间的沟通是否也要采取同样的模式呢？那便是，广开言路，上下通气，加深体会，为民服务。答案是肯定的。

任何旅美或赴台的大陆旅客都会有"到达他乡，心情释放"，言论自由，自在轻松的亲身体验。可是，如今在大陆上"维稳"之风盛行，便也必然带来"低压"的不自在，和"慎言"的不得已。这不是良好健康现象，这不利于富民安邦目标的实现。

多年来我在大陆结识了不少爱国敢言的人士，其中包括胡绩伟、杜光和鲍彤三位先生。他们都希望国家进步，实话实说，却没有受到当政者应有的重视，反而遭受歧视，处境艰难。现容我一一道来。

一、胡绩伟先生——我结识胡老于1989年。六四事件过后，他受到免除人大职务和留党察看的双重处分，但绝不放弃他爱民忧国、仗义执言的一贯作风。生前著书数十册，洋洋洒洒百万言。

他于2012年逝世，享年96岁。他针对中国体制最后的献言是：21世纪的中国执政党不能继续死扛住中世纪的专制统治方式，用希特勒、史达林、蒋介石、毛泽东的法西斯主义一党制统治大陆了。如果，死扛住"一个党、一个领袖、一个主义"的亡灵不放，那么历史悲剧可能再次出现，这是历史规律。

在2013年9月出版的胡绩伟纪念文集《一生追求老时醒》里我写道："我心目中的胡绩伟先生是一位坚持原则，热爱真理的伟大斗士，他爱国爱民，义无反顾，执着奋斗，坚持到底。他热盼中国可以最终走上自由、民主、平等、博爱的康庄大道。我乐观以待，认为胡老的理想终将实现。"

二、杜光教授——他年近九旬，是一位令人敬佩的思想家和实践者。早已从中央党校的研究职位上退休。一生中历经甘苦，自称是"四遇劫波，两弃信仰，四度青春"。他多年来自费发行了《杜光文存》，每年四期，各印刷数百份，是非卖品，只分赠亲友，交流参考。其内容十分精辟深入，论政论事论人，也有微博选录。我一直有幸拜读，受益匪浅。

他自称："我近十年来多次提出经济市场化，政治民主化，文化自由化，社会平等化，认为这是当前改革应取的目标模式，也是现阶段民主革命的基本任务。这个观点标志着我已经从共产主义者转为民主主义者。"

近年来，我在一些集会场合和他数次见面，偶通电话，交换文集。他身体不够健朗，但从容心宽，随遇而安，善以自处。中国若能有更多的类似杜光教授的人出现，有良心，讲真话，办实事，这个国家就大有转机，前途光明了。

三、鲍彤先生——1980年代他是赵紫阳总理的秘书，六四事件前被送入秦城监狱软禁7年。释放后，他保留的离休高干权利仅是免费就医和每月生活补助费500元人民币，此费2006年起提升到每月2000元，维持至今。

2012年春天我参加聚会时和他初次结识，一见如故，相谈甚得。我以往在中央电视台军博西侧旧址做时事访谈英文节目后，可就便和他在附近速食店相聚畅谈。他和我同龄，但身体上已不再是耳聪目明。每次交谈，我都增加了许多见闻，引以为乐。

他认为中国政体不改，毫无前途，进行彻改，举步维艰。他说得很透彻。中国改革要"四不管，三自由"。四不管是，组织部不管人事调派，文宣部不管意识形态，政法委不管司法系统，党委不干涉行政运转。三自由便是言论自由、新闻自由和自由选举。换言之，要改变专制，还政于民，对人民松捆松绑，让他们身心开放。

至今，鲍彤先生的行动被日夜监控，不能自由外出，每到敏感日期，如九三阅兵，六四临头，他都会受到安排，护送出游，避开风头，暂离北京，这种维稳措施加之于他，是十分浪费，百般无理和万万不可的。

他认为，中国最高当局不一定知道他的处境。可是邓小平在26年前给他定下了"叛党"罪名，以后的政法高干就萧规曹随，绝不更改，这便也是万无一失，责任交代。我的另一位好友，蒋彦永大夫是早年揭发"非典"的爱国之士，其后他书送全国人大，建议六四平反，遭到短期软禁，而至今不准迈出大陆一步，台湾、香港都是禁区。鲍彤和蒋彦永的情况显然是中国人权纪录上显注的污点。刘晓波和高瑜因言致罪的无情关押亦在此列。

以上情况已充分说明了中国现状的诡异处。凡是为民请命，慷慨直言，奋不顾身，大义凛然之士都已遭到冷落和打压，这太糟了！中国领导若是一贯采取"远君子而近小人"的作风，并对中国极需彻底政改的迫切性、危机性置之不理，认为只要形势可以掌控，人民造反难成，就挨一天，算一天。这种想法终将形成灾难，祸国殃民，败坏收场，惨不忍睹。

当然，中国的建设也有不少显著的成就，如改善民生，增加医保等。9月24日晚我应邀在中央电视台英语国际频道评论"建设新疆60周年"一事。我认为新疆建设是成绩斐然，有目共睹。我在中央电视台做时事评论已达10年，几乎全部节目都是现场直播，开播前，从没有任何指点或暗示，要我如何定位，怎样发言。这也让我安心应约，言所欲言。

总之，在中国因言定罪的情况仍需大力改善，网络资讯迅速传播的大浪和威力已铺天盖地，势不可挡。欲罢不能，防不胜防。负责掌控和封杀"问题"网站的大量受雇网警，已面临冲击，手忙脚乱，焦头烂额，勉强交代。中国政府一定要顺应时势，广开言路，体贴民情，为民造福。正所谓：开放改革全面搞，言论自由多么好。百家争鸣出高见，真理愈辩愈分晓。

2015年10月8日

解读新加坡"习马会"

近日来我已多次接受中央电视台英语国际频道的采访，在"整点新闻"，"今日话题"和"世界观察"等节目里针对11月7日在新加坡实现的习近平、马英九会谈之事发表评论。

皆大欢喜的道理

首先我要说，习马会的实现的确是一桩震惊两岸和国际社会的里程碑跨越和重大历史事件。这也是马英九近八年来执政台湾，持续改善两岸关系所赢得的相应收获。大陆，台湾和美国都乐见其成，有厚望焉。

就两岸而言，是确定了双方和平相处，互利互惠，共同走上繁荣进步、康庄大道的固定路线。这也创造了两岸领导人直接见面会谈的先例（这费时66年才得以实现），以后便可以继续下去，将两岸最高层次的沟通常态化，制度化（以往只有民间、国共两党和政府机构的直接接触及商谈）。再有，这也肯定了两岸在"九二共识"基础上推动各项合作（这包括经贸、文教、旅游等多方面）的成就和走向，并敞开大门，可再向军事对话、政治谈判等敏感领域逐步前进，水到渠成。对美国而言，美国国务院发言人已明确表态，习马会可促进两岸合作、和平相处，为美国所乐见。（因为两岸互助，亚太平稳，中国和平崛起是符合美国国家利益的。）

令人玩味的三点

一、会议选点在新加坡——12年前的2003年，汪辜会谈在新加坡举行，这就是一大创举，开始了海峡两岸官方的直接接触，为其后的各种互动产生了带头牵引的作用。新加坡前总理李光耀在位和退休后曾数十次造访台湾和大陆，和两地诸多前后执政的领导人保持了良好的关系和直通管道，并不断以挚友身分，秉正进言，用心良苦，用意友善。如今其长子李显龙总理也秉承了他的志愿，继续和两岸交好。据了解，习马会得以安排和实现，地主新加坡是全面支持和力促其成的。再有，习马会当前不宜在台湾、大陆或香港举行，以避免争议和不利变数。所以，思先想后，第三地的新加坡便成为习马会的最佳选点。

二、习马见面互称"先生"——这是一个非常巧妙而得体的安排，充分显示了两岸双方的灵活性和成熟性。习马会面是历史性的突破，两人面谈可以论及许多双方关切的实质问题，所以，要避开节外生枝，便不以双方正式官衔互称，以避免射影"两个中国"的存在。因而，就事论事，务实为本，双方以"先生"互称就最可为稳妥和恰当。更何况，在国际报道里强调的是，习马会是"大陆和台湾领导人"的会晤，这便彰显了两人原有的政治地位，是各得其当，平等相处了。

三、会谈结束没有公报——针对此次会晤，双方同意会后不发表书面协定。这一安排的道理是，两岸领导人见面虽然可以扼要谈及双方注重的问题，可是要肯定内容，形成文字，逐一披露，若缺乏事前长期的幕僚作业和准备，就难以实现了。此会晤是要彼此加强互信，肯定两岸合作的战略方针和基础，不涉及战术细节，这是实际情况。再有，台湾民进党蔡英文方面正以"逢中必反"和"逢马必批"的一贯作风和手段对习马会提出一些不合理的质疑，若有会晤书面档出现，她便可以逐字推敲，有意误谈和挑剔，去误导台湾民众对习马会的解读。马英九在台湾已经针对前往新加坡参会举行了记者会，妥善回答了记者们数十个发问，11月7日抵达新加坡，在习马会前后还要有习马双方召开的记者会，这种种措施都表明习马会的透明度是强的，会晤的内容是正面的，是积极性的，没有不可告人的隐私存在。

中美与台湾大选

习马会正式宣布后，蔡英文就气急败坏的宣称，这是大陆的阴谋，要借此为国民党撑腰，影响台湾大选的结果。这使我想到早年外国一位政治学者的发言，他说，政客与政治家的分别是："前者只追求下次选举的获胜，后者要着眼下一代人的前途和幸福。"马英九在台湾答记者问时说明他新加坡赴会的主旨是要为下一代谋幸福。蔡英文和马英九可以对号入座，蔡是短视自私的政客，马有高瞻远瞩的政治家风范。

明年一月中旬台湾大选的结果是决定于台湾选民的意愿和取向。当前蔡英文拖延竞选政见辩论和空言"维持现状"的做法是难以取信于台湾中间选民的。台湾选民有足够的经验和智慧，可在国民党和民进党候选人之间作一比较和抉择。要考虑的是，两位候选人的背景、品德和政治历练是否能胜任领导人的重责大任。两党针对台湾内务、两岸互动和国际关系各方面的政策是如何认定、解释和执行。两党以往的施政记录对台湾选民而言有何赞同或不满。这些考虑都不是台湾外界或外来人可以轻易左右和多加影响的。

中国大陆以往曾采取行动，意在影响台湾大选的结果，但都是事与愿违，一事无成。如今大陆已经成熟和充满信心，不再去做类似的傻事了。所以，习马会的主轴和重点是为两岸和平互助、顺势发展定调，多加一把力，多操一分心，不是针对台湾明年大选的阴谋和暗算。

美国当然关心台湾明年领导人谁属的情况。可是，美国显然可以预见和预判，若是国民党继续执政，两岸关系会更加顺利的发展，不良变动的可能性小。反之，若是民进党上台，两岸关系会起波动，很可能下滑，变数多。可是，美国也不会采取任何积极手段去介入台湾大选，美国会尊重台湾选民的决定，欣然接受下一届台湾政坛的领导人。美国也有自信，知道美台关系一直是稳定和良性发展，无论何人何党执政台湾都不会看淡和疏远美台关系。

看岛内和国际反应

最近台湾民意调查的结果显示，受访者有七、八成都支持马习会的实现，和赞成两岸和平相处。习马会一事也成为国际上新闻关注的焦点。有关报道的共同点是，此举将增进两岸民众的福祉，推进两岸关系和平发展，两岸领导人的见面晤谈是有历史性的重大突破和发展。我搜看了国际上许多重要新闻社的评论，都是赞誉者众，贬议者少。这便说明，习马会是全球关注和普遍看好的重大事件，海峡两岸领导人在平等、互惠、维持尊严，形象正面，实质运作的背景和前提下进行会面和交谈，是众望所归，是应时顺势的良好举措。

习马会的成功还只是海峡两岸加强合作，共奔前程，更上层楼的新的开始。两岸都得格外的自强、自发、自新和自律，把自家的园地建设好，让人民可以乐享自由、民主、繁荣、和谐的大好环境出现，以造福两岸，安定亚洲和贡献世界。

正所谓："两岸合作前途好，全球关注掀热潮。习马相会迈大步，民族振兴在今朝。"

2015年11月8日

习马会后展望两岸

台湾海峡两岸领导人习近平和马英九的新加坡会谈已于11月7日圆满结束，这一赢得两岸和国际社会聚焦注目的重大事件的影响和后续力还刚刚开始。

习马会后双方公开发表了九点声明，其结合点正是："两岸要在一个中国的框架下合作互助，造福人民，和平发展，，振兴中华。"这是一个合理、坦实、应该和可以努力实现的目标，向台独理念直攻心脏，予以重创。

1945年在国民政府领导抗日胜利后，中国获英美支持，收回了以往被日本侵占半世纪的台湾和澎湖列岛，台湾才得以从日本统治的压迫下脱身出来，恢复自由。其后大陆国共相争，内战爆发，国府败走台湾，中共统治大陆，蒋中正在台掌权的初期也曾为保障安全，推动"白色恐怖"，造成一些误杀无辜的错失和引发民怨，那时我正在台湾就读高中和大学，目睹其情，记忆犹存。

待到1972年至1988年蒋经国主台期间，他逐渐看清大局，顺从民意，于去世前开放党禁和报禁，这便是台湾步入民主政治初级阶段的诞生。而台湾民进党的出现也逐渐形成了国民党和民进党在朝在野、分庭抗争的竞争局面。

但民进党台湾执政8年（2000年到2008年），在陈水扁的带领下，完全丧失了民进党"民主进步"的初衷，并将两岸关系的发展降入谷底。后来东窗事发，陈水扁贪腐事件全面掀露，他本人也遭判刑入狱，辉煌一时的"台湾之子"转眼沦为众人指骂的"台湾之耻"。这说明世间不乏私心暗藏的政客以报国为民号召，却做尽祸国殃民之事。

在墙倒众人推的局势下，马英九带领国民党于2000年大选时全面获胜，开始了主政台湾连续两任（8年）的局面。他在任的最大成就就是彻底改善了两岸关系的发展，在"先经后政，先易后难"的原则下稳步前进。可是台湾内部也产生了明显的变化，不少人认为两岸经贸合作的红利没有普及底层人民，两岸走动过勤过近也可能出现倒向大陆的政治风险。马政权对台湾全民做了不少有益和建设性的事，但公关和说明效果差，如今已面临下届台湾领导人大选时国民党败选，民进党再度翻盘执政的可能性。

不久前在新加坡实现的习马会不是针对下届台湾大选，要左右其走向，而是严正指出，要坚决反对台独，两岸需要走上互助双赢，和平发展的光明大道。

就台湾而言，是要在岛内促进和增强对上述宗旨的认同和实现。充分发挥岛内民主体制的优点，避开族群恶斗和意识形态之争，要形成良性竞赛，并建立两党相互监督和激励，要共同为民服务的正常运作模式。

台湾要和大陆充分交流与合作，加深互助，建立互信，并对大陆现行体制的改进献言献策，用心用力，以共同完成最后和平统一的美好愿景。在两岸和平巩固，长期友好的情况下，台湾要停止美国军购，而将所省费用全部移用于岛内民生建设及大陆投资专案。

就大陆而言，要集中力量，在遵守宪法，依法治国，改善体制，以民为本的原则下逐步向前。当前，大陆倡议标榜的24字"核心价值"陈意甚高，但要从实际可行的作为里逐步实现。世界上社会主义先进国家和亚洲进步国家现行体制的优点和共性是，守法性强，公德心重，维护优良传统，促进民间和谐，社会行动自由，民心安定舒畅。这都是大陆施政要参考和运作的方向。

再从有利的方面去看，习近平已大权在握，治国有方，在国内不断采取具体措施，行政松绑，司法改进，社会照顾，民生关注，打击贪腐，振奋民心等。这种种改进已功效日显。在国际舞台上也已大显身手，使美访英，国威大振，亚洲运作，互惠加强，让"亚投行"和"一带一路"的经济合作平台供参与者公用共用。

可是，溯本求源，中国在亚洲和国际上的贡献是要来自国内的支援和硬软实力的结合。中国要援外，先得安内，要用国内就业者血汗积累的资金和国内宝贵的资源，首先缓解国内面临的民生建设问题，在就业、医疗、住房、教育和退休等各方面增加经济投入，改善行政措施，产生实际效果。

不久前在新加坡圆满完成的习马会已开辟一个新的篇章，为海峡两岸合作努力奠定了基础，指出了方向。也许"二十一世纪是中国人世纪"的说法不是妄想。希望海峡两岸的领导者、同胞和关心中华民族前途的海外华裔人士可以尽心竭力去促成振兴中华美好目标的实现。

正所谓："九点声明一颗心，两岸协手奔双赢。振兴中华是伟业，全力以赴动真情。"

2015年11月18日

智者良言难能可贵

有两位美国哈佛大学的资深教授、政治学者，他们研究中国和论及美中互动时十分深入，所发表的见解是透辟和扎实的。一是威廉·柯比（William Kirby），二是约瑟夫·奈(Joseph S.Nye)。

柯比之见

11月8日柯比教授在中央电视台英语国际频道的"今日话题"节目里接受杨锐采访，谈论的主题是美中关系，我仔细收视了这一访谈，要陈述一下他所持的观点。

他接受采访的前一天，11月7日，习马会在新加坡举行完毕，针对两岸互处情况，他说了一句意义深长的话："两岸已经在不统一的情况下达到关系正常化了。"再有，台湾的民主化已日臻成熟，不论台湾谁人何党主政，这一情况都是稳定不移的。

中国早于1945年二战结束后就建立了独立自主的基础，这早于1949年10月1日毛泽东在北京天安门广场高呼："中国人民站起来了"之说。其后，中国已不存在外敌入侵的威胁，不举行今年九月三日的阅兵，也没有任何国家会对中国产生动手动脚的歪念头，阅兵的卖点是国内市场。中国加入联合国之后，一直是表现良好，称职尽责，中国是亚洲第一强国，其威慑力不言而喻，要格外自律，以免让邻国感到不安，解决南海纷争也要遵循国际法则，以取得更多信任和圆满结局。

他认为中日关系看上去有许多波折，但两国领导人都心中有数，会加以掌控，不会恶化到兵戎相向的地步。而美国基于战略考虑，不将中国列入太平洋经贸组织（TPP）之内是错误之举，以后可能要加以修正。他说，中美两个大国都是内情复杂，变数不少，在彼此进行解读时都难以全面掌握，而可能产生偏差。他参观过昆山，对当地吸引外资，建立合作的成绩十分赞赏。认为当地的干部有企业家风范。

针对中国农村建设，他呼应国内一位企业家的主张，中国若能实现"耕者有其田"，将农地的主权和产权归还给农民，将是造福农民和改善农村最重要和有效的措施。（笔者注：台湾在60多年前就实现了这点，这也是后来台湾经济腾飞的重要基础条件之一。《南方周末》2015.11.12大参考版 C19页也刊载了〈宅基地改革，把完整产权还给农民〉一文。）

奈氏有言

《中国新闻周刊》2015年11月9日刊内发表了一篇采访美国约瑟夫·奈的文章，其标题是："在可预见的未来，美国难以被超越。"

奈教授的主张是，美国世纪尚未终结。美国的亚太战略是保持该地区的平衡，而不是要抑制和打压中国的发展。美国希望中国在亚太地区和平发展，美国才一直努力推动双边贸易，鼓励中国学生留美和放宽限制。但是美国不希望中国的发展会将美国挤出亚太，或对其亚太的邻国造成威胁。所以，美国"转向亚太"的最终目的是希望通过和亚太地区国家的通盘合作，创造一个更加和平互利的发展环境。

谈及中美势力对比，他认为在经济方面，中国虽已是世界第二大经济体，但在先进性和人均收入方面和美国差距很大，不易在二三十年内超过美国。中国虽然近年来在军事实力上不断进步，并没有产生威胁美国军事力量和国家安全的压迫力。美国的软实力是极为强大的，是来自民间，不来自政府。这表现在公民社会的健全存在，演艺文化的四处传播，和慈善公益组织的大量普及等等。中国要发展这些软实力，追及美国，为时尚远。

他坚认中美共同利益结合处甚多，如经济合作，保护环境，共同反恐，网络安全等，双方可以充分合作，共奔双赢，避开一味追求竞争。

审视中国国情，他认为，中国公民社会正在不断进步，中国的中产阶级也在急速发展，他们要争取更多的参与权、发言权和自主权。中国政府应强调和重视软实力的发展，支持国内中产阶级实现其理想和愿望。

以上两位美国教授的见解可说是务实求真，难能可贵。对美国而言，没有"中国威胁"之情之理，对中国而言，没有"美国打压"之需之实。尽管中国的硬实力，如军事力量、经济建设及国际影响等都在日新月异，与日俱增，中国不能踌躇志满，好高骛远，而要加紧国内软体的建设，加强法治、注重道德、普及公益，维护人权等。

正所谓："智者可贵进良言，忠言逆耳献眼前。建国有方靠实力，硬软两件一线牵。"

2015年11月21日

试论纪念胡耀邦

专权体制的特点是高压风行，残酷无情。在此一体制下生存的群众既是畏首畏尾，惶惶不可终日，又是穷困交加，求生十分艰难。二十世纪里在史达林和希特勒蛮横统治下的人民都身临其境，九死一生。这正也反映了第二次世界大战期间美国罗斯福总统所倡"四大自由：免于贫穷，免于恐惧，言论自由，信仰自由"的可贵和必要性。

在1970和80年代之交，毛泽东时代刚刚结束之际，中国正是风雨飘摇，局势动荡。那时要公开说真话顶撞权威，和勇敢做实事拨乱反正，是谈何容易难上加难！而此时此刻，胡耀邦挺身而出，做到了说真话和做实事两点。但其后，他也为自己堂堂做人、触怒多方付出了代价，身遭褫革，郁闷而逝。

中共中央于11月20日上午在北京人民大会堂举行了座谈会，纪念胡耀邦诞辰100周年。由习近平主持会议，发表讲话。国家重要领导一致出席。也摄制了五集电视文献片《胡耀邦》，于11月20日起连续播出。国内各大报刊也有显著版面的报道，说的是："胡耀邦作出了彪炳史册的贡献。"这是一大进步。26年前胡耀邦逝世后，官方禁止公开纪念。

我用心搜看了纪念胡耀邦的新闻报道，所获印象是"宣传如仪，实述不足。"在口头和文字报道里堆砌了大量的美好名词，如"坚守信仰，心在人民，实事求是，公道正派"等，但是忽略淡化了胡耀邦的所作最重要的实质贡献，那便是他在八零年代初中央组织部部长任上纠正了冤假错案，平反和解救了数以千百万计的受难者和其家属。这是直接和首先向以往数十年毛泽东的极左暴政宣战并获得成果，让无数被解放的精英分子其后可以投入中国开放改革大业，救国为民，一施所长，让面临支解破碎、奄奄一息的中国可以脱离危境，起死回生。

胡耀邦所作另一重大贡献是掀起"实践是检验真理的唯一标准"的扩大讨论，这便解放了思想，使众人跳出毛式一言堂的约束和局限，开辟了"就事论事"和"真理愈辩愈明"的道路。《炎黄春秋》杂志2015年第10期登载了多篇胡耀邦百年纪念文章，数位作者从亲身观察，生动的叙述了胡耀邦的高尚人格，政治作风及其巨大成就和影响。

当然，胡耀邦最后遭受罢黜和提早谢世的过程和原因也没有在中共官方纪念里明确和如实交代。这是一个明显的失误。由于胡耀邦在世奋斗努力的方向和其敢言笃行的作为已经得罪和威胁了许多左派人士的切身利益和谋官之道，在邓小平放言中共领导不能终身制，他个人有意及早退下时，胡耀邦高呼要"举双手赞成"时，这也得罪了邓，并最后导致了邓以主持"生活小组"会议的方式和违背中共党规的手段将胡耀邦免除中共总书记职务。此举形成三个严重不良后果：一是，破坏制度和党章，有法不依，纲纪无存，将个人崇拜的影响和坏处发展到极致；二是，助长了左倾声势，正如六四动兵一样，让那些空言爱国而实际祸国的诸多左倾人士更加壮大和猖狂；三是，破坏了救国利民的民主进程和风气，将中国前进的步伐放慢，让人民增进福祉的日子拖长。

在近来重要的活动里，这包括九三阅兵，十一国庆，北京的习朱会和新加坡的习马会，海峡两岸的领导都一致强调要尊重历史，与时俱进，维护和平及振兴中华。要实现这一崇高目标就必须实事求是，点滴做起，在纪念耀邦百年时也得展现相应的风格和实践。但如今的作为是不足的。

近百年前的1919年爆发了全国知识分子牵头的五四运动,推出"德先生(民主)和赛先生(科学)"的响亮口号和奋斗目标。如今中国政府也不断高谈以民为本论和科学发展观,胡耀邦在世时推动完成的两个重大工作和改革便也是和民主与科学息息相关的。纠正冤假错案正是尊重人权,发扬民主精神的实施,掀起"实践是检验真理的唯一标准"大辩论是尊重和发扬科学精神的行动。按说,推动民主和科学实践已是百年以来的老生常谈,这也是如今社会进步公认的指标和条件,为什么到了中国大陆就产生了这么多的波折、疑难和阻力呢?这让实践民主、科学两大目标的胡耀邦含冤去世,这让反对民主、科学的歪风大得其逞。至此,我们要直问何以中国的土壤和环境能助长抵制民主、科学顺利发展的不正之风。

一、毛泽东和邓小平"一言堂"(我说了算)的作风是如何发威和得以贯彻?

二、毛邓周围的重臣和谋士是为何会在种种不良运动(如大跃进、反右、文革等)推进时俯首听命,唯言是从?

三、平民百姓何以会在各种运动伤人害己残暴进行时一拥而上,助长其成?

四、全中国从上到下的亿万人为什么会一再卷入反对民主和违背科学的自残运动,而难以自拔,脱身无力?

我想,回答以上问题的真实答案应是:"制度不良,极待改进。"中国必须要痛定思痛,自救救人,努力向发扬民主和科学创新的方向稳步迈进,终抵于成。这才是造福两岸,安定亚洲和贡献世界的唯一良方和出路。

正所谓:"推动民主百年计,发展科学一股气。纪念耀邦靠实践,振兴中华尽全力。"

2015年12月4日

论台湾大选和走向

去年12月26号那天我应邀在中央电视台英语频道"世界观察"节目里就台湾大选情势做了评论。其后台湾大选候选人已进行了两次电视政见辩论,彼此间的攻击不少,而对施政内涵的叙述不足。

陈水扁在台8年执政,2000年到2008年,是贪腐当道,乏善可陈。马英九其后的两届掌权虽然大大改善了两岸关系和获得了经贸实惠,促进了两岸的文教和旅游活动等,最终实现了习马会,却受到了指责,一是经贸果实未传至底层,二是和大陆走动过勤过密有受牵受控之虞。然而时至今日,两岸互动互惠的大局和走势已经不可阻止了。今后台湾陆续出现执政党轮换时，也只会出现台湾和大陆交流较为缓慢或加速进行的差别，而不可能毅然中止，各奔东西。

我现就以下三个话题一抒己见。一是台湾的政治前途。二是，大陆的对台政策。三是，美国对台湾的影响。

台湾的政治前途

最令人痛惜的是孙中山先生逝世时的遗愿"和平奋斗救中国"迄今没有实现。蒋介石在1945年抗日战争胜利后错失了国共合作，中华振兴的良机，而毛泽东则在新中国建立后迅速走上独夫祸国的歧途，形成两岸分裂局面持续至今。

中国在八年抗日战争的浴血牺牲和重大贡献赢得了美英及国际社会的赞美和尊重，尽扫列强在华的不平等条约，将日据的台湾归还中国，这便也提供了国府在国共内战失败后退守和复苏的基地。台湾成为中国不可分割的一部分，台湾便也没有独立建国的理论基础及可能性。

蒋介石和蒋经国父子治台39年。蒋经国在逝世前顺应局势和民意在台湾开放党禁和报禁，这便是台湾政治民主和言论自由的开始。如今台湾已经建立了民选为定，两党轮替的民主政治模式。胜者登场，全面主政，败者下台，和平交接。然而，民主政治的运作和成熟是一个漫长的过程。例如，美国的民主体制已有长达240年的历史，如今仍在不断进步和改善之中。时空环境，国际情势，科技发展，社会风气和人心向背等的交互作用和影响，都对民主政治的内涵和实施产生了冲击和变数。可是，千变万化不离其宗，自由、平等、和平、友爱等符合善良人性的普世价值是恒古不变的。

台湾必须在民主体制初步奠定的大好基础上不断进步。执政党和在野党都要以普世价值为导向，以全民福祉为依归，去尽到执政为民和监督为公的政治责任。

因而，台湾大选的候选者要在选前切实论证，针对影响台湾人民福祉的重大问题，如经贸发展、民生议题、能源供应、青年前途、退休照顾、环境保护、两岸交流、美台关系等提出当前的需求和缺失，要如何改进和实施。开出的这一支票，在四年任满到期时台湾选民便可以对照观察其"兑现"或"空头"成分如何，从而决定当前选票的走向。

台湾民主政治实施得体，日见成效，便可以对大陆政体改革提供参考和激励作用。两岸同文同种，同一历史文化根源，当前的差异是行政体制。双方也都要遵守宪法，推行宪政，最后的考验便是以民为重，为民造福成绩表现的好坏，去辨别其孰优孰劣了。

大陆的对台政策

海峡两岸在敌对断线逾半世纪后的2005年首先出现了国民党主席连战大陆之行的"破冰之旅",2014年11月7日又实现了两岸领导人习近平和马英九在新加坡的习马会。这些突破都说明两岸之间的和解及合作,两岸的互惠和双赢是大局已定,大势所趋。就大陆方面而言,尤其是盼之殷,求之切,志在必得。

可是,如今台湾1月16日大选结果的预测是,蔡英文领衔的民进党很有可能在总统大选和立法院席次竞赛中双双获胜。于是,大陆便要面对一个不承认九二共识和拥有台独党纲的民进党在台执政的局面。这时大陆要如何拿捏分寸,如何实施两岸交流政策,才能照顾到两岸人民的利益和继续迈向两岸和平相处及民族振兴的进程呢?

在去年11月习马会时习主席的发言和去年底大陆国务院台办主任张志军向台湾同胞的新年祝词里,都突出强调了两岸和平发展得之不易,硕果丰收,更将九二共识的重要性喻之为定海神针,拥之得福,失之遭祸。这些重话都毫不保留的说了出去,一旦蔡英文主政台湾而不予理会,不加认可,并视此一立场是台湾民意取向,又将产生什么影响和后果呢?

现任美国布鲁克林中心东亚政策研究部主任和曾任职美国在台协会主席的李查·布什最近发表了一篇文章,标题是"台湾2016年1月选举和其对中国美国关系的影射"。他在该文内"中国将如何反应民进党的胜利"一节里提出,中国有三种反应的可能。一是,大陆对台湾采取制裁,让台湾受到一些损害。最可能是冻结两岸关系,保持现状,不进行新协议的谈判。在实施全面惩罚时有所节制。二是,中国已准备好,要让台湾付出代价,短期受罚,除维持现状,不进行新的协议谈判外,还可能大量减少赴台旅游游人数和对台湾农民的优惠政策,压缩台湾的国际活动空间,增强对台的军事威慑,和改变约束台商在大陆的经营环境等。但大陆绝不会大冒风险,武力攻台。三是,大陆对台湾提出的警告是虚张声势,不会言出必行。蔡英文当选执政,两岸关系一如既往,正常运行。

在以上三种可能的反应方式里,作者布什认为,实施第二种方案的可能性最大。他又主张,大陆不要根据蔡英文以往的言行立场和竞选期间发话的内容为定论,要再听听她若当选而发表就职演说时说些什么,以及参照她就任后的所言所行,去决定如何作出最佳反应,不可误判和误行,造成难以收拾的不良后果。所以中国的最佳策略就是"等着瞧",并有意逐渐建立信任,不关闭两岸关系良性发展的希望之门,不抹杀良性循环的可能性。

作者论及美国对台湾选举的立场时说,为维护美国国家利益,美国希望台海平静,不起风波,若两岸关系紧张,美国就要多费精力和周折,加以调停和平息风浪。

我基本同意作者的观点,一是,两岸和平合作相处,符合美国利益,二是,一旦民进党在台执政，大陆要细加观察其施政方向，鼓励沟通，善意相处，不要轻易出手重击，让台湾民众受损，更疏远了两岸感情。例如，我们希望看到民进党使一把力，在立法院通过服贸和物贸协议，在两岸间文教交流和旅客往返方面也要继续推行，不得增加阻力。

美国对台湾的影响

去年6月蔡英文访美之前的5月21日美国国务院负责中国、台湾、香港和蒙古事务的副助理国务卿苏珊·桑顿说明美国对台湾选举采取中立立场，但也同时强调：

- 美国欢迎双方（指两岸）减少紧张和改善关系。
- 美国鼓励（两岸）在"维持尊严和尊重的基础上"继续对话。
- 双方都有责任保持灵活性和自控，以促进两岸关系的积极发展，不可"单方面行动改变现状"。
- 双方要珍惜已获利益，即保持两岸的稳定联系已产生实效，要不断努力去"建立持续和平与稳定的基础"。
- 密切联系和采用"不产生意外的低姿态"使各方展现自控和灵活性。

蔡英文在竞选过程中提出了对应大陆的三点方针。一是保持联系，二是避免挑战，三是不生意外。此一说法显然是反应了美方上述表态的内涵和期望。这也说明美国的行动及暗示可以影响台湾大选的走向。针对台湾大选，要维护美国国家利益，美国一方面要尊重台湾的民主体制和民意自决，不宜公开站边支持某一候选人，而另一方面又认为台湾选民有知情权，应该获得选票如何投放可以维护美台双方利益的结合点。

例如要维护台海和平，2004年和2008年台湾大选若国民党胜出，更符合美国心愿。陈水扁2000年执政台湾后露出台独面貌，引起大陆不满，对美国出了难题。美国小布殊总统乃于2003年12月公开发言说，"陈水扁的言行举止显示他可能采取行动，单方面改变当前局势，我们对此反对。"但陈水扁以"两枚子弹"造势，依然连任。到了2008年台湾大选前夕，美政府对陈水扁采取了更严厉的措施，公开指责陈水扁有意置台湾岛的安全于不顾。此时马英九竞选的主张是不要抵触中国，要在不伤害台湾政治和安全的原则下和大陆进行经贸活动，此一主张获得民心，美国对陈水扁的谴责也助长了台湾选民支持马英九的声势。到了2012年台湾大选形成马英九和蔡英文对决时，美国官方的示意是，"深度怀疑"两岸稳定的情况可以继续在民进党执政时加以维持。到了2016年大选当头，民进党胜出机率很大，美国官方的立场已由国务院高官苏珊·桑顿说明，并反映在蔡英文的竞选言论中。相信美国的意愿对一旦民进党在台执政后的措施会产生影响和约束力。那便是说，民进党执政时若往台独方向持续前进，并触怒大陆加以重击，台湾要自食恶果，美国是爱莫能助。

如今世界大局的演变是全球多元化，难以一雄独霸，又是全球紧密化，同舟共济，福祸一体。美国气势逐渐下滑，中国影响不断加强，而中美之间利益结合的部分十分宽广和牢靠，其中与两岸有关的包括维持台海和平，乐见两岸合作，海峡两岸都走上自由民主的康庄大道。出现自由民主的中国才能真正造福两岸，安定亚洲和繁荣世界。

当前存在一些偏激失实的论调，一是"中国威胁论"，二是"美国围堵论"。前者倡言中国军事和经济势力强大后会挑战美国，形成霸权，后者是强调美国正以各种手段围堵和压制中国，以免以后祸起中国，天下大乱。习近平主席在多处国际场所一再发言说明中国要善处邻邦，扩大贡献，成为负责任的联合国成员。中国全国人大外事委员会主任委员傅莹去年12月25日在美国媒体上发表署名文章强调"贫穷仍然是中国的头号敌人，中国无意挑战美国霸权"。我认为这是如实说明了中国的现况和处境。中国如今是自顾不暇，要首先改善民生，和谐社会，重整道德，依法治国，不需要、也不可能即以"平天下"的壮志自许。

至此我要谈谈我对美国军备售台一事的看法。何以中美两国元首刚在去年9月下旬在美国握手言欢，信誓旦旦，要加强战略伙伴关系的美满聚会之后，又于去年12月下旬公开宣布美国在停止对台军售4年之后，同意以18.3亿美元的陆海空军事装备出售给台湾呢？

显然，这批装备也会像以往台湾花费数百亿美元购置的军备一样，不会发生一枪一弹用于进攻大陆或防御台湾。再有，一旦台海战事爆发，这批军备也不足以产生作用阻止解放军登陆台湾。可是，此次军备售台仍在大陆明言抗议之下，由美台双方"你情我愿"地顺利成交了。我认为其成交背景是：

一、美国按1979年国会通过的《台湾关系法》行事，以防御性军备继续售台是行有依据，并无不可。

二、美国二手货军备售台，闲置品变成赚钱货，有额外收入，这也取悦了美国军火制造商，可以转化为支持民主党继续执政的政治献金力量，因而是两得其便。

三、满足了台湾当政者和民间的心理和政治需要。军售成交是代表美国支持台湾，美台关系巩固，而皆大欢喜。

四、相信中国领导人可以体会美国总统大选在即，执政党军售台湾以增加选票到位，是情有可原，是并无大碍。反正中美充分合作的基础和方向是巩固和不变的。让老美占点小便宜，可以不加计较，可以睁眼闭眼。

但尽管以上理由可以立足，我还是要劝告两岸领导人应彻底解决这一军备售台的持久问题。海峡两岸都有比扩充军备更迫切的内部建设项目需要投资注入，这包括经济、就业、民生、教育、环保、养老和科技等诸多方面。台湾不再多花一分钱购增军备，台湾的安全也是有十足保障的。大陆不再发展精尖武器，全世界也没有半个国家会因此和中国兵戎相见。所以大陆要向台湾宣布，所有飞弹不面对台湾，也绝不武力侵台。台湾也要宣布从此不再购买美国军备，台湾要永远和大陆和平相处，不会独立脱离。只要海峡两岸主意打定，行动开始，美国军备售台的问题就自然化解了。

大公无私的结局

再回到此文开头时言及的可惜。一是国父孙中山先生的遗愿和平奋斗救中国没能实现。二是蒋介石和毛泽东两人都错失中国和平统一，民富国强的良机。而当前对海峡两岸领导者的重大挑战和旷世良机便是，如何放弃一己之贪和一党之私，而以全民利益和千秋大业为念，推行民主，促成统一，振兴中华，弘扬世界。

正所谓："两岸同宗本一家，兄弟阋墙生间瑕。开放改革兴中国，自由民主利天下。"

2016年1月8日

论台湾大选落幕

这次台湾大选的结果是民进党大获全胜。在总统选举，民进党得票率为56.1%，国民党31%。在选民投票总数的差距上国民党落后逾三百万票。在立法委员的选举，民进党获得68席，国民党35席，接近绿营立场的时代力量党争得5席。于是绿营在立法院的席次已稳逾半数。自2000年以来，台湾执政党已三易其手，如今是民进党行政、立法两权在握，要开始全面执政的崭新局面了。

众所周知，国民党败选的因素很多，这包括执政成效欠佳，选前临时换将，内部缺乏团结，脱离青年基层等。而民进党取胜的原因则包括党内一致团结，谋略运作日久，吸引青年选票，提出"倾中"疑虑和台湾民心思变等等。

尽管选前国民党对蔡英文最集中的攻击点是，对"九二共识"不接受，对"维持现状"不说明。中国大陆方面也频频发话，视其为不可。然而，台湾多数选民都对此不加介意，执意要轰国民党下台，推民进党执政。显然，他们对民进党重新执政寄以厚望之余，也不认为两岸关系会因此大幅后退，形同水火，对台湾造成严重打击。

台湾大选的次日，1月17日，大陆的中台办和国台办就针对台湾选举结果发表声明说"对台大政方针不因选举结果而改变"，那便是继续坚持九二共识，反对台独分裂活动，维护两岸关系和平发展。

最关心两岸关系走向的美国也立即由白宫发言人声称，尊重台湾民选结果，两岸应继续交往，要维护台海和平。美国参众两院的要员也纷纷发话，要点也是，支持海峡两岸对话，避免紧张局势，双方要和平相处等。

蔡英文大选获胜后的发言是慎重的，用心的。她感谢了选民的支持，表示了执政后和在野党要保持沟通与合作，也希望两岸关系可以继续和平发展。这也反映了她在竞选期间的宣言，要和大陆保持联系，不对抗，不突变。

但此刻台湾民间《英文中国邮报》却发表社论说，蔡英文主政台湾，两岸关系"可能倒退到冰河时代"，会重创局势的稳定，因为她不认可九二共识，不赞同两岸外交休兵，会继续走上台独路线，会失去参与大陆启动的一带一路和亚投行的经贸合作机会。再有，民进党和中共不能直接对话，两岸沟通的层次也将下降，两岸合作的成效也将衰退。在大陆方面也有人倡言大陆应该采取行动，严惩民进党，压缩交往，在所不惜。

审视全局，我不希望也不认为两岸关系会大幅倒退，大陆方面不会也不应敌对台湾民意选择执政的民进党。朱立伦在败选后承认失利的原因是国民党失去民心，以后要革新改进，东山再起，而民进党胜出是民意所向，今后应好自为之，造福全民。这一表态是务实的。

维持现状之说是大陆认可的，民进党自述的，美国期望的。维持现状就是保持当前两岸互动互处的实况，"不独，不战，不统。"

台湾独立不了，台湾全民不会支持，中国大陆不会袖手，美国政府难以接受。民进党可以用独立为口号，而不会如实冒进，自寻末路。不战是有益两岸的最佳现状和必然走势。两岸分治是国共内战的遗留现象，以后中国一统必定是走和平统一之路，而非兵戎相向。不统则是两岸和平统一时机尚未成熟，要顺其自然，水到渠成，要建立两岸互信互许，共同认可统一局面是绝对互利双赢的。两岸当前的经贸、文教、旅游的互动与交往诚然是造福两岸，互利互惠，但是没有形成突破性的共识，去促成两岸的和平统一。

台湾的民主体制已奠定基础，言论自由，全民直选，两党轮替，平稳交接。可是，执政党上台后的施政表现，往往和竞选中的承诺大有出入。陈水扁是面目全非不说，马英九的许愿也未能兑现。如今民进党再次执政，其面临的挑战是严峻的。以往八年民进党以在野之身处处指责马英九执政的缺失是如何如何，在立法院杯葛经贸重要协议的通过，反对水电涨价，要废除核电能源设施，要疏远和大陆的往还等等。

如今民进党全面执政就要在选民重托之下为台湾全民的福祉着想了。这包括振兴经济，登上亚太地区经济发展平台；稳定社会，减少政治和族群恶斗；善处大陆，继续并扩大合作；拉拢美国，依为靠山；应对日韩，互惠互补等。可是民进党缺乏全面执政所需的杰出行政和经贸人才，要在拒绝九二共识的立场上与大陆沟通和好，也是难上加难。两岸在多方面互惠互补的大局已不容和不能改变，民进党要如何运作才能向选民和大陆双方圆满交代也是一道费解之题，需要民进党努力求解，尽力交待了。

我认为，台湾当局对大陆的体制存有疑虑是可以理解的。但是，台湾一定要借重大陆的善意、资源、市场和力量，去进行岛内全面的改善。同时也关注亚太和全球市场，努力开发，扩宽出路。台湾民主政治日益成熟才是造福台胞和惠及两岸的唯一出路和必然方向。

新中国建国逾60年，历经不少起伏不定，风雨飘摇的过程。南征北伐，运动连绵是早年特色。邓小平上台的开放改革给中国大陆带来了无限生机。如今习近平主政，中国已面临了如何前进，以振兴中华的重大契机了。

面对中国的实力和现状，没有任何国家，包括美国在内，会产生念头和中国发生争权夺土的军事冲突。中国不需要全力扩充军备，而忽略了国内经济民生，文教发展和社会和谐的建设。

如今中共要大力整治的干部贪腐问题，其主要手段不在于严刑峻法，而是要改革体制，除去产生贪腐的土壤和滋生环境。贯彻依法治国，雷厉风行，贪腐者一旦东窗事发，就身败名裂，而"不敢"贪；改善行政体制，有牵制平衡，透明度强，非大权一统，让贪腐者"不能"贪；有舆论监督，新闻自由，有十手所指，告发举报，让贪腐者"不易"贪；有道德规范，良好世风，使贪腐者"不愿"贪；有体面收入，和退休保障，让贪腐者"不必"贪。

台湾政党轮替，民进党登台执政，大陆要一本爱护台胞的初衷，继续和台湾进行各种交往，继续改善台胞在大陆投资的环境，鼓励两岸间文教旅游等活动，敞开两岸官方接触的大门，充分展现对台胞的爱心和关怀，言出必行，行出必果。

民进党蔡英文在台湾登台执政了，非常好！这给予民进党一个机会去证明该党是名副其实，既"民主"又"进步"，可以振兴民主，造福全民，与时俱进，适应时势。

民进党执政也给予大陆一个考验，能善处变局，维持两岸合作，能高瞻远瞩，不断革新进步，为两岸和平统一铺路，向中华民族振兴迈步。

正所谓："轮流执政是常态，自由民主显风采。两岸合作千秋业，和平统一可期待。"

2016年1月22日

烟盒警告图像不可或缺

在全国人大政协两会闭幕的那天，3月16日，身为人大代表身分的中国烟草专卖局副局长段铁立对北京媒体公开宣称，中国没有计划在烟盒上增添图像警示。原因是，烟民黑牙，烂肺或头颅影像的出现不符合中国传统的文化价值。他也许不知道，或是知而不顾，在2008年召开的世界卫生组织《烟草控制框架公约》第3届缔约方大会上，绝大多数国家都已赞成通过烟草包装上要实施图文并茂的警示设计。在当场由于中国代表（出自中国烟草专卖局）登台发言说："中国烟盒上的名山大川是历史文化的积淀，放上难看的图片是对广大公众的污辱和不尊重。"发言者语音方落就被在场代表高声制止，轰下台来。当晚，与会代表一致通过，以国际"脏烟灰缸奖"授予中国。颁奖词是："因其嘲笑公约第11条准则，宁要漂亮的烟盒而不要公众的健康。"获奖理由是："不支持健康警示图形上烟盒。"

到2015年5月止，全球已有85个国家实现了图形警示包装，这已覆盖全球过半人口。在亚洲地区也有许多国家和地区都具体执行了此一政策，其中包括尼泊尔、斯里兰卡、蒙古、泰国、新加坡、马来西亚、越南、巴基斯坦和香港及台湾地区等。就此而言，中国是远远落后了。

中国早于2006年签署了世卫组织倡议推动的《烟草控制框架公约》，而违约至今没能实现健康警示图形印上烟盒的规定。如今又公然出现了中国烟草专卖局副局长段铁立大放厥词，置国家尊严和大众健康于不顾，其理何在？其言可诛！这不论他的言论是否是代表了中国烟草专卖局的官方立场。

再有，段局长也可能不够体会或未能理解中国控烟形象大使彭丽媛女士的表率、苦衷和呼吁。彭女士在2014年5月29日参加世界无烟日活动时，曾和全力支持全球控烟行动的慈善家美国比尔·盖茨先生共同身着印有"被吸烟，我不干"红色衣衫，向社会呼吁要维护被动吸烟者的健康权力，要共建无烟环境。2015年9月下旬，习近平主席访美时，彭丽媛夫人随行，她在西雅图参观当地肿瘤医治研究机构福瑞德·哈金森中心时听到该中心研发了戒烟有效方法，就说到："我的家人中就有一些吸烟者，我希望有更好的方法帮助他们戒除烟瘾。"烟盒上出现健康警示图形便是最有效、最直接和最节省的戒烟驱动和控烟措施，亦为《烟草控制框架公约》所倡所求。这也可促使所有中国烟民，包括彭丽媛女士最关心的吸烟家人，取出烟盒后望而却步，欲吸又止，烟量日减，完成戒烟。

1999年9月我曾在两家报纸上发表了《要加强烟盒警示》一文。2009年3月我参加印度孟买举行的第14届全球烟草或健康大会时接受大会刊物采访，及在小组讨论时都提出了健康警示图像在烟盒上出现的三大明显好处是:"烟民自吸,见图生畏;烟民让烟,出手不得;烟赠权贵,自讨没趣。"中国烟草厚利中约有五分之一出自送礼的高档烟。这才是中国烟草专卖局为增加利润而抵制警示图像在烟盒上出现的重要理由。所以,烟盒上展现图像警示是非此莫属,此事要由关心人民健康的政府和立法机构联合推动实现。中国工信部下属的烟草专卖局负有推动控烟工作的责任更不可倒行逆施,反其道而行。

铲除烟害利国爱民的控烟大业必须要全力推进,刻不容缓。烟盒增添图像警示是有效手段,也势在必行。期盼身为中国控烟形象大使的彭丽媛女士能够从旁协助,共襄善举,登高一呼,力促其成。

2016年3月26日

为民服务要掌其要义

引子:"为人民服务"这一标语在中国大陆随处可见。北京中南海正门之内也赫然展现这五个大字。当然,"为人民服务"不能只是一个口号,呼声高昂而未见其实,而应该是雷厉风行,见诸成效。换言之,这是一个理想,以民为本;这是一个态度,利民亲民;这是一大承诺,付之实践。

3月25日下午3点半钟我到达了北京西客站,在购票37号窗口要取得预购票,乘高铁动车前往河南省安阳县参加第六届心血管疾病预防与康复学术年会,并于26日下午在会场就"心脏康复之戒烟管理"一题当众宣讲。出乎我意料的是,我取出美国护照和对窗口服务员告知预售票编号后,她对我说:"身分证和订票者人名不符,不能取票。"原来为我订票者事先提供了我的美国护照号,却用了我的中文姓名,这一出入就被火车站服务员抓个正着,一口拒绝,不让我取票了。

我因为希望早一天到达安阳,好好休息,次日再做报告,才提前一天前往。便试着向售票服务员解释,"预定票用了臧英年的姓名,我就是持有美国护照的臧英年,护照上姓名的英语拼音就显现了臧英年三个字。我取票绝不是冒名顶替,希望你能让我取票登车……"她口吻严厉的说:"你是高级知识分子,应该有许多搭机乘车的经验,怎么能够不懂我们实名制的规定,人名不符就不能取票。再有,你现在有麻烦,为什么不早点到站,可以先去楼下一层退票,再回来用护照买票啊!"

为了进行最后的挣扎,我再解释说:"我很希望能及时登车,我身边有中英文姓名对照的名片,上面也有我的职称等,可以说明我手持美国护照就是臧英年本人,没有差错。"她回答说:"你上不了车是你的事,怨不到我。再说,你的名片是合法证件吗?"话及此时,我已错过了登车和退票时间,要再买当天去安阳的火车票亦已完全售出,无票可求了。最令人玩味的是,此位37号窗口的女售票员,还特意告诉我,我要解决问题可以到17号窗口值班主任,请他安排。我赶紧冲到该窗口,发现又是排队人多,时不我予,便商请前排的人允许我插队,好向值班主任问一句话。他们都好心的让我提前到了窗口。

这时,我才发现,那位建议我到值班主任处请求帮助的女售票员早已先我一步的到达了值班主任身旁,念念有词,耳语交代。等到我向该主任说明问题时,其答案是斩钉截铁的:"不合规定,爱莫能助!"这时,我的奋斗已经到了"弹尽粮绝,束手就擒"的地步。只好再花一个多小时乘车返回昌平区住所,再于网上用英文姓名购得次日晨7点33分的动车前往安阳赴会。

为了及时到达车站取票登车,我于26日清晨5点起床,5点半乘出租车前往北京西客站,达到了顺利登车的目的。在前往安阳途中,我又用心揣摩了火车票实名制的两个确实目的应该是,防止黄牛购票转卖谋利和防止任何人身分和购票者不符而冒名登车。显然我持美国护照取票登车,已有足够的旁证(如电脑上显示的美国护照9位数号码和我手持护照的号码一致,护照上的照片也就是我,我又有中英文对照名片在手)不会是冒名者出现,我要及时前往安阳也是属实不虚。若是火车站售票员因情制宜,灵活处理,让我取票登车,也算不上是违法谋私吧,如今令我不快的并不是她的"执法严,铁面无私",而是她服务态度的恶劣。假如她口气缓和的告诉我"很抱歉,按照规定,不能让你取票,只能让你改乘其他车次了。"我也没有话说。然而她给我的形象却是:"我治住你了,也要好好训你一遍……"于此,我想起两个事例可以说明,有时候,"规定"的弹性会有多么大。

一是,多年前我应邀去一处著名植物园参观,十分赞成园中花朵禁止折取的规定,就对园长说:"这里有花朵禁采的规定啊。"他立即说:"你可以采,没问题。"二是,我十多年前和支持我从事控烟活动的漫画大家华君武聊天,他说,他在有禁烟规定的火车上对列车长说:"这里有禁烟规定啊!"得到的答案是:"可以抽,您老例外。"

结论:去年在两会召开期间我曾应邀在中央电视台英语频道评论习近平主席提出的"四个全面"的施政方针。其中包括了依法治国一条,那便要避免和杜绝三个走向,不受到权贵、私情和贿赂的影响而犯法和枉法。因而名正言顺的"为民服务"的标杆要高高树起,实实生效,展现在各种为民服务的公共措施里,这包括与旅客接触频繁的火车站售票台的窗口。(此文于乘车赴安阳途中完成,一抒所感,一吐为快。)

2016年4月1日

控烟立法 不容倒退

5月3日新京报《健康周报》版出现的一则消息是"国家控烟立法被指酝酿倒退"。国务院法制办公室在年内有望出台的《公共场所控制吸烟条例（草案）》要作出修订，放宽吸烟限制，欲在若干公共场所内设置吸烟区，又欲将领导干部的私人办公室不纳入禁烟范围之内。看到这一报道，我心焦似焚，要全力反驳，直陈己见。

中国是全球第一种烟、产烟、销烟、吸烟和烟害大国，每年因烟致命的死亡人数已高达140万人，其中约10万人是二手烟害的牺牲者。中国烟民有3.5亿之众，二手烟受害人约7.4亿人。那便是说，每天中国有四分之三的人口是在直接吸烟和被动吸烟的恶劣影响下痛苦度日。中国要实现小康社会的中国梦，若是国民身体不健康，家庭环境不幸福，社会风气不良好，这都是受到烟害之累，便会处处失落，美梦难成。

世界卫生组织早已提出和推动了全球《烟草控制框架公约》（FCTC），中国已于2006年成为要履行公约的签约国。控烟的有效手段之一正是要建立公共场所禁烟法则，这样，不但非烟民不会在公共场所受到烟害的侵犯，吸烟大军也自然减少了吸烟量，并可能走上戒烟自新之路。

北京好不容易在2015年6月颁布了《公共场所室内禁烟规定》，号称是"控烟最严法令"。如今全国控烟环境竟然出现了逆流，在即将出台的国家控烟立法里要允许若干禁烟公共场所内设立吸烟区，甚而让拥有单间办公室的领导干部可以就地吸烟，违反禁烟规定。这两个构思都是大开倒车，破坏控烟，和杀伤民众的毒恶设计。

首先我要说，室内公共场所禁烟要贯彻实现，没有例外，另设吸烟室及赋予领导的个人办公室内吸烟的特权都是纵容和加害了吸烟本人，又更让去吸烟领导办公室报到洽公的许多人成为二手烟的受害者，这也剥夺了到访者拒吸二手烟害的基本权利。

还记得2010年3月17日广州市人大审议公共场所室内禁烟规定时，将工作场所列于公共场所之外，我立写《惊悉广州控烟倒退》一文驳斥此议，送《健康报》于4月7日刊出后，寄往广州政府。后来广州人大终于在4月28日通过《广州市控制吸烟条例》时，规定所有工作场所，包括办公室、会议室、礼堂、走廊、电梯和单位餐厅、咖啡厅等在内，全面禁烟。

我在中国从事控烟义工已25年，深知烟民对吸烟倚赖很重，这来自生理、心理和习俗三方面，他们大多知道吸烟有害，但不肯、不敢及不会戒烟，无法坚持戒烟，永不反复。但是，在严禁吸烟的环境，如公共交通工具和人民大会堂内他们也能不吸烟，毛发无伤，全身以退。禁烟范围越广，禁烟执法越严，他们才能越感到限制和压力，被迫走上减烟和戒烟之路。

所以，结论便是，国家公共场所室内禁烟立法不能倒退，在禁烟公共场所另设吸烟区，更不能让各级领导在个人办公室里吸烟照常，破坏规定，伤害他人。

中国烟害迷漫，大难当前。全国室内公共场所严格禁烟也只是迈出了正确前进的第一步。世界卫生组织大力提倡和中国必须兑现的一些其他要求，这包括提供戒烟帮助，图像警示烟草危害，禁止香烟广告的促销和赞助，及提高烟税等各项有效措施，也要源源而上，一一落实，才是人民之幸，家国之福！

2016年5月12日

蔡英文重任当前好自为之

前言：在陈水扁2000年5月20日上任总统之前，我在三藩市《星岛日报》发表了一篇文章，期望陈水扁可以掌握时机在执政期间开拓两岸之间的良性合作与互动。不幸其后的发展是事与愿违。陈水扁也因贪腐败行东窗事发身遭牢狱之灾。2008年起国民党主政八年，在两岸互惠合作方面颇有建树，大大改变陈水扁执政时两岸之间的紧张对立情势。但是，仍在2016年全台大选里败下阵来，民进党蔡英文主席即将走马上任，形成台湾第三次政党轮替的新局面。

近日来台湾有不少引人注目的事件发生，都预示蔡英文今后4年主政会产生变动和波折，使台湾本身和两岸关系都趋向不稳定和前程莫测，而令人忧虑不已。于此我要向蔡英文进一言，以根在大陆，台湾成长和移居美国的混合背景和关切心态力陈己见，畅所欲言。

一、要认清历史渊源走向——台湾光复系抗日胜利赢得：日本自1931年驻沈阳关东军发起"九一八事变"，到1937年进军卢沟桥，引发了中国的全面抗日，再到1945年9月15日日本投降，中国遭受日本侵略及浴血抗战已历时14年。早年的中国抗日是孤军奋斗，牺牲惨重。直到日本于1941年12月8日偷袭美国珍珠港，美国对日正式宣战，日本也将战火烧及东南亚和太平洋地区，美国才开始了物质援华行动和培训远征军等，从而缓解了日军在大陆上的军事压力，得利局面逐渐倒向中方和盟军，最后以美军原子弹投掷广岛和长崎，缩短和结束了第二次世界大战。中国付出了环境严重破坏和三千万军民死亡的代价，赢得了中美英苏四大国之一的称号，也废除了一切列强加诸的不平等条约。在《开罗宣言》的签订下也获得了美英首脑罗斯福和邱吉尔的支持，将日本战败清廷后占据50年的台湾和澎湖列岛归还给中国。这样，台湾才脱离了日本殖民统治，回归中国版图。台湾民众要认清这段历史，要明其究竟，要怀念在心。

台湾独立是错误选择方向：尽管李登辉掌台时期，历时12年，以媚日卖台为走向，开始了"去中国化"的脚步，再继以陈水扁执政8年的运营，继续向法理台独和隐形台独方向迈进，台湾最终是无法真正独立，自立为"台湾共和国"的。因为联合国及美国都承认只有一个中国，这包含大陆和台湾，台湾要独立就不会获得国际认可。也会引发两岸战火，形成两败具伤，震撼亚太和平，这便违背了两岸同胞的基本利益及共同稳定繁荣的愿望，和抵触了美国的国家利益。所以，台独走向是不可为也，行不通也！

中国统一是未来理想结局：两岸如今互相合作，共奔双赢，在以往马英九在台执政8年里已初见端倪，略有成效。两岸的和平统一也要靠水到渠成，自然实现，不能拔苗助长，加速完成。一旦两岸同胞都觉得两岸合而为一是可以维护和增进自家的福祉，是可以扩大自己发展和追求幸福的园地，统一就必然完成了。试问，实行民主体制而势力强大的美国拥有50个州，有哪一个州要独立出去？

二、要促进台湾民主建设——台湾经过70年的辛苦经营，走出了两蒋专权的时代，步入了两党和平轮替的佳境，已是民主制度初级阶段的开始。几乎所有曾经赴台一行的大陆游客或因公造访者都会异口同声的赞美台湾的大好社会和自然环境，相对来说，是更加友好、和谐、自由、开放、舒适和安全。

于是，台湾的执政党和在野党都要珍惜台湾全民努力奋斗之所得，要全心全力为民造福，能者登场，弱者下台，以促进台湾经济繁荣、社会安定、政治民主、环境优美和文化优良为己任。不要挑动种族纠纷，独统对立，南北差异和蓝绿分明的敌对和抗争。更要明辨时势，获实质的进步和利益，舍名份和意识形态之争。例如，台湾早就以"中华台北"名义参加奥运会和亚太经济合作组织等国际运作，如今又获得了世卫组织年会的邀请，就要乐得其利，乐见其成。不要再节外生枝，自添麻烦，于事无补。再有，马英九率队巡视太平岛也是巩固海防，宣扬主权的得当之举，值得赞美和支持。民进党不应私心作祟，故唱反调。中国有一句寓意深远的老话，说的是："不要死要面子，活受罪。"台湾的当政者应记取此言。总而言之，台湾最大的自我保障和自强之道便来自台湾民主政治的具体成就和实力，不能依靠"亲美媚日"去虚张声势。

三、要加强两岸交流合作——有一误人和误导之说为一些人取信，那便是"台湾不能加强和大陆合作，以免依赖越深，最后会受到大陆的控制和政治加压等等。"这一说法是错误的。因为两岸循序渐进，合作与互惠越深，就越成为生命共同体，要共存共荣，而非彼此伤害。大陆腹地宽广，市场开放，是台湾经济发展和文教交流的必争之地。台湾要向东南亚地区发展是辅助，是并行，是多元化，而不是舍此就他，另立门户的独一往还。

一些不法运作的台湾人驻脚外国对大陆的无辜受害者进行电信诈骗，是行之已久，加害亦深。近来他们被扣押后遣送台湾和大陆两地，这引起了一些争议。但最后的发展是两岸协商，共同合作，一并加强加重对此类违法行为分子的控制和惩处。这便也跳出了台湾方面"逢中必反"的老套，而走上就事论事，务实求解的新路。

再有，台湾当局要维护渔民在公海捕渔权利，抵制日本非法打压。大陆要加强东海南海巡视，以捍卫海疆，这都是各务其实，各得其所。两岸间也要有默契和呼应，总之，合作要点滴积累，互信要逐步增加，只要海峡两岸都朝正确得当的方面和路途上迈进，成效是与日俱增的。

四、要推动中华民族振兴——"中华民族振兴"这句话在大陆上可以随时听到，但要促其实现则是任重道远，绝非易事。民族振兴要靠国民素质，文化底气，道德水准，社会动员，实际建树，朝气蓬勃和正确国策等的美妙组合去完成，是谈何容易！

中国当前的"一国两制"和"一国两治"最终要合为"一国一制"和"一国同治"。于是海峡两岸都要努力奋斗和进步。去党派之私，造万民之福。共同迈向自由民主的康庄大道。

结论：5月20日即将到来。蔡英文登台发表就职演说时若明言，九二共识，同属一中，而一中各表，各得其解，又有何不可。大陆的政权早已获国际认可近70年，而台湾的主权和治权也从未旁落，这就是存在的事实。蔡英文务实言之，民进党人士不会放弃或排斥此一共识。大陆方面亦如此，加强两岸合作，美国也会乐见其成，放下心来。这才是蔡英文应行可行的明智之举。蔡英文会比陈水扁更聪明和果断的跨出这一大步吗？切看她在"十目所视，十手所指"之下有何作为。

2016年5月18日

原子弹投日本催生新中国

近日来一则引人注目的新闻消息是，美总统奥巴马五月下旬赴日参加七国首脑集团国际会议时，要安排去广岛一行，但不会对二战末期美军原子弹投掷广岛作出道歉。

要解读这一消息有两个不同角度。从日方的观点去看，美国不该投原子弹轰炸广岛，挨弹死伤的广岛居民是"冤枉"的，是"无辜"的，是"没有必要"的，因为日本已即将投降，让广岛居民遭此浩劫是残忍和不人道的。但是，从美方观点看来，又另成一说。那便是日军在太平洋各岛屿垂死挣扎，负隅顽抗，至死方休，美军攻占各地，伤亡惨重，盟军要结束亚太地区的战役，终结第二次世界大战，最后甚而要进攻日本本土，预计登陆日期是1945年11月1日。那时的登陆战将是十分惨烈，那将成为人类战争史上最可怕的一天。其后日本军民和盟国战士的死亡人数都将以百万计。所以，美国为了缩短战争，减少伤亡，必须投下原子弹，威慑日本军方拒降死硬派，和直攻日本天皇心坎，迫其接受盟国所提无条件投降的要求，结束抵抗，投降了事。因而，原子弹该投、必投、已投，得其理，得其时，得其用，有何道歉之可能及需要呢！美国奥巴马总统就是这样坚持了绝不道歉的立场，是必然的，是好样的。换言之，原子弹唯一的一次使用提前结束了第二次世界大战。

然而，投弹逼降了日本，却打开了另一通道，为中华人民共和国的建立产生了催生作用。此话怎讲？

二战期间美军开发原子弹的浩大工程化名为"曼哈顿计划"，是美国总统罗斯福接受了离德投美定居的科学巨匠爱因斯坦教授的建议，美国要赶紧制造原子弹，要抢在德国研发和使用原子弹之前，以免德国率先出击，扭转欧洲战场德军溃败无望之局。罗斯福总统接受了此一建议，一个历时多年，数以万计的工程人员大队从此展开了工作，并于1945年7月16日成功在新墨西哥州沙漠地带完成了原子弹的试爆，只待杜鲁门总统令下，就要使用此一逼日投降的杀手了。可是，原子弹开发成功的内情，早已被参加研发又同情苏联的美国罗森堡教授夫妇泄漏给苏联。苏联统帅史大林早已掌握情况，并立即布置苏军在中国东北中苏交界处集结，在原子弹投掷广岛的第二天宣布与日开战，撕毁日苏友好条约，进军东北。这当然是捡便宜的趁火打劫之举，而不是真正应英美之所求，去开辟东方战场，促使日本早日投降。

苏军入侵东北的作为和效果是：接收了东北设备精良的日本关东军的全部装备（关东军已无心恋战，于9月15日全部投降），于一年后移交给中共成功潜入东北的部队。苏军拒绝美国输送国军抵达旅顺、大连和营口港登陆，给予中共足够时间到达东北巩固据点。苏军应于三个月内撤出东北，却延长了一年多，把东北重工业设备及有用物质完全运回苏联，将东北妇女奸杀无数，制造人间悲剧，将东北地区国军与共军对抗的优劣局势扭转。

当然，蒋介石指挥接收东北和与共军作战也犯下了许多战略性的错误，这就让中共相对轻易和出人意料的在东北国共交战里大获全胜，一面拥有了日本关东军和收缴的美军设备，一面收纳了东北的原满洲国守卫部队，和改编的国军的投降人员，从此打响了国共内战最重要和最开始的第一战，为以后的淮海战役、渡江战役和南下扫荡等建立了有利和取胜的大好基础。

所以，吾人的推理便是，原子弹不投掷日本，苏联就不会在一周后日本投降前进军东北。苏军不进占东北，就不能拒绝国军及时在东北从港口和陆路两方面进驻，共军更不会在苏军手里接受日本关东军武器，东北地区的国共激战也不会发生，中共在东北地区战胜后的壮大也不会出现，其后国共内战的最终走势和中华人民共和国的诞生也不是定论了。

然而，历史就是历史，历史发展的事实可以分析、评价和议论，但无法"归回原点"，重新做起，再换天日。这就是历史的决定性和诡秘之处。世间也有"历史不会重演"，及"必然重演"之说，真希望，不会重演的是悲剧和错误，重演的是喜讯和正果。

就中国两大名人蒋介石和毛泽东的作为而言，假如蒋介石不逼迫张学良发动西安事变，能于二战后派遣张学良接收东北（实际上是派了熊式辉），能于二战后诚心接受共产党加入联合政府，共奔民主中国的前程，不以为可稳操胜算而发动国共内战，不在1972年让中华民国退出联合国（可放弃安理会常任代表位置，而保留普通会员国资格）……再就毛泽东而言，在庐山会议后不清算彭德怀，1949年国府败走台湾后维持中华民国称号，不另建中华人民共和国，建国后不派遣"志愿军"介入韩战和越战，不发动各种全民运动……今天中国的现况会是如何呢？但往事已矣，今日在握，明日可期。执政中国大陆的共产党和台湾上台执政的民进党都能吸取多少历史教训，不让悲剧重演，而让中华振兴呢？

2016年5月26日

今年五月的前四天

从关心时事的角度讲，今年五月开始的前四天是各有意义，值得议论。

五月一日劳动节是中国的公订假日，意在表扬中国劳工的可贵和贡献。许多地方都要征选一批劳动模范的先进工作者，发证书，做报告，热闹一番。但如今中国劳工的普遍处境到底如何呢？若用"乏善可陈"四个字去描述应不为过。首先是国企单位经营不善，有不少解雇员工，转业不易，处境艰难。再有大量背井离乡涌入都市打工的农民工，或将年幼子女留在家乡，和年迈的祖父母或外祖父母同住，祖孙两代都面临一些养老和教育的棘手问题。农民工若将其子女带到打工城市，又将产生不少适应都市生活，融入城市环境和子女接受学校教育和福利措施的许多关卡和考验。

要有效保障劳工福利和权力，要有名副其实的工会存在，这不论是公私单位，还是外资在华投资企业。可是，中国当前的劳工组织是由资方建立，是听命于企业老板和政府机构的。这一大缺陷必须更正，中国劳工才能出头有日。

例如，中国的矿难频频发生，我也多次应邀在中央电视台英语频道的新闻评论节目里分析矿难原因，责任何在，及补救办法。但千变万化不离其宗的一个重要原因便是官商勾结，矿主一面大赚其钱，一面输送利益给主管政府单位，已明知矿井安全生产设施及安全防范不到位，有隐患，矿工求救无门，走投无路，直到矿难爆发，出现引爆、灌水、塌方……等，便伤亡重大，为时已晚。中国的总工会不能是衙门一所，形同虚设，要领导和带动全国，建立切实为劳工服务的工会组织，痛改陋习，洗面革心。还记得多年前我打电话到全国总工会，希望能和领导一谈，反映意见。获得的答覆是："领导有专线，不接外来电话。"

显然，每逢五一劳动节，有劳模应选，可登台接受证书和鲜花，并不重要。重要的是劳工福利有保障，劳工发言有影响，劳工安全可到位。要实现这些目标都得舆论支持，力促其成。政府出面，责无旁贷。

* * *

五月二日那天我看到报载一消息，说的是"美国白宫发言人宣布，奥巴马总统不会对二战末期原子弹投掷日本道歉。"最近的消息是，奥巴马五月下旬要赴日参会，也要到访广岛，但不会发表道歉言论。

当然，日本二战时期施虐亚太地区，屠杀中国人民，投弹偷袭美国珍珠港，沉军舰，毁飞机，杀死三千多美国军人，将军国主义的大旗到处挥舞，假武士道之名和日本天皇之命，杀伤虐待，无所不为，最后在太平洋岛屿又誓死抵抗，造成进攻美军重大伤亡。美国为缩短战争，并免去日本本土登陆作战，这将造成盟军和日本军民以百万计的死亡，更何况日本东京皇军总部已颁发密令，在日军撤离战俘营，返日作本土防御战时，要处决全部盟军和国军俘虏。日军在菲律宾马尼拉市撤退前曾惨杀当地居民二十万，并将全城破坏为残垣断壁。

二战后来日本为了要转移世人的注意力，以忽视日军在亚太地区的杀人无数和倒行逆施，便使出一个花样。每逢12月8日广岛挨原子弹袭炸的纪念日，就由广岛市长出面，在公共纪念场盒里念念有词的"祈祷世界和平"，并指责美军投弹的"不人道"，在日军已将投降之际，掷下原子弹，以日本居民为牺牲品。不错，原子弹投掷广岛和长崎，日本有二、三十万人民死亡，但是这缩短了战争的惨烈厮杀，让数百万人免于死难。这就是为什么，率机组人员在广岛投弹的美军机"埃诺拉·盖伊"号机长保罗·蒂贝茨上校于战后著书之时理直气壮的说："广岛投弹是救生，而非杀生之举。"

世人明其究竟就可以断言，日本挨原子弹是咎由自取，恶行招谴。美军投弹，"以其人之道还治其人之身"，何来道歉之理。奥巴马坚持立场，不道歉是万分合理的。

* * *

五月三日那天日本人民涌上街头，呼口号，表立场，反对安倍晋三首相欲修改日本《和平宪法》的举措。日本人民经过二次世界大战的痛苦经验，"求和平，反战争"，已成为广大民众的诉求。但安倍拥有野心政客的自我算盘，要整建国防军，要恢复日本对外宣战的权利，要在日本史页上留下"浓墨重彩"的一笔。这一企图若能实现是对日本前途和日本人民不利的。

以往数十年来日本在美国的呵护下得以军费节省，将国家资源大多用于经贸和科教建设方面，才能挺身成为经济大国，并赢得社会安定。这份成果是要珍惜和维护的。日本若是军国主义抬头，以整军经武为目标，便要再种下扰乱亚太地带繁荣和平发展的祸根。

纵观世界大局，感到不幸的是，如今美国和俄罗斯之间军备较力的风气又起。双方都在发展最新最强杀伤武器方面大量投资，努力创新，要攻防兼顾，要在一旦战争爆发时取敌制胜。这种竞赛是迄无止境的，是浪费资源（物质和人力两方面）的。不凑热闹不罢休的北朝鲜，也在小丑跳梁和不自量力的开发核弹，又假惺惺的声明，核弹只用于自卫反击，绝不首先投放。该国人民一穷二白，生活物质缺乏，而暴君当政，倒行逆施，令人叹息。

军备竞争在任何地区进行都是百恶丛生，无利可图，故两岸和平相处，也不要花冤枉钱在军备添置上，浪费多多，用途寥寥！

* * *

五四运动始于1919年，迄今已近百年。而当年中国知识分子呼吁追求的"德先生"（民主）和"赛先生"（科学）竟然依旧是若即若离，难以登场。推行民主和发展科学都要靠良好的制度和优秀的人才做后盾。这无法速成，也没有捷径。当然，在信息畅通，全球一体化的现况下，知识和技术的传播和共享是理所当然和唾手可得的。可是由于掌权者的私心和贪念，再加上短视和蛮横，还有历史文化和传统习俗的约束，较为良好的制度不一定会被采取，优秀的人才也不一定会被重用。这也往往形成一个封闭性的自我循环，优者恒优，劣者恒劣。

西方一位政治学者曾说过，民主政治绝不是天降甜饼，坐享其成，而要靠全国人民认知、努力、筛选、实践和进步去争取。国之领导也负有重任，要引导和激励人民，发挥潜力，用于正途，促进社会和谐，造福广大民众。

* * *

总之，五一劳动节提醒了我们，农工大众的福利和尊严要维护。广岛挨弹昭示世人，恶有恶报和历史教训要用心听取。日本民众抗议不要改变日本和平宪法，再次敲响了警钟，说的是和平可贵，战争万恶。最后，民主和科学的追求是普世价值所在，是志在必得，功到事成。

2016年5月31日

蔡英文执政满月看两岸

蔡英文执政已经满月,她向在台同胞和外界观察者月考交卷的成绩是如何呢?

不好!

她已自尝"在位方知当家难"的苦滋味。

以往国民党主政八年,她率领民进党充分使用了"逢中必反"和"逢马必压"的策略,对马英九实施的两岸交流和内政措施狂轰滥炸,在立法院杯葛议程,支使青年学生违法进占政府机构……直到多数选民对马团队施政成绩失望,而赢得2016年大选。

蔡英文在5月20日就职演说时以"感谢与承担"为主题,说的也挺好。她将领导改革,绝不退缩,为年轻人打造更好的未来,在经济发展、社会稳定、两岸关系和区域和平等各个领域里推陈出新,每况愈上,推动民主,守护自由。

可是,这一个月以来她究竟做了些什么呢?首先是赦免了非法攻占政府机构的青年学生;停止了教科书内容的微调;撤回了巡视海域,保障台湾渔民作业的护航舰艇;加大了对马英九的司法追杀;自己可以远行南美,而制止了马英九香港一日行的申请;放纵服刑中的陈水扁出席募捐活动;巡视三军,要加强军工建设;向访台美国参议院军事小组成员提出"加强军购"的要求;派遣留日亲日民进党大老谢长廷出任驻日代表;对"九二共识"的表态和认可一直不彻底……总之,她所作所为的主旨和表现是撕裂,不是和解;是对抗,不是合作;是破坏,不是建设。

然而,形势比人强!今后海峡两岸相处唯一的康庄大道是"和平友善"四个大字。和平是绝不可武力相向,友善是一定要互惠互助。因而,蔡英文整军经武,寻找外援,和大陆敌对的走向是自寻末路,要自食恶果。我提出以下看法:

一、以扩大军备和加强军力为行动目标,会引起大陆的质疑和反感,会直接影响两岸经贸、旅游和其他友好交流的发展。近来大陆赴台观光客的人数已显著下降,就是一叶知秋之兆,不容小觑。一旦台湾经济下滑,走势日猛,台湾青年就业的机会和环境就日益恶劣,这也直接证实了蔡英文要为"年轻人打造更好未来"是不能兑现的一篇虚言。四年后台湾大选的选民也会晃然大悟,不再迷信民进党,会怀念马英九团队的建树,再来一次政党轮替了。

二、台湾军备再多,兵力再强,一旦两岸军事冲突也难挽败局,因为两岸军力的悬殊对比,台湾既不能护台自保,也无法外援获救。美日两国对台湾的支持可以朗朗上口,都不会浴血奋战。美日两国顾全大体,为其本国利益着想,绝不会为护台而和大陆直撞,做出因小失大,得不偿失的举动。

三、台湾的任何执政党都要与大陆和善相处,和避免兵戎相向,所以民进党不要以军购和整军去虚张声势，去骗取民众选票，而要将军费压缩在全台预算的2%以下，并将节省的预算用于经贸发展、民生建设、环境改善和文教提升各方面，让台湾全民身受其惠，让大陆同胞乐见其成。

台湾与大陆相处，以"和平友善"为指标，大陆方面又该如何反映和自处呢？我认为以下几点是至关重要的：

一、继续扩大两岸民间交流。在蔡英文开始执政台湾之际，大陆方面努力保持并加强两岸民间互动是重要的。两岸交流原有三个渠道，政府对政府，执政党对执政党，民间对民间，如今由于蔡英文对"九二共识"立场不坚定，上述前两个渠道的今后走向已产生疑问。故民间交流的重要性更加突显。今年5月中旬在厦门召开的第八届两岸论坛如期举行，交流热烈，是一大喜讯。我也在中央电视台英语频道新闻报道里作了相关评述，认为此一论坛是"得其用，得其时，有远景。"实际上，大陆要尽力开展与台湾全方位的活动是不必因为台湾方面执政更替而有所抑制和下降。反之，要更加努力创造对双方互惠发展有利的条件和措施，境界高，目光远。让台湾同胞在获利之余，再自主选择台湾执政党何去何属。这也可以鼓励台湾民主体制日益成熟和激发大陆的日趋进步。

二、大陆要采取行动，展现诚意，减少附近海域的紧张情势。不以亚洲第一大国的实力和强势去"威慑"邻邦，而要加强对话，增加合作，商讨共享海域资源的可行方案，在谅解、协调及宽容的气氛下达成合作协议。

对美国"重返亚太"和与其盟国军演互动的所为不需要过激反应，视其为"围堵中国"的指向行动，充满敌意，不可容忍。因为二战结束以来的七十年里，亚太地区经济振兴，民生建设的过程里，美国是产生了扶植稳定的正面作用。它保持姿态与其盟国进行多种活动，是以经贸发展，区域安全和彼此互惠为主轴，不会、不必也不应以抗衡和牵制中国为取向。因为，和平崛起的中国为自身利益和前途发展着想，是不会独霸一方，四面树敌的。敦亲睦邻，互惠互利，亚太和平，区域成长才是中国的目标和走向。

我不认为今后在亚太地区会出现中美、中日和两岸之间的武力冲突，让战乱爆发，破坏全局。目前中国官方对国际情势的新闻报道和评论过分偏重"危机四伏"的论调，这是夸大和误导，不可能触动全民"同仇敌忾"和"共御外辱"的情绪和行动。

三、中国要痛下决心，继续强化内政的改革。不久前我参加了一个"澳大利亚和中国互动情势"的英语论坛。有两国的专家发言，互辩和现场听众的提问呼应。在场者的感觉是两国间的经贸往还，文教交流和游客到访已成气候，而彼此受益，但双方因体制不同，尚不能建立政治的互信和进行坦诚对话。中方行政的责任制和透明度不够，依法治国和人权保障不足，是困难所在，应加以处理和改善。

我认为中国在国力日强，影响愈大的今天，的确要扪心自问，正所谓："天已降重任于吾国，要如何自处，如何对外，方为上策。"

中国政府已经在改革图强方面提出了许多问题和采取了不少措施，在行政放权，司法公正，公企改革，扶贫救助，经济振兴，人权改善，打击贪腐等方面屡有建树。可是中国政府要在现有的成就上更进一步，而不要设立了许多禁区，不得公开讨论，不能擅自发言，这看上去是要"顾全大体"，和"促进团结"，但实质上是于事无补，败坏全局。

中国新闻界第一战将，已故原人民日报社长、总编辑胡绩伟先生在1989年六四事件发生前公开发表的诤言是："没有新闻自由就没有社会安定。"此言甚是。早于1978年12月中共十一届三中全会召开时的主题词是由邓小平提出的"解放思想，实事求是"的名言。解放思想和言论自由之间是彼此映照，相互扶持的，中国当前需要具有更宽松、自由、积极、自信的气氛和环境，让国人潜力发挥，畅所欲言，让舆论督促政府，拨乱反正。

蔡英文在台主政满月成绩欠佳，大陆内政改革任重道远。两岸的执政者和运作团队都需要深刻自省，励精图治，在继续加强两岸的互动互惠之余，要自求进步，力争上游。这既是两岸同胞福祉之所系，全球华人关心之所盼，也是中华民族振兴之所求。

2016年6月25日

六月的联想

六月一日儿童节值得庆祝；六月四日天安门事件必须追思；六月五日世界环境日理当一谈；六月六日诺曼第登陆日令人怀念。这都是一些展现历史进程和人类活动的重要日子。

庆祝六一儿童节是要重视、爱护和扶育儿童，有一说是"儿童是国家未来的主人翁"，这是真话，也是预言。今日儿童成长的家庭、学校和社会环境就铸成了儿童的品质、性格的走向，也影响和决定了国家社会的前景和未来。

而如今中国儿童成长环境的情况是令人担忧的。数日前我应邀参加了一个高级知识分子双亲为女儿主办的生日庆祝会，他们最关心的问题是爱女今后的出路和何时出国。他们背景十分优秀，但并不看好当前环境，而尤其盼望女儿能另辟佳境，脱身而出。我隐约而深切感到他们拥有一份忧虑之感和出头热望，发自内心，十分强烈。

在中国持续执行三十多年的独生子女政策刚刚解除，这减少了人口增长的压力，而制造了一批娇生惯养的孩子帮，在家里没有近龄玩伴，向父母和祖父母予求予取。看上去是天之骄子，受到呵护，而实质上是缺乏独立训练，倾向自赏自私。而一旦离开家庭，在学校和社会环境里面临的处境却是冷漠有余，温暖不足，从而事出意外，难以应付。在道德和法律双双失守的情况下，拐骗儿童，家庭失控和老师失教的事件不断发生，随打工父母拥入都市，或留守农村的幼儿也都是处境困难，养育不足。这岂是家国之福！

我在大陆一所研究生院曾兼职担任心理谘询工作五年，又不断在各地大专院校作专题讲演，在面谈和听讲学生的发问里都直接体会到他们的纠结、焦虑、浮躁和无力感。家庭的热盼，求学的竞争和升学考试的压力都让他们许多人失去了学习的乐趣，视求知为"畏途"，待到学成求职和录取上岗，又是跌跌撞撞和感到学非所用，茫然若失，所以，目前中国家庭、学校和社会之间的脱节和矛盾是十分不利和情势严重的。

27年前的1989年6月4日，天安门事件在北京发生。我身临其境，目睹一切。6月6日我才亲携藏有近50卷照相胶片的手提箱仓促离京，赴日返美。六四最大的悲剧和不幸在于学生们政治经验不足，没能在天安门广场及早撤出，免去血洗北京的惨状发生。而学生反对官倒，争取民主的呼声和要求也毁于一旦，从此他们不再关心国事了，军民一家的理想破碎了，贪官污吏的声势壮大了。

至今中共当局对六四事件还坚持是"处置得当，势在必行"。尽管定性的口吻是缓和了一些，从"动乱"到"风波"，到"事件"，但仍视为"镇压延长了统治，认错会动摇国本"。而一些有识人士都认为，如今民智已开，资讯流畅，掩饰失效，无法围堵，六四平反只是时间问题，陆续拖延便迄无宁日，及早认错仍可挽救民心。

7月1日国内扩大庆祝中共建党75周年，响亮宣传的口号是："我是中国共产党，始终和你在一起。"多年来又有一说是："我从人民中来，到人民中去。"可是，建党庆祝晚会的演出里充满了歌功颂德脱离现实的节目，那首老歌"党啊，你是人民的母亲"，尤其肉麻！曾几何时，来自人民的党员都高高跃起成为人民的"母亲"了！这不是忘本，是什么？

中共输入和效法了共产马列主义，又以俄国为师。而2013年俄罗斯普京总统顾问莫洛夫在接受采访时公开说出："俄国在改革一开始就深入思考了国家结构和俄国党派结构问题……另方面要建立纯净的俄国文化以此提升整个民族的素质，根除俄共大统思想……俄国人对比感到庆幸，因为俄国人民获得了民主选举权力。相比之下，中国情况严峻得多，因为中国的官僚体制在经济发展中成了既得利益集团，它就是只大蜘蛛那样吸取中国经济成果，它的存在本身是投资的动力和结果，首先是排除了工人阶级,然后排斥了农民,如今正在排斥中产阶级,最后还会对中国中央政府形成强大压力。"以上说法可属发人深省的逆耳忠言。

六月五日是世界环境日,于1972年由联合国大会倡议建立,意在提升全球对环保工作的认识、重视和行动。每年选定某一国家的一个城市作为庆祝世界环境日的焦点,并鼓励多样行动在全球各地展开,其中包括各种街头游行庆祝,举办音乐会,种植树木,打扫环境卫生,和采取改善环保的各种行动。

如今世界人类面临的一大问题和灾难是自然环境的不断破坏,形成空气、土壤和水源的污染、浪费和不良使用。从而引发气候变暖,水土流失,天然灾害的频发和加剧。

中国大陆在不断开发和就业需求的压力和要求下,也采取了不少只顾眼前,忽略久远的短平快措施,如农地改用,填湖务农,污水排放(工业和生活用水),大气污染(大量烧煤和汽车尾气)和土壤恶化(过度化学施肥和药品杀虫措施)等。中国已和美国联手,并向联合国承诺,要逐年进步,达到减排节能目标。这是一份重要和艰巨的任务,需要政府领导,单位跟进,全民配合,技术、资金和行动到位的社会工程,不容忽视,有待实施。

这里我要特别强调每个国民可以自行做到,促进环保的日常之事,如节省用电,以步代车,减少浪费和生活节俭等,这都是人人可行,积少成多的有益行动。

当然,战乱是破坏自然环境和社会环境的恶魔之一,由于人为的错误和贪婪,前有破坏力巨大的第一次和第二次世界大战发生,现有中东地区此起彼伏的社会动荡,北朝鲜发展核武和发射飞弹的添乱,再加上世界强国军备竞争的方兴未艾,迄无止境,世界环境的前途将是多灾多难的。

72年前的1944年6月6日,美、英、加为主力的盟军部队从英国出发,展开了二战中规模最庞大的军事壮举,被誉为是"结束欧洲战役的开始"。那天的清晨有16万盟国陆海空军战士,乘五千艘各式战舰,在一万一千架战机的攻击支持下成功攻占法国诺曼第海滩。发动强攻前盟军也进行了情报战,让德国误信登陆法国的地点将是位置更北的英伦海峡最窄处,这便也分散了德军的注意力和部队部署,让诺曼第登陆的阻力下降和盟军牺牲减少(当天有四千多盟军战士在海滩战役中壮烈成仁)。滩头登陆的成功也展开了向德国首都柏林的挺进,直到1945年5月8日,前一周希特勒服毒饮弹自尽,德国宣布投降。

在诺曼第登陆前夕,盟军统帅艾森豪威尔将军准备了两份宣言,一旦登陆失败,他将宣布是他指挥错误,一切责任自负。但,登陆成功了,他说的是:"你们将开始一个最伟大的征程,为此我们已经准备多月,全世界的眼光都在注视着你们。"

1945年8月上旬美军以两枚原子弹投放日本广岛和长崎，9月15日日本宣布无条件投降，德意日轴心国启动的侵略性第二次世界大战就此终结，正义战胜了邪恶。

结论：我们要给所有儿童都提供良好、友善和激励的社会和自然环境，让他们健康成长，德智兼备，信心十足，充分发挥，去创造人类更美好的前途和未来。

2016年7月15日

盼蔡英文正途迈进

前言：蔡英文在台执政已满三个月，而台湾最新的民意调查显示，受访者对她的信任度和满意度都跌进五成以内。再有，对林全团队的行政成绩不满意者已多于满意者。假如蔡英文今后没有改弦更张的有效措施去修正以往的失误，台湾民众对她的认可会更加下滑。她在内政和外交两方面的建树若一直是乏善可陈，四年后的大选民进党就可能败下阵来，让国民党重拾台湾的执政大权了。

就此让我们审视一下蔡英文执政三个月的主要走向是什么。至少她的作为在四个方面都产生了负作用。

一是，民进党加强对国民党和马英九的司法追杀，起诉马英九和清算国民党党产，是假借"转型正义"之名，也推动去中国化，其目标是彻底摧毁和瓦解国民党的组织、士气和经济力量，以便在台一党独大，持久执政，呼风唤雨，长此以往。

这种赶尽杀绝的政治运作显然不利于台湾民主政治的维持和发展。

台湾拥有选举制度和言论结社自由的基础，形成两党经民选而交替执政的局面，是得之不易，行之可贵的。

民进党鼓动民粹，推进台独，分裂族群，破坏台湾社会的和谐，唯以长期执政为所求，显然是违背全台民众的利益，这将走入死胡同，是没有任何希望和光明前途的。台湾当局好不容易派了官员登访太平岛，还不敢正言是去维护主权，这种软弱作风又岂能赢得民心，获得支持！

绿营执政第二个错误走向是，要充实军火和购置美国军备，整军经武，自造机船，摆出一副自立自强的姿态，实际上是要自我壮胆，骗取民心，讨好美国，依赖外援。

因为，台湾生存的最大保障并不是"兵多将广，战力充沛"可以防御和摧毁大陆一旦发动的军事攻击，而是大陆方面认定，台湾不公开走台独路线宣布成立"台湾共和国"，大陆就不会手足自残，进攻台湾，形成两败俱伤，贻笑天下的败局。所以，台湾向美国乞讨购置的一切军备，和在美国扶植下开发自制的一切武器，都将是用武无地，毫无使用价值。这笔大开销应该用于台湾的民生建设和两岸的互惠交流方面。

蔡英文所犯的第三个错误是，忽略对台湾实质的经贸建设，与大陆继续冷战对抗。一方面，其"新南下政策"难以开展，另一方面是岛内增强内销无法实现。

由于大陆民众对台湾时局不稳的顾虑，赴台游客人数大减，这也自然影响了台湾旅馆、餐饮和礼品店的收入，对台湾经济的衰退形成了雪上加霜的压力。

要知道，台湾民众和美国人民的作风相似，领导人大选临头，一旦全面经济不景气，失业增加，收入减少，执政党就要付出代价，以鞠躬下台收场。

民进党由蔡英文掌舵所犯第四个错误是，不公开承认"九二共识"，自认为这是顺应台湾多数民意，既讨好美国，又不会激怒大陆动武。这一认知是十分短见而不当的。因为"九二共识，一中各表"是说明现况，国共内战，两岸分裂，持续至今。

中华民国奔赴台湾，弃守大陆。中共以中华人民共和国之名立国，掌握了大陆，而没有统治台湾。故两岸同属一中，各有说法，更何况，美国为自身利益着想，不会真正支持台独，也不希望台独行动引发战火，让美国进退两难。

民进党承认九二共识，就奠定了两岸充分合作的必要基础，从而双方都努力建设，从增加互惠互助开始，再建立互信和认同，最后，水到渠成，假以时日，和平统一就可以成为海峡两岸共同追求实现的理想目标了。

要知道，当前两岸和平统一最大的障碍是来自两岸政治制度的不同。大陆在一党专政的体制下难以实现依法治国、人权维护和民主政治，因而大陆的现况对台湾不能产生众望所归的吸引力和说服力。因此，台湾的民主体制既要名至实归和更加完善，以造福台胞，也要发挥激励和促使大陆体制改革的辅助力量。

再有，如今在东海、南海都存在中国大陆与邻国争执对抗的热点和事实。海峡两岸要在这一领域维护疆土和渔业运作等方面彼此支持，尽力协作。台湾决不能走上亲美、联日，共同牵制大陆的歧途。

美日两国为了促进其本国利益只会利用台湾和分化两岸，而不会采取行动，赴汤蹈火真正为台湾的福祉卖力和牺牲。

结论：蔡英文主政台湾三个月的业绩是令人失望的。她在建设台湾，互动大陆和开辟新境三方面都缺乏具体建树，而民调滑落，每况愈下。

因而，很盼望她能及时煞车，迷途知返，认真努力于台湾民生和民主的建设，承认九二共识，与大陆加强友好互动，并鼓励大陆尽早和最终走上体制改革，人权伸张，社会和谐，国家兴旺的康庄大道。

2016年8月24日

蔡英文执政乏善可陈

前言：进入十月，蔡英文在台湾的发言和行动十分频繁。她针对民进党有了公开宣言，接受了美日两个新闻媒体的采访，又有双十讲话……，而其主轴思路仍是对峙大陆，台独走向，对两岸关系的改善和交流的促进毫无裨益。她到处逞强，勉为其难，不是好办法。她强求的各点都走错了方向，现容我加以论述。

一、强词夺理：面向台胞，蔡英文以"台独"的"仇中"为号召，视其为台湾主流民意和造福全台之举，是一误判。

此举是要蒙混过关，骗取选票，以争取执政，总揽大权，她既不敢也不能真正实现台独目标，更改"中华民国"为"台湾共和国"，因为任何政党主政台湾，都无法实现台独，获得正果。这样做，必然激发大陆对台动武，直接违背两岸，亚太和美国的基本利益。

正所谓，形势比人强。蔡英文主持民进党必须要面对现实，适应潮流，不要继续向柔性和隐性台独方向迈进，以便造福台湾，和解两岸。

二、强敲硬打：针对国民党，蔡英文领导民进党采取强攻国民党，要赶尽杀绝，连根拔起的通杀策略，借转型正义之名彻查国民党70年来积累的"不当资产"，无中生有，让马英九司法调查缠身，使其遭受打击，离台不得。另一方面又宽释"太阳花"运动里的违法青年学生，中止国民党启动的"教科书内容微调"……这样做正是要讨好和取悦于民进党内以其"基本教育派"为后盾的激进台独分子。

这种两面手法祇充分显示了民进党的一党为念和一党唯私，是和台湾推行民主政治的要求背道而驰，和自寻末路。

再有，蔡英文当局采取行动，忽视全台湾公教人员的尊严和福利，又在与大陆叫劲中牺牲了台湾农工民的基本利益，这都是错误百出，一无是处。

三、强抱大腿：以美日为依赖和靠山，加强双向合约，购买美国军备。此举并不能发挥增强台湾自保自立的真实力量，也不足以讨好美国，在两岸军事对抗时为台湾站台。因为美国顾及国家的基本利益是要和大陆和好，在多方面合作，绝不会偏袒台湾，正面与大陆为敌。

日本与台湾走近是要达到发展经贸的目的，并充当美国在亚太地区战略运作的马前卒。

这是目标明确，自得其所，而不是热爱台湾，力撑其腰，所以台湾不能存有奢望，一旦两岸冲突爆发，会获得美日增援，化解危难。

四、强人所难：处理两岸关系，蔡英文不能期望大陆弃舍"九二共识"的基本要求，可以公开拒绝接受，又无碍于两岸之间的顺利交往。为顾全大局和两岸福祉，大陆可以欢迎接待国民党县市首长，可以继续召开国共论坛，但绝不会任由蔡英文拒不承认九二共识而一切互动照常。

现在两岸互通的重要机构"海协会"和"海基会"已经完全停摆，台湾参加出席一些国际组织活动的门户已日益狭窄，这都是台湾方面咎由自取，和得不偿失的。

老实讲，"九二共识，一中各表"就说明了当前两岸并存的现实，中国的内战尚未完全结束，两岸停止了武力相向，但尚未达到和平统一的境界，因而台湾执政者公开承认九二共识，如洪秀柱所持立场，是最佳策略，可以大力促进两岸当前的合作，并在未来适当时刻完成两岸和平统一。

五、强打精神：蔡英文在台执政五个月来，岛内是风风雨雨，骚乱不断，岛外是指指点点，不以为然。她本人和林全执政团队的民调是迅速下滑，有目共睹。显然，她的日子并不好过，而前途维艰。

此时此刻我们都希望蔡英文可以领导民进党走出自私自利的死胡同，而走向造福台湾，惠及两岸的康庄大道。改变党纲，放弃追求台独虚拟的目标，善待国民党，公平竞争，巩固台湾的民主政体，与美日及邻邦正常交往，互利互惠，放弃依赖外援与大陆对抗的妄想，善处大陆，扩大交流，不执着于"九二共识"的口头和面子之事，最后，可以心安理得，名正言顺的建设台湾，与国共两党渐进合作，造福两岸。

行文至此，我要特别引用25年前（1991年）时任台湾外交部部长钱复在美国《外交事务》冬季季刊上发表"来自台北的见解"一文的结论，说的是：

历史以来有太多的外国观察者视中华民国扮演了独台角色。赞美中华民国是反共基地的，要不惜任何代价支持它。要和中国大陆建立良好关系的，视台湾为"问题"和促进中国统一的"障碍"。当许多美国人专注于美台贸易恶化的时候，台湾被视为是一种"威胁"，要用保护主义的立法加以制裁。

但中华民国已迅速成长，它的变化已无法用上面的某一角色去形容归类。我们必须舍弃用老眼光去衡量它的作法。倘若忽略了台湾人民的见解，理想，期望和恐惧，对中国大陆种种问题的分析就不够完全。

正如同台湾是中国的一部份，大陆也是如此。双方都不能强求对方，或基于地盘，人口和以往成就而自视优越。双方都要承认的事实是在中国不同的部分存在两种不同体制。尽管统一是台湾海峡两岸中国人的最终目的，不应该为单方面着想去加以完成。正如苏联的解体所显示，强迫的统一最终是以分手为结局，双方政府在今后若干年的主要工作，不是要人工加速历史的进程，而是要各自改变，以缩小两者间政治和经济的差距。最重要的是，统一过程是和平的和自愿的，而不是由一方强加于对方,并引发中国诸多邻国的忧虑。

此时,全球都庆幸冷战的结束,中华民国的人民正目光朝前,要对世界的新秩序做出更出的贡献。台湾经验已显示中国人民,如其他人民一样,完全可以实施民主体制,促进经济快速发展,并和邻居们和平相处。于此,中华民国欢迎全球趋势的到来,那便是民主化、求发展、国际整合及东亚和平的实现。

钱复廿五年前论文的见解十分精辟,寓意良深。海峡两岸的领导人都是重任在身,责无旁贷。盼能在"十目所视,十手所指"下兢兢业业,力辟佳境,精益求精,造福全民。

国父孙中山逝世纪念日将于11月12日到来,他临终的遗言是"和平、奋斗、救中国"。

那便正是,两岸要和平相处,共同奋斗,以达到振兴中国,宏扬世界的理想目标。

2016年10月26日

试论洪秀柱大陆行

前言:国民党主席洪秀柱于10月30日开始赴大陆访问5天。31日在南京中山陵拜谒孙中山,11月1日赴北京和习近平会面,参加国共和平发展论坛,11月4日折返台湾。这一行程的各项安排都是寓意不凡,引人注目的,让我就此顺序加以论述。

一、南京拜谒:以往历届国民党主席,从连战2005年开始,到吴伯雄和朱立伦,在访问大陆时都专程去南京中山陵或北京香山碧云寺拜祭孙中山,今年11月12日又适逢孙中山先生诞辰150周年,洪秀柱此次访问大陆从中山陵拜祭开始自然是沿照惯例,顺理成章,圆满完成。国父孙中山是海峡两岸都尊重的历史伟人。北京天安门广场以往也曾在十一庆典时陈列孙中山的肖像。在台湾,进入国民党总部礼堂,孙总理的半身照也高悬在大庭主席台背后墙上,赫然入目,有目共睹。

孙氏早年行医救人,最后革命治国。他在中美两国生活工作和学习的经验促使他走上组党反清的艰难和正确的选择,历经无限风险和十次战役,最终于1911年武昌起义成功,建立了亚洲的第一个民主共和国。

孙先生终究是推翻清廷统治,领导建立中华民国的革命先行者,其努力奋斗要实现的目标是中华民族的振兴,中国走上和平统一的康庄大道。他生前最后的遗言是"和平、奋斗、救中国",这竟然仍是今日海峡两岸要共同努力完成的大业。

二、习洪会面:自台湾国民党主席连战于2005年创下在北京会见共产党总书记胡锦涛的先例,其后吴伯雄和朱立伦也依例跟进,会见了胡锦涛和习近平两位总书记。

这次国民党主席洪秀柱到访，也安排了11月1日在北京晤习近平，国共两党的党魁便也在此次相见时交换了两党互通合作的意愿和方向，对促进两党关系正常健康发展做出了贡献，这自然也稳定了两岸互动的局势和运作。习近平在会见法秀柱时，具体提出了两岸关系发展六点意见，都是弥足珍贵，具体可行。

如今蔡英文领导台湾民进党，在台湾2016年大选即以压倒优势击败了国民党，重掌台湾施政大权，但拒不公开接受"九二共识"的说法和主意，这也导败了大陆的反弹，中断了两岸官方渠道沟通的联系。

此时此刻习洪会登场就维系和敞开了两岸对话交流的途径和通渠，对减轻两岸敌对和促进两岸发展都产生了举足轻重的作用。

习洪会谈除了谈及两党、两岸合作的内容和要共同巩固"九二共识，同属一中"的立场，更商及了两岸签署"和平协议"的议题，此举可以正式结束两岸70年来军事对峙的局面，为今后两岸和平发展，为奔前程奠定坚实的基础。在台湾执政党不走台独路线的前提下，大陆方面保证与台湾一直和平相处。这样一来美国军备售台的基本理由，要增强台湾提防大陆武力进袭的可能，便不复存在，台湾可以节省大量军备的开支，移用于台湾全面建设的需求和发展了。

三、国共论坛：已举行十届的"国共经贸文化论坛"现更名为"两岸和平发展论坛"，这是顺应时势与时共进的改善之举。将有两百多位来自两岸的各界人士参加，有政治、经济、文化、社会和青年五个议题，这都是切中时需，有待商榷的重要课题。很希望与会者可以坦率真诚的交换意见。要知道，两岸分离分治已久，双方出现了不同的社会形态和政治体制，这便也是各有一招，各成其型，各有其长，优劣互见。在开会讨论各个主题时便需要彼此印证，互通有无，就事论事，力陈所见。

1945年第二次世界大战和抗日战争胜利后，中国面临了最佳机遇，可以顺势全民奋起，国共合作，由蒋介石掌权的国民党牵头，真诚容纳各党各派，组织联合政府，跨过军政和训政两阶段，进入宪政实施的正途，稳步前进。

祇可惜蒋氏掌权，目光狭窄，私心过重，要指挥调动数百万国军，一举消灭共军，以大欺小，全盘通吃，其结果便是人心焕散，全面溃退，美梦成空，退守台湾。

在大陆执政近70年的共产党如今也面临了严重的考验，该如何彻底检讨建国初期运动频频，民生涂炭的重大过失，该如何反省早年"东征"，其名为"抗美援朝"，和后来"南讨"，美其各方"援越抗美"的耀武行动，其恶果是四面树敌，孤立大陆，自顾不暇，百害丛生。

近30年来，大陆上虽有了经济发展，硬件建设的明显进步，却付出了贪腐横行，贫富悬殊，环境破坏，人心动荡，人心不古，败德乱行的不良代价。再有，中国因和平崛起，国库不虚，在国际舞台上已展露头角，获得重视。但中国的执政者一定要虚心自问，总结经验，不得自视过高，好高骛远，要在亚太地区善处与邻邦的关系，要有远见、智慧与行动不断改善和促进两岸合作。这样，在两岸论坛里，在论及各个主题的参会者发言时，要比照两岸现行制度的优点和不足，加以分析和提出改善和互通意见，要针对亚太和国际局势去探讨两岸应如何个行其事及相互配合，以达到自身利益的最大化，并对四周环境产生正面建设的影响。

我也希望看到这次论坛的发言内容和商讨结论可以公开发行，公之于众，让外界加深了解，和提出相关意见，以扩大论坛的影响力和普及面。以后每年两岸论坛举行时的一个有益安排便是在开会起步时，由会议安排者出面报告上届结论的推行情况和实施效果，这便也增加了举办论坛的连贯性、重要性和信服力。

结论：台湾国民党洪秀柱的大陆访问之行是适时的，有益的，必要的，国共两党之间坦诚和建设性的沟通、互动及合作可以增强及改善两岸关系，可以向在台执政的民进党产生激励作用，放出正面信息。

今后海峡两岸有一致和明确的共同努力目标。两岸的执政党和在野党都要尽力而为，服务人民，落在实处，改善人民生活和工作的条件，优化人民社会和自然的环境，加强两岸一家，同舟共济的意识和行动，共同迈向安居乐业，社会和谐，自由民主，国家振兴的理想境界。正所谓："国共论坛聚精英，和平发展主题定。集思广益出良策，福泽两岸奔双赢。"

2016年11月4日

和平奋斗救中国

国民党主席洪秀柱率团访问大陆之行已顺利结束。我于11月3日中午接受中央电视台英语频道采访谈论此事时说，洪秀柱已按照预定计划达成任务，10月31日登上南京中山陵，向国民党和中华民国缔造者孙中山总理致敬。11月1日下午她在北京会见了共产党总书记习近平。

双方表态共同接受九二共识，洪秀柱既提出了两岸结束敌对，正式签署和平协议的意见，也呼吁大陆采取一些具体措施照顾台湾，促进发展。

这都说明了国民党面对两岸关系冷落下滑的关键时刻，正全力以赴，以避免两败俱伤。

习洪会时，习近平总书记也提出了推动两岸关系的六点建议，阐明了大陆坚持不变的立场是：认可九二共识，坚决反对台独，力促两岸合作和共图民族振兴。

他明确积极的发言也正告了在台执政的民进党，不要继续走上偏离民族大义和两岸福祉的台独路线，要回归正途，为民造福。11月2、3两日洪秀柱参加了国共和平发展论坛，与会者共议国事，坦率发言，这便维系了国共两党通话交往的渠道和开拓了两岸和平发展的前景。

1924年11月24日孙中山先生在路经日本神户前往北平时，对记者和公众发言说："统一是中国全体国民的希望。能够统一，全国人民便幸福；不能统一，便是受害！"迄今，中国统一仍待实现。1925年3月12日孙总理在北平逝世前的最后遗言是："和平、奋斗、救中国。"81年后的今天，两岸还需要和平友善相处，携手努力奋斗，振兴中华，拯救中国，去共同建设一个自由民主的伟大国家，以民有、民治、民享为依归。

以上是我接受电视采访时发言的要义。现在我要引申论及的是，就台湾方面而言，民进党和今后台湾的执政党都要加强台湾民主和民生的建设，搁置武器研发和军备采购的浪费，充分享受两岸和平相处，互惠发展的红利，并切实为台胞福利着想，发展经贸，安定社会，优化环境和大陆积极相处，和四邻友好往还。

民进党不要害怕国民党东山再起，而要庆幸国民党的并存，今后两党可以公平竞争，执政与否由台湾选民决定，以巩固和发扬台湾民主制度下党派轮替的运作和优点。

台湾更要正式无误的提出，两岸和平统一是理想目标，大陆政改进步是先决条件。大陆方面一定要有决心、计划、步骤和行动，去逐步改善人权，加强民主建设。例如，从党内起步，给予党员自由发言和力陈所见的空间，赋予党员普选上层书记和领导的权利，从放权于党员开始，做好实验和准备，再扩大到还政于民，以民为主的最终目的。这样，共产党便可掌握了时机，认准了方向，创造了历史，完成自救救国，两岸统一和民族振兴的伟大目标。

当前共产党的心态，措施和定位都有偏差，它放权不够，操控过严，信心不足，难以开放，花了太多的宝贵资源（人力、财力、物力）去维稳，控制言论，封杀网站，监视行动，视民为"敌"。

在诸多重大的庆典和国际盛事里，处处防范，草木皆兵，已充分丧失与民同乐，欢乐满堂的气氛和真谛。要知道，如今全球化、信息化、知识化的大潮已形成民智大开的必然情势，一切围堵、垄断、高压的手段都不足以"防民之口"和"阻民求变"了。历史的潮流也昭示世人，民主是大势所趋，专制是穷途末路。

所以，两岸的当政者都要识时务，爱人民，去私心，走正路。多年前我的朋友台湾联合报社长兼总编辑张作锦说的好，两岸统一的两大障碍是两个"独"字：台湾奔台独，大陆要打击；大陆搞独裁，台湾不认可。其言甚是。

正所谓:"习洪会后见转机,各党各派齐努力。大陆台湾万民瞧,民主建设非儿戏。"

2016年11月16日

中国控烟任重道远

引子:10月30日上海市政府发布消息,2017年3月起全市火车站和机场全部禁烟,取缔车站和机场内部的吸烟室。

此举为全国首创,值得大声喝采,予以赞扬。首善之都北京市的国际首都机场里仍然保留了吸烟室,在各个航站楼出现,予吸烟乘客以点烟过瘾之便。中国各地的机场航站楼,包括首都机场在内,必须要效法上海市禁烟的措施,不能再落后拖延了。

11月5日我接到中央电视台英语频道《中国24小时》节目的邀请,于当日晚8时40分在该台接受了采访,主题是:"上海火车站和机场全面禁烟的举措应否在全国推广,禁烟如何深入人心,中国近来禁烟的各种举措有何成效,如何改进。"针对这一主题,我接受采访时说:

上海市的最新规定,在火车站和机场内部全面禁烟,取缔原有的吸烟室,是一个进步有效的措施,值得全国各地模仿跟进。其作用有三。

一是,有益于机场全部旅客。压缩吸烟乘客吸烟的空间,既可让他们少吸几支烟,对个人身心有益,又可促使他们产生戒烟念头和动力,彻底戒烟,获得新生。

根据我亲身的观察,中国各都市机场内部设置的吸烟室,大多都不遵守吸烟室门户紧闭的规定,便随时有烟雾外溢,破坏机场的空气质量,对邻近的非吸烟乘客造成伤害,所以,全部关闭了机场内部的吸烟室便是一举两得,吸烟和非吸烟乘客都一并受益。

再有,当前中国各地火车站的乘客月台上并不依法执行禁烟,便有不少要上车和刚到站的吸烟乘客都抽空在月台上抽烟,通行无阻,畅所欲为。我多次搭火车出行时,在月台上出面阻止乘客吸烟。由于我是依法行事和言得其当,便达到了手到擒来,完全奏效的结果。然而,火车月台禁烟需要制度化和持久化。

因而,上海市在火车站的全面禁烟的新规定是一个良好和重要的开始,要彻底实现,推行全国。

二是,形象更新和效率提高。机场和火车站内部完全禁烟自然提升了所在地的形象,是更清洁健康,是对旅客更友善周到。这不是对吸烟旅客不便,而是约束他们的不良行为,让他们产生反思和自我断烟的念头和行动。试问,在地铁站内和飞机舱内严格禁烟的规定曾引起任何旅客的不满和反抗吗?

更何况火车站和机场内彻底禁烟，没有烟头，去了火种，也减少了场地清洁维修的人力和费用，和减去了吸烟引发火灾的隐患。无烟环境对在场服务的员工而言自然也是乐见其成，亲身受益。

三是，向国际传递正面信息。中国各地的机场和火车站已是国外旅客蜂拥而至，经常到达的地点。这些场地全面禁烟就必然让他们印象深刻，赞口不绝。执法和守法的成效都自然显示了国民素质和社会秩序成就的一方面。这一切都要从头做起，点滴积累，机场和火车站内严格禁烟便是一个积极正当的起步。

在新闻采访节目里回答中国控烟现状和前途展望时，我说：中国在控烟工作方面已有不少进步，但远远没有达到世界卫生组织的号召和要求。中国签署了全球《烟草控制框架公约》已逾十年，在遵守和实现五项指标上都落了空。

其一，中国没有全国人大通过的《公共场所禁烟规定》，或是《全国烟害防制法》，这是全球控烟成效显著国家和地区的必然措施，行之已久，有目共睹。在中国却付之阙如。

其二，中国不将吸烟定位为成瘾性的慢性疾病，因而戒烟费用不能在医保下报销，中国医院里戒烟门诊措施也几近形同虚设。

其三，全球已有近半数国家在烟盒上放置了醒目和面积过半的图像警示，阐明烟害，触目惊心，中国烟盒上只有"吸烟有害，戒烟减害"的文字说明。

其四，中国烟草公司以赞助公益活动为名，出面捐款，实际是非法宣传以扩大香烟销路。

其五，中国在烟草总价中税收的比例偏低，有售价低廉的产品专供农工大众使用，又有售价奇高的礼品烟，这种种行为都违反了世界卫生组织的规定，而助长了当前烟害横行之风。

再有，中国虽然有一百多都市颁布了公共场所禁烟的规定，但执行时漏洞百出，乏善可陈，有违规吸烟的情况出现也缺乏有效的检举和惩罚手段。此一现象，在号称控烟最严厉的首府北京也是随处可见，层出不穷。

我在采访节目发言时提出了以下几点具体措施，意在扩大控烟成效，利国利民。

一、针对农民大量吸烟是农民致贫、致病、致死的主要因素，政府应认定农村控烟工作是当务之急，要在农村普遍推动控烟教育和有关措施。可以选取推动控烟行动的试点，集中力量，有效实施，再取长补短，全国推行。

二、由全国人大通过立法，在每年烟税总收入中提出百分之一二，专款专用，推动控烟的宣传和行动。也可发行控烟奖券，一面散发吸烟有害，控烟有法的信息，一面以部分奖券收入用于控烟活动。

三、将每月的11日那天订为全国戒烟和劝戒日，鼓励烟民戒烟并号召非烟民采取行动关怀和协助身旁吸烟亲友戒烟。此一设想原由民间控烟人士张云强和绿色和平倡导者叶榄倡议，我非常同意他们的主张，盼能获得社会热烈的响应和支持，共襄善举，推行全国，爱己及人，造福万民。

四、幸福家庭是人所欲求，而其必要条件之一是拥有无烟环境。我先于2013年6月在吴阶平医学基金会和吴英恺医学基金会的支持下，在北京安贞医院启动了无烟家庭活动。并获得吴蔚然、罗豪才和郭应禄三位老友的题词助阵，但这只是用心良苦的开始，尚有待努力去推动。在受访节目中我特别提出彭丽媛女士拥有中国控烟形象大使之荣誉和称号，我希望她能领衔出面，大力在中国推行无烟家庭活动，满足三个必要条件。一是，全家成员都不吸烟，若有烟民存在，全家努力，促其戒烟成功。二是，登门亲友一律不得吸烟，室内墙上高挂"无烟家庭"标志，名至实归。三是，家庭成员关心和支持吸烟亲友戒烟，互助合作，共同推进控烟活动。

总之，中国烟害迷漫，形势严峻，需要全国上下全力出击。拒烟千里、身心健康、礼貌周到、文明上乘的国民才更拥有良好的心态和条件去实现其中国梦，让个人、家庭、社会和国家大放异彩，幸福无疆！

2016年11月21日

社会不能良知尽失

3月里在北京地铁上发生的一场恶性丑事，经现场一位女士手机拍摄上网传播，成为轰动一时的热论事件。一个17岁的男学生在搭车时，有两位年轻女子为推广产品要扫描她的手机，双方争执起来，男学生受气失控，以恶毒下流脏话痛骂她们，并抢下一位女子正应急报警的手机，再在到站时推她下去，将手机据为己有。网上传播整个争执过程的两分钟，令人感到气愤和反感的是，同车有不少乘客，竟然没有一个人发声劝阻或出面调停。这位粗暴少年便也理直气壮，得其所理的展现了他的威武、霸道和劣行，全节车厢数十乘客无感无为和无奈的表现也影射了中国社会的病态是如何严重了。"服务人民，实现小康，和谐社会和实现中国梦"的呼声一直很高，是无处不在，高响入云，可是中国群众日常的表现却是这样的冷漠、无情，缺失骨气和正义感，这对该青年的家庭教育环境、学校教育成果，和社会普遍风气又说明了什么呢？

一个人情味浓厚、充满温暖和展现和谐的社会应是什么模样呢，有一位社会学家下定义说："在任何社会里，平常不相识，毫无关系的人遭遇不幸和困难时，加以援手和雪中送炭的人数和比例越高，这个社会就越为和谐。"那么，相对来说，这种热心人越少，视若无睹置身事外的人越多，这个社会就越加冷酷和无情。这也不幸正是中国社会当前的写照和可悲。

我在北京中央电视台英语频道以受邀嘉宾身分评论时事已逾十年，已做了数百个节目，而每次邀请前往制作节目一定要乘地铁，才能保证到达。这样，我就有切身体验和观察，可以目睹地铁车厢内的许多景象。其中包括无谓的争吵和打斗，都是小小不然，微不足道的事，逐步升级，上纲上线，最后成为激烈厮打。试举一例以明之。

早晨上班时刻，一节人挤人的地铁车厢里，一位身材魁梧的乘客在车厢停车摆动时误踩了另一位就座乘客的脚，这是其后双方的对话：

"怎么？踩人一脚也不说抱歉！"

"我是有意的吗？停车不稳，碰了一下，有什么大不了。"

"没什么大不了。我坚持你要说声对不起。"

"我就不说，你要怎么样？"

"好，有种，就在下一站下车，我们俩理论一下。"

"下车就下车，我怕你？"

我刚好坐在他们附近，就大声说："你们两个年轻人都要上班办事，值得为这点小事在月台上大打出手吗？不要再吵了，收场吧！"他们听见我的劝告，就终止了口角，更没有在下一站下车进行较量。其后我下车时，踩人的那位年轻乘客也同时下了车，他特别凑到我身旁，说了一声"谢谢你！"

我举此实例是要说明，每个人都可量力而行，在关键时刻挺身而出，说该说的，做该做的，助人一臂之力，这并不难，只要有心于此，便可实施实现。例如，在上述北京地铁站发生的抢夺手机的情况下，有一位用心的女乘客，反应迅速，及时用个人手机录下现场情景，传上网，引起警方调查，后来抓到了肇事者，这便是做到伸张正义的积极贡献。该女士后来对调查人员说，"我只能录像，不能出面。"但这就是她尽心尽力的最佳表现了。

想想看，在少年恶行爆发的时刻，若有任何一位乘客可以出声制止，大家再齐声响应，这个少年还能继续恶骂再硬抢手机吗？只可惜，我不在现场。

在中央电视台英语节目担任时事评论已逾十年，每次地铁乘车都有座位坐，方法是，向挤满座位的年轻人发话："有哪位年轻人可以让座给我，十分感谢！"此话百发百应，十拿十稳。老实讲，我的身体很好，可以站立演讲数小时，上车要座，不是人老力衰，体力不足，而是要及时施展我的"机会教育"，提醒年轻人，地铁的广播词不是白播的，那说的是"我不坐，请留给需要座位的人。"

2017年4月13日

中国控烟刻不容缓

5月28日我接到北京中央电视台英语频道《观点》栏目电子邮件告知,邀请我于5月31日"世界无烟日"当天晚9点半在电视台演播室接受专访,谈论中国大陆吸烟现状和控烟前景。但我已返回西雅图,无法应邀出席了。于今我就针对此论题一抒己见。

烟害严重

2017年4月,由"国际烟草控制政策评估项目"颁布的中国调查报告指出:一,中国现行禁烟法规不能抑止二手烟危害;二,中国控烟公共教育落后于其他国家;三,中国烟盒上缺乏图案警示;四、中国烟草广告和营销影响恶劣;五、中国烟草价格和税收失调失效。

今年刚由世界卫生组织西太平洋区域发表的报告的醒目标题也是:"烟草流行给中国造成的健康、经济和社会损失是中国无法承受的代价。"中国已早于2005年成为全球《烟草控制框架公约》的签约国,有义务达成控烟承诺,造福全民。

积祸原因

中国当前是世界上种烟、产烟、吸烟和烟害第一大国,拥有烟民3.5亿之众,二手烟危害人数逾七亿人,每年因烟害而提前丧命者约140万人,这都是血淋淋的铁的事实。其促成理由是,政府依赖眼前烟税收入,控烟乏力,置国民长期健康福祉于不顾。在烟草供销领域里早已产生了祸国殃民,贪腐丛生,自我壮大,自我维护的利益链和当权者。

中国医务人员吸烟者众多(中国男性医生约有半数是烟民),无法担任控烟戒烟的前卫军。

中国广大的不吸烟者不能挺身为维护自己免受二手烟害的权利去抗争和行动,纵容吸烟者在公众场所和个人家里吸烟无碍,畅行无阻;中国烟酒当道,风气败坏,广大群众对烟害和戒烟缺少知识,误解多端,无法形成全民控烟的动力。

唯一出路

中国要实现小康社会,要促进人民实现中国梦,要立足亚洲,要贡献世界,一定要从个人拒烟,身心健康;家庭无烟,清新和谐;全民控烟,烟害尽扫做起。

由政府负担主要和领先的推动责任,再举国响应,力促其成。这也是时不我予,刻不容缓,志在必成,责无旁贷。

2017年6月2日

庆祝儿童节有感而言

早年在大陆和台湾都是庆祝4月4日的儿童节，新中国在大陆成立后，儿童节定为6月1日了。我们常常听说，"儿童是国家未来的主人翁"一语，其言甚是！可是如今大陆上儿童的处境是如何呢？一般说来，他们身处的家庭、学校和社会环境，比起在台湾和美国的孩子又是怎样呢？

不久前我在北京亲戚家见到一个晚辈男童，他在大陆和台湾都有就读小学的经验，他很怀念在台湾就学的过程，认为在台就学，比起在大陆的情况，是更宽松，有趣和收获良多。小孩子是童言无忌，肯说真话的，他亲临其境的感受和领会就说明了两岸小学教育的环境有差别，而在台就学儿童是更加幸福的。

在北京我也结识好几位高级知识分子背景的父母亲，他们的子女都是小学生。为了要为子女创造和铺建更好的前途，他们都在选住址和选学校方面下了不少工夫，也要用心留意和教课的班主任和老师建立起好关系。孩子在周末和寒暑假又得加班加点，学英文，学特长，补……孩子们很少有自由时间可以无拘无束，自得其便的做些孩子自己要做的事。当然，在美国就读的小学生就更加轻松愉快了。下课较早，作业不多，在校的学习也不紧张。多年前我的两个儿子都是在这种环境里欣然度过，长大后他们都是学有专长，身心健康，也和我一样，烟酒不沾，身无恶习。

和美国做对比，大陆是生活太累，学校太紧，社会太乱。房费、学费和医疗费是压在大陆大多数人民头顶的三座大山，学生课程负担重，而缺乏创造性、灵活性和趣味性。社会的不公、造假、混乱和冷漠也在人人身上投下了阴影，再加上自然环境的破坏，空气、土壤、水源遭受污染，森林和耕地都日渐减缩。这便使得中国大陆儿童成长的环境是病态多多，乏善可陈了。

要认真庆祝儿童节，要认真培育儿童，我觉得可以强调三个"心"：爱心、热心和良心。在大陆，身为父母的人要认真发挥爱心，对子女多鼓励，少苛求；多沟通，少板脸；多关怀，少大骂；多身教，少责备；多相处，少疏远。在谋生困难的压力下，不要忘记，夫妻恩爱和爱护子女永远要是第一优先的。

学校的师长请更加热心，注重学生的个别差异，因材施教；执有细心和耐心，鼓励学习；授课时不要强调死背硬记，要培养学生独立思考和逻辑推理的能力，让课堂的气氛生动活泼起来。

2017年6月4日

乐观展望中美交往

当前最吸引全球瞩目的事件是美国总统特普朗上任后首次的亚太之行，为期12天，始于11月3日，访问5国的顺序是日本、韩国、中国、越南和菲律宾，其中8日至10日将对中国进行国事访问。

如今在亚太地区热门、争议和待解的问题不少，其中包括美国和亚太地区盟国（日、韩、菲）之间军事合作的运作，和亚太地区各国经贸的互动和发展，对北朝鲜穷兵黩武、来势正猛的应对和制裁，更为重要的是，如何与中国合作，向中国表态，以赢取中国的配合，安定亚洲，造福世界。

当前世局的变化是，二战结束后，到苏联解体时，美国曾经独霸全球的地位和影响力已经明显下滑。全球地区性的组织，如欧盟和东盟，都已成熟增长，拥有自主的势力和发言权，又有中国和平崛起的实现，美国为了维护其国家利益（亚太地区的安全与繁荣是其重点之一），就必须和亚太诸国沟通、合作，以化解危机，获得双赢。

中共十九大已圆满召开，由习近平领衔的七大常委都已公开宣布，各就其位。

习近平提出的号召是，面临新时代，要有新气象，新作用，其最终目的是，让中国人民的生活日益改善，国泰民安，振兴中华。

但这一崇高理想目标的实现则是任重道远，谈何容易！

对中国政局透视和期望，我要引用一位有真知卓见，并热爱党国的老朋友的坦率之言。

他认为习近平具有"刚柔相济，缓急并用的最高领导人辩证的领导艺术"，对他的期望是"天降大任于习近平，唯大智大勇当之。"他力倡言论自由，说的是："真正关心国家大事的还是知识精英，因为知识精英是爱国、爱人民的，即使对共产党有批评、有意见，绝大多数也是为了共产党好，而不是希望共产党垮。"他的另一绝妙说法是"知识分子造不了反，没有知识分子建不好国。"

新中国建国头30年一再出现的各种伤民败国运动，都是在一言堂淫威的压制下，让中国的知识分子难吐真言，备受欺凌，而江河日下。

任何国家对群众加压，封锁言论自由，都要导致社会的不稳定，甚至动摇国本。

前人民日报社长兼总编辑胡绩伟先生在1989年六四事件前夕就发表了他的名言，说的是"没有新闻自由，就没有社会稳定"。

其言甚是，执政者若缺乏舆论监督，就一定会走上专权贪腐的不归之路。

习近平主政后进行深化改革，已有相当成就，是所谓好的开始是成功的一半。

我那老友针对深化改革的说法是："现在习近平总书记大力反腐，坚持从严治党，已经取得良好的开端,今后只有继续深化改革,尤其是一手抓民主,一手抓法治,才能将中国引向人间正道,与世界文化接轨。只有民主,没有法治,天下会乱;只有法治,没有民主,人心难安。"这一意见是一言中的和当务之急。

民主要由政府宣导推动,法治要由人民支持实现。如今北京街头最常见的标语是"不忘初心,牢记使命"。不忘初心是要为民服务,牢记使命是要振兴中华。

美总统特朗普即将访华。美国前总统卡特于2014年9月上旬先到北京参加了中美建交35周年招待会,又前往上海出席了中美青年高峰论坛,9月8日他在上海接受了《中国新闻周刊》专访时表示,"中美分歧不可避免,关键是彼此倾听,而这些分歧总是要远远小于双方彼此的获益。"这是一段扼要说明中美互动性质和展望的睿智之言。

要知道,中国的和平崛起不可能、也不必要形成对美国的威胁和对美国国家利益的损害。

美国也没有既定政策对中国要进行打压和抑制。从近代历史的过程来看,美国是东西方列强中对中国最为友善的国家。

早年对中国的协助是兴学和建立医院,二战时更是中国坚强的友邦,双方携手击败了日本在亚太地区的侵略,1945年8月上旬在日本先后投下两枚原子弹,促成了日本早日投降,大大减少了盟国和日本本土军民的伤亡。

美国对华友好的最新措施是开放和便利中国人旅美的签证,抵美读书、旅游和公干的多次入境签证可长达5年或10年。

美国若是对中国存有戒心或敌对态度便不会门户大开,引"敌"入室。

从美国维护其国家利益的立场来看,对中国的期望应有以下各点:一是,中国能够自立自强,照顾好国内情势,让人民安居乐业,平安是福。二是,处理好在亚太地区和邻邦的关系,可以维持和巩固亚太地区的和平稳定及经济发展,在共同富裕和相互友好的基础和能量下,让美国和亚太诸国可以商贸往还,互通有无,可以文化交流,彼此受益。三是,两岸和平相处,减少对抗,从互利互惠的起点扩大到互尊互信的增长,最后水到渠成,完成两岸同胞共同意愿的和平统一。(中国加深改革,在实现民主和推行法治双方面的成就越大,进度越深,两岸和平统一的日子也就越快到来。)

我和前美国总统卡特夫妇曾有两面之缘。

一是1980年秋天我加入了华盛顿州数十位知名人士的行列,应邀去白宫参加卡特总统和白宫首要的报告会,为期一整天,是听取卡特总统的施政报告和竞选连任宣言。

二是2009年1月12日我应邀在人民大会堂参加中美建交30周年庆典,美国代表团由卡特总统在庆典中发言，中方则由时任中国副主席的习近平致答辞。我很高兴的参加了这个意义深远、宾主尽欢的聚会，并就此一近身接触的机会取得了在庆典请帖上他们的签名，我也将我所写控烟专著两册分赠了他们两位。

我定居美国已50年，而最近30年在北京长住每年达11个月。身为关心中美前途的美籍华人，我希望中美互助，中美善处和中美双赢实属本分之愿。

2017年11月9日

前日相鸠山促进日中合作

前言：2017年12月6日那天首届精准医疗与医养结合国际高峰论坛在天津顺利召开。主办单位是中方的贝罗尼集团和日方的日中韩国际贸易促进协会，协办单位则包括南开大学、澳大利亚新南威尔士大学和美国哥伦比亚大学等学府和其他机构。峰会特邀主讲贵宾是出身政治世家于2009年出任日本第93代内阁总理大臣的鸠山友纪夫先生。我则受邀担任了论坛开场的致辞人。

鸠山首相的讲演十分精彩。他首先强调日本在国内外开展护理业务是超越国界的，是发扬关爱的，是至诚感人的。这也是中日合作的一个重要领域。因为日本已进入，中国将进入老年人社会的人口结构。两国应合作互助去建立一个人人获得尊重和老有所养的成熟社会。

鸠山首相的祖父，日本前首相鸠山一郎，老早就提出了友爱的原则，那便是"相互尊重、相互理解、相互支持。"如今他在主讲时又引申说，心怀友爱的人必须通过努力，获得自立，再推己及人，全球推广。

他认为，当前全球化发展的负作用是创造了富者愈富、贫者愈贫的两极分化。这也驱使若干感到被排挤和受到歧视的年轻人参加了恐怖组织，陆续在中东和人口流动方便的西欧地区开展恐怖袭击，造成大量无辜者受害和社会混乱的局面。而为了应付移民轻易入境去散布恐怖行动的发展趋势，全球也出现了"本国优先，民族至上"的反弹对策。这也引发了国与国之间的一些冲突和摩擦。

鸠山首相认为，面对这一困局，一方面要接纳全球化的运行，一方面要包容民族主义的兴起，最有效的措施便是让同一地区紧邻相伴的国家在友爱的基础上成立利害同享的共同体，成员国之间和平相处，共同合作。欧盟的存在和运行已有例在先。在东亚运作的手段则是："设立一个常设会议机构促进东亚共同体的建立。教育、文化、经济、贸易、金融、环境、能源、医疗、福祉和安保都应该纳入会议的议题，深入探讨。在探讨中发挥友爱精神，进行协商，互相帮助。"

当然，鸠山首相是一位坐而言，起而行的政治家。他在首相任上宣导了校园亚洲建设项目，推动青年互助互动，去扩大展现友爱的观念和成效。他在日中韩三国起步建立机制，支持大学间学分互换，又提出东亚文化城市倡议，积极举办东亚文化艺术节，促进相互理解，提升东亚文化的国际号召力。他也关注东亚环境能源和超级电网等有关问题，可说是视野宽广，见地非凡。

针对中西医各有所长，可以互补的情况，他的卓见是："西医从解剖出发，分析病因并且排出一些病因，对于外科手术是强项。而中医是根本之本。精准医疗可以说是西医治疗的高峰，并有必要促进中西医结合。通过中医提高身体体质去最根本的防病，生病时通过西医来实施精准治疗。这是未来医学发展的方向，为了促进他们的融合，日中携手意义非凡。"

鸠山首相又提及习近平主席在十九大上提出健康中国战略，也就是要贯彻重视中西医的结合，继承和发展中国医学事业。习主席还说要积极地对应人口老龄化，构建养老、爱老、敬老的政策体系和社会环境，促进医疗维护的合作，加速老龄相关产业的发展。显然，在这个领域里日中可以充分合作，这也和习主席的理念不谋而合。

习主席在十九大报告里提出了人类命运共同体的论述。又提出自然不容破坏，要建立一个自然与人共生的友爱社会。十一月中鸠山首相参加国际论坛时和习主席进行了一个半小时的的会谈。届时习主席借用中国名言"一枝独秀不是春，百花齐放春满园"之句，说明了人类命运共同体的概念，人类要同舟共济，爱护自然，消除贫困，共同追求美好生活。

论及日本安倍首相施政方针和日中合作局面时鸠山首相说："日本政府还是更加的看重美国，注重美日同盟。对于中国还是在提高警惕。我觉得正是这种时候需要我们在比如包括健护精准医疗等领域，与大家展开对话……这可以说是从民间的层面来推动两国之间的友爱，这是最合适的。"

我对鸠山首相是久仰大名，但在这次论坛会里才有机会聆听他的高见和当面接触交换意见。我就近送了他两本我所写的控烟书，一是《你能够不吸烟》，二是《铲除烟害处处好》。他也欣然应允，在我著书的书签上写下："友爱鸠山友纪夫"的字样供我留念。

会议的最后一个节目是圆桌论坛，约有十名中外专家分两批登场，交叉论述。他们认为治疗癌症是十分困难的。癌症细胞是多变快变，患者本身是因人而异。而精准医疗的三个步骤，一是利用人体的血、尿、唾液等进行基因检测和推断，二是调节生活习惯和选择生活环境加以预防，三是采用干细胞和免疫力治疗。再有，癌症药品的开发制作也是困难重重和为时甚久的。

聆听了专家们的讨论后我有几点感想。一是，预防癌症就首先要治理水源、空气和土壤的污染，也要保障食品的安全，而这一重责大任是政府承担，别无旁贷。专家学者和社会大众也要有力发声，督促政府尽职尽力。二是，中国有些基层地区地方保护主义盛行，成为伪劣产品和环境污染的发源地，这便需要逐渐建立一套全国风行的优良体系，去防范、监督、揭发、制裁、削减相关的败行和劣迹。三是，要争取国家政策和民间资金大量有效投入医疗技术、设施和药品开发的领域，改良医保制度和提倡全民健身。四是，医疗专家、卫生机构和国际间要增加通力合作和良性竞争，让可贵和稀有的资源可以发挥最高的使用功能和社会效益。

身为论坛开场致辞者，我发言的大意是：

"这个论坛的主题是精准医学跟医养结合，这是一个非常重要的发展方向。在医学领域当中有很广阔的前景，有很多可以借重采用的地方。在这个聚会当中我们有来自世界很多国家，日本、美国、英国、澳洲还有本土的一些专家们，有一个平台可以交换意见、可以互通有无。这一种合作就有它特别重要和创新的意义。

……一百年前五四运动在当时的北平爆发，是由大专学生为主导来宣导德先生跟赛先生。"德"是民主，"赛"是科学。因为民主本身给一个社会、一个国家带来了动力，让人民充满了希望可以发挥它的专长，发挥它的创造力。不但对本身有帮助，更可以报效祖国，安定社会。而科技的发展也非常重要，因为有了科技的发展我们才有各种发明，各种不同的新技术和新产品的出现。增强了我们经济的地位同时也改善了我们民生的条件。所以这两条腿要同时走。今天我们论坛的主题正是科学发展领域里重要的一环，而民主力量正是推动中国全面进步的基石和靠山。

今天在国内盛行的一种说法，就是要实现我们的梦想。我是美籍华人，在美国定居已五十年，我也不断用我自己的方法去兑现我的中美双栖之梦。四十年前我在美国大力支持美国的国策，促进美中建交。1979年初美中建交，邓小平副总理于一月下旬率中国代表团访美一周，我应召参加了接待中方的美国国务院的礼宾工作。30年前我在大陆上启动防制烟害的义务工作，在新闻媒体、报纸杂志和公共场合上公开发表我的见解。因为今天的世界非常不稳定，今天的社会有很多动荡，每个人对自己前途的发展也是有一定的疑问和考量。怎么办？最重要的是每一个人把他本身的条件健全起来，运用新的知识，运用新的技术、运用新的心得把自己变成一个身心健全和关怀大我的人。然后再尽其在我，放松心态去贡献社会、报效国家。

与此同时我也希望国家本身能有长足的进步，可以提供一个宽松、积极、自由、鼓舞的大好环境。让每一个独善其身并有心要兼善他人的国民都具备更好的支持和条件去发挥他的潜力和百尺竿头更进一步。"12月6日的精准医疗与医养结合国际高峰论坛在天津圆满召开，成功闭幕，主办方和参会者都收获丰硕，乐见其成。

尾语：12月13日我应邀在中国全球电视网路（CGTN）晚七点半的"今日话题"节目里接受采访，主题是南京大屠杀80周年纪念。当天上午，国家公祭仪式在南京侵华日军南京大屠杀遇难同胞纪念馆隆重举行，习近平主席亲临现场，全国政协主席俞正声发表讲话，宣示中国人民要铭记历史、缅怀先烈、珍爱和平及开创未来。12月14日下午我接获了中国国际电播电台英语节目的电话访问，题目是日本大坂市长认为美国三藩市市长批准在该市中国城里树立纪念慰安妇的塑像，是公然对日本不友好，而宣布要中止大坂市和三藩市市已拥有60年历史的姐妹城市关系。12月18日晚我接受了CGTN"今日话题"的电话采访，主题是美国国防法案激怒中国。论及一旦美台军舰实现入港互访的影响和台湾动荡起伏的现状。

扼要说来，12月6日鸠山首相的讲话显示了一位元首政治家的卓见和行动，要"日中合作，友爱济世"；12月13日中国政府的表态是"缅怀历史，面向未来"；大坂市长的行动是"自私短见，故步自封"。而台湾则要"两岸合作，自重自强"。

2017年12月26日

第四部分 西华报（1983-2016）

《西华报》是1982年1月20日创刊于美国西岸重镇西雅图，其后发行41年，停刊于2023年2月。该报发行人吴静雯是我在华盛顿大学就读时的同校学友。此报创刊后我以读者和作者双重身份予以支持，撰文数百篇，获该报"最多产作者"之誉。《西华报》劳苦功高，为宣扬文化、社区发展有诸多贡献。

不能保持沉默

公开表示意见一向就不是中国人在美国所表现的特质之一。他们不这样做也是有原因的。可是事到如今，他们的这种作风很需要加以检讨和改变了。

2月28日到3月4日之间西雅图一家广播电台播出了我应邀访问所发表的有关中国城华美俱乐部大屠杀事件的一些意见。我表示我很关心这个事件并建议今后应采取适当措施去解决有关的问题。我的说法无论从什么角度去看都不能被认为是出言偏激或具有恶意。可是我却接到一个老友的电话说："中国城有人谈论你在电台发言的事，他们很担心。他们不喜欢听人说中国城有什么不好。这种说法可能对顾客产生吓阻的作用，影响到中国城的生意。总之，小心点，不要多发言。"

不错，在以往和今日的中国，公开发言和多发言并不认为是一种美德。相对的，却有一些社会规范和传统思想对这种行为期期以为不可。俗语说："多一事不如少一事。""言多必失。"和"病从口入，祸从口出"等等。

身为中国人，不论是移民身份还是美国土生，他们都要受到一些中国传统的影响，而其中之一便是："少开口为妙！"

几天以前我问起一位老友，他对中国城的大凶杀案有什么看法。他说："我实在没有什好说的。我不知道究竟如何，各种说都有……"

"但是你每天都在中国城进出，你一定有些个人的看法。"我补充一句。

"我真是没有什么好提出的。"这位先生在中国城是一位年高望重的老居民了。但是面临中国城的大悲剧，他却采取了"无可奉告"的立场。

2月20号那天，也就是华美俱乐部凶杀案发生后的第二天，我参加了西雅图中华会馆里举行的公开聚会。在这个聚会里，西雅图市长和警长曾先后发言，提出保证，要以"第一和最高优先擒获凶手，使接受正义制裁。"参加这个聚会的人不少，几乎把会场挤满了。可是在会场中只有一位年长的中国人把握机会向市长和警长发问。

许多参加聚会的人面对这个可怕的、爆发性的罪行，遭受到丧失亲友之痛，但是在会议中，他们却能那样的自我约束，一言不发，这种情况是很难令人接受的。

会议结束了，我觉得既难过又烦恼，正要离开会场，有一位电视台记者拦住我问道："你刚刚参加了这个聚会，你觉得怎么样？"

我想这位记者一定是在情急之下找到我的。他来参加这个聚会，想获知与会者的反应，但几乎要"交白卷"了。在我还没回答以前，一位穿着入时的中国人面貌的人走了过来，指着我说："他不是中国城里的人。"我没有理睬他，和记者说了一下，就离开了。

第二天，同一个电视台又打电话来找我，要我加入西雅图市长在下午的电视新闻里针对中国城凶杀案的事发言。在电视台我谈到美国社会和文化环境对中国移民家庭所产生的影响和引起的问题。（三个凶杀案的凶嫌都是香港来的移民。）

老实说，我并不是西雅图华人中的最佳人选，能够就事论事提出任何权威性的或是内幕性的评论和报导。但是我却难免是当时肯在电视台露面发言的绝少人士之一吧！

十九世纪中叶和二十世纪初移民美国的中国劳工不能不自成体系，自我维护。在一个不太友善的异国环境里求生存的信条之一便是："免开尊口。"不幸的是这个在当年求生存和保护自己的必要件却延持到如今，成了华人在今日美国的一个标志和缺点了。

西雅图市长在中华会馆问起："你们必需要告诉我们你们怕什么？中国城的内情如何？你们对未来有什么恐惧之处？"他所提出的这些问题又何尝不是大家一向在追问而始终没有获得正面和良好答案的一些问题呢！

西雅图中国城大凶杀案的第三个凶嫌还没有抓到。我们华人应该充份和官方合作，提供一切必要的和有助于破案的资料。再有我们也不能自我安慰的说："这个凶杀案是一个孤立事件，一旦凶手落网，案情了结，我们就可以把一切置诸脑后了。"相反的，我们必须认真的去寻求一些答案：这种凶杀案的成因和促成环境是什么？今后我们应该怎么做才能改善中国城的情况，并对移民家庭提供及时的协助。

除非我们公开的、全心全力的针对这些问题把该说的都说出来，把该讨论的都讨论到，我们从这次从中国城悲剧里所应领悟和学习到的还是大大的不足呢！

1983年3月26日

内外有别　厚此薄彼

俄罗斯新任总统普京一当选，江泽民第一个拍了贺电并和他通了热线电话，谈的是祝愿中俄两国世代做好邻居、好伙伴、好朋友。他赞赏了俄为维护国家统一和领土完整而进军车臣的努力，普京也投桃报李地声称，是尊重并支持中国在台湾问题上的立场，双方也要发展并深化战略协作伙伴关系。

但是，不久前台湾民选产生了陈水扁为下届中华民国总统，江泽民就守口如瓶，毫无反应。除了由中共中央和国务院对台办发出了"闻其言，观其行"的六字真言外，大陆上的新闻媒体、报章杂志都避而不谈两岸关系和中国统一的正面问题，只一味转载"台独主张者无好下场"的新华社论调，这是怎么回事呢？

据观察所得，两岸的领导都不时要"挟洋人以自重"，或以洋人为优先。中国人最关心的事，都不能先向国人交代，而要在洋人面前，或洋记者来访时，才一吐衷肠。还记得李登辉见到日本记者才能尽吐心声的前例吧！如今江泽民也不能和兄弟一家的台湾当局先对话，却对和早已放弃共产制度的俄罗斯新任首脑热心攀谈，善意有加，这又是怎么回事呢？

这也使我记起传闻已久的清末慈禧太后的一桩轶事。她对孙中山兴起国民革命的一伙人痛深恶绝，便对左右人说，她的家当（这是指大清江山而言），是"宁赠外人，不给家奴"。此说出处难考，我曾向一位清史专家就此讨教，也未能弄清其究竟。但时至今日，我们绝对不希望中国在处理内政（台湾）和外交（俄罗斯）时，再将中外有别和优先顺序订为是陈水扁国人在后，普京洋人在先了。

中国和平统一的问题和大事绝不能只停留在对"两国论"和"两国论者"穷追猛打的阶段。因为中国最终能够美满统一自然是对中国列祖列宗无愧交待和对中国后代子孙无限造福的绝大好事。而目前我们面对的却是一个分治的中国，中国的和平统一尚有待未来。

在1971年以前，迁往台湾的中华民国是仅以一岛之隅之地，和大陆上统治权完全丧失的情况下，位居联合国，席登安理会，在名义上是代表中国，这自然是表里不一，有欠寻常。而如今反过来看，中华人民共和国的统治尚未及于台湾，这是中国五十年前的内战未了，余波犹存的事实。而如今硬要台湾降下中华民国国旗，称臣为中华人民共和国的一省，是否也有些难平众议和强人所难呢？这好有一比，只剩下一个象鼻子，或已缺了一个象鼻子的大象，都不能号称是"整个大象"。倘自以为是，就难以服人了。故而，未来和平统一的中国，也应是今日海峡两岸的总和才是。

如今，我们已花了太多时间去争辩中国不能一分为二，中国必须坚持统一，而没有用心思考和积极讨论，要如何努力去做，要克除何等障碍，中国才能圆满达成和平统一、大快人心的目标和结果。也唯有在合情合理，尽满人愿的先决条件下，此一目标才能实现。

要促进两岸和平统一，两岸都得跳出旧槽，真心相对。不能只算陈帐，而要另谱新篇。例如，台湾当局提出了"小三通"的计划，北京就得善意反馈，立促其成。使澎湖金马先和福建直接交流起来，这是达向"大三通"的初步和试金石，而这种措施便已经是"行"的范围了，北京只"观其行"是不够的。要乐见其行，力促其成。

要化解两岸的兄弟阋墙之争，就得双方友好相向，开始迈步，一起朝着中国和平统一的中心目标走。而且，彼此要继续地往前跨步，步子越跨越大，劲头越走越足。

"热线通普京，冷面对阿扁"，显然不是两岸彼此跨步的最佳起势和手段。不知道，要熬到哪一天，中国人民才能幸福到君临天下的领导者，朝思暮想的都最先是他们的百姓子民，而隔海隔境相对的东洋鬼子、西洋人和番邦大鼻子，都一律靠边站，不再独占上风，尽领风骚！

台湾智者促统一

针对两岸统一问题，我认识和接触过的两位台湾知名人士，梁肃戎和张作锦，都各有其说，发人深思。梁先生是早年台湾国府的立法院长，是现任"中国和平统一促进会"的发起者和召集人。近几年来，他曾不断奔波大陆，并受到江泽民接见，他又多次走访美国，为的是大力呼吁两岸最终走向和平统一之路，而他提出的先决条件是"台湾不独立，中国不动武"。让两岸逐渐化解分歧，最终走向和平统一之路。

去年5月底我去台湾参加亚太控烟协会成立十周年庆祝会，和董氏基金会的烟害防制研讨会时，也特别安排了在5月28日上午10时去看望了梁肃戎先生，当面听他谈起了他对两岸和平相处，而最终和平统一的构想和期望。交谈时，台湾的名作家郭冠英也在座，他写过多篇亲访张学良的报导，还集文成册，发行问世了。我已经拜读过他这本情文并茂的好书。大家谈话到中午，梁先生留我们共进午餐，聚会到下午2点才结束。

郭先生那天也加入了梁先生一同接受了台湾一家电视公司的采访，谈的是张学良百年寿诞之到来，和张氏生平的事。他们谈到张氏的三大愿望是：停止内战、一致抗日，和中国统一。

梁先生在台湾推动中国和平统一工作是相当辛苦的，尽管有陈立夫先生和郝柏村先生出面支持他的活动，他的主张和努力却不一定和台湾官方的论调和优先符合，因而便有不少人私下同意支持他的活动，而不能公开露面，以免开罪台湾的当政者。再有，台湾还有为官方出面，去操做两岸事务的"海基会"存在，该会对梁先生苦心成立的"促进会"的看法也可能是褒贬互见，敲边鼓，可以；抢镜头，免谈！我想，民间机构在社会里影响力大，官方民方的合作与沟通也很密切，应是社会开放和民主进步的特征之一，台湾在这方面还有许多改进的余地。

张作锦是台湾声誉卓著的《联合报社》的社长，60年代毕业于台湾政治大学新闻系，我30年前在台湾时就认识了他，最近几年台湾重游，又有了新的见面机会。此君观察敏锐，分析力强，又笔下十分来得。在台湾已出了好几本专论新闻事业的著述。他也经常在台湾的《远见》杂志里写专论。在三、四年前，他论及两岸关系时，就提出了他独到的见解，他说"台湾不可独立，大陆不可独裁"。因为台湾如果独立，中国大陆一定会以武力逼它回去；大陆如果独裁，台湾一定不会自愿回去。两"独"如有其一，统一就是悲剧。他又曾进一步分析台湾要独立的三个必要条件，一是居民自愿；二是大陆同意；三是国际支援。看来看去，想前思后，这三个条件都过不了关。所以，他认为台湾的朝野应一致面对现实，大家共同想办法，彻底谈清楚，如何增进两岸的友谊，如何开展前途，不要再漫无目标的"摸着石头过河"了。我佩服他这种忧时忧民的真知灼见。

好在，台湾新任总统上任后，两岸开启官方的接触和谈判已是势在必行的时间迟早问题。不错，两岸和平统一的大目标是有利两岸，有利人民，有利中国的必行之路，但今后两岸如何具体去做，如何去互让互补，如何去逐步铲除和平统一的障碍，就应该是提上议程的探讨项目了。朱镕基总理在3月15日的记者招待会里说得好，在一个中国原则下的两岸谈判，可以让步，因为这是让步给同为一家的中国人。此言甚是！

2000年5月6日至5月12日

中美关系重要 善处撞机事件

整整30年前的1971年夏天，我在美国西雅图应美国《外国学生顾问组织》之邀，前往美国东部康奈尔大学参与一个专为外国留学生自美回返前所办的讲习会的培训工作。就此便，我联络了该校的"中国同学会"，和数十位聚首一堂的中国师生（他们悉数是来自台、港和海外），讨论美国校园正在爆发扩大的"钓鱼台运动"问题和行动。那时，我是西雅图钓鱼台运动的主持人，年前也刚读完西雅图华盛顿大学教育研究所，开始在当地一所高等学院就业。

在讨论钓鱼台问题时，我主张中国留学生应关心祖国情形，这包括中国大陆和台湾在内，要培养报国的能力，心存报国之心，也要把握或争取机会，化抱负为力量。这时，在场一位台湾来的同学，口气迫人地问我："你这么热心祖国，怎么不立刻回大陆去？"我立即回答说："有心有力爱国的人，不论身在何方，都可以有爱国的表现；反之，有心无力，或有力无心，就会一事无成。我们如今在美国以行动参加保卫钓鱼台运动，就是此地此刻可以发挥爱国力量的具体表现。"

旅美30多年，我是早已取得美国公民资格的美籍华人，便也会碰到有人问我："中美交战，你站在哪一方面？"我的反应是："中美互动可以是彼此互惠，或利一方而无损他方。这都是我要积极参与和支持的。有害双方，或利此而害彼的事，都是我避免去做的。幸好，中美两个大国，互利互惠的领域十分宽广，任何人要全力去做，也是力有未及。中美交战是互损互害，我绝不希望这种情况发生。而促进中美了解、友谊和交流，才是我全力以赴的方向。"基于以上的立场和想法，我要谈一谈最近的热门问题：中美撞机事件。

首先我要说，此一事件的发生是很不幸的。中国方面人亡机毁，美方幸而受伤的飞机迫降海南岛，但已造成入侵中国领空的事实。幸好，中美双方在处理这一飞行事故时，都采取了相当克制的态度和作法，因而，美机组人员已全部返美，中美双方进入正式谈判，要检讨撞机责任谁属，和今后的行动规则如何。

如今我愿就检讨过去，把握当前，和展望未来三方面一抒己见：

一、检讨过去

显然，在以往若干年间，美机是不断在中国沿海的公海上空进行空中侦察的，因为各国若将其沿海的经济专属区延伸至两百海里，别国军事飞机进入这个领域的上空是难以避免的。于是以往美机进入中国经济专属区的公海上空执行侦察任务，中国便也不时以战斗机追踪监测，彼此都在公海上空运作，是谁也不能公开禁止对方飞行的。

但不幸的是，这种侦察，美方认为是例行公事，中方认为是不友善行动，执行飞行任务的双方都是"各为其主"，认真行事，这就伏下了彼此冲突和发生意外事件的导火线。一旦双方飞行员情绪激动，方便行动，忽略了空中飞行要保持安全距离和不应急速撞入对方航路的基本原则，可能的空难就成了不幸的事实了。

因而，有了这次空难的发生，就正是中美双方仔细检讨发生事故起因的最好时机，弄清楚这次空难产生的实际情况，何以在海阔天空里发生了不幸的撞机事件，今后要如何做，要有什么彼此尊重和实行的原则，才能避免类似和更大的空难发生，并导致中美关系败坏的不良后果。

二、把握当前

首先要让中美双方拿出真实可靠的证据来，目击証词、飞行纪录、录像摄影、电讯通话、呼叫录音等，更要有空难鉴定的国际专家，在中美专家的陪同下，实地检查停放海南岛机场受损的美机，以推定空难发生时中美飞机相互接触的可能或必然情况。一切让事实和科学证据作主，判断出空难中责任谁属，是某一方有大错，应负全责，或是双方都有责任，是彼此都有失误。

任何国际纠纷发生，当事国的双方都会有一些符合自己国情或习惯的运作和造势，往往其他国家也会根据自己的需要，或是与纠纷当事国的亲疏情况、利害关系等，作出一些官方或民间的反应。但是，这些运作和反应都不得歪曲、忽略或掩盖纠纷发生的客观事实。因而，如今中美双方已坐到谈判桌上，彼此便都要就事论事，根据客观事实和论证说话，断定空难肇事责任的归属，并根据责任的判断去处理有关的赔偿问题和其它细节。

当然，我们也应体会到，受损美机是在不得已的情况下迫降海南岛机场，这不是"无故"或"强行"进入中国领空，所以中方在谅解的立场上，也不必强调"美机已非法入侵中国领空"了。我想，中国是乐见受损美机安全迫降，而不愿看到美机求降无门，而坠落海洋。

三、展望未来

中美两国分别为东西两方属于领导地位的大国，两国之间的关系融洽、合作良好、沟通明朗是互利互惠、互补长短的失决条件。中美关系良好自然更有利于亚洲的安定和世界的和平与繁荣。

小布什初入白宫，对中美关系的运作也需要一段磨合与调整的阶段，他处理美国事务，也要取得美国国会的配合，和全美民意的支持。他新官上任三把火的要务，国内是推行竞选时国民退税的承诺，国际是促进中东和亚洲的和平与稳定，这自然也牵涉到美、中、台的三边关系的稳定和改善。

此时此刻，中美双方因撞机事件而引发正面冲突，对小布什的政治前途是有百害而无一利的。相对来说，中国要进入世贸组织，竞办2008年奥运会，不希望美国对台军售案对中国造成不利的影响。中国对内更要振兴经济、发展科技、严惩贪污、稳定治安……这些内外大事也都得全力以赴，刻不容缓。此时此刻因撞机事件和美国没完没了，拼个你死我活，恐怕也不是当务之急和最佳策略。更何况中国振国威、扬民气也得从治国的基本着手。以上各项任务都圆满达成，中国便自然立于不败之地，进而雄踞亚洲，扬名世界了。

1970和1980年代我曾以侨领身份在美国大力推动中美建交和交流活动。在跨入二十一世纪的今天，我是多么希望我热爱的中美两国都能尽释前嫌，就撞机事件早日取得公平圆满的解决。而今后更为中美两国人民的幸福和国家兴旺做出更多的成绩和贡献。

2001年5月5日至5月11日

恐怖难逞 民主必胜

六十年的期间在中国来说是一个甲子，国运盛衰、风水流转，都往往是周而复始，自成循环。六十年前的一九四一年十二月七日，日本以海空配合，突袭了美国在太平洋的重要海军基地珍珠港，使美军战舰、飞机，人员遭受到重大的损害和伤亡。美国军民有两千四百多人壮烈牺牲。日本对美的不宣而战便也直接把美国拖入了第二次世界大战，次日美国报纸的头条新闻便都是"美国受到攻击—日军偷袭珍珠港"。

自然，日军在偷袭时的得胜也敲响了日本在二战中败亡的丧钟。在沉睡中的美国也立即苏醒，全国动员，共赴国难。从而日军在亚洲战场一路取胜的局势也开始转变，等到美军在太平洋中途岛海战大获全胜时，日军已成强弩之末，制海制空权都已丧失，在太平洋战场上只剩下挨打的份了。四年后的一九四五年八月上旬，美空军在广岛、长琦投下了原子弹，日本天皇也只好宣布投降，二战便就此结束。

旧事重演

珍珠港事件后的六十年，美国报纸和电视报导里又出现了"美国受到攻击"的大标题。即今年九月十一日，在美国东岸上空先后有十九个恐怖分子登上四架美国民航飞机，他们在劫机成功后，把飞机撞入美国纽约一百一十层世贸中心的双塔，造成五千多人的丧生，另一劫机也冲入美国国防部五角大厦里，把近两百名国防部的工作者化为灰烬。第四架飞机则在机上乘客奋起抗争的情况下，没能到达人烟稠密的预定目标，而坠毁在旷野之地，而四架飞机上的两百六十六人都在劫机恐怖分子的操作下，全部丧生了。

此一骇人听闻，旷古绝今的劫机手段，以载客的无辜之众的民航机为攻击武器驶向美国的金融和军事重地，制造了机毁人亡、巨厦倒塌的悲惨事故，到底成因为何，有无对策，又将产生什么长远影响呢？

在此一撞机暴行发生后，有人将珍珠港偷袭事件与其并举，认为这都是周密布署，不告而发的祸从天降，结果便也是损失重大的人财两伤。可是，仔细推想，便发现两者之间是小同而大异的。日军偷袭珍珠港是以常规的海空装备攻击美军基地，其目的是要摧毁美国的战力和士气，从而取得战争的胜利。撞机暴行则是以载客的民航机为导弹，以特殊而残忍的方法去攻击美国的贸易和军事大厦，造成地面上无辜的市民，和英勇救难的纽约消防员、警察等一并毁灭，其目的是制造恐怖、杀伤和混乱，从仇恨出发，要同归于尽。无怪此恐怖事件发生后，美国的总统、政要和许多知名人士，以及世界上不少民主国家的元首都一致认为此一暴行是向民主制度、人道思想和美国生活方式的攻击，而出击恐怖分子的背后不但是会有本拉登这种恐怖头子为其主使，也更有某些助长和支持恐怖行为的国家为后台和推动力量。

今非昔比

于是，六十年前珍珠港事件后，美国群策群力，有单一的敌人-日本-要对付，有单一的目标-军事取胜-要达到。而如今美国面对的都是缩头不露的无形敌人，而取胜条件又绝非仅凭军事力量所能达成的。这得争取全世界各国的配合协助，通过军事、政治、外交、经济各种手段和途径的运用，去铲除制造恐怖暴行的恐怖分子、团体乃至国家的基本根源和全盘体系。

十九名劫机恐怖分子都来自以信奉伊斯兰教为主的中东国家，这些国家的共同特点也是落后、专制、不重视人权、不讲求民主等。想想看，为达成劫机自杀杀人的目的，此一恐怖行动可以周密计划多年，而有近二十位"视死如归"的中青年一致加入。他们灭绝人性，操作的信条是绝对保密、绝对服从、绝对残忍、绝对毁灭。这便和民主制度国家社会的特色形成了冲突和对立，因为民主制度的特色是自由开放、自我选择、公平人道和容忍共存。在自由社会和民主制度下成长的个人是不会在价值观念上去接受恐怖分子各种"绝对"的信条的，这些"绝对"的行为和表现便也不为民主制度下的环境所容和所取。例如"九一一"事件后，立即有美国总统、司法部长、和各界知名人士的声明，呼吁美国面临此一大灾难，尽管恐怖分子来自中东信奉伊士兰教的国家，美国人民绝不能向美国国内有中东或伊士兰教背景的人采取报复行动，在无知和偏见的主使下才会如此加祸于无辜的他人。

珠珍港事件后，美国军方的应变措施之一是拘禁了西岸的日裔平民，把他们送入集中营。这种不分彼此，殃及无辜的错误和教训，美国已铭记在心，不欲再重蹈覆辙了。

共赴国难

令人安慰和振奋的是，美国朝野各界在九月十一日恐怖暴行后立即采取了应变的积极行动，在遇袭地点进行了奋不顾身、日以继夜的救援，自愿工作者和义务捐血者都是蜂拥而至，供过于求。美国的新闻报导更是翔实、深入、生动、及时。全国各大城市都举行了踊跃参加的追悼会、纪念会和讨论会，悼念死者、安慰和支援受难者家属，探讨致祸原因，寻求应对方案……。

美国总统、政府要员、参众两院的议员也都公开发言，一致表态，要团结一致、剑及履及，共赴国难。恐怖分子要以暴行打乱美国的现状，挑战美国的体制。美国上下的反应则是同仇敌忾，要战胜恐怖分子而后止。此一景象便也充份展现了全力捍卫美国体制及民主制度的弹性、潜力、可贵和可爱之处。

美国是当今世界上第一经济和军事强国，其政治影响力量也不在话下。尽管美国为了维护其全盘利益，有力量可以介入世界上各角落所发生的事件和紧急情况，其介入方式和时机是要仔细推敲和适可而止的。如今恐怖分子直袭美国本土，美国的民意都极力主张要对负责此一恐怖劫机自杀事件的个人、团体，乃至国家采取报复打击的行动，美国布什总统也一再明言，要对负责恐怖行动的分子和包容支持恐怖行动的国家不分彼此，一并处理。但，处理对象一定要鉴定得千真万确，不容置疑，而处理方式也要前思后想，不得轻举妄动。出重拳，伤无辜，固然是行之不当，陷污泥、难抽身，也是贻祸无穷。美国要记取以往英、苏两国进军阿富汗师劳无功的教训。

一劳永逸

为避免类似劫机事件的重发，因而加强空中和机上戒备、完善驾驶舱保护、改进机场检查、扩大情治单位对恐怖行为的侦察和预防，以及演练紧急事件发生时的应变措施等，固然都是美国政府和民间今后要重视的课题。但寻根求源的长久方案，却是针对产生这种暴行的基本原因和背景着手，要带动全球的民主力量去不断影响和逐渐消除世界上各个黑暗角落里存在的专制、落后的政体。不重人权、不求法治、不讲民主、不择手段的地方永远是制造不平、产生妒忌、崇尚暴力、增加苦难和造祸人间的温床和来源。此祸根一日不除，天下永无宁日。

2001年9月22日至9月28日

反馈社会 各尽其能
——听臧英年谈信念

1971年秋，美国前总统尼克松次年访华的新闻一经发布，华裔臧英年先生即致电KING电视台，认为华人应有在电视上表达对总统此行看法和态度的机会。KING电视台主持人乐促其成，邀请现今西雅图侨务咨询委员周马双金女士、任职波音公司某工程师、香港留学华大某研究生、主张台独的某台籍访问教授和臧英年先生，共同参加该电视台"View Point"座谈节目。

诸位来宾各抒己见，大多表态反对尼克松之行，独臧先生打破成规旧例，认为尼克松访华之举，具正面意义和价值，是美中交流、理解的开端，是推动中国走向民主康庄，改善百姓处境的契机，是促使闭关自保，守旧落伍的中国，能与世界接轨，促进中国民主化、现代化的敲门砖。

但在当时支持台湾政府，支持反攻大陆、支持三民主义，支持民主自由的侨界，是与共产主义壁垒分明、敌我界清。节目播出后，这位前卫思想言论的臧先生，立刻面对一片哗然，群情激愤，认为臧先生迹近叛国叛党，有损国格。当即打入左派，冠以共党同路人之名。

对这位来自反共堡垒的台湾之子，对这位口出异论的非份之人，自是口诛笔伐，视为异类而不见容于社区。但由于反对者无宏观立足点，并没有人敢当面与臧先生挑战。

事件发生后，臧先生不畏强权，坚持理念，仍不断为促进美中交流、呼吁两岸三地共存共荣，推动中国大陆禁烟戒烟活动而努力，他义无反顾，数十年如一日。

第五届西华报基金会举办的"亚裔先锋奖"，其主旨是表扬获奖者在促进母国与美国之间的关系和发展上所做的贡献和努力。臧英年先生膺获殊荣，为得奖者之一。

为何在过去的30年里，他总是这么执着、热心，且自得其乐地进行这些义务工作？他是否遭遇到困难和阻力？是什么因素和信念支持他勇往直前、努力不懈？为了解这位传奇式人物，记者走访臧先生，以问答方式得窥其貌。

问：臧先生您可以先简单谈谈个人的背景和身世吗？

答：从寻根探源来说，我们臧家是周文王后裔。周文王姓姬，臧姓内有"臣"字，便是从"姬"姓转衍出来。这是先父在世时解释给我们听的。六、七代前，祖先从山东半岛迁到辽宁熊岳定居。直至父亲一代，家里才有"读书人"。先父启芳公是五四运动学生健将之一，早年留学美国，毕生政教双栖。九一八事变后在东北积极倡议抗日，险遭日军拘捕。四九年携眷赴台，创办杂志，倡导民主治国，以敢言著称，却不见容于当政者。后贫病交加，病逝于台中东海大学校园。

先父一生持爱国情操，奉公正清廉之行、怀乐善助人之心。抗战前后曾任东北大学校长十年；赴台后又执教台中东海大学数年。先慈王淑清持家有方、宽厚待人。他们的身教和言教，对我一生的潜移默化和影响至为深远。

问：您自己的情况如何？

答：1932年我在中国大陆天津出生，抗日战争期间在四川三台读完小学和初中。高中先读天津南开中学，后毕业于台中一中。五四年结业于高雄左营海军机械学校。1963年自海军以上尉军阶退役。1962年世界博览会在西雅图开幕，何应钦将军以贵宾身份应邀参观，我以侍从官身份随行。1963至67年任职台湾政大公共行政企业管理中心。1967年就读西雅图华盛顿大学教育研究所，获硕士学位后于西雅图社区学院任教十六年。1986年至今有三分之二以上时间在中国大陆。自90年起与爱妻苗丽华在北京长住，她以文教专家身份任教十年。我自1992年起全力投入中国大陆禁烟、戒烟的义务工作。

问：70和80年代您在西雅图从事许多社会公益活动，起步的动力为何？甘苦经验如何？

答：我的一个基本价值观念是人人要存感恩之心、要有反馈之举。社会上这种人越多，社会就越温暖、越有活力。尽心而为、量力以行是个人行事为人的准则。从事社会公益活动往往是落得"费力不讨好"，这时一定要信心充沛、不计毁誉、不重得失，才能坚持目标、有所建树。例如，1971年秋尼克松总统宣布于次年二月访华，我公开赞成他的举动，因而倍受攻击。我心境坦然，一笑置之。1970年至1986年间，我先后参加了二、三十个各种民间公益组织，其中包括全国、西岸、本州和本市各种机构，在参与活动中，我一面学习观察，一面努力贡献，并深自庆幸有反馈社会的机会。在从事促进美中交流工作中，三次应邀入白宫。第一次是1976年，和加州林汉生教授、王灵智教授、旧金山华侨会长黄德胜一同应邀前往白宫会见卡特总统的中国事务顾问奥森伯格教授。我们力陈美中及早建交的必要，和突破建交障碍的有关意见。美中建交后，中国薄一波副总理应邀到白宫玫瑰花园签订中美交流四项协议，我也应白宫邀请，前往参加签约仪式。第三次入白宫是1979年10月，卡特总统和政府要员举行工作简报，专邀华盛顿州数十代表参加，我身列其中。因积极促进美中交流，我便也登上了台湾禁止入境的黑名单，并名列前茅，持续了20多年。

问：您可以举例谈谈美中交流活动中一些克服困难的实情吗？

答：1976年1月上旬周恩来在北京逝世，西雅图一家电视台对周恩来的一生严厉指责，毫无悼念之情。我便在 PI"人民之声"专栏投书见载，说明周氏对美中交流有贡献，并希望看到这番努力可以更进一步开花结果。1979年1月27日邓小平率中国代表团访美，我参加了国务院礼宾司的接待工作。邓小平于2月3日抵西雅图，当天西雅图时报出现了一个全版的广告，对邓大肆谴责。我发现这是一则广告宣言，而没有注明是付费刊载的广告和其出处。便打电话到报社，并立即投书，说明报社处置的失当，因为有的读者会认为是报社本身采取了这一立场。我投书次日，报社即披露了我的意见，并承认，登广告而不注明是广告，是处理上的失误。

1980年4月中国柳林海号货轮悬中国国旗到访西雅图港，港务局长最初拒绝华侨到码头参加迎接行列。我不断交涉，终使华侨前往之行实现。并从此展开了船员和华侨热烈往还的各种民间活动。宾主尽欢，各得其乐。货轮离港前，贝汉廷船长在船上举行了一个盛大的答谢宴会，会中西雅图港务局局长坦诚亲切地对我说："有了你的坚持，才有这个结果，谢谢你。"

我长住美国已34年，已深深体会和享受到美国社会体制的优点和利益，以上各事的经历都说明，在美国的个人可以据理力争，可以和机构、政府力陈己见。只要言之有理，就有被接纳的可能。这种自由和方便在传统和专制国家里是难得一见的。

问：您为何要促进两岸三地的沟通与合作呢？

答：我身为美籍华人，除了义不容辞要在美国社会里多做贡献外，我也希望我的祖国和港、台、澳三地都能共存共荣、和平相处，团结一致。唯有大中国繁荣进步、民主伸张，才是中国、亚洲和世界之福。中国最终需跳出一党专政的旧槽，将一国两制进步到自由民主的一国一制。两岸统一的进程需在和平竞争、互助互谅、互益互惠的基础和前题下推动。这就是我为什么不断在海内外中文报纸陆续发表一些议论性的文章，谈社会现象和有关问题。希望能抛砖引玉，激发思考，让真理愈辩愈明。

1998年至2000年，我曾在澳门日报的要闻版撰写《京华随笔》专栏。多年来也不断在《星岛日报》旧金山版的《星岛论坛》发表意见。近年来并在西华报副刊《北京通讯》中任专栏主笔，将现代中国的优劣得失与读者共享。

问：在中国您努力从事禁烟工作，为什么？

答：吸烟风盛是中国社会和前途的一大隐忧。根据国际控烟专家的预测，中国吸烟趋势不变，到2030年中国每年将有300万人夭折于吸烟导致的疾病。而中国在医疗保险、天然资源、社会生产、家庭幸福等各方面的损失，亦将大大超过国家在烟草税收上的所得。且戒烟成功是每个烟民可以独立自主，为个人、家庭和社会幸福所能做到的最重要的一种贡献。从不吸烟和戒烟成功的人更得大力协助烟民戒烟，和全力维护自己拒吸二手烟的权利。

我在中国大陆全力推动禁烟工作10年，以撰文、投书、演讲、与会等各种方式一抒己见、力倡禁烟，也希望中国领导诸公以高瞻远瞩的眼光和魄力，在中国及时推动这桩有利当代、造福后世的禁烟工作。

问：你们夫妻恩爱，互尊互重，秘诀何在？

答：夫妻相处贵在真心相敬相爱。感情要不断培养加固，不能视为理所当然。要虚心、要有幽默感。能认错和改进的丈夫才是真正爱护和尊重妻子的大丈夫。唯我独尊的大男人主义是家庭幸福的致命伤。

问：您年届七旬，精神爽朗、身体健康，道理何在？

答：身体和精神相辅相成，互为因果。精神旺盛，心地和平，饮食节制，适当运动，助人为乐，都会促进身体健康。而身强体健又更能带动精神的舒适和发展。清心寡欲，看得开、放得下，夫妻和睦，家庭幸福，自然也更有助于身心的平衡和互补。

自1993年台湾对我的入境解禁后，我几乎每年到台湾一行，也曾多次拜望陈立夫老先生。他鼓励我在大陆推行禁烟活动，也题赠给我健康之道的名言"养心在静、养身在动"，这是我奉行不渝的座右铭。

问：您是西华报基金会这次颁奖中获奖者之一，有何感言？

答：颁奖之举是西华报历来服务社会的初衷，宣扬和鼓励大家不断反馈和造福社会，要见诸言行，要弥久益坚。

记者总结：乐观进取和随遇而安之间不易平衡，服务社会和爱护家庭之间难以分配。但记者眼中的臧英年、苗丽华夫妇，却是恰得其当、幸福共享的佳偶。

2001年8月25日至8月31日　（2001年先锋奖人物介绍）

中美、两岸、世贸、奥运

前美国驻华大使普鲁赫尔于8月16日在西雅图就美中间系发表演说,他的结论是,美中两国都希望保持亚洲地区的安全、稳定和繁荣,美中两因对彼此也不会构成威胁。我十分同意他这个观点。

中美关系

在民主体制的美国社会里,大家对中美关系的看法可说是"仁者见仁,智者见智"。极右和极端保守的人处处以中国为虑,时时视中国为敌,《中国威胁论》便是其论点和产品之一。观察中国,他们便也是,只见其恶,不见其好。而对中美关系的另一个极端看法便是,中国时时进步,处处可爱,有任何失误都是情有可原。例如说,中国人民知识不够,无法行使民主权利,由极权专制的政府控制一切,才能长治久安,避免天下大乱。另一说是,天安门六四事件的武力镇压也是情不得已,不然,就一切失控,后果堪忧。

也许,极悲观和极乐观的两极看法都是各取其好,各有偏失。而中国实际的情况却是更复杂、更多变地喜中有忧,忧中见喜。而美中关系的定位也是介于"战略伙伴"和"战略对手"之间。两国的国家利益有基本的吻合点,两国的体制和价值观念也有基本的出入。事实上,美国是西方民主国家的魁首、现代化和民主化是其骨肉相连,不可划分的精神、内涵和表现。而中国却是东方传统国家的领班,又时时挥舞着"有中国特色的社会主义"的大旗,这是一个难以界定,内容含混的说法。听上去,是要兼取东西之美、中外之长。实质上,却可能是,优点难以发挥,缺点处处体现的混合体和四不像。故而,美国秉民主政治的传统,对中国特色的社会主义大国是隔阂难除、存有戒心的。相对来说,中国的领导阶层对美国向中国进行"和平演变"的打算也要处处防御,绝不掉以轻心。因为一旦民主政治在中国付诸实行,中国一党专政的体制便也一去不返了。

两岸关系

两岸关系的前途和发展是今日中国面临的另一重大课题。这既和两岸的互动有关,也介入了美、中,台三角关系的影响和牵连。基本说来,美国为维护其经济、政治和军事的基本利益,是乐见"两岸共存"和"海峡无战事"的。两岸一旦有了军事冲突,美国就要陷入进退两难的困境。好在,就两岸的基本利益来说,也正是和平相处胜过干戈相向。

去年11月7日我在北京长城饭店参加了美国驻华大使馆举办的美国总统大选结果揭晓前的集会,在会中我见到当时的美国驻华大使普鲁赫尔,并和他谈起美、中,台三边关系的问题。我对他说,既然美国坚持美中三项协议的立场,赞成一个中国,并希望两岸的分歧要以和平方式解决,那么美国也一定乐见台湾向全世界正式宣布,以后绝不独立,中国也同时向全世界断言,中国统一是和平进程,绝不动武。这样岂不是两得其益,共成大事吗?他听了我的意见后,笑笑地回答说:"我们是所见略同的。"("We are on the same boat"是他的原用辞。)

两岸的和平共存,以和平手段完成统一大业既是一个循序渐进的过程,也要从长计议,洞若观火。两岸间一切增加交流、了解、互惠、信任、合作的途径和项目都要积极开拓,努力推动。例如,台湾主动开始"小三通",而中国缺乏鼓励和反应,就不是明智之举。小三通的后续是"大三通",这既可缩短两岸营运交通的时间、费用和手续,也加强了两岸沟通合作的关系。

最近台湾当局又决定在台湾房地产方面开放大陆资金的投入,这一面会缓解台湾房地产下滑低迷的困境,一方面也鼓励了大陆投资进入台湾的尝试和发展。不久前,台湾的航空公司也开始了和厦门航空公司航空货运的合作,这都是投石问路,从小到大的良性开始。

要知道,两岸统一是目的,和平进行或是武力解决是手段。如今两岸实力是大陆强台湾弱。但中国领导人要深切记取,国民党在1945年、46年势力强大时和共产党谈判,要以大欺小,一桌通吃,最后却落得败走台湾。二战后,台湾回归祖国,国民党又犯了进军平乱的二二八事变的失误,筑起了外省人和台湾本省人之间的鸿沟和恶感,这份伤害和恶果到了半个多世纪后的今日,仍然是阴魂不散、做怪不已。在台独呼声之下,又何尝没有当年悲剧的丝迹可寻。

为民表率

贪心、自满、目光如豆、唯利是图是政客的特色,和宽容、自谦、高瞻远瞩、唯民是念的政治家的风度是相去甚远。两岸的领导都得抚心自问,自己的所做所为,是真正地"为民服务"呢?还是"唯我独尊"的欺世盗名。

一我之私,一党之私的国家领导人是不会真正给全民带来福利的。因为他关心的范围太狭,他带动的力量也有限。两岸目前和平相处,两岸以后要和平统一,这是中华民族振兴繁荣的大事。抢正统、挥国旗,争国名都不应该是双方和解、合作,合为一体时应有的行为。没有毛泽东当年硬改"中华民国"国名中的"民"为"人民"、"国"为"共和国",以表自立门户、改朝换代,如今两岸和平统一在"国名"的难题,岂不是根本不存在。中国真正强大了,国民真正幸福了,国名、国旗,国歌的异同和形态是关键和得失的所在吗?在中国大陆上文革高潮时代,有许多流行一时、至高至上的口号,说的是："宁要社会主义的草，不要资本主义的苗"，"宁要社会主义的误点，不要资本主义的准点"等。30年后的今天，再看当年既红又火的准则，又令人做何想呢？

进入世贸

不久前中国政协主席李瑞环参加了南京世界华商会议时，十分认真的说，中国必需要面对、研究和筹划未来，并要适应和接轨于未来的世界。如今中国进入世贸组织已成定局，台湾也将跟进。因而中国既面临无限的商机，和极大的挑战，更展现了和台湾加强贸易交流、互惠互利的条件和机会。以往，中国的许多工商业，例如汽车、通讯、金融、保险、旅游等，都受到国家以提高关税，或禁止外国经营等方式的保护和支持，而中国大宗出口的纺织品、服装、食品、玩具等也受到外国配额和其它的抵制。如今中国进入世贸，这些保护和受制的情况都要产生变化，而逐渐面目更新。但可以预测的是，在关税降低、公平交易的大环境下，中国市场产品的多样、改善和降价都是大势所趋，而中国的服务业等在市场大开，首受其惠的同时，也得面临更激烈的竞争和增进服务质量的要求和压力。

任何商业交易的背后都蕴藏和表现了买卖双方的精神、文化、质量和价值。在双方交易的过程中，经手过户的又岂只是商品本身而已。所以，中国和台湾是先后进入世贸组织，彼此的视野、心胸、机遇和境界都会不断扩展和提高，这真是一大快事和喜讯。

主办奥运

中国在力争主办2000年奥运会，结果以两票之差败于澳洲之后，如今卷土重来，已争得了2008年在北京主办第三十一届奥运的地位。于是，正和中国进入世贸一样，中国又将面临一番机遇和挑战，既可在竞技场上充份展现中国运动健儿的精神、体质和成就，又可在竞技场外的北京和全中国显示中国的景观、风采、人情、礼俗等面貌。自然，我们更希望那时海峡两岸的和平统一进程又有了突破的发展，在双方友爱、谅解、前瞻和勇气的引导下创造一些奇迹，又有何不能或不可呢？

记得不久前我在报纸上看到北京刘琦市长提出北京为准备举办2008年奥运会，有20多处要加以改善的地方，其中包括文明礼貌、卫生环境等各方面。我希望他这番坦白说来、语重心长的论点，可以真正受到重视，并切实实现起来。以往共产党的理论体系强调"物质"忽视"精神"，认为后者是西方资本主义思想的产物。在大陆文革高潮期间，全部学校长期停课，学生拥上街头不说，以后许多社会科学的课程也都在大专学院消失了。唯一的理由是，它们偏重"精神"，一无可取。一九七0年后期邓小平复出掌权后，才又提出了"精神"和"物质"两手抓的说法。显然，奥运所表现的正是人类创新和进步精神所带来的人类体质和体能上最高的成就，这正是精神和体质的美妙结合，两者互为因果，两者密不可分，两者缺一不可。

如今北京为准备主办2008年的奥运，除了摩拳擦掌要在北京大兴土木，建场建馆，修桥铺路以外，学校里也掀起英文热之风，大家要全力以赴，掌握这种国际语言，待奥运到京时可以派上用场。我想，这些安排和准备都是必要的。但是，我还要强调一点，北京的物质条件完备，让奥运参与者感到舒适和满意固然是重要，而奥运场内外服务的质量，北京街头市民的文明礼貌的自然流露也同样重要。随地吐痰、烟民遍地、不重公德、插队抢道、出言不逊、大打出手等粗俗的行动也不能登场，贻笑于人。而这种社会文明，社会风气的培养则不是可以短期奏效的。国家缺乏动力、社会缺乏安宁乐、家庭缺乏和乐、个人缺乏教养，文明礼貌的改善就难以实现了。

中美友好

最后，让我再回到中美关系的问题上讲讲我的看法。我认为中国既不是美国的潜在敌人，美国也不是中国和平演变的阴谋设计者。在近数十年内，中国经济和军事的进步都不会造成对美国有任何实质的威胁。中美经济领域里发展的力量和方向大多是互补的，而不是彼此激烈竞争的。中国会首先发展劳力密集的产品和市场，有利于美国。而美国高科技领域里的成品也一直会受到中国市场的欢迎和爱戴。

最近我在中央电视台海外节目的报导里看到，中国各大都市收入之首的上海，工人最低月资的保障数目还不到500人民币，最低的一例，最低保障月资才200多元。这和美国最低保障工资的差距还有数十倍之遥。要是中国人的工资在今后一、二十年里激增了三倍、五倍，在改善中国人生活质量之余，会造成对美国经济上的威胁和挑战吗？

早年，天真的美国商人一想到中国市场，就想到中国人若一人购一支美国牙刷，便会有十多亿牙刷销售的潜力，这诚然是一厢情愿的天真之想。但无论如何，中国人一旦普遍收入增长数倍，他们购买美国可口可乐或口香糖的可能性是一定增加的。故从美国经济利益的方面着想，富起来的中国人一定比穷下去的中国人更能成为他们的好主顾和供应对象。

两岸相争，各充军备的作法是最为有害和彼此不利的。所以，两岸都得自我克制和谅解，不要制造彼此对抗的紧张局面，实弹演习、扬言独立都是不利双方的失当之举。这只增加了台湾和中国要购买军火和美国与俄罗斯便乘势供应的恶性循环。两岸都有太多正当和需要用钱的项目，却买了储而不用，用而不妥的杀人利器，妥当吗？

中美双方都得彼此放心、耐心和谅解，他们不但不会成为你争我夺、你死我活的生死大敌，他们反倒是互惠必然，互利有方的友好对象。美国有西方宗教、人道主义的深厚背景，有民主政治付诸实施的长久经验，又有门户大开、广招移民的具体措施……这一切一切都使美国相应成为了乐观进取、自由开放，和无所不包的可爱家园。这让和平者乐得其所，冒险家喜出望外。美国人也大多乐善好施、天真浪漫，这样的人民和国度不能成为中国人友好的对象吗？

中国数千年传统专制的作风，对居高位者自然有利，对庶民等则压制无穷。因而中国最需要改善的就正是美国最能够提供的，那便是"人人生而平等，人人有追求幸福的权利"的基本精神和具体实现。于是"龙生龙，凤生凤"和"出身好"的党员，才可信任的观念和措施都得改进。

言论自由

言论自由既是民主制度的表现方式，也是其不可或缺的促成因素。而中国报刊发行的现况则是，轻松、多样，与小市民日常生活、娱乐消遣有关的晚报、晨报等，和不断深入介绍、分析中国社会、经济问题的报纸，例如《南方周末》、《北京青年报》和《京萃周刊》等等，因可读性高，便也销路通畅，受到读者的欢迎，其销售不靠摊派性的政府指令购买，是读者自愿掏腰包购报。因为其销售量大，触及面广，广告的刊载和收入也数量可观，对发行报社来说，便也保证了赢利的来源。这也符合了自由市场供求互动的经济原则。

这里要附带一提的是，不少畅售报纸都是附属于官方报社的，例如北京晚报是归于北京日报系统，南方周末归南方日报，环球时报归人民日报。它们的赚钱就弥补了官方日报的亏损。这是一个令人玩味的有趣现象。

中国大陆的官方报纸则整版是领导讲话，贵宾来访、要人出行、学习心得等，这些内容既不能唤起国人的爱国心，也不能能增加政局的稳定性，更难以建树执政者的可信度和威望。可是戏照唱、文照登、报照发…这种作风和现况能面对未来，并和前进不息的世界接头、接轨吗？我和1989年六四事件爆发前被迫停刊的上海《世界经济导报》的总编辑钦本立相识有年，他真是一个最爱国、最爱党的老共产党员和新闻斗士。他创办的导报更是影响力大，站在时代前端，努力呼吁开放改革的重要报刊。只可惜，形势不饶人，爱国反致祸，结果他的报刊被封，四位编辑被抓，他也随后卧床不起。在他去世前不久，我还专程到上海他养病的医院探视了他。但见面时要说些安慰的话，也心情沉重，语不成句了。

中国要真正进步，实现两岸统一，促进世界和平，和先进的世界接轨，和光明的未来同步，"言论开放，新闻自由"是一个重要的基本起点。

因为有了言论自由，才有广大人民对执政者可靠的促进和监督。中国共产党自称来自人民和服务人民，也必需要赋予人民言论的自由，才有日异月新，和实行江泽民"三个代表"目标和号召的可能。

2001年9月29日至10月12日

振兴大中华
——寄望江泽民

亚太经济合作高峰会议于10月中旬在上海举行，有十多国元首前来参加此一盛会，其中包括美、俄、日、加、澳、韩等国的元首，此一聚会真可说是帅旗招展、冠盖云集了。会议的主题是共御恐怖暴力、振兴全球经济，正所谓"互助合作、共创辉煌"。会议中令人注目的三场首脑双边聚会，一是江泽民主席会见美总统布什；二是俄罗斯总理普京和韩总统金大中交谈；三是日、韩元首的接触。在中美首脑的会见里双方强调了要加强合作关系，而对台湾问题、导弹扩散和人权方面则所见有异。普京面告金大中要加强双方经济合作，并协助促进南北韩关系。金大中在会见日首相小泉时果然是当仁不让的指责了后者靖国神社参拜的不妥。

值得称赞的是，这次中国在上海主办会议的确是安全周到，万无一失。会议的进程和娱乐的安排也是紧凑得体，赢人赞美。上海市的风采景色也给参会者留下了美好的印象。

与会诸国家元首中特别引人深思的一位是韩国总统金大中。他出人头地于2000年12月10日荣获了诺贝尔和平奖。金大中毕生奋斗的目标就是要为全韩人民争取自由、人权、和平与公正。他历经艰险、九死一生、入狱多年、遇刺数次，而最终于1998年当选韩国总统。他一面励精图治，要在韩国的经济上争取复苏，一面又决心展开"阳光政策"，要带领全韩化解南北韩逾半世纪的冰冻情况。因此，他便也名正言顺、众望所归的获得了诺贝尔和平奖。韩国有这样的总统，是全民的福气；世界有这样的人物，是和平的先声。

诸国分裂

第二次世界大战结束后，由于美苏二强的对抗、民主国家和共产集权的斗争，欧亚两洲产生了四个分裂的国家。那便是东西德、南北韩、南北越、和国共内战后海峡两岸的分离。日月如梭、风水流转，如今东德已并入西德、北越已统一南越、韩国和朝鲜的对立也在缓解。那么，50年前因中国内战而产生分裂的中国，又当如何呢？不错，如今海峡两岸之间的接触、互动与协作是大大超过了南北韩之间初步的交往和成效。然而，中国和平统一的最终目标的实现还是前途未卜，遥遥无期。这是因为两岸的领导人都在有意避开最敏感或关系国本的政治社会制度问题，而选择先在容易下手和互惠明显的旅游、贸易、文化、科技的范围里起步。

邓小平在80年代为解决香港回归问题所提出的"一国两制"的原则便正是避开"制度"有异问题不谈，而先谈主权回归，名份确定的创意之举。老实讲，制度是国家大计，各种活动的表现是执行细节，不谈制度，先谈归属，实际上是"存大异，求小同"，是权宜之计，不是终久大策。请问，全世界哪有一个国家可以在两种不同的政治制度下长存共荣、持之永久呢？更何况，两种制度对比，中国大陆的一党专政，台湾各党的轮换执政；中国大陆垄断的公有制，台湾开放的私有制，在世界潮流和人性尊严的考验下，孰优孰劣，何去何从，难道还没有最后和客观的公论吗？

良机当前

中国三代的领导人中，毛泽东和邓小平俱往矣！其功过是非都会有历史最后公正的评定，而当代的领导人江泽民还正是"在其位，言其政"，便大有可为，前途待定。难道他就没有机遇和可能在中国和世界历史的记载里留下辉煌的一页吗？江泽民应可不让金大中专美于前，而奋斗前进，在三个重要的领域和目标下做出卓越的贡献，则他不但以后可以荣获诺贝尔和平奖，并可宏扬国威、造福万民、名垂青史、永载史籍。那么，他要怎么做才行呢？

首先，他要面对现实，运筹帷幄，结合共产党内开明进步的力量，抵制和解除党内极左思潮的发展和影响，让党内领导阶层获得同意，公开向全国人民承认12年前政府处理六四事件、武力动兵的错误。六四事件里对北京爱国人民的血腥镇压，不但使人民对执政共党的看法产生了巨大的不利的转变，也陷人民解放军于杀伤人民的"不义"之困境。使解放军在"党指挥枪"的操作下声誉大跌，与民为敌，这个结果是多么的不幸。

1989年初我正在北京，直到6月6日晨才在破碎支离的北京搭上美国联合航空飞机伤心离去。我目睹一切、理解也深，可以肯定地说，"六四不进军，中国就大乱，共党就倒台"的说法是绝对错误的。事过境迁，痛定思痛，我们可以有相当把握地说，陈希同当时主持北京市政，他贪污腐化的罪行虽尚未大白于天下，但早已紧锣密鼓、逐步登台。他听到学生和北京人民打倒贪污的口号震天响，全民上街，和平请愿的声势非常浩大，他能够不胆战心惊吗？更可恨的是，他为了自身化解，便假传情报，使邓小平获得的信息是"学生要造反了，人民要变天了。"这样，一旦局势的发展是不好收拾，他便是"有言在先，事不怪我"，而一旦局势平定，他又是"力挽狂澜，功莫大焉！"只可惜，陈希同之辈的技俩得逞，邓小平坚持开放改革的不世之功却落下了一个难以洗刷的污点。正服刑下狱的陈希同和极力主张以武力镇压的共产党领导人，对共产党和对中国人民所造成的损害和打击是至深至切的。

平反六四

检讨过去，我们知道共产党的特点和失误之一便是"错不改口，死不认错"。近50年来中共执政所犯下一连串的错误，包括各种伤天害民的运动在内，事后都是轻描淡写，草率交待。但如今，世情大变，民智已开，中国开放改革的势头正在日益加强，前程似锦的关头，12年前却发生了极其不幸的六四事件。如今为了减轻创伤，平息民愤和开展前途，中共必须要公开承认六四处置的失当，让死难家属得到慰问和抚恤，让六四后逃离异国的六四活跃人士可以安全顺利返国，合理结束全案。

如今我们希望江泽民可以"一人定调，立改前非"，是不大符合中共统治作风的。可是，他身为中国一号人物，这个"扭转乾坤"的大任又必须由他起步，且非他莫属。所以我们寄望他能运用智慧，带动中共党内明了国内外局势的改革创新力量，及时为拯救中国共产党和开创国家新运做出必要的努力。要知道，如今已是时不我予，中共自救唯一的途径是和人民切身的利益紧密结合。那么，中共承认六四事件的错误就是最佳的起点。

和平统一

国内六四事件圆满处理之外，江泽民还应面对另一个重大问题采取有效的措施，那便是在中国和平统一的目标上跨进一大步。基于中国的国情和特殊需要，邓小平在1980年代提出了"一国两制"的说法，先让香港在保持香港体制不变的前题下，于1997年回归中国。并说出了"香港可以50年体制不变"的话。两年后，澳门也脱离葡属，易帜归回中国了。港澳回归，中国曾大事宣传，认为这是"国威大扬，万人称庆"的头等大事。可是，我们要冷静的想一想，自第二次世界大战结束以后，所有以往强权国家下的殖民地都早已独立建国，脱离外人的统治了。唯有港、澳要拖延到50多年后，才能重回祖国怀抱。这种延误是中国内部局势动荡和中国内战后国家分裂所影响而导致的，中国才未能更早收回失地，这已是中国自己不争气的结果了，还有什么可吹可擂的大话可言？

再说，"一国两制"也是不得已而为之，要是中国的"社会主义"制度真是成绩卓越，名声响亮，港澳又何需维持原来的制度，在回归时便也改为"更优越"的社会主义制度，就此更上一层楼，岂不是更好！制度好坏的比较是有客观标准的，那便是"人民当家作主"的事实和成效。人民生活自由、平等、和平、富裕是事实和成效唯一的考验和指标。这不是任何口号或理想中有待实现的目标所能取代的。基于此，港澳回归便也只能在"一国两制"下先就其位,而若干年后"一国一制"的最终实现就留待全中国人民的共同努力去终底于成了。

台湾的背景和状况自然和港澳颇有不同。港澳原是中国领土,在明、清朝为英葡两国强夺租借,如今回归祖国。台湾在清廷败于甲午战争后,割让给日本50年。第二次世界大战后日本投降,台湾已重归中国的版图。1949年国民政府在中国大陆解体而迁往台湾,最初还喊出"一年准备,两年反攻,三年扫荡,五年成功"的口号,并拥有联合国会员国和安理会常任理事国的席次,直到1971年11月15日资格丧失,由中华人民共和国取代了其地位。这便也是"一中一台"或"两个中国"产生的起点。尽管时至今日,联合国绝大多数国家都已承认中华人民共和国是中国唯一的合法政府,世界上仍有廿多个小国继续保持了对中华民国的外交承认。由于中共势力从未主宰台湾,两岸的实况便也成为一国两治,或是"九二共识"所谓的"一个中国,各自表述"了。

高瞻远瞩

如今要实现两岸和平统一,最重要和有效的号召并不是两岸领导人"丰功伟绩"非我莫属的自勉和自许,而是两岸统一,国富民强的结果和吸引力。两岸分离已久,以往两次国共合作也都以分裂告终。如今要完成统一大业,两岸的共识、互信、合作和一统都得循序渐进,仓促不得。也唯有两岸人民在统一之下都平安益进,福祉益增,康乐益显的前提下,双方才能心安理得,心甘情愿地结合。

再有,两岸迈向和平统一,既要诚心诚意的相互协商,也要适当借重国际局势。两岸之间现存的诸多分歧,例如国名、国歌、国旗、节日、繁简体文字、国际组织代表席次、宪法内容、人大、政协、立委等的选举和权限等种种方面也要订出远程、中程和近程的协调方案。两岸全方位的交流合作更得积极推动,力促其成。这样,双方在交流中取得互利、在合作中建立互信,才能步步扎营、稳定迈向和平统一的康庄大道。此时,地广人多,居于优势的中国大陆,也要对台湾方面格外的宽厚和理解。而台湾也得极力发挥其民主政治先行一步的力量及国际贸易和民营企业成熟发展的优点,去协助推进中国大陆的革新和进步。50年前蒋中正和毛泽东都错过了千载一时,促进民主的大好良机,如今海峡两岸的领导者都已面临考验,必得真正的大公无私,为民造福了。

改变专政

在半世纪前国共内战的过程中,前者由盛转衰,后者由弱转强,这既是国民党的双手拱让,自毁河山,也是共产党的趁势力取,水到渠成。如今我们再读毛泽东1939和40年代的言论,便知他曾极力攻击国民党的专权和腐败,力倡自由民主的必要和辉煌。又抓住了国民党主政时忽视中国广大农民利益的弱点，从而施展了"农村包围都市"和"统战"宣传两大利器，让农民参军，知识分子倒向。而国民党抗日战争胜利后大失民心的接收，苏联入侵东北后，对共军的接应，蒋中正指挥军事和金融改革的失误等等，都连增带减，促成了共党斗争的胜利，和国民党败走台湾的事实了。这真是天意使然，人为所致的紧密结合了。

然而，中共夺权成功，建立了新中国以后的表现又是如何呢？首先中共进行了阶级斗争的血腥镇压，把诸多无辜的所谓富农和地主杀害，又为了铲除异己，巩固政权，将不少国民党时期的军政人员消灭。这种暗无天日的镇反肃反、三反五反，不但没有真正地清除了阶级敌人，反倒制造了人间地狱。中共建国后昙花一现的民主人士参政在1950年代末期反右运动兴起后也销声匿迹，荡然无存了。这岂不是现代化的"飞鸟尽，良弓藏"的版本再现！为中共高度推崇的左翼作家领袖鲁迅若是活到反右和文革时期，以他一世嫉恶如仇，敢做敢言的行径来说，倘仍然是我行我素，他岂不是要首当其冲，成为"叛国罪"的头号镇压对象！在毛泽东淫威的统治下，梁漱溟和马寅初的正义之声和学术论点被淹没不说，共党的创国元勋彭德怀和刘少奇也惨遭毒手，党内党外便也是"东方红，中国出了一个毛泽东"的一致呼声了。

全民寄望

幸而中华民族生机不绝，1976年毛泽东去世，四人帮失势，邓小平复出。中国二十多年开放改革的成效也有目共睹，令人欣慰。而如今中共治国最重要的问题就是要顺应世界潮流，改变一党专政。中国的共产党员有六千万，全国之中每二十人里就有一个党员，这样庞大的组织，实行一党专政，便失去了民主的真谛和民意的监督，而必然产生了专制的弊病。那便是权大于法、法治不修，和一党独大、人权不振。这不但减缓了中国现代化和民主政治的进程，也形成了两岸和平统一，加速进行的障碍。

关心中国前途的人们都寄望中共的领导阶层和全体人民团结在江泽民的周围，平反六四、结束专制、造福人民，早日实现中国和平统一、富强康乐的最终目标。

2001年10月27日至11月2日

南开校庆的联想

年纪大了，思旧念往，思乡念家之情就日见浓厚。去年10月17日是天津南开中学的校庆日，要是我正在北京，就可能和一些南开同班老友集聚一堂，说天道地一番了。可是我早已打道返美，结束了长在北京居住12载的生涯，自然也没有机会再当面和他们欢聚畅谈了。

1947年我入学南开高中后，在课余之暇也参加了课外活动，其中包括加入了歌咏团和排、垒球队等。而每次在练歌时，大家都要合唱一首歌，至今歌词歌谱我还清晰不忘，歌词是："我们是现时代的中坚，我们是南开的青年。发扬我南开精神，公能校训诚然。我们要努力用功不息，我们要高高兴玩。在这个伟大的时代里要做个模范。"

回想在天津南开的一年多，可真"无忧无虑不知愁，有说有笑好时光"。1949年前就读的南开校友，除了众所周知的周恩来之外，更产生了中国科学院和工程科学院的院士五、六十人之多。他们大多在自然科学方面出人头地，贡献良多。1979年1月下旬邓小平率中国代表团访美，团内担任医务首要责任的便是那时北京医院院长吴蔚然医师。我因加入美国国务院礼宾司的接待工作，在华盛顿认识了吴院长，从而交往了20多年，直到今日。他便也是早我约十年就读南开的一位学长。而令人十分感叹的是，新中国成立后的50年，居然绝少有任何国家科学院士产生于南开校友之中了。

去年的10月17日是天津南开中学97周年校庆。这就使我想起三年前的10月18日，我们一些天津南开的同班同学在北京集聚一堂，共渡校庆的一番情景了。50多年前我入学天津南开高中的往事也重现心头。

赴津就学

抗日战争胜利后，我随家人从四川三台复员到北平，1947年夏天既考上了北平师大附中，也考上了天津南开高中。还存了男孩子要"远走高飞"的想法，就舍北平而前往天津南开住校就读。同班同学有甲、乙、丙三组，我进入高一甲班。天津南开师资好、设备全、同学根基强，学校课外活动项目也多，有读书才干的、有调皮能力的，都有机会发挥。我们班上最出色的同学是李寿晋，他是出类拔萃的"三好学生"，智、德、体处处拔尖。学业方面是"七甲连环"。当时我的功课也不差，是"身怀六甲"，只有地理课是弱项，考不上90分，落得个乙等。寿晋除了学业成绩是全身披"甲"之外，又是运动场上的健将，是同学中百米和二百米短跑的冠军，在操行分方面也是无隙可击地评分在90分以上。我平素做规定的周记相当马虎，一次迟缴，就扣操行分数一分，一学期下来，被扣十多分，操行分就将将维持在70分以上。

寿晋的尊翁李宗恩那时是北平协和医院的院长，我还记得夏天在北平去他家打桥牌时，李伯母常以又甜又水的大西瓜款待我们，一个大西瓜一切四大块，人人用匙子挖着吃，十分过瘾。李院长敬业乐群，刚正果毅。大陆上反右期间被贬到昆明医学院，数年后即病逝，这是后来的情况。

待到1948年11月，东北地区的国军已全面崩溃，我奉父命要离津南迁，在离开天津南开校园时，寿晋送我到校门口，一面满含深意地说："别走了！他们早晚会来的。""他们"是指的共产党。当时寿晋已是思想前进分子，对共产党未来的新政救国寄以了厚望。当时我却反应不够，领会不足。就这样，我于1949年6月23日，从厦门随家人去了台湾。1967年9月从台赴美。

重返大陆

直到1978年9月我才首次从美国以全美华人协会西雅图分会会长身份带友好访问团回到中国大陆。一晃，已相隔近30年了。

人生就是这么玄妙，大环境的运作和个人的决定加在一起，就敲定了每个人的走向和前途。1980年秋天，在接待民航在西雅图培训人员后，我应中国民航总局之请，自西雅图乘民航新购的波音747巨型机到达北京，下榻北京饭店。我非常怀念30年前同班的寿晋兄，透过协助，在天津找到了他。他也专程到了北京饭店看我，我请他同在饭店住，以便好好地聊聊天，他面有难色地告诉我："这不大方便…"。到了1985年秋天我去天津，当时的天津副市长李岚清设宴接待，我特请市外办邀请寿晋加入，他来了，我们相见甚欢。

至今，我还保存了我先父在世时写给我的一封信，信内提到："既然你的同学李寿晋处处表现好，你要以他做榜样…"寿晋因解放前就参加了革命，后来就一直工作下去，没有读大学。虽然他才智过人，身强力壮，又一心一意要在新中国下为人民服务，他的出身和他是知识分子的背景，都使他没有受到上级的重用，他后来任职天津市文教办公室主任，数年前在天津电视大学党委书记职称下退休，诚然是大才小用，不在话下。

陋习待改

新中国浪费和糟踏了不少人才，这是中共建国时期最重大的失误之一。以往我读到三册《思忆文丛》，是中国1957、58年推动"反右派运动"时，部份被打成右派分子当年的言论记实，和后来他们追忆当年的自述。书中的李慎之和吴祖光是我熟悉的两位朋友和当事人。40年前"右派分子"讲的话，大多仍是今日中国建设要实现的目标。但，何其不幸和可悲的是，当事人发表忠言真话，因而遭致打击、身心重挫、全家遭难不说，国家的元气和前途也都一波三折、不堪想象了。"共产党不信任知识分子"、"共产党在国家和人民之上"的两点，是当年右派戴帽分子发言批评的重点。而40年后的今天，这两点批评依然是丝丝入扣、一言中的。

1997年7月1日我去北京工人体育馆观看庆祝香港回归的大型表演，江泽民的许多头衔出现在大型的电视银幕上，国家主席的职称是排在中共中央总书记的头衔之下，中共中央也排在全国人大、政协和国务院之上。如今提及中国最高的领导人，习惯的说法仍是"某某是党和国家的领导人。"我想，这个习惯作法和说法，是有加以改变的必要了。因为国家和人民应该是超越任何党派之上，再说，没有国家、没有人民，还有党吗？

中国开放改革的推动，中国要和先进的世界接轨，一定要靠人才、要靠知识。这就要尊重人才，尊重知识。重用人才，重用知识。除此之外，别无良策。共产党经常在大会后做了"决策"，再征求党外民主人士对"决策"的意见。请问，大局早定，还有什么不同意见可提呢？只走走形式，说些好听的，有帮助吗？

老友欢聚

为庆祝1998年10月17日南开中学第94届校庆，我们50年班在平津两地的同学便在18日凑在一起，热闹了一下。天津方面有十多位同学赶到北京来相聚。大家都是70许，老态龙钟、斑白须发。国内局势的好转，使大家可以敞开谈，都没有什么顾虑了。因为五十年的交情，加上时代的进步，以后局势再变，要退步到反右或文革时代的人人自危，朝不保夕，彼此举报，争先恐后，也不大可能了。但是，老同学中还是有特别谨慎的一位，他轻轻地告诉我："老臧，还是小心好，讲话要留意，以防万一…"。但我想，身为美籍华人的知识分子，对中国大陆的环境有不少接触和了解，至今还不讲真话，不希望祖国真正进步，就也太不像话了。

2002年1月12日至1月18日

忆张将军 想家国事

我因为早已计划离美一行，便无法应邀参加去年12月8日华盛顿举行的张学良将军纪念讨论会及应邀发言了。现将先父臧芳先生与张将军交往的一些小事写下，也顺便谈谈我自己的一些想法。（此文已在讨论会上，由吴天威教授代为宣读）张将军于去年10月15日逝世于夏威夷，享年101岁。

先父在1920年代末和1930年代初曾三度和张将军共事。张将军在东北和华北主政时，先父曾先后出任沈阳东北大学法学院院长、天津市社会局局长兼代市长，和哈尔滨地亩管理局局长三职。

张将军1929年正在东北大学兼任校长，当年南京政府召开国民会议，要各省选代表参加，张校长便指定十多人为代表，交由东大学生投票照选。不料，学生们依自由意愿选出了不在候选名单上的东大四位海外学成归来后任职的院长，其中也包括先父在内。监选人难以向张校长覆命，就向张谎报说，是四位院长想自己当选，就故意违背张的意旨，鼓励学生将他们选出。张校长初获一面之辞后大发雷霆，说要将四院长严办。随后，他了解到实情，知道是错怪了四位院长，便立即雨过天晴，不再介意了。这表现了张处理事务时灵活调整的一面。东大学生在70年前投票选举时，就展现了民主政治自由选择的精神和行动，便更是令人玩味和赞美的。

后不久，先父调任帅府张将军的秘书，便也不断有机会和张探讨国际局势、行政管理方面的问题。先父1919年至1923年曾先后在美国加州勃克里大学和伊利诺州立大学研究所进修经济学和市政管理学，和张将军讨论相关的题目，便自然也是学得其用，得心应手了。1930年直奉战后，东北势力进入华北，张将军便委派先父出任天津市社会局局长兼代市长职务。张将军二弟张学铭出任公安局局长，先父到任后大力整顿市政，推动便民措施，成绩斐然。1931年3月底的某一天，张便约先父到沈阳面谈，要正式委派先父为天津市市长。但言后不久，南京政府就发布了张学铭升任天津市市长，这自然很令先父感到意外。这一任职突变的内情直到60年后的1989年6月1日才真相大白。

那天，庆祝张九十寿辰的集会在纽约举行（我也接到参加的邀请，时正在北京，错过了参加的机会）。张将军面告前来拜寿的王树常将军之子王冀教授说："我这就要骂吴铁城了，我天津市长本找了臧启芳做，都和他谈过了，结果吴铁城发表我弟弟做，弄得臧很不谅解我，吴以为这是讨好我。"这桩事既说明了张将军的用人唯才，绝不偏私，他认为先父是天津市市长的上选之才，就不徇私去提升他的二弟；而他对吴铁城为讨好和献殷勤的劣行感到不齿，又正说明了他为人的真挚和可爱。另一方面我们也可以体会到中国官场运作习气的恶劣，在显贵面前定不乏献媚奉承之徒，而一般的大人先生也欣然接受，视为当然。但唯有性情中人的张将军才产生反感。

张将军在九一八事变后入主华北军政时，一面是时局险恶，一面是他举步维艰，先父便于1932年8日17日在天津《大公报》、《益世报》和《庸报》，同时以真名发表一专文，题为"彻底改革华北政局与实行自卫抵抗政策"论述华北军政改革和救亡抗日之道，立章发表后先父便离津南下。事后张将军派人来找先父，但不知是什么意思。我想，以张将军平素为人的作风，因"忠言逆耳"而要将先父抓进官府的可能性小，要和先父商讨议事的可能性大。若干年后，长住外国的田雨时在台湾发表纪念张学良将军一文时，却指责先父"做了张学良的官，却批评张学良，是不符合中国旧道德的。"那么，张学良西安事变前向蒋委员长进言，又应做何解呢？总之，田的所言才正是"媚上"之行的再版。

60年前的西安事变改变了整个中国和张学良的命运。固然，历史无法重演，但我不禁要想，若以往发生的事实略有变动，世局的演变又可能是如何呢？例如，九一八事变发生，张将军不遵从蒋的密令而全力抵抗日军，或蒋接受张的劝告，不逼张剿共，而诚心联共，团结抗日；或西安事变后，张不送蒋返京；或张抵京请罪后，蒋立即放张回西安；或二战后，蒋不遣无德无才的熊式辉回东北主政，而派了张回东北家乡等等。只可惜是人算不如天算，要发生的事都照样发生了，而希望或应该发生的都没有发生，这便也是"时势造英雄，英雄造时势"的微妙结合了。张和蒋都是在一些特定或偶然的因素下成为一世之雄，他们的性格、价值观和自我判断也在关键时刻主宰了他们各自的行动，和产生了影响大局的效果。因而张便要先遵蒋命而不抗日，后抗蒋命而发动西安事变；蒋便坚持要先剿共，并于西安事变后绝不放张，二战后绝不派张回东北。这些当事人视为当然和必要的行动，便也使世局产生了天翻地覆的变化。蒋败走台湾，张与世隔绝，海峡两岸分裂至今。

张将军平生最大的愿望是"中国和平统一，中国自由民主。"这个愿望是仍待实现。诚望海峡两岸的领导诸公都能以国父，孙中山先生的遗愿："和平、奋斗、救中国"为引导，早日和平统一中国，奋斗建立民主体制，振兴中华，造福世界。

2002年4月6日至4月12日

听讲演 谈中美

2月22日布什总统访华时，我正在北京。当天中央电视台现场直播了布什总统在清华大学讲演的过程。在场有300多位清华大学的师生参加听讲，布什总统夫人劳拉、美国国务卿鲍威尔和国家安全顾问赖斯女士也在讲堂二楼的座位旁听。

在布什发表演说前，胡锦涛副主席先做了简短的发言。他一面致辞欢迎布什的来访，一面阐明了中美关系的发展要遵循三个基本原则。那便是相互尊重、平等相待、寻同存异。胡的致辞简短有力，没有照稿宣读，予人耳目一新之感。

讲演大要

布什发言约20分钟，答问则超过半小时。他在演说和应答中也充份显现了一位美国总统在重要演说中言之有物和应答自如的风范。在开始讲话时，他首先赞美了中国的优良传统、中国的进步和强大。然后话题一转地说到有许多外人对美国产生误解，是只从美国的电视、电影节目里去认识美国，还有不少其他产生误解的来源。他特别指出中国新近出版的教科书还指责美国是压迫穷人，美国的情治机构也是政府对付百姓的工具。但事实说明，美国的确是一片众人向往的乐土，美国人民享受的自由是建立在一个有道德意识、有法治观念的个人、家庭和社会的基础上。自由既带来了权利，也负有了责任。纽约港自由女神一手高举自由之光的火炬，另一手则执有巩固国本的法典。而美国的三权分立也是牵制与平衡的结合与体现。例如，任何行政官员，包括贵为总统的他，都不能干涉法院的裁决。讲演中，布什又强调宗教信仰和宗教自由的重要性，他自己就信奉基督教，而深受其益。面临九一一事件，美国人民自动自发的反应和美国消防员、警察为救人而做出的自我牺牲等,都显现了美国的精神传统和雄厚力量的发挥。

1975年老布什在北京担任美驻华联络处主任时,小布什曾来中国。而今日中国和20多年前的中国相比可真是变化巨大,面目全新了。布什也认为中国进入世贸组织,便要遵循入世的规定,而在法治、经贸、人权各方面力求进步。他特别提及邓小平在世时曾说过,中国各级官员的选举要逐步上升,最后达到最高的中央层次,他是乐观其成,拭目以待。在发言最后,他说中国主办2008年奥运会,便正是中国向世界显示进步的良机,中国要日益进步,与人民无争,与世界和平相处。

有问必答

讲演完毕后,布什回答了清华学生当场的发问,其中包括美国的飞弹防御计划区域是否包括台湾在内?布什谈两岸开系为何只用"和平解决",而不用"和平统一"的说法,这两者是否有异?他的两个女儿是否会来清华进修?他本人要如何做,去促进美中了解和友谊?他两次来北京,看到的最大差异是什么?美国内部的暴力杀伤事件层出不穷,是怎么回事?...等等。

答问时,布什没有直接说明台湾是否在飞弹防区之内,只说明这一计划是增强美国和其友邦巩固和平的力量。美国也要信守对外签署的协议,其中包括《美台关系法案》,那便是台湾无故受袭,美国要加以援助;他也强调两岸关系的处理要透过和平协商方式,不要彼此挑衅动武。美国也要一直遵守美中三次公报的协议。

我很欣赏布什回答他两个女儿是否会去清华读书的说法,他坦率幽默地说:"她们都不听我的话了。"要是他外交辞令地说:"有这个可能性",或是"我会劝她们来",就失去了他原有的风格,而显得是"故意美言"了。布什举了一个具体的例子,一方面说明他看到的北京20多年来的大变化,一方面也暗示了他对中国前途发展的期望。他说,1975年来北京,看到人人都穿一样一色的衣服,如今则是服装自选,千变万化。这说明,如今各人自由表现的需要决定了市场产品供应的配合和方向,而不是以往的定向生产,忽视了各人的需求。再有,衣着选择的自由也会推动其他领域的自由。市场经济既是自由社会的特征,也是推动自由的动力。在回答问题的最后阶段时他说,美国政府的两大要务是健全社会福利制度,和不断改善教育措施,这是美国人最关注的两方面。增进福利要人人努力,不能全靠政府,而改善教育才是减少社会犯罪和国际恐怖的最佳手段。

布什讲演结束后,清华的王大中校长取出了准备好的稿子,照读一番,显然不是即席反应布什讲话的内容,这种"慎重"也失去了一流清华大学校长应有的风采。美国总统应答时的轻松自在和中国大学校长发言时的小心拘谨，形成了一个强烈的对比。中美有异之处也由此可见其一。

闻言有感

我同意胡锦涛的说法，中美相处要相互尊重，平等相待，和寻同存异。尊重与平等的原则是应该和乐于为人接受的。这时强大的一方便是要自我约束和以身作则。显然，美国经济、军事和政治的力量和影响范围都是举世无双的，于是美中交往中的美国便不可以处处以"强"为恃，或以"强"取胜。而中国也要考虑国际标准和世界准则，不要常以"中国国情不同"为借口，视美国的忠言为"干涉中国内政"。中美制度不同，便也价值有异，运作分歧。这时，两国相处要如何"寻同"，如何"存异"才是关键所在。美国要有耐心、细心和信心，协助和期待中国蒸蒸日上；中国要有虚心、诚心和真心，取人之长，补己之短，向自由民主的目标大步踏进。

透视中国

中美互动时，美国要有耐心，因为中国是专制日久，庞然大物，局势的改变，制度的更新都要假以时日，急于求成是不可求和求不得的。例如，四人帮打倒后邓小平复出，他倡言的"开放改革"，这本是顺应时势，别无选择之路。但由于毛的虐政已久，百姓民智难开，保守势力强大，开放改革的要求和口号便也成了"创时代，破天荒"之举。六四事件后，中国顽固势力反扑。邓小平乃于1992年走访深圳，发表了《南巡讲话》，及时为中国的继续开放改革打了一剂强心针。待到江泽民主政时，他走访各国，周游世界的机会和经验已是十分丰富和超人一等，难道他还看不出中国专制制度的缺点和不利吗？可是，他要维持大局并配合"在其位，言其政"的要求，他便也得慢步其来，要处处造声势，倡团结，三个学习，三个代表之说也接踵而来。难道共产党主政半个世纪才体会到国家兴旺、人民得福的基本条件居然是发扬文化传统、发挥生产力量和重视民心向背吗？这个基本常识还需要大张旗鼓的普告天下吗？其所以至此，又是中国国情使然。但由于大势所趋，中国的领导也必然要顺应时势不断改进，以求利己利党的两者兼顾。这样，国家也会相应进步。只是，进步的速度要缓慢一些。催生、催快反而于事无补，或欲速不达。

鼓励中国进步，美国也得具备细心。要用心观察中国内部产生的良好变化。美国要有计划、有行动地促进美中交流，在官方民间两处着手。数年前我和沈阳一位访美归来的法官谈天，别看他只是短期访美，是走马观花，他对美国民风习俗和社会制度的体会和了解，已经是得其大要，所见不差了。这超过了他一生在中国受教育、受宣传的成效和收获。当然，越是有见识和观察能力的人，他们走访美国的收获和心得也越大，我认识的朋友中便不乏其人。

再说，科技产业、信息发展也是当前带动社会发展的动力。美国政府也当支持和鼓励"身怀绝技"的美籍华人多做沟通中美，有利两国的工作。让中国人的知识和财富在教育进步、工商发展的带动下节节高升。要促进中国政治进步，便更是点滴集累，日久天长的事。我很欣赏美驻华大使馆发行的中文版《交流》季刊，其内容翔实生动，是读者"认识美国"最好的窗口和读物。在中国应有更大的普及面才好。

美国对中国前途的发展要有信心。知道中国无论在经济和军事等各方面如何的发展，都不但不会成为美国的潜敌，而会是美国的益友。因为中国日益走上自由民主之道，中国人的理性和人道作风也会在社会进步的环境下日益发挥，这也是世界和平、世界繁荣的最佳基础和保证。当然，信心的产生是要有根有据，不能无中生有，或是缘木求鱼。追溯中美交往历史的过程，我们可以知道，直到1951年韩战爆发，美国在清朝开始侵华不断的列强中，对中国算是最友善的。因在地理环境下，美中有太平洋之隔，这既天然地防止了两国邻近交锋的可能，也符合了中国"远交近攻"的古训。更何况世界之大，无奇不有，宇宙之广，优劣并存。东西文化有异，中美情况不同，便更有彼此交流、观摩和学习的好机会。中国倡中庸之道，其历史文化的传统是自保自足，是对入侵者加以同化，而不是开放的，或具有侵略性地对外扩张。所以，中国在循序渐进的发展下，吸取和消化了西方之所长也不会成为一个霸占世界的野心勃勃的国家。毛泽东那种好大喜功，冒进求成的模式早已一去不返。

了解美国

相对来说，中国和美国相处，要从虚心起步，到诚心收尾。对美国的优点、制度和传统要虚心了解，真心体会，诚心相向。要知道，美国的民主体制是欧洲英法体制的延伸、改进和完善。人道思想和民主运作也是历经了两三百年的挣扎和锤炼，才最后成型。美国妇女的选举权进入20世纪才争取到手。美国的社会保险制度到了1930年的经济大衰退后方于罗斯福执政时建立。美国妇女的真正社会平等和自由也要到第二次世界大战期间妇女大量就业，取得了经济力量后才实现。美国的种族平等也直到1960年代后不断的民权运动和重大事件的冲击下才巩固奠基。最重要的信念和引导是美国宪法的精神：人人生而平等、人人有追求幸福的权利。这样，选举产生的官员便也自然是人民的公仆了。有了这个强大不易的基础和引导，便也充份发挥了美国人民的潜能、创造力和团队精神。美国人数和比例庞大的中产阶级，也形成了各种利益团体，在美国政治的运作里发挥了积极有效的推动力量。美国法治的不断健全更保障了人民的权益，和抑止了黑金势力的发展。所以，美国社会是多变的，随大局所需而变。美国社会是有弹性的，随环境变化而自动调整。美国社会是有力量的，力量来自爱国心切、条件充沛的美国国民。

慎思力行

对许多中国人而言，要了解美国，是不容易的。因为，指手画脚，断章取义是方便的，但也是肤浅的，不足的。存心自卫，再加上错综复杂的自卑感，便更会言不及义，夜郎自大。这里，让我再强调说明，我们绝不是夸美国处处好，但要指责美国处处坏，就得拿出证据，说出道理来。再说，缺乏自信和见识的人才会立下结断，不经思考，一口咬定美国的民主制度是不合中国国情，毫不足取，等而下之。这种观念和作法应不会成为中国人对美国评价的主流。

美国不以安定为求，但事变当头，人民就一致团结应变。六十年前的珍珠港事变，和去年的九一一事件都激发了美国人爱国的热诚和行动。美国的强大是来自人民的强大，是来自制度的健全。美国从没有，也不需要"安定团结"的中国式的口号，因为美国是"寓强于民"，和真正的"人民做主"，这也是国家强大幸福的最佳的保证。中国要富强康乐也非此不可，别无选择。

2002年4月20日至4月26日

海军同窗旅游散记

一般来说，六、七十岁的人凑在一起，大多是放慢节拍、缺乏活力、唠唠叨叨、粗声大气。但这帮人若是海军出身，就另当别论了！

2002年5月6日，为数74人的一批台湾海军工程院校校友和他们的亲友们从北美各地集中到温哥华，一起登上了那7.7万吨的《海洋公主》号游轮，共同开始了他们无忧无虑、快乐逍遥的阿拉斯加海上之旅。一周后，他们神采飞扬、意犹未尽地离船登岸。

我们享受到海上游的优点：一是减少奔波，增加安闲，以船为家，就地安眠；二是吃喝称心，不分时间，就地取材，悉听尊便；三是陆海风光，尽现眼前，远收近取，处处开颜；四是娱乐演出，近在身边，赌场精巧，戏院不凡；五是同窗好友，分手多年，从容交会，乐趣万千；六是近在咫尺，同处一船，天南地北，尽兴交谈；七是……。

四三乙主办

这次聚会是由1950年在左营入学的海军机校43年班乙组主办，这也可说是两年前世纪之交时校友们在洛杉矶集会的展延，预计今后每两年都会有类似的安排出现。参加这次活动的同班同学夫妇有20人,其中有几位体质显然已今非昔比,而他们仍努力参加,就格外增加了一份老友重逢的珍贵情谊和分外喜悦。大家在登船前和下船后也安排了两次聚餐,既美食可口,又谈笑风生。由于大家都已年逾七旬,彼此间又有的是数十年没见面,当年的青春面貌已所存无几,因而近在咫尺,恕不相识的趣事便也应运而生了。在温哥华机场,飞来和往迎的两位老同学已经站在一起,却彼此不加理睬,直到另一同学赶到,认出来客,才出现了乐不可支,握手言欢的高兴场面。

身心仍康健

难得的是,七旬开外的机校一、二期老大哥共有七位是携眷参加,一位是放单前来。登船次日的聚会里,一期的一位龙头大哥,首先生动地描述了早年在大陆撒守前、迁校期间一些出生入死的紧张实况,再跃登讲台,做了延年益寿、摸鼻揉眼的健身操作,应观众要求,他还准备另制映像带散发同学,普益众生。二期的几位老大哥也是宝刀未老,光芒依旧,他们联手参加了一场船上举行的桥牌赛,结果是手到擒来,双双夺冠。赛中,我临时凑一角,和初次见面的一位来自加州的老先生联手,居然也侥获比赛的亚军。在船上仅有八人参加的乒乓球单打比赛里,我挥拍出战,结果是三战三胜,取得桂冠。这也迹近"山中无老虎,猴子也称王"吧!30多年前我在西雅图社区学院任教时,打乒乓乃是家常便饭,想不到这个老底子如今仍派上了用场。

代表功夫见

在这次聚会里,有三个班次都各只有一位同学参加,他们便也成了名正言顺的"班代表",很值得格外表扬。

43年班甲组出席的人物是和他夫人一起参加。旅游筹备期间,他也特别出力地以"意媚露"(e-mail)通告班上同学。多年前抵美后,他又拓展开了新的事业,正所谓"前往大陆,扩展商务,10年有成,俨然富户"。但,有一得,必有一失,他往年拼打立业期间,出门日久,家居时短,对留守的娇妻不无亏待。船上交谈时,他也老老实实地自吐了忏悔之词,说的竟然是隐约中仍怀帝王思想的"深宫怨"三个大字。

机校44年班的班代表也是我50年前在校时最常合作的桥牌搭档。这次他只身登船,却成为了热门的"舞男"(若说是"舞帝",就难免吹嘘过份)。有一晚他成为两三女士在舞池里追逐争取的唯一对象。舞后,他在舞池外的一个沙发上全身瘫软,两眼朝天,四肢舒展。我路过看到他那副呆相,问是怎么回事,他连搭话的力气都没有了。显然,在舞步翻飞,尽欢尽乐之余,他那古稀之躯也自然呈现了一些超支和超点的迹象。可是,他诚然是义无反顾,贯彻到底了,实为可贵。

机校46年班的出头人物不但是夫妻登船,又鼓励了弟弟、弟媳和妹妹同行。想当年，我曾是机校200米俯泳、400和1500米自由式游泳的三项冠军。他一到校，就生生夺走了我那200米俯泳的冠军宝座。他仗着"人长手长"（这是他弟弟亲口所说），就得势不让人了。他的另一长处是随传随到，出口成章，和他在一起，寂寞不了。他又知识渊博，几近"上知天文，下知地理"。为贯彻传宗接代，他操刀在我，不尽不休，身体力行，再接再厉。在连获三位千金之后，终于创造了一个男娃娃。有志者事竟成，此其也！他也成功地开发和实用了一套专门对付日、法两国狂妄之徒的妙招，操作时立杆见影，手到擒来，其成效已进入"指哪打哪"的最高境界。恕我不能详谈细节，怕的是侵犯独家专利。总之，出击的基本原则是击其要害，一枪毙命，绝不手软。

来者均不凡

这次校友欢聚，自加拿大东岸来了海官校43年班的班代表，他仗着海军的厚底子，摇身一变，成为名利双收的海难打捞专家。打捞过后，又升上麻将桌，成为自得其乐，人人喊打的自摸专家。他自称，他的健身之道是"守身如玉，烟酒不沾"，烟酒不沾，可信可嘉；守身如玉，待考待察。此兄为了强调他的当年勇，一面指向船边海洋，一面斩钉截铁地宣布："这种海洋，当年我一跳下水，就直扑岸边。"这又是壮哉斯言，有待"小心求证"。

我们班则拥有一位铁嘴豪侠，走遍天下，铁嘴无双。他又是游乐、餐饮和旅馆一身三栖的专家。例如，他告诉我，游轮上"伙食"不错，这便也是一锤定音，专家鉴定。他时时娱乐，处处品尝，非如此，才不虚人间一行。这也正是"广亲芳泽，随处斩获，人生苦短，及时行乐"。

游轮真好玩

当然，乘游轮便有充份的时间和亲朋好友自由组合，侃侃而谈。无论是三餐时刻，还是特意安排，是船舱内，是船舷边，大家都可以高谈阔论，尽情发挥，盖天铺地，古今中外。有人三言两语，迅速说明了自己以往数十年的经历；有人细腻道来，详谈夫妻相处、婆媳交往的苦乐酸甜；有人谈到海峡两岸和台湾的泛绿之灾；有人说起当年求学、退役和工作时的趣闻轶事。这都是历历在目，晃若眼前，好像一下子，大家都恢复为当年活蹦乱跳的年轻小伙子了。

游轮上住了七天，似乎时间是不短，可船上节目繁多，设备周全，沿途停靠，三次登岸，游客很难样样参与，处处走遍。一天在船上，冰山在望，风雨交加，我和爱妻爬上最高14层的前面，除了看到两对年轻游客在露天的热水池里嬉笑言开之外，也发现了一个了无人迹的篮球场，我就地拾球挺身投篮，只可惜我那以前球队中锋的身手早已荡然无存了。但仍请身旁的爱妻为我摄影留念，这也算是英雄难忘当年勇吧！

我们十分欣赏船上的歌舞表演和电影节目，爱妻说："这些电影都是新近上映的知名片，被我一连气看完了"。舞台表演有两个场地，歌舞、魔术、相声、杂技都纷纷登场，观众乃得各随其好，各得其乐。我们尤其爱看那赏心悦目、声色俱全的歌舞表演，演出密接，毫无冷场、轻歌曼舞、活力飞扬。

船上既设有小型赌场，就难以不去光顾。以往数次坐游轮，我都是浅尝即止，略有斩获，这次居然是两次出击，连续失手，便也知难而退，不予恋战。我的基本理论是，登游轮，进赌场，要想身入宝山，赢回全部旅游开销，就未免是自视过高，难遂心愿。故而要加强自律，设好赢输的上下限，小赢到位，见好就收，大输未至，急流勇退。同船一老友告诉我，他在赌场是频频出动，而得失互见，每次赢输数字他都牢记心头，算个总账，他是以小赢家的身份收场。另一位赌场出现的幸运客在下船的码头上春风满面地告诉我，他曾在船上把吃角子老虎一拉，便有一千枚两角五的硬币送上门来。为了强调其真实性，他还认真地补充说："不信，我太太可以做证。"吾信矣！当然，在船上进赌场，需要自律，不然一定瘦身出来；在船上进餐厅，也需要自律，不然一定肥胖加身。

老实讲，船上的服务也很不错，食宿妥善不用操心，各种拍照应有俱全。我们的团体相就拍得很不错。两位团员不慎在船上分别遗失了贵重相机和钱袋，均由船上服务员寻获，而原璧归赵，我获知此情，专门写了谢函，送给船上意大利籍的船长保吉（Poggi），既赞扬了船员的素质，也向塔斯坎（Tuscan）餐厅经理的热心服务称谢。

再见应更欢

总的来说，这次旅游是一切顺利，相当美满。有北美各地同窗们的热心参加，我们组成了这个70多人的游乐团，娱乐消遣，尽兴而归。相信，以后还有更多的机会组团相聚，前景是每况愈佳，蒸蒸日上。附此一提的是，下船后，有一位同学的行李被别人误取，但随后又奇巧美妙地物归原主了，这便也使其旅游圆满收场。再有，承办这次旅游业务的大华旅行社的确是热心安排，服务周到，颇有贡献。

2002年6月22日至6月28日

欢晤顾崇廉 倾谈中外事

8月10日我和阔别了40多年的海军老同学顾崇廉在西雅图会面了。两天后我们再度聚首，并饭后倾谈。他现任台湾亲民党推选的立法委员，又身兼中华民国立法院国防委员会的召集人。1990年代他曾陆续担任国防部副参谋总长、副部长和海军总司令等要职。98年戎装甫卸，又由外交部派驻荷兰代表，现在则任职立法委员。他的资历诚然是文武兼修,多姿多采了。

西雅图是他这次旅美为了解侨情,接触荣民之行的一站,同行还有行政院国军退除役官兵辅导委员会的代表。8月初的一天我接到西雅图荣光会的电话,邀我参加欢迎顾委员的两次晚宴。52年前我在马公岛参加海军官、机校四十三年班新生入伍训练的一番情景便历历眼前了。那时他和我分别是官、机校的入伍生,全体学生有300多人,大家一起在"民转军"的训练过程里熬过来。打绑腿、做内务、敲大锣、夜行军、闯野地、跳障碍、办伙食、抢馒头……等种种以往见所未见,闻所未闻的场面和折磨都一一领受,样样过关。由于我身手灵、嗓门大,还被主持入伍训练的海军陆战队罗张中校指派为官、机校入伍生大队的学生大队长。记得有一天蒋中正总统专程到马公岛视察我们这批入伍生,正赶上是大雨倾盆,我们见到蒋总统出现阅兵,大家是既兴奋,又紧张,这也成为我们毕生难忘的一幕。

马公入伍后,我便绝少和顾崇廉再见面。1967年我又离台来西雅图华盛顿大学教育研究所进修,彼此更是天南地北,无缘会面了。因而,8月初我获悉顾崇廉西雅图来访的消息,就非常高兴地加入了其他两位同班老友黄惟峰和孙大韩的行列去会见了已阔别40多年的这位来自台湾的老同学。

8月10日我们同席就餐,他看上去精神充沛,也保持持了近半世纪来良好军人素质独具的体态和模样。在饭桌上聊天时,他提起:"我在海军服役长达48年。1998年退役后3个月,就接受了外交部的任职,出使荷兰3年。去年返回国门,又在亲民党的名额下出任了立法委员。"

因为顾崇廉是权威性的军事专家,席间向他讨教的问题就自然转向两岸军事对比,和台湾防御能力的一方面。他回答说:"在军队人数和武器数量上对比,大陆自然占先。我们有数10万部队,他们有数百万;我们有几百架战机,他们有几千架。但军事作战,不是简单的以多取胜。他们军队再多,军力再强,也不能全数抽调到福建省台湾海峡对面吧!中国大陆的国防线很长,军力的布署也要相应处置。而台湾的军事武器有特别突出的部份,可以发挥吓阻的威力,那便也是以己之长,制敌之短。当然,军力的发挥还有其他因素的影响,例如,为何而战、为谁而战的意志和信念是否坚强,实际作战和军事演习的内涵和经验等。再有,战争永远不是为战争而战争,战争是要达到预期的政治目的。那么请问,大陆遣兵跨海来攻,以军事力量摧毁台湾,应该是他们最终的目的吗?这场两败俱伤的仗应该打,可以打,必要打吗?"聊天时又有人提起:"大陆不直接派兵攻打台湾,进行海上封锁,并以万弹齐发的方式摧毁台湾的机场、海港、交通等设施,总是有能力做到吧?那时,即使美国要协防台湾,也怕是远水难救近火,心有余而力不足吧!"廉崇的回答又是一句反问,"封锁台湾,破坏台湾的目的是什么？是要摧毁台湾的经济，是要和与台湾有经济往还的世界各国为敌？是要消灭台湾向大陆投资的基地？这种里外受损的封锁行动应该采取吗？"

说到中华民国如今处境的困难，顾崇廉提出一个有趣的比喻："我们现在就象是在高空上做走钢丝的表演，要在中国大陆和美国之间取得平衡，平稳前进，很不容易。"我想他说得不错，台湾若偏向大陆过多，美国不满，美国的军售和协防就难以依靠，台湾自卫就增加困难。反之，偏靠美国过多，就削弱了中国和平统一的主要立场和驱使力量，这也是难以让中国方面容忍和接受的。

也许，从美国的国家利益观点来看，尽管美国一再主张两岸最终要以和平手段解决纷争，促进统一，而目前是不支持台湾独立，也不赞成中国在台湾维持现状的情况下动武。可是，两岸对立，美国在处理两岸关系时就更有筹码可以运用，更能发挥彼此抗衡、左右逢源和举足轻重的作用。并且可以用对台军售的手段，一面赚钱，一面向海峡两岸进行牵制与平衡。例如，美国答应可以将封存20多年，而又开封启用的纪德级驱巡舰卖给台湾，又准备把台湾列入美国太平洋地区的飞弹防御区内，就都是促进美国利益的手段的运用。听顾崇廉讲，他在立法院曾提出质询，不赞成台湾买进落后的纪德级舰，要买就该买先进的神盾级舰。而美国方面基于各种考虑，又不肯将神盾级舰出售给台湾。如今，顾崇廉是位在关怀中华民国整体利益的立法委员了，他不能狭窄地只是为军方考虑。武器是"多多益善"，能买到什么，就买什么。为整个中华民族着想，他也向行政院游院长质询，问的是，一旦美国在中国大陆投下核弹，必然也影响到邻近地区，包括台湾在内，这时，中华民国该采取什么立场。他这些发言都是有立法院的记录在案的。

顾崇廉在台湾上任海军总司令前，台湾发生了惊人的军购人员被谋杀案，此案悬至今日，仍未破案。我们问及此事，他说，此案未破只有两种可能，一者是采购过程中没有人是中饱私囊，进行贪污；二者是，此事有难言之隐，是不便或不愿弄清楚。如今民进党执政，既有权也有力将此案调查个水落石出，但仍然是一片混水，其中自有道理。

针对两岸关系的发展，他认为中国对台湾要有耐心，是所谓"小不忍则乱大谋"。目前双方不要竞武对抗，要努力促进文化和经济等各方面的交流，尽量结合彼此的利益，和增加沟通。到头来，水到渠成，中国自会和平统一。

问起他，陈水扁在台湾是不是推动"非中国化"，他说他无法代为阐明陈水扁的立场，但他认为，在台湾要推行"非中国化"是行不通的，正好像在美国某地要推动"非美国化"是行不通一样。

在1980年代，蒋经国担任中华民国总统时，顾崇廉出任了总统武官，如今是台湾亲民党主席的宋楚瑜那时也正在总统府任文官辅佐蒋经国，顾和宋便就此同事了好几年。有了这个相识相通的背景，宋楚瑜邀请了顾崇廉出任亲民党额内的立法委员。顾认为宋有耐心，有谋略，知人善任，公关力强，2004年是宋在台湾竞选总统的最佳时机，要是错过了这个机会，就难以卷土再来了。上次竞选总统时，宋楚瑜吃了"兴票案"公之于众的暗亏，这也是宋楚瑜背上黑锅，有苦难言。由他经手，在美国的公关花费是不能账面公开的，一切说明白就会开罪美国政客，破坏美台关系。有不少人批评宋楚瑜曾协助李登辉，使国民党若干元老去职赋闲，顾认为李是蒋经国亲选的接班人，宋的一切所做所为都基本是奉命行事，难以厚非。

对台湾政局大家都关心的一个情况是，下一届在台湾的总统竞选，国民党和亲民党是否能通力合作，击败陈水扁竞选连任。顾崇廉认为如今两党之间的上下阶层沟通不断，而中间阶层的交流还待加强。亲民党是白手起家，财源紧缺，在党员聚会时往往是吃便当饭盒，以节省开支。而国民党要赢得人民信任，还得把党产谁属的问题搞清楚。而国民党党员重新登记后的总人数也说不准到底是多少。而如今要发挥影响力，党员多而散，反不如少而精。再有，国亲两党合作的搭配如今看来，在宋连配或连宋配之外，要找到更佳的组合也有困难。

顾崇廉担任蒋经国的武官多年，他对蒋的评价很高。他认为蒋关心国事，生活清廉。一次，为了解民隐，蒋还突然跳上一部街头的出租车，和出租司机对话起来。蒋对其子女是很严格的对待，只可惜下面的人前呼后拥宠坏了他们。蒋经国去世前糖尿病已非常严重，但他一直保持头脑清楚，直到病危过世。

我们好奇地问起他，担任立法委员的待遇和他上将退休的终身俸比是如何。他说，他如今只领前者，后者停止。两份待遇差不多。可是做了民意代表，支出就相对大了，其中包括红白喜事的应酬等等。好在立法院有人专门安排这一切，按成规办。他聘请了十位助手，都是退役军人身份，他们每月的待遇很有限，但都是勤劳奉公，全力以赴。

在交谈中，我们才知道顾崇廉是来自长寿家庭。他的尊翁已97高龄仍健在。其慈母过世时已年逾九旬，相信有了这个DNA的遗传因素，顾崇廉还大有发展和发挥的余地。他自己说得好："年逾七旬的这代人，经验丰富，见多识广，爱国忧民。今后我不会在宦途上再有所求，我只会全心以国家前途为重，发挥余力，尽其在我。"一点不错，闻其名，知其人，我们的老同学顾崇廉的确是"顾国至上，崇廉不二"。

最后让我既重复，又强调，更同意顾崇廉的看法：两岸不该动武，两岸加强互助，两岸终必统一。

2002年10月26日至11月1日

政坛迭换 中美有别

中国中共16大已召开,美国政坛竞选结果于11月5日揭晓,这是中美两国在当前一个月内最热门的大事。社会主义初级阶级的中国和资本主义成熟运行的美国,在政坛迭换、时机当前的时刻,各有什么不同的表现和风范呢?中美对民主的解释又有什么不同呢?

民主至上

9月29日我在北京大学历史系参加了一个中美合办的学术研讨会,主题是《中日战争遗留问题》。我是会中最后一位发言人。我说,中日战争遗留问题中最重大而待解决的问题是中国内战掀起,中国分裂至今,两岸的和平统一是仍待努力完成。而中国和平统一的必要基础便是民主政治的普遍推行。

早于1924年11月24日,国父孙中山在日本神户便曾对记者们说:"统一是中国全体国民的希望,能够统一,全国人民便享福;不能统一,便是危害。"毛泽东于中日战争期间的1944年6月12日答复记者们时也说:"我们很需要统一,但是只有建筑在民主基础上的统一才是真统一。"他又引申解释,力陈民主的范畴是包括了政治、军事、经济、文化、党务和国际关系等各方面,这一切都需要民主。毛泽东于1945年论《联合政府》时又说:"中国人民的基本要求是将中国建成一个独立、自由、民主、统一和富强的新中国。"显然,时近80年后的今日,这个理想的目标仍待实现。

会外措施

在北京大学的研讨会里,有一位发言人说到,中共16大即将召开,河北省各级政府都接到传达,在16大开会期间严禁一般人入京,以免有人会以任何方式扰乱治安或进行请愿游行等,以确保十六大胜利的召开。在华时我也听到一位杂志编辑告诉我,上面的指示是,在16大召开之前,不能刊载任何主张政治改革的文章,更不能预测16大高层人士可能的变动,这样做是为了要"保持和党中央一致"。进入10月,中国官方对国外对华的播音,如美国之音、法国之音,和自由亚洲电台等,也特意加强了电波的干扰,使大陆上的收听者无法听到清楚的报导。

以上种种措施便也代表了中国在召开16大前是如何地处心积虑、用心良苦;要处处掩人耳目、防民之口,好让人民说不出、写不出,和听不见真正的民情、民怨和民隐。好让中共16大的代表可以耳根清净、心旷神怡、言出必从,高举双手地"确保16大胜利的召开"。这是否有些本末倒置、掩耳盗铃、与民为敌,和多行不义呢?

如今16大已召开,在召开期间,无论是在电视和播音节目里处处是形势大好、红旗招展。"三个代表"和"三个学习"的引用是不绝于耳,此言至上;"东方红"和"没有共产党就没有新中国"之类的歌曲也倾巢来犯，歌声嘹亮。老解放区和边远地区的人民代表也同心同德，以万般的感激和向上交心的口吻，歌颂党的领导、党的恩典。处处表扬的也都是党员为民，党员造福的英雄事迹。在建设方面便更是此一工程圆满竣工，另一工程即将上马的大好消息。在这些报导和宣传里看不到、听不到任何中国还需要进步和改善的内容。工人失业、农民受苦之类的民间常事，也在歌功颂德的大合唱里听不到一丝的怨尤和关怀了。

此一新闻报导的唯一重点便是，铺天盖地，集中全力去赞扬中国共产党是人民的主宰、是人民的救星，它是一贯的光荣、正确和伟大。试问，这种夸大、盲目的宣传是理直气壮，合乎时宜和功效卓著吗？

人心向背

9、10月间的北京行里，我听到一些十分关心中国前途而见多识广的人士讲，他们并不关心或注意16大里行将揭晓的中国领导人地位的变动，因为一切都是黑盒子作业，人民无从知晓和过问。这正好像一批大亨藏在戒备森严的赌场里打麻将，用的是别人的血汗钱，他们在赌桌上的较量和得失，只有等到赌局收场、赌徒亮相时大家才知道，是谁连了庄、谁换了位、谁败了场。

民众对江泽民16大后的安排，猜测更是众说纷云。有人说他是恋栈不舍，在党政军的三要职中是舍一保二；又一说是他要学邓小平，只保留军委主席，遵从"枪杆里出政权"的名言；另一说是他已布置好了维护他权益的班底，他全下台也毫无后顾之忧。如今全世界也只有中国领导人的替换是这般神秘而令人玩味了。另两个共党国家的首脑——古巴的卡斯楚和北韩的金正日，都是不死不下台的。真希望江泽民有大智、大勇，会顺从邓小平生前所言，不在中国继续搞终身制。因为搞领导终身制就是中国推行民主政治的致命伤。先有了党内民主的起动，才会有全国民主的启蒙。

美国大选

在中国中共16大召开之前，美国政坛的大选也热烈登场，11月5日已胜负分明。今年虽不是美国的总统竞选年，但美国许多州长、市长、三分之一的国会参议员、435位众议员，和各级法院的若干法官们，都要在选民的考验下参加竞选。而在美国竞选新闻的报导里，我们看到、听到的大多是就事论事，就人论人。说政绩，谈问题，谈今后该怎么办。例如，经济滑坡有何对策？向伊拉克动武与否？美国本土如何加强安全措施？美国在世界事务里的角色和走向应如何？美国老人医药福利该如何安排？如何退税？……等等，其议论立足重点都是掌握当前，创造未来。

10月25日下午5点半我与爱妻丽华驱车前往参加西华报20周年社庆的晚会场所，在

Mukilteo 快速公路的一个交道口看到了本区现任州参议员 Paul Shin 还站在路口，手执了个人竞选的招牌，向此来彼往的驾车人挥手致意。我认识他已约30年，早年时我们都在亚裔社区从事公益活动，去年八月我们也一并成为西华报颁发《亚裔先锋奖》的获奖者。他这种竞选办法便反映了美国竞选者常用的方式，那便是接近选民，相互交流。想想看，在中国若是江泽民要连任，他会站在北京王府井大街和熙来攘往的过路人互相交谈和挥手致意吗？

名人风范

1980年11月初美国卡特总统竞选连任时，其夫人到达西雅图，我特别赶去离机场不远的会场，目睹其盛况。还在西雅图市 Charles Royer 市长的介绍下和卡特夫人见了面。在那种场合里，人人都是自动自发地前往支持，总统夫人也和群众谈笑风生，打成一片。记得在其前不久，副总统蒙代尔也曾来西雅图推动卡特总统竞选连任。我也去了他发表助选演说的现场，最使我难忘的是他开讲时说的一个笑话，他说："我小时读书时有一位好老师，他告诉我们，一个人要在一生中要随时全力以赴，力登巅峰。只要他努力奋斗，就一定可以成功，不会落居人后，做第二把手……"此言一出，立即引起哄堂大笑。因为他身为副总统便正是一人之下，万人之上的二把手。

美国的政要人士经常是出口幽默，轻松自在。例如1998年美国克林顿总统访华，在爬长城时中途停下来，一位记者问他，为什么不一气呵成，爬到最高点。他笑笑回答说："爬到顶，我就完蛋了。"他到了上海，在电台节目里现场回答听众问题，其中一问是："你在总统下任后准备还干些什么？"，他迅速地回答说："我要是现在就开始学中文，还来得及吗？"想想看，要是中国的李鹏在中国的大庭广众下出现，他会讲出类似的幽默的话吗？

不久前，美国米里苏达州的民主党国会参议员 Wellstone 坠机身亡，美国前副总统蒙代尔（副总统任前，他是米州的国会参议员，副总统下任后，做过美国驻日大使），立即成为民主党一致推举，补缺竞选参议员的人选。11月4日，即大选投票的前一天，他还公开和共和党推举的候选人 Coleman 展开政见辩论一小时。想想看，中国的人大代表或是全国政协委员为了连任，需要和可能找到竞选的对手去进行任何政见的辩论吗？

中美有别

那么社会主义初步的中国和资本主义成熟的美国在政坛交替上有什么重大的差别呢？

江泽民说得好，中国的民主政治是既要人民当家作主，又要共产党领导人民；既要共产党一贯执政,又要各民主党派参政和议政。中国的人民和民主党派上面有了太上皇,他们还能够真正发挥作主和监督的理想作用吗?美国林肯总统也说得好,他说美国民主政治的本色是"民有、民治、民享"。今日中国的领导要坚持共产党的领导,要使共产党发扬光大;美国的人民则要努力实现"美国人之梦",要亲选为民服务的美国公仆。中国要缅怀过去,要人民不忘共产党昔日的光辉;美国要展望未来,要官员实现竞选时刻的承诺。不少中国的各层领导,为了顺应潮流,明哲保身,和扶摇直上,要不断去说一些不负责任,表面堂皇的套话;美国人民直选的各级官员、议员和法官要为个人竞选的诺言负责,要以从政的实效和成果向选民交待。中国是一党专政,为民作主,只会说自己好,不会说自己坏,常谈忆苦思甜,习惯大吹大擂;美国是民主政治,以民为主,公平竞争,各显其能,政党轮替,流水不朽。

重现生机

中国必需跳出一党专政的老槽,不要让6600多万的党员高居12亿多的人民之上。来自人民的共党要洗面革心,真正去爱护人民、重视民意;发展教育、提高民智;振兴经济、创造财富;改革政治、尊重人权。这已是世界潮流,时不我予。这也是当务之急,不容规避。

2002年11月30日至12月6日
(编者按:作者此文写于中共十六大开幕日)

兴国之道是运用人才

27年前的1976年1月7日周恩来总理去世,随后我投书西雅图 P-I 报纸,在该报社论版《人民之声》的栏目里登出了一短文,标题是"向周恩来致敬"。两年后的1978年九月,我才有机会第一次从美国返回中国大陆,是以全美华人协会西雅图分会会长身份组织了近30人的友好访问团前往中国的。当然,亲眼目睹的中国和遥远想象的中国大有不同。那时四人帮打倒不久,中国刚刚开放,转换更新的中国仍然是百废待兴,百端待举。我和阔别了30年的大哥、大姐在中国大陆的北京和南宁重逢,其快慰和感慨已不待言。他们两位是我们兄弟姐妹六人中的"读书种子",均为北京大学的高材生,于1948年毕业后都留居大陆工作,而没有像我们四个较年轻的弟妹一样,跟着父母于1949年6月自厦门渡海赴台。他们留在大陆,因"出身不好",所具才学丝毫没有发挥,这即反映了时代的悲剧,对当事人也是十分遗憾的事。时至今日的中国则必需踏出旧槽,不分国人的背景出身和党派,得全国之英才而用之,才能发扬光大。

向周恩来致敬

周恩来总理最近的去世造成中国和全世界的一大损失。他是一个卓越的伟人，也是一个永远被人怀念的中国人民的伟大斗士。

周总理出身世家，却致力于推翻一个忽略中国人民利益的陈腐的社会。他终究成为一个伟大的革命者，对新中国的建设贡献良多。

我们希望由他的力量和精神推动而获得开展的中美之间的交往，会进一步的开花结果。

人生自古谁无死，死后原本万事空。但世间却有极少数的人可以名垂青史。周总理便是其中最佳的例证。

2003年2月1日至2月7日

萨达姆一退成名

3月17日下午5时，我在电视机前仔细聆听了小布什总统给伊拉克总统萨达姆发出的最后通牒，限他和他儿子在48小时内离境出走，交出政权。否则，美军在48小时之后，随时可以发动攻击，目的不只是彻底消灭伊拉克可能具有的各种重大杀伤力的武器，并且是更换伊拉克的政权，建立民主体制，一劳永逸。从5时起到午夜为止，我陆续收看了多家美国电视台对伊拉克战争一触即发情况的有关报导，深觉得美国安危、伊拉克存亡和世界福祸的一大考验已近在眼前。

18日清晨再读报，再看电视，得知大体上全球各地的反应是：美国政界人士大都表示，势已至此，要支持总统决定，支持前线美军，希望攻伊之战可以迅速结束，美满善后。美国和外国街头人民的反应，不少仍认为美国此刻动武不是促进和平，张扬民主的最佳手段。一位阿拉伯驻联合国大使则讲，美国此刻动兵，目的已扩大到更变伊拉克政权，那么此战役之后，下一个要更变的政权又落何处呢？美国不赞成某一政权，就可以武力相逼，要该国元首下台出走吗？这一"武打硬逼"的美国招式的施展，还有限制和收场吗？

3月17日晚公共电视台（PBS）三位评论家的争辩尤为出色，支持小布什出兵政策的论点是，以武力摧毁萨达姆政权是不得已而为之，是利多于弊，是势在必行，是给其他虐政国家以"杀鸡儆猴"示警，可促使各个收敛，是世界好转，迈向和平之始。而反对之论则说，民主的促进不能以暴易暴，要和平渐进，要出于自发，要水到渠成，不能拔苗助长，靠一夕之助。

例如苏联帝国的崩溃，共产主义的淡出，是苏联人民内部的苏醒和选择，不是美国重兵压境的结果或产物。以暴力促进民主的进行，便也基本违背了民主是以容忍、渐进及和平手段为取向的原则。写及此，我眼前又浮起了中国六四事件后，传出中国领导镇压成功后的狂语"我们的政权是以血换来的，要赶我们走，也以血来换！"显然，杀杀砍砍，砍砍杀杀，不会是民主进步应采取的模式，而"武力至上"之想的人，也不会是促进民主的最佳人选。

在电视节目里探讨伊拉克情况的对话中，有人提及，伊拉克面临难免一战，而战又必败的劣势下，何不如先发制人，将生物武器主动出击，重伤邻近集聚的美军，制造混乱和杀伤，寻取一线生机。80年代，伊拉克和伊朗血战八年时，美国曾以各种武器供伊拉克使用，进攻那时美国敌对的伊朗。如今，美军压境，伊拉克旧技重施，用于美国，又有何不可。针对此一可能性，法国外长在18日上午发表了一段有趣的讲话，大意是说：法国反对美国此刻向伊拉克动武，认为延长联合国检查人员在伊拉克检查期限，可以证明伊拉克是否不具有生物武器。可是，若是伊拉克战争爆发后，伊拉克居然使用了生物武器，法国就要改变立场，支持美国的行动了。这真是一段未雨绸缪，见风转舵的妙言。当然，小布什17日下午正告世界的宣言里，也对联合国和反对他此刻动兵的联大安理会常任理事国言下收敛，未加重责，因为他也要留点退路。展望未来，伊拉克战争结束，在重建伊拉克的重任里，美国是需要联合国和其它强国的配合参与，共摊政经重整的负担和责任。

伊拉克战火掀起，美国的理想是千军万马，南北夹击，海空地面，万箭齐发。这样在一周或数周内攻占巴格达，清除或活捉萨达姆。可是，若有了意外，战争延长，美军伤亡者众，伊拉克平民大量遭殃，则美国和国际的舆论就会不利于美国的动兵，战争的耗费也会扶摇直上。战后伊拉克的重建问题也会更加棘手，中东的和平和美国的安全也会走向恶化，美国经济的大挫也无法避免。

18、19日见报载，萨达姆是不会出走，要与城市共存亡，要宁为"烈士"殉国，不为"弱者"逃生。这正是人类历史的难以避免的悲剧了。萨达姆若真是为其国家人民和世界着想，他应该接受小布什的号召，决定退位出国，并提出以下条件：

一、我决定下台，但容我有96小时（将小布什的期限加倍）的时候出境。我乃可收拾细软，从容上路，也让我争到一点讨价还价的面子。

二、我投奔前往，颐养天年的国家，在我有生之年，每年获美国50亿美元的无偿经援，我一死，经援便停止。这对美国说，是最佳和最合算的投资。因为战争爆发，美国将耗资1500亿到2000亿美元，人员伤亡还在其外。我再怎么自得其乐地活，也不过多活二、三十年，这样，美国便不必大量一次为战争支出，而有省心、零付、少付之便。再说，战后重整伊拉克的费用，又是上千亿美元，我决定让美国省下这笔费用，以提高美国人民的生活水平。老实讲，这笔每年五十亿美元的支付，也等于是我的"保命符",我寄居国家会对我严加保护,视我为至宝和摇钱树,我多活一年,他们多受益一年,这是同在一条船,福祸同享。

三、我要求法、德、中,苏四国每年联合给伊拉克经援20亿美元,我感谢他们通力合作,阻止美国不动兵,美国也每年补上相对基金20亿美元。这笔无息经援完全用于伊拉克的物质和精神建设,该款由联合国派人监管使用,我个人的子女亲友绝不沾边。这样,美国也不必在炸毁了伊拉克的各种公共设施、医院、学校、发电厂、电视台后,再加倍投资,在废墟中重建伊拉克。我不接受毛泽东之说"先破后立",因为"破"的往往不仅是似可再建的物质建设,也"破"了难以恢复,或无法恢复的"人心"和"人间之爱"。

四、我建议联合国通过决议,以后任何国家准备对他国动武,都一律以战费预算转为对欲攻击国的经济援助,这也是"化干戈为玉帛"的最佳良方,和促进世界和平富足的无上良策。

五、因为我决定一走了事,光荣转移,这省下了美国数千亿美元,避免了美、伊两国成千上万人员的伤亡,为美国戴上世界和平使者的皇冠。为伊拉克、美国和世界经济的复苏和全球和平的促进提供了最佳可行的方案,我指定安理会常任理事国中、美、英、苏,法的国家元首联合签署,推荐我为下一届诺贝尔和平奖的得主,并在我日后获奖时与我合影留念。

六、以上各项条件,一字不能更改,一言不可变动,并限在48小时内圆满答覆,否则,咱们在战场见!玉石俱焚,再所不惜,两败俱伤,勿怨他人。

我费了不少精神,写了这一建议,有谁能译为伊拉克文,在48小时内送达伊拉克总统府萨达姆的桌子上呢?天助自助者,萨达姆有那份灵感和福份吗?

2003年3月22日至3月28日

送往迎来面面谈

先父在世时坚持的一个作风是不主张,也避免参加"送往迎来"。在六、七十年前的中国,这是官场上很不合时宜的"反常"之作。因为许多达官贵人都重视迎送场合中出现和不出现的新旧面孔,到场就表示对他"尊重"和"捧场",不出席就另当别论了。他老一辈子是这个硬朗的作风,就也不会进入对高官讨好的行列。人人有不同的价值观念,不"送往迎来"就是他老毕生奉守的价值观的一方面。

近十多年来,自从江泽民在中国成了党政军三方面的首脑,他就特别强调了中国领导人出入国门,要在北京人民大会堂摆出恭迎恭送的公开仪式。在《人民日报》

上，也每次照例刊登迎送行列的照片，这的确是劳师动众，费时费力的形式之举。要知道，身为国家领导人，出访外国是身负责任之一，这哪有必要去格外宣扬和摆排场。此一风气若是从上到下，处处展开，那还有个完！

由于我对这种迎送仪式很有反感，我才特别高兴的看到5月24日《新华社》发布的一则消息，标题是"党中央国务院作出决定，党和国家领导人出访将不举行送迎仪式"。这显然是如今党国领导人同意和提倡的改革，这也是改善官僚作风，推行朴实作法的具体表现。希望这一好的开始，可以创造风气，让中共在各方面不断地求进步，放弃一些虚有的形式，注重推动务实的措施，将"服务人民"的信条，加以实现。

再有，共产主义国家如北朝鲜和古巴也都是特别注重官式的送往迎来。一有国宾来访，一有元首出行，必然要安排旗帜招展，万人空巷，欢声雷动和状至激烈的迎送场面。这一切都是"出任务、照分配"，由上而下，身不由主。安排者刻意筹办，来访者心里明白，彼此心照不宣。

在美国，当然也有不少热烈轰动的公开迎送场面。职业球赛全国冠军产生了，球员们荣归故里。出征将士凯旋了，返回国门，便都有成千上万的民众涌上街头，欢聚码头，要热烈庆祝，要一睹健儿勇士们的风采，而这一切都是自动自发，兴高采烈地前往，毫无造作，顺其自然。

曾几何时，送往迎来一招在我的小家庭里也意想不到的风行起来了。一天，我在电视上看到日本妇女在家里向出行和返家时的丈夫恭送恭迎的镜头（这是日本旧时代的作风，已不见容于现时代的日本妇女），感到很有趣，就决心依法泡制，以博爱妻一笑。

一天，她从外面回来，汽车刚开入车库，我已在通往车库的房门里出现，笑容可掬地向爱妻鞠一躬，并连声说："太太辛苦了，欢迎太太回来。"她出乎意外地看到我这个"迎妻仪式"，不禁大笑起来。从此，我们也彼此得到了甜头，无论是她回来，还是我返家，只要听到车库开启的声音，都会有在家的"一半"欢迎返家的"一半"的动作和欢迎辞出现。这个作法我们一直维持下去，是自得其乐，乐此不疲。

我现在决定公开此一家庭秘密，意在抛砖引玉，促动和启发对对佳偶，多多施展"礼尚往来"的妙招，去促进家庭和乐，与夫妻恩爱。要知道，夫妻的感情和爱意是需要不断去培养。老夫老妻也不失新婚夫妇的甜蜜才更美妙！

2003年6月14日至6月20日

在太空看长城

见《人民日报海外版》2003年11月24日第四版上一则消息，标题是"宇航员杨利伟证实在太空中看不到长城"。此一报导的要义是杨利伟没有在太空中看到长城。这就证实"太空中看不到长城了。"这种推理和结论是有问题的。

中国宇航员杨利伟在去年10月15日升空时，国际太空站上美国宇航员卢杰博士（我的外甥）也正在太空执行他在太空站上长达6个月的科研任务，这是他第三次巡航太空了。卢杰在太空站工作时也抽空写了一系列的文章，讲述太空站上工作和生活的情形。文内也提到太空站的飞行轨道有时是越长城而过，他希望能拍到显示长城风采的好照片。据他讲，在太空中可以看到长城，但能否拍到一张好照片就另当别论了。

要看到长城有几个基本条件：

一是：太空站或太空飞船的轨道要越过长城。而这些轨道都是根据升空火箭发射的安排和太空任务要求而预先设定的。例如国际太空站是每90分钟就环绕地球一周，而且每九十分钟飞绕地球的路线也不重复。所以要是太空飞行的轨道不越过长城（最高的长城景点应是北京近郊的长城），长城又何从看起。

二是：从太空看地面因为距离是200多英里，要识别地面认定的目标并不容易。有海岸线、湖沼等与邻近地域景色不同的帮助，找其附近的目标就比较容易。长城东端在山海关入海处，要寻找这段长城就方便得多。

三是：目标设定后要观看或拍照，得看是否天公做美，低空的气候是否配合。要是有云层敷盖，或是遍地风沙等，大好目标的长城明明在下，却因无法透视而不得见。

四是：光线情况。有时太空站或太空船正好是黑夜笼罩长城时飞越过去，下面一片漆黑，便什么也看不见。再有若是飞越时正赶上日出或日落时间，光线刺眼，光线发射的方向使长城景像模糊起来，就也无法将长城看个清楚。

五是：看你是怎么个看法。要是用肉眼看下去，若是天气晴朗，一望无际，标的物明显够大，易于辩明，那就看得到。（据卢杰讲，大约半公里长的良好目标就可以目视收取。）在太空上若用八百毫米长焦镜头的照明镜往下看，地上的车、树木和个别房屋都可以一一识别了。

所以结论是，从太空看长城可以看见，但是否清楚，能否拍照就是另一个问题了。卢杰已于去年10月27日从太空站返回地面。他先在俄罗斯做任务简报，身体检查和身体恢复等，花了约四周时间。他已于11月下旬返回他的驻地——美国德州休斯敦城。我的妹妹、妹夫（卢杰的双亲）也专门从加州去了休斯敦和他见面，大家在一起欢渡了感恩节。

卢杰在太空执行任务时还特别答覆了我传送给他的北京景山学校五年级二班同学的三个提问：一、在太空中能否做手术？（结论是：能）；二是在太空中行走是什么感觉？（棒！）；三是在失重的情况下，是怎么吃饭？（结论是：照吃不误！），

也许有一天卢杰可以去中国，再当面回答中国小学生的提问。

2004年2月14日至2月20日

忠言逆耳应听取
——六四事件十五周年感言

以往每到关键时刻，中国人民的心愿和呼声要上达天庭，进入中国领导人之耳，是难乎其难和无路可循的，反右、大跃进、文革等种种时刻便是如此。可是，要是有了美国的要宾来访，进入国门，他们的畅所欲言就通行无阻了。尤其是来访者若是贵为美国以往或当前的总统。此一现象一则令人为之喜，二则令人为之忧。

六四悲剧

1989年6月4日天安门广场事件发生，亲民为主的赵紫阳在中共诸老围攻和邓小平一念之失里败下阵来。镇压为念的李鹏派心愿得逞，人民解放军一改为屠民军，与民为敌，挺进天安门清场，扼杀了和平请愿，反对官倒的北京学生和市民的自发举动。事件过后，也展开了风声鹤唳的清查运动，要在各单位和民间揪出参加六四活动的"反叛份子"，这便更是元气大伤，天怒人怨。中国既错过了一个顺民意、兴民主的大好机会，中国也制造了更多的为所欲为的贪官污吏和民族败类，更狠更重地加害于民。

值此时刻，中国官方已成为世界多国谴责的对象，声望下滑、经贸停顿、游客止步…。在此同时，两位中国在国际上的挚友先后到达北京访问，一者是早于1972年签署《上海公约》，而复开美中交往的美国尼克松总统；一者为1979年完成美中建交的卡特总统。他们抵京后都曾经直言不讳地面告中国领导人，六四的镇压不可取，民主的潮流不可违。中国要为长远发展计，要知民意、顺民情、兴民主。

当然，这两位来访美国总统的讲话全文根本没有在中国见报。但我正在北京，而从美国大使馆取得了他们发言的全文加以阅读。我既佩服他们以中国挚友身份坦率陈辞的善意和勇气为之一喜；我也感到了一丝无可奈何的悲哀，为之一忧。因为"友直、友谅、友多闻"不但在私人之间，也可以在国与国之间发挥其作用，这是令人可喜的，但中国领导人只能让"远来的和尚"来念经，而置眼皮下的黎民的呼号于不顾，就是令人可忧的一面了。

崇洋媚外

如今正在台湾领取中华民国退休总统薪俸、又一味鼓吹中华民国已不存在的李登辉，也曾有过"厚待洋人、亏待子民"的类似作风。他要发表重要的国事见解，也得假日本新闻记者的采访在先，才能闻之于众。这既有"欺软（国人）怕硬（洋人）"之实，又有"崇洋媚外"之嫌。当今在台湾连选连任的陈水扁和其副手吕秀莲也都是"挟洋人以自重"的产物。他们出行国外的主要目的之一是要显示可以和国外政要握手言欢，同上镜头。例如吕秀莲去年八月的美洲之行里，正巧和古巴共产党独裁者卡斯楚出现于同一场合，就趋前拜会，并以这一共同亮相为值得称道和沾沾自喜的"外交收获"。代表任何国家出访的首脑人物沦落到这种地步，都是令人叹息的不幸事实了。这不是其人之荣，这是台湾之羞。

一点不错，国民能公开说真话，见诸媒体报导，并产生"言者无罪、听者有益"的兑现程度，就也直接显示了该国言论自由和国家民主的立场和进度。用这个标准来衡量美国、台湾和中国大陆。三者言论自由和政治民主的强度便也是同一顺序。当然今日美国的民主政体乃是近两百多年来陆续发展和逐渐进步的成果，这无法一蹴而就。但中国改进体制，以民主政治为依归的趋势和目标应已是人所共识了。

面貌更新

如今胡温体制的中国领导班子的确已做出了不少的努力，去虚务实，亲民勤政，这已显示了新中国前途的希望。但他们还得扩大胸怀，以民为念，切实尊重人权，逐渐开放言论自由，让全国人民的心愿和呼声可以真正进入国家决策的高层，可以做为国家施政的引导。半世纪以来一向号称是"从人民中而来，朝人民中而去"的中国共产党，如今既要领导国人和世界的先进发展接轨，更要不负众望地负担起强国富民的责任，掌握时机，奋发向前，义无反顾。

同时我们也寄望台湾的领导班子，如今当选连任的陈水扁，请你切实珍惜台湾数十年来已有的经济繁荣和政治自由，要百尺竿头更进一步，团结岛内全民力量，发挥整体政经优势，加强与中国大陆交流交往，互通有无的各项措施，去恐惧疑难之心，怀精诚合作之念，造全国人民之福。正所谓"取法其上，仅得其中"。台湾的领导人，必需着眼于全中国，包括台湾同胞在内的远大前途和共同幸福。在加强台湾实力和安全之余，更要用力促进中国大陆上自由民主的演变，以培养海峡两岸最终和平统一的条件和时机。一旦台湾的领导人只专注于政坛的把持和眼前的利益，制造两岸分歧，加深族群对立，一心一意要缩小视野，只保持台湾一角天地的构想，他便也会因自我的短见和失误而全盘落空了。其不良后果不只是台湾同胞的不幸，更也是整个中华民族的灾难，"宰相腹里能撑船"台湾领导的度量和远见能不更加宽阔吗？

更进一言

最后让我就中国的情势再进一言。1984年元月中国赵紫阳总理抵达美国访问,他面对美国官方和社会的安排,反应华侨的接待,都显出了他高度的修养和坦实的作风,不幸邓小平智者有失,先后斩断了辅佐他主政的胡耀邦和赵紫阳两位干将之手,这既反应了邓本人听信谗言,个人失察和固执的情形,这也暴露了中共专制政体祸在其中的特色。至今,六四事件过后的15年,赵紫阳还类似早年的张学良一样,仍在保护监管之下"闭门思过"见不得世人。这是中国人权不彰的最大明证。蒋介石在世时执意不还张学良以自由,到了蒋经国就尺度大大放宽,等到李登辉登台,张学良就获得了全面自由。同样的,邓小平在世时不能将六四改口,赵紫阳自由无望。继起者江泽民是六四事件的受益者,也不放赵紫阳。如今胡锦涛当政了,为什么不能纠正以往的失误,平反六四,让赵紫阳重见天日,而大快人心呢?

政治领导常常要在治国原则和政治利益之间做一抉择,奔前者可以光垂永久,顾后者可以得意一时。中国是必需又无可选择地要走上自由民主之路。为推动全民自由和国家民主而陷身监禁的赵紫阳也应该是出头有日了。不采纳逆耳忠言的邓小平,在处理六四事件中毁其英名于一旦,不听取逆耳忠言的任何领导都难以成大事、立伟业。

最近我在海外刊物上读到赵紫阳前秘书鲍彤一文,标题是"我和赵紫阳的处境",文内说到,六四事件后他被非法投进监狱、服刑八年。获释后不久,他的住处就受到二十四小时的监视,到访客人要经过检查、强行登记,禁止任何记者采访,而他的电话也一直被监听。不久前他的电话已被切断,剥夺了他电话或上网的权利。谈及赵紫阳的处境时他说:"我的现状还不是最坏的。曾因反对邓小平在1989年武力镇压天安门事件的中国前总理赵紫阳,甚至还无法享受到我所获得的这些有限的人身自由。晚上,赵紫阳家的前大门被人用自行车锁从外面锁上,以此来限制他和他的家人呆在家里。中国农民也用这种方式来保护他们的家畜。现在已八旬高龄的赵紫阳患有重病,但他的自由对中国政府来说意味着无所谓。很显然,在他的有生之年,他的处境已没有多少希望会得以改善。"

民主坦程

美国尼克松总统1989年11月1日在北京江泽民主席主持的欢迎宴会里发言说:"在美中关系紧张的时刻我们相会了。美国人会长久记忆不久前在此一城市发生的悲剧和其后继续的混乱。此一记忆无疑将影响美国对中国的看法和作法。

列宁曾写下,事实是坚持不移的。而事实说明许多美国人,其中包括许多中国之友,都认为这一镇压是过分的、是不当的。从四月到六月的事件已经损伤了大多数美国人以往对中国领导人的尊敬和信心……

中国的领导人如今宣称，他们如何处理内政是不关外人的事。而大多数美国人都深信，有公认的国际标准适用于任何国家的领袖。美中两国之间存在已久的歧见是，国家主权和举世人权，孰先孰后的问题。

美国人关心6月2日至4日的悲剧，既由于我们反对中国政府的某些政策，也由于我们对中国人民的热情。我们双方都要认清的是美中人民之间有珍贵的友谊。我们之所以关心六月发生的事件，是由于我们希望中国人民生活的改善……。

敌人之间谈不到失和。敌人之间也不怕产生误解。朋友之间才有这种顾虑。我相信假以时日，中美的关系会攀登新的高峰。它们会找到新的合作的途径去共同建立一个更美好的世界和全民共享的更美好的人生。近几月的痛苦必将过去，我们共同的利益会将我们结合在一起，我们的关系也会比以往的任何时刻更加紧密……。"

15年前美尼克松总统在北京向中国领导人坦诚的忠告也蕴含了一些重要的启示。一是美中友谊长久，互助互惠长存，要彼此珍惜，努力栽培。二是自由民主是大势所趋，"顺我者生，逆我者亡"，中国的专制政体必须革除。三是中共是大权在握的中国执政党，推动政治改革已刻不容缓。要面对史实，勇于认错，彻底平反六四，告慰英魂，鼓舞世人。中共的自救和中国的自强都应有此一好的推动。中国大陆毅然走上向由民主的大道，两岸和平统一，民族振兴强大便都会应运而生。

2004年6月5日至6月11日

中国的和平统一
——抗日战争遗留问题与中美日关系

前言：两年多以前我应邀在北京大学历史系的一个学术研讨会里做一报告。我讲的题目是《中国的和平统一》。时至今日，以往的情况已产生了一些变化。例如在两岸和谈中身负重任的台湾海基会董事长辜振甫先生已于今年初去世，中国方面也特遣了海峡两岸关系协会副会长孙亚夫和秘书长李亚飞前往台北，参加辜先生灵堂致祭。再有，两岸三通中最后待通的两岸直航，如今也更进一步地实现了两岸飞行中途不落地，只掠过香港上空航区，而后直抵目的地的春节包机之旅。这虽不是名符其实的直航，还是弯航，但也百尺竿头更进一步了。

今年5月国民党主席连战的破冰之旅及亲民党主席宋楚瑜的到访中国，开启了两岸迈向和平统一的道路。我始终相信两岸要和平统一，便得两岸共同努力，要有信念、有目标、有程序，有发展。这等国家民族的大事岂能侥幸成事。我因此特将2002年9月下旬在北大的演讲内容，交由《西华报》刊登，以表明我的心愿。全文如下：

在这个讨论会上我要提出一个在美国建立日军侵华浩劫纪念馆筹款来源的建议，并讨论中国抗日战争遗留的一个最重大而待解决的问题。那便是二战后中国分裂至今，中国仍待和平统一。

多年前我在美国乘飞机，身旁有一位美国犹太人，我就向他当面讨教，何以美国犹太人是这样地势力庞大，在美国政治、经济和文化的领域里处处可以看到、听到和领略他们的身影、声音和实力。他毫不犹豫地回答说："我们是吸取二战时希特勒集体屠杀犹太人的教训啊！我们讲求合作、重视教育、积极参加社会公益活动，随时锤炼自己，以后事到临头，就可选定目标，全力发挥……"。

他这番话使我感触良深。不错，中国人有"远东犹太"之称，中国人和犹太人相比，聪明智慧不相上下，可是中国人的团队精神就远远地不如人家了。二战期间，在美国还没有和德、日宣战以前，一艘满载欧洲数千名逃难的犹太人的轮船，其中妇孺占多数，在美国纽约港靠泊，乘客请求登岸，而美国官方为了不得罪德国，拒绝了该轮乘客的请求，结果原船遣回，船上乘客都打入德国在欧洲特设的犹太人集中营，惨遭杀害。二战后全世界的犹太人都学到了一个血的教训，那就是自尊、自立、自强才能自救和发展。俯首乞怜，求助于人，都不是办法。此后美国的犹太人集中力量，影响了美国政府的决策，二战后全力支持犹太人建立以色列国，并数十年如一日地支持以色列在回教国的包围圈中努力生存发展，这也附带触怒了中东伊士兰教的极端份子，成为引发去年九一一事件的因素之一。二战结束后，以色列也展开了全球性的德国纳粹党人的追捕工作，让那些手沾犹太人死难鲜血的凶手，不论逃到天涯海角，也要擒拿归案，接受审判。而且为纪念犹太人在二战中惨遭屠杀的节目、电影、书刊和纪念馆等也不断出现，这也自然产生了"前事不忘,后事之师"的明显效果。

犹太人二战中被屠杀六百万人，中日战争里中国死难同胞约三千万。那么中国人在二战后的情况又是如何呢？中国人得到了什么教训？采取了什么行动呢？这里让我先讲一段真人实事。

数年前我在北京参加十一国庆活动节目时，见到一位从南洋来，在事业上颇有成就的侨领，谈到侨社情况，他痛心疾首地说,当地华侨不合作、不团结，争权夺利、人人占先。为公为人，个个退后。例如，有一家成功的中餐馆出现，就会有别的华人动脑筋，要在附近处另设一个餐馆，挖墙角，抢生意。社区里处处是山头、是社团、是侨领，而大家各奔东西，南北称霸，聊备一格，散沙一片。

多年前，美国华侨也分三派，一贯反共的是华侨会馆，以广东、福建移美的老华侨为主干。1970年代出现了以杨振宁为首的全美华人协会（NACA），意在促进美中建交和交流活动，我当时是全美华协西雅图分会会长。第三大集团是华美协会(OCA)，以美国土生的美籍华人知识分子为组成份子,他们的要务是促进华人在美的社会地位,对远在太平洋彼岸的祖国不予牵挂。这三大派宗旨互异,自然不能同舟共济。

而时至今日,美国的华侨社会里又出现了两大阵营,一面是支持中国大陆的"中国和平统一促进会",最近又出现"反独促统会"的一派;另一方面支持台湾原有"三民主义统一中国联盟",最近为对付"中共统战",又产生了"中国自由民主大联盟"。所以,在美国的华人也真苦恼,碰到另一华人,一定要先摸清底细,了解立场,才便于决定彼此是"老死不相往来",还是"你呼我唱,共襄义举"。想想看,这种大环境里,想要海外的中国人合作,出钱出力,在美建立个日军侵华浩劫纪念馆,行吗?尽管建馆是缅怀过去,警惕当前,展望未来的大好事,却难以集腋成裘,众志成城。奈何!

本来,海峡两岸的政府有可能、有力量可以支持建馆,二战时日本在华的暴行是罄竹难书,中国军民抗日的壮举是俯拾即是,建了馆,还怕内容不丰富?意义不深远?然而,海外建馆一事似也不是两岸主政者的当务之急。再者,建起馆来,如何摆平中日战争里国军与日军正面浴血苦战,和八路军在敌后从事游击战的各别贡献,要怎样定位和展示才是公平合理,才能反映出历史的真实面目。

我去过芦沟桥中日战争历史博物馆旁为纪念中日战争的雕塑群,有二、三十大型塑相遍布全场,真是慷慨激昂、英姿雄发,但几乎全是打地道战和大刀长矛,这能是中日战争史实的公正表现吗?说到这里,我要提出美国建馆最佳的出资渠道,那便是由中国政府和日本政府交涉,日方最佳的承认史实和向中国人民告罪的可行方式之一,便是由日方提供一大笔钱,在美国建立日军侵华浩劫纪念馆。中国政府和台湾方面在日本出资后也可捐出相对资金,来充实纪念馆的内容和展列品。这事要聘请国内外独立思考、真才实学的专家,筹划展馆的内容和布置。这批专家要包括大陆、台湾、港澳、美国和海外的各路精英,通力合作,认真落实一切。这也应该是海峡两岸乐于合作和促进交流的大项目,按说人人都会举双手赞成。

二

现在,我要改谈中日战争最重大的遗留问题了,那便是要如何化解两岸对立,促进中国的和平统一。首先,我要引用两位中国伟人的谈话。孙中山先生说明了中国需要统一的好处和必要性;毛泽东先生说明了中国需要民主,需要统一,而统一的必要基础是民主。

孙中山先生于1924年11月24日在日本神户对记者们说:"统一是中国全体国民的希望。能够统一,全国人民便幸福;不能统一,便是危害。"1944年6月12日毛泽东答中外记者团时强调了中国缺乏民主,而只有民主,中国才能抗战取胜和战后继续团结。他又说:"我们很需要统一,但是只有建筑在民主基础上的统一,才是真统一。"他也解释说,民主的范畴是各个方面的,包括了政治、军事、经济、文化、党务和国际关系,这一切都需要民主。

我们把孙中山和毛泽东的话联为一气,就说明了中国和平统一的必要、基础和目的了。那就是说,一定要在为中国全民争取民主的前提下,去实现中国和平统一,去带给中国人民真正的幸福。这也正如毛泽东在一九四五年在论"联合政府"时所说:"中国人民的基本要求是将中国建成一个独立、自由、民主、统一和富强的新中国。"此话,中国第一代领导人说了没做,第二代领导人做了未成,第三代领导人又说了要做,希望在中国第四代、第五代领导人之下,可以不说只做了。

在这里我强调一点,无论"中国统一"还是"台湾独立"都应是一种过程和手段,而最终目的是要造福全民,两岸合作,开创一个民主富强,快乐繁荣的大中国。台湾不能为独立而独立,中国不能为统一而统一。而且中国的统一并不只是建立在两岸同文同种,有历史渊源的基础上。两百多年前美国的移民多来自英国,可是1776年美国在北美洲另建了独立自主、为民造福的国家。中外历史上也有数不尽的例子,在同一土地和领域上,政体和政权的变动是分分合合,合合分分的。再拿美国为例吧!欧洲移民取代了印地安土著的统治权,后来又领土不断扩大,拼入了新墨西哥州、阿拉斯加州、夏威夷等地,成立了今天拥有50州的美利坚共和国,而各州各得其位,各享其福,又有哪一个州要自立门户,宣布独立呢?

如今,中国大陆的人可以说都是希望中国能够统一的,进度越快越好。而了解台湾实况的人都知道,目前大多数在台湾居住的人都希望保持现况,那就是既不急于统一,也不急于独立。用一句通俗的话说,便是"骑驴看唱本"走着瞧。这是怎么回事呢?原来,台湾、大陆和国际局势都在不断的变化,这便也形成了台湾人当前的意识。

首先,台湾方面的心态不断在变。50年代台湾一面是防范共军入侵,一面是高呼反共复国的口号,那时我正在海军服役,当时流行的口号是"一年准备,两年反攻,三年扫荡,五年成功"。1951年由于中国介入韩战,美国开始以第七舰队协防台湾,在台湾的人都吃了一颗定心丸。1971年中国进入联合国,台湾自然是一大震荡,这时"三民主义救中国"和"反共抗俄"等口号仍然存在,但是不再是震天价响了。等蒋经国主政台湾的末期,于1986年开放报禁和党禁,并解除戒严令,许可台湾居民前往大陆。一方面台湾的民主政治已进入初级阶段,一方面台湾对大陆的敌意也减缓了下来。其后双方的经贸、文化交流也开始启动,日见频繁。到了1992年汪辜会谈,又产生了"一个中国,各自表述"的共识。可是大陆在台湾人眼中仍只是一片旅游和赚钱的好去处,称不上政治方面的认同。到了2001年陈水扁在民进党的支持下在台湾执政，两岸的亲和力又减退了。

再有，台湾在内部情况不断变化的同时，中国的国情也在变。中华人民共和国立国后的二十多年，对外是南征北讨，对内是运动频繁，从而是国力大伤，人民遭难，直到毛泽东一九七六年去世，四人帮打倒，邓小平复出，中国推行了开放改革的国策，中国才展现了新的生机。可是到了1989年又发生了天安门事件，中国的国际形象和声誉又急转直下。1989年1月我便到了北京，直到6月6日才在兵荒马乱中离去。总之，台湾看大陆，是一则以喜，一则以忧。喜的是大陆正在不断进步，极左极红的毛病已大体消除，今后应每况愈上；忧的是大陆一党专政依然如故，政治体制的改革不和经济的改革同步，便也是前程未定，怕会有不良的变化和反复。所以目前台湾和大陆最好保持不即不离，又不独不统的中间稳重路线，为自己的进退自如留有余地。

最后，在国际局势里影响两岸关系最重要的一环是美、中、台的三角关系。中国参加韩战和越战，美中的对立在1960年代末已达到最高峰。中国于1971年进入联合国，次年美总统尼克松访华，美中关系开始好转，直到1979年中美建交。其后，美国的各任总统为了重视美中关系的发展，都先后到达中国访问。美国的对华政策也不断在围堵、接触和交流的各个领域里运作。美国对中国的定位也一直在战略对手和战略伙伴之间徘徊。但无论如何，美国希望维持和中国的良好关系，为的是要借重中国，安定亚洲，不扩散核子武器，如今更和美国全球推动的反恐政策配合。此时，台湾问题一直是夹在中间，美国一方面有三次中美公报，强调是只有一个中国，台湾是中国的一部份，主张两岸要和平统一，不要干戈相向。一方面美国国会也通过了《美台关系法》，不断向台湾贩卖军备，并准备把台湾列入太平洋美国飞弹防御区内。所以，美国和海峡两岸的互动和牵连，便也直接影响到两岸之间的关系及中国和平统一的进程。1999年中美建交20周年纪念时，北京在中国社会科学院的主持下，安排了一个学术研讨会，会中我发言说，我希望看到两岸之间良性的互动，最后导致中国和平统一。2000年11月，美国总统大选结果揭晓日，美使馆在北京长城饭店举行了一个集会，会中我见到美国大使，他同意我的看法。要是台湾公开对世界宣布，绝不寻求独立，中国也可同时宣布，绝不向台湾动武。这也应该是海峡两岸协商走向和平统一最后目的的一个步骤和进展手段。

三

当前两岸关系的情况可说是既互补，又互耗；既合作，又对抗；既接近，又疏远。

双方在经济方面是互补的，台湾以技术、设备、财源和管理投向大陆；大陆以生产力、原料，和市场配合台湾，其产品也进入了国际和国内市场。但是双方在军备方面是相互消耗的。中国买俄罗斯的飞机和战舰，台湾就买美国的飞弹和潜艇，而双方购置的武器，真个彼此对仗起来，自然是两败俱伤。购置而不用，又是便宜了美俄两国，它们打扫了陈货，旧东西变了钱。

双方的合作主要是经济方面，对抗则在国际外交的领域里。中国领导一接待外国贵宾，就一定要照本宣科地感谢对方奉行一个中国的政策，承认台湾是中国的一部份。中国也一直在国际组织里打压台湾的出现，阻止台湾的进入。相对来说，台湾要维持所谓的国际活动空间，在世界上以金钱输入为手段，勉强维持了20多个经济落后、政治败坏的小国邦交，其人口和领土的总合只是世界总量的百分之一、二而已。这是何等的哑巴吃黄连，苦不堪言。而台湾要显出一个独立政体的形象，就又不能不出此下策。

两岸是既接近，又疏远。接近是讲旅游探亲、文教科技交流，两岸的三通也只待最后直航的实行。两岸海空直航了，不只是省时、省钱，增加效率，更恢复了"一家亲"似的直接亲切交往。两岸接触中最疏远和忌讳讨论的是两岸政治体制的差异。台湾在经济、政治、人权、自由各方面都有当前的优势地位和享受时，自然不肯立即降一格，纳入社会主义初步的中华人民共和国的体系内。邓小平提议"一国两制"，维持现状，就也暂时解决了这个问题。

最后，我要谈谈两岸要如何各自努力和互动，以求克服两岸和平统一的障碍，结束兄弟阋墙，合创一个两岸三地自由民主的大中国。我认为，这个统一的过程要是在善意的、和平的、渐进的、有计划的，和有创新意识的方式下去实现。

善意是说双方真诚相见，不阴谋诡计，不准备谁吃谁，不以大欺小。国民党在大陆的失败就说明了大不一定可以欺小。和平的是说双方不以武力为后盾，做威胁，中国统一不诉诸武力，不靠战场决胜。渐进的是指双方要不断地改善自己，在一国两制的号召下，就各自把自己的一制做得越来越好，重法制、讲人权等。最后两制相差无几，水到渠成，两制可并为一制了。有计划是指双方有和平统一的执行方案，有近、中、远程要实现的目标和时间表，这样循序渐进，终底于成。有创意是指两岸要和平统一，为民造福，就可以在执行细节时各让一步，相互合作，灵活运用，推陈出新。这包括统一后国名、国歌和国旗的采用，两岸简体和繁体字的协调使用。引用一句朱镕基总理公开说过的话，"中国人和中国人打交道，是自己人，一切好商量。"但，真正要做到高瞻远瞩，因公忘私，仔细商量，是并不容易的。

几年前席卷亚洲的金融风暴说明了许多亚洲国家的发展模式。经济开放、对外交流、政治收敛、政府专权，最后是行不通的。中国常说，要用两条腿走路，政经不能偏废，便正是这个道理。当前中国的走法也是独脚前进，难成大业。中国的政治改革迟迟不能起步，就不能配合、支持和提升中国经济改革的局面和成效。1980年8月31日中央政治局通过了邓小平所提"党和国家领导制度的改革"的意见。邓小平讲话的精义是，过份加强党的一元化领导，就会权力过份集中，就必然百病丛生，官僚主义出现。真可惜！六四枪响，这份政治改革的势头也有疾而终了。

针对中国政治改革和经济改革之间相辅相成的关系和影响，香港大学经济系系主任张五常讲得最多、最透彻。香港中文大学原副校长金耀基也不断著书论说，从文化、社会和历史的角度去探讨中国政治民主化的大问题。澳洲昆士兰大学的邱重亮教授也针对台湾和中国民主建设的问题发表了他的高见。台湾原立法院院长梁肃戎先生四年前在台湾创立了"两岸和平统一促进会"。他的主题说法是"台湾不独立，中国不动武"。今年4月20日该会又发表了具体促进两岸和平统一的基本方案，要建议制定一个"基本法"。前几天，我还从美国和他在台湾通了电话，他一向认为邓小平的"一国两制"之说，是两岸和平统一最可行的起步点。台湾前联合报社长张作锦早就说过，两岸和平统一最大的绊脚石就是两个"独"字。大陆"独"裁不变，台湾对统一望而却步。台湾要宣布"独"立，大陆必然动武，而中华民族遭受浩劫。

总之，海外有许多关心中国和两岸关系的真心人，都有他们真知灼见的发挥。那么，近年来，在大陆上又何曾不是如此呢。中国如今也有不少饱学爱国之士，不断在冒险犯难的处境下提出中国政治改革的主张，其中包括中共中央党校杜正、北大经济系教授高德文、前人民日报社长胡绩伟、副总编辑王若水、名记者刘宾雁、前中国社科院副院长李慎之、前社科院马列研究所所长苏绍智、前毛主席秘书李锐、前赵紫阳秘书鲍彤、中国民间学者曹思源等。他们都从不同的角度提出中国要防左、要行宪、要政改、要法治的各种意见，中心意识是说中国要跟上时代，便要修正一党专政，这样中国共产党本身才能自救，中国的前途才能大放光芒。这些爱国志士的共同点是对中共无所求，他们才能心胸坦荡地讲真话，希望中共革新，从而带动中国全面的进步，和促进中国的和平统一。

就连中国的老朋友、前美国总统卡特，在今年五月初出席史坦福大学亚太研究中心的演讲会，回顾美中建交和美中关系时，都坦率地讲，中美关系是世界上最重要的关系之一，两国应该互相尊重。中国80年代以来已发生了巨大的变化，经济自由带来了空前繁荣，但是中国在政治自由上还有许多路要走。

中国希望获得真正的安定团结和长久进步就得先逐渐放宽学术研究、文化、新闻和言论自由的尺度。十多年前胡绩伟先生说得好，他说："一个国家没有新闻自由，就没有真正的安定。"时至今日，要控制民间信息的流通，尽管采用新闻导向、审读小组、电波干扰和网络监控等手段，想也是防不胜防，得不偿失的。人民要发挥力量，认真报国，必须有正确的信息为引导，才能有效发挥。再有，中国的党禁和报禁迟早也得开放。蒋经国在台湾去世前开放了党禁和报禁，这是他对台湾民主建设最大的贡献。

总之，在中国必须创造一个宽松和谐，自在从容的大环境，好鼓励大家发挥创造性和积极性，服务社会，好让大家可以公开坦率，实际有效地为中国的政治改革、中共的改善进步，和中国的和平统一集思广益，出谋献策，各尽其力，力促其成。毛泽东早年的名言是"党外无党，帝王思想；党内无派，千奇百怪。"他说得很有道理，因为他早年提倡中国必须有民主，而民主的重要基础就是各施所长，公平竞争。要是党外无党，党内无派，这种公平竞争能够出现吗？毛老人家数十年前说了这句真话，到了今天，应该也必须有实现的机会了。

2002年9月29日于北京大学历史系。西华报2005年5月14日至5月20

初做爷爷的感想和期望

我年已七五，长达一个世纪的四分之三，才获得长孙，应该是一桩可喜可贺的事。更何况他于2007年3月下旬出生，是个猪年的好宝贝。且不论他是"金猪"，还是"土猪"，就星象学所言，他这一辈子会是丰衣足食，前途无虑的。但，这份保证并不能靠他出生的年份好，要靠他在良好家庭教育和环境的熏陶下，根深叶茂，健全成长。于此，我身为祖父，便也自然负有一份助他成长的参与机会和影响力。

2006年冬天，就从韩国国都首尔传来了儿媳妇已经身怀六甲的好消息。我的二儿子锡榕（英文名 Steven）在首尔一所颇具规摸和名气的英语教学中心担任教务主任的工作。该中心有数十个分校，他负责教员的任选、培训、考核和督导。工作不少，责任不轻。以往他在沈阳东北大学和首尔拥有了四年的英语教学经验，他也曾在东北大学任教时学习了两年中文，再加上他掌有美国普渡大学企业管理硕士学位，和在美国企业工作数年的实践经验，首尔的教职工作对他讲便是有备而来，便于掌握。

我很高兴，他在东大工作时结识了同班学中文的吴允美小姐。那时她在韩国一所大学毕业后，前往东大就学。两人相识相交，终于是有情人成为眷侣。我和爱妻都非常得意锡榕有这个爱侣，我们有这个儿媳妇。她细心温柔，头脑清楚，有相夫教子的好条件。自去年5月到今年7月，我们已经三次到首尔和他们相聚，便有了这番近身观察和体会的机会和心得。

自从去年冬天得知我们要升级为祖父母的消息，我们便也一并承担了为孙子取名字的一份责任。此一过程是颇费周折，用尽苦心。首先，长孙名字的后一字要用家族排行的"永"字。名字的前一字便是我们要斟酌选取的所在了。我们为长孙取名要注意到三方面。一是中文名两字联在一起意义好、发音顺；二是此二字的中文发音从英文听起来也是顺适合宜，没有欠妥之处；最后，这两字用韩语读起来，也得相应过关，不含贬意。为了要满足这三个条件，我和爱妻是搬动了中文字典，选取了音意并茂的数十个词组，再从英语发音方面核实，最后选了三、四个组合，送给儿媳妇，请她用韩语去念，找到最终入选的名子——"泰永"是也。"泰"是康泰，"永"是永远。两字相加便是"永远康泰"的上佳组合。有人取名子要迷信到数清笔画数，这一考虑对我们不适用。

　　7月1日我和爱妻自北京直飞首尔。看到了即将届满出生一百天的长孙泰永。他是一个身体健康，面容姣好的婴儿。他白天随我们一道旅游绝少哭闹，轻松自如，称得上是"人见人爱"。7月3日那天，我们亲友聚会，在首尔一家餐馆举行了一个"泰永百天"的庆祝派对。我还当众高歌一曲，歌词是："真可爱啊！泰永长孙。小小娇儿，快乐天真。身强力壮爱踢脚，性情随和多笑声。降世百天15磅，父母养育恩爱增，群星捧月不骄纵，天生我才爱孙生。"

　　在聚会里我用英文讲了一段话，由在座的一位嘉宾译为韩文。我说我的一个愿望是，泰永长大后可以口操中英韩三语，英语和他爸爸学，韩文向她母亲学，中文和爷爷及讲标准普通话的嫫姆学。我也最希望泰永长大成人后品学兼优，自立自强，孝敬长辈，报效社会。

　　如今我们的小儿子锡榕和允美是用中文交流，因为他的韩语是三言两语，媳妇的英文不够好，难以使用。我也鼓励媳妇要多学英语，儿子多学韩语。今后的世界是全球化和信息化，交流频繁，竞争激烈。有学识又能操用多种语言的人，便具备发挥个人专长的有利条件。

　　还记得锡榕是一岁左右的时候，晚上睡觉，我往往把他脸朝下，抱在我的身上，等他睡着了，再把他放到婴儿床上。现在他已经"身为人父"，要开始他个人教养子女的新阶段了。我祝福他们夫妇恩爱相处，教子成人，让泰永可以成为以后贡献社食的有用之才。

2007年8月4日至8月10日

记实、回忆和前瞻
——参加中美建交三十周年庆典侧记

1月12日下午5时至7时许我有幸在北京人民大会堂参加了中美建交30周年庆祝酒会，约有中外嘉宾五百人出席，可说是气氛轻松，众人皆喜。会中有美国前总统卡特和中国副主席习近平前后发言，都赢得了满堂喝采。

卡特有言

85高龄的卡特总统头发雪白，发言洪亮。他致词时将中美关系定位是"今日世界里最重要的关系"。他说："历史已经证实。中美关系正常化给许多人带来了更多的安全和繁荣，这惠及中美两国人民和全世界"。展望未来的发展，卡特总统的看法是："我们要想克服21世纪的各种挑战，其中包括气候变化、全球变暖、控制疾病、恐怖主义、核武扩散和全球金融危机等。我们两国要一如既往，彼此尊重，永不削弱我们在30年前就开始建立的理解、耐心和坚持的原则"。他此行也带来了即将上任美国总统职位的奥巴马对中国人民的美好祝福。

60年前的1949年10月1日，正好是卡特总统25岁的生日。他服役的美海军潜艇到达了中国台湾。30年后的1979年他在总统任上完成了美中建交。他认为，中美两国尽管政经制度不同，基于健康的好奇心的牵引，而不是恐惧的驱动，双方应有耐心、有远见地促进了解、增加互动。

讲话时他说了一个有趣的小故事。"邓副总理于1979年2月访美期间，突然向我的一位助理提出问题："中国可以派五千学生到美国进修吗？"我立即的答覆是："可以派十万人来！"。

卡特说，他30年来目睹中国产生了长足的进步。其中包括个人自由、宗教自由和海峡两岸关系的改善等等。他庆幸自己可以在中美两国历史发展的进程里发挥作用，有所贡献。

中方致词

卡特总统发言后，习近平副主席的讲话也充满了深意、友情和温暖。他感谢卡特总统长期促进中美友谊，贡献至伟。认为多年来中美双方的有识之士都在一分耕耘，一分收获地铺架了横跨大洋的宽桥，促进了双方关系的发展和进步，让中美获益，世界得福。习副主席特别提及十多天前胡锦涛主席满怀善意地向台湾当局提出了六点建议。如今中国的走向是和平发展、和平共赢。中美双方是合作伙伴，不是两相对敌。双方要针对战略和全盘的考量，坚定发展设性、合作性的关系，协手应对全球性的挑战，扩大共同利益，对世界和平与发展做出更多贡献。

近身接谈

酒会历时逾两小时，用餐期间有在座宾客走向前排落坐的中美贵宾进行交谈。我也加入了此一行列。参加酒会时我带去了两本我所写的提倡控烟的书,较薄的"戒烟指南"一书中印载了我于1980年应邀前往白宫时与卡特总统夫妇的合影。我送给卡特总统夫人罗莎琳时,她展露笑容地对我说:"想不到30年后我们在北京又见面了"。另一册"无烟是福"一书我当面交给了习副主席。告诉他,我是一直在中国从事控烟活动的老义工。藉此机会,我请坐在首席的习副主席、卡特总统夫妇、基辛格博士、布热津斯博士和美驻华大使雷德,在酒会的请柬上为我签名留念。他们都欣然动笔,一挥而就。席间我也乘机和中国驻美首任大使柴泽民和前任中国外交部部长李肇星打了招呼。总之,我觉得这是一场有意义、有风味的庆典活动。我亲临其盛,是不虚此行了。

30年前中美建交后,邓小平副总理率中国代表团访美一行。我加入了美国国务院礼宾司接待中国代表团的工作。又于1979年2月4日在西雅图组织了华侨20多人拜会了正在西雅图访问参观的邓副总理。这真是"前尘往事俱往矣,记忆如新到如今"。

中美关系

中美建交30年后,中美关系的变化也是与时俱进,日异月新。至今中国已快步走上市场经济之路,在摸索中前进,在体验下改进。如今中国已有"世界工厂"之称。这既是一大变化和成就,这也是一大负担和隐忧。中国在尽量解决就业问题之余,也带来了耕地日减、环境污染、风气败坏和为官不仁的冲击。

与此同时,美国小布什总统主政八年里,世界上恐怖主义和恐怖攻击日益抬头,各地区战火灾难连绵不断。美国攻占伊拉克,陷入了进退维谷的深渊。而此时此刻,中国在世界舞台上经济和政治的影响力已日益增强,中美之间的互动、互赖和实力对比都产生了具体的变化。双方都要用心和更看重对方的利益所在、本质为何,和内在变化。才能适当应对、互补双赢。马英九入主台湾政坛后,中美双方都松了一口气。台湾不大会成为"问题制造者",让中美冲突升级、敌意相向。

中国的经济发展到如今要进入政治体系改革了。中国要注重人权和发扬民主不是要应对美国的叫劲或饶舌,而是要针对中国实质的需要,志在必得。中国不能采用美国的体制,但要注重民主的精神和意愿,让中国"人民当家作主"的目标实际展现,造福全民。在中美互动中吸取美国经验不也是"他山之石可以攻玉"的用意和所求吗?

2009年1月24日至1月30日

祝福台湾和大陆

5月20日是台湾领导人马英九连任4年继续执政的开始日。我要特别祝福台湾前途光明和马团队良政利民，顺利前进。

一贯主张

自2008年国民党在台湾大选里击败民进党，重新执政后，我不断在中国大陆中央电视台英语国际频道的《今日话题》节目和新闻评论里论及两岸关系和台湾情势。我主要的观点是，两岸要和平相处，共存共荣，决不可兵戎相向，两败俱伤。两岸要互通有无，加强交流，决不可相对相峙，增加内耗。两岸要顺应时势，为民造福，让和平统一之日水到渠成，自然到来，绝不可强求硬取，事与愿违。

好的开始

近4年来，两岸之间持续的良性互动已经产生了显著的正面效果。经贸合作、文教交流、旅游互访，广泛接触，都促进了彼此的互信互助和自尊自强。在台湾刚过的2012年领导人大选的结果里，更彰显了国民党认可和支持"九二共识，两岸一家"的立场正确，为民所取，而当然获胜。也突出了民进党推拒"九二共识，两岸一家"的错误走向，为民所弃，而自然挫败。总而言之，在这次台湾领导人大选前大陆、台湾和美国主流思潮和期望都是国民党连选获胜，继续执政，其结果也是众望所归，皆大欢喜。这也奠定了大局，在今后4年里，大陆、台湾和美国之间的互动和关系发展是前程广阔，有后望焉！

乐见其成

对马团队在台湾继续执政我有以下的期许和看法：

一、要集中力量，众志成城，让台湾的政治民主，经济繁荣和社会和谐与时俱进，更上一层楼。其具体成效和实力才是立足台湾，亲合大陆，面向世界的资本和靠山。

二、和大陆的互动要脚踏实地，稳步向前，高瞻远瞩，目光深远。在经贸合作和互信加强的扎实基础上，掌握时机，进入政治和军事协商的深水区，达成协议，造福全民。

三、在国际关系和亚太地区的领域里，要和大陆互补呼应，共享成果。在两岸绝不武斗的认知和基础上逐渐削弱军购，将节省的预算全部用于岛内建设和两岸交流方面，施惠于民，乐得其所。

四、在大陆、台湾和美国的三角架构里要认识到，其中任何两者之间的互动都是合作优先，合作宽广，而又是对抗激烈，势在必行。

有一说是中国和平崛起，两岸和平统一，就会加强美国的敌对力量，对美国极端不利。殊不知，统一的和日益走向民主繁荣之路的中国，为了切身的国家利益，绝不会走上"强权霸主"的歧途。而会坚持立场，国际间要和平相处，彼此关怀。独步世界与美争霸，绝不是幸福中国的出路和选项。

最后，我要再度祝福，台湾前途似锦，马团队快马加鞭，马到功成。两岸和平相处，互利互惠，专心一致，为民造福。

2012年6月2日至6月8日

关注和祝福宝岛

看到台湾民进党三次党主席竞选辩论会的过程和后继，既是感慨万千，又要为民进党的前途担忧起来。会中辩论的主题严重脱离了台湾民众关心的领域：民生，社会和施政走向，而集中在"救扁"和"打苏"两虚假议题上。要知道，陈水扁是特赦不成，苏贞昌是当选在望的。针对台湾局势我近月来曾两度在大陆中央视英语国际台发表评论。我十分关注台湾情况，也祝愿台湾前途似锦。

信良差矣

许信良是前民进党主席，也是这次热烈拥抱上述虚假议题的人士之一。他在辩论会里和后来的表现真是荒腔走板，不堪闻问的。他先前以蔡英文的马前卒自居，要为蔡英文的东山再起，2016年台湾大选呼吁铺路，后来竟实行绝食，要力挺陈水扁特赦出狱。此举意在双面讨好"小英"和"深绿"阵营人士，为自己政治生涯的"第二春"奠定基础。这诚然是求胜心切，在所不计了。以往在绿营头面人物里，许信良是跑动大陆最勤快，和力倡民进党修正"敌中"路线和两岸增加良性互动的"先驱者"。曾几何时，他竟沦落到为达目的（政坛复出）而不择手段（违背良知）的这般下场了。

绿营悲哉

民进党在马英九团队连续执政和登场前的行动表现是令人叹息的。他们全力导演，而缺乏底气的游行和静坐。他们虚晃一招的"逼马下台"的立法提议，和他们无理取闹的"陈冲辞职"的反应意见全都是聊备一格，作秀优先和难登大雅之堂的儿戏之举。

身处在野地位的民进党，不在理所当然的议政和督政的大好领域里一显身手，而要一心"反马打马"，无所不用其极，才会完全不负责任的宣称"油电不能涨价，美牛肉不能进口，和股票收益征税不能上调"等，看似为民把关，而实为脱离现实的风凉话。这种作为和民进党一向标榜的创新、自由、民主、进步岂不是南辕北辙，背道而驰吗？！

蓝营加油

陈冲临危受命，以财经专家背景受任组阁，主持台湾行政工作，受到民进党无理取闹的砰击，其呼声和压力是蛮大的。当然这也是"项庄舞剑，意在打马。"马英九为求在连任起步时目标明确，大步向前，竟在第一任期结束前一股脑推出多项政经重大改革方案，尽管是目标正确，用意良好，却在立案时机，改革分寸，与民沟通和党政一体等施政成功关键要素的掌握上准备不足，仓促上阵，火候不够，运作欠佳，而引起反弹，受到非议，民望下降，跌入谷底。可是，马英九终究是难能可贵，守法不阿，清廉自持和勤政为民的台湾领导者。最近，台湾闻人《远见》杂志创办人高希均提出了持平公允的评论说，马英九执政是"功劳苦劳兼而有之。"此言甚是。

前途展望

公正人士冷眼旁观的结论应该是，马团队大有可为和必需团结一致，共赴时艰，全力以赴，造福全民。他们普遍的气质、境界、条件和成功希望都高出"绿营"人马一筹，是当前台湾执政团队的不二选择。

建设台湾，对内要减少内耗，增强合作，振兴经济，发扬民主。对外要和好大陆，互通有无，屹立亚洲，面向世界。

不少旅台后回返大陆的亲友都面告我，其中包括一位近期归来的院士，他们在台湾感到舒适安全，友好亲切，文明礼貌，自由开放。台湾人民要珍惜和保障他们民主政治的成就，不可掉以轻心，他们更不要让私心政客和贪腐政党钻空子，而导致长城自毁，后悔莫及。

2012年6月2日至6月8日

评议菲台海难事件

自5月9日台湾渔船《广大兴28号》遭受菲律宾公务船乱枪扫射，杀死了65岁的台湾渔民洪石成，并在渔船上留下弹痕累累的众多穿孔，中国方面，已由外交部发言人洪磊和国台办发言人杨毅一再正告菲方要为此负责，并支持台湾对菲律宾提出的要求，督促菲方应立刻行动，平息事端。近日来身为中央电视台英语国际频道时事评论员，我也曾五次谈论此一悲剧的因果关系和事件发展走向。

台湾内部则更是上下一心，同仇敌忾，除了努力和菲方交涉，也设下72小时答覆的最后通牒。5月16日台湾当局在不满菲方答覆的情况下，除实施第一轮制裁，冻结引进菲劳工，召回驻菲代表和遣送菲驻台代表返回之外，又开始实行第二轮8项制裁，这便正是"言出必行，剑及履及"的认真表现，要力迫菲方及早就范，令人刮目相看。

事故真相

此一"人亡船创"悲剧的发生既不是"偶发事件",意外造成,更不是菲方自称的"自卫行动"和"依法行事"。因为近十多年来,菲律宾舰艇扣押和伤害台湾渔船渔民事件已层出不穷,有二、三十起,大多在勒索罚款,如愿以偿后收场,这已是食髓知味,屡见不鲜,方便行事,老贼惯犯。

再有,菲方公务船扬言是"我们受到台湾渔船的冲撞,乃自卫反击";又说,"我们在领海里追捕非法渔捞,可以动武"。而事实却是正如台湾渔船洪船主所言,我们是一艘小船,突遭袭击,逃之夭夭还来不及,岂能迎头去撞菲方的武装大船,自取灭亡。该船受创后拖回小琉球港口,在船身上查验出52个机枪弹孔,其中一弹贯穿船舱,将洪石成置于死地。又发现有不少弹孔是在船身尾部,这便说明,菲船是追踪攻击,不弃不舍,致人以死,志在必得。

更重要的是,事发海域是台湾和菲律宾双方"专属经济区-EEC"的重叠部份。按照国际惯例,在这一海域里,武装的一方绝不能向手无寸铁的另一方开枪扫射,武力攻击。故菲方杀人伤船的所为已是野蛮行径,过激失当,擅自行凶,于法无据。

处理过程

菲律宾从来就不是一个以"行政效率高"和"官员廉正"著称的国家。其总统阿基诺三世是演员出身,以往在公开谈论"悲剧事件"时,也往往是"笑容满面",不知所云。这次菲国处理台湾渔船事件的过程也处处表现了其一贯作风,通讯不畅,行动缓慢,效率低下和扩大事态。

台湾领导人马英九在发出72小时最后通牒时已考虑到菲律宾中期选举的情况,乃将通牒到达时限订为5月15日午夜,这已是菲方选举后一天。这也给了菲方足够的空间和面子,不必在选举期中"表态和定案",以免可能产生不利于执政党的选举结果。可是,菲方的回应是什么呢?菲方在台方通牒到期的前一刻,才送到台湾一个"菲总统代表裴瑞兹",其人专程前来,却没有菲总统的绝对授权,不能和台湾当局畅谈"官方道歉、惩罚凶手,赔偿损失和开展渔议"的四项基本要求,而只在"道歉"方面虚晃一招,其他三个重点都无法确切讨论,以圆满了结此一悬案。

菲方的态度往好了说,是:"笑骂由你,好官我自为之"。说的苛刻一点,那便是"我行我素,死猪不怕烫!"在中央电视台英语国际频道评论此一事件时,我提出两个观点,一是菲方处理此事不能按照他们的老习惯和坏作风,拖延应付,了了之(正如数年前菲方处理台湾另一渔船船长挨枪致命,和香港旅客在马尼拉大巴劫持中伤亡惨重两事件里,都是口头应付,没有下文)。因为台湾不会容忍这一结果,要追根到底。所以我说,菲律宾不要"敬酒不吃,吃罚酒",台湾启动制裁举措,菲方会受到严重的损失，这也不利于亚洲局势的稳定和发展。

我提出的另一观点是，面临台湾和菲律宾的此一冲突，美国不能和不宜置身事外。台菲双方都是美国的盟友，这也直接影响到美国"战略伙伴"中国的利害和尊严。美国在亚洲地区维护其国家利益，要眼光放远，立场放正，能公开出面或私下调停，向菲律宾示意施压，此事应善了，不可升级扩大，损害多方面的利益，也增加美国的头痛和麻烦。美国以"和事佬"身份促成此事的平息，可以维护美国利益，增加美国声望。

如今亚洲地区已存在多种争端，台菲之斗宜化解平息，不宜加码添乱。台湾、菲律宾和中国大陆的交往和互助领域广，前程好，宜珍惜培育，不宜破坏下滑。

双方合作

在处理台菲对抗的此一事件时，台湾当局有民间舆论和行动的大力支持，民进党也表态和执政的国民党立场一致，要向首先发难和行凶杀人的菲方讨回公道。这股力量和气势在对付菲律宾时可以产生众志成城的强大的威慑力。如今已推出十一项具体制裁措施，便也是言出必行，真刀真枪。

中国方面虽然是一再发表声明，支持台湾对菲的要求，但不能只停止在这个阶段。如今菲律宾拒不接受台湾提出的四点合理要求，台湾在推动制裁时，中国又该如何行动呢？我以为可以考虑实施的有：

一、和台湾取得默契和沟通，在联手护渔方面共同行事。都用渔政船和军舰为后盾，定期和长期巡航台湾和大陆理当捕鱼的"专属经济区"海域，让菲方公务船对台湾和中国渔民的打压行为望而止步，不再重犯。

二、为长远解决台湾和中国渔民合法安全捕鱼问题，和菲律宾展开有关谈判，力求达成协议，共同遵守，互益互利，相得益彰。

三、两岸通力，合作融为一体，是共御外辱的最佳出路。大陆和台湾关系的改善和互通的成效已与日俱增。在经贸、投资、文教、旅游等各方面的合作里都已奠定基础，信心大增的情况下，要开始进入"和平协议"和"政治协商"的深水区。台湾有许多优点，正是名至实归展现了"民主政治初级阶段"的特征和成效。所有自大陆前往台湾旅游探亲和业务交流的人，不管是政府、企业还是私人身份，都对台湾的文明礼貌，知情守法，和谐安全和民主开放获得良好深刻的印像。这对大陆而言，是具有提醒和激励的双重作用。

实现理想

台湾民意的依归，不少人认同是台湾人也是中国人，但在政治方面，是大多数要维持现状，那便是"不独、不统、不战"。所以，这还不是"和平统一，前途大好"的光明写照。有两个"独"字是中国和平统一的致命伤，台湾搞"台独"，大陆行"独裁"。两岸的领导人都得高瞻远瞩，天下为公、为民服务、言出必行，好为中华民族的振兴做出贡献，力促其成，大放异彩。

2013年5月25日至5月31日

论时事吐心声

引子

有几个说法其内涵是：阳光普照、予人鼓励、值得听取，令人信服。一是："假如你和答案无关，你就是问题的一部份。"二是："假如你于事不满，你就要有所作为。"三是："假如你不想置身事外，你就该量力而行。"

数十年来面对世事和我身处的环境，我所言所行都尽力奉行以上说法。这便也是问心无愧、乐得其所；我行我素，乐在其中。

献言报国

从1970年代起我就在美国和海外充份使用新闻媒体，这包括中英文报刊杂志、电视、广播、发表我对时事的感想和意见。在中国大陆介入时事评论始于2006年5月31日，那天我应中央电视台国际英语频道《今日话题》节目之邀，谈论了中国控制烟害的情势。其后，便也陆续应邀做时事评论至今。数年前我又开始在中国国际广播电台担任了英语节目的时事评论员。我乐于有此发言平台，一抒己见，就事论事，畅所欲言，唯心是问。

6月25日大陆国台办主任张志军赴台与台湾陆委会主委王郁琦会面，这是两岸主持双方交流事务首席官员第二度见面，也巩固了彼此常态沟通的管道，这也是吾人乐见其成的良好发展。我接到中央电视台国际英语频道的邀请，就张志军访台一事做现场直播评论，但我已返美成行无法应邀了。

两岸局势

首先我要说，两岸关系的发展在冻结了半世纪后才由国民党主席连战2005年访问大陆的《破冰之旅》打开通道。然而台湾民进党陈水扁在台执政八年（2000年到2008年）了无建树不说，还跌入了"台湾之子"沦为"台湾之耻"的低谷。他以"台独"理想为号召，实现了个人"贪腐歛财"的私欲，也让两党轮政，建立民主典型的美好转型蒙羞倒退，十分令人叹息和不齿。

好在国民党东山再起，于2008年在台湾大选中击败民进党后重新执政，现已改变了两岸关系，建立了互通互利机制，造福了两岸同胞，稳定了和平发展局势，这项成就是世人皆知，有目共睹的。

然而俗语说"行百里者半九十"。两岸关系要完成最后"和平统一"的目标，还是困难多变，有待来日的。对民进党而言，要争取再度在台执政，也面临了"走完最后一里路"的重大考验。三月里台湾青年学子发起了抗议和呼唤，表面上看是针对两岸服贸协议的审议过程有意见，有疑虑。而实质的问题则是对未来前途和就业的焦虑和担心，也对两岸互动前景的走向产生疑问。青年学子关心政治和前途是好现象，他们的行动由发自内心的动力驱使，不能以简单的"反中"和"挺独"标签去描述。

发人深省

张志军访台之行可以引人多方思考。

一是，其行说明了大陆方面促进两岸关系继续发展是决心不变，全力以赴。尽管不久前台湾学运产生动荡，服贸协议通过受阻，大陆执政者表现了耐心和理解，并没有"发狠话"和"加压力"的要促进服贸协议通关。而针对服贸课题也引起了台湾内部的反思，官方民间都有建设性和冷静思考的声音出现，认定服贸协议的通过有利于台湾全面开展对外经贸交流。马团队也仔细聆听了民众的要求和顾虑，要在说明"服贸"内涵和完成服贸认可的过程里多下功夫，修正偏失。这也可说是"因祸得福"，正面收获。

二是，所谓："冰冻三尺非一日之寒"。两岸交往不但要解冻，要破冰，更要步步走上"水乳交融"的大好境界，这也是一个漫长，复杂的过程。如今两岸交流有三个渠道，至今是各显其能，各尽其用。那便是"民间对民间"、"政党对政党"、"官方对官方"。张志军访台便正是"官方对官方"交流的兑现。此一沟通可以提高今后处理两岸事务的效率，益加造福两岸同胞。

三是，张志军访台，民进党和台湾民众都可以近身观察，体会表态。民进党要重新执政所面临的困境是如何从"台独"党纲里脱身而出，既可自圆其说，又可争取选民，更要不越逾大陆坚持的《九二共识》底线。同时，美国白宫也在全神贯注查看民进党，会不会步陈水扁的后尘，成了一个影响台湾进步，破坏两岸关系和抵触美国国家利益的"麻烦制造者"。

四是，好自为之。民进党党主席的蔡英文是学者出身，而后弃学从政。她曾在陈水扁当权时主持两岸业务，又有丰富的国际见识和从政经验，应可充份理解台湾与大陆存有互惠、互助、唇亡齿寒的密切关系。两岸间的良性互动不可或缺，两岸间的依赖不可中断。更何况，台湾全民的基本共识是两岸要友好的相处、各取所需，各得其便。保持现状，以观后效。两岸之间不能制造或引发冲突，导致两败俱伤。以蔡文英的背景和阅历，对此明显道理能够是难以体会，无动于衷吗？

蔡英文身处的困境是，要争取重新执政，她必需获取党内"基本教义派"人士的支持，而该派"台独"理念不舍，死结难以打开。再有，台湾中间选民（非深蓝和深绿者）对蔡英文的"大陆政策"不放心，不会在2016年大选里大力支持蔡英文当选，所以蔡英文进退维谷，考验严峻。若不能发挥创见，提出有利全台和说服选民的主张，就无法再登政坛，一施所长。

五是，对台湾早年政局的思考。两蒋（蒋介石和蒋经国）在台主政共三十九年。两人都是强权在握，缺乏民主素养。其中，老蒋的心胸最为狭窄，手段也最为蛮横。50年代末，台湾《自由中国》杂志发行人雷震除明言"反攻无望论"，更要在国民党内分支，另组一党。老蒋乃以"叛国罪"为名，关闭了《自由中国》杂志，并将雷震打入大牢。随后由胡适领衔，在海外发起签名救雷震出狱行动，有近30学者签名加入，这包括台湾东海大学三位教授，先父臧启芳、徐复观和蓝文征。老蒋接获请愿书后，龙颜大怒，撕毁来书，各学者营救雷震的努力也就此告终。

假如当年老蒋有度量、有见识、可以接受，容纳雷震的组党行动，国民党可以一分为二，一者比较保守，另者比较开放，双方都为台湾全民的利益着想、公平竞争，胜选上岗，台湾民主政治的发展便早就蒸蒸日上，成效非凡了。只可惜台湾当时的气氛和环境，在老蒋主政的局限下无法走上"民主政治初级阶段"的坦途大道。

幸好，蒋经国在台主政的末期，于1988年去世前，得以顺应时势，体会民意，开放了党禁和报禁，并许可台湾退伍军人赴大陆探亲访问，这便是台湾走上民主正轨和两岸交流启动的开始。

六是，如今马英九主政台湾，他以清廉和守法著称，但缺乏政治家的魄力和手段。这只能基本维持台湾不走上陈水扁时代的贪腐盛行之路，却难以在困难的处境中带领台湾全民，异军突起，再创辉煌。民进党一意要争取选举胜利，图利当前，便也为达目的不择手段，阻扰立法院议程，逢"中"必反，逢"马"必压，以"台独"为口实，以"族群分裂"为号召，缺乏真正的理想和抱负。除了可以促使国民党不能忽视民意，要不断地努力上进外，并没有对台湾民主建设产生多少正面的推动和影响。吾人寄望民进党可以改弦更张，不再挥舞"台独"大旗，虚幌一招。（我在台湾台中一中的学弟李敖说的好："民进党搞台独是玩假的。"其言甚是！）民进党要面对现实，调整对大陆政策，做一个堂堂正正，在台湾推动民主进程的大党。有一个民主建设成效卓著的台湾，才是台湾之福，大陆之光。

七是，对中国大陆的期望。令人感到惋惜和难过的是，二十五年前大陆学生和民众在北京发动的和平请愿，以"反官倒"、"反腐败"为主题，竟落得个"血洗北京"的不幸收场。这和早年老蒋在台湾擒拿雷震，封闭"自由中国"杂志一样，是痛失良机，犯下错误。六四镇压的不良后果是，民心丧失、军民失和，贪腐上升。如今大陆面临多方面的问题，对内是，官员横行，贪腐成性；国企没落，效率低下；环境污染，后果堪忧；贫富悬殊，怨声载道；人权不彰，动乱多起……。对外的问题是，环境紧张，面临挑战，但由于自身的侷限，不能真正挺身而出，尽扫敌对，长治久安，便形成一个无奈拖延，前途难卜的局面。

中国执政者必需要彻底检讨，放开眼界，高瞻远瞩，为全民着想，去一党之私，换"维稳"为"维权"，改善人权措施，放宽言论自由，减少荷枪实弹，宣布六四平反……以民主政治的实质进步为号召，从基本上解决一切问题。以造福全民，吸引台湾，争取两岸和平统一早日到来。

2014年7月12日至7月18日

试论香港学运和中国前途

香港学生运动和中国前途发展是息息相关的。这也是一个重要复杂的课题，有待认真和坦诚地加以讨论。

从9月下旬开始，香港学生为争取2017年特首选举改革走上街头，展开了《占领中环—简称为占中》行动，现已进入第四周。令人感到欣慰的是，香港街头静坐和设障行动已在收场，没有流血事故发生。如今香港的商业活动、复工、上班和就学等都大体恢复常态，香港政府和学生代表的会谈也将开始。但显然，这一事件尚未全盘结束，今后的走向和结果仍是未定之天和令人瞩目的。

众说纷纭

数周来，香港学运事件已成为海内外关注的新闻大事，而参与者和旁观者都各自定位，所见不同，反应不一。

中国大陆的主要观点和反应是：学生占中行动是违法的、是不得民心的、是扰乱香港经济发展的，香港人民已享有比以往英治时代更多的自由和权利但仍不知足、基本法不容动摇、全国人大常委会针对2017年香港普选特首的规定不能回收、香港学运背后有推手用心不良的阴谋难逞、要加强舆论监控不让"反中"信息扩散、香港学运是以小犯大不自量力，长此以往自食恶果。人民日报10月4日刊登的评论说，抗议行动"可能导致人员死伤和其他严重后果。"

香港学生另有一说：抗议行动起步是获得香港政府批准的合法之举、大多数香港居民是同情和支持学运的、学生进行"非暴力"静坐方式抗议既守法又克制、《占中》

产生香港经济负面影响是情不得已、学生表示歉意、2017年香港特首选举的规定不能充分体现民主选举的真意应加以探讨和改进。学生爱港心切、关心前途、自动自发采取行动。

香港政府的立场和措施是：理解学生的心态和诉求，愿进行沟通对话。《占中》有违法行为产生，港警要介入处理，处理方式以关怀、缓和及合法为准，以免引发更大伤害。运动的发展不得影响香港的繁荣和安定、遵守《基本法》势在必行。

国际舆论

香港学运也引起了海外和国际社会的关注，许多国际机构和国家都发表了意见。

· 欧盟发言人于10月2日发表声明说"我们非常关心香港事件，正密切注意其发展。针对正进行的示威行动，我们乐见双方面展示了克制，并力促继续克制。"

· 联合国秘书长的发言人说：潘基文秘书长"理解这是一个内部问题，但要力促各有关方面运用和平方式化解分歧，并保障民主原则。"

· 美国白宫发言人说："美国支持香港遵照基本法进行全民普选，我们也支持香港人民的意愿。我们相信开放社会拥有高度自治和遵守基本法，香港才能获得安定和繁荣。"美总统奥巴马于10月1日在白宫接见中国外长王毅时表示，美国正密切关注香港抗议情况并力促事件获得和平解决。

· 英国首相卡梅伦说："我们和中国达成协议，让香港人民在《一国两制》的架构下获得民主的未来。我十分关心当前的发展，并希望此一事件化险为夷。"

· 意大利外交部发表声明："我们密切注意香港情势的发展，并希望香港和中国当局面对香港许多年轻人和市民提出和平诉求时，要展现智慧和用心倾听。"

· 日本首相安倍晋三对记者说："存在一个自由、繁荣和稳定的香港，对亚太地区包括日本在内是至关重要的，我们希望香港能在《一国两制》的原则下保持其自由开放的体制。"

总体看来，国际社会都希望香港学运进行时各方面要克制，要和平解决，要遵守基本法和一国两制原则，也要保持香港的自由、繁荣和稳定。世界的主流舆论是关怀期盼，此一事件可以妥善化解圆满收场。

见仁见智

9月6日版英文《经济学人》周刊发表一篇文章，大标题是《香港的奋斗》，小标题是《民主在中国》。文内说及、一旦香港和平请愿败坏收场"香港和中国都是良机顿失。那便是错过了地区性民主实践成功和造福全中国的良好机会。"再有，"中国大陆和香港居民的不满情绪正在增长，他们对身边环境和前途发展都拥有失落和失望之感,所以中国政府一定要寻找出路满足他们自主自控的愿望,从香港着手就是最佳起点。"以上论点是金玉良言不是危言耸听。

与我有数十年深交的一位长住香港的著名学者强调说,香港学运绝不可步台湾学运的后尘霸占政府机构、破坏民主和法治的重要基础。北京方面也要理解和体贴香港学生的诉求,不可粗心处理和全盘忽视。

另一位非常熟悉中国国情和爱民心切的长者告诉我说,学生运动之目的已达到,适可而止,何妨!和平解决纷争已实现。不错!伟大目标不能一蹶而就,如今暂息保持元气,准备明天不要放弃。我认为这是一番十分中肯和充满智慧的看法。

三点意见

一、珍惜香港回归的成就——清朝与英国于19世纪中叶兵戎相见,展开鸦片战争。清庭以战败收场,于1854年签署了丧权辱国的《南京条约》将香港割让英国。二次世界大战于1945年结束后,全球殖民地都摆脱了西方强国殖民统治而纷纷独立,却唯有香港回归祖国要再拖延半世纪,直到1997年才实现,其突破还靠了《一国两制》的安排。此一拖延的原因是,二战后中国展开内战自顾不暇,结果是国府于1949年败走,台湾孤岛自理,以两岸分裂局面收场。新中国成立后又展开了运动频繁,东征南讨的动荡局面,香港也一度成为大陆人民投奔求生的去处,直到毛泽东去世,邓小平执政,开放改革面目一新,中国才充分具备了条件和底气向英国讨回香港。

因而香港享有较为繁荣的经济,安定的社会和民主的机制是得之不易弃之不得的。所以香港学生一方面要保持理想和锐气,视关心社会改革选举民主进步为己任,为争取目标,一方面也要适得其当适得其时的运转,要争取大陆的理解和认可,以确保香港优良地位于不坠。

二、理解民主构建的艰辛——论及民主,执教于美国耶鲁大学八旬开外的卡甘教授说到:"民主是人类经验丛林里最稀有、娇贵和脆弱的花朵,要靠自由、自治和自强的公民,加上卓越的领导去滋养和培育。"而教育普及、经济发展、司法公正、行政透明等必要条件存在,才能出现有维权意识的强大中产阶段,成为推动民主政治的主力军。

这便是说,认识民生争取民主和实现民主,都是一个循序渐进的过程,没有速成和捷径之道。

中国现行《一国两制》就更增加了全国民主政治兑现的复杂性和多变性,针对香港学运的处理,北京方面主要的考虑是不要失控产生动乱,也不希望大陆上产生"见猎心喜,争先效尤"的念头而影响全局的操控,这份担心是必然的但也是过虑了。

在中国大陆推行民主制度是有待来日，但在香港推动民主则是条件初备。而唯其如此香港的学运才能发生，并在各方面克制守法的框架下，没有产生街头流血的悲剧。如今学生的诉求公开表达了，广大市民的关怀和支持展现了，港府在维权和维稳两方面也掌握了分寸应付得当。希望下一步香港官方和学生代表的会谈可以获得正面的效果。

三、着眼中国发展的远景——全世界不可能有《一国两制》持续永久的情况发生。任何国家最终必然走上择优而取单一制度的结果。所以在香港现有的民主政治的运作，不论是全港普选还是言论、结社、示威自由，都仍是一个学习和成长的过程，这要听其自然水到渠成。

我们也可以参照台湾民主政治成长的经验。国民政府于1949年迁往台湾，蒋中正和蒋经国父子两代治理台湾近40年，其基本模式是一党专政和强人统治。蒋经国直到1987年去世前一年，才顺从民意开放了台湾的党禁和报禁，并许可台湾老兵返回大陆探亲访友，从此开展了台湾民主建设的新历程，并为两岸和解及互惠交流打开了大门铺建了通道。

如今台湾国民党面临今年11月下旬的《九合一》选举，2016年又要接受台湾领导人普选的考验。国民党要在选举中获得胜利就得兢兢业业，改善施政争取民心和民进党一争长短。以往两蒋执政台湾时就谈不上真正的民选，更不会面临"在野党"的挑战。可是今日的台湾已情势大变，竞选执政者要以民心和民意是问。这当然是一大进步，台湾已当之无愧的跨进了"民主政治初级阶段"的门坎。2000年和2008年两次执政党易手都是和平交权顺利成功。因而结论便是，台湾和香港民主进步都是大势所趋，造福全民的正确走向与发展结果。参照和体会这些经验，可以降低大陆体制改革误入歧途的风险，也可以提升大陆民主建设的进度。

结尾一言

香港学运事件的发生不属意外，其处理过程也大致圆满，但这只是一个开始不是结尾。促进香港进步和改善大陆建设都是兹事体大来日方长。我们要珍惜香港回归之不易，理解民主建设的艰难并放开眼界，展望未来努力促进香港的繁荣、安定和民主，并同心协力众志成城，争取中国和平统一和中华民族振兴的早日到来。

2014年10月25日至10月31日

追求幸福自我驱动

2012年6月18日那天联合国将3月20日订为《国际幸福日》。今年3月20日我应邀参加了中国国际广播电台英语节目一小时的现场采访，谈论的题目正是，"幸福"一词。另有美国纽约市立大学哲学系教授兼系主任马克·怀特（Mark D. White）和澳洲《国家发展指数组织》主席迈克·赛瓦瑞斯（Mike Salwaris）同时接受越洋电话联线采访。

众说纷纭

节目主持人分别向我们提出的第一问是，"你认为幸福是什么？"

显然，不同背景和不同身份的人，针对此一问题会提出不同的答案。但这都是切身体会，自成其说。彼此间无分好坏，没有对错。

我对"幸福"所下的通俗定义是，"这是一种自我满足的心态、体验、处境和展望，感到幸福的人认为当前过的很好，未来也会不错。"我认为幸福程度具有客观尺度的衡量，但含有浓厚的主观成分，由当事人自己认定。例如，市井小民有10万元储蓄在银行，就可能感到是上天保佑，十分幸福了。而一些百万富翁都感到幸福不足，因为他和"亿万富豪"的距离还很遥远。

知名心理学家马斯洛（Maslow）将人生需要的最底层列为"生理需要"，满足了这个条件才能上升到"安全、社交、尊重"，而最高层次是"自我实现"，充分完成自己的梦想和愿望。

对"幸福"加以分析和说明的大有人在，心理学家马丁·赛格里曼（Martin Seligman）认为幸福的组成因素是：

1. 快乐——这包括生活方面的各种享受和良好条件。
2. 参与——深入参加各种引人愉快和刺激性的活动。
3. 关系——有良好的人缘和社会联系。
4. 意义——追求和完成大我目标。
5. 成就——有具体心满意足的成就。

这一说法和马斯洛的"人生需要层次"是呼应的。从生存需要到生活满足，到人生意义。

财富健康

就财富去推断幸福与否，又有各种说法，一是"有钱能使鬼推磨"，这是指钱是万能的。而有钱人却不一定是幸福者。二是"一分钱难倒英雄汉"之说是阐明了，在紧要关头没钱是不行的。三是"经济自由和幸福程度是正面相关的。"有了经济力量和条件就大大拓宽了个人选择的可能和方向，其中自然包括了让其人从事感到快乐和满足的活动。我的学弟和老友，在台湾的怪人物李敖，就曾当面对我说，他自己理财有道，经济充裕，才能腰板硬，后劲足，不卖账、不求人。显然，生存在线挣扎的人是缺乏自尊，难以幸福的。

再有，健康和幸福也是挂勾的。年轻人和壮年人身心健康。就自然具备良好的条件去开拓事业，追求幸福。老年人最重视的也是健康，到了退休阶段，求名求利都是过眼云烟，不再要求。能保有行动自如，头脑清醒的条件，就是谢天谢地，心满意足了。我有一位老同学，退休后长住加拿大，在他重病缠身行将去世前，他对家人提出的最后一愿是："推我到窗前去，我要最后一次看到旭日东升。"

2014年12月上旬我前往台湾一行，正赶上母校（台湾海军机械学校）同班同学毕业60周年纪念日，在台北能够出来参加聚会的老同学夫妇也只有10多人，同学们都是八旬开外，垂垂老矣，大家见面必然的话题是"我和老伴的身体如何如何……"。显然，健康要和长寿结伴而行，才有幸福可言。

因何求之

访谈中的第二提问是"人类为什么要追求幸福？"

约2500年前西方哲人阿里斯多德就写下："人类唯一为己所求的就是幸福。"他又说"幸福的生活是充满了优越理性的活动。"那便是说，幸福不是从天而降，而是透过了适当的生活方式去获得的。美国立国文献的说法是："人人有追求幸福的权利。"那也是说，幸福要付出努力，加以追求，而不是天赐良缘，不劳而获。

近数千年人类集体生活进化的过程是神权、君权而人权。于是，在尊重和推动人权的现代社会里，人人生而平等，追求幸福是人人享有的权利，而付出适当的努力才能获得幸福。正好像宪法赋予了人民"民主自由"的权利，而此一权利并非明君圣主所赐，而是要靠人民努力争取和力加维护的。

为何设立

访谈节目中的第三问是"联合国为什么要设立这一国际幸福日呢?"

当然，设立任何节日都有两个基本目的，这不论是教师节、儿童节、劳动节还是军人节等。其一是提醒大家，这一节日的设立是必要的，是要重视教师、儿童、劳动者和军人。其二是，当前的重视不够，要不断努力，采取行动让他们感到更加满意和幸福。

针对世人而言，世界的现况和"繁荣、幸福、安定、和平"的良好目标是相去甚远。世界大大需要环境保护，人权伸张，减少贫穷，改善教育，消灭战乱，和维持经济可持续发展等等。那便是说，世界幸福是重要的，而世界幸福的实现还要全力以赴，力促其成。

为促进世界幸福，我们就要从基础开始，循序渐进。那是个人幸福，家庭幸福，社会幸福，世界幸福，一个幸福的社会便也是一个和谐，平安和富足的社会。一位学者对"和谐社会"提出一个简明的说法："在任何社会里若是对素不相认者加以关心和协助的人愈多，这个社会就愈是和谐。换言之，任何社会里守法重纪、道德高尚、公益心强、付诸行动，助人为乐者愈多，此一社会就愈加和谐。"

国际标准

联合国于2013年发表了第二届"世界幸福报告"。为156个国家加以评分，使用了6个指标。国民平均个人所得，人均寿命、社会保障、贪腐程度、公益支持和选择范围。幸福评分最高5国排名是丹麦、挪威、瑞士、荷兰和瑞典。最低5国是乌干达、布隆迪、中非共和国、贝宁和多哥。以上最幸福国家集中在西北欧，最差国出现在非洲。这也分别由最进步和最落后国家组成之。

中国是全球第二经济体，幸福指标排名列93位，是中下水平。

北大一位教授认为这一排名并不意外，因为在贫富悬殊下最低层人民情绪不满，而在中产阶级里，现实与理想的差距也让他们认为幸福感不足。在国内新闻报道里也列举了食品安全、社会动荡、环境污染、健康状况不良、工作负担很大和心理压力沉重等因素是国民幸福状况不足的促成因素。

习近平主席不久前提出《四个全面》的政治主张和努力目标，其中之一是"建立小康社会"。在今年三月召开的人大、政协两会里也针对这一目标出谋献策，制定方针，若能落实这些计划，中国人民的处境得以改善，他们便会感到更加幸福。

切身体验

我认为追求幸福是人人掌其权，人人负其责。在进行时要多重质，少重量以提高层次；多内寻，少外求以增加自控；多仁爱，少自私以拓宽境界；多满足，少苛求以获得宽松。

在访谈中我英译读出了数年前所作，用以自勉、自奉、自娱的一首《幸福泉源歌》，这也说明追求幸福重在实践。其为：

> 博览群书，求知若渴。远游四方，见广识多。
> 发挥潜力，尽其在我。深得其乐，乐得其所。
> 言行如一，心安理得。睡香梦稳，助人为乐。
> 身心健康，两面收获。手脑并用，慎思勤做。
> 夫妻恩爱，手足亲和。相敬相爱，安详和乐。
> 乐天知命，心胸宽阔。随遇而安，潇洒利落。

正所谓："幸福快乐常追求，天性使然难罢休。好高骛远非良策，知足常乐减忧愁。"访谈节目结束前，三位受访者各说一句话作为总结，我说的是："幸福并非天赐，要自我界定，自我追求。"

2015年5月30日至6月5日

身心健康 重在自取

前言

健康长寿是人人梦寐以求的好事。如何才能求得健康长寿则有许多理论和说法。遗传学、医学、心理学和社会学等都会从不同的专业立场和出发点去描述推论，指出长寿的因果关系和健康之道。也有研究者专程采访中国、日本和欧洲的知名长寿之乡，调查了解长寿者的生活方式和处世之道，加以归纳和分析，获得推论。有三个重要的因素是在各种长寿理论和调研中经常出现的。那便是，先天遗传、后天环境及个人的自处之道。其中，遗传难以改变，环境可能取舍，唯有自遣之道是个人可以掌握的一方面，对本人身心健康的走向产生最重要的影响。这包括个人的生活习惯、衣食住行、自我心态。人生哲学和处世之道等等。

寿星群像

我很幸运，以往曾经接触和认识到一些长寿名人，其中有陈立夫、何应钦、顾毓琇和程思远等。1993年在我阔别台湾宝岛26年之后得以重返。其后曾多次拜望陈立夫老先生，他享年过百，是人瑞之最。1962年到63年我在台湾海军服役时，曾担任何应钦将军的侍从官和译员。随他出访美国和欧洲，近在咫尺，朝夕相处，对他的观察和理解自有一番"近水楼台先得月"的便利处。

顾毓琇寿近百岁，是我的父执辈，曾是江泽民就读上海交通大学时的业师，我曾和他老书信往还，并获得他的题词，支持我的控烟义工。程思远先生则是我先父的朋友，我1978年10月第一次自美国率友好访问团抵华时专门安排了行程看望了程老先生。后来一直保持联系，曾多次去北京他的寓所拜望，最后他养病在北京医院时我也去探视了他，他还在新出的个人画册上签字送我留念。

以上多位长者的长寿健康准则是，生活规律、衣食简朴；手脑并用、养身在动；心胸开阔、平安是福；不计名利、往事如烟。以上的原则也适用于东北少帅张学良，2001年他以世纪老人身份在夏威夷去世。我在香港《明报月刊》2003年12月的特刊里写了一篇文章，"爱国宏愿仍待实现——有感于张学良和宋美龄的先后去世"，对他加以追念。

各成其说

早于1947年我进入天津南开中学高中部就读，日前和以往在天津南开同班的一位老同学通话，他告诉我，他的人生哲学和自处之道是"三不两无"。三不"是不抽烟、不喝酒、不吃零食。"两无"是无心无肺，这是表明心地平和、无气无怨。此君的做法是符合长寿要求的。

"三不"是生活习惯好，不糟蹋身体、自得其利。"两无"是心理状况、放松自如、心地平和、往事已矣、既往不咎。他于1960年在国内一所名校执教时赶上运动高潮，以"右倾反党"罪名受罚受制20年，直到1979年才获得平反，而后不懈努力，恢复在大专院校执教，至今还保持部分时间的教学工作。

2000年8月10日我去美国芝加哥参加第十一届世界烟草或健康大会时见到美国卫生署署长塞奇医生，他送了我一张别出心裁的处方名片，印有四点健康要诀，其为：

一、适度的体能活动，每周至少5天，每天至少30分钟。

二、每天至少吃5份水果和蔬菜。

三、远离毒品，其中包括烟草，非法药品和酒精。

四、负责的性行为，适当的禁欲。

世界卫生组织提倡的健康要点是：注意饮食摄入、不要暴饮暴食、维持健身活动、不要偷懒多坐、保持坦然心态、不要紧张自缚。

自我心得

如今我虚岁84，已过了"73、84"的两道坎。1949年离开大陆，先赴台，再留美。平常生活习惯良好，自食其力，学有专长，没有遭受不良环境的压力和折磨，也享有家庭和乐的幸福。1970年起在美国大专院校任教后就不断从事社会公益活动，乐得其所，乐在其中。现在我头脑清醒，行动自如，没有任何困扰老年人的常见病缠身作祟，也一直保持了手脑并用，无一偏废的作法。在国内外新闻媒体做节目，写文章也坚持了半个世纪。我深信、实践和受益的健身之道是："管住我的嘴，迈开我的腿，敞开我的心，拥抱真善美。"以上之说的前两句取自世卫组织的倡议。现个别申述一下：

管住我的嘴——不吃动物内脏，少吃猪牛羊肉和咸甜食品。多吃水果蔬菜。在出席社交宴会时也有自制，不会失控。我十分庆幸有一位贤内助，她对我亲切照料，无微不至、观察入微、一目了然，我想违反原则，放纵暴食也不行。当然，我也是一辈子烟酒不动的。

迈开我的腿——我在中央电视台国际英语频道和中国国际广播电台做节目接受访谈已10年，每次应邀前往一定坐地铁，才可以准时到达。这要路经东直门或西直门站，换乘两次，走上走下，便也是健身运动的一部份了。住在没有电梯的六层楼顶，每天上下楼梯5、6趟，便也是1,000台阶的自然运动。每次回美国休假，就可以去《男青年会健身房》，每天做一小时左右的活动，不多不少，恰得其当。

敞开我的心——我是一个十分放心，不加计较的人。又兴趣广泛，可以处处参与，时时享受。也一直保有好奇心，愿意对自己关注的事物进行探讨。我以平和态度与人相处，并和亲友保持友情和联系。至今我和以往小学、中学、大学和研究所的一些同学仍然是交往不断，互通信息。

拥抱真善美——人人都有衣食住行的需要和吃喝玩乐的欲望。但是在个人生活、工作和社交的环境是一定要自律自强，调高层次，向往真善美的境界。这是为人处世最重要和最理想的追求。真，不虚假，要诚信；善，不作恶，要正直；美，不低俗，要高雅。

多年来我在台湾、美国和大陆的环境里求学、就业和参加社会活动，都可以朝上述的目标前进。这便也是"有所为，有所不为"，为自己界定运作的方向与内涵。在中国大陆我以国外退休之身从事社会公益活动，和借重新闻媒体发声，因不受"名利之求"的约束。又有"爱国侨领"的背景，运作的尺度是比较宽阔的。这样我也可以本着良心办事和发言，睡香梦稳，身心健康，十分幸运。

后语

总之，要增进个人的身心健康，一定要参照良好的既定原则，自行努力，自求多福。在逆境中奋斗，脱困而出。在顺境里前进，更上层楼。人人要尽力创造和主宰自己的前途和发展。正所谓："身心健康求诸己，择食劳动要卖力。心胸开阔天地宽，人格高尚显灵气。"

2015年8月1日至8月7日

率真幽默 优化人生

唐僧西天取经和孙悟空大闹天宫的故事流传已久，尽人皆知。可是我却不知道还有孙悟空在辅助唐僧战胜群魔，取经成功，功德圆满后，被封为"南无斗战圣佛"一说。

李敖启头

要感谢李敖多年前在凤凰电视台《李敖有话说》节目的播出，他谈到人生的过程是免不了要花不少时间去清除和打发绊脚石、过街鼠和拦山虎。他更指出一本列举各种"南无佛"的书籍来。其中他最赏识的就是"南无斗战圣佛"，而认为自己的人生经历和成就便正是此一佛的写照。他说孙悟空是一个力战群魔，战无不胜；四面为敌，八方出击；快乐幽默，喜怒难测；坚持原则，终抵于成的斗士，而以"战胜"成其正果。因而他也是名至实归的"南无斗战圣佛"。我很同意李敖自我贴金的这番解说，谁叫我正好是1932年猴年出生的一员呢！

李敖小我3岁，他以猴自谕，并不属猴。他是我1949年就读台湾台中省立一中时的学弟。多年来我们在台湾和大陆数次见面，而通话频频，持续至今。在跨过台湾海峡的电话交谈里我们天南地北无所不说，乐在其中矣！李敖素有"硬汉"之誉，一般说来，大家都对他敬而远之，以免自找麻烦。我则可以对他笑骂批评，随心所欲。他有《哈啰李敖》一微博，每日登录近百字，文思犀利，粉丝甚多。

于此，我要引申两点孙悟空的特征，一是童心未泯，二是幽默横生。

好奇丰收

童心未泯是说，一个人不论年纪多大，要保持童心，既心存好奇，又勇于探索。这对年幼稚童而言，是天性使然，是顺理成章。因为初入人世，涉猎很浅的儿童，具有见怪就怪，摸索学习的本性。他不能闭关自守，他要开放探索，不断去观摩，了解和融入他周围的环境。此一过程也被称为是"社会化"。可是，人到成年，这股冲劲和学习热就往往减退下来。见怪不怪，适可而止，神怪不惹，闲事免沾，这都自然成为本身处世为人的基本准则了。然而，落入这个常套，明哲保身便也失去了"活到老，学到老"的兴趣，和减少了反馈社会的行动。

如今我的做法是，一直对身边和环境里发生的事务保持兴趣，每天要看书报，收视评论性和趣味性的电视节目，和接近的人谈问题，随手写下自己的观察和感触，随时随地助人戒烟……因而，我每天都过得很快乐，很自在，从心所欲，乐在其中，说为我是个快乐活泼的老猴，也不为过。

幽默交流

幽默横生是游戏人间孙大圣的又一特征。我十分欣赏，又身体力行。一个幽默的人便也是一个风趣的人，可以平添欢笑，化解窘境，心平气和，延年益寿，悠悠自得，享受人生。其乐趣和好处真是四处涌现。一般说来，在西方社会里可以经常见到幽默的言谈和镜头，达官贵人也不时出言诙谐，引人一笑。美国的电视节目里最受观众欣赏的有许多是喜剧情景，收视率高，老少皆宜，说唱逗笑，皆大欢喜。在东方传统社会里就缺乏幽默风趣的大人先生。道貌岸然，不苟言笑，是他们的常态。做父亲的，有做父亲的尊严；当官的，有官司的架式……只可惜这一来便也是严肃过之，欢乐不足了。

在苦难当头，身不由己的环境和岁月里，首当其冲的人要度过难关，全身而退，必需要掌握苦中取乐，淡化苦难的本领，具幽默感，可以自我解嘲，就可以壮大他的生命力，和增加他避难消灾的胜算。中国文革期间，不少善人名士被逼上"畏罪自杀"的末路，他们便可能是缺乏"幽默人生"的一道防身术呢！

在家庭生活里，幽默感更是重要。这时夫妻双方要彼此幽默和相互呼应。你"幽"过来，我咯咯一笑；我"默"过去，你乐见其成。彼此是一拍即合，一呼百应。有了这个互动，就可以在面临争议和冲突时，大事化小，小事化无。反之，双方都是硬梆梆，扑克脸，结果便会冲突升级，每况愈烈，最后甚而是大打出手，两败俱伤，终局是关系破裂，劳燕分飞了。

幸福老猴

我十分幸运，身旁有位爱心充沛、乐观进取、细心温柔、和平处世的好妻子。她和我之间有一种不言而谕的心灵呼应，我们在交谈和相处时可以随时爆发出阵阵笑声，我也知道如何可以向她逗笑，让她情不自禁地展开笑颜。我也特别喜欢听到她观赏电视节目时看到幽默和风趣情景时会心的笑声，她先笑，我也笑。夫妻相处，就事论事，会有不同的看法和感想，这时双方要平和通话，坦率交流，不要沦为人身攻击，这也是夫妻恩爱和促进情感要掌握的关键之一。双方都有幽默感就又增加了彼此恩爱的润滑剂和定心丸。

不论怎么说，我都是一个心满意足贤妻爱，发挥余热乐趣多的老猴子。现戏做《猴歌》两首结束全文。正所谓："率真幽默乃是猴，童心未泯常出头。轻松自在多欢笑，快乐幸福少忧愁。"、"率真幽默乃是猴，浑身是胆闯九洲。除邪扶正秉性在，乐天爱人不犯愁。"

2015年11月21日至11月27日

珍惜爱情 加深培养

中国有句成语："人在福中不知福。"我自问不是一个不知福的人。相反的，在婚姻生活里我深深知道自己是一个幸福当头的天之骄子。而且我相信自己还要不断努力、珍惜爱情、加深培养，方不辜负福从天降的一番好运。

夫妻爱情

一位意大利文豪说过："真正的爱情能够鼓舞人，唤醒他内心沉睡的力量和隐藏的才能。"我同意这个说法。另一位大文豪说："爱情不只是一种感情，它同样是一种艺术。"我要根据个人的实践，补充他的说法。我认为爱情是感情加艺术加方法。三者相互配合，缺一不可。因为一个美满的婚姻是牢靠的、高尚的和面对现实的。没感情的婚姻是站不住脚的；没有艺术的婚姻是粗俗的；没有方法的婚姻是多苦多难的。

人非十全十美。许多未婚男女在谈情说爱期间保证是全力以赴、充分表现，对情人摆出一副"言出计从"和"非我莫属"的高姿态。一旦大事敲定，新人入房，便很快原形毕露起来。不抽烟的立即成了烟鬼，不沾酒的转眼变为酒囊。以往是大手大脚的花，现在是小心小眼的算。面临这个局面该怎么办呢？

当然，假如夫妻的结合不是以真正的感情作基础。双方面是各怀鬼胎，一方面是骗，一方面是贪，这个婚姻是注定要失败的。但是既便是有感情基础的婚姻，那份感情也需要不断的栽培和不断的增长。正好像一束天然生长的美丽花朵，要不断有阳光、水分、土壤和养分的支持与配合，才能滋长怒放美艳夺人。

相处有道

培养夫妻感情必需要有理念、艺术和方法，才能持之以久，才能趋于上乘。且听我从实道来。

第一、促进沟通：夫妻间要维持和加深感情，双方必需要有观念和感情双方面彼此充分沟通的能力和实质表现。两个人尽管看法有出入，感受也不同，但是可以深入的和心平气和的进行讨论。就事论事，不误入歧途，不作人身攻击。说话是要讲求技巧和艺术。要用心去听对方字里行间的深意，要核实对方说话的要点，要设身处地为对方着想。要选择自己讲话的字眼、方式、地点和时间，掌握对方的心情、好恶和倾向。使对方说话的主要内容可以充分表达出来及受到充分的理解。

要作到以上的要求是很不容易的。夫妻双方都要有耐心、细心和恒心，并以爱心做后盾，彼此协助、彼此学习，才能蒸蒸日上，渐入佳境。夫妻对话最忌一方面盛气凌人，或是乘胜追杀，得理不让人。逞一时之快，得一时之利，而使配偶大大伤心和大伤感情的人是最不聪明和最为短见的。再有，绝不能自以为是，坚持己见不说，还想要彻底修正对方的"缺点"，深爱对方，就要主动修正本身的缺点。

第二、相互尊重：夫妻相处要相互尊重，要讲究礼貌。不要认为结完婚就完了事，再谈客气、礼貌和尊重就是多余的了。我们夫妻相处，一直强调以礼相待的重要性。彼此说话的口气、接触的方式都是温柔的、细微的和为对方考虑的。持之以恒，这种做法也就出乎自然，毫无牵强。彼此的爱也就在这个日常生活的细节里体现出来，并获得持续的和更进一步的加强。

往往有人认为夫妻间讲礼貌是虚假是失策或是见外。这个想法是错误的，是促进夫妻感情的基本大敌。有一次一个朋友在饭桌上当着他妻子的面大声告诉我："对太太过分客气和礼貌是不行的，既宠坏了她，也失去自己的威风。……"我看到听见此话的那位太太的表情，知道持此说法的先生既没有让他太太高兴，也没有建立起什么威风。真希望持"大男人主义"的君子们，及早迷途知返，回头是岸，要知道太太们"投桃报李"的趋势是很强的，丈夫们对太太们礼貌客气，太太们能不对丈夫们温柔体贴吗？天下平时不善待太太的一些"大丈夫"，到了冷不防或关键时刻，吃暗亏和吃大亏的例子还少见吗？许多中国倒台的贪官污吏就是身临其境付出代价。

第三、整洁健身：夫妻生活要一贯讲求室内整齐和个人清洁健康。不要把家里的布置和个人的服饰、身体弄得一片脏、一团糟。这样作不是为了要给别人看，是为了自己随时随地感到舒适、安慰和自重。在一个清洁简朴的环境里，我们便有更舒畅的心情去享受生活和从事工作。再有，要彼此鼓励，保持良好的生活习惯，远离烟酒，劳逸结合。

不久前我没有预先通知便随了一位朋友到了他新婚的住所，新娘子见到我进了门，便含有歉意地说："不知道你要来，屋子都没有收拾……。"我就开玩笑的说："好！有客人来，才收拾屋子呀……。其实，就新婚夫妻来说，他们的屋子乱一点，可以想象并是情有可原的。但怕就怕在以后一直乱下去！

第四、幽默轻松：夫妻生活要注重并制作轻松幽默的气氛。有人认为，老夫老妻一把年纪，还那么逗笑取乐，真是成何体统！我奉劝各位千万别上这个陈词烂套的大当。有一说："笑一笑，十年少。"我和我的妻子每天都要自得其乐和相互标榜的大笑好多次。看样子我们共同笑过百岁大关的可能性是一定存在的。有人会说："我没有幽默细胞，幽默不起来。"又有人会说，"一天油盐柴米累死了人，哪还有心和老伴取乐子！"我们不接受以上的说法。因为两夫妻有制造幽默的打算和决心，在日常生活环境里随时都有突破限制和及时发挥的可能性。愈练习，愈拿手。日久天长，人人都可以成为自我天地里的幽默专家。生活愈艰苦，愈需要掌握"苦中作乐"的要诀才行。在中国，一般的大人先生，持严肃面孔者多，获幽默真谛者少。我不相信我们若是"笑满人间"会妨碍家庭幸福、国家的经济建设和开放改革的成效。

第五、分工得当：做家务事的分工要有办法，要有讲究。听说中国某些省份的大男人，回到家是绝不能做家事的。做家事是失身份、丢面子。我这个美国高等教育从业者就不接纳这一套。我和我太太的分工原则是彼此爱护，各尽所长。谁能量大、手段高、时间多、身体强、心情好、谁就做。当然，这样一来我们就都有亲自出马的机会，而各得其所。有些家务事我太太是个中能手，在那些领域里我也绝对不抢她的风头。例如安排我们的出行计划和室内设置等。

第六、相辅相成：对彼此的专业和社交生活采取赞美、支持和理解的立场。既可以各行其道，又可以相互配合。彼此提供参考意见时也是彬彬有礼，就事论事，不情绪化，不偏激。例如，在中国大陆我至今已从事控烟、烟害义务工作达24年，这诚然是一份吃力而不讨好的工作。可是她知道我对此事一心一意,绝不放弃,便也对我支持和予以方便,让我感到后援强大,心态极佳,可以充分发挥自我的力量,义无反顾,勇往直前。

近20年多年来,我们同甘共苦在中国大陆奋力工作时,她也发挥了个人的特长,以一个卓越称职的外国专家身份出现,在国内多所大专院校担任英语外教,用认真、耐心和灵活的教育方法和态度去辅导学生增进学识,拓宽境界。我也是从旁支持她的教学活动,到学校做专题报告,在她为学生举办的娱乐节目里充当助手,遇缺即补,乐得其所。1998年她也荣获了外国专家在华服务的最高荣誉奖项《友谊奖》,由国务院颁发,获朱镕基总理接见并合影留念。

第七、善待近亲:彼此善处善待对方的家人。对双方在世的老人要展现孝心和关心,和对方的兄弟姐妹要有良好的沟通与互动,扩大建立亲爱友好的气氛和运作。我和爱妻丽华都一贯这样去做,这也更增加了我们彼此之间的感情和爱心。

经验总结

以上提出的原则和方法都是数十年来我和爱妻苗丽华身体力行,直接受惠的招法。我们相依为命,互爱互助在中国大陆已历时近三十年。她放弃了美国比较舒适和优美的环境一直在中国大陆陪伴我,对我的鼓励和安慰是极大的。我觉得自己的确是天下最幸福之人,在她爱情的鼓舞滋润下,我感到精力充沛,信心十足,可以在大陆从事义工,数十年如一日,如今准备在明年底要返美定居了。回了美国我们也不会无所事事,游手好闲,而是要展开另一种人生历程,随心所欲,另辟佳境。2014年我写了一首赞美爱妻的打油诗,其为:"秀外慧中,独树一帜,此妞只应天上有。爱河永浴,相得益彰,我俩永续人间缘。"

2016年3月5日至3月11日

图片（1）政要活动

1962年4月随何应钦将军访问美国加州爱德华军事基地　　1962年走访联合国大厅和罗马

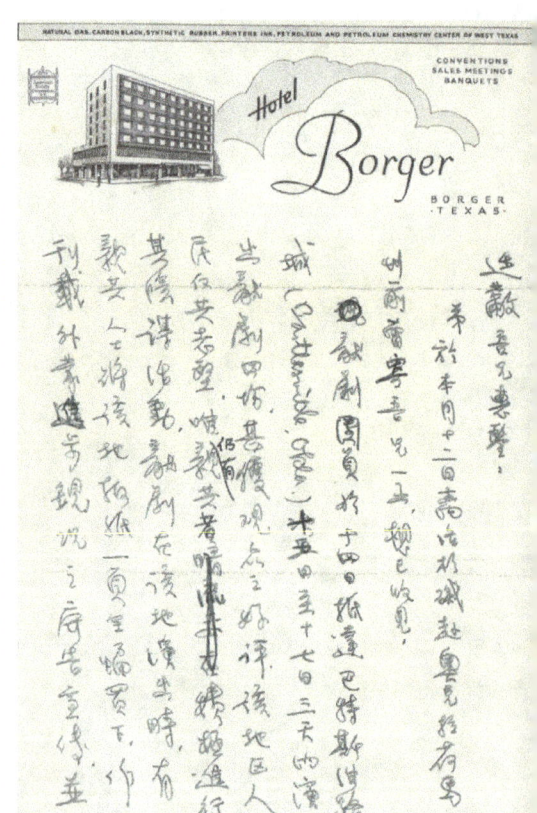

何将军修改作者代拟函件

图片（一）政要活动

左：中国文化部部长黄镇回复作者拍送中美建交贺电
下：华府宴请邓副总理请柬

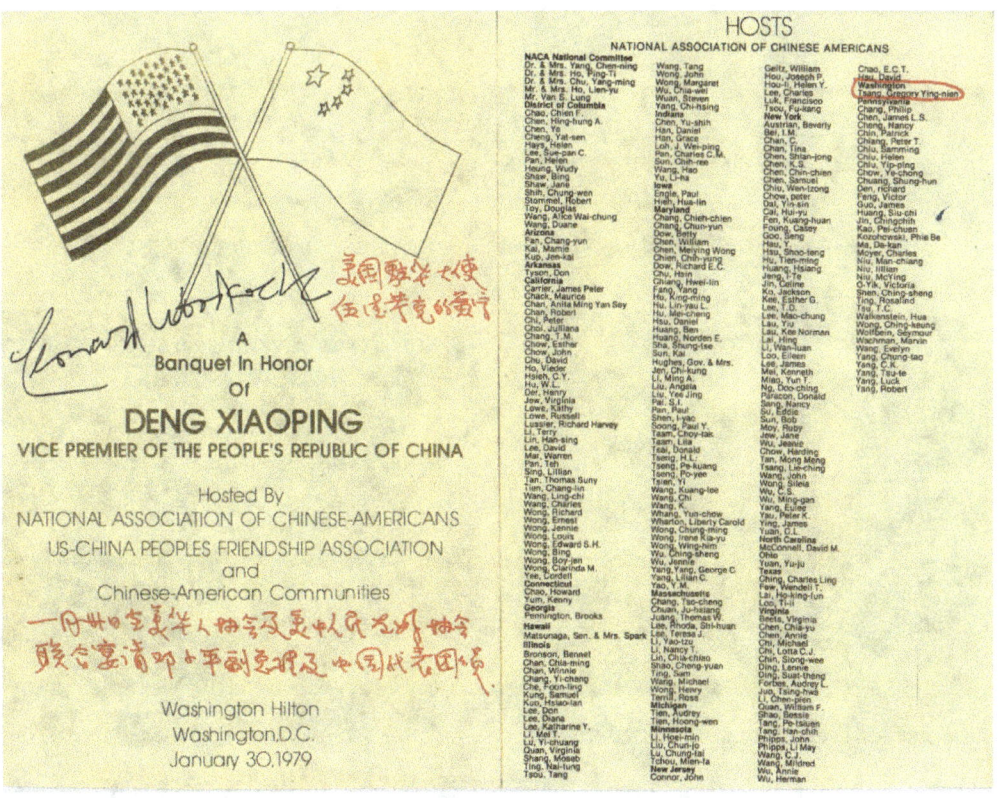

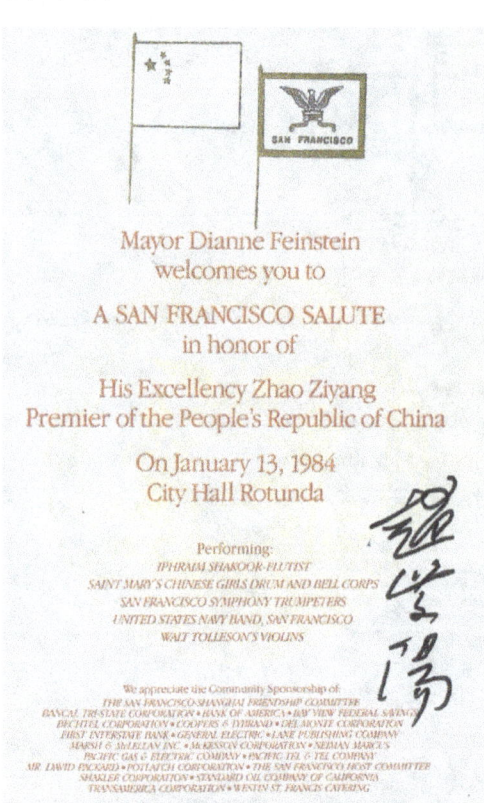

左：赵紫阳总理在1984年1月13日旧金山宴会请帖上签名赠作者
下：洛杉矶各界欢迎李先念主席合影。作者，第二排右四

图片（一）政要活动

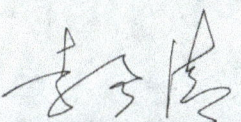

左：作者与李岚清副总理主持国庆酒会时合影

下：姚依林副总理参加1986年温哥华世界博览会后抵华盛顿州访问

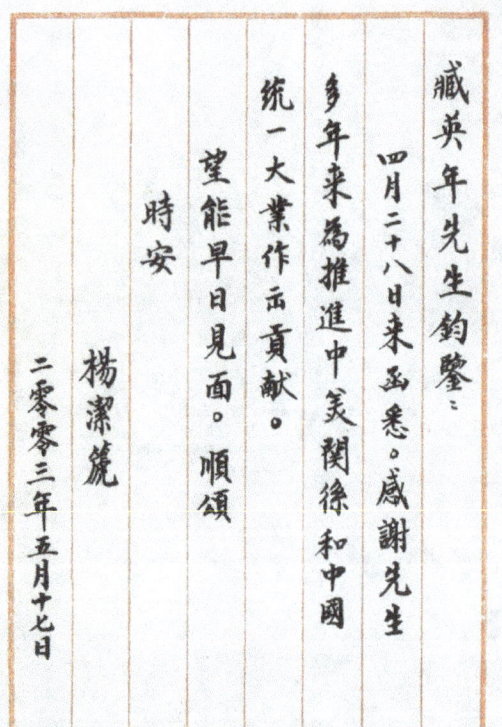

上：朱镕基总理接见"友谊奖"奖主合影。朱总理签名赠作者。照片中朱总理右后侧是作者夫妇

下：杨洁篪来函

图片（一）政要活动

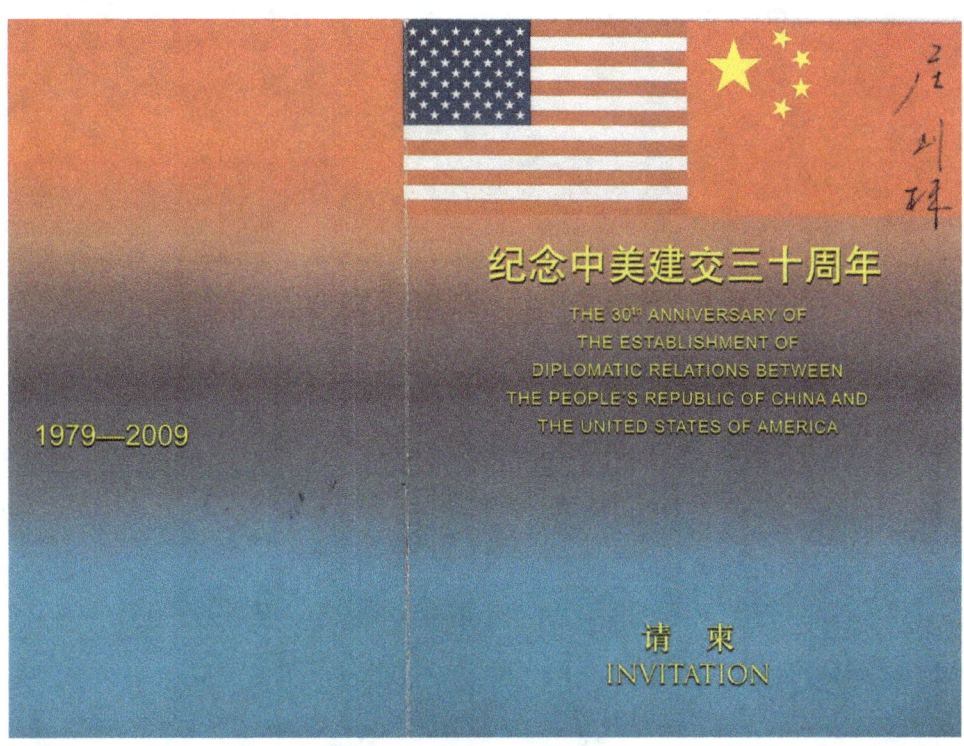

中美建交 30 周年座谈会请柬

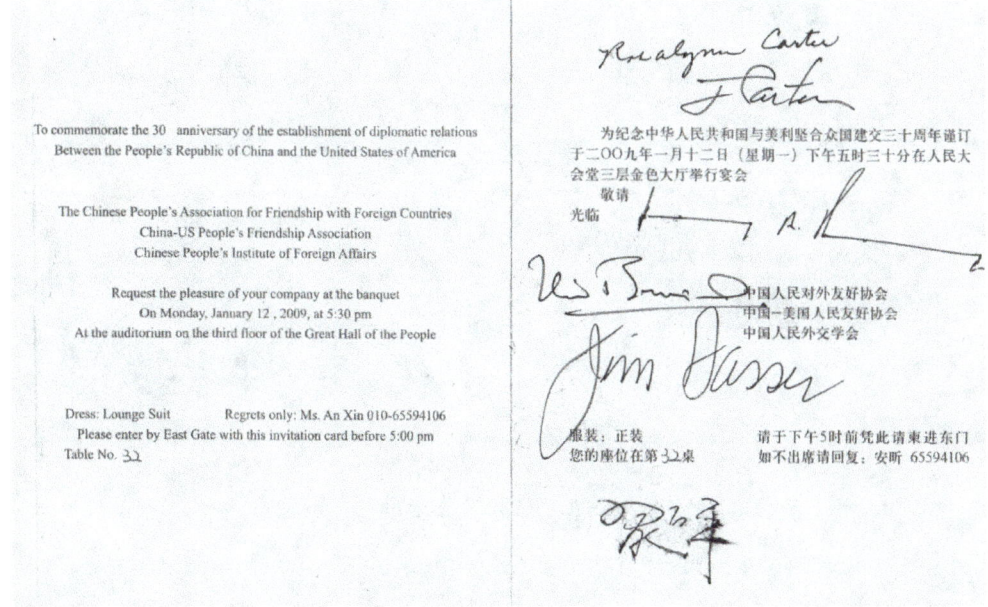

中美建交 30 周年庆典作者获现场贵宾签名

總統府用箋

英年教授惠鑒：3月18日致總統函及附件，已奉閱後交下。渥蒙致贈 大作、鴻文及紀念信箋信封，總統至為銘感；您致力於菸害防治運動，卓有所成，奉囑代復致意並申謝忱。誠盼時賜箴言，共為兩岸和平、穩定發展而努力。特此函復，並祝

平安喜樂

　　　　　公共事務室主任陳永豐　敬啟
　　　　　102年4月9日

中華民國總統府
Office of the President of the Republic of China
Taipei 10048, Taiwan

PAR AVION
100015

R　RA 031　54204 6 TW

Greory Tsang
5930 103rd Pl. SW.
Mukilteo, WA 98275 U.S.A.

臧教授英年 大啟

马英九总统办公室来函

图片（2）社会活动

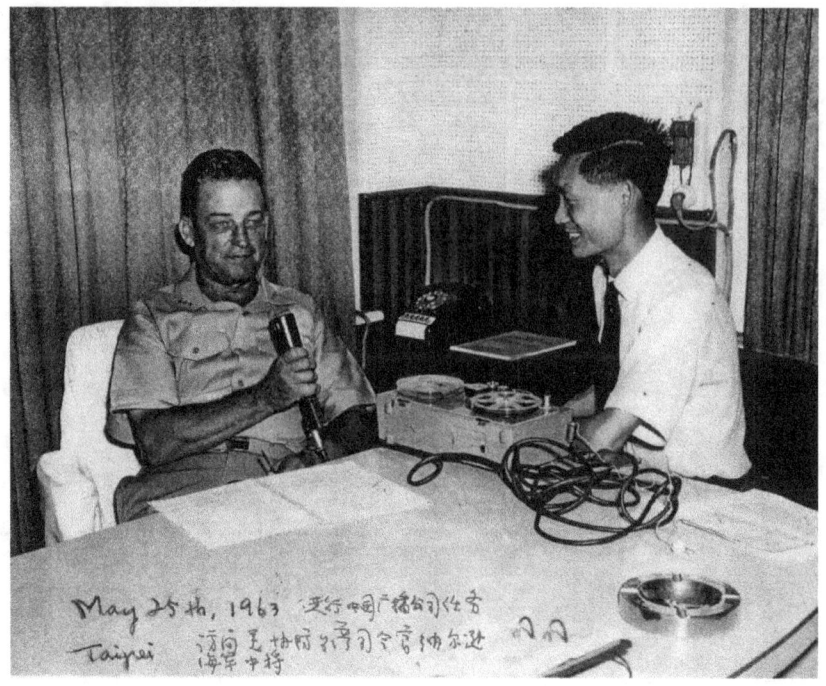

访问纳尔逊中将

美政府颁发作者中英语口译证书

作者欢迎中国展览团致辞

图片（二）活动照片

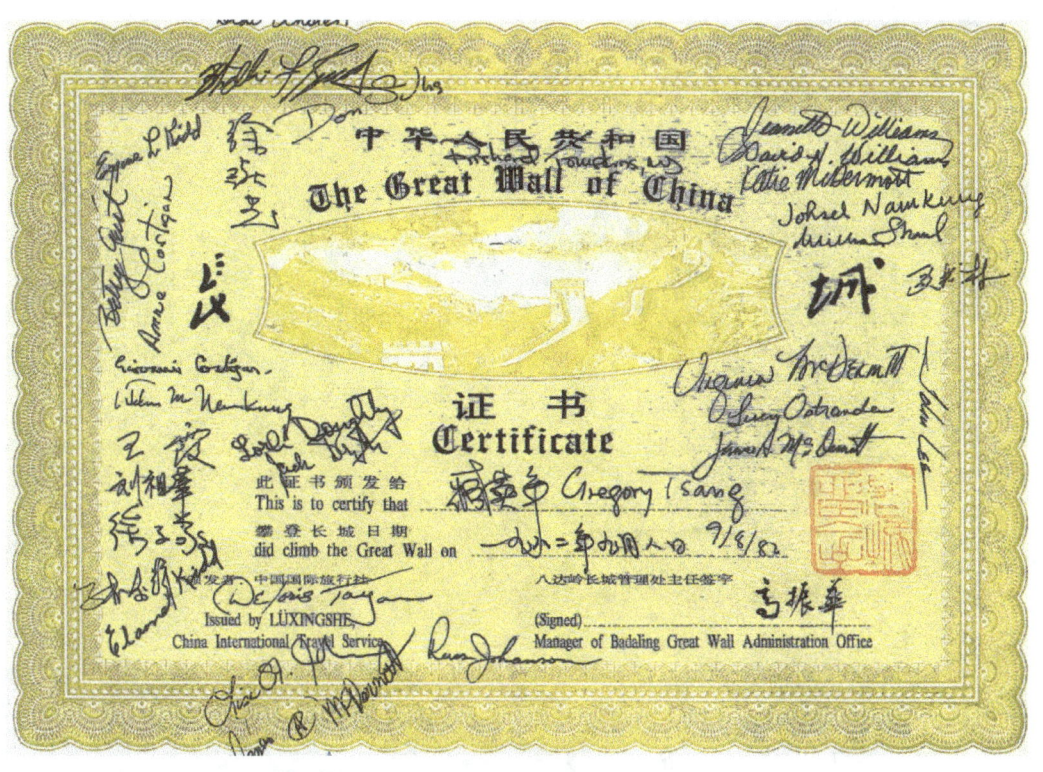

上：登长城证书

左：1984年2月中国古代传统技术展览团宣传品上获中国驻美四位大使亲笔签名，赠作者留念

上：西雅图重庆签订友好城市协议

下：1988年12有10日，张学良将军全面自由研讨会在华盛顿召开，参会嘉宾签名留念

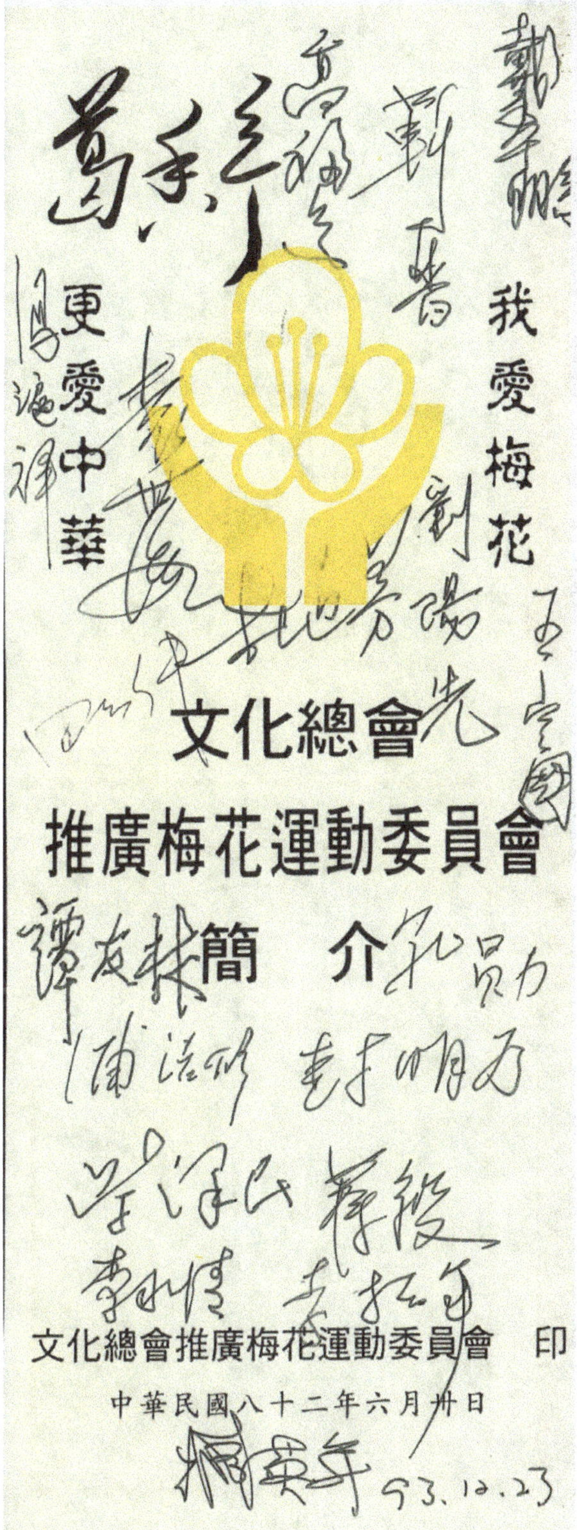

左：1993 年 6 月 30 日"我爱梅花，更爱中华"活动，出席贵宾签名

下：1997 年 9 有第十届世界烟草与健康大会在北京召开。作者参与促成此一戒烟明信片的发行

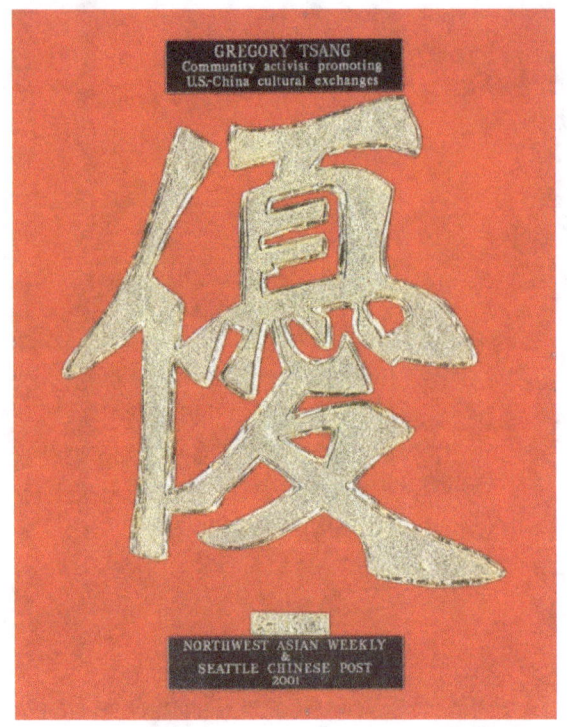

2001年9月29日,作者获颁"亚裔先锋奖",表扬作者促进美中文化交流活动

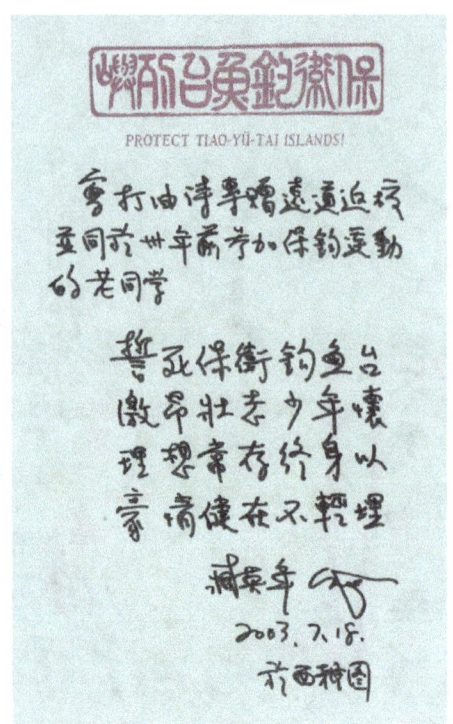

打油诗赠"保钓"运动同学

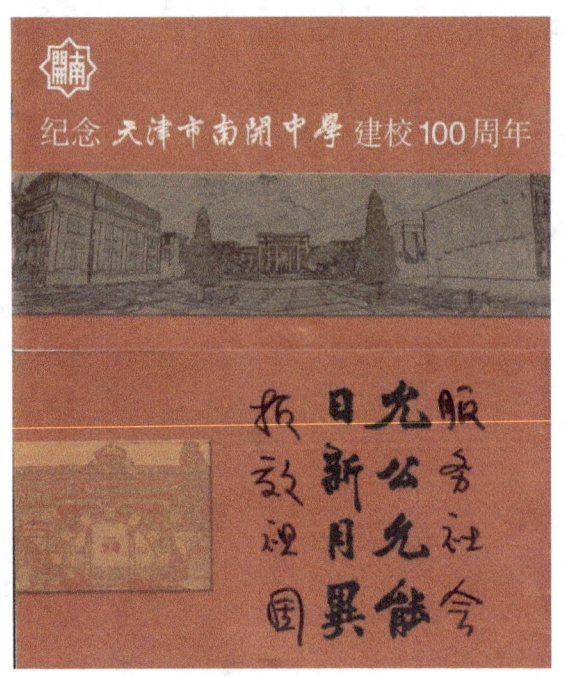

南开中学百年校庆活动请柬

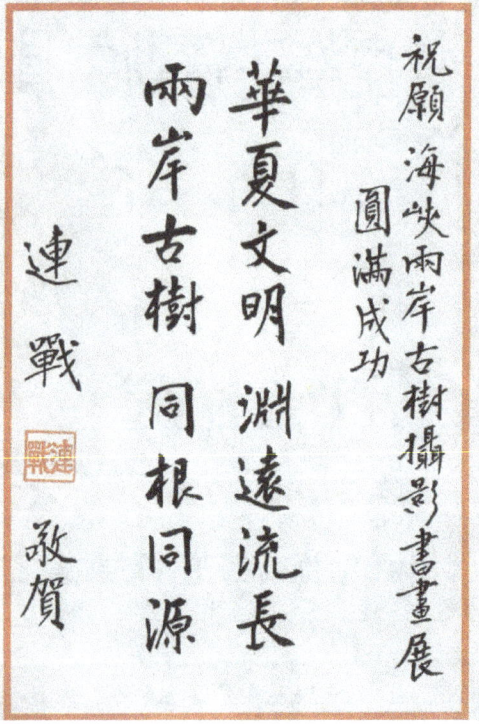

2014年,连战应作者请,题词

图片（二）活动照片

2004年南开中学百年校庆活动作者与同学合影

作者担任CCTV/CGTN英语节目时事评论员，2006-2018年

第五部分 亚美导报（2018–2023）

我2018年返美定居后开始长期固定投稿给"亚美导报"。该报用中文简体字发行，报社设于印第安纳州印第安纳波利斯城，（Indianapolis, Indiana）。此报园地公开，立场公正，发行人是医药博士李维华。她热心公益，关怀时局，独立独资出版此刊。

恰巧的是，我和她叔父李寿晋1946至1947年同班同学于天津南开高中，我投稿亚美导报便也增添了一份亲切感。

李社长在亚美导报重用我的文章，如今又全力支持和安排我出版《英年自选集》一书，令我至深感谢。

此部分刊载文章见亚美导报2018年至2023年。

堂堂大中华 自处应有道

前言 12月19日美国政府发布了2017年版的《国家安全战略报告》，报告中提及中国的次数远超其他各国，这说明了美国对中国非常关注。报告里把中国定位是美国的"战略竞争者"，又将中国和俄罗斯并列为"修正主义国家"。当前国际局势的走向是美、中、俄三大强国利益结合多、相对冲突小，彼此要增加良性合作，减少恶性对抗。而中国在习近平主席执政后已展现了欣欣向荣之势，但着眼未来，中国在安内攘外两方面又该如何的掌握调节和自处有道呢？

国家执政和个人生活都要自处有道，都要掌握分寸，适当运作，既不能忘形自满，过度膨胀，结果是冲昏头脑，败局呈现；也不能自惭形秽，自贬自轻，到头来一蹶不振，每况愈下。这个"适中适可"的道理说起来容易，做起来难。而国家和个人在面临考验时，都可能走了形，变了样，过了头，败了招。

就国家而言，新中国在1949年建国初期，本有大好机会可以群策群力，一致向上，众志成城，振兴中华。奈何毛泽东自己冲昏了自己的头脑，要快冲快上，赶英、超美，以阶级斗争为纲，进行了完全违背人性和经济原则的运作。这种自大自满可真是祸国殃民，不一而足。

近四十年来，中国以"开放改革"为施政指南，对外开放，试着和世界接轨。对内改革，要除去"政治挂帅"。方向调对了，进步就到来。如今中国以"世界工厂"自居，生产总值也跃升世界第二，每年更有上亿国人海外旅行，其中不乏挥金如土的阔绰旅客。中国是不是又要走上"自满"和"自豪"之路呢？

国际局势的变化是很微妙的。中国一方面自称是"和平崛起"和反对"中国威胁论"，另一方面又不断的整军经武和加强军事能力，从而引发了近邻国家的警惕和连锁反应，它们也大干"军事同盟"或"战争演习"，既增加了和中国擦枪走火的机会，也形成了神经紧张、难以放松的劣局。老实讲，如今中国保持现状，不扩张，不退缩，又有哪个国家（美、俄、日、朝、菲、越）会首先向中国动武？再强大的国家，其经济、人力和自然资源都是有限的（这包括美国在内，尽管如今它的经济、军事、外交和政治力量是举世无双的），一旦分配不当，分配失衡，就会遭受不良后果。中国的当务之急是内部的改革和进步，而不是外患当前，战在眉睫。要军民枕戈待旦，有待一战。中国更不能在海外乱花钱，为"第三世界兄弟友邦"多做无私的经济奉献。要知道，国与国之间只有"利益"，没有"友情"。

中国50年代以志愿军支助北朝鲜，和联合国军队打成平手，挽救了北朝鲜的危亡。如今北朝鲜和中国的关系好吗？北朝鲜当局不顾人民死活，要研发和发送可装载原子弹头的远程飞弹,这已成为维持亚洲和平局势最大的隐忧,北朝鲜还买中国帐、要及时收兵吗?

七十年代,中国出兵越南,"援越抗美",中国军队伤亡惨重,把美军打跑了,北越南越也统一了。1979年中国又要发起"自卫反击"入军越南,这一役也是代价巨大,了无收获。所以,中国绝对不能再以意识形态为准,去争做第三世界的领军人物了。

我有一个老同学,他在美国外交界工作多年,颇有成就。我们相识约半个世纪,相交很深,可以无话不谈。他不只一次告诉我,美国从来就没有认可"中国威胁论",也不以中国为假想敌,要处处防备,尽量打压,以免日后形成大患。他认为国际上对中国的不信任,是来自"中国政府对中国自己人不尊重,轻视人权;行为霸道,出尔反尔,前途难测。"这正好像,一家之主的男人,对妻儿家人打骂有加,不体贴,不爱护,他的事业和名声再大,也不会获得别人对他的尊重和信任。古人所言"修身、齐家、治国、平天下"是要从"修身"和"齐家"作起的。

再延伸一点来说,两岸和平统一的实现,不能是靠中国大陆不断在经贸方面对台湾让利,以利诱人,以利取胜。更重要的,还是要让台湾对中国大陆的制度放心,看到的是和平、放松、和谐、友好、健康、开放的环境和气氛,而不是提心吊胆、草木皆兵的顾虑、感受和体会。如今中国大陆举办重要国际会议有知名外宾来访,和每逢五、逢十大型国庆庆祝尽管是阅兵如仪,阵容浩大,动作整齐,训练有素。可是,街头上则是戒备森严,对人民并不放心,这已大量丧失了礼庆的欢乐和意义,是得不偿失和本末倒置的。

结论 就中国现势而言,如今中国"裸官"众多,子女资金都已移往海外,他们的心思和希望都早已远离故国,一去不返了,这是一种十分令人痛心的事实。我们只能恳切希望执政的中国共产党可以取得一个稳步渐进的自救之道,增强自信,努力自新。执政者决不能"以不变应万变",又不可"朝今夕政",失信于民。人民发出的自由和真实之声越宏大,执政党就越有自救自强的方向可循,严刑峻法和贪腐重惩都不是真正有效的革新之路,因为这还是在"权力"运作的小圈子里作文章,大多是"杀一儆百,铲除异己",而不是真正的"以民为主"和"为民除害"。中国的专制政体必须彻底改变,中国才能真正富强康乐,中国人民才能真正安居乐业。

2018年1月5日

谈两岸自理和三方互动

前奏:2018年1月17日上午10点,中国国务院对台办发言人马晓光在北京主持新闻发布会，言及海峡两岸情势严峻，尽管大陆坚持一中原则和九二共识不变，蔡英文则不断在台湾推动台独走向，去中国化，打压在野党，忽略台胞福祉，向错误方向迈进。而大陆方面在过去的2017年仍努力促进两岸交流，以实际行动去鼓励和支持台胞在大陆的商贸、文教和旅游活动，此一立场也将持续下去，历久不变。1月17日那天我在"中国全球电视网"（CGTN）接受采访，谈论两岸，四个英文访谈的节目是：上午10时，今日世界；中午12时，环球瞭望；下午4时，全球财经和傍晚7点半的对话杨锐。

两岸互动涉及美国，如今我针对此话题做五段论述，其为台湾内部、大陆内部、两岸之间、美台关系和中美互动。

台湾内部

由蔡英文挂帅的民进党正在台湾努力推动去中国化、去蒋化和转型正义，希望可以霸占台湾政坛，一党独大，垂之永久。然而这是难以兑现的野心和私念，既不利于台湾民主政治的健全发展，也和两岸同胞互助双赢的理想目标背道而驰。蔡英文在台执政一年多以来，在处理军公教和劳工关系时都一再失策而引起抗争，又以修宪和降低公投门坎为手段去讨好深绿成员和青少年，这都是难奏实效的表面功夫。蔡英文上台时提出"四不"之说，现在又改提"新三不"：不会暴退，不会僵住，不会回到国民党威权时代的老路。此说诚然是不打自招。因为两岸关系正在暴退，台湾出路已经僵住，民进党执政至今蔡英文的民调已直线下降，和两蒋治台时的经济增长及民生建设相比是大大不如，和马英九执政台湾的两岸修好及社会安定也是难以匹比。到头来，蔡英文的出尔反尔就变成"说三道四"和"不三不四"了！

当然，蔡英文要在经贸方面另找出路，以免对大陆市场过份依赖，而推行了"南下政策"，也是用心良苦，而收效微微。此一措施是不无小补，而难以补偿和大陆交恶而导致的相应损失。欲以美日为后援，去增加反统和拒统的力量也是缘木求鱼，不得其所。购置美国军事装备，壮壮胆，可以。希望独自或借重美军援台与大陆决一死战，甭想。因为两岸军事实力悬殊，台湾不堪一击，而美日两国为其国家基本利益打算，不会付出"援台抗中"的惨重代价。如今蔡英文的处境非常艰苦，她要努力在争取深绿支持和不激怒大陆的钢丝线上做平衡运动，很难过！

大陆内部

中共十九大过后，习近平大权在握，领率群伦的大局已定，而中国大陆内部和国际大局都要让习近平费尽心思。对内而言，打击贪腐，推行法治，司法改革，处理民怨，增强环保，发展经贸，扩充军备等都是紧要问题，相互关连，偏废不得。中国国力日增，在国际事务里的发言权和影响力扩大的同时，也添加了责任、负担和风险。

一带一路计划和亚洲基建投资银行两大手笔的推进和收益还都是任重道远，未定之天。中国政府也要面对港、澳、台情况复杂多变的实情去见招拆招，水来土掩，这一负担也是不轻的。诚然，中国统一的大目标对中国政府而言是志在必得，不容改变。但是，如何拿捏分寸，分辨缓急，收放自如和顾全大体，则都是需要眼光、耐心、策略和实力的美妙组合去促其实现的。

两岸互动

首先我要说，两岸当前和平相处和互通互助的局面不容改变，两岸以后和平统一，合为一体的构想也会实现。两岸之间更不允许有任何误判和盲动去引发战火，兵戎相见。然而，此时此刻的蔡英文也不可认定大陆绝对不会采取"武统"的手段，而放心大胆地不断往台独方向挺进，最后若逼得大陆要按照人大通过的"反分裂法"付之实施，一了百了，这一灾难和损伤便将是无以伦比和难以补偿了。

美台关系

美国对台湾的支持是有历史和感情渊源的。二战末期美军和日军在亚太地区展开激战，美国付出极大的牺牲和代价，逐岛争夺，步步挺进，日军已面临退返本土，殊死一拼的绝境。最后美军于1945年8月上旬向广岛和长崎投下两枚原子弹，提前结束了二战。与此同时，国民政府在大陆上与日军的抗争也日见起色，展开反攻，直到1945年8月15日日本宣布投降为止，使中美合作划上圆满句号。

二战刚刚结束，国共内战爆发，美国遣马歇尔特使来华调停未果，二战后复原期间国府的"接收"沦为"劫收"，而民心尽失，一败涂地，最终退守台湾，形成一国两治的分裂情势至今。在台湾蒋经国执政时期，兢兢业业，点滴积累，于1987年开放党禁和报禁，使台湾进入民主政治初级阶段。由美国国会动议，再经美总统卡特签署的"台湾关系法"于1979年出现，既承认台湾是中国的一部分，又强调两岸处理纷争要运用和平手段。近年来美国国会又提出"六项保证"及美台双方提高互访的动议，这都是赞同台湾民主体制和鼓励台湾努力自强的措施。可是台湾也要有自知之明，不要尝试实现与美国军舰互访和进行宣布台湾独立，以免战火烧身，不堪设想。总之，台海和平是符合美台双方利益的，时下也为大陆认可，此一大局不容改变。

美中关系

1972年、1979年和1982年的三个"中美公报"是在尼克松、卡特和雷根三位美国总统执政时和北京签署的。这是在不同时期巩固美中关系的宣言，其中也显示了美国对台的立场。如今美中两国分别领衔全球发展国家和发展中国家，双方利益结合的部分远远超过彼此分歧之所在。维持亚太地区的和平与繁荣也是美中两国的共同愿望和着力方向。尽管美国不急于盼望中国和平统一的实现，美国也认定中国的经济发展、社会稳定和政治革新是必要和理想的走向。最终中国以强大民主的面貌出现才是亚太和全球的最佳喜讯。因而，"中国威胁论"是妄加推测，庸人自扰，"美国围堵论"便也是危言耸听，有心添乱。

美中关系的发展自2016年川普入主美国白宫后的确产生了一些起伏动荡的变化，然而到头来川普仍然是沿照美国以往多任总统奠定的美中友好的根基继续前进，要互通有无，要协手前进。川普总统在制订"美国第一"的决策时，仍然要衡量"中国原素"和争取互利双赢。再有，在推行全球化和多元化势不可挡的今天，中西文化领军前卫的中美两国的交锋、包容、互重和汇合也是顺理成章，理所当然。

结论

一、大陆、台湾、美国当前要共同努力，去维系和强化亚太地区的和平稳定、经贸发展和区域合作。

二、台湾要加强内部建设和健全民主体制，一党独大的台湾不利于台湾的前途和人民的福祉。文化互通，血脉相传，两岸和平统一是势在必行。台湾要鼓励和支持大陆的政治改革和民主建设。台湾不能依靠美日两国，获得支持，最终走向台独。台湾要不断改善两岸关系，不要增加军费的投入，要将大好和珍贵的资源用于本岛的民生建设和两岸的互惠交流。在台执政的民进党要争实效，重实质，接受一中原则和九二共识，尽早恢复两岸官方交流的设置和对话。

三、中共在大陆执政必须要重视历史，确信专权不可持久，民意不可违背，民主不可推延。大陆越有全方位的进步，依法治国，以民为重，大陆越能造福全民，促进中国统一和发挥民族振兴的光辉和力量。这一重责大任对大陆执政者和执政党的要求是严格的，期盼是殷切的。

四、美国面对世界大局，独善其身，可也。不要费心去做世界警察和全球霸主，但美国仍要继续关怀和重视全球和平及持续发展的重要课题，这包括战乱、贫穷、环保、能源、人权和民主建设等。

正所谓：全球一体共兴衰，各尽所能良知在。勤加耕耘今日始，开花结果在未来。

2018年2月2日

痛惜友人李敖去世有感

今天是2018年3月18日，一早有台湾文化大师之誉的李敖先生因病去世，与世长辞，享年83岁。他小我3岁，是我1949年就读台湾台中省立一中的同学，那时我读高三，他读初二，彼此并不相识。1993年我在阔别了台湾宝岛26年之后得以返台一行。行前受了沈醉先生（前国军中将，后大陆全国政协委员）之托，要商请李敖将他在大陆出版的一些书以繁体字在台发行。受人之托，忠人之事。我抵台后找到李敖的电话就和他通了话。

"我受大陆沈醉先生委托，要和你见一面，看你能不能在台湾出版他的著作？"

"我的出版社早已关门了。可是欢迎你来家一坐。我知道你是谁。你是我在台中一中读书时的学长，你的爸爸外号叫臧白毛（这是说我先父臧启芳，他面貌的特征是少年白头）……"

1993年11月4日我登门拜访，初次见面，相识甚欢。他出乎我意外地在他书架上找出了台中一中1949年的同学录，我的姓名、年龄和籍贯都出现在通讯录里"高三甲"的一页。行前，他又送我一张他一家三口的照片，写的是"全家福送英年丽华"。就这样，我们便展开了此后25年的交往。

李敖是一位名副其实的自由斗士，他推崇台湾的胡适和殷海光，他批评许多台湾的名人，他英勇挑战台湾两蒋执政的不民主。为此他付出了沉重的代价，书被禁，店被关，人入牢。可是他信心不变，后劲十足，渡过了种种难关，浴血重生，再接再厉。

李敖也是一个多面孔多运作的奇人，四面出击，四面树敌。早年支持台湾美丽岛人士对抗两蒋专政，后来痛批民进党"台独是玩假的"。义卖百件收存文物，集资百万美金赠送台湾"慰安妇"苦主，以对抗日本司法不公。对别人雪中送炭的义举也屡见不鲜。

他数十年研读不倦，笔耕不息，（他的著作有多本送我收阅），也活学活用，在台港两地的电视节目里就事论事，畅所欲言。每每手执资料，公开展示，自夸是"我不是骂别人是王八蛋，我可以证明他是王八蛋……"。

2005年李敖接受了香港凤凰电视台的邀请，来到北京大学做讲演，我和其他三位他的老朋友到场听讲，并席而坐。其后我参加了他一整天的参观活动，同行者有刘长乐、王纪言、李敖的妻儿等。出行时有警车开道，畅行无阻。事后他对我说："我倍受款待，也是为知识分子出出头啊……"有人批评他在大陆做报告时，对大陆政体的批评不够深入。他的回答是："我受邀来大陆，讲话是点到为止，不能为难邀请者。再有，我强调宪法的重要和宪法要保障人权，依法实施，这就是关键所在。"

李敖在2008年参加了台湾领导人的竞选，宣布要成立《中国智慧党》，我于5月10日看到台湾电视台的有关节目后打电话给他，劈头一句便是："你为何要在台湾大选里参选搅局？有了这一变数，对蓝营还是绿营有利？"他回答说："我可以吸吸首投族年轻人的选票，其中多数倾向于支持绿营候选人。这样我参选可以夺走绿营的一些票。"他竞选提出的"灌顶宣言"的要点是，不相信台独，不敌对共党，不相信军购和美国，不相信蓝绿，相信一个中国。"显然，他参加竞选时不求获胜，只求发声。我仍然保存他送我的那份宣言，首页上他亲切地写了——送："英年丽华小俩口儿"。

2011年7月我去台湾，以中央电视台英语频道评论员身份采访了李敖、胡志强和吴志扬三位。和李敖的对话最为亲切有趣，历时约80分钟，他畅谈了自己的政见、治学、为人和家庭情况。此节目后来在中国教育电视台国际节目部播出。李敖一贯对国民党指责严格，我便提醒他说，"你的做法若在大陆已经要枪毙多少次了……"他没有反驳我。

李敖多年来以"哈罗李敖"为名每天发布140字微信，说古论今，一字千钧，粉丝以百万计。2015年4月其内容已集结成书，发行问世。书名是："虽千万人，李敖往矣"。

近年来我保持每一两个月和他通电话一次，直到去年他病情发作不能再交谈为止。我们交谈时笑声不断，无所不谈。他还吹牛要比我更长寿，以后会来到我的坟头以特殊方式祭念我。如今他已先行一步，他毕生奋斗，自强不息所踏下推动自由民主的脚印是坚实的，所释放声浪是宏大的。全中国必有自由民主的一天。李敖好走！

2018年3月18日

先父臧启芳 堂堂中国人

引言 我的译著《进攻日本》一书于2014年9月经广西师范大学出版社发行问世，该书阐述了二战时期日军在亚太地区的暴行及美军投掷原子弹的真相。我在书内的献词是："谨将此译作献给我的先父臧启芳和先母臧王淑清。他们树立了爱国护家、心胸坦荡、助人为乐、正直高尚的典范。"

我的先父臧启芳公生于1894年，1962年逝世，享年68岁。他亲历了民国以来所有的动乱。在乱世中作随波逐流、趋炎附势的匹夫容易，作高风亮节、俯仰无愧的大丈夫难。但先父一生唯以移风易俗、作育英才和忠心报国为己任，并也切切实实的身体力行了。宋朝名将岳飞讲过，国家要强盛必需"文官不爱钱，武将不怕死。"先父是文人，而他却是既不爱钱也不怕死的文人，为了国家的前途他可以不顾个人，可以牺牲一切。先父在世时，曾向我们子女辈谆谆告诫，要我们加倍努力，充实自己；好为国家尽到一份国民的天职，并曾以身示范，恒以"堂堂作人，和平处世"的做法诲示我们。半世纪以来，我已秉承了先父的遗志，堂堂作人，和平处世，书生报国，尽其在我。不久前我写下的自勉句是:"舆论报国,乐得其所。控烟利民,乐在其中。"

家母和先父同庚,十二岁时订婚,二十二岁结婚。到先父去世时,二老结婚已悠悠四十六年。先父和家母婚后彼此相亲相爱,感情深厚,老而弥坚。从我有记忆时起,从没见二老之间发生过不和睦的情形。家母生于旧时代,没有入学读书的机会,而先父早年在国内大学毕业后,负笈美国。就读书成就而言,家母难以相比,但先父对家母的爱绝不因此而稍减。其所以如此,固然是由于二老之间相敬相爱,感情深厚,而先父忠厚善良,自持有方也是必然的。

1919年,先父考取高等文官,次年8月负笈美国。治装费、路费和在美求学所需的一切费用均为学校、家乡和同学们全力捐赠的。先父于1923年回国,即将在美求学期中译成的韩纳名著《经济思想史》和《美国市政府》两书发行问世。《经济思想史》是其后财经业学生和学者的必读之书,《美国市政府》一书的内涵则对后来中国的市政建设提示不少,贡献良多。1956年先父在台又写成大学用《经济学》一书,由中正书局出版。

先父一生安贫乐道,清廉正直,到老虽无分文积蓄,但求仁得仁,心安理得。1930到1931年间,他在天津任社会局长兼代市长,后来在东北哈尔滨做地亩管理局局长以及1935至1937年出任江苏省盐城和无锡区行政专员的时候,不乏发财机会。但他老只知作贤吏清官,尽心竭力为民服务,不为财富所惑。故而政风廉明,口碑载道。

先父一生正直清廉,既不沽名钓誉,也不自我标榜,认为这都是他作人最起码而当然的条件。所以,做起来就格外地理直气壮和顺乎自然。他正是一个不能以常情去揣度的非常之人,他尽力给子孙们留下的一笔丰富的遗产,并不是金钱,而是能永远辉煌存在的堂堂作人的精神和榜样。

先父是出身清寒、有志向学而终底于成的典型人物。幼时因先祖经商失败,家道中落,家境十分窘迫。他在小学和中学的阶段,便全仗成绩优良获得奖学金和亲友资助而得以完成。待到1916年,先父在北平中国大学预科毕业时,因成绩优良,受到业师王云五老先生的推荐,在中大附中担任英文教员,才有了个人挣来的一笔固定收入去支付大学本科的费用。

九一八事变前,先父是从不作诗填词的。事变后,他老由于忧心国事,便偶一为之,以抒发心头郁闷。后来,先父作诗填词的兴趣越来越高,终于赢得了"吟主"和"爱国诗人"的雅号。他老人家的词,据词家们评论,视为豪迈奔放,爱国之情跃然纸上,且平易普实,一气呵成,没有堆砌造作之瑕。先父有《蛰轩词草》一、二两集刊行于世。

他一生最大的希望便是看到国家强盛与复兴,毕生都是朝着这个方向贡献出个人全部的力量。九一八事变前夕，先父在哈尔滨任职的时候，看到张景惠有勾结日寇的趋势，便联络当时的爱国志士，如周天放先生和齐铁生先生等与中央取得联系，用尽方法去说服和纠正张景惠亲日的错误观念。

九一八事变后，日本占领哈尔滨之前，他们才联袂出走，及时逃出了日寇的魔掌。尔后，先父曾在天津《大公报》、《益世报》及《庸报》同时发表一篇唤醒国人共赴国难的文章，对当时政府和东北最高当局的若干措施不无指责之处。事后，有人认为，先父毕竟是东北人，且曾任沈阳东北大学法学院院长之职，与主政华北的张学良少帅颇有关系，故无论其人表现如何，也不宜指责。殊不知先父的中心观念是："我虽是东北人，却更是中国人，任何人做出不利于国家民族的事，都是我极力规劝和正言指责的对象。反之，任何人如能以国家民族的利益为前提，为国奋斗，便都是我的朋友，我就会尽全力支持和赞扬他。"先父从东北逃出后去了上海，在上海与齐铁生合办东北协会。一面为东北义勇军募款并鼓励其抗敌行动，一面讲演宣传，唤起国人共御外侮。这也是先父为报国保家而力尽其责的一个例子。

1936年双十二事变后，有人对东北大学提出责难，以为东大也要担负部分事变发生的责任，主张停办东大之说甚嚣尘上。当时，先父鉴于东大之存在与否对于东北人心以及国家前途具有重大的影响，乃甘冒众怒，力陈保存东大的主张，此一意见后经最高当局明智采纳。而当时已迁校北平的东北大学情况混乱，对主持校务一事，人皆裹足不前。最后，政府乃指派先父担任此项艰巨职务，他老便也毅然决然地接受此一任命。从1937年起，开始了个人十年东大的生涯。

1937年，先父接掌东北大学校长职于开封，直到胜利后将东大由四川三台迁回沈阳才辞去校长职务，期间历时十年之久。在这段时期内，我们家庭的生活十分艰苦。先父母为了维持一家生计，将家中稍许值钱的衣物陆续卖出。我那时年纪虽小，却已印象深刻。其中，使我记忆犹新的，一是家母从箱底翻出了她老人家的皮大衣和先父在天津市长任内所买的燕尾服等卖给重庆银行界的人士。二是出售了家中的留声机和大挂钟等件。据家母讲，大挂钟是1925年买的，对我们臧家来讲真是服务念载，劳苦功高，应该保存。留声机在那时大后方来说，更是比较难得的娱乐品，但为一家生计，只好忍痛让人。有了这样零星的收入，改善了一家的生活情况。

先父臧启芳主掌东大校务长达十年，是任期最长的一位校长，任内也面临了东大多次迁校（北平到开封，到西安，到三台，返沈阳）和长期办学的严峻考验。他对东北大学的存在和发展贡献良多：

一是临危受命，继往开来。张学良在1936年西安事变兵谏后遭受软禁，东大失去领导，陷入群龙无首的困境。停办东大的声浪已风云大作，此时先父坚持立场，力陈东大不能停办的理由。后经挚友齐铁生推荐，上峰同意，先父于1937年1月接掌东大校务，离开江苏省无锡区督察专员任所。这既是一个维持东大继续生存的要务，也是一个引人指责的根源。有些东北人士，包括东大师生，认为这一任命是中央政府要从张学良手里抢走东大的指挥权，用CC派（注：指国府要员陈果夫、陈立夫两兄弟）背景的先父介入，达成任务。殊不知先父不是求名求利，而是用心良苦地要维持东大存在，让家乡子弟有就学和栖身之所。先父曾在陈果夫（时任江苏省主席）麾下任职，这是陈氏有知人善任之贤，而非自成派系之私。（那时日本已霸占东北，陈氏乃启用先父和王德溥等东北名士在江苏省任职，先父在江苏先后主政盐城和无锡两行政督查区，政绩良好，市民称庆。）

东北大学面临第二次存亡危机是东大于1937年在西安立足后，又有上峰指令东大西迁到青海的蛮荒之地，果应命实施，大多数教职员会裹足不前的，东大的命运也自然中止了。先父的应变措施是及时在四川三台获得了当地县长郑献徵的支持，而迁校入川，先斩后奏，在木已成舟的情况下也获得教育部的追认。这一奋斗的成功又来之何易呢！总之，先父要维持东大的存在，是志在必成，尽其在我的。

二是唯才是用，公正透明。先父掌校任职的准则是："我聘请教授一向无领域之别，我所求的是学问品格，不问他是哪校出身，哪省人士、哪国留学。"这可以在东大先后任教的教授名册中看出来。此一准则导致群贤毕至，饱学之士纷纷到来，使东大成为众多优秀学人的荟萃之所，让学生们获益匪浅。有名师在校，东大教学和研究的领域也不断发展，让东大在抗日期间进入国内一流学府之列。

三是百鸟齐鸣，百花齐放。先父全心全意在学校提倡思想开放，学术自由。各种社团和活动，各种观点和展示都蜂拥出现，各擅胜场，不一而足。拥有见识和勇气，才能创造这种风气和环境。再有，1943年东大首先响应"十万青年十万军"的号召，有数十位同学弃笔从戎，加入了青年军，其中也包括了正就读东大的我的大哥臧朋年。

四是清廉正直，树立校风。先父以身作则，不贪一分钱，不做一点假。每逢上级检查单位到东大查帐审阅，都是帐目分明，一丝不苟，迅速查明，圆满结束。那时，校长之职也是收入菲薄。在三台八年的抗日期间，家中变卖了以往收藏的略有价值的物品，补充家用。家母手存的一些金银饰物也全部投入"献机救国"的行动里。

五是事成身退，有始有终。抗日战争胜利后，先父以东大校长、教育部特派员和东北行营教育处处长三重身份前往东北，接收东北教育设施和恢复教育运作。只可惜那时国共内斗已经爆发，接收大员，先父除外，大多滥权贪腐，这便也加速了国府失败，退守台湾的进程。先父见大势已去，难以作为，便于1947年4月辞去东大校长之职，再于1948年12月率未成年子女过上海，迁厦门。1949年6月告别大陆，渡海赴台了。

在东北大学兴衰的过程里我们看到国家和社会的大环境对教育的发展可以产生"助成之"和"摧毁之"的重大影响。而国家主政者、教育工作者和学校师生有真知灼见、责任感、认知感和奋斗精神也可以达到弦歌不缀，排除万难，教育发达和国家振兴的良好结果。

抗日胜利后，先父回东北任教育部东北区特派员职务，在兵荒马乱之中，他老总是廉洁自守的倾尽全力为东北教育的前途奋斗，尽管是由于整个大局的牵制，未能成功，但已一本为国效力的初衷尽心竭力了。1948年东北已由共军掌控，父亲则正在南京出任教育部委员并兼任财政部顾问职务，他靠薪水维生，入不敷出，便去政治大学授课，增加收入。那时，他老人家已是闲散之身，为国家尽力的机会也有限了，唯念及东北青年纷纷入关，生活十分困难，乃遵从当时教育部部长朱家骅先生之嘱，尽力研究提供救济东北青年的方案，就爱护青年来说，先父最乐意采取行动，全力以赴。

1948年年底，我们举家迁往上海再迁厦门，因经济困难，除先父因公得乘坐飞机飞赴厦门外，祖母、家母、弟妹和我等均坐先父生前好友萧碧川先生一艘仅百余吨的机帆船，免费搭乘自上海前往厦门。船沿近海航行，一路飘飘摇摇，历时半月，始到达目的地。途中几乎遭遇抢劫并曾有翻船之险，至今思来犹有余悸。

在厦门时，先父为了谋生，创办了一所为升学大专作准备的"大同补习班"，与前北洋大学校长李书田先生分授国史和数理课程。当时，由于水源缺乏，买水费用昂贵，先父就命我去一里以外的水井挑水回家，而我面现难色，因那时我正读高中二年级，以往既没有挑过水，也生怕挑水时碰见同学让自己丢脸。先父看见我有此顾虑，便恳切地说："凭个人劳力谋个人生计是光明磊落的事情，有什么可害羞的。我知道你没有挑过水，体力也差，不妨挑挑歇歇，总可以挑到家。你就一大早或是深夜里去跳。那时路上行人少些。在家中经济困难的时候，你能尽一分力量协助解决家里的问题，自己也会觉得骄傲。"于是我俯首秉训，欣然前往，很快地，我就成为一个很好的"业余挑夫"了，按着扁担起伏的节奏迈着步子，全程中只要歇一回脚就可以把水挑回家了。

1949年下半年已呈现国共内战国军溃败的必然局面，我们全家于1949年6月下旬从厦门渡海赴台，全家落户于台中市。

先父赴台之后，鉴于台湾志气消沉，惶惶不可终日，乃振笔疾书，其文章则以真实姓名投递港台等地之报章杂志发表。当年冬天，便创办了"反攻半月刊"杂志，是为台湾倡言自力更生、自强应变和推行民主的一份杂志。这和当时存在的"自由中国"杂志（雷震在台主办）和"民主评论"杂志（徐复观在香港主办）鼎足而三，是力倡施政图强和民主政治的先锋之声。

  1955年东海大学在台湾台中创立，先父应聘前往任教。东海大学是先父生前最喜爱的一个地方。那里有圣地灵山的环境，适于老人家居住，又是一个百年树人的高等教育学府，适为先父一生一世以作育英才为己任的向往之所。先父常讲："得天下英才而教育之，乃人生之至乐也。"又说："我一定以我的余生从事文化教育事业，这是国家强大盛兴的基础事业，也是我决心为国效力的唯一方向。"

  先父在东海教书，也兼任经济系系主任职务，一面教学和忙于系务，一面又从事著述工作，将自己在1925年翻译出版的美国韩纳著《经济思想史》一书，根据其最新版的内容加以整编。为了赶进度俾能早日完成，这份工作也着实费了先父不少精力。他常常在白天忙了一整天，夜晚又继续著书工作到深更半夜。家母看他工作太吃力了，常劝他不要过劳，先父便回答说："我每天有预定的进度，白天忙于其他事物，抽出的功夫不多，晚上的时间就不能不利用了。"这样，半年下来，先父的健康情形每况愈下，直到1958年春天，症状发作而卧倒病榻了。

  先父卧病时间足有一年六个月之久，平素没有积蓄，治疗期间需款尤多，这时全赖先父老友等的经济帮助，才能支付开销，脱离困境。其时，东海大学校方和师生同仁们对先父的许多支援也是至深至切，难以尽书。在东海大学有许多已经归主的眷属夫人们，都常为先父祈祷，盼上帝赐福。先父也由此皈依了基督，获得安慰。先父病况最严重的时候，凯年弟曾辍学一年，回家服侍先父。他向学校请求休学之前和我商量，并没有预先禀告父亲，因为我们知道他刚强的个性，总是一切苦难自己承担，尽管他确实需要子女的奉侍，也决不肯因此让子女们荒误学业。1962年2月28日先父因心脏病突发不治，在东海大学住所去世。

  先父在台生活的最后12年里，我已长大成人，有不少机会亲聆他老的教诲，和目睹其处境。有几桩耳闻目睹的事就此一谈。

  一是，先父在台湾主办杂志时，有一位经常投稿的作者是时任立法委员的马乘风先生，他笔锋犀利，论政深刻，主张台湾应逐步走上民主政治之路。不幸他经人举报，以"匪谍"之罪名送入牢狱，下落不明。其后先父接到公函，蒋介石接见，要听先父谈谈台湾社会现象和民间舆论。先父在被接见时问起当时下落不明的立法委员马乘风的情况，并告诉蒋，社会上对此案众说纷纭，反应不佳。老蒋立即脸色大变，十分气愤地说："不了解情况，不要乱问。"会谈也就此结束。

  二是，有一位东北籍的刘博崑立法委员，在一册个人藏书的某页上写下"蒋某未必有此雅量"的眉批。是比较毛泽东以往一事而言。此书由邻居借去阅读，其人后来和刘委员反目失和，将该书送呈老蒋。蒋氏阅书后龙颜大怒，降罪于刘，立即革除了刘博崐的立法委员职务。蒋无雅量之说由此证实。

三是，蒋介石在台湾过七十诞辰，放言希望各方人士以进言代替庆祝。先父写一文发表，建议蒋氏要"减忧节劳"，不要大权一统，操劳过分，也不要事必躬亲，日理万机。其结果便是忠言逆耳，得罪于他。

四是，台湾《自由中国》刊物创办人雷震先生在台主张由部分国民党人士和其他党外人共同创办一个"新党"，以发挥对国民党监督和竞争的双重任务。蒋介石大怒之下，于1961年9月下令将雷震押解入狱，借口是《自由中国》杂志言论歪曲，动摇国本。其后由胡适先生在国外发起，要营救雷震先生出狱。国内外共有20多位学者和知名人士签名投书，先父是其中之一。据说，该请求书引起蒋氏万分震怒，撕为粉碎，投掷地上。雷震入狱也坐足了10年之期，才获释放。因此，先父也登上了蒋氏的"黑名单"。转年2月28日先父在东海大学因病逝世，其毕生"公务员"的身份竟不能获得台湾铨叙部的认可，遗属应获得的抚恤金也分文不发。

总之，以上种种事例都说明和突出了一个现象和问题，那便是：以言犯上，罪加一等；仗义执言，谈何容易！再有，拒纳忠言便也是家国败坏的先声和后果。

对于年青人，先父总是极力鼓励他们要敦品励学，充实自己，好作国家未来的栋梁之才。先父对我们讲："有能力，无抱负不成；有抱负无能力，也不成，必要两者兼备，才能为国家出力。"又说："年青人必需在古人和今人中取法一两个人，作为个人处世为人可靠而良好的标准。"先父一生最佩服的师长是王云五老先生，一生最推重的古人是汉末的诸葛武侯。据先父讲："王老先生是苦学成名，学贯中西，忠公体国，品德高尚的忠厚长者。诸葛先生是竭智尽忠，澹泊明志，鞠躬尽瘁，死而后已的忠义之士。"又说："史可法、文天祥等人大难不苟，从容就义的一瞬间表现，乃是他们一生养天地正气，法古今完人的自然结果，是由来已久和水到渠成的事。一个一辈子见利忘义唯唯诺诺的小人，在国有大难之时，绝不会顿然醒悟为国捐躯，这和一个一辈子忠公体国，大义凛然的志士之必然要成仁取义、为国效死，是同样的道理。"

对去机场或去车站迎送达官贵人的事他绝少去做，认为这多是迎送如仪，缺少真情，不需要自己再去凑数了。这桩小事也表明了先父为人态度的一面。

先父存心宽厚，古道热肠；尽管外表俨然，而内心热情如火。先父有了烦恼困难总是个人一力承担，绝不愿因自己情绪的低落而影响到别人。对于任何亲友、学生乃至素昧平生登门求助者的困难，却会视同自己的困难一样，一定全心全力为人求解。因而，先父在世之日，助人一臂之力的举动经常出现。

有人求先父帮忙，他若无能为力，便一口回绝，从不加以敷衍。我问他老何以如此，为什么不圆滑一点，说些动听而无济于事的话去应付这种场面？先父则说："记住，英年，当你确实不能为人尽力的时候，必需要直截了当地告诉他，白白让人家抱了一阵空希望，岂不是未助之反害之了吗？就如同：对于一个垂死的病人，我们应该尽量说些好听的话去安慰他。但对于一个本来可能医好的人，如我们医术不济，我们绝不能冒充良医，耽误了他挽救的时机，必需直截了当的告诉他，自己医术不行，请他另就高明。"

尾语：先父安息于台中东海大学附近山坡地段风景幽美的台中公墓，迄今已56年。1972年2月下旬美国尼克松总统前往大陆与周恩来总理签署了"上海公报"。尼克松总统成行前我便开始在美国新闻媒体（电视和报刊）和公众场所公开发言，力挺华府与北京关系解冻和进行建交的行动，认为这是惠及双方和国际大局的必要措施和明智之举。因此，我立即被台湾执政当局视为"叛逆"，迅速列入了禁止入境黑名单的前列，持续26年，直到1993年才解禁，其后我才得以入境台湾，前往台中先父公墓祭扫。

2012年2月下旬，在先父逝世半世纪后，他的子孙辈和各界人士在美国旧金山市（1919年先父在该地加州大学勃克里分校就读研究所）举行了一场追思先贤臧启芳先生的纪念会，会中有多人发言，对先父的高风亮节、毕生奉献各抒其见，这正是"斯人已逝，精神长存。"

先父启芳公一生奋斗和努力的领域是作育英才、舆论报国和全力促进自由民主国家体制的实现。

如今中国一定要励精图治、体制改革、振兴民主、言论自由和认真推动尊重人才，彻底贯彻以人为本、科教兴国和鼓励创新的国策，有妥善的通盘计划，有充分的资源支持，有贯彻实施的决心和行动。

当前，中国人民要接受号召，实现其"中国梦"，求的是安居乐业，平安是福。而国家领导也必须责无旁贷地去创造一个和谐、和平、和乐的社会环境，和清新、优美、安全的自然环境，从而人尽其才、物尽其用、货畅其流、地获其利、天得其时，让中国人有更佳的条件、士气和保障去实现他们的理想和美梦。届时，人人强，国家强；人人富，国家富。而此一顺序不能颠倒。

2018年4-6月

美国对华不宜强硬登场

美国《华尔街日报》10月26日议论版发表了哈德逊研究所下属美国海权中心主任克劳普西先生的一篇文章，标题是："如何用冷战取胜北京。"此文意在呼应10月4日美国副总统彭斯在该所"美对华政策"的讲演，强调美中关系已达到转扭点，美国必须采取强硬立场，在冷战中制服中国。

克氏提供两条路线对付中国，一是美国自动自主，二是联合友邦共同努力，重点是鼓动东亚国家集体对北京发难，印度和澳大利亚也要联合助阵。克氏是海军出身，曾在美国雷根总统和老布什总统任内海军部出任高职。他主张的对华战略便也出现了壮大美国海军威力，在西太平洋遏制中国海军势力的发展。这一招便也是不言而喻，可以为习近平主席立时领会。再有，美国也要在电讯战里加强实力，对华可攻守兼备。美国在人工智能的领域能量强大，应可制敌获胜。

在寻求地区联盟时，他特别重视台湾的潜力，主张要加强对台军售，美台要高官互访，美台军舰要进港造访等。他的这一立场和立论正是美国鹰派人士一贯的主张。

谈及俄罗斯，克氏的高招是"美国应鼓励莫斯科和北京之间现存的诸多冲突加剧，例如在中亚争霸和抢占北极资源。"针对新疆和西藏内部少数民族的问题，他认为美国应该加以关注和运用。

此文的结论是，美国要保持亚太地区的主导地位，便要视中国为最大的挑战方。要防范中国政府独霸野心的伸张。要保持美国安全，就要协助盟邦，显示华府无意在此一地区退缩。川普政府也要全力以赴，在这一战略竞争当中，确保美国胜算。

我认为克氏全文立意的失误来自四个方面：一是误解了中国大陆的本质和实况；二是误读了美中互动的要点和方向；三是误判台湾可以应美之需，成其马前卒；四是误认亚太诸国要与中国对抗才能维护其本国利益。且容我一一道来。

中国大陆本质和实况是，以习近平为首的中国，虽然他已将党政军大权集于一身，他面临的第一重点仍然是稳定国内局势，支撑中共执政权不坠。这一首要任务是千钧重担不能退却，不易负担。中国对国际事务的参与和行动都是以"稳内"做优先考虑。中国缺乏实力也不存野心要去独树一帜和美国争霸。由于民智已开，信息流通，中共治国已不能一手遮天，置民心于不顾。但是，还不能痛下决心，进行脱离一党专政的政治改革。目前是尽力拖延，自顾不暇，根本谈不上什么"争霸世界，自成盟主。"

二，美中互动的要点和方向是互利互惠，和平共存。不存在你死我活，互不两立的情况。在国际事务，亚太地区和美中之间，彼此利益的互助互补远远超过利益的冲突和厮杀。美中之间更不存在军力对决、真枪实弹的可能和必要。因为一旦爆发战争，就是两败俱伤，绝无胜者。因而，美国扩充军力，中国大陆也相应跟进，双方是浪费资源，无法"养兵千日，用兵一时。"美中之间应不断扩大交流合作，在国际事务、环保、经贸、文教、旅游等各方面着手，化解当前经贸关税之争，做长远打算，为世界造福。美国也要一直关心和促进大陆上人权的改善和民主政治的进步,设身处地,言行合一。

三,台湾不会应美国之需,成为美国遏制中国大陆的马前卒。美国鹰派人士涉及美台互动的冒进主张,都是对美国、大陆和台湾三方面造成损害的不智之见。大陆和台湾都要维持现状,避开台独走向的纷争和不良后果,在两岸交流方面保持稳步前进和日益扩张的势头,让自由民主的潮流顺势上涨,让两岸和平统一的实现自然产生。在台执政的民进党更要收敛鼓吹台独的虚晃一招和对台伤害,更不该追杀国民党,要置其死地,形成一党独大和破坏台湾民主体制的败局。

四,亚太诸国与中国合作方是正理。中国在亚太地区的近邻,也延伸到印度和澳大利亚,都要在和中国合作竞争的领域里掌握分寸和掌其要义。那便是各施所长,通力合作,降低冲撞,减少互损。对中国提出的"一带一路"方案以及"亚投行"的架构要用心思考,选择投入,已达到彼此受益和建设亚洲的理想目标。亚太诸国的通力合作也应吸取欧盟的经验,取其长,避其短。当然,中国是亚洲最大、最有实力的国家,要以"恕道"和邻国相处,取得信任,增强合作。

总之,我对美国哈德逊研究所克劳普西的言论视之为,鼓吹对抗,偏失正道。在言论自由、各倡其说的美国,也不代表美国主流思想。而中国也面临考验,高谈阔论足矣,付之实施岂能!中国的领导者要顺应世界的潮流,走自由民主的大道,建设国家,造福全民。

正所谓:"中美并列齐向前,和乐相处共欣欢。历史长卷留佳话,造福世界利人寰。"

2018年11月9日

读"川习危险论"有感

我用心阅读并翻译了《纽约时报》11月18日所载的克里斯多夫先生的论述"川普和习的危险"之后感触良深。作者克氏诚然是一位亲华知华的学者,可以一语中的和入木三分地描述了川习两人的本质,并产生了对美中关系趋于恶化的忧虑。但,智者直言可以无虑,忠言逆耳时而有之。于此,我要解读一下克氏用心良苦的一席言。任何国家元首的出身、见识、理念和取向都会对该国和四周产生影响,而专制国家如中国者,其影响力也更为显著。习近平是在环境恶劣的文革期间成长的,而后因缘得势,在政坛扶摇直上,其视野难以宽广,其心胸不易坦荡。川普总统以成功企业家的身份误打正着进入白宫,他翻雨覆雨、多姿多彩的商业经历即是他的特长,也是他的门坎。欲以商业理念治国，或以商业手段处理国际外交便也是以偏概全，力所难及了。于是，川普和习近平都有类似的局限。如今两人狭路相逢，互不相让，都兴起"勇往直前勇者胜"的念头，便也正是克里斯多夫先生"危险论"的焦虑所在了。

针对美中两国在亚太地区争斗的情况，习近平说过一句话，大意是，此一地区够大，可以容许两者并存。然而，说是说，做是做，如今中国的表现是骄纵有余，收敛不足，既引起了亚太邻国的疑虑，也引发了对岸美国的警惕。同样糟糕的是，中国之所为让许多美国以往的亲华者，这包括政经人士和著名学者等，都痛失立场，大失所望，而心态改变了。这是克氏的论点，我十分同意。

克氏著文的另一推论是，美中对抗，出手过招，在误判和低估对手的情况下，双方都是信心十足，自以为可以稳操胜算。这种情况下，极可能不幸启动一场持久恶斗，到头来两败俱伤，胜者无存！尽管中国，如克氏所说，身怀不少"伤敌利器"，可以发放自如，打击对手。可是，这都是双刃剑，能伤人，亦害己。国人响应爱国号召，拒登麦当劳、肯德基之门，不用可口可乐和美国啤酒之饮，免穿耐克鞋和美国衫，这些公司就也停止在中国购料生产，并解雇中国员工，直接形成对中国经济发展和社会安定的两大冲击。在华经营的美国旅馆关门了，工厂倒闭了，其雇用的中国员工也一律失业。

中国稀土原料不出口了，中国放宽对北朝的制裁，也都是伤自己、犯众怒的举动，岂可冒然从事。中国大量购买美国政府债券和存储丰富美元都出自经贸的需要和考量，这不能意气用事，随便抛放。美国希望中国不要窃取美国高端技术，要尊重专利保护，不要在市场经济的运作下偏袒国营企业，要重视人权，开放自由空间等，这都是为改善中国政经情况和加强为民服务的必然措施。没有美国的期盼和催促，中国政府也该视为当然的努力去做。中国和执政者当前最大的考验便是，如何真正把政党和人民的切身利益结为一体，共存共荣，无一偏废。专制政体的致命伤便在于它和广大人民的利益分道扬镳，强取豪夺，在民主意识成熟实行的今天已面临穷途末路。尽管在刚刚结束的东盟峰会里，习近平主席和美国彭斯副总统彼此是言辞犀利，互不相让，但笔者仍希望在11月末的G20峰会期中习主席和川普总统会晤时可以清理出一条美中对抗降温，美中重新合作的转移方向。正如习近平主席所言，亚太地区够大，全球范围更广，便可以容下美中双方的和谐发展与互惠并存。用一句众所周知的美国耐克公司的广告词结束全文，其言为"动手做吧"（Just do it）！

正所谓："亚太世界何其广，中美并存奔前方。心胸狭窄难成事，目光远大好商量。"

2018年11月22日

台湾热选后 冷眼看前程

11月28日,我在和台湾海军机校老同学网上交谈的"云会"里得知,台湾九和一选举落幕,在县市选举里蓝营以15席比6席的压倒优势战胜了在台执政的绿营。民进党主席蔡英文因选举惨败引咎辞职。随后我再和在台的一位老友通话,他告诉我说:"这次选举,选民热情高涨,选前几天的国际航班和岛内交通都是人员爆满,一票难求。"

他又感慨地说到:"这可以说明台湾选民对民进党是大失所望,众叛亲离,而难以视为这是对国民党的万众归心。"

不错,这次台湾中期选举蓝营翻盘是个好消息。这将对亲民党今后在台施政产生牵制和压力,也增进了2020年台湾大选时国民党重新执政的胜算。

在球场竞技时常听到一句话是:"胜不骄,败不馁。"此言用于政坛情势也适得其用。换言之,蓝营人士在这次选举获胜后要头脑清醒,胜而不骄,视其为台湾多数选民对蓝营已加重了认可、支持和期盼。蓝营便也重任在身,要在今后尽其在我,全力以赴,展现能量,取得成绩,继续推进台湾民主政治,不断改善两岸关系,处好台美互动,为亚太地区的稳定和繁荣作出贡献。我对台湾,两岸和台美三方面的前景抱以如下的期望。

台湾内部

台湾民主政治的奠基和起点源于30年前蒋经国主政和去世前开放党禁和报禁。这打开了台湾政党政治的大门,也创造了日后台湾政党竞选胜者顺利登场、败者和平退让的局面。允许民间自由办报便也是言论自由的开端,从而民间增加了对官方的反馈、监督和进言的公开渠道,这一功能也扩散到诸多新闻媒体,势力日增,形成气候。再加上台湾在80年代以后经济起飞和民主条件显着改善,台湾已基本做到第二次世界大战末期美国罗斯福总统四大自由的倡言。其为:免于饥饿,免于恐惧,信仰自由,言论自由。

可惜,在2000年至2008年,和2016年以后,由陈水扁和蔡英文个别代表民进党执政台湾时,台湾民主政治的运作不进反退。他们先后以族群对抗、两岸疏远、台独走向和打压国民党为施政方向,便造成台湾内部撕裂,社会动荡,经济下滑和国亲两党恶斗的局面。这一挫伤台湾同胞基本利益的走向不应继续和伸延了。

国民党要掌握此次选举获胜的良机团结内部,运用资源,接近群众,鼓舞青年,督促民进党,朝野一致对台湾政治、经济、社会文化教育各方面的建设做出实质贡献。

两岸交流

1945年日本投降，太平洋战争结束后，国共两党共同错失了合作建国、推进民主的良机。国共兴战，国军兵败如山倒，大批军民退守台湾，情势险恶，岌岌可危。这时毛泽东决定发起"抗美援朝"军事行动，美国总统杜鲁门下令，美国第七舰队驻守台湾海峡，中共解放台湾的打算便也全盘落空了。

其后逾半个世纪，两岸形成不相往来的对峙僵局。直到2005年4月下旬国民党主席连战应邀率团抵达大陆，开展了"破冰之旅"，两岸才恢复了彼此的交往。"大三通"随之而至，两岸之间也陆续建立了官方与官方、政党与政党、民间与民间的三套互动机制，尤其是在2008至2016年间，马英九在台主政时，两岸之间的往来还加速前进，不挖台湾墙角的"外交休兵"也基本实现。这和蔡英文在台执政两年多以来痛失"建交国"半打之多的困局形成强烈的反差。

如今大陆和台湾综合实力的对比已是强弱分明，显然易见。可是，台湾只要保持中华民国称号，不宣布独立，不招引美国军舰入驻台湾港口，大陆是不会对台湾贸然动武的。尽管两岸之间的和平统一没有明订的时间表，两岸应存有默契，要共同努力，朝此方向逐步迈进。再有，两岸都不可以"乐见"对方产生乱局，抱幸灾乐祸之念，或视其为可乘之机。而是要积极促进彼此的进步和繁荣，甘苦与共，冷暖同尝。

大势所趋之下，大陆上专制的体制也会逐渐改善，假以时日，应可拨云见日，再现春天。

台湾当局的当务之急是一面加强自身建设，一面保持和大陆的良好互动。不要以无谓的挑逗行为去触怒大陆，要本着"两岸一家亲"的心态和立场与大陆努力合作，和谐共处。

台美互动

1979年初华府和北京建交。随后，美国国会通过了《台湾关系法》，说明：美国承认台湾是中国的一部分，两岸解决问题要采用和平手段，美国将以防御性军备出售台湾。这便是说：军备售台是权宜之计，不能持之永久。台湾独立不为美国支持。

虽然美国川普总统就职前和蔡英文通了电话，他上任后美国的行政和立法部门也曾多次表态，对台湾表示了关注和支持。但是，美国为自身利益着想，决不会力挺台湾，不顾后果和大陆形成军事对抗的局面。台湾当局也应心里清楚，美国绝不是台湾的"铁哥们"或"硬靠山"，可让台湾独立，和与大陆切割。台湾不独立，大陆不动武，台湾也应自订日程，最后完全停止购买美国军备。对美国而言，"台海无战事"就是美国最省心和乐见的局面了。军备售台是小事一桩。

同时我认为，大陆不要因为美国白宫、国会或个人对台湾有任何亲善友好的表示，就视其为恶意"反华"之举，难以容忍，要口诛笔伐，认真计较。因为在美国民主政治运作成熟的体制下，三权分立，各有立场，牵制平衡，难出大错。"表态"可以花样十出，应运而生。"行动"则是大事一桩，谨慎从事。

总之，我希望这次台湾中期选举蓝营获胜的局面可以发展成台湾更进步，两岸更和谐，台美更稳健。则中国幸甚！世界幸甚！正所谓"选举获胜今日始，前程开展费心思。大陆台美齐努力，普天同庆应有时。"

2018年12月14日

百年忧患寻出路，路在何方

引言

世人已迹近遗忘的是82年前，1936年12月12日这一天中国发生了震惊中外的"西安事变"，又谓"双十二事变"。事值中日战争全面爆发前夕，中国正面临日军入侵、家国危亡的险境。当前，中美之间蓄势待发的贸易战前景难测，其结果对中美双方和全球经济局势都有重大影响。

近百年来中国是内忧外患接踵而至，国人也一直在摸索寻找自立自强之道路，要实现民富国强之理想。1919年爆发了"五四运动"，倡议民主与科学，但未能滋长壮大。

西安事变

此事发生的主要原因是，时在中国掌握实权的蒋介石军事委员长坚持"先安内，后攘外"的政策，要首先消灭视为心腹大患的共产党和红军，再应对日本侵华的威胁。他又私存排除异己、一石二鸟的算盘，授东北撤守，驻扎陕西的张学良将军"西北剿匪副总司令"之职，督促他和已落脚陕北进行整修的红军残余部队正面交锋。这样，东北军和红军相互厮杀，双方折损，蒋氏便可易于掌控，从中得利。可是，蒋氏的如意算盘未能兑现。东北军统帅张学良和西北军统领杨虎城都迅速识破了蒋氏的用心，他们不但不接受指令，死心踏地和红军对敌，反而是互通款曲，达成相互休兵和彼此合作的协议。那便是"中国人不打中国人"，国人要共同协手一致抗日。

蒋氏不满张学良剿匪进度缓慢，于1936年12月上旬率一批文武要员到达西安，对张学良训斥和督战。其结果是促动了官逼民反的爆发点，张杨决心联手发动了兵谏，擒捉蒋氏于西安华清池的临潼山。张学良此举意在逼使蒋氏改变心意，要他放弃剿共，转而对日备战。西安事变的直接影响便是，中共和红军得以存活，并在中日战争爆发后执行表面抗日，实质自我壮大的政策。二战后又是运用策略，掌握时机，将腐败透顶和丧失民心的国民党彻底击败，于1949年10月1日建立了中华人民共和国。

在蒋氏接受张杨建议，口头承诺后，张学良就释放蒋氏返回南京。他又亲抵南京承担事变责任，便也身尝了逾半个世纪丧失自由遭受软禁的苦果。1980年代末，我在上海会见了时任上海政协委员的孙铭九。1936年西安事变时他负责率队在临潼山上找到了藏身的蒋委员长。我和他长谈终日，对西安事变的经过和前因后果增加了不少了解。也受他之托，在返美后投寄了他写给蒋氏原配陈洁如的亲笔长函。

在抗日战争期间和战后，拘留张学良将军的地址三迁四移，最后落定在台湾北投。1988年12月12日西安事变52周年之际，我参加了海内外学者及张学良将军旧属亲友在美国华盛顿召开的西安事变史实评述讨论会，会后大家一致签名致函台湾李登辉总统，呼吁要立即解除对张学良的幽禁。1991年张学良首次获得自由后前往美国探望亲友，后移居夏威夷养老，于2001年10月15日逝世时享年百岁。

爱国宏愿

2003年10月23日，蒋介石夫人宋美龄在纽约辞世，寿高106岁。我于12月在香港《明报月刊》里发表《爱国宏愿仍待实现》一文，副标题是，"有感于张学良和宋美龄的先后去世"。我在该文结尾时说："如今，中国自由民主的前程未定，两岸分裂的情况持续至今。蒋介石在先，毛泽东在后，都需要负起主要责任。中国统一，民主富强，不但是张将军和蒋夫人的遗愿和全世界华人之所求，更应为今日两岸当政者汲取历史教训而全力以赴的奋斗目标。"想不到15年后时至今日，这一期望是仍待实现。

掀起内战

美国于1941月12月7日，日军偷袭珍珠港后正式对日宣战。再于1945年8月6日和9日将两枚原子弹分投日本广岛和长崎，从而结束二战。

不幸，二战后蒋介石又兴起了私念。他要调动数量庞大、美式装备的国军一举歼灭红军。岂不知此举是违反民意和国父孙中山的遗训，"和平，奋斗，救中国"。二战后，国府大员前往沦陷区接收，几近伤心病狂，犯下"劫收"的劣行，丧失了民心，导致国共内战时的全盘失败。国府人员于1949年撤往台湾之前，美国也发表了"白皮书"，置国民党于不顾了。

征讨频繁

在国府撤往台湾危机四伏之际，韩战于1950年6月25日爆发。其后毛泽东发动"抗美援朝"，遣人民志愿军入韩支援北朝鲜作战。待到1953年7月27日停战时，中国付出了约50万人员死伤的惨重代价，维护了北朝鲜的幸存，将韩国南北分裂的局面持续至今，也种下北朝鲜金氏三代跋扈伤民的伏笔。

1960年代中共又挥军入越，进行"援越抗美"，参战的中共志愿军还要乔装是越南人，其煞费苦心和自欺欺人已达绝至。北越成功地统一了越南。但1979年2月中旬至3月中旬，在邓小平的指令下中国又启动了"对越自卫反击战"，此役是先进后撤，牺牲不小，收效微微。这些军事行动便也四面树敌，孤立了中国，涂炭了生灵，和错失了中国内部建设和造福人民的大好良机。

生机重现

1976年毛泽东逝世，四人帮倒台。邓小平复出掌政，于1979年开始推行"改革开放"政策，将极左路线修正，将经建和生产提上日程，中国前途又现生机。2018年9月邓朴方提醒国内高层人士公开发言说："改革开放对人民心愿和追求幸福生活力加认同，激发了广大民众的智慧和力量。让每一个普通人都有机会和据点去改善他们的生活和改变他们的命运。"这诚然是，先有其父之行，后有其子之言。

中美互动

根据史实来看，清末和民国时代美国对华是相当友善的，在列强蚕食华夏的过程中相对收敛。19世纪末八国联军侵华，获胜逼清庭签下了辱国赔款的庚子条约。其后美国率先将部分庚子赔款归还中国，用以创办了清华大学。二战时期美中是同盟国。而中华人民共和国成立后，中美在韩战和越战里两次兵戎相向。

1979年元月在美总统卡特任内美中复交，两国间的交往步入正轨，日益频繁。直到当今美国强人川普主政白宫，中美关系又面临考验。目前剑拔弩张的中美贸易战已获得90天休兵，如今美国提出的要求是，只要中国大量购买美国的农业和工业产品，以减少贸易逆差，不迫使在华投资的美国企业交出技术机密；不偏袒国营企业；要重视专利保护；要开放自由空间；要制止中国制造的毒品输入美国市场，这一切要步骤明确，有效执行。那么美国在贸易战休兵90天后，就不提升中国输美物品的关税到25%。美方的要求是促使中国进入世界市场和经贸运作的正轨，难以视其为过份或敌意的要求。

令人担心的是，大陆又要发动宣传，鼓励"爱国"人民上街游行，不吃麦当劳肉饼，不尝肯德基炸鸡，不喝可口可乐……而保留乘坐波音飞机和购买波音飞机零件……倘若这种意识型态和意气用事的行动风起云涌，畅行其道，就真是国人"若助之，反害之"的倒行逆施了。

基本上我乐观看待美中贸易战的走势。很可能三个月后美中双方各让一步，各有所获，而停止或缓和对抗。按说，若美国将中国输美货品的关税增至25%，结果是，中国出口困难，利润和输出量减少；美国广大消费者负担加重，选择受限。美国输华产品受到中方抵制也面临类似处境，总其成，对美国减少对华贸易逆差毫无帮助。

华为事件

12月初，中国华为公司高管孟晚舟女士（华为公司董事长任正飞之女）在加拿大登机离境前遭到加拿大官方扣留，而后交保释放，听候开庭，是否要引渡她到美国去接受美国的司法审查仍未定。她涉嫌的是，华为公司曾非法与伊朗交易，违反了美国制裁伊朗的禁令。用心思考，这一事故的发生不宜直接或随意视为是美国政府特意的安排，要为美中贸易战敲边鼓、加筹码。因为美国司法体系一贯是独立的，不会受到行政部门的指使，去配合作战。司法部门调查华为公司是否违规的过程是漫长而仔细的。正巧此时调查结束，有证可凭，便采取行动了。据了解，中国处理此案态度慎重，没有轻易将其与现行的美中贸易战挂钩。两案要各别处理，各得其所。中方这种理智沉稳的处置，令人感到欣慰。

但在孟女士初为加拿大官方拘留时，中国政府发言人立即警告加拿大必须放人，否则加拿大将面临严重后果。我认为这一声明是过份和失当的。因为加拿大和美国签有境内嫌犯相互引渡的协议，此次加拿大的行动是依法行事，理所当然。中国要挽救孟女士只能直接在美国司法的程序下据理力争，提出反驳，阐明华为公司没有触犯美国对伊朗的禁令。更何况一旦引渡完成，中国是难以下手去严惩加拿大的。

智者有言

美国的《纽约时报》2018年11月25日发行了一个专版，命题是"中国规则"。其中仔细分析了中国崛起的过程、因素和成效。意在提醒美国，中国是值得关注和应加防范的。该文洋洋数万字，在开头的简介里说："西方曾经肯定认为中国会失败。由政府掌控经济增长削弱。高压会打压创新。网络信息难以控制。以上各点预测全部落空。中国现为超级大国，可能快速超越美国。此一专版在于说明何以至此。"该文也引述了95岁高龄中国通吉辛格博士的论点，他认为："美中两国威力强大，可以制造出乎意想的损害让彼此重创，但为世界着想，它们要找出一条局部合作的途径。"他又说："我们要尽力朝那个方向前进，但难以保证结果如何。"这是一番语重心长的智者之言，值得中美双方执政者用心聆听。

以史为鉴

82年前促发西安事变的蒋委员长过于自我中心，打小算盘，忽略民意和民主走向。毛泽东更是狂妄自大，自以为是，破坏经济规律和人性尊严。他要短期内"超英赶美"，要自封为"第三世界霸主"。正如毛泽东所言："风流人物俱往矣"。如今习近平主导的中国务须要牢记历史教训，勿蹈前人覆辙，跳出一党之私，并了解到当前见效的"中国模式"是，重视经建，停顿政改，一切改革止步于政治民主化；注重开发，破坏环境，夺取了后代子孙可用的资源；全力维稳，放弃维权，误置了国家安定的要点。如今已造成贪腐加速，民怨载道；社会分化，贫富悬殊；道德沦丧，公德丧失；以及自由压缩、违背民心的严重后果。

习主席是重任在身，别无旁贷，他要认清中国国泰民安垂至久远的出路是文化昌明，人民富足，官员廉正，番邦善处，亚太和平。是乃任重道远，但弥足珍贵，要汲汲以求。正所谓："自由民主光明道，全力以赴不可少。党私旁搁顾全民，民富国强万世好。"

2019年1月4日

为实现中国和平统一献策

2019年初，两岸互动里最引人注目的一项新闻就是大陆习近平主席和台湾蔡英文总统直接的立场交锋。蔡先发表了元旦讲话，习告知以《告台湾同胞书》。习强调，统一是民族复兴的必然要求，要探索"一国两制"对台的适用方案，建议台湾各党各派人士和大陆进行政治协商会议，并保留武统的选项。

随后，蔡对习的发言立即反应，也在外国记者简报会里明确表示，台湾人民的共识是拒绝九二共识，不接受一国两制。他们对大陆不信任是由于："中国民主体制欠缺不足，人权纪录不佳，未放弃武统立场。"台湾有待中国大陆踏出民主和人权的脚步。蔡在新年谈话里针对大陆提出的四个必须是："必须正视中华民国台湾存在的事实，必须尊重台湾两千三百万人民对自由民主的坚持，必须以和平对等的方式来处理我们（两岸）之间的歧异，必须是政府或政府所授权的公权机构坐下来谈。"

台湾在野的国民党针对习和蔡的讲话反应较慢。国民党主席吴敦义、前主席马英九和朱立伦都一致发言，反对台独，承认九二共识是两岸走向和平的开始和基础。而台湾承认的九二共识是"一中各表"，不是大陆坚持的"一国两制"。

美国媒体对习蔡交锋的新闻也有反应，《纽约时报》2019年1月6日刊出一文，标题是："台湾领导拒绝北京的统一论。"文内说："蔡英文在台北对外国记者做简报时说，台湾任何政治人士若是接受习近平主席最近的发言，就是违背了台湾人民的意愿和信任。她也呼吁国内和国际要支持台湾立场。……蔡的发言提升了她在台湾的声望……华府留意到蔡坚持的论点……美国国会里要协助和维护台湾民主体制的呼声日益增长……"

纵观台湾局势和各方表态，可以看出以下重点：

一，蔡英文在台湾九合一及县市议长选举中惨败。她急需重整旗鼓，争取2020年台湾仍由民进党执政。她断言拒绝了九二共识和一国两制，说明台湾是独立自主，和大陆平起平坐，不采纳大陆统一模式的号召。此举获得了台湾多数人民的支持。

二，国民党接受"九二共识"的前提是"一中各表"。台湾在中华民国名称下掌握治权，不承认北京对台湾拥有主权。换言之，当前的实况是，一国两区和一国两治。

三，美国赞成台湾体制，同情和支持台湾，承认台湾是中国的一部份，但不支持台湾独立，并主张两岸之间解决纠纷不能诉之武力。

四，大陆对两岸统一有使命感，没有明确的时间表。但决心以武力为后盾，制止台湾走上独立分裂之路。

五，当前两岸和平相处，互利互惠及互通有无是暂时安定的双赢局面。可是，如今蔡英文已被大陆官方明订为"台独份子"，倘情况继续恶化下去，"台海无风波"的现况会产生不良变化，危及两岸的和平相处和友好往还。

回顾历史，毛泽东1949年击溃国民党退守台湾之后，竟然改国名为"中华人民共和国"，为两岸至今的名份之争和两个中国的争议种下伏笔，十分失策和不幸。蒋介石1972年在中华人民共和国进入联合国、并取代中华民国在安理会的席次时，毅然决定，"宁为玉碎不为瓦全"，将中华民国退出了联合国，就留下了日后中国统一的机会。否则，两个中国从1972年起就在联合国内并存，迄今已47年，早已固定成为南北韩并列的局势了。

2000年5月20日台湾首次政党轮换，陈水扁代表民进党登台执政时，我灵机一动，为他拟就了一篇他的就职演说词，在海外报纸公开发表。提出了两岸和平统一的和解方式和渐进步骤。该文开始时说：

"许多关心两岸关系及中国和平统一前途的海外侨胞在集思广益、各献良策之下，给将于五月廿日在台湾就任的中华民国总统职的陈水扁代拟了一个他就职演说之中有关两岸关系部分的讲词：

各位同胞、各位嘉宾：我刚刚听到欧盟和中国大陆达成协议，双方谈妥了合作条件，欧盟支持中国加入世贸组织。'平等、友好、互利、互补'是双方遵循的原则和精神。我想，这八个大字也正好可以用来说明海峡两岸今后和平统一的基本原则和指导精神了。

在这次全民直选总统的竞争里，我有幸在台湾同胞的选择下脱颖而出，获选为总统，我今后最重要和唯一的责任就是为台湾同胞和中国人民带来幸福、自由与和平。

在二十世纪全球化的政治和军事冲突中，世界上产生了东西德、南北韩、南北越和中国分裂的不幸局面。如今，德、越已经统一，南北韩已开始了政治协商，难道中国统一的问题还不应该提上议程吗？

如今两岸和平统一最大的障碍来自两方面，一是"法统谁属"，二是体制差异……"。

针对以上两大和平统一的障碍，我提出以下的具体解决方案供大家参考：

• 中华民国成立在先，中华人民共和国成立在后，但如今为了和平统一，以后双方都称"中国"，为了目前识别两岸，北京方面称中国，台湾方面在中国后加一括号，注明台湾，即为中国（台湾）。

• 中国国歌，统一用"义勇军进行曲"，这是抗日战争时期唤醒民心、一致对外的爱国歌曲，这比"三民主义，吾党所宗"更适合为国歌。因为国共两党都不能再以党治国了。

• 国旗就把青天白日满地红旗和五星红旗和在一起，在"满地红"上增加五颗大小一致的星，这正好代表"工、农、兵、学、商，一起来救亡"。以往，美国和中国的国旗都曾经改变过，中国曾有过五族共和的五色旗，美国也曾有过十三星和四十九星等的前身，既要两岸统一，就把两岸的国旗也统一起来吧。

以上国名、国歌和国旗的调整，就自然组合了两岸的传统和精神，而可为全中国的人民接受。为两岸人民服务的政治家也可以名正言顺地推动这个计划。

为了消除两岸的差异和促进两岸的互信，我建议以下各项措施。

• 订出可行计划，开放党禁、报禁。两岸各党派最终可以互访，可以在两岸宣扬各党主张。两岸互设通讯社，新华社等去台北，中央社等来北京。双方订报自由，采访自由。

• 台湾安排人员参加中国全国人大、政协，中国派遣人员参加台湾国大、立、监委组织，费用自负，发言自由。

• 积极展开两岸三通，在经贸合作上更上层楼，共同努力，各施所长，开拓国际市场。

• 在科研、环保、气象、文教、旅游、文艺活动等各方面扩大合作，增加互惠。

• 大陆派人观察台湾各种选举，大陆逐渐实施各级政府官员由人民直选产生的制度。廿年后两岸人民联合选举共同的中国总统。

• 台湾以庞大基金在大陆设教育基金会，协助大陆教育事业的推展，和现代职工技术的培训。

• 中国支持台湾方面派遣观察员进入各国际组织，观察员是中国代表团成员身份。

• 两岸在外国的驻外使馆人员开始建立交流互访关系，以增进了解和探讨可能的合作领域。

• 两岸都广泛征求爱国有识人士对增加两岸合作、交流，及促成和平统一问题，提出坦诚可行意见，讨论公开，不受限制。

以上，我提出的各项建议，只是一个理想的全程计划，在实施内容、步骤和进行各方面都有待海峡两岸去进一步地思考和斟酌。所谓：取法其上，仅得其中。如今提出一个理想的计划也是有其必要的。"

此文写于19年前的2000年。至今，两岸的三通和多方面的交流合作早已实施，唯有和平统一的目标仍待实现。海峡两岸的领导者若能真正为民着想，不以名位之争为先，不以党派之私为念，应可针对和平统一的两大障碍，一是法统、二是体制，深入探讨，寻获答案。认为什么体制用于中国可以富民强国，可以顺应世界潮流，为中华民族的复兴和中国的昌盛开拓一条浩浩荡荡的光明大道。

习近平主席建议，两岸各党各派人士可以共同投入进行政治协商，如何实现中国和平统一的话题是最为迫切和重要。正所谓："和平统一两岸求，全力以赴不罢休。名位私心抛云外，全民利益拔头筹。"

2019年1月25日

聆听真知灼见，慎思中国前途

马教授撰文：什么中国威胁？

新加坡大学的公共政策学马教授（Kishore Mahbubani）在美国Harper杂志2019年2月刊里发表了一篇专论，大标题是：《什么中国威胁？》，小标题则是："美中如何避免一战。"在美中对峙情势严峻和"中国威胁论"甚嚣尘上的当前，马教授这篇文章的立论颇有见地，别具一格，值得加以聆听和延伸讨论。马教授撰文的要点是：

一、中国在今后20年左右国家生产总值可能超过美国，而成为全球第一经济大国。美国诸多专家视其为挑战美国，对美国形成威胁。

二、而实际上，中国的经济、军事和政治力量均未敌对或入侵美国。美国应与日益强大的中国和平相处，以维持美国利益，并制约中国。

三、1978年以来，在中国共产党的领导下，中国已长足进步，但也引发了一些内部问题，如环境污染、贪污腐化和发展失衡等。如今习近平集大权于一身，意在掌控全局，此举获民众支持。中国对邻邦采用收敛温和战略，近30年未点燃战火。

四、川普总统向中国发动贸易战，意在控制中国，尤其是在科技方面的发展。此举不当，并不能解决美国贸易逆差的困境，而将徒增美国消费者的负担。

五、美国应当目光远大，既鼓励中国对美国投资，又加入中国"一带一路"的建设，并且在国内增加教育和研发的投资，有长远的战略布局，与中国结为合作伙伴。

六、中国的发展已势不可挡。要鼓励和引导中国遵守国际规则，加入合作体系。中国虽然没有自由民主的体制，但可成为与世无争、不具威胁的负责任的国际成员。这也是美国最佳的期盼和应努力推动实现的目标。

我的观点

马教授以上陈述的观点是平实、中肯的，是有建设性的。我的反应意见是：

尽管中国在20年内可以把国家生产总值提升到全球第一，这也不能肯定中国是世界第一经济强国。因为那时中国国民个人所得在全球的排行里仍然不会名列前矛。世界强国必备的软性指标，如文化素质、公共道德、守法习惯、社会和谐等，中国实难以飞跃猛进、圆满达标。所以中国的整体实力不会威胁美国，中国不能也不会拥有做"世界霸主"的野心和打算。

自1979年中国在邓小平副总理的号召下推行"开放改革"政策以后，将人员、教育、技术和资金等走出去，请进来，中国的确大有进步。可是中国一直没能两条腿走路，如邓小平1980年代提倡，将政治改革与经济改革同时进行。进而做到政治民主化，社会公平化，军队国家化。中国经济进步，出现了大量中等阶级的人群，他们知识程度较高，出国机会很多，信息来源丰富，自保意识增强，对中国一党专政制度的接受和欣赏都产生了疑问和衰退。在中国执政者专注维稳、忽视维权的现实环境下，他们都在观察习近平大权在握后是否会有真正"放权"和"利民"的实体措施出现，他们的耐心等待也不是无限期的。

我很同意马教授的意见，美国要自求进步，不要在全球担任警察任务，随处插手，到处用兵。美国要认清中国的存在和增长对美国没有威胁性。美国反而要和中国在经贸往还、科技发展及国际事务各方面通力合作，互通有无，共同成为造福世界的两大支柱。

1955年，周恩来总理参加在印尼召开的亚非会议时，首先提出国与国之间和平相处、互相尊重的五项原则。这一构思仍有实效。中国当前面临的改革内部和敦亲睦邻的双重任务须要注重两者：法治优于人治，维权胜于维稳。领导尊重人民都是大势所趋，有待实现。但如今，大陆执行的政策反而是压制言论、缩小自由和扩大专权的反其道而行。

正所谓见微知著，在忽视人权方面，我有两个具体的实例提出。一者是前解放军总医院普外科主任蒋彦勇大夫。2003年春天"非典"在中国爆发后，他率先揭发了中国政府掩盖非典流行的事实，获得世界卫生组织的留意，进行勘察，肯定了非典的发作，从而开展了在中国和全球对非典的防治和消灭。因而蒋大夫是"抗非典"英雄。2004年2

月23日他署名致函给两会及中央领导，建议将六四事件正名为学生爱国运动。当年6月1日，他被押解送往长期行政拘留和多次审问后得以释放，但从此完全失去了离开大陆、赴外旅访的自由和权利。他曾多次据理力争，书面申诉和请求，都毫无效果。

另一例涉及前中共中央委员、政治局常委赵紫阳总理政治秘书鲍彤先生。1989年"六四"事件爆发前的5月28日他被押入秦城监狱审查，以泄露国家机密罪和进行反革命宣传煽动罪判刑并服狱7年，1996年刑满出狱后，他爱国爱民，不断发表忠言逆耳的议论，从而他不但丧失了出国的可能，更成为治安人员24小时监管的对象，他们在鲍彤先生楼下驻扎，如影随形，日夜跟踪。鲍彤先生是拥有真知灼见和爱国爱民的志士，蒋彦永大夫是救国救民和坦率直言的义者。可是他们都丧失自由，沦为监管对象。这是中国人权不彰的重大污点。中国要改善人权，还蒋鲍以自由之身，是必要起点。我小蒋大夫一岁，和鲍彤先生同年，与两人交往既久且深，很了解他们无奈和痛苦的处境。于此为两位老友做"不平鸣"！

结论

中国大陆有望励精图治，逐步革新，改变体制，造福全民，成为对全球和平建设、繁荣发展勇于贡献、建树良多的一员。正所谓："天降大任于中国，千载难逢不旁落。改革开放兴社稷，自由民主是依托。"

2019年2月8日

怀念民主斗士李锐先生

2月16日，我接到大陆一位老友的信息："李锐今天早上8:30走了……我下午去他家看望张玉珍（李夫人），她已经（在医院）陪李老11个月了……"2月17日美国《纽约时报》用大半页的篇幅报道了李锐去世的消息，说的是，李锐星期六在北京过世，享年101岁。40年以来，他从1950年代毛泽东私人秘书之一的身份转为共产党的批判者、持异见的历史学家和在中国倡议自由价值观的领导人……。李先生坦率、突出、直言，他的经验见证了一代中国人的希望和失望。他的坚持和长寿使他成为中华人民共和国70年来批判政府最有影响力的一员。他的著作帮助历史家们重新认识了现代中国的重要事迹——尤其是毛泽东在造成重大灾难的大跃进应负的责任，其中有三千五百万人死于非命。同时，他的政治关系让他可以保护一些温和的异见者，坚持言论自由和倡议宪政。

但是李先生从未脱党，至终保持了党员身份。中共曾将他下牢、逐放，甚至几乎让他饿死，他被驱赶后最终回来，依然希望促成党内改革。上周去世的哈佛大学中国历史教授麦克法魁尔（Roderic MacFarquhar）曾说，"李锐自视为革命和共党的良心，但是他对自己终身服务的制度极为怀疑。"

李锐先生的女儿李南央16日上网发布"李锐走了"的讣闻，希望父亲离去后，"跟随旗手"和"拥戴领导人"的文化在中国也永远地走入历史。她又说，"我们只需要追随自己心灵的召唤，为了个人的利益和尊严，为了自由自在地思想和表达，努力地、坚韧地做自己能够做的事情。"针对李锐的遗愿，她说其父的交待是："不开追悼会，不覆盖中共党旗，不进八宝山革命公墓。"而最近传来的消息是，由中共中央组织部安排，2月20日上午在八宝山革命公墓举行告别仪式。李南央公开指责了此一违背其父遗愿的措施，不会回国奔丧。而尊重和缅怀李锐的高瑜和浦志强都接到通知，不得去李锐家吊唁或前往八宝山告别。

中国历史学家章立凡（中国著名大右派人物章乃器之子）认为，"李锐展现和代表了中国一代人的悲剧。许多人最初视中共为中国的救星，后来却变成毛泽东高高在上近30年的独裁专政。然后又期望改革可以最后导致转变，而这一期望也归于毁灭，因认为中国无能纠正集权。"章立凡又说，"炎黄春秋杂志（被迫接管）事件就说明了李锐和其同伴的梦想绝对不能实现。而李锐在拒绝中共的同时也拒绝了他的一生。"在中国大陆，我曾长住近30年（每年都短期返美一两次），结识了不少早年从海外返华定居的高级知识分子、民主人士和外国专家。他们都是满腔热血，要为国效劳，振兴中华，而后面临的却是国内局势恶劣的、与愿相违的变化，这些都使得他们陷入身不由己和非常尴尬的困境，心灰意懒，难以自拔。李锐先生的遭遇与此相仿，但他却坚持原则，努力奋斗，靡坚不摧，至死不渝。

1958年李锐担任中国水利电力部副部长时期，反对长江三峡水坝的兴建，力倡其说，延缓了水坝的建设。1979年他平反复职，再出任电力水利副部长，建立三峡水坝之议再次兴起，在中国特色的政治环境下，他已经无力阻拦了。在三峡工程运作20多年后的今天，已证明此工程是诸多隐患，获利有限的。在前述《纽约时报》2月17日思念李锐一文里，也提及80年代和李锐同一立场、反对建坝的环保斗士女记者戴晴。她对李锐的短评是："在选择真理和争取事业前途之间做一抉择时，他永远选择前者。他一生都是这样的真诚。"日前我和正在海外度假的戴晴通了电话，说及李锐过世之事，她立即传送给我她所著的《李锐与三峡工程》一文，文内有一段话是："李锐是世纪三峡论争的关键人物。作为共产党员的李锐，其一生的经历与蹭蹬，与这一工程，还有这条惨遭蹂躏无语忍受的大江之命运，浑然一体。"其言悲恸，其言甚是！

鲍彤先生是熟知史实、敢言善道的爱国名士，我请教他对李锐的看法。他说："李锐享年百岁。前40年不谈，后60年他有四大表现：一是1958年卢山会议里他仗义执言，支持彭德怀的为民述苦，触犯毛怒而在所不惜。二是他反对长江三峡工程项目，具有远见，据理力争。（用李锐自己的话，他说的是，心所谓畏，不敢不言。区区寸心，天人共鉴。）三是六四事件，他支持学运，反对用兵，不倒向当权者。四是他主张宪政，力倡民主，不断发声，立场坚定。"

我和李锐先生初次结识是30年前。1988年我送文章请他指教，他赠我三册书，一是他所著《李锐日记》，另两册是别人编著的他的文选，我珍藏至今。2002年9月28日我和他同时参加在北京大学历史系召开的"中国抗日战争遗留问题"研讨会时，均为报告者而再次见面。近十多年来则陆续在《炎黄春秋》杂志社的庆典和祝贺胡绩伟活动里出席相见，曾聆听他在场的慷慨发言和目睹他兴致所至的即席挥笔。我非常敬重李锐先生的做事为人，他的过世是中国社会的一大损失。

正所谓："大义凛然李锐老，挺彭反坝出头鸟。力倡宪政百年计，直攻专政千军扫。"

2019年2月22日

川金会败局 新希望兴起

在众目所瞩、寄以厚望下于越南首府河内召开了川普总统和金正恩主席第二次峰会，在两人第二天上午（2月28日）会谈时，情况急转直下，双方没有达成任何协议。原来预定的"工作午餐"和有待下午发布的"河内声明"都一律取消。（这是前一天美国国务院预报的两个执行项目）两国元首分搭车队，驶离大都会酒店会议现场，用中国成语来说，这正是："一言不合，一拍两散"了。

川普总统的解说是："朝鲜要求美国要承诺全部解除经济制裁，才能放弃核武。我不能接受这个条件。"他又说："我要把事情作对作好，而不是求速贪快。"此言反映了中国成语"欲速则不达"的警告和含义。

3月1日一早，我赶去临近的图书馆，仔细阅读了多家英文报纸描述"川金会"败局的过程和有关评论。可以总结出以下的观点：

一是，川普自视为谈判高手，乐于采用一对一方式与外国元首直接交涉，去解决问题和达成协议。而这种从上推动的外交模式，在"川金会"失败的现实下，被证明是无效的。

二是，所有国际间的重要谈判都是内容复杂、千丝万缕的，必须有专职外交人员和专业高手介入，从基层开始，让双方对接，做好沟通，明确症结，解决障碍，获得初步认可，在谈判条件成熟后上报最高决策人决定可以按照即成方案进行谈判。显然，这次峰会准备不足，美国会前对朝鲜坚持的必要条件不了解，一谈即崩，势在难免。

三是，川普的习惯是，对专制国家的元首有了接触，就赞口不绝，他也可以前后改口，说出另一番话。他似乎认为"说别人好话"不但是皆大欢喜，更是建立私交和友谊的不二法门，可在以后谈"正事"时，先行一步，派上用场。结果，对金正恩而言，这一招不适用。

四是，金正恩年纪不大，诡计多端。他知道美国的消息，川普以前的私人律师科恩刚在国会听证会上对川普作出不利的证词。川普面临国内诉讼缠身的压力，可能在"川金会"上急于求成，要达成协议，而满足金正恩提出的条件。没想到，川普要保住底线，不能太示弱让步，一口拒绝了金氏的要求。美国媒体对此一致反映是川普做对了，他"宁缺毋滥"。

五是，川普在河内和金正恩见面时曾问及金氏是否知道美国大学生莘姆贝雨在朝鲜遭受迫害的情形，金说他毫不知情，川普认为"他的话可以相信。"此一表述也遭受美国媒体和政界人士的大声指责，说他置美国可靠的情报信息于不顾，更取信于独裁者的一面之词。

六是，在这次峰会失败后，下一步该怎么做。要如何弥补，如何收场。金正恩若是就此蛮干硬撑，继续发展核武，进行导弹试射，美国该如何应对。

以上的观察和论点是言之有据，言而可信的。就此我要增添以下几点：

一、治国和治家治业有不同之处。治国只谈"利害"，不论"感情"。例如中国以往曾牺牲重大去救鲜援越，它们获利在先，忘恩在后，得不偿失，何必当初。以经商之道治国就更不行。建立私人感情，口吐甜言蜜语，都不足以改变对方要维护自身国家利益的坚决立场。希望川普能接受教训，而改弦更张。

二、一国之首过于自信自满，并招募一些维诺之士前呼后拥，要求他们"对己尽忠"，少出"逆耳之言"，他就会脱离现实，做出误判，到了某些关键时刻就会犯错伤身和误国殃民。川普，川普，切思！切记！（他先后开除了不少身边服务的敢言之士。）

三、对付凶恶暴君不可一味退让，让他得寸进尺，也不能立下杀手，殃及无辜民众。掌控金正恩也要如此行事。一旦放松经济制裁，增加的国库收入就会让金正恩用于军备和加强管制两方面，而不会用于改善民生，施惠万民。再有，朝鲜已因国内饥荒为理由向联合国提出数百万吨粮食的援助之请，若只供粮而缺乏粮食发放的有效监督，这一人道援助品的走向一定是金正恩的亲信人士和军警特工，一般百姓便只能望梅止渴，求助无门了。再有，朝鲜当局一旦签署协议缩减军备或废除核武，联合国必须要有长住朝鲜的检查机构,人员齐备,就近观察和保证有关协议的有效实施。

四、督促朝鲜放弃核武,增加南北韩互助交流,做经济和生产建设,应该是美国、欧盟和亚洲邻国共同关注和促进的目标。唯有同舟共济,才能共同幸福。

正所谓:"世界安危同一体,守望相助得其理。朝鲜得救应乐见,亚太和平众人喜。"

2019年3月8日

台购美机 有害无利

看到新闻报道,台湾要耗资数千亿台币购买美国66架F-16V战机。据说,美国同意出售,台湾行将采购。于此,我要提出4点理由的"购机无利"论。实现购机是:守台无用、邀美无功、拒中无方和利台无成。

守台无用

两岸相处,一旦台湾单方面宣布独立,或改名为"台湾共和国",就直接突破了中国大陆认定的红线,大陆必然武力攻台,加以制止。那时台湾的全部军备和军力,包括可能购买的美国数十架战机在内,远不足以挽救台湾面临军事摧毁的命运。美国是远水难救近火,不可能以军力介入、挽救败局。所以,购机增防是无效的,且是不必要的浪费。两岸若维持现状,和平相处,友好往来,大陆没有任何理由对台宣战。于是,台湾行将购买的战机是难派用场,毫无用处,又何必耗费巨资,多此一举!

邀美无功

美国支持台湾保持现状,一是认同台湾民主初步的现行体制,理当维持和发展;二是以台湾为砝码,在美中互动时加以运用和讨价还价,但绝不是无条件支持台湾与大陆对抗,导致美国核心利益遭受损失的。故而,美国军备售台与否,时机如何,质量高低,都是美中较量时美方可以运用的一步棋。台湾若认为购机之举可以讨好美国军工企业,是"输财有道"和"雪中送炭",那便是忽略现实,高抬自己。

拒中无方

以上两点已经说明了,若是蔡英文主政台湾自以为购机可以讨好美国或增强守护能力,便都是自我陶醉,一片空想。台购美机只能增加两岸之间的摩擦与失和,激发大陆压缩收敛两岸之间的经贸合作与民间交流,进而影响台湾经贸的发展和社会的稳定。因而购机之举是有害无益,要力加避免。

利台无成

台湾的经济地位早已从80年代亚洲四小龙之首的巅峰降落到"泥菩萨过河自身难

保"的今天，如今台湾绝不能浪费有限和宝贵的资源去购买无用的美国军备，而要把钱用在刀口上，去改善台湾的民生建设，使百姓受到实惠，各得其益。以上的"四无"之说，也是互为表里，首尾相连的。

望蓝营扭转乾坤

我十分希望台湾的民意反响和蓝营运作可以阻止台湾购机的打算。这也使我更加怀念已逝去的台湾前立法委员顾崇廉（我在台湾的老同学和好朋友）。早年他在台湾立法院主持国防军事小组时，曾经成功削减台湾军购应可节省的预算。奈何，斯人已逝，院中无人了！

3月10日，美国《华尔街日报》刊登一篇论文，标题是："反应台湾自卫之声"，呼应和赞成台湾向美国购置军机，理由是：美机可以增加台湾防空能力，台湾现有的144架F-16战机已陈旧落伍，无法与大陆新型战机对抗。但为了防止偷窃和泄密，美国不能供台以F-35战机，可用F-16战机出面，这也减少对中国大陆的刺激。再有，美国坚决支持台湾才更能获得中国的尊重。

以上论点显然是牵强附会和似是而非的。因为台湾的存在绝不依靠军力的强大可以成功阻止大陆军事的攻击，而要靠与大陆的善处，并全力缔造台湾走向自由民主的康庄大道。一个自由开放、民主建设的台湾，比起一个美式装备千军万马的台湾，是更可造福全民、更能赢得尊重、更加和平安全及可营造繁荣幸福结果的。

正所谓："台湾宝岛争和平，武力逞强绝不行。自由民主康庄道，全力以赴妙丹灵。"

附言

2020年台湾将面临领导人大选，蓝营的王金平和朱立伦已表明参选。现任国民党主席吴敦义尚未表态。我十分希望蓝营可以产生最强最佳的候选人，在明年大选里获胜，重掌台湾政权，用以扭转如今民进党拒中、靠美、亲日的走向。团结合作，为民着想，两岸交流，互利互惠，应是在台执政者要掌握的目标和方向。

正所谓："购机难买一日福，爱民可立千秋业。祝愿蓝营东山起，两岸和统情殷切。"

2019年3月22日

有些人要不得 也有人是好样的

为纪念反清行动中于1911年3月29日牺牲就义、后合葬于广州黄花岗的72烈士，中华民国定其日为"青年节"，以表彰他们的爱国壮举，为后人追念敬仰。最近大陆发生了一件引人注目的事件，焦点人物是清华大学法学院的许章润教授，他维护宪法，议论时政，是典型的爱国者，却受到了学生的举报，校方的处罚和校园的冷漠，这些行为是可耻可悲的，其表现是"要不得"的。抗日战争时期我在四川三台长大，乃引用一句四川话"要不得"，去概括其行径的不当。

在理当享受学术和言论自由的举世著名的清华大学里居然出现了调教失当的学生，不能聆听思想开放、言之有物的教诲而深受其益不说，反而视其为"不当言论"，将其举报给校方。学校主管又欣然接受举报，邀许教授面责，并予以"停教"的处分。而此时此刻，数以百计的清华大学教授中绝大多数的人都三缄其口，对受迫受难的同事许教授不予声援。但仍有少数学者如郭于华、张千帆、杜学斌、郭凌虚等勇于抛头露面，仗义执言，要为许教授找回公道。用北方话讲，他们是"好样的"。

清华大学内举报的学生年少无知，接受了官方的宣传，将许教授爱国的言论视为"叛国"行径，或许有情可原。而清华大学的行政领导，置清华校训"自强不息，厚德载物"和清华学术自由的传统于不顾，下令许教授停教，就真是斯文扫地，不堪闻问了。清华大学绝大多数教授面临这一事故，置身事外，不加声援，是有惧于专制政权的淫威，其情可怜，甚行可悲！

许教授受罚的事件引起了美国新闻界的注意，《纽约时报》于3月下旬刊登了评论文章，认为中国在言论和学术自由方面又增加了限制和压缩。如今针对清华大学正直敢言的许章润教授下手，停职禁教，是恶性反扑的粗暴举动……

尽人皆知的成语是"防民之口甚于防川"。许教授出于良知良能的正义之声，忧国忧民，放胆直言，代表了中国高级知识分子有能量、有骨气、有作为。这也表示了中国改革进步，注重宪法，为民服务要前进，要执着的方向。

该发言就发言固然是尽其在我，值得敬佩。该发言而不发言的沉默和迁就，往往成为助长和默认邪恶势力的温床。二次世界大战爆发前夕，希特勒在德国已大权在握，对国内犹太人的追杀已日见猖狂。当时，非犹太裔的德国人都视若无睹，认为自己不是犹太人，犹太人的遭遇和自己不相关。最后希特勒不但变本加厉，在欧洲占领区普设拘禁犹太人的集中营，残忍处决600万犹太人之众，并将德国变成"战争机器"，横扫欧洲，进攻苏联，让千百万德国人民在自己掀起的战火中无辜送命，让德国本土在盟军的战略轰炸下沦为废墟。德国人身临其境，深受其害，追悔莫及，醒悟已迟。

1939年9月1日，第二次世界大战爆发，其前美国纽约港和迈阿密港各到达了一艘满载犹太人的难民轮。那时美国政府要置身事外，减少麻烦，原轮遣返。这些人后来都被投入了欧洲犹太人集中营，死于非命。全球的犹太人都获得了自身曾惨遭围剿和求助无门的血的教训，在二战后奋斗自强，团结一致，不但兴建了以色列国，并以注重教育和极力参加公益活动为作法,在美国文教、财经等领域成为贡献卓越的族群。同时他们也是除恶务尽的真君子,成立了全球追捕纳粹逃犯的强大组织,在二战后数十年里把许多逃亡各国、埋名隐姓的纳粹战犯手到擒来,绳之以法。犹太人做事的精神和成效令人刮目相看。

英文有一句成语是:"We are all in this together."可译为,"我们命运一致。"在中国大陆发生的许教授事件正是一个试金石,一面可提醒国人,事关重要,不可置之不顾。一面给中共当权者一个深思改正的机会,要重视宪法,提供人权。正所谓:"防民之口甚防川,言论自由吐真言。当局者迷要自醒,闻过则改勇向前。"

去年7月,许章润曾在网上发表《我们当下的恐惧与期待》一文。许章润在文章开头就强调,当下包括整个官僚集团在内,全体国民对国家发展方向和个人身家性命安危产生了恐慌。他指出,导致这种状况的原因是,近年来的立国之道突破了四大底线原则,包括基本治安、尊重私有产权、市民生活自由和政治任期制。他批评中国向"文革"倒退,呼吁恢复国家主席任期制、对"个人崇拜"刹车、实施官员财产阳光法案、平反"六四"。

今年1月,许章润又在香港媒体发表《中国不是一个红色帝国》一文,批评中国不该走红色帝国之路。文中指出,"与其说当下中国是一个红色帝国,不如说是一个超大规模的极权国家,因其不思政改,拒绝以优良政体为现代中国升级换代……才令四邻八乡猜忌",奉劝中共"在和平落幕中华丽转身……告别专政"。

2019年4月5日

入乡随俗 昂首阔步

不久前我在一份报刊上看到一篇文章。作者追述他和友人王先生的交往。他们同是1980年代初中国科学院派赴美国进修的交换学者。他说王先生一生的表现"纯粹是中国传统知识分子的传承。"但在美国就业时"和美国同事没有处好关系",而处境维艰。后来王先生身患中风,在美国维持9年后不幸逝世。作者认为,可从王先生的经历里看出,在美国可能会给一个聪明正直的中国人带来危害。因而他提出旅美华人面临的一个核心问题是:"一个聪明正直的中国人能不能在美国生存?"

我读完这篇文章颇有感触。一者是,作者情深义重,用心叙述了王先生的经历,以资怀念。二者是,作者提出的核心问题很有讨论价值。因为每位旅美定居的华人都要面临此一"生存"问题的考验。首先我要说,任何人在任何环境里求生存和求发展,都要面临与人相处和适应环境两道坎。若是他背井离乡,身处异邦,就更增加了"入乡随俗"、无从脱身的要求和压力。美国大体上可以提供一个相对开放和自由的环境，许可任何人自主生存和全力发挥。

但是，要尽享和得益于这份开放和自由，当事者就得具备一些对应的条件，如乐观、自信、有表达能力、勇于出头和善与人处的性格和作风。1982年我已在西雅图学成就业十多年，身背"全美华人协会西雅图分会会长"的头衔。我牵头在当地接待了十多位初抵美国进修专业的中科院访问学者。他们都主修自然科学，到了美国这个陌生和大有不同的环境，就要在科研和生活两方面不断适应和调整。我发动华侨全力接待他们，和他们不断接触，邀他们到家做客。他们大多顺利地度过适应期，在科研的领域里各有所获。我和其中数人保持联系若干年，引以为乐。

每个人做事为人的能力有三个不同的领域和层次。最基本的是专业能力。例如开车的能开车，教学的能教学，销售的能销售，这就是他们干本行的基本功。第二个层次是人际关系。在工作或社交环境里与人相处。上层是发号施令的领导，平行是合作共处的同事，下层是接受个人领导的下属。这时，语言文字沟通和表达能力就必然派上用场。言行举止是否得当也会增进或妨碍人际关系，有助或有损于工作的开展和成效。第三个层次是思维能力。具有归纳、演绎的抽象和逻辑的思维能力，可以分析比较，可以高瞻远瞩，跳出小圈圈，想得高，看得远。例如，美国的大学校长不必再教书或带领科研，他们的首要和集中的任务是要和当地及外地的政要钜子等打交道，为其大学创造更佳的外在环境，获得外界的大力支持，为学校开拓财源，为学校创造名声，吸引有学之士到校执教等。

许多中国旅美的专业人士在国内的环境里培养了专业才能，而在人际关系（不是国内盛行的徇私情，送大礼，走后门）和开放思维方面缺乏素养，产生局限，不利于在美国大开大合的工作环境里工作成长。在美国的部门主管和经理人员的重责大任是激励部属，发挥团队实力，并掌握正确方向，与时俱进。干实活由手下专业人员负责，他们要发挥人际关系和思维组织的特长。这一要求往往正是许多旅美华人的短板。

至此，我要现身说法，举例说明"一个聪明正直的中国人能在美国生存。"当事人就是我。1970年夏天我刚取得西雅图华盛顿大学教育心理硕士学位，陆续通过了西雅图社区学院布置周全的层层考选，进入学院中校区出任心理咨询辅导师。同时担任辅导工作的7人里有6位是白人。我到职后一年多时间充分努力，全力发挥，成绩优良，有目共睹。那时我也身兼外国学生顾问工作，并利用业余时间从事许多社会公益活动。这让一些同事感到意外，看我很不顺眼。在我工作两年期满前，我要通过同事（其他辅导师）三人组成的考核组的工作考核，才能继续留任。没想到，他们考核的结论是"拒绝推荐，任满离职。"校内领导也核准了这一结论。此时我问心无愧，胸有成竹，知道同事们为何要如此待我，便利用校方给予的权力，直接上诉学院董事会，请求判决推翻学院决定。（这一权力在中国可能不存在。）我加工打造，写好了洋洋数千言的自辩书，对考核的指责条条加以反驳，并收集了大量的支持信，来自学生、同事、图书馆管理员，乃至办公室女秘书。并有学生出庭陈述，我如何对他们很有帮助。

听证会结束，校董们全票通过，一致推翻了学院的决定，提前授予了我继续留任的书面通知。我打了一个学院首创十分出色的翻身仗。此后在学院工作也人气旺盛，顺利无阻。

不错，我和王先生的遭遇都是个案和特例，不能概而化之，视为当然。但这说明了，事在人为，一切都有可能，以及"一个聪明正直的中国人能在美国生存。"1957年杨振宁教授获诺贝尔物理奖后的感言是，我获奖说明了中国人也行。其言甚是。正所谓："事在人为别认输，东山再起应有术。身处异邦多自勉，力争上游要随俗。"

2019年4月5日

川普请减少祸从口出

2018年8月25日，美国共和党参议员约翰·麦凯恩（John McCain）逝世。他是二战英雄，也曾竞选总统，是受到美国人普遍尊重的知名人物。他生前所执政治观念与美总统川普不合拍，川普耿耿于怀，竟然在麦可恩过世后公开发言，指责死者。这引起了美国民间的强烈反应，视川普言污前贤，行为不当。

曾几何时，川普又旧戏重演了。这次他攻击的目标指向前总统老布什的夫人，芭布拉·布什。事件的起因是，美国作家苏珊·佩奇（Susan Page）的新著《妇界领袖：芭布拉·布什和缔造美国王朝》（The Matriarch: Barbara Bush and the Making of an American Dynasty）出版，书中写及布什夫人认为"川普是80年代贪婪者的代表人物"，她卧室里摆了一座钟，在分秒倒数川普下台之时。芭布拉·布什已于2018年过世，享年92岁。

川普4月4日向华盛顿邮报专栏作者查理士·赫特（Charles Hurt）说："我听说芭布拉·布什对我很不愉快，她理当如此。看看我如何处置了她的两个儿子。她是我竞选对手的母亲，许多人认为杰布·布什会胜出，结果他很快退出竞选了。"川普的这番言论，像他去年批评麦凯恩一样，又掀起了美国民间舆论对他的批评，可说是风起云涌，接踵而至。一些批评的原文如下：

"我是川普的支持者，但不要再打扰已过世和有待安息的芭布拉了。"

"川普的最后一招是攻击已故的受到尊重的美国人。"

"我不是川普的支持者，但是要有尊重和人格。两者俱失就出现问题。"

"他是那么渺小和粗俗的人。"

"他永远，永远都不会攀登高超境界。"

"他再次提醒共和党人，他掌握全党，他可以肆意毁谤共和党尊重的前贤。"

"他是莎士比亚现代版中受创的皇帝，稳坐皇宫，批评幽灵。"

"我急不可待地要看他下一回踏践里根（总统）之墓。"

"他绝对是蹲在白宫里喜怒笑骂的一团粪。"

以上的种种评论可说是花样百出，天南地北，各擅胜场。这也展现了美国社会言论自由，指责总统不犯"叛国罪"，有趣可贵的一面。

养生有道的一句名言是："管住你的嘴。"这是指两方面，一是饮食得当，不要大鱼大肉，暴饮暴食，自伤身体。二是避免言多必失，出言不当，给自己添麻烦，打乱自己平和的心境。川普显然是反其道而行，他身体偏胖，喜欢快餐油炸食品，并曾高姿态在白宫以"汉堡堡"招待到访的美国运动员。他又管不住自己的大嘴巴，一而再再而三地因言致祸。（另一例是今年二月底和朝鲜首脑金正恩在越南河内会面时，他多嘴提及美国旅朝学生受虐致死之事。）

诚盼川普总统有"闻过则改"的见识和容量。今后发言会益加谨慎，用餐要锐减油炸食品。正所谓："口无遮拦不是福，闻过则改有出路。改弦更张要及时，诚盼总统要靠谱。"

2019年4月19日

轰炸东京 略数前情

今年4月9日在美国报纸上出现了一则未必引人注目的讣闻，其背后蕴藏了第二次世界大战时美国空军最光辉出色的"轰炸东京"的重大事件。其行动被誉为是"对战时美国的献礼"。就此，《纽约时报》当天发表评论的标题是："理查·科尔，103岁，最后一位都利特空袭日本机组人员去世。"

二次世界大战时期，日本为了预先做好进攻中国的准备，不受苏联侧面进攻的威胁，和斯大林签署了"日俄友好互不侵犯"条约，稳住了朝西的这一面。然而，进入1940年，越洋朝东的美国已耐心渐失，有待行动。日本决定冒险出击，不再等候，发动"珍珠港事变"，于1941年12月7日突袭了美国夏威夷军港，结果是出奇制胜，战果辉煌，港内美舰炸沉和重创18艘，其中包括5艘主力舰，地面飞机347架毁损，军民2400多人遇难，受伤者超过1100人。（战后在"阿利桑那"舰沉海搁浅的残骸上修建了游客胜地"珍珠港事变纪念馆",开放至今。我曾两度游览,印象深刻。)

幸好当时美航母离港出巡,幸免一劫。日军统帅山本放弃了乘胜追击,便也大大减少了美军受创的程度。

事变次日,美总统罗斯福宣告,美国正式对日宣战,日本已不宣而战在先,美国乃宣战应之在后。珍珠港突袭极度震撼了美国,军事损失严重不说,心理创伤尤为严重。美国政府为了重振民心士气,决定要惩罚日本,乃精心策划,努力准备,施展了绝妙的一招反击——于1942年4月18日清晨,在"大黄蜂"号(Hornet)航空母舰上装乘了16架改装轻负的B-25军用轰炸机(改装卸重后才能在航舰甲板上勉强起飞),由詹姆士·都利特中校领队,率领80位突击员在海上距日本本土约650英里处升空,直奔东京,投下炸弹,完成任务。在飞行接近目标时,美机群曾看到有80多架日机临空,可是日机对美机没有任何阻拦或进攻,因为他们出乎意料,万万想不到美国会进行偷袭。

袭击任务完成后,飞机按计划飞往中国大陆国军掌控的机场降落。然而因油量不足,飞行员只能跳伞逃生或弃机迫降,有三人在跳伞或迫降时丧生,八人为日军俘获(其中三人处决,一人虐待致命,四人备受折磨三年后,得庆生还。)领队都利特中校和他的副驾驶理查·科尔跳伞后获救,由中国游击队和村民协助,加入其他获救人员行列,几经周折,最后安抵战时陪都重庆。

这一偷袭,圆满成功,震惊世界,是二战战史中最辉煌夺目的一页,其后有不少著作和电影都以此一事件为主题细加描绘,精彩演出,引人注目,誉为佳作。中国大陆学人王国林收集资料,用心考证,著有《轰炸东京》一书出版,细述了有关史实,并记载了日寇为报复浙江沿海渔民搭救美国飞行人员落海者,而焚烧渔船、滥杀无辜的种种暴行。这一文学贡献弥足珍贵,我手边现存一册著者赠书,也和他建立了友好联系。

二战结束后,这批轰炸东京得幸生还的勇士们和他们的至亲好友每年在美国指定地点团聚一次,他们在握手言欢之余也征集了奖学金,用以奖助进修航空专业的学生。他们每年一聚的传统持续到2013年初,他们宣布最后一次聚会于当年年终前在美国佛罗里达州沃尔顿堡举行,那里是早年他们接受培训之地。

2013年11月这一最后的欢聚如期举行,这是一个有600多人应邀出席的盛会,邀请了执行任务者的家属和曾援助落地美军脱险的中国村民。而届时健在的四名任务执行者,一人不便旅行未能参加,到场的三人里就包括刚刚过世的科尔,他们硕果独存,年逾90,令人羡慕。科尔参加聚会时和一架整修重飞的B-25轰炸机机主莱瑞·凯利轮流执掌驾驶盘,用时40分飞越佛罗里达州上空。科尔驾机安全着陆后,从驾驶舱探头出来对记者们说:"飞机是老样子,而我表现生疏了。"

以往轰炸东京的这段历史早已过去,最后一位飞行勇士科尔也与世长辞,然而这一壮举已载入史册,永垂不朽了。正所谓:"轰炸东京是当年,壮士报国勇向行。留得灿烂诗篇美,佳话盛传在人间。"

2019年4月19日

乐为郭台铭台湾参选出招

在台湾2020年总统大选有待揭幕之时,一个重量级炸弹爆发了。台湾企业钜子、鸿海科技集团公司董事长郭台铭4月17日公开宣布,他受"妈祖托梦",嘱咐他"要维持两岸和平,更为百姓做好事。"他乃决定要参加国民党党内初选,成为台湾总统大选的候选人。他身为炎黄子孙,日有所思,夜有所梦,这一托梦乃随其心意,及时涌现了。他的宣布让台湾总统竞选大局掀起了千层波浪。2020年台湾总统大选在即,蓝绿两党都信誓旦旦,志在必得。当前局势应是一个你争我夺的未定之天。绿营要继续执鞭,维持现状。蓝营要全力翻盘,重掌政权。在郭台铭表态之前,民进党面临赖清德挑战小英,形成内斗。国民党则是王金平和朱立伦表明立场,有待出征。蓝绿双方都没有必然取胜的把握。韩国瑜态度不明,守口如瓶,似在等待国民党征召。国民党主席吴敦义已有言在先,国民党候选人要出自党内初选,70%民意调查加上30%党内投票的积分领先者才代表国民党出战。

如今郭董横空出世,明告要参加国民党初选,他竞选本钱十足,出面竞选是黑马和宝马专注一身,改变了国民党初选竞争的局势,也让民进党措手不及,突然出现了强劲对手。

身怀利器

那么郭董现身,他有什么优点作为他竞选的后盾呢?一位台湾的观察家总结了4点:工商健将、性格敢闯、智慧过人和务实有方。也可从另一角度去衡量郭董事长的长处是:利台湾,接地气,通中外,合时宜。这是我的看法。

• 利台湾:台湾当前有三大困境。一是经济低迷,就业困难;二是蓝绿恶斗,社会撕裂;三是敌对大陆,两败俱伤。

面对这三大困境,郭董若主政台湾应有缓解之道。一是,他是功成业就的企业家,在工商和经贸的领域里具有实践和成功的经验,要改善台湾经济,他应是老马识途,轻车熟路。二是,郭董的政治立场高超,属蓝而非官僚,超绿而不合唱。他的背景和立场可以吸引中间份子和浅蓝浅绿的人士在选举时投票给他。他一旦在台主政也不会玩弄族群对立，去笼络人心，骗取选票，而可增进台湾社会的和谐与安定。三是，绿营执政的重大失误是主张台独，与大陆失和对抗，陷入死角。郭董坚拒台独立场，在大陆设厂投资，发展经贸，增加就业，惠及海峡两岸。

• 接地气：做为一个成功的企业家，郭董时常要和员工、客户和社会各界打交道，诚信在先，敬业在后。这不同于口头功夫的诸多政客，以玩假和骗人开道。郭董在创业和建业的过程里开疆拓土，终底于成，非善与人处、脚踏实地不可。

• 通中外：许多成功人士可在小范围内运用自如，颇有成就，而对外接触并不宽广。郭董则超群出众，他站在企业成就宏伟的高点，辐射开来，有广泛的社会和政治接触。同行同业不说，他还上达川普和习近平，有接触，有交谈，相互尊重。这也开拓了郭董的视野，增强了他的潜力。一旦他以后主政台湾，这些关系和阅历都可派上用场，大有裨益。

• 合时宜：美国、大陆和台湾正处于相互较量、关系复杂的关键时刻，发展前景难以预料。郭董在三地皆有适当的人缘和正面的表现，他便也是最佳人选。一旦主政台湾，可以在三方促进和谐与交流，尽可能地趋福避祸，增和减乱。

面临挑战

有评论说，郭董欲登大位面临三道难题。一是，两岸关系如何定位。二是，个人企业如何处置。三是，竞选伙伴如何安排。我于此提出可行的解套方案。

• 两岸关系应定位于"一中各表"，这是当前实况。一个中国目前是分裂分治，中共掌权大陆，名为"中华人民共和国"；中华民国立足台湾，不是中华人民共和国管辖的一省。郭董持"一中各表"的公正立场呼声响亮，不会促使中间选民不满，而倒向绿营。此一宣称便可以巩固大局，保持票仓。此说是国情制宜，大陆应可理解。大陆会乐见蓝营在2020年大选中取胜，这符合其基本利益和最佳期望。

• 企业财富如何处置。其方式可以参照外国先例。先进国家有参选者角逐大位时，为避免获胜就位后利用职权、假公济私、为己谋利，便要在就职前采取公布财富、冻结股票和退出经营等措施。郭董可以依法泡制，有所安排，公告世人。这不会违反国家利益，或危害科技鸿海集团公司继续正常发展。

• 合作伙伴如何安排。最理想的是，郭董和现任高雄市长韩国瑜双双加入国民党的初选，即可显示实力，又可当作正式大选前的一番操演。倘两人在预选中位居一二，便可代表国民党联手出征。若视此案为上策，国民党要预做准备，在党内做好协调，促其实现。

取胜策略

国民党若推举郭董在台湾2020年大选里代表国民党与民进党一搏，就要未雨绸缪，准备完善，力促郭董竞选成功。有以下四个重点：团结内部，出访美国，面向大陆和提防绿营。

• 团结内部。国民党素来臭名远扬，"外斗外行，内斗内行"。这次党内预选已有王金平和朱立伦表态参选，党内诸大老也各有所好，尚未明言。一旦郭董党内初选获胜，要代表国民党出征，全党上下一定要群策群力，摒弃前嫌，众志成城，一举拿下。绝不可内部分散，长城自毁，以败选收场。

• 出访美国：郭董熟悉美国环境，也会是美国乐见的台湾总统候选人。郭董应在台湾大选前出访美国，提高声势，更上一层楼。也会在台湾增加宣传动力，吸引和带动台湾中间选民朝他投票。郭董访美是高姿态，和绿营参选者访美气势有别。郭董去，那是"扬声高歌，乐得其所"，绿营是"就地赶考，但求及格"。

• 面向大陆：郭董要诚正表态，在竞选过程中挺高树起"一中各表"旗帜，立场坚定，理直气壮。这可以取得多数台胞的认同，也不会引发大陆的反制。

• 慎防绿营：绿营以往在台湾参加竞选，声名狼藉，频出坏招，其中最著名者是"两颗子弹"。这次绿营面对强大对手如郭董者，除了会不断将其"涂红抹黑"，更可能制造或揭发郭董的"隐私丑闻"，以诋毁郭董的声望。这类招法绿营会为志在取胜而不吝施展。蓝营要准备停当，有机动队、救火队、卫生队、预防针、消毒剂、急救丸等备用，随传随到，以防万一。

尽管我50年前抵美后脱离国民党，但依然关怀故国，念念不忘，才会欣见郭董竞选，热盼其成。2010年11月中，我以时事评论员身份在北京中央电视台英文节目里论及郭董企业"富士康"深圳场地工人频频跳楼自杀事件，提出善后补救的建议，也赞扬了郭董力担全责不辞，公开诚恳道歉的明朗作风。十年后的今天，我则要祝愿他能在台湾大选获胜，登台执政，宏图大展，造福两岸。最后还要提醒的是，很多成功的企业家都习惯了"我说了算"，最突出的例子是现任美国总统川普，从政者要有宽阔的心胸，善用英才，从善如流。

最后再看看郭董的自我订位。他提出："国防靠自己，市场靠竞争，技术靠研发，命运靠自己。"其言甚是！与大陆和平友善相处是台湾安全自保的最佳方式。拼经济占市场要靠自身的努力和条件面对竞争。科技研发，自强自控，是技术发展的最佳后盾。天助自助者，前途命运由自己主控。郭董和蔡英文对民主的认知大有不同。民进党信奉的是"冲向战争与贫穷的假民主"，郭董向往"创造和平和促进富强的真民主"。他要做的实事便是："重新为中华民国带来和平繁荣"，郭董诚乃有心、有能、有胆、有识的实践者。他值得登上台湾施政的最高舞台。用英文去说，便是："He has earned it and let him do it."

正所谓:"郭董出面参大选,披荆斩棘定超前。预祝功成登大位,造福两岸利人间。"

2019年5月3日

重要时日 始末慎思

十分巧合的是从4月到7月,每个月第四天都是一个重要的日子。4月4日已过,这是台湾维持至今的儿童节(大陆采用6月1日)。一百年前(1919年)的5月4日是"五四运动"的启发日。30年前(1989年的6月4日)是北京天安门事件爆发的一天。美国于1776年立国,7月4日是美国的国庆日。于是,四四、五四、六四和七四的连串展开就值得吾人加以怀念和深思了。

台湾4月4日儿童节

先说4月4日儿童节。我们耳熟能详的一句口号是:"儿童是国家未来的主人翁。"其言甚是。每个服务社会、爱国利民或是败坏社会、祸国殃民的成人都是从儿童阶段升渡的过来人。假如他们在幼儿和少年时期健全度过和美满成长,长大成人应不会出现大差错。于是,家庭、学校和社会所提供给儿童的滋长环境就十分重要了。如今我们面临一个动荡和巨变的时代,孩子们既淘气也不太听话了,他们从小就玩手机、看电视、动用苹果平板电脑,他们就此掌握的词汇和学到的东西大多超过了家长们掌握理解的范围,但同时由于孩子们不够成熟,他们也可能在千轰万炸的信息和玩意里选错了学习方向,养成了不良习惯,而后患无穷。

中国和世界各国一样,也会出现因自身条件差、心理不正常而虐待子女的家长,这就是各种家暴和悲剧的来源。当前,以"升学"为主要目标的教育体制、以"背诵"为要求的教学方法,也往往扼杀了儿童学习的兴趣和选择,为害不浅。校方和学生家长更要加强联系和联合,以关爱扶植学生向上。总之,光言捧"儿童是国家未来的主人翁"是不足的,而要以爱的教育、细的心思和好的教导去鼓励和引导他们走上前程似锦的大道。

五四运动

第一次世界大战结束后,中国站在战胜国的阵营,却受到了列强不公正的待遇。北京大学学生牵头在北京街头展开了游行抗争,并有感于国家的落后而提出"德先生"(民主)和"赛先生"(科学)要全力推进的口号。那正是百年前,1919年5月4日。而后被冠以"五四运动"的称号。

但，说来容易做来难。民主、科学的两大崇高目标，在近百年来一直是起起伏伏，进进退退，有太多的障碍和事故阻挠其顺利前进，茁壮成长。从1920年起直到2019年的今天，有一连串的变故都是恶化大局、妨碍进步的，其中包括军阀混战、日寇侵华、国共内战、早年中共的运动自残，乃至今日两岸分裂和悬而未决的全中国和平统一。

当然，民主与科学起源于西方，但并不是西方独霸的美果，也不是东方止步的禁脔。且看70多年前抗日时期毛泽东答中外记者团所言（见载于《解放日报》1944年6月13日），他是如何堂而皇之地推崇和定义民主的，他说："中国人民非常需要民主，因为只有民主，抗战才有力量，中国内部关系与对外关系才能走上轨道，才能取得抗战胜利，才能建设一个好国家，亦只有民主才能使中国在战后继续团结。"他又说："民主必须是各方面的，党务上以及国际关系上的，一切这些都需要民主。"他又界定了统一的基础，说的是："毫无疑问，无论什么都需要统一，但是这一个统一应该建设在民主基础上。政治需要统一，但是只有建立在言论、出版、结社的自由与民主选举政府的基础上面，才是有力的政治。"

以上发言是毛主席的原文原字，慷慨激昂，义愤填膺。但是他说说可以，做起来就是另外一回事了。他心里想的大多是不便公开讲，他公开说要做的可以随时改弦更张，他许多已做的都不堪回头去想。这种作为就铸成了他个人的大错和国家的悲剧。为建国兴国我们如今是迫切需要推行民主，振兴科学，为百年前启动的五四运动圆满收场。

六四天安门事件

30年前的1989年6月4日北京天安门广场爆发了学生市民和平请愿、中共遣军武力镇压的悲剧。人民解放军奉命挺进天安门广场时，沿途受到阻挠而实弹扫射，平民丧生人数应可及千。弹击倒毙的人民和医院堆集的尸体数没有统计或正式公布。此事件发生时我在现场，目睹人民爱国自愿行动以悲剧告终，无限感慨和悲痛。

此一血洗暴行的恶果有三。一是彻底破坏"军民一家，水乳交融"的形象，因为保国卫民的解放军对手无寸铁、爱国心切的人民开枪了。军人已经站在人民的对立面。二是人民关心国事的热情消灭了。要低头，要忍耐，不要再做出头鸟。三是中国政界贪腐之风从此抬头，所向披靡，人民衰退时，贪官得逞了。

六四事件爆发前两月，4月5日，胡耀邦逝世后，人民涌向天安门悼念，这是伏笔。随后赵紫阳总理被诬为"反党"而受到罢黜和软禁终身是中共施政难以抹去的一大污点。今年四月五日清明节，有胡赵两人的亲友故旧和仰慕者，去为贤者祭念。中共当局也如临大敌似的严加管制，状至狼狈，失心于民。公道自在人心，六四必然平反，但仍需时日。至此我再进一言，中共若有胆有识，主动平反六四，会受到人民的尊重和谅解，这也是中共革新进步可走的一步好棋。

七四美国国庆节

美国于1776年建国。7月4日是美国的国庆日。两百四十多年前华盛顿将军率领了当地组织的民军团和装备训练正规优良的英军奋战不休，最终以士气高昂和战略得当而取胜。从而美国独立，建设成民主体制的联邦国。其立国文献义正词严地宣布"人人是生而平等，人人有追求幸福的权利。"第二次世界大战，美国带领同盟国击败德意日轴心国，战后美国跃登世界第一强国的宝位，以"马歇尔计划"复苏了欧洲，以"大西洋联盟"和军事竞赛逼垮了苏维埃共和国，势头凶猛，不可一世。有一巧妙说法（可能是出自二战时英国首相丘吉尔）对民主制度的评价是："它不一定是世间最好的制度，但是，要找到比它更好的，难。"

美国是世界上移民政策最开放的国家，便也是世界移民最向往的国家，誉其为"冒险家的乐园"，实不为过。但时至今日，世界局势一再蜕变，美国独霸的优势已一去不返。世界上出现了多元分化的形势，彼此间即有合作，也有抗衡。自川普入主白宫在美执政以来，又增加了"美国第一"和出尔反尔的一大变数。美中关系的动荡和前途未卜也包含其中。然而美国的民主体制由来已久，成熟运用，具有充分弹性和自省自愈的能力，任何白宫暂住者的"折腾"都不足为患，都要淡化出局。中国自强自救，要参考民主体制的优点：平等、自由、法治、人权。这些原则是放之四海而皆准的。

尾语

人贵为万物之灵，是因为人类善于理性选择，不断进步；能够积累经验，每况愈上；不断忆往思今，少踏覆辙；长于高瞻远瞩，面向久远。所以我们就会关心重要时日，明其始末。正所谓："大事爆发有原始，前因后果要认知。以史为鉴怀既往，与时俱进掌今日。"

2019年5月3日

可敬可爱的卡特总统

5月13日上午，美国第39任总统卡特在乔治亚州佩因斯城家里准备出发打猎火鸡时不慎跌倒，跌伤胯骨，即送医院进行急救，手术结果良好。最美妙的是，术后康复时他首先提出的是："打猎火鸡的限期到本周末为止，我的法定限量未到，我希望乔治亚州可以把余额转移到下一打猎季节。"这真是，狩猎心切，童心未泯。

卡特总统已高龄94岁，今年10月1日是他的95诞辰。他是美国历史里最长寿的总统，和退休年数最久的总统。这真是福寿双全，吉人天相。美国老布什总统庆祝自己90诞辰时，是与另一人连体完成高空跳伞。我希望今年10月1日卡特总统收到一份生日礼物正是乔治亚州州长的贺函，说的是："狩猎所请，照准不误。"

卡特总统于1976年获得民主党提名为总统候选人，再以微弱优势击败美在职总统福特，当选为美国第39任总统。任期4年（1977年到1981年），未获连任。他在入主白宫的第二天1977年1月21日就发表了宽赦令，赦免了越战时拒绝入伍者的罪罚。（我赞成他的措施，在西雅图时报上发表了支持文章。）他在总统任内新设置了能源部和教育部，提出全国能源政策，在"大卫营"促成以色列和埃及首脑的会面，大大缓解了双方敌对的情势，并和苏联签订了"战略性武器限制谈判"（SALT II），对消减核武跨出了成功的一步。1971年1月1日他完成了美中建交，恢复了美中关系正常化。2002年他荣获诺贝尔和平奖。

卡特总统在漫长的退休年月里做出了重大贡献。1982年他设立了"卡特中心"，致力于人权的伸张、国际危机的化解、和平协议的促成、发展中国家地方选举的观察和疾病预防的推广等。他的一个业余爱好是木匠活，他是全球"为人道建房"慈善计划的主要推动者，并亲自参加筑房工程，到场施工，我手边存有他和克林顿总统同做建房义工的精彩照片。

1989年天安门六四事件发生后，中美关系落入低潮，在此关键时候他和尼克松总统都专程到达北京，表达对中国情势的关怀和期望，并强调美中的交往和友谊要保持和发展。

2009年1月12日卡特总统率美国代表团在北京人民大会堂参加了庆祝美中建交30周年的典礼，他和习近平副主席先后致辞，对美中友好加以肯定和赞扬。我在现场聆听了他们的发言，感触良深。手边也珍存了我当场拍摄他们互动交谈的一些照片。

以往我曾两次应邀去白宫，一次是1980年9月17日我出席了美中协定签字典礼，由卡特总统和薄一波副总理共同主持，在白宫玫瑰园完成签字仪式。届时杨振宁教授也应邀前往，我首次和他会面，我坐在第二排，当卡特总统和前排嘉宾招呼时，我抢拍了他和杨教授握手的照片。当年10月我又加入了华盛顿州40人的行列应邀参加由卡特总统主持的会报，在白宫举行，数位重量级要员出面宣讲民主党执政成就和政情要闻，为时一整天。

我事先打电话到白宫，询问可否带相机到场，答案是："你们是受邀贵宾，当然可以。"白宫的规定是，一般入内参观是不允许拍照的，其他的受邀者都自觉的接受了这个规定。结果进入白宫后我是一"机"独秀，成为大家拍照时唯一拜托的对象。我遍拍了白宫墙上悬挂的美国前任总统们的油画，发现独缺尼克松总统的一幅，询问之后才知道，他是引咎辞职，挂像也撤除了。这一细节令人玩味。

川普总统上任后，直到今年4月中旬，卡特总统一直没有和他通过话，这也许是"道不同不与为谋"吧，可是，为关心美中贸易战和美中关系的发展，卡特于4月上旬给川普写了信，并于4月13日接到回复电话。其后卡特总统在家乡教会里对会众说："川普担心中国强大。但他有没有想到，美中建交后，美国征战频繁，中国偃旗息鼓了……"

美中贸易战当前因谈判失败而升级，川普显然没有接受卡特的建议。川普的考虑和用心可能是，为争取连任胜利，他认为美国民意会支持他对中国采取强硬立场，当前美国就业率高，失业率低，他有声望和本钱和中国在贸易方面打硬仗。再有今后美中双方贸易额削减和入口货价格的上涨对美国冲击力较小，对中国的冲击力较大。此一推论如果属实，中国就要有"长期作战"的准备和适当措施，不能意气用事和发扬"国粹"的在国内抵制美货和美商，要耐心和认真走上自力更生的阳关大道，铲除陋习，扶植民企，注入新血，发明创造。

5月11日我应邀参加美中建交40周年庆典，在西雅图国际区陆荣昌亚洲博物馆时发言，祝愿美中两国："美国第一应是美国起带头作用，去保护环境，发展经济，消减贫穷，支持人权，打击恐怖和维持世界和平。中国的作业则是革新体制，切实为民服务，贯彻敦亲睦邻，成为世界上负责任的成员国。"

搜阅新闻得知卡特总统顺利康复，他也收到川普和许多人的慰问信息。正所谓："美中建交他突破，退而不休是卡特。高龄九四益潇洒，世纪人瑞不旁落。"

又云："老而弥坚是卡特，狩猎火鸡健行客。配额未满求延长，真情逸趣引人乐。"

2019年5月24日

怀念过世老友李敖

台湾名人文化斗士李敖于2018年3月18日谢世，享年83岁，没有跨过84岁这道坎。今年4月27日是他的忌辰日，我要就此怀念一下这位老朋友。

李敖小我三岁，1949年秋季我们同在台湾台中省立一中就读，我高三，他初二。那时并不相识。1995年我受大陆上全国政协委员、前国民党中将沈醉先生之托，赴台时和李敖见面，并商请李敖为他在大陆已出版的简体字著作改为繁体字在台湾出版。那时李敖早已失去在台湾主掌出版社的条件，无法应沈醉之请在台出书了。我和李敖见面是电话约见，他热心地邀我去他家，因为他信息灵通，知道我的背景，按照他的

"规格"，是符合登门一见的。

此后我就和他一直保持联系直到他去世。2011年7月10日我借北京中央电视台采访之由，到他住处畅谈和制做节目逾一小时，他直言直语，对我的发问立即回答。谈到他应香港凤凰电视公司刘长乐总裁之请，于2006年9月下旬前往北大、清华做专题讲演的来龙去脉。我也加入了他几位好友的行列去北大聆听了他的讲演，然后和他同乘一车去他写成一书但从未涉足的"法源寺"一游，沿途警车开道，十分拉风。他私下告诉我，他应邀到大陆讲演的原因之一就是要侃侃而谈，为知识分子撑腰。有人批评他在大陆讲演，对平素口诛笔伐的大陆体制评论谨慎，锋芒尽失。我后来去台湾和他见面时特别提出这一批评。他解释说，香港刘老板善意邀请，北大、清华等校热忱接待，他不能讲话太尖锐，让对方为难。但他仍扼要强调言论自由，并指出大陆一定要尊重宪法，给予人民宪法明文所列举的各种权利。李敖是一个坦率发言、能说善道的特殊人才，讲话很有技巧。我去他家进行访问时，他曾举例他讲话是如何的因时制宜，因人有别。"我碰见买猪的就说我喜欢吃猪肉，看见卖面包的就说我喜欢吃面包。他们都在场，我就说我特别喜欢吃猪肉馅的三明治。"

我问他教子之方如何。他笑笑说："我和他们年龄差别太大，只好用有求必应之招，要什么，给什么。""那你不会惯坏了他们？""不会，他们头脑清楚，知道分辨是非，知道父亲对他们付出的是无条件的爱。"

手上我存有不少李敖所写的书，部分由他签名赠阅，部份是大陆磨铁公司持赠。经我推荐，该公司欲出版十几册李敖的旧作，并先重酬李敖两百多万人民币稿费，可惜和可恼的是，出书数册后，大陆审查机构就找上门来，制止了其后各书的出版。这让磨铁遭受了很大损失，是乃中国大陆和社会主义制度的特色，无可奈何。

李敖有许多收藏，不少人慕其名而登门求售，他很有眼光的挑选，择优收购。为发放慰问金给台湾二战遗留的慰安妇，李敖义卖收藏珍品，获百万以上美金，全部送出，以支持她们拒受日方补偿，保留向日方追诉的权利。这也展现了李敖正义凛然，打抱不平的一面。

近来我仔细地阅读了几册李敖的赠书，的确是言之有物，文采出众，博学多闻，跃然纸上。在李敖过世的前几年，我在北京，他在台北，我们保持了不时通电话的交流方式，我打电话到他家，毫无约束地畅谈一阵，我们不谈时政和国家大事，只叙家常。他开玩笑地对我说，他要努力奋斗，长寿于我，为的是以后到我坟头祭扫，要尿一滩尿，以示亲热。我大他三岁，身体比他好，就立即接受了他的挑战，我说道："好！我们彼此彼此，留待来日。"看样子，我要放弃这一"特权"了。好友已逝，莫为己甚，李敖，你九泉之下，好好安息，你在人间的种种"折腾"已经列入史册，长存不朽了。

正所谓:"人间豪杰是李敖,兴风作浪天下晓。争取自由斗权贵,旷世奇才不可少。"

2019年5月24日

谈台购军备和大陆走位

台湾采购美国军备的消息最近又浮上台面。台湾军方官员一是强调美国售台F-16U战机方案已订,兑现是时间问题,二是MIA2坦克售台即将实现。这108辆坦克加上各式导弹总值是26亿美元。大陆对美国军备售台一向持反对立场,自然也要关切留意此一传闻如何发展。一直我都认为台湾不断购置美国军备是失策和浪费,理由如下:

历年来台湾购置的美国海陆空军事装备,耗资以百亿美金计,除了在军事演习时登场露面、实弹射击之外,没有一枪一弹、片时片刻是用于和大陆解放军正式作战的。这也不是"有备无患"的成果,这是两岸情势的发展过程从没有演变到武力攻台的决裂局面。所以台湾的美军装备一直是备而无用,形同虚设。

两岸统一问题的解决方式一直是和平解决为准,而非武统促成为取。因为武统付诸实施对两岸关系的毁坏是持久性的,是难以修复的,是无法善后的。世界各国可以视台海战争为中国内政,不予插手,但一定会对中国毁灭民主体制台湾实体的行动加以谴责,不遗余力。这将孤立中国,形成重创。再加上此举摧毁了台商在中国大陆的投资设厂,中国投资环境恶化,外资入境锐减,大陆的经济和就业情况就要重挫。没有武统之举,台湾的军备就也无用武之地。

往最坏方面打算,台湾正式宣布独立,或改用国名为"台湾共和国",强迫大陆动武。其攻击手段应是导弹齐发,陆海空三面袭来,摧毁台湾军事基地、交通系统和水电设施,让台湾成为瘫痪无助的死岛,生机灭绝。那时台湾的飞机坦克或摧毁、或闲置,又有何用呢?

台湾最主要和正确的生存之道是民主建设台湾,友好往还大陆,将军备预算移做民生建设和两岸交流之用。这才是资源分配用得其宜,用得其所。

美国军备售台的经济利益有限,不是美国重点需求。美国的主要对手是大陆,军售台湾是一张可打可收之牌,但无关紧要。台湾向美国军购减少,甚至是停止,美国也不会因此动怒而放弃台湾。美国护台的基本考虑是道义之助和赞成台湾的政治体制。所以,台湾不需要向美国买军火,自以为是的交"保护费"。说了台湾购买美国军备无用之后,再谈谈大陆对台湾应如何友好相处和消减敌对气氛。

一是，不要在福建沿海进行向台湾示威的军事演习，更不要强调大陆在东南沿岸有飞弹设备，可以随时万弹齐发，摧毁台湾。有准备可以，无需张扬去制造紧急情势，予台湾以加购美国军备，预防自卫的借口。

二是，海空出巡，超过第一岛链，进入太平洋和印度洋，可以作为军力充实和正常操练行动，但不要强调这是环绕台湾，做东西夹攻的准备，或是以此威胁台湾不可走上台独之路的耀武扬威之举。大陆的飞机和军舰也不要有意跨过台湾海峡的中线，去试探台湾的反应和警觉性。这样做都是节外生枝，于事无补。

三是，台湾在东海驻守太平岛数十年如一日，屹立未变。大陆要以友好和支持态度去认可这一事实，强调这是两岸认同的中国领土，不容外敌侵犯和驻军。

四是，大陆只与台湾修好，互助互益，互通有无。不干涉和设法影响台湾的内部建设和领导人大选的走向。在互惠益增、互信益强的前导下迈向和平统一的最终目标。

五是，大陆更要顺应时势，将政体做渐进有效的改革，舍去"百年不变，一党专政"的自私之念和伤民之制。

中共的醒悟和改弦更张愈早出现，中国全民的和谐幸福就愈早到来。正所谓："台购军备是浪费，民主建设第一位。大陆政改及时来，两岸统一迟早会。"

2019年6月28日

旧事重提："听取群众的意见"

引子

整理纸箱旧存之物，发现了一篇35年前（1984年）所写而未曾发表的文章，标题是"听取群众的意见"，旁注是，"读人民日报评论有感。"那时大陆上邓小平已复出执政，开放改革之风正盛，胡耀邦任总书记，革新气象一新；而《人民日报》则由胡绩伟担任社长兼总编辑，力倡该报要切实为民服务，做人民和党的喉舌，人民性和党性并存，而人民性在上。因为报纸说真话，信誉高涨，可读性强，销路上升到史无前例的七百万份，是《人民日报》最风光、最鼎盛的时代。那时我还没有结识胡绩伟先生，六四事件过后，我才透过友人介绍，首次拜会了胡老。而后不断往还，友谊愈深，直到2012年9月16日他在北京医院过世。胡老从事新闻工作50年，是中国新闻界第一民主斗士，他奉守"人民至高无上"的职业准则，又有"老时醒，醒时老"的警语传世。在他病重弥留的2012年9月14日（过世前两天），我到了北京医院重症监护室和他最后一次见面，他头脑清醒，但口不能言，我和他双手紧握，千言万语尽在不言中。我最大的悲伤和悬念是，国之大贤将逝矣，民主中国在何时！？"听取群众的意见"一文如下。

原文

《人民日报》1984年8月6日评论的题目是，"领导者要代表先进群众的意见"。评论里特别强调各级领导同志必需要能代表群众利益，并率领群众去开创新的局面。为达成这个任务，"领导者还必须经常深入实际，调查研究，留心群众在想些什么，最关心什么。如果高高在上先注意同自己常来往的少数人的议论，就轻率决定问题，那是免不了出差错的。"

不错！要打开新局面，推行现代化，这的确是个十分重要的课题，领导者不知民心所向，不顺从群众所想，只在空中楼阁里大作文章，所成"佳作"在孤芳自赏之余，对广大群众来说可读性和可行性就微乎其微了。领导者要代表先进群众的意见，就要先能鼓励群众发言，并听取和执行他们的构想。鼓励要有适宜的措施和途径，听取要有足够的胆识和雅量，执行要有相当的决心和方法，这三者相辅相承，缺一不可。

鼓励群众提意见往往是说来容易做来难。在中国文革动乱和其他各种全民运动大力推行期间，"戴帽子"和"穿小鞋"是家常便饭。彭德怀将军婉转陈词的意见书都可以遭获终身不赦之罪，一般群众还有"直言不讳"的立足点吗？

四年前（1980年）薄一波副总理率中国代表团去白宫签署四项中美合作协议，路经西雅图，我组织一些华侨代表去旅馆看他。他问起我们，看不看人民日报，对人民日报有什么看法。我说："我天天看人民日报（我是该报常年的赠阅户），对人民日报的读者投书栏最感兴趣。因为这些意见登出来，说明当局重视所提意见，有处理问题的意见和决心，并对提意见人有所保障。"鼓励群众发言，而群众在鼓励下认真发言要有三个先决条件。一是有发言的场地（报刊杂志、广播、电视、会议、投书上报等等），群众知道，并可以利用这些机会和园地发表意见。二是发言者感到不会在揭发真相后一事无成，反而得罪了当事者和当权者，首先受害。三是发言后产生效果，纠正错误，坏人和违纪者遭受制裁。立竿见影，人心大快。

听取群众意见，上级要有胆识和雅量也是说来容易做来难。我在美国高等院校工作教书十多年，深深体会到让学生公开提意见批评教师是不容易做到的一件事。因为好教师教书成绩好，对自己有信心，愿意在教书上"百尺竿头更进一步"，基本上不怕并欢迎学生提意见。教书成绩差的教师最需要在学生反应下切实检讨而力求进步，但他们也最缺乏安全感，怕学生提意见，以免"首当其冲，丑态毕露"。针对学生的批评，他们往往解释说："学生懂得什么，我教书态度严格，曲高和寡，他们就不高兴了……"

为了鼓励学生认真提出对教师教学改进的意见，我工作的西雅图社区学院采取了以下措施。

一，参加学生对教学进行考核的老师出于自愿，教师可自选是参加或不参加。因为美国教师协会没有规定教师必须接受学生考核。

二，考核的举行是选在学期结束前的最后一课，老师下课后由另一老师志愿出面，来班上向学生征求反应。不由教课老师自行征求学生意见。

三，调查老师让学生自由发言，把教课老师的优点、缺点和改进意见一一写在黑板上。然后大家举手投票，注明每一意见有多少学生赞同。最后这些意见包括统计数字由征求学生反应的老师记录下来，不注明提意见者和赞同者是何人。在教师把学生学期成绩交到学生后，这份书面的学生反馈才交给当事教师作为自我改进的参考。

这种提意见的方式对学生重视又有保障，容易获得学生参加和鼓励他们发表真实意见。近年来中国正在积极采取党政分离的措施，努力求治，大事清党。官僚主义和官官相护的作风渐入低潮。承认错误和接受批评的勇气和表现也与日俱增，这是十分可喜的现象。

在虚心听取群众意见后，下一步的措施便是针对实况，制定措施，大力执行。上级听取群众意见后最容易摆脱的借口是："你们的意见不错，但是我们要看全盘，重大局。"考量的结果便是"言之凿凿，听之藐藐。"

总之，群众提意见后有下文，能见效，是鼓励群众继续提意见最佳的保证。说真话、吐苦水是冒险犯难的多，讨人喜欢的少。领导者有接受逆耳忠言的胆识和雅量才能促进整个环境健康和生动风气的增长。当初马寅初和彭德怀的真知灼见被采纳的话，今日中国的面貌便大不相同了。

思今

以上是35年前我写下而未发表的议论文。如今合盘端出，时犹未晚。因为近30多年来中国已产生了翻天覆地的变化。中国国民经济生产总产值已跃登全球第二，仅次美国。中国的政治和军事实力，以及对全球重要事务的发言权也拥有了举足轻重的地位。世界大局也产生了重大变动，全球化和多元化都已登场，各国间守望相助和同舟共济的需要性及迫切性也与日俱增。但世局动荡，美中纷争都触目惊心，历历眼前。在此关键时刻中国高层领导便更需要听取群众的意见，关心群众之所求，让群众的向心力、创造力和积极性充分发挥，共同做出民富国强和造福世界的重大贡献。正所谓："听取民意为至上，私心短见置一旁。民富国强是目标，全力实现放光芒。"

2019年7月26日

太空遨游，梦寐以求

50年前（1969年）的7月12日，美国阿波罗11号飞船运载两位美国宇航员欣然完成登陆月球再返回地球的任务。此一壮举立成佳话传遍世界。登月舱于7月12日美国东部时间下午4点17分在月球着陆。6小时之后美国宇航员阿姆斯特朗跨出座舱登上月球时发名言说："个人一小步，人类一大步。"此一刻也改变了人类的历史。此后美国多次实现登月之举，于1972年停止时计有12位宇航员得以踏上月球。登陆月球便也成为以后登陆火星的先声。许多人都充满信心地说："能把人送上月球，那么……"尽管月球和地球之间距离是40万公里，而火星离地球则有22500万公里之遥，这是地球和月球之间距离的560倍。以时速4万公里飞往火星需时8.4个月。

时值美国登月成功50周年纪念之日，有许多美国的知名人士都发表了观感。

• 萨特耐（William Shatner），他是1960年代美国风靡一时的科幻片《星际之旅》（Star Trek）里企业号飞船的船长，现年88岁。他认为登陆月球是人类历史最辉煌的一页。登月实现时他正在美国纽约州长岛草地上的一座蓬车里，他透过蓬车小窗遥望天空，一面在蓬车内一座14寸黑白电视里观看登陆月球节目。后来他走访美国航空航天署时，该署接待人员告诉他，他主演的电视剧收看率愈高，美国国会就会投下更多的预算支持太空事业。因此他十分自我安慰和得意地说："我觉得我对阿波罗登月之举小有贡献。"

• 萨伦勃格（Charley Sullenberger）。他是2009年1月15日驾驶美国航空公司1549号航班的机长，现年68岁。该机在纽约机场起飞后即发生故障，他临危不惧，成功将飞机迫降在纽约市附近的哈德森河，全机旅客获救，无一伤亡。他回忆登月事件时说："全球有3亿五千万人在观赏登月的电视节目，我却无缘于此。因为1969年我高中毕业后考入美国空军学校就读。在电视节目播放时我们的培训官不许可我们看节目。第二天才告诉我们登月成功。我父亲对我很好。在1960年代美国宇航员有升空任务时，电视一定转播节目，父亲许可我留在家中观看节目。这番兴趣也引导我后来投考空军军官学校，并成为民航机机长。在电视节目里看到阿姆斯特朗完成登陆月球的壮举，我视他为我崇拜的对象。我和他都是普渡大学（Purdue University）的校友。在我完成在哈德森河面飞机安全迫降的10年后（2019年），他在普渡大学颁赠我"阿姆斯特朗卓越成就"奖章。这一切经过给我的领会是，人人要时时刻刻有目标地去发挥能量。要热情奔放，乐施所长，慎思笃行，尽其在我。

• 卡瑞（Bob Kerrey）75岁。他曾任内布拉斯加州州长和国会参议员，他是美国"荣誉奖章"的获得者。他说："我们常常听到的一个说法是，'他们能把人送上月球，做其他事有何困难。'此说对我意义深刻。因为美国宇航员登陆月球之日，我正住进费城海军医院。我在越南战场负伤回来，在该院接受腿部截肢手术。他们完成登月壮举给我增加了希望，能在失望中获得解脱是好事一桩，看到人类登陆月球，让我们想到宇宙之大无与伦比，人类的施展十分有限。这也正是'小者微微，大者巍巍'的道理所在。"

• 克朗凯（Kate Chronkite）68岁。是美国哥伦比亚广播电台著名主播沃特•克朗凯的女儿。她说："我父亲那天晚上是在电视台演播室工作。我正在沃蒙住宿学校就读。在登月节目播放时，学校的校长让我们在他的办公室里观看节目，过程太震撼了。以往我曾多次和我的弟妹们在假日酒店穿上奔下，那里有哥伦比亚广播电视台的工作人员和宇航员住宿。我年纪太小，即使碰上了阿姆斯特朗也不会知道他是何人。

• 温克勒（Henry Winkler）73岁。他是艾美奖得主、制片人、作家。1970年代曾主演美国最火辣电影《帅哥》（Fonzie）。他说："登月节目播放时，我正在耶鲁戏剧学校一位同学的公寓里。那时我们一面连吃带喝，一面欣赏登月节目。看到阿姆斯特朗走出座舱登上月球时，我太为他感到骄傲了。我自己连数零钱都数不清，他们却能圆满达成那么繁复重大的任务。这真是成就非凡，超人臆想。我们那一刻瞠目结舌地看节目，鸦雀无声。

以上是一些美国名人对美国宇航员于50年前登陆月球之举的陈述和观感。我最近打电话给我的外甥卢杰博士，问起他对当年登月之举有何观感。他回答说："二舅，1969年我才6岁，能知道什么。"卢杰于1990年代获得美国斯坦福大学应用物理博士学位之后，先后在丹佛和檀香山天文台任职。于1995年通过考选（数千人中选取20多名）进入美国航空航天署工作，以后成为该班的首选者派遣太空成功执行任务三次，其为1997年、2000年和2003年。最后一次执行任务是和俄国宇航员马林金柯同驻太空站6个月，完成了许多科学试验，并撰写了太空站工作生活日记，传送给地面的亲友，内容生动，非同一般。

美国宇航员升空执行任务，每人可以携带一个小盒，放入纪念品，遨游太空后，物归原主存念。我在卢杰1997年执行任务时送给他两张照片，其一是我和爱妻在两幅中美旗前的合影，此照片得以遨游太空，历时9天多，最高时速是17500英里，全部航程280万英里，绕行地球145周。后来我也获得美国航空航天署领发、卢杰签名的证书一份，珍藏至今。正所谓："世界停摆观壮举，月球登陆非儿戏。往返太空造英雄，科技飞扬成大计。"又云："宇宙无限人微小，千奇百怪待探讨，冒险犯难是常事，再登火星应趁早。"

2019年8月9日

熊猫留守不去 促进美中友谊

在《人民网》和美国新闻里看到的一则消息是,长驻美国加州圣地亚哥动物园26年的中国熊猫"白云"和它在美国6年前生下的小熊猫"小礼物"已于5月16日返回四川都江堰熊猫培养基地了。基地就此举行了"荣归故里"的欢迎仪式,难以确定的是它们是否有"衣锦还乡"之感,但可以确定的是,它们进入新的生活环境,要花一段时间去适应当地的水土、气候、饲料和圈养安排,此一"故里"实乃"新居"。

4月里,圣地亚哥动物园为送别熊猫举行了三周活动。有许多熊猫粉丝从各地赶来,依依不舍,伤心告别。熊猫租期已到,续约未成,熊猫便应召返国了。此外美国还有三所饲养熊猫的动物园租期未满,其他为华盛顿首府、乔治亚州亚特兰大和田纳西州曼菲斯。

美国动物园租赁中国熊猫的条件是先花数百万美金建好圈养和展出熊猫的设施,每年缴租费一百万美金,熊猫小崽在美国诞生另缴一次性60万美金"小崽税"。圈养熊猫每年的各种费用达50万美金,是大象维持费每年10万的5倍。加在一起是一笔庞大开销,对动物园来说,可能收不抵支,形成亏损,生财"无"道。

可是,熊猫在美国动物园展出有许多好处。一是为美国家庭提供了周末和假日的绝好去处,全家出动去欣赏熊猫的千姿百态,楚楚动人,而乐趣无穷。二是为学校和家庭提高了保护频危动物(endangered species)的意识和行动。美国中小学校会安排学生集体参观,作为课外活动,并要求学生们写心得报告,和各动脑筋,为维护频危动物行动起来。三是美国动物园游客视熊猫为中国驻美的"亲善大使",安详、和气、友善、逗笑。四是美国动物学人员对驻美熊猫细心研究,无微不至,对熊猫的习性、饮食、生育(包括人工生育)、放养(饲养熊猫放归野外)、健保和竹林养护等都加以研究,取得成果,并和中国及国际专家们进行交换和探讨,充实和巩固了"熊猫学"的内涵和意义。

以往中国经济情况落后,美国是有钱大亨。熊猫年租多收点,两厢情愿,无话可说。如今中国跃登全球第二经济大国之位,考虑全盘,熊猫的租赁条件应加修改。例如,租费可减为一次性收费,不超过4百万美金。(这笔钱在美国约可采购近百辆基本型奔驰汽车。)熊猫小崽在美国出生,"小崽税"也全免。避免斤斤计较、有钱必嫌的小家气,拿出向前看,不向钱看的悠悠大国之风,提升中国的国格和气派。以宽厚条件派放"熊猫友好大使"到美国动物园,让它们辛勤为国宣劳,促进美中人民友谊。

在美中贸易战开打和美中关系紧绷的当前,熊猫"大使"更应该在美国驻留促进美中人民友谊,而不该回家休养,和迹近"临阵脱逃"。

20年前的1999年我在《澳门日报》要闻版"京华随笔"栏目下发表"熊猫外交此其时也"一文，我将"熊猫外交"和早年中国的"乒乓外交"媲美。也提到美国圣地亚哥动物园正在饲养中国熊猫（白云是也！）全文最后一段说的是：如今熊猫的形象已是世界保护稀有动物的国际机构"野生动物基金会"的会标图案了。而世界仅存的一千多只野生熊猫全在中国，却有不少贪心贪财的人每年在不断违法猎杀这些熊猫。与其我们让这些熊猫在枪下送命，成为违法者生财的来源，还不如加强熊猫保护，把熊猫转危为安，在送到外国动物园时少收一些费，让熊猫外交的作用在廿一世纪里大放光彩，岂不是更好！

1997年我在西雅图看到报纸的消息，西雅图动物园正在动脑筋，想把中国熊猫引进该园，问题是资金筹措无法完工。我打电话和园长交谈，并考虑和西雅图友好城市（重庆）接触。（我是"西重友好城市协会"首任会长）。后来了解到，"熊猫出国"是大事一桩，由北京高层决定，乃放弃了向重庆求助的念头。

我在北京和华府都曾去动物园参观熊猫，1997年也曾去成都近郊熊猫研究养育中心一游。看到动物园游客众多，达官贵人和凡夫走卒都有，我产生一个构想，要和卡通画家合作，创造一个"熊猫冷眼看天下"的报纸漫画专栏。主角是座落在美国首都华府动物园的一对雌雄熊猫，它们来自中国，精通各种语言，而不为游客知晓，它们也有顺风耳和千里眼，耳听四面，眼观八方，对来访游客的心意和交谈可以全面掌握。两熊猫的个性和观察角度又各有不同，他们的"夫妻配"就足以"网络天下，一览无遗"了。卡通画分四格，画龙点睛的是最后一格。有哪位画家要就此一试？正所谓："熊猫外交多么好，出使异域万人瞧。回归故里弃职守，长驻美国利邦交。"

2019年9月6日

欣见郭台铭不独立参选

当前在台湾领导人大选的领域里，一件爆炸性的新闻是，郭台铭于9月16日在台湾宣布，他目前不自立门户参加竞选。台湾的规定是，今年11月11日是参选人正式登记的日子，那时要有法定数字的支持者的连署，参选才能合格。

郭台铭的这一表态，让蓝营方面松了一口大气。前些日子，马英九曾面告郭氏，盼其以大局为重，应与国民党团结一致。连战也领衔与31位台湾名流大佬登报声明，劝阻郭台铭脱党竞选。尽管郭氏已于9月12日宣布脱党，但他没有走上立即宣布要独立参选的最终一步。

这一发展是蓝营的福音，也令绿营失望。蔡英文希望蓝营分裂、内斗增强的打算落了空。最理想的是，为宝岛自身和两岸互惠打算，郭氏最后回归蓝营，与国民党紧密配合，力挫蔡英文胜选连任的构想。

今年4月中旬，郭台铭公开宣布要在台湾出面参选台湾领导人之时，我曾撰写发表《为郭台铭台湾参选出招》一文，认为他是得当人选。但是随后的发展是，他决定参加国民党党内初选，结果是高雄市市长韩国瑜一马当先，他屈居次位。在选前，郭氏也阐明他的立场是，要为人民服务，不图名利，并将全力支持初选的获胜者。如今经过一番周折，又出现了郭氏回归蓝营的可能性。这也是令人乐见的转变。

台湾当前的情势十分险峻。民进党在蔡英文的领导下在台执政的第一任已近尾声，她正全力以赴，争取连任。可是，民进党执政的主轴是歪曲的，挑族群纷争，增大陆敌视，抱美国大腿，废岛内建设。这一切作为都是违背台湾全民利益、打乱两岸合作和增加美国头痛的倒行逆施。因而要阻止此一逆流的增长，就必须由百年老店的国民党宝刀未老，青春重振，在明年台湾大选时一举得胜，力挽狂澜之欲倒。当然，民进党是长于打选战和不可轻视的战斗集团，如今又有正在执政的行政便利和可用资源。所以，国民党取胜的过程是艰巨的，是要倾巢而出，奋力取胜，不能掉以轻心，侥幸得手。若有了郭氏的当机立断，加入蓝营，共同出击，台湾领导人大选里蓝营获胜的可能性大增矣！

还记得2000年台湾领导人大选的旧事和教训吗？那时英姿雄发的宋楚瑜脱党和连战代表国民党出征形成对阵，结果是陈水扁代表民进党在"鹬蚌相争，渔翁得利"的情形下险胜，主政台湾8年。他也贪腐当道，不遗余力，击台独之鼓，冒民主之名，最后贪污有据东窗事发，由"台湾之子"沦为"台湾之耻"。在揭发陈水扁贪腐的漫长和艰难过程里，国民党敢言善战的立委邱毅是孤军苦战终获全胜的重大功臣，他充分选用他的特长，收集资料，分析研究。为民除害，视为己任。身家清白，不落把柄。陈水扁动用政府力量要找到邱毅的短处和丑行，而一无所获，失败告终。用一句邱毅自己的话来说，那便是"狭路相逢勇者胜"。（2010年我代表大陆中央电视台英语频道在台湾访问邱毅时，他详述了揭陈获胜的有关过程，欣然道来，引人入胜。）

希望郭台铭全力地支持韩国瑜参选，共赴时艰，取得胜利，变绿地为蓝天，让国民党在台湾重掌政权，为宝岛、两岸、亚洲局势和台美关系注入新血，展开新页。正所谓："郭氏宣布不竞选，集中实力勇向前。回归蓝营发全力，大选获胜万民欢。"

2019年9月20日

祝福祖国 爱深盼切

导读：身为美籍华人，1932年在大陆出生入学，1949年赴台学成就业，1967年抵美进修入籍。我对中台美三宝地都有根基、热情和感恩。近30年在太平洋东西两岸游走，绝大部分时间是在大陆驻守，促进美中民间交流，从事控制烟害义工和在新闻媒体发言论述。去年夏季我返美定居了。这不是告老还乡，倦鸟知还，而是另辟佳境，乐享天年。

以往住在北京，我应邀参加40周年、50周年和60周年的国庆大典活动。现欣逢70周年大庆我虽不参加，却要尽其在我，一吐肺腑之言，为祖国庆生，盼祖国进步。发言内容包括四个领域，中美之间，海峡两岸，大陆香港和中国内部。

一、中美之间

由美国挑起的美中贸易战为时经年，正在上演，双方商谈折冲的过程是一波三折，此起彼落，而迄无定论。今年10月中国副总理刘鹤领队的中国代表团若如期成行，切实磋商，可能有所敲定；或是强打硬拼，战火益烈；或是握手言和，鞠躬下台。但如何发展，难以预料。

美总统川普执意要获得连任，是志在必得，姿态十足。他将以获选为考虑，筹划美中贸易战如何进行。假如他认为他对中国采取强硬立场会讨得美国多数选民的欢心，而美中对抗对美国的经济和就业并无大碍，他就一定是画张飞的花脸，舞关公的大刀，做狮子吼，张牙舞爪，全力出击。假如今年冬季时美国经济情况不妙，美国多数选民抱怨他对华政策失算，他就会见风使舵，在美中贸易战里化干戈为玉帛，知趣退场。

中国面临此一挑战要沉着应付，不可冒进和轻敌。美国对华的要求有许多是中国必须去做的，如保障专利的使用，不对国企偏重和补贴，予外商以在华公平竞争和发展业务的平台等。啃这些硬骨头是为了中国本身长足进步而为，不可视为是受压屈服，自我蒙羞。近年来美国朝野已逐渐形成共识，视中国为野心勃勃、潜在强硬的对手，有意和美国争霸。因而对中国防范、围堵和打压便都是顺理成章，势在必行。中国对美国的心态要心知肚明，更要言行一致，表里合一，以正面的表现去面对质疑。也不要浪费时间和精力，对美方许多言论和行动都冠以"反华"的标签，要立即应对，口诛笔伐。

习近平主席曾明智发言说，美中关系已密不可分，是我中有你，你中有我。中美合作就彼此受益，打斗就一并受损。从历史渊源来看，近百多年来美国的确是西方列强里对中国最为友善的一员。如今中美两国是全球最大的两个经济体，又分别是发展中和发展国家的鳌头，面临国际事务双方利益的结合远大于分歧之处。中美之间不宜流血恶斗，齐受其害，要同舟共济，遍传佳音。

二、海峡两岸

回顾史实令人叹惜的是，蒋毛两位巨人都缺乏足够的民主意识而错失了建设富强中国的契机。二战和中日战争结束后蒋介石要乘胜追杀，一举而歼灭共军，独统江山，展开内战。1949年初蒋介石下野，李宗仁代理总统和中共举行和平谈判，毛泽东提出过于刁难的条款，要严惩战犯，将国府要员一网打尽，永不翻身。那时担任国府行政院院长的何应钦沉痛地说：这一和平协定是"军事管理方案"，比国府当年向日本提出的受降文件苛刻很多。和谈破裂，共军渡江，在随后的国共战役里严重破坏，痛苦伤亡，令国家元气大伤。

假如当初和平谈判时，毛泽东明智有加，目光长远，许可国府文武大员返乡养老，衣食不缺，国军部队也和平收编，就自然改变了中共建国后的社会气候和总体心态。镇反肃反何有，韩战越战免谈。中国应可在和平振奋的大好情势下努力建国，蒸蒸日上，信心十足，为人民造福，与邻邦交好。就不会在闭关自守下频出昏招，大跃进、反右、下乡、四清、文革等群众运动也自然消匿于无形了，至今日中国理当是民富国强的泱泱大国了。

1949年国府败走台湾，毛泽东改立国号为"中华人民共和国"，制造了两个中国。蒋介石于1972年持"汉贼不两立"和"宁为玉碎，不为瓦全"的立场，退出了联合国，又保留了日后两岸和平统一中国的希望。国府退守台湾后风雨飘摇，提心吊胆，生怕解放军渡海来攻，"解放"有日。但1950年毛主席挥军入朝，以人民志愿军名义支持北朝鲜入侵南韩。美国组军仁川登陆，进行反击，亦派遣第七舰队协防台湾，中共解放台湾的构想也全盘落空。中共的"抗美援朝"，又延伸为"援越抗美"，中美对立愈深愈久，大陆运动愈频愈烈，大好河山迄无宁日矣！

蒋氏父子在台连续执政39年。国府退台后也思痛自省，努力建设，改善工农，发展外贸，最后荣登亚洲四小龙之首的地位。蒋经国主政台湾又实现了开放党禁和报禁的正举，并许可老兵返回大陆探亲旅游，这便正是两岸关系改善之始，和台湾走上自由民主政体之初，迄今已三十寒暑矣。

两岸关系正式解冻始于连战以国民党主席身份于2005年4月中旬造访大陆，名为"破冰"之旅，会见了中共总书记胡锦涛，为国共两党领导逾半世纪以来友好交谈之首创。马英九于2008年至2016年主政台湾，两岸交往日益频繁，三通起步，外交休兵，一片和祥气象。待蔡英文代表民进党于2016年再度在台执政时，又风向逆转，倡台独，促反中，裂族类，败朝政。使台湾总体实力和社会稳定下滑，令两岸友好交流止步。2020年台湾领导人大选的蓝绿之争已进入火拼阶段，最终鹿死谁手仍是未定之天。但大陆要确切留意，不宜有心介入，意在影响选局，予绿营以口实，污蔑国民党是"红色同路人"。蔡英文对香港情势指指点点，表态支持香港"民运"，视一国两制在港实施失败，更不宜适用于台湾，这都是色彩分明的政治语言，用于吸引选票，呼吁台湾选民不可支持"亲大陆、害台湾"的蓝营重返执政。然而这番说词能够取信于台湾多数选民吗？未必！大陆和台湾交往要着重在陆续增强商贸、文教、旅游等各方面，乃可民众受益，铭记在心。不可加强军事恐吓，机舰齐发，赫赫逼人。要吸引和呼唤离家出走的兄弟归来，岂能挥长鞭，舞利剑，要兄友在先，弟恭随后。两岸和平统一也要顺其自然，不能勉为其难，欲速不达。

三、大陆香港

先前，香港特首林郑月娥善意要与台湾和大陆建立"引渡条例"。意在解决台湾杀人嫌犯逃港脱罪之难题，结果引发了香港居民的指责和反弹，扩大和转向为"送中"行动。四个月下来，从街头抗议起步，恶化为损害公物，扰乱营业，打人伤人，抗击警察。此一发展仍在继续，未见收场。至今已对香港造成重大伤害，让香港工商业日益萧条，游客望而止步，香港享有世界金融中心的盛誉大损。今秋开学后也有学生走上街头，旷课呐喊。香港一些有识之士已出面呼吁市民要冷静下来，不要扩大乱局。香港星岛日报新闻集团主席何柱国苦口婆心于9月19日至25日陆续刊登报页整版声明，讲道理，摆事实，正告香港市民、外国领馆、广大青年和执教老师，要守护和平，与恶诀别，理智清醒，恢复常态。我和两位相交逾半世纪、现长住香港、博学多闻见地深远的老友通话，他们都是忧心忡忡，并感叹香港今日一片混乱，杂音四起，欲"纠正视听"的理性之言也遭到淹灭和受到曲解了。

至今历史的发展和条件已注定香港要在一国两制的规范下运行，香港独立之思便更是痴人说梦。在香港抗议游行中有人挥舞美国国旗，焚毁中国国旗都不是真正爱港和利港之举。有一句西谚说："自造睡床自家躺。"是喻言后果自负。香港居民要从冲动和狂热里觉悟和冷静下来，吸取教训，恢复常态。香港幸有训练有素的高质的港警，可以临危不乱，执行任务，减少伤害，使乱局不再扩大。他们的表现是可敬可佩，可圈可点。

北京此刻也要表现高度的理性、沉稳和自制。不可考虑遣兵入港，恢复秩序，以免触发血案，败坏全局。北京要以决心和行动去支持"港人治港"的初衷和设计。正所谓"天助自助者"，盼港民力行其事。是乃，回归理性息灾难，重振香港尽开颜。

四、中国内部

新中国历经数十年来不断的努力奋斗，已欣然崛起。但和平不足，威武过头。中国不宜耀武扬威，更不宜从过度的自卑转换成过度的自满。80年代中国强人邓小平的名言"韬光养晦"，至今尤为适用。

还记得2015年中国举行抗日战争暨世界反法西斯战争胜利70周年纪念大会时，中方特意安排，抵华祝贺的外国元首要在天安门门楼内踏上红地毯，步行数百米到达习近平夫妇怡然等待的尽头，形成"万国来朝"的架势，是乃虚荣有过，礼仪尽失了。在庆典中我应邀登上天安门城楼左前侧为外国嘉宾专设的观礼台，有世界各国驻华大使夫妇在场，他们目睹雄伟的阅兵式后，有数位与我交谈时说："这个壮大的场面是摆给中国人自己看的，我们有不同的观感和想法。"

今年正值建国70周年大庆，阅兵游行的场面更为宏大，预演的安排更为繁多。这种兴师动众的巨大投入，收获有几呢？！

美中贸易战搏斗之际，国内的情势是外松内紧。每天看报都有贪腐高官落马的报道，或是政界要员，或是国企领导。但严打贪官的手段并不治本。专制体制不变，贪污温床安然，杀一难以儆百，斩草春后重生。

逆反世界潮流的一党专政必须要改，这可以从党内做起。或设专区做民主施政实验，任职用人秉公处理，不要一言堂，不搞妄议中央，不可掌控文艺创作和新闻宣传，管的严，管到死。例如数月前以描述抗日战争时期八百壮士死守上海四行仓库，抗战不屈的《八佰》一影片，在上映前被叫停，背后的理由是该片正面宣扬了国民党，不可取也！

言论自由，司法独立，整顿国企，扶植民营，鼓励创新，发展科技，改善教育等要务都要志在必得，认真从事。诚然，越这样做，越削弱了共党大权的独霸，但唯有如此才能顺应潮流，自救自强。早年蒋毛两人因私心作祟而祸国殃民，痛失建国良机，今后的中国会出现转机而趋向真正的富强吗？是为盼！

正所谓："堂堂建国七十载，甜酸苦辣百味来。振兴中华靠民主，万众一心万难排。"

2019年10月4日

为海外华文报纸点赞

前言：阅读报刊是一个好习惯，可以开阔眼界，增加知识，收取信息，自我消遣。在阅读的领域里可以贯通古今，遨游中外。报纸的功能有四，其为：提供信息、分析解说、服务读者和增添乐趣。提供信息是报道实事和新闻，就事论事，告诉大家发生了什么；分析解说是对时事和话题加以讨论和争辩，讲解其前因后果、影响如何；服务读者是提供对日常生活有实用价值的消息；增添乐趣是在报内刊载卡通、游戏和消遣方式等，娱乐读者。

最早的报纸是19世纪工业革命时期在英国首先出现。如今报纸的普及性和重要性已是尽人皆知，不言而喻了。

海外华报：自清末开始中国有大批劳工，大多来自广东、福建两省，前往南洋和欧美等地谋生奋斗，而后留居当地。二战以后又掀起留学潮，中国的知识分子留学欧美，其后就地扎根。于是在海外华人聚集的一些大城市也就有华文报纸应运而生。以下我将海外华文报纸的功能、挑战和出路三点一抒己见。

一、功能

华文报纸像所有报纸一样都要展现前述四大功能。在美华报的读者则偏重于两个群体。一是老华侨，在美国定居已久，习惯于看中文，关心家乡故国和美国当地的重要新闻和实用信息。二是新华侨，初到美国，英文掌握不够，要阅读华文报纸。此外，许多知识分子的读者也保留了阅读华报的习惯。

针对这两个主要群体，在美华报的内容应注重提供信息、分析解说和服务读者三方面。要及时、翔实、公正的报道有关美国和中国（这包括港、澳、台）的重要新闻，并加以分析解说。倘报社缺乏直接投稿的来源，就要在获得授权下转载其他报刊的有关论述，要求是立论公正，分析精辟。服务读者则是报纸的卖点所在。要迅速准确的报道当地社区活动，提供工商经营和劳工市场的信息，为业主、求职者、厂家和消费者建立一个接触交换的平台。

二、挑战

华报的生存和发展也和其他行业一样，要有足够的运转资金和收入，至少达成收支平衡，才能维持下去。正常运作资金的来源是订户和广告收入，报社的成功经营越久，声望信誉益佳，订户和广告来源就越多。这是良性循环。而经营不利的报社就要不断走下坡，直到关门大吉。

报社若持有政治倾向（针对大陆和台湾），会吸引类似倾向的读者订报，而排斥了相对者。例如在美发行的《世界日报》，是台湾《联合报》的延伸，受到台湾背景的读者欢迎。大陆《人民日报》海外版在美国发行，以赠阅为主。

三、出路

据我了解，在美国经营成功的华文报社都有多元经营的手段。例如有附属或协作的印刷厂可以承接若干印刷业务，有中英文翻译的服务，可以为当地政府的公告或手册等译为中文，而获得报酬。可以在当地举办一些特殊的活动和庆典，进行义卖和宣传，以赢获当地广大社会的认可和赞赏。在美经营成功的地方性华报，多执园地公开、不沾政治立场的风格。

为了照顾不同背景读者的需求，报刊内可以出现"大陆、台湾、香港"专题报道的专页篇幅，予读者以浏览之便。其报道要有时效，要公平客观。美国著名的新闻媒体，如《纽约时报》、《今日美国》和CNN等，在议论版上针对同一主题，有意刊载不同和相对观点的见解，此做法值得赞赏。

美国第三任总统，也是美国《独立宣言》的主要起草人托马斯•杰斐逊（Thomas Jefferson）1787年发言支持出版自由，言及报纸的重要性，他说："假如由我决定，我们应该有政府而没有报纸，还是有报纸而没有政府，我会毫无犹豫地选择后者。"30年前，我曾为西雅图英文《邮情报》（P.I.）撰写"少数民族之声"专栏，进入该报社大厅，就在墙上看到这段十分醒目的名言，而至今不忘。

结论

我在海外华文报纸有40多年的投稿经验，主要是《华侨日报》、《人民日报》海外版、《星岛日报》、《澳门日报》、《西华报》和最近增加的《亚美导报》。我知道它们经营的主旨是服务社会，尽其在我，更也是艰苦运作，不辞辛劳。令人敬佩！

正所谓："百家争鸣多么好，海外运作有华报。服务社会吐心声，畅所欲言旗不倒！"

2019年10月18日

两位美国前总统现身说法

我对美国第39任总统吉米•卡特十分崇敬。他在任时在外交方面有不少重要的建树，1980年退任后热心时政，赢得"外交调停使，选举监察员，卫生捍卫人，人权促进者"四个实至名归的响亮头衔。他的生日正好是中国国庆日10月1号，现已是95高龄的福寿双全的长者了。

今年9月17日他在乔治亚州普莱市家乡卡特中心的年会里回答一个趣问："宪法许可你再次参选美国总统，2020年你会出马吗？"卡特总统十分认真地回答说："我相信假如我比现在年轻15岁，年正80，我也无法承担我以往入主白宫时的重责大任了。更何况我现在已年登95，连走路都感到困难了……我希望总统年纪有一上限。"

有趣的是，如今在任的共和党总统川普是73岁，他若明年连任成功就是美国历史上最年长的连任总统。而民主党由前副总统拜登带头的前三位角逐者皆70开外。列根69岁当选总统，后来在年过70的两任里，在内政和外交的领域里都卓有贡献，他是美国最年长的退任总统。显然是人各有异，有的人是老当益壮，身心健康，运用自如，却也有的人会是身心交瘁，未老先衰，乏善可陈。

卡特既是美国历史上最长寿的退任总统，又是在退休后退而不休、努力贡献的卓越人物。他1982年起主持运作的卡特中心，倡导和平、伸张人权、促进健康、普及公益，成效显著，垂为典范。他在回答上述趣问时又进一步解说了他在任时的作为和条件，"你要有能力从一个主题切换到另一个主题，并有足够的专注，运作无误，又能把他们合为一体，理路分明。正如我把以色列和埃及联合起来，成功签署了和平协议。"

卡特总统仍在等待民主党党内初选落幕，产生民主党可以击败川普的最佳候选人。他期盼该候选人能够具备他一向器重的价值，可以带领美国去促进世界和平，伸张人权与平等。

奥巴马就任美国第44任总统时，也创造了历史记录，他是美国首位有色种族总统，他连选连任，于2008至2016年入主白宫。他上任时美国经济下滑，外交窘困，战火不息，国势低沉。他执政8年，建树良多，振兴了美国经济，改善了国际局势，他也于2009年荣获诺贝尔和平奖。今年8月奥巴马夫妇和美国Netflix企业联手制作纪录片《美国工厂》，透视中国企业家曹德旺在美国俄亥俄代顿市开设的汽车玻璃制造厂，在文化有异和利益冲突的交炽下奋斗成长的过程，颇有创意，启人深思。

9月18日奥巴马在三藩市一所资料分析公司（Splunk）讲演，论及他做决定的过程时，提出两个重要的指导原则。一是，"身旁团队的成员要有不同的意见，可对面临的问题提出相关正确的信息，供你参考和取舍。二是，面临重大决策要耳根清净，不要看电视评论和听信社会传闻，以减少干扰，妨碍你的判断。"

奥巴马这番话诚然是智者之见，言之成理。任何国家领导者都要知人善任和从善如流，不可让身旁充满了点头称是的唯诺之徒，在古代便可能是内戚、宦官和弄臣之辈。远君子、近小人并轻信谗言的领导者，都会更加目光狭窄，自以为是，信息不足，判断有误。近代的两大暴君希特勒和史达林，他们都是权威无比，一言九鼎的狂妄之士，就也自然走上"忠言"绝迹、自省不足和一去不返的万恶之途了。

科技发达，对视听环境的贡献是渠道多种，信息爆炸，良莠不齐，真假难辨。这对许多人目不暇接，形成干扰。国家领导人做决策时，避开这些混乱和杂音自然是明智之举。

奥巴马于2017年1月10日在芝加哥做"告别"讲演时提出了他信奉的美国观念是："只有平民大众对日常事务介入、行动、团结和要求，改变才能产生。"这也是"国家兴亡，匹夫有责"的另一说法。

正所谓："领导有方定主调，听取良言掌其要。万民参予筑长城，家国兴旺见成效。"

2019年10月18日

大陆行谈时事和养生有道

在返美定居一年三个月后我又回到北京，于10月14日前往外地出席了一场座谈会，主讲亚太时事和养生有道两个话题。前者谈大陆、台湾和美国三边互动情势，后者讲身心健康自处有方。

开讲前，主持座谈会的东道主吕先生亲切热情地介绍了我的背景，说明我是拥有比较丰富的社会活动和新闻评论经验的美籍华人，是年及八七的健康长寿者。

谈中美台关系

我开门见山便说，中台美三地的互动是重要的、复杂的和多变的。美中之间有过美好的交往，也有过敌对的冲突。如今方兴未艾正在进行的美中贸易战如何收场难以预料。但由于美中两国利益和拍、互助互补之处远大于彼此间的争执，两国元首一定会绞尽脑汁，去开创一个各让一步、双方可以接受又不伤国体国格的协议，各取所需，握手言和。川普执意要获得连任，他指挥美国和中国进行贸易战的轻重缓急都要考量美国选民的反应和意向，用以决定他的走位和取舍。中国便也要用心观察，分辨利害，全力以赴，严阵以待。绝不要在善舞善变的川普的过招里败下阵来。

美台互动的指导原则是美国赞同台湾体制，并遵循1979年美中建交后美国国会通过的"台湾关系法"，既承认台湾是中国的一部分，又主张两岸纷争以和平方式解决，也保持以防御性武器售台。40年来美国军备售台陆续不断，其时机和数量、质量也反映了美国对华立场的表态和关系的调整。

我一贯认为台湾上缴这笔"保护费"是多余的，是不值的。因为这批装备在解放军全力攻台时是不堪一击的；在两岸和好相处、台海无战事时是闲置无用，这笔昂贵的开销也形成了宝贵资源的浪费。

不错，如今美国朝野有很多关怀台湾处境和支持台湾的呼声。美国国会也陆续通过了一些法案向台湾示好。可是象征意义在，实质帮助小，惠而不实。再有，美国白宫是美国行政的总指挥所，国会法案有参考作用，不能强制执行。例如，美国国会通过美台军舰可以进港互访，但美国国防部从未依样实施。这也反映了美国三权分立的传统体制和本色。美国对华是主轴，对台是分支。台湾无法对美国过度依赖和期盼。

最后再谈两岸互动。两岸关系因2005年4月下旬台湾国民党主席连战的"破冰之旅"而解冻转暖，他和中共总书记胡锦涛见面洽谈，共同发表了促进两岸关系的具体主张。马英九于2008年至2016年主政台湾又进一步推动了两岸关系的改善，商贸畅通，文教交流，旅客互访，外交休兵，一片祥和气象。

只可惜蔡英文2016年入主台政后又产生了逆转。尽管她在就职演说中力陈不改变现状和不挑衅大陆，但实质上她是迈上了"隐形台独"的路线，刻不容缓。蔡英文全力打压国民党，要形成一党独霸；挑拨族群关系，加强绿蓝对抗，骗取人民选票；将"拒中反中"美言和美化为"爱台"和"维护主权"，将国民党抹黑为"亲中卖台"，牵引和诱导台湾选民在明年1月11日投票给她，让绿营继续在台执政。但这一骗术是难以得逞的。我期盼国民党明年大选可以获胜，改善大局，重振雄风。这也是两岸乐闻的佳音和台湾更佳的出路。

正所谓："小英骗术高，前程未见好。蓝营再执政，两岸乐逍遥。"又云："行改革富强国家，倡民主振兴中华。克万难众志成城，成大业共创佳话。"

报告完毕后我回答了听众的书面提问，大多集中在两岸统一前景和如何报效国家两方面。此一有问有答也补充了我发言的内容，产生了互动效果，并达到了互学相长的作用。

养生自有道

随后"养生有道"的话题欣然登场。我借用了一首自拟的打油诗诠释了我的观点。"谨言慎食管住嘴，手脑并用迈开腿。敬天爱人敞开心，身体力行真善美。"

谨言慎食是要防止祸从心出和病从口入。谨言是言而有信，言之有物，不吐假话狂言。慎食是注重营养，避免暴食和偏食。多年来我在大陆和海外新闻媒体的发言和立论都是实话实说，就事论事，问心无愧，乐得其所。在餐饮方面对太咸、太油、太甜和太辣的食品都是望而却步，多喝白水和茶水。多吃水果、蔬菜、干果和鸡鱼肉。但偶尔赴宴，略事放开，亦无不可。至今我没惹常见的老年病上身，十分幸运。

返美一年多以来，我每周有三四次前往男青年会的健身馆轻微锻炼，点到为止，不会奋斗到大汗淋漓的地步。健身后的下一个作业是步行到邻近的图书馆去浏览英文报刊杂志。每有感悟就振笔疾书成文，投送报刊发表。我也常做数独和桥牌的智力游戏，可以沉湎其中，历时甚久而不自觉。图书馆阅读后漫步返家，中途爱妻驾车来迎，恰得其时，恰到好处。这些活动便也是身心兼顾，不予偏废。

以往我有幸结识数位世纪人瑞，有何应钦、陈立夫、宁恩承、马晋三、程思远等老先生，他们都以走路和按摩为日常作业。也都是心胸开阔，轻松自在，拿得起放得下，无患得患失之累。

"敬天爱人"是敞开心胸的实践之路，要知道个人的局限和渺小，要对大自然和万物有敬畏、倚重和好奇的心思和行动，要珍惜资源、净化环境和保护动植物。"爱人"是反馈社会，推己及人。莫以善小而不为，莫以恶小而为之。将和善友爱的力量扩大开来，改善社会，造福人群。

以"真善美"为目标全力以赴，尽其在我。真的对面是伪，善的对面是恶，美的对面是丑。要尽力避开和远离虚伪、丑陋和不雅的行为、人群和环境。这也是"近朱者赤，近墨者黑"原则的实施。要尽情欣赏艺术之美、诗文之美、心灵之美和自然之美，做一个高尚有为的正人君子。正所谓："谨言慎食自律强，手脑并用得其方。敬天爱人得其所，真善美好瑞气扬。"

约两小时的座谈会一晃即过。在热烈的掌声里结束了这场座谈。当晚主人设宴款待，快乐交谈，可说是宾主尽欢，圆满收场。是为记。

2019年11月15日

访台行乐闻益友直言

不久前我在造访大陆的返程里路过台湾，从10月26日到11月3日，住了8天，和好几位深交而见多识广的老朋友讨教了台湾的现况。他们基本都是痛恨蔡英文在台执政的政绩恶劣，希望明年台湾大选蓝营可以打一个得利的翻身仗，又对蓝营的合作和战力打一个问号，难以断定必操胜算。

11月26日我在朋友的接应下到达台湾南投乡下老友杨胜男先生的住所。我俩相交逾30年。他是一个厨艺高手，有烹调专著数集出版，又是书画双栖的能人和从事社区公益活动的带头人。他对蔡英文的评价很低，说她是："多靠嘴巴，自己做错事找借口辩护，并归罪他人。才智用在不当之处，连外行人都看不下去了。出尔反尔是其特长，陈建中在台湾杀了女友后潜逃香港，蔡英文声称要缉拿归案。等到该嫌犯表示要自首返台、接受审讯时，蔡英文又改口说，这是大陆的阴谋，不能接纳。对她有利的就无所不为，高官派送，厚禄分享，对台湾经济、政治、文化的建设则乏善可陈。她有深绿和若干青年的基本票仓。蓝营要大选取胜，得提出良好政见，争取30到50岁年龄段的中间选民。"他认为蔡若连任，台湾势微矣！

10月28日老友、新闻界名宿郭冠英到士林我寄住的寓所看我。他认为蔡英文犯了重要的战略性的错误，这包括力挺香港青年的行动去仇中拒中，和大陆对着干。如今台湾邦交国纷纷离去，大陆抵台游客数量下降，台湾经济发展大受影响，而蔡的民调不降反升，引人深思。他认为韩国瑜代表蓝营出战，不够强势，不易击败蔡英文。在国民党方面，王金平和郭台铭最终虽不出面竞选大位，但对韩支持不足。蓝营人数虽占选民的六成，浅蓝人数约为深蓝者的两倍，投票热情不高。绿营的四成里深绿人数是浅绿者的三倍，可以全力投入，左右选情。他的结论是，绿营走台独路线是死路一条，而蓝营要大选获胜是谈何容易。

10月29日我接到了蓝营竞选团队副执行长孙大千的回话，那时他正在外地工作助选，不在台北。他认为两岸对策是蔡的弱点，国民党主张九二共识是立场妥当。蔡的民调已到达最高点，要陆续下滑。蓝营要以理想回归号召，争取知识分子，并鼓励青年对"公平正义"不要受骗，接受曲解。海外台胞踊跃返台投票支持蓝营也是必要之举。韩国瑜决定不再访美是因为时间紧迫，他不能脱离台湾的主战场。

11月1日下午我约好前往台北林森南路"中华民国妇女联合会"和担任该会主任委员（会长）的雷倩博士见面。以往许多年我们同在北京中国中央电视台英文节目"今日话题"（Dialogue）里以受邀嘉宾身份参加时事评论，主题是两岸互动和台湾内情。我这次抵台和她联系上，得以面谈，十分高兴。她认为韩国瑜是接地气和解民情的最佳蓝营出征者，在以往6月1日和9月8日的造势活动里都显示了群众自动自发的支持热忱。因而韩氏在基层选民中有号召力，可让选民的热情升温。她认为蔡英文和柯文哲是上下其手，走台独路线，共同以击溃蓝营为己任。郭台铭则是不参选，但有所保留，是"卷旗而不缴械"。

蔡的作风是威权为重，反对民主，要分裂人民和打压军公教，运用立法院绿营委员多数的地位左右政治，驾驭立法。蔡的三大手段是做假新闻、假民调；运用科技专政，对青少年洗脑，使盲从于她的领导；又选拔青年入党，表示跟她走，有政治前途。但她本人就是假新闻（抨击和抹黑蓝营）的制造者，演出了"做贼喊捉贼"的闹剧。在蔡的掌权下裁定了"妇联会"的会产388亿台币是国民党下的非法所得，要全数充公，雷倩正在全力反击，要保护会产和争取正义必胜。

谈到美国对台立场，雷倩认为美国是以多种动作支持绿营执政，以继续其反中行径。蔡英文在2016年就职演说里一再强调，自己要"谦卑、谦卑、再谦卑。"不和大陆对抗，维持现状，而如今她的实质表现却是"霸道、霸道、再霸道"，形成两岸对立，交流锐减，经济下滑。

以上是我在台的四位朋友的见解，是各成一说，各有所见。

台湾出身、美国执教的历史学者许倬云教授2013年出版了《台湾四百年》一书，是写给两岸同胞的台湾简史。他在该著作内提出，在台湾"族群的立场压过了候选人本身的素质，也压过了候选人提出的选举政见，在立法院里也形成在朝和在野两派之间非理性的对抗，使许多立法工作陷入瘫痪，造成许多不必要的冲突。"许教授的这番见解是深入而切实的。

如今韩国瑜于11月29日偕副手张善政及顾问团公布了26项政策，内容具体，一目了然。我希望在今后台湾蓝绿两营的竞选活动里可以针对台湾施政方案深入讨论，各表立场和承诺，让选民可以冷眼旁观，分辨好坏，然后决定选票投往何方。

大陆于今年11月4日推出"26条"对台措施，绿营的标准反应是："这是大陆要分化台湾和干预台湾选举的统战行动。"这一结论是何等的情绪作祟和过分武断。正所谓："韩张联手打赢仗，小蔡下台鞭炮放。蓝天铺盖利全民，两岸修好佳绩创。"

2019年12月6日

审视港澳 热盼统一

今年12月20日美国《华尔街日报》议论版刊出该报编辑部作者麦路奇尔（Melchior）一文，标题是："为什么北京要将香港转化为澳门。"该文的论点是，香港和澳门两地的历史背景、当前成就、社会制度和居民组成都不同，从北京的观点看来，澳门奉行"一国两制"充分正确，成效显著，而香港则是缺乏表现，所以将香港变为澳门就是北京的如意打算。

具体说来，港澳之别是如何呢？套用上文作者的话来说："从澳门到香港乘轮渡一小时到达，但两地之差恍若两个世界。"澳门是赌城之最，市内霓虹灯耀闪，而黑道猖狂。澳门经葡萄牙统治442年后于1999年12月20日归还中国。葡萄牙直到1974年才建立比较稳定的民主政体。香港在英国百年的统治下更注重法治，给予居民更多的自由和服务，并建立了独立的司法制度。在1960年代抗御了毛派势力的入侵，至今香港民主派的政治影响力也显而易见，对特首和立法局成员的全民普选也不断在争取中，澳门则既无此求，亦无此想。

美国《传统基金会》（Heritage Foundation）发表了经济自由的统计指数。在资产权力方面香港得分93.3（100是满分），澳门得分60。香港在政府公正领域得分83.8，而澳门为33.2。全文的结论是，香港有注重法治的好名声而成为全球经济中心之一，澳门除了赌场著名外是乏善可陈。就此可知为什么香港人有香港人的作法。假如北京重视经济增长便要对何所求十分谨慎。（注：此指求将香港变为澳门。）

回顾往事，可知香港7个月以来动荡始于香港特首林郑月娥要建立"引渡条例"，以便处理港民陈同佳在台湾杀害女友后逃回香港，躲避台湾司法的审讯和追究。但，星星之火可以燎原，港民反对此举，附加了港民对北京积压的不信任和不满意，引发了大暴动，步步升级，日日恶化，最后导致学生上街，警民互斗，公物破坏，商业萧条，……其恶果是使香港位居世界第二大金融中心（仅居英国伦敦之后），是全球旅客向往的去处，是外界和大陆业务中转站的种种大好地位和形象都大打折扣，每况愈下。如今香港乱局已大致收敛，但前景仍难预料。

于此让我们探讨一下"一国两制"的话题。1980年代准备和完成香港回归，邓小平提出"一国两制"为处理方案。香港于1998年回归中国，但"马照跑，舞照跳"，香港在回归五十年内继续维持资本主义的民主制度。相对的，大陆则实行专权的社会主义制度。但是，世界上任何国家都不能"一国两制"到底。假以时日，要化为"一国一制"。19世纪1861年美国爆发了解放黑奴为焦点的南北战争，林肯总统说："国家不能一半是自由人，另一半是奴隶。"换言之，全国要供给全民一样的自由平等的制度和处境。

因而，给香港提供时间和空间去充分体验和改进其民主制度，是必要的，是有益的。同此，台湾也要大力朝民主制度的进步和成熟迈进。避开"台独"的虚招，最终走向中国和平统一的康庄大道。中国需要的不是"听话"的香港和"闭嘴"的台湾，而要切身检讨，如何改善本身的制度，最后发挥足够的号召力和吸引力，让港民和台胞欣然接受欣欣向荣、自由平等的一国一制，共同造就民族重振的辉煌。

正所谓："一国两制可过渡，全国一制是出路。努力求进港澳台，华夏一统高杆树。"

2019年12月27日

追思怀念黄华先生

在新中国外交领域中一位杰出的人物是黄华先生，他于2010年11月24日谢世，享年98岁。两年后，一百周年诞辰之际，北京举行了一个纪念会，我前往参会并即席发言，陈述了我对他的接触和敬仰。

1979年1月1日美中建交，邓小平副总理率中国代表团访美，我应召加入了美国国务院接待中国到访嘉宾的礼宾工作。事前奔赴华盛顿首府接受培训，再介入接待工作，直到1979年2月5日任务结束。

中国代表团此行访美9天，前后在华盛顿首府，美国卡特总统故乡佐治亚州亚特兰大市和德州达拉斯城参加多项活动，再于2月4日到达访美的最后一站西雅图。2月5日邓副总理在西雅图下榻的双塔宾馆里接见当地华侨代表20余人，由我领队参加。时任中国外交部部长的黄华先生陪同邓副总理和华侨们见面、合影并随后和大家交谈近半小时，他强调说："华侨在国外谋生奋斗努力不息，首先要入乡随俗，对侨居的国家和社会做出贡献，再将余力报效祖国……"

在邓副总理接见华侨代表的现场，我口操川腔欢迎他抵达西雅图进行访问。他眼神一亮对我说："你朗格会讲四川话？"我告以："我是抗日战争时期在四川三台县长大的川娃娃，那时学会了四川话，至今不忘。"华侨们和邓副总理及黄华外长的合影我后来请黄外长转送邓氏签名，如愿以偿，珍存至今。

1984年3月23日我去了北京人民大会堂会见了全国人大黄华副委员长，从上午9点畅谈到11点20分。以下是他发言的主要内容。

我迎头便问他中国建国之初的情况如何。他说："开国时犯的一个大错是没有加强重要干部的专业训练，但苏联早年做到了这点。再有，没有把大量抗日时期吸收的知识分子进行培训，加以重用。"

"中国当前要在基础建设方面努力进步，首先改进能源、通讯和交通设施。农村建设方面要注重分工、专业化，让有能力的人去做农村生产副业、施肥、灌溉等专业工作。"

我又请教国内推动"精神污染"的清扫是怎么回事。他回答说："精神污染主要是针对生活放纵和散布色情的清理。在理论建设上有不同的意见是没有问题的。"至此我提及我于1979年结识正在《人民日报》担任副总编辑的王若水，很佩服欣赏他的见地。

这时黄老很亲切的说，"我们来合影，坐近一点，把这匹马也照进去，好看一点。"很可惜后来我没有跟踪去取得这张照片。

谈到家常事务，黄老便说到："我的外孙每天要送去日托，接送很辛苦。但北京缺乏全托，没有足够的师资、设备和地点去提供这种重要的服务，以后极需改进，因为一个小孩的父母都做事，要有良好的全托设施去加以帮助。""我有一儿两女，大女儿已成家，二儿子即将在美国哈佛大学毕业，准备去哥伦比亚大学进修法律。小女儿在读中学。"

外交事务是黄老的大本行，他兴致冲冲的说起："1952年和1954年我两次去日内瓦参加国际会议，看到其他国家的外长和代表的年纪都大，唯有我们是乌黑头发，朝气勃勃，心里很高兴。只可惜我们没有好好把握，没有运用国民党和民主人士里的大量人才……马寅初提倡要控制人口的暴增，这番话大家不听，现在我们面临许多困难。如今中国人口若能少个两三亿就好多了。当前我们的农产品还能自给自足，很不容易了。"

至此黄老话锋一转地说及："一个女干部她解放后下工厂，读大学，和厂里员工打成一片，成为很优秀的总工程师，厂长（在东北某地），是好的不断进修和很有成绩的榜样人物，她现已去世。听说她哥哥做过台湾装甲兵司令……"

最后谈及技术转让，黄老说："美国提供核电设备和技术转让的条件是，美方要在使用现场监促中国，中国不同意。法国也可提供设备和技术，无此要求，便被中国接受……中国需要国外退休专业人员来中国服务，中国需要在技术、设备和人才三方面大量输入，不断增强，促进四化。就中国当前的情势而言，四个坚持有其必要。"

1984年和黄老见面后我留下了谈话内容的笔录，现于35年后的今天初次公开发表。在黄老恳谈的内容里我们可以体会到老一代的中国先进份子，如黄老其人，是拥有现代思想和深具爱国忧民的一番苦心。早年曾接受黄老领导的外交界工作者杨洁篪（现国务委员）在2012年出版的《黄华画传》里引述了美中建交幕后功臣基辛格对黄华的称赞是："黄华是中国杰出的外交官，不但很坚定，很有才华，而且很有人情味。"这一称赞是亲切笃实，恰到好处。在交谈时我陈述了自己对美国三权分立制度的看法和我从事美中民间交流活动的一些情况，他欣然听取了我的讲述。1990年代，黄老在担任宋庆龄儿童基金会会长期间曾几次举办控制烟害专家座谈会，我都受邀参加、发言及将专论纳入基金会的专辑发表。数年前我也曾去黄寓看望黄老夫人何瑾良女士，见其身心健康，甚为宽慰。

正所谓："身经百战办外交，万难不辞重担挑。浑身正气人情味，福寿双全是黄老。"

2019年12月27日

台湾大选后 沉思看前程

1月11日晚我从美国打电话给台湾友人，询问台湾领导人大选的最新情况，答案是：未定之天，难以推断。12日清晨看新闻报导才知道绿营在总统大选和立委选举都获得了压倒性的胜利。蔡英文获817万票，韩国瑜552万票。绿营也争得立法院委员115席中的61席（53%），逾半数，赢操纵权。蓝绿对比，落差极大，这也显示了台湾主要民意的依归。国民党落败不是"大意失荆州"，而是力不从心，力所难及。

关心台湾大选的另外两个重要实体是中国大陆和美国，此三者各有意图、立场和行动，从而增加了台湾大选的变化和复杂性。

绿营党内初选时竞争激烈，赖清德出面挑战蔡英文，来势凶猛。但后来赖成为蔡代表民进党争逐大位时的副手，统一了矛盾，整合了力量，率先开始了和国民党大选对决的准备和行动。

蓝营初选拖时太久，又出现郭台铭参选在先，退选在后的变数。他退选后不支持国民党的候选人韩国瑜，而为亲民党的宋楚瑜站台助选，这便也分散了蓝营的团结力量和票源。国民党党内合作欠佳，党内大佬立场不一，各有所图，不能拧成一股绳爆发全力。老大保守的国民党对台湾年轻人号召力不足，党产也被执政的民进党加以清算，沦入财力困乏的窘境。

相对来说，民进党针对香港乱局，全力从旁煽风点火，力陈："一国两制"在香港实施已彻底失败，此一设置更不能强加于台湾；台湾民众要清醒认识到，"今日香港就是明日台湾"；这万万不可，要强加戒备，全力防范。

在台湾出生的新生代和首投族乡土情深，对大陆缺乏情感、牵挂和认同，这也是绿营前后两次在台执政、"去中国化"宣传的成效。至今大多数台湾年轻人认定要跟绿营走才有政治前途，他们乐于接受绿营对大陆敬而远之和戒备森严的立场和行动。其结果也让台湾的青年选民大多投票支持了蔡英文。

美国对华贸易战出现缓解，但互斗全局远非落幕。美国当局为自身利益着想，希望绿营可以继续执政，即可牵制大陆，也不会引发台海战火。蓝营上台会促进两岸合作，非美国所乐见。以上多种力量和立场对台湾大选结果都产生了轻轻重重、或多或少的影响。如今是大局已定，绿营大获全胜了。此时美国《纽约时报》的一篇评论文的标题是："蔡英文高票当选，台湾选民对北京说不。"意在其中矣！

蔡英文在获胜致词时说："和平、对等、民主、对话（作者注：马英九在台执政时也有此说），这八个字是两岸重启良好互动、长久稳定发展的一个关键。"此言甚是！但要付诸实施，不可流为空谈。

大陆针对蔡英文连任的事实要沉住气，不要滥用威胁的言辞和行动，更不要倡言"武统"势在必行。因为可以推论的是，中美纷争和两岸对持都不会恶化到兵戎相见、一决胜负的极端地步。大家都要耐心稳重，自求多福。美中会渡过贸易战的关卡，恢复良好互动。两岸之间，不论何党在台执政，也将逐渐回归到理性相待，互通有无。大陆则要侧重民生和民主建设，戒躁戒骄，去浮躁，免耀武。现诗赠蓝绿两营和中美两国，盼各得其所，各得其益。

正所谓：

"蓝营败选稳住神，检讨成败再动身，台湾福祉两岸情，从长计议要认真。"

"绿营胜选获连任，任重道远莫狂奔。台独走向是末路，两岸修好要重申。"

"中国建设重万分，民生民主注全神。韬光养晦是上策，真金火炼才显真。"

"美国第一行过份，全球事务乱过问。改弦更张此其时，世界和乐多献身。"

2020年1月24日

心系两岸 再进一言

台湾大选已过，民进党主政台湾再延4年。蔡英文获连任得到国际舆论的赞许，认为是"坚持立场，护台有功。"她在获胜致词时也强调了今后施政的主旨是："不挑衅，不冒进，守主权，护民主。"这是一个四平八稳和恰到好处的说法。

我希望民进党在台运作可以做到以下各点：

一、着重于台湾的经贸发展和民生建设。缓和与大陆的对抗，要开拓渠道，正面展开两岸商贸、文教、旅游等互通有无和彼此获益的交流项目。也全力推动和亚太诸国的互惠行动。

二、不扩散"仇中和惧中"信息，勿视对岸为宿敌。要收敛"兴军备、拒统一"的策略和行动，少付保护费去购买美国不适用和不够用的武器，将省下的经费用于岛内建设。

三、放弃族群和独统议题的操作，为岛内民主建设开拓新页。切实解决本身内需的重要问题，和在野党形成良性竞争的格局。建设台湾卓有成效者欣然在位，表现不良者鞠躬下台。

四、努力建设台湾成为政治清明、前景宽阔的实体，给予年轻人真实的鼓励和希望。也示意大陆要朝自由民主的方向迈进。

国民党在台湾大选惨败之后举行了自我检讨，提出各种败选的原因，这是痛定思痛，盼能有错必改。但正如台湾《联合报》社论所言，国民党在台湾仍有重要的任务和出路存在，要自重自保，不可自暴自弃，国民党运作的方向似可包括以下各点：

一、透过仍执政的16个县市加强和大陆联系与合作。促进两岸之间交流项目的互惠程度和民间交流的热忱。

二、阐明国民党的党纲和党魂何属，对民主建设和两岸相处提出明确说法。一中各表是当前实况，两岸和统是未来走向。

三、国民党败选后党内中壮派提出了国民党改革的呼声和要求。国民党失去了台湾年轻人的信任，必须添加党内年轻人的新血、动力和意愿，让全党青春焕发，再赴前程。

四、要做好严格监督执政党施政得失的角色，和其他在野党联合，针对台湾内政外交提出建设性的建议，指出施政败招要加以修正，共同促进台湾内部的和谐与对外发展。

在台湾海峡对面隔岸观察的中国共产党在台湾选后重申了"一国两制不变，和平统一照常"的一贯立场。但面临实况似应考虑以下各点：

一、了解台湾民心所向，要耐心观察，静观其变，不要轻言"武统"是箭在弦上，随时可发，造成人心惶惶，于事无补。因为台湾不是军事统一应否和能否执行的问题，而是倚重民心向背，万众归心，和则受益，心服口服的争取和实现。台湾可在万弹齐发之下迅速摧毁，但无法收拾败坏的残局。

二、大陆要依样实施已宣布的对台优惠条例，见其成效，也保持两岸互动互惠的门户大张，认真执行。不要刻意实施各种惩罚和威吓手段，切断台湾的生路，闭塞台湾的国际空间（挖取其邦交国）。这样做，会更加丧失台湾的民心和针对大陆的亲合力。中国重骨肉手足之情，善待台湾，言行合一，才更能获得国际的尊重和好评。

三、美中贸易战已经首阶段签署了协议，这只是一个好的开始，而不是大功告成的圆满结束。对此，只能够寄望未来，审慎乐观。因为第一阶段协议的构思是各得其益，暂时安顿，到了第二阶段就要看第一阶段的既得效果和面对中国经济体制改革的硬骨头是否能啃下和如何消化的难题了。

四、中国内部的现状是十分紧绷和注重稳定。严打贪官和紧控言论是双轨并行。中国面临的难题是发展经济和改善民生需要更宽松开放的大好环境，而政局求稳要借重管制、监控和狠招，此二重要需求是难以两者兼顾和并立并行的。中国的执政者必须要以民为重，造福人民，是乃任重道远，重任当前矣！

提出以上的构思和期盼诚然是满怀希望和用心真诚。正所谓："施政惠民责任重，取法乎上得其中。两岸领导齐努力，重振华夏登高峰。"

2020年1月24日

彭博参选 选局大变

引言：迟于年前11月才公开宣布要参加竞选美国民主党总统候选人的美国名宿、前纽约市市长彭博奋起直追，已一鸣惊人。他没有参加民主党总统竞选人前四州的初选，只以庞大资金注入新闻宣传，至今在全国民调里已晋升至仅次于桑德斯和拜登的第三名高位。这是怎么回事，将如何发展呢？

彭博其人

彭博（Michael Bloomberg），1942年出生于波士顿，现年78岁，曾就读于约翰·霍普金斯大学和哈佛大学商学院，获企业管理硕士。2001年前和2018年后他隶属于民主党，2001年至2007年间是共和党籍。1981年创立彭博公司（Bloomberg L. P），是全球性的财务管理、软件和大众传媒公司，如今他拥有618亿身价，是全美名列第9的富豪，全球排行身居第12位。他签署了亿万富翁的"捐献承诺书"，迄今已奉献了82亿美金。

于2002年至2013年他曾三次连任纽约市市长，在任内最大的成就是经济增长、降低犯罪率和促进公共卫生等。他热心从事公益活动，在纽约市长任内和任后专注于环境保护和枪支控制等问题，投入多，效果明显。

2011年他提倡清洁能源，捐献5千万美金，帮助美国30个州停用燃煤火力发电厂。2015年再投入3千万美金，协助美国半数的用煤发电厂及早关闭。2011年他注资"儿童拒烟"（Tobacco Free Kids）行动和疾病预防控制中心（CDC）的控烟项目，惠及全球，包含中国。

总结来说，彭博是一位"坐而言，起而行"的能者，在经商、从政和注重公益各方面都有卓越醒目的成就。

竞选手段

美国《基督教箴言报》2020年2月16日的一篇评论的标题是："彭博弃旧规，用新招，可能奏效。"该文的论点是，彭博不参加前四州选票不多的初选，而以突袭和地毯式轰炸方式集中朝向今年3月3日"超级星期二"14州的选局，这时，全部选票的三分之一将各归其主，对其后选情的发展有决定性的引导作用。彭博也寄望于两种情况的存在对他参选有利，一是拜登的支持力下滑，未见转机。二是桑德斯的社会主义倾向未能代表民主党内和美国选民的主流构思，这也是川普攻击民主党候选人的软肋。一旦民主党人士和多数选民认为彭博是可能击败川普的最佳人选，而川普也势在必除，他们就会心无旁骛地集中于支持彭博的当选了。这正如美国田纳西大学政治学教授肯特•施勒所说："2016年川普团结了共和党而击败了希拉里，这次彭博团结了民主党将战胜川普。情况已经发生，彭博和选民之间引起了共鸣。"

彭博财大气粗，理直气壮，以巨额的自备资金投入竞选宣传也受到了其他竞选地位占先的对手的指责，认为他是"撒重金，买选票。"可是彭博此举正是："我花我的钱，去办我的事"，用得其所，有何不可。2010年美国最高法院裁定，公司和工会投入政治助选的金额不受限制，这是保障宪法下言论自由的方式之一。再有，彭博用脸书宣传和电视广告等方式大量投入资金的去处是要击败川普的关键州，并不是无的放矢。他付薪所雇佣的助选人数三倍于川普，五倍于拜登。彭博非常认真的投入选战，用他自己的话来说便是："麦克能干事（Mike will get it done），打败川普——再建美国——是我们当前最紧急和重要的战斗。我全力以赴，我付诸行动，解决问题——不说空话。我准备打场硬仗——取得胜利。"他又说："我参选要击败川普，让政府重现光彩，让国家值得骄傲。团结人心，做好工作。"

相互指责

川普有一特点，他会全力攻击对他形成威胁或对他违命的人士。如今他已大力猛发直指彭博，用语十分刻薄。他在推特里说："彭博是失败者。有财富而不会辩论。没有气派。我一想到他就想到迷你（小型）。他参加辩论时要站在盒子上。"（暗示要增加高度。而公布和公认彭博的身高是5尺8寸，173公分。这不算矮。历史名人拿破仑和邓小平也不靠身高取胜。）

川普本人有声名狼藉、不可洗刷的标签，他歧视妇女、移民和少数民族，如今倒打一耙，指认彭博是种族主义者，列举彭博在纽约市市长任内推行"停下——检查"（Stop and frisk）政策，让纽约市贫民区里的黑人和拉丁裔者受到额外的打扰和不平待遇。然而彭博在去年11月宣布参选时就提出了对上述措施的抱歉，说明自己是继续前任的做法，认为犯罪行为的多发区是贫民区，要多加留意，从严执行。他承认此做法是一种失误，在他离任时已经接近消除。如今许多有名望的黑人市长都公开宣布支持彭博竞选，认为彭博知错已改，不是种族歧视者。

针对川普的人身攻击，彭博的回应是："我来自纽约州，那里测量你的高度是从脖子以上算起（暗示川普头脑有限）。""众所周知，川普像是一个嘉华会里狂吼的小丑，自献其丑，公之于众……"在竞选的对仗里，"我不怕他，他怕我。"我同意彭博的意见，川普和彭博的对比，在商业成就、从政建树和公益投入三方面都是明显不足，低人一等。因而他也真正惧怕彭博会成为民主党最后选定的总统候选人，要和他在今年11月的总统大选里真刀真枪，一决雌雄。

美国舆情

在民主体制成熟发达的美国，每逢地区和全国大选，政要、学者、知名人士、新闻媒体和广大选民都会在不同的场合、透过不同的渠道去表达他们对竞选者的意见和取舍。有的选民是忠于和支持本党的候选人，有的选民视候选者而定，不重视党籍的归属，要投票给自己中意的候选人。也有人是观察竞选者的背景和竞选宣言，支持对自己最关心的题目，如环保、女权、移民、反恐等，采取同一立场的候选人。现举一例以明之。

美国影坛巨星福特（Harrison Ford）最近公开表态说："中庸之道是真理之所在，是进步的推手。"他平常注意环保和维护自然的课题，反对川普将美国撤出"巴黎气候协议"。其曾断言："自然不需要人类，人类需要自然。如今针对环保问题，领导者已提上议程，年青人已走上街头。"他认为彭博立场居中，一贯支持环保，贡献良多，便也自然成为美国总统竞选人物里他所支持的对象。他又总结说："川普怕麦克，他理当如此。我们不能再容忍川普继续四年那些漫无章法和缺乏道德的行动了。"美国的明星名人常常在全国和地方选举时捐钱出力，支持自己中意的候选人。这由来已久，蔚为风气。

和我结交近40年的一位老友，前斯坦福大学工学院副院长亚当姆教授（James Adams），和他谈及川普，他就肯定地说："其人是市侩，暴发户，无法拯救。"绝大多数美国的高级知识分子持类似看法。

美国民主党总统候选人第9次登台辩论会于2月19日晚6时（美国西海岸时间）在内华达州拉斯维加斯城开展。有六人参加，唯一的新面孔是前纽约市市长彭博，其他五人都是常客，包括民调领先的参议员桑德斯和前副总统拜登。

辩论会的特色是火力十足的对内开战，尽其在我，毫不手软。对彼此的政绩言行审视推敲。全场过程的统计数字说明，登台者在整个辩论中对川普总统的指责总共是24次，而彼此间的攻击达到95次，其中45次朝向彭博（内有桑德斯和拜登的25次。）彭博攻击对手次数最少，仅13次，他总共发言时间也最短，略过13分钟，最多发言者用时16分钟多。看起来，彭博是众目之矢的挨打中心，处境艰苦。他发言反击的一个要点是，自己最有实力击败川普，桑德斯"办不到"。

辩论会后新闻评论对彭博的描述是："他保持冷静，面色凝重，罕露笑容。他以市长、企业家和慈善者的面貌出现。"

我观看了辩论会全程，认为彭博处变不惊，应付得当，没有丢分。倘若3月3日超级星期二彭博表现出色，他可能成为民主党击败川普的最终和最佳人选。

至今到美国大选还有9个月，其间变化多端，什么事情都可能发生。假如选前时刻，美国经济和就业情况稳定上扬，民主党的竞选部署又出现失误，大选获胜又可能倾向川普了。正所谓："彭博参选势蓬勃，经商从政功显赫。心怀壮志投重金，易主白宫全力做。"

2019年2月21日

时事三桩 一陈所想

引言：留意时事，二月里有三桩事引起了我的注目和思考。一是，续派专机送湖北疫区台胞返台停滞。二是，美国加州众议院决议向二战期间囚禁日裔之举正式作出道歉。三是，国际体育仲裁法庭裁定孙杨药检违规，被禁赛八年。

一、遣送

由湖北引发的新冠病毒肺炎现已波及全球，来势凶猛，尚未收敛。美国患者处处涌现，我居住的华盛顿州已有9名确诊患者死亡。一些国家派专机去湖北接运外侨返国之举已陆续完成。在湖北滞留的一千多位台胞意欲返台，脱离疫区，在大陆东方航空公司首批载运顺利完成后，再次成行就受阻不前了。据了解，其争议所在是台湾坚持要派华航飞机前往接运，而大陆方面视为不可。这显然是面子问题和政治立场之争，而不是为民着想和人命关天的思量。按说，这千把意欲返台的台胞搭机返乡如愿以偿，大陆方面解除了负担和台胞返台受到医护照料诚然是两全其美的事。飞机是达成任务的运输工具，又有什么必要去你争我夺，划清界限呢！也许两岸之间可以达成协议，以后运台胞返台是轮流派遣飞机，你一次，我一次，平等待遇不分彼此。大陆疫情严重，台湾局势动荡。双方都不能和不该再增加任何对抗的行动，而在血浓于水和两岸一家的大原则下尽量和好与合作，完成台胞登机返台的任务，放弃遣机谁属的斗争应是好的开始。

二、道歉

1941年12月7日，日本海空两军突袭了美国太平洋国防重地的珍珠港，造成了美国海空军备和人员的重创。次日美总统罗斯福公告世界，与日本正式宣战。此一突袭引发了美国政坛人士的疑虑，不放心美国西岸，尤其是加州，有美籍日裔集居，可能成为日军的内应，形成对美国西岸固守严防的内在威胁。联邦政府决定将全美日裔12万人移送10座集中营监管。这一紧急措施既有种族歧视成份存在，又是一种误判。因为届时德意两国也是美国宣战的对象，但在美的德裔和意裔人士却没有受到任何管制和监控的措施。再有，日裔者移美定居后均已身享安家立业之福，扎根美国，绝非疯狂盲目的日皇崇拜者，又岂能为日本天皇效命去中伤美国呢？二战期间美籍日裔人员大量投入美国三军，效命疆场，立功厥伟，永载史页。

如今美国加州众院于2月20日一致通过决议案，就当年歧视和亏待日裔美人，送往囚禁的不当之举正式做出道歉，也意在提醒国人，"这种事不可以再发生。"这当然是迟来的道歉，但西谚说："迟到总比不到好。"（Later is better than never.）此其是也。

面对历史事件措施的失误勇于认错和自新的国家和民族是具备道德勇气和光明前途的。这也引人想到中国在大陆上数十年以来不断发动的种种群众运动，上呼下效，风起云涌，伤民至深，动摇国本。不知何时何日可以看到大陆执政者的自醒和认错呢？！对六四平反会是一个好的开端。

三、禁赛

美国《纽约时报》2月28日正式报道："孙杨因违反药控规则被禁赛八年。"全文开始便说："体育仲裁法庭周五（2月28日）裁定，曾获得三枚奥运金牌的中国游泳运动员孙杨因违反药检规定被停赛八年。这一决定意味着他将无缘东京奥运会，并可能导致其职业生涯的结束。"该文又说:"孙杨是目前中国最著名的运动员,他曾拒绝与到其家中获取血液和尿液标本反兴奋剂机构官员合作,在国际泳联拒绝对其进行惩处后,世界反兴奋剂机构向孙杨提起诉讼。"当然,提起诉讼的结果就是获得了禁赛八年的裁定。国内已有民粹式的反应出现,说的是:"真当中国好欺负?国际组织强行对孙杨出手。"这不是好现象。再有,2004年孙杨使用禁药违规,受到中国泳联禁赛三月的惩罚。

2008年奥运会在北京举行时的宣传口号是"同一世界,同一梦想。"这一梦想或目标应该是和平、友谊、健康、繁荣。强调的是公平竞赛,各施其能,比赛会友,促进和平。

参加奥运和其他国际比赛的选手往往会在强迫或自愿的情况下服用违规的兴奋剂,以提升自己的体能、赛绩和胜算。这一违规之举当然是"为达目的,不择手段",为世人所不齿。可是以往,由集权国家苏联牵头,诸多国家跟进,在国家的指使和教练的掌控下,该国的运动员便大多在无法自拔的情况下使用了禁药。1990年代中国游泳选手许多人药检违规,未能参赛。一旦东窗事发,药检证实,就会奖牌收回,身败名裂。甚而是整个国家运动员参赛的资格被取消(注:今夏东京奥运会召开时,俄罗斯因运动选手使用禁药情况严重而丧失集体参赛资格。)

在民主国家里,著名运动员使用禁药受到违规惩处的人数相对比较少,因为许多运动员为自己运动前途和个人名誉打算,会加强自律,免食"禁果",也不会有国家或教练的高压存在,指令他们反其道而行。

中国大陆一向注重竞技体育,是追随苏联的传统,认为在奥运会里拔金夺银是宣扬国威,振奋民心,志在必得,别无二话。由专设的国家体委施其职,掌其事。而中国著名运动员因违规用药受到禁赛处罚的情形也陆续出现。2000年奥运会在澳大利亚悉尼举行,中国有选手和教练因违规暴露,无法参赛。

2007年温家宝总理访日时曾就地展示太极拳和日本大学生投掷棒球,这是他提倡民间运动和促进中日友谊的正举,传为美谈。我也曾就此事在北京中央电视台的英语时事评论节目里赞扬温总理之所为,并呼吁全民健康的活动要和提倡竞技运动并举,绝不可忽略或偏废。

针对以上遣送、道歉和禁赛三事,简而言之,遣送是解民困,道歉是扬正气,禁赛是止歪风。这是各得其所,各有所为。正所谓:"台胞返台要执行,知错能改民族兴。公平竞赛行正道,前途有望四海清。"

2020年3月6日

超级星期二 选后看选情

去年美国民主党总统候选人参选竞赛起步时竟然先后有20多人加入阵营，创历来参选人数众多之最。那时的领头热门人物是前美总统奥巴马任内的副总统拜登（Joe Biden）。哪知道在民主党初选开始的前三州里，拜登是居名排后，已跌入奄奄一息和一事无成的垂危境界。但，他在南卡州第四轮的竞选里一鸣惊人，异军突起，不但是注入新血，面貌更新，更增加了许多美国名宿的背书支持而变得一马当先，生龙活虎起来。更出人意料的是，在3月3日超级星期二刚结束的14州初选里他获票总数已超过选前领先的桑德斯参议员（Sen. Sanders），将选情改为拜桑的双雄互斗，而他反而是领先一步了。

根据选后的统计，拜登十州获胜，桑德斯三州领先，只有加州选票统计未了，而桑德斯得票势头比拜登强，至此初步计算，拜获票513，桑461，相差约50票。

美国新闻界总结认为拜登获胜的原因有：

一、超级星期二前一天的3月2日，两位政见和立场居中的竞选者，一位前市长布迪治（Buttigieg）和一位女参议员克罗巴卡（Klobuchar）宣布退选，转而站台支持拜登。又有大批的政要人物公开表态为拜登助选。这一变化使拜登的声势大大提高，使不少选民下定决心或改变方向，将选票投给了拜登。

二、有些选意未决的中间选民和共和党人士对川普的作为不满，现在找到了好的出路，支持拜登，一了心愿。

三、拜登的主要票仓是年长者、高级知识分子、非裔选民和中间选民，他们投票率较高，联合一致成为拜登获胜的得力推手。桑德斯倚重于左翼选民、拉丁裔选民和年青人支持，因人数不多和投票率不高，而相形见绌。

避开前四轮竞选，在去年11月才投入竞选行列的前纽约市市长彭博掏出逾5亿个人资金用于竞选团队和媒体宣传，未能在14竞选州内取得成绩。在宣布退选时公开宣言以后支持拜登竞选，他说："我一直相信要击败川普的起点是团结一致去支持最有希望的竞选者。星期二过后显示出此一人是我的朋友和一位伟大的美国人——拜登……我和他相识已久，知道他为人正直、诚恳，对国家的重要议题全心专注，这包括枪支安全、健康保险、气候变化和就业环境等。多年来我曾和他在这些领域里并肩作战……今晚我宣布要努力支持他成为下任美国总统。"

拜登周三（3月4日）一早和彭博通话说："这一竞选大于参选者，大于政治，而是要击败川普连任。有了你的帮助，应可大功告成。"彭博可将竞选班底和准备资金移向拜登，实乃为虎添翼，大有作为了。

针对超级星期二选情落实的结果，川普总统立即攻击说："最大的输家是彭博，7亿资金打水漂，只留下小型麦克之名，声誉全毁，自寻末路。……彭博用钱支持拜登，想挽回面子，办不到。"他又指责仍在参选的女参议员沃伦（Warren），说她若事前退选，桑德斯可能胜出（其意是沃伦分散了桑德斯的选票），"现在最好回家去和丈夫同饮清凉啤酒了。"

显然川普心目中最怕的对手彭博退出，他最为满意，但免不了还得挖苦几句，开开心。他希望桑德斯成为对手，胜算较大。又出现了沃伦参与，让桑德斯受累落后于拜登，他又得讽刺一下。怀此肚量为白宫主人掉格已极。

今年3月还有两场民主党初选有待登场，3月10日和3月17日的选战中共有10州进行初选，选票近900张。在竞选各州里拜登比桑德斯更加有利，因为选民的背景组成更倾向于支持拜登。如今民主党虽已形成两雄对决的局势，但也可能直到今年7月民主党召开全国选举大会时，领先者只有较多票数，但双方都没能获得过半数（1991票）的选票，这称之为"未决选会"（contested convention）。这将形成在选举会场的最后争议、较量和运作。那时，假如第一轮投票没有胜出者，第二轮投票将有民主党政要（现任和前任总统、现任和前任副总统、州长、国会议员等）的772张党派超级代表选票加入以决定选情，以产生协调后的胜者代表民主党在总统大选里出战。这772张选票约占全部选票的15%。我认为，多数超级选票将投向拜登。

川普更希望这种拖延未决的局面出现，让民主党内斗不已，剩下不多的时间去恢复元气、团结一致，整军备战。因而民主党总部也正在费尽心思，要及早结束内斗，争取在7月选举大会前落实胜者，稳定大局。理想的人选应是前美国副总统拜登，在美国多次民意调查里，若和川普一对一竞选，拜登比桑德斯更可能击败川普。因为拜登更能整合民主党的力量，加强团结。桑德斯以"民主的社会主义者"自居，难当重任。

沃伦参议员于3月5日宣布退选，而未宣布即将支持何人竞选。她认为，此次参选是终身荣誉，她虽退出选举，但将继续奋斗，因为她投放的理想、奋斗的方式和建立的关系，将在今后选举的过程里发生作用。沃伦退选后，桑德斯赞美她说："沃伦从事精彩的理念选战，使当前进步的议题更突出、茁壮。"至此，拜桑对决已成定局。

一桩有趣的事实是，民主党大佬，克林顿夫妇和奥巴马都没有在民主党初选期做任何表态，要支持某一候选人。他们一定要等到民主党选民选出了最后的胜者，才能出面去担当最有声望和影响力的调和者及团结者的角色。他们不能提前占边，出手不当。也正如希拉里·克林顿所说："我不准备为任何竞选者背书。要让选民选出击败川普的最佳人选是当务之急。我将全力支持此一人选。"

我的结论是，民主党整合有方，击败川普前景看好。我期望和认定拜登今年11月美国总统大选获胜，将取代川普，入主白宫。正所谓："白宫易主是共识，拜登出征完成之。疯狂有日乃川普，偃旗息鼓此其时。"

2020年3月6日

中国政治外交的浓墨重彩

前言：1955年中国实力不强，周恩来总理在印尼参加亚非会议时倡言各国要平等交往，互相尊重，和避免军备竞争等，其卓见获得了普遍的赞扬，周总理的风采也光芒四射。而65年后2020年的中国已晋登世界强国之列，在外交措施方面反倒经常引起争议和受到指责。何以至此呢？

近期有一篇英文评论，作者托菲莫夫（Yaroslav Trofimov）是美国《华尔街日报》的首席外事通讯员，在该报任职逾20年，负责报道亚非和中东情势。该文的标题是："欧洲对中国产生反感。"小注是："许多国家曾视习近平可能是解决全球问题的盟友，如今都要抵制北京专权的走向。"我仔细阅读了这篇评论，也引起了深思。

论文观点——论文开头便说："三年前习近平出席瑞士世界元首高峰会议时提倡国际合作、自由贸易和注重气候变化等问题，又将在'一带一路'计划下的基建工程里大量投资。届时美国总统川普已将美国撤出巴黎气候协议，轻视欧盟，怀疑"大西洋公约联盟"存在的价值。在欧洲人心目中，习川两人对比，已优劣立见。

但时至今日已情势大变。中国被视为是大国崛起，要改变世界的规律。中国强压新疆少数民族，在香港触发社会动荡，现在又处理失当，将新冠病毒的肺炎散发全球，造成世界公共卫生的一大危机。

所以欧洲诸国认为，浪漫乐观时期已过。今后和中国打交道，中国不只是顾客、市场和大型工厂，中国更是一个地理政治和经济政治的主演角色，既和欧洲多面合作，又对欧洲的价值观进行挑战。中国当前仍然是欧洲重要的经贸帮手。2018年中欧双向贸易额超过六千亿欧元，中国在欧洲多处重要工业和工程项目进行了投资。但如今中国经济情况下滑，投资势头锐减。

针对今后如何与中国相处，欧洲内部有两派主张。一是，加入美国阵营和中国进行对抗。二是，川普不可靠，他和欧盟已经日趋疏远。欧洲要走自主道路，不投靠美中任何一方。由于川普受到质疑，评价很低，欧盟走美国路线的可能性不大。

而近来当政治敏感事件在欧洲发生时，中国外交的处理方式都引发了欧洲当事国的反感。实例如下：

一、捷克首都布拉格（Prague）的市长要和台湾进行友好交流。中国就取消了

2019年秋天该市交响乐团预定赴华14城市的巡回演出计划，又终止了其他数起文化交流项目。这引发反感。

二、2019年11月，意大利少数议员决定要和香港民运学生黄之锋（他曾赴美国国会就香港情势出席听证会）进行影视会议。中国驻意大利使馆斥其为"严重错误和不负责任行为"，这是"支持暴动和罪行。"此一表态引发了意国议会和外交部一致谴责。数日后意国下议院全票通过"支持香港民运"的议案。

三、桂民海是中国出生的瑞典籍华人。他在香港从事文化出版事业，在泰国被绑架送往大陆后入狱。获释后两年又以"泄露国家机密罪"重判入狱十年。瑞典"作家协会"（Pen Center）授桂民海以最高荣誉的"塔丘斯凯"（Tucholsky）文学奖，中国驻瑞典大使严词警告说："假如瑞典官员参加授奖仪式，中瑞之间正常的交流与合作将受到严重影响。瑞典人不能忽视这对中国人民感情造成的伤害。"其后，瑞典文化部部长对此置之不理，亲自参加了授奖典礼，现场也设置了得奖人缺席的座椅。

最近欧洲民意调查数据显示，欧洲四国（法国、荷兰、德国和瑞典）人民对中国心怀好感的人数比例在一年之内（2018年—2019年）平均下降约10个百分点。其中瑞典的下降率最高，从42%下滑到25%。

作者托菲莫夫全文的结论是：以上诸多事件的发生使欧洲诸国认为中国强化自信，缺乏容忍。我们曾认为自由民主、普世价值可以强势出击，改变中国。如今，我们要另加盘算。

我思我见——我认为此一论文的内涵有凭据，有见地，非泛泛之谈。

综合看来，中国在国际外交里一再展现的一些特色是失当的。那便是，过份政治挂帅，十足自我中心和忽略国际惯例。这三者混为一体，交互影响，添油加醋，难以自拔。很可理解但十分不幸的是，中国驻外使节受到中央的指示是，有风吹草动的"反华"情况出现，要立即进行反击，不遗余力，口诛笔伐，公之于众。奈何这样做的效果是适得其反，与事无补的。以上所列在欧洲发生各事件的不良后果可为佐证。让我再举一些实例去说明我的观点。

一、1982年中国网球女将胡娜抵美参赛后决定不如期返国，要在美国长期居留。美国接受了胡娜。中国指责美国是幕后操作，阴谋策反。中国出手制裁的方法立即终止美中之间的一切体育交流活动。这样做就使许多中国的运动员不幸丧失了难得可贵的国际参赛和切身磨练的机会，一去不返，无法补偿。正好像是"张三犯错，李四重挨四十大板。"

中国要留住出色的运动员专心志致，为国效劳，最重要和最好的办法是加强和改善他们在国内培训、增长、参赛和名利双收的条件和实得。让他们心服口服，实惠实得，不产生离开中国、滞留外域的思想。试看中国当前已是名正言顺的运动大国，背井离乡，投奔国外者稀矣！

二、西藏的达赖喇嘛流落国外久矣！但数十年来一旦有国际政要想接见他，或欢迎他入境，都立即遭受到中国驻该国大使馆发表的抗议，不外是说："这样做是干涉中国内政，要伤害中国人民感情，期期不可。"然而受到此一警告者从不会回心转意，一定要照样接待，如期完成。事后也没看到中国使出什么有效有力的反制和惩罚行动，可以"杀一儆百，以绝后效。"久而久之，中国口头的抗议已沦为"耳边风"，不屑一顾。

再说，"伤害中国人民感情"也只是虚晃一枪的推脱之言。一般中国百姓对国际情势摸不清头脑，难置一词，对国势动态无法表态，置身事外，没有政府的引导和鼓动是不闻不问和"静如止水"的，不是吗？

倘若美国总统决定在白宫接见达赖，待为上宾，他是白宫的主人，没有这份决定权吗？中国谴责美总统此举是"干涉中国内政"，说得过去吗？这更像是干涉美国内政。

综上所述的结论是，国际外交有"国际"两字就说明这是要双方兼顾，不能一厢情愿，唯我独尊。中国要和国际社会接轨，便也要按国际常规行事，不可过份敏感和自以为是，认为外国一旦关心中国人权情况或对某人处境表示意见或赞扬时，就得不由分说地一竿子打倒，不留余地。忽略国际惯例和普世价值是站不住脚的。

《人民日报》老记者刘宾雁仗义执言，为民请愿，他2005年在美身患重病，盼能落叶归根返回中国，其请遭受拒绝，他病死客乡。民主斗士的诺贝尔和平奖得主刘晓波因言治罪，身陷牢狱，后来肿瘤侵身，病情加重，请求及早出狱治疗，未得其愿。最后一刻象征性的释放已于事无补，为时过晚。他于2017年与世长辞。这样的人间悲剧需要一再发生去证实或维持所谓"光荣、正确、伟大"的大旗不倒和永垂千古吗？

正所谓："普世价值诚可为，国际惯例要追随。偏离正道不可取，回头是岸亿人催。"

2020年3月6日

疫情影响选局 拜登获胜可期

前言：今年11月美国总统大选，川普代表共和党出马争取连任已成定局，而拜登代表民主党竞选大位尚未十足敲定，因为选情落后难以出线的桑德斯还没有宣布退选。有待他公开退选，拜登才能正式成为民主党的代表在美国总统大选里和川普一争胜负。届时美国选民也面临重大抉择，是拥护以"美国第一"为号召的川普继续施展，还是走马换将，让拜登代表民主党重掌朝政，入主白宫。我的观察和预测是后一选择的可能性更大，拜登应可在大选里击败川普。

拜登获胜的有利情势

一、新冠疫情重创美国，美国已成为国际疫情的重灾区，感染者逾20万，死亡逾5000人（时至4月1日的统计数）。在中国疫情爆发、美国已经知情的两个月前，川普总统以轻描淡写、不屑一顾的姿态去面对疫情，丧失了立即采取有效防疫措施的良机，忽视了国内医学专家、有识之士的警告，终于酿成了如今情势严重和难以控制的局面。川普在"国家有难，重锤定音"的考验下丑态毕露，严重失分，这让他形象大损，连任困难。

二、拜登为人谦虚，平易近人。政见执中间立场，具有团结民主党人的优良条件。和拜登同时竞选者之中已有13位退选后声明支持拜登。他可以吸引多数选民对他的支持。其号召力来自教育程度高的选民、年长选民、少数民族和农村妇女的选民，也有工人阶级者认为民主党比共和党更能维护他们的切身利益。

三、美国民间重要社团组织已有不少正式宣布支持拜登，其中有"全国教育协会"（NEA），"美国教师联盟"（AFT），"美国公务人员联盟"AFCSME），"电力工会"（IBEW）和"机械宇航工会"（IAMAW）等。80多位专职美国国家安全专家打破传统，发表公开信支持拜登。他们是职业外交官，情报专家，国防政策制定者，都曾在共和党及民主党执政时任职，他们指责川普"已经制造了对美国最大的伤害。"再有，许多美国现任和前任的政要人物和工商业巨子都公开表示为拜登助选。这一庞大的助选阵营是不容小觑的。

四、川普一面放言说："疫情可能展延到今年七、八月才能缓解"，他又一面许愿说："也许到了今年4月12日复活节，就可以大体恢复正常了。"3月30日他已呼吁美国人"蹲家"15天的期限延长30天直到4月30日了。他出言前后矛盾，又偏离专家们的认知。到了今年秋季美国大选前夕，倘若美国经济衰退情势显著，失业者倍增，股市无起色，这便形成对在任总统竞选连任的致命伤。看样子，川普将对号入座。

五、拜登的政见和政绩走稳重的中间路线。美国学者的研究报告说，根据以往24届美国总统大选（1920年到2016年）的结果去分析，民主党离开偏左路线时胜算最高。在一些信誉卓著的民意调查里获得的结论也是，一对一，拜登将战胜川普。

六、川普在"美国第一"和唯我独尊的口号和作风下疏远了国际社会，降低了外国对他连任的期盼。川普竞选连任难以获得国际舆论的支持和祝福。

以上六点概要说明了拜登大选获胜的潜在优势。以下再陈述拜登取胜要留意的方面。

一、团结全党，一致对外：当前要务之一是促成桑德斯早日退选。有效和及早将桑德斯的追随者纳入拜登团队。2016年桑德斯和希拉里·克林顿在民主党初选的竞争里坚持到最后一分钟，才勉强退出和缺乏热心地支持希拉里和川普的对决。结果是削弱了民主党的总体实力，延误了时机，让川普以微弱的"选举人"票数取胜（全民选票人数希拉里领先）。如今民主党不能再犯同样错误。拜登现已伸出了橄榄枝，表示将采纳桑德斯和沃伦两位进步人士的一些政见（如照顾工人，资助学生和修改破产法等）。这便是桑德斯见好就收，适可而止的最佳良机了。

二、引用能人，加固阵营：在总统大选里获胜也要有适当的副总统产生加分和加固的作用。这便要考虑其人的性别、年龄、地区、政见和政绩等。其必备的条件是一旦在总统不能视事时可以立即挑起治国重担，临危不惧，指挥若定。拜登在今年3月华府CNN总部和桑德斯进行政见辩论时已正式表示他将挑选一位女性担任他竞选的副手。如今他有一个十名左右的名单在手，正在进行考虑和挑选。他又宣布要推选一位非裔女性进入美国最高法院大法官的行列，据报道，也有四位候选者。这种重要职位人选的安排既有"破例首创"的冲击力，对某些选民而言也会产生号召力。

三、准备在先，防范突击：川普阵营在竞选期中为求取胜，一定会揭发和夸大拜登的弱点。例如旧事重提，攻击拜登之子在乌克兰有经营不当的行为。或是制造其他话题去抹黑拜登。因而拜登竞选团队要胸有成竹，提前预防。一旦事故发作就可兵来将挡，水来土掩。这个应急应变的工作团队要装备停当，人手齐全。

四、竞选理念，照顾大局：竞选方案要着眼于美国选民关心的大事。如抗疫免灾、经济复苏、恢复白宫尊严，照应国际大事，如气候变暖、减少军备竞赛、反恐、扶贫和世界和平等。如今世界已形成多元化的局势，相互影响，彼此牵制，美国不能再以"老大"自居，我行我素，而要和国际社会平等、平和相处，共商大计，共奔前程。拜登竞选主张里似应反应出这一"全球一体，同舟共济"的世界观。

五、面临局限，尽力宣传：由于新冠疫情在美国泛滥成灾的直接影响，一切公共集会都已停止，这包括共和党和民主党的总统竞选造势大会和各种群众活动。这时，川普是在任总统，处理日常国事，会在新闻媒体里不断露面，他也会掌握和制造机会为个人竞选连任敲锣打鼓，乐得其行。相对说来，拜登就没有这些现成的便利和机会了。拜登为开辟出路，已在家中将一个房间改造成电视工作室，可以自己或邀请名人上场，播讲选民关心的话题，再传入媒体和社交网络，将其形象和见解公之于众。这一措施是必要的，要充分使用，扩大影响。如今拜登每日在家中有两个重要作业，各用时90分钟。一是用电话交谈方式和医学专家们探讨美国公共卫生和疫情防范主题，二是和美国经济顾问们议论国家经济复苏策略。这是针对美国国情要务的集思广益，适得其所。讨论的结论和成果也将融入拜登竞选的施政方案之中。

六、媒体互动，水乳交融：川普敌视新闻媒体，视其为"人民公敌"和散布"虚假新闻"的推手。对参加记者发布会的记者时常指名道姓，辱骂有加。拜登则是态度和蔼，笑容满面，善待新闻从业人员。在竞选期中，拜登要充分发挥此一专长，让记者们充分和有利报道他的行止和言谈，深入民心，赢得选票。

3月25日美国《华盛顿邮报》发表一篇评论，对比了拜登和川普两人，说的是："拜登显示了川普缺乏的品质和能力。拜登欣赏专家见解，谦虚、尊重美国人民，为他人着想，了解美国政府，有远见（1月27日就提醒要留意疫情），思想周密，协调一致，注重美国价值和精神。川普醉心于他的经济和政治好梦，他唯一关心的问题是，他如何能从中取利。"上述六点是我认为民主党竞选过程里要多加留意和充分运用之处。我的结论是，在今年11月美国总统大选里由拜登出面应可击败川普，这不是针对川普个人的一番行动，这是让美国复苏和全民获福的不二途径。

正所谓："白宫迁出是川普，拜登入住换新主。兹事体大利家邦，功成有日杯酒祝。"

2020年4月3日

追思郝柏村　展望大中华

前言：月前我灵机一动，商请台湾海军机校学长蒋允嘉将他手边现存的"郝柏村回忆录"寄我一阅。刚收到此书不久就传来郝老3月30日与世长辞的噩讯，我不胜哀悼，也引发深思。

郝老自称他这辈子坚持做了三件事，其乃守护中华民国、发扬黄埔精神和反对台独。他针对两岸的构思是："反独、止战、缓统。"他的遗愿是台湾和平安全。郝老长子、前国民党副主席郝龙斌说，其尊翁是："出生入死，奉献一生。生活得很精彩，没有遗憾。"大陆国台办也悼念郝老说："民族情怀深厚，坚决反对台独，致力国家统一，为推动两岸关系发展贡献良多。"这都是知情者对郝老真实中肯的评论，恰得其份，名至实归。我现以打油诗一首赞颂之"誉为中华民国派，守护台湾史绩载。鞠躬尽瘁心坦荡，功德圆满不费猜。"

现我就郝柏村先生的生平作为和两岸构思加以申论。

生平作为

一、保护中华民国——郝老56年的公务生涯有52年是服役军中。守护国家成为他的天职，以军为家成为他的归宿。他从基层军官干起，尽忠职守，展现才能，受到赏识，逐步晋升，最后膺任中华民国行政院院长之职。他也身经百战，参加了抗日、剿共和护台的军事行动，贡献卓越，载入史页。

亦难能可贵的是，他退休后多次率领家属和国军退役将领走访大陆，这既是回归故里，探亲祭祖，又是搭桥铺路，促进交流。他在回忆录里说："自两岸开放交流以来，我一直有个心愿，就是重返抗日战场，缅怀先烈，凭吊死难，并找回历史的真相。"他回访大陆多次，但从未和中共高官见面。

1999年4月11日，我在《澳门日报》要闻版发表了"有感于郝伯村返乡之行"一文，言及："4月3日下午1点20分，台湾前参谋总长和行政院院长郝伯村自香港乘机抵达南京。此行是他61年来首度返乡祭祖扫墓之行，同行者除其夫人郭菀华之外，还有他的长公子、台湾立法委员郝龙斌，另一公子郝海宴，孙女郝汉祥也加入了三代同行的返乡之旅。4日晚郝氏一家人在江苏盐城老家和散居大陆各地乡亲得以团聚。……9日晚郝柏村先生预定会见汪道涵先生，相信他们当面的恳谈也会正面促进两岸关系。……我也要感谢两年前郝柏村先生为支持我推动控烟，送我的题词：拒绝烟害，利人利己。我也祝福郝氏全家的祭祖探亲之旅顺利成功，并盼望中国和平统一早日实现。"

二、发扬黄埔精神——国父孙中山于1924年5月在广州黄埔区建立了"陆军军官学校"。蒋介石担任校长，廖仲恺为党代表，何应钦是总教官，周恩来是政治部主任。该校任务是组建培训国民革命军，北上征讨军阀，完成中国统一。"精诚团结，奋斗牺牲"代表了黄埔精神。待到1937年抗日战争爆发，中央军又投入了抵抗日寇入侵的八年浴血苦战，直到1945年8月15日日本宣布无条件投降为止。

1949年国共内战里国民党兵败如山倒退守台湾，蒋氏父子主政台湾39年，稳定了台湾，发展了民生经济。蒋经国去世前顺应时势，开放了台湾的党禁和报禁，又许可台湾老兵返回大陆探亲访友，这便是台湾民主政治的起步和两岸交流的开始。军队国家化也开始实现，这超越了毛泽东倡言的"枪杆子里出政权"，让军队脱离了党派，成为卫国护民的主力军。这也正是郝柏村将军军旅生涯50多年展现施展的领域。他坚持事实和原则，也一再大声疾呼，国军在抗日战争里发挥了名至实归的领导作用，在主要战场里迎战日军，浴血奋战。共军则是侧击牵制，打游击战。

三、坚决反对台独——台独势力出现的主要原因是，自1949年起两岸分治，彼此疏远，台湾本省籍人士为争取在台执政而提出"国民党是外来政权"之说，要去中国化，实现台人治台，台湾独立。

但是台独主张在法理和实情下都无法立足。就法理而言，是国民党领导抗日，以空间换时间，寸土必守，付出了抗日战争期间三千万军民伤亡的惨重代价，才换取了拒敌制胜的成果。1943年11月开罗会议召开，美总统罗斯福、英首相丘吉尔和中国蒋介石委员长共同决议，发表了《开罗宣言》。决定日本投降后要全部吐出自1914年起在亚洲占领的殖民地，恢复韩国独立，归还台湾给中华民国。这也终止了日本割据台湾50年的统治，使台湾回归为中华民国的领土。

就现实情况来看，美国于1979年初与新中国建交，声明"台湾是中国的一部份而两岸纷争要以和平手段解决"。这说明了美国不支持台独和中国不允许台独的两相呼应的共同立场。台湾文化名人李敖在世时曾说"民进党搞台独是玩假的。因为民进党先有陈水扁，后有蔡英文，都只是倡台独骗选票，而不敢真正放弃中华民国国名，宣布成立'台湾共和国'。"（我是李敖的学长，和他交往通话直到他2018年病重为止，我深知他坚决反对台独。）

郝柏村先生言行合一，是国父孙中山的信徒，坚决反对台独。他在个人的回忆录里说："和平、民主、均富、统一是挡不住的历史巨流。中国必然跻身于富强之列……中华民族若能走向孙中山路线，必为世界大同的领头羊，而台湾不认同中华民族必将带来无穷灾难，最令我忧心。"

两岸构思

针对两岸关系郝柏村的立论是"反独、止战、缓统。"这是一个知情合理的卓越之见。反独的势在必行和台独的无法实现，前已阐明不误，不再重复。现只谈止战和缓统两点。

一、止战——这是两岸和平相处及共奔前程的最高指导原则。两岸分治是国共内战造成的结果。今后两岸复合只能"以和促统"，不可"以战达标。"为中华民族振兴和两岸人民福祉着想，两岸绝不可再兵戎相见。目前双方的并存是互补互助空间大，相敌相克不存在。

大陆上仍然有一些鹰派人士力倡两岸统一要"武统行之，别无良策。"我在大陆以时事评论员身份参加中央电视台英语节目谈两岸关系时也曾和倡"武统"说者同台互辩，我反对他的主张，彼此不欢而散。

历史的经验告诉世人，1947年台湾发生"二二八"事变时，国军登陆台湾平息动乱，平民死伤难免。其后数十年都是岛内难以平抚的创伤，在台湾本省人和外省人间也产生了隔阂。郝柏村担任行政院长时采取了许多行动，跟踪事变善后，抚平历史伤痛，是得当的，是有益的。

想想看，若是有一日两岸战火重开，台湾火海一片，生灵涂炭，断壁残垣，其惨重残局是难以善后和收场的。所以也正如郝老所说，两岸止战言和是唯一正确的选择。

二、缓统——这是说两岸不急于统一，要和缓进行，要水到渠成，这诚然是务实之见。当前，两岸都以"九二共识"之说维持现状，过渡缓冲，恰得其所。直到双方都认为统一时机成熟，统则双方受益，分则彼此不利，统一便也自然到来，不再为难。

当前两岸制度有别是统一受阻的关键所在。大陆的社会主义初步和台湾的民主政治初起并不合拍。双方互信不够，互有猜忌。但两岸彼此关照，共同向自由民主的目标前进，便会殊途同归，合为一体。这便也是"一国良制"，有福同享。令人感到欣慰的是，大陆对和平统一没有既定的"时间表"，要如期赶考交卷。台湾也不会冒然独立，招引大陆动兵。再有，美国也乐见台湾和平现状的存在。总结看来，前景是乐观的。

就此一谈新冠疫情扰乱世局时两岸应有的互处之道。如今中国疫情日渐减缓，而国际疫情则不断飙升，迄无宁日。因而世界政治格局和中美关系都面临了重大冲击和考验，这也附带影响了两岸关系的走向。我希望在此紧急关键时刻两岸要头脑清醒，彼此互助互谅，共同努力去克制疫情的危害，多为两岸造福，不为两岸添乱。台湾要置身事外，不要介入美中之间因疫情发生而彼此进行的对质和对抗，任由美中双方见招拆招，有来有往。台湾不要占边登场，不要胡帮倒忙。

1999年7月5日我在旧金山《星岛日报》发表了"郝柏村尽其在我"一文，提及："6月3日上午11点我按约到达了台北阳明基金会点地址会见了郝柏村先生。我们交谈约半小时，我觉得很有收获……他还清楚地记得，我的先父（启芳公）在30年代任江苏盐城区行政督察专员时，曾去他正就读的盐城中学讲演，宣传抗日和民族自救……他自己不吸烟，于1978年1月1日上任陆军总司令后便也是国军里无烟办公室和无烟会议室的诞生……说到现代化建设，郝先生认为最正确的指标是要看乡村建设的情况如何，以及是否教育普及，中小企业经营得力，和民生工业发达等……针对海峡两岸和平统一的前景，郝先生认为和统只是时间问题，两岸不会武力相向，血战一场，而统一则是大势所趋，要水到渠成。他虽然没有直接说，台独是没有前途的，但意在其中矣。"全文的结论是："我很佩服郝柏村先生积极的精神和作法，他政坛息影并不是人生退出。他以在野之身去不断关心国民福祉和两岸关系，正是他独到和可贵之处。也许人间走一回，最有意义地便是随时随地肯尽其在我地做一些顾全大体的事。人世间这种人越多，社会就越幸福。"

结论

郝柏村先生是当代杰出的人物，百年经历，生逢其时，文武双全，尽忠报国。也正如台湾《联合报》追念郝老所说："郝柏村是一位纯正的中华民国支持者，他始终如一捍卫中华民国，成为民进党的眼中钉，也和李登辉分手决裂。"

正所谓："抗日剿共洒血汗，出将入相掌大权。护台反独英雄色，享年逾百福寿全。"又云："国父遗志要实现，黄埔精神不间断。出生入死成伟业，辉煌一生无遗憾。"

2020年4月17日

要为吹哨人敲边鼓

引子

"吹哨人"这一名称中外通用，是指有的人承担风险，发言揭发某方面隐藏的阴暗或难以告人之情况，这可能涉及国家机密、政治隐情、社会黑暗、公司败行、帮派内斗、家庭丑闻、私人情色等，这也包括对重大疫情的揭露和指责。

2003年3月人大政协两会在北京召开时，非典疫情已经发作，日益扩散，而官方放言是："一切安全，疫情已经得到控制。"这时解放军301总医院普外科主任蒋彦勇大夫于4月上旬以吹哨人身份向新闻媒体发出非典疫情方兴未艾的警告，引起了世界卫生组织的留意，并介入调查，随后正式开始了对非典的防治。蒋大夫自称此举的动机是："我是为了国家的利益，为了老百姓的利益，非典也绝不是中国一个国家的事情，如果不能迅速控制，受害的不只是北京和中国，也是全世界，所以我一定要说这个问题。"

蒋大夫的义举造福国家，惠及世界，他遭受的待遇反而是军方对他的严加管控。由于转年的2004年2月24日他再次吹哨，投建议书给全国人大，要"为八九学运正名。"政府对他严加处置，以后他不得跨出国门一步。2019年3月香港广播电台向蒋大夫进行六四话题采访，他的受控再升一格，他在干休所住处的公安监视人员也增加。他不得下楼出户，到访者一律拒绝登门。

今年初，新冠病毒疫情在中国湖北省武汉市发作，1月23日武汉封城，而后疫情蔓延在全球爆发。时至今日（4月27日）全球疫情确诊300万，死亡人数超过21万，疫情最重的美国死者逾5.6万人。新冠疫情发作，中美两国都出现了有关的吹哨人员，中国有李文亮医生、任志强先生和方方日记作者汪芳女士。在美国最出色的吹哨人是克罗泽船长。现就各人吹哨经过和后果加以论述，先说美国。

克罗泽船长

克罗泽船长是拥有5000官兵的美国罗斯福号航空母舰舰长。该舰3月5日造访越南岘港时，官兵登陆，有人感染新冠病毒。该舰于3月26日在关岛靠停时，克舰长发现舰上已有数十官兵染疫，情况严重，用未经保密的电邮向海军上峰申报疫情，请求帮助，被《旧金山纪事报》获悉此情，刊文披露。海军代理部长莫迪视克舰长为"天真、幼稚、愚蠢"，判断力差，难以堪当航母舰舰长重任，将他撤职。并专程飞往关岛，登舰向全体官兵直言何以采取此一行动。莫迪的言行引发了美国朝野双方的指责，一致认为克舰长发声是关怀官兵安危和该舰战力，以解职处置是失当和过分的。莫迪在受压下主动提请辞职，国防部长埃斯帕未加挽留，接受了他的辞呈。现已传闻，国防部可能下令将克舰长官复原职。由于克舰长吹哨成功，引起注意，美国和世界各国舰队加强了疫情的排查、预防和诊治，对疫情掌控产生了正面效果。

李文亮医生

李文亮医生是武汉医院的眼科医生，去年12月份发现医院患者可疑病症有传染性，就提醒身旁同事们要留意提防。不久就有警察登门指责他"散布谣言"，要他俯首认罪。而事后疫情大发，证明他的顾虑是正确的。但已错过时机，铸成祸患。李医生本人也疫情确诊，挽救不及，与世长辞。住院诊治时他说了一句感人警世的真心话："社会上不能只有一种声音。"其意是，要允许揭发真相的吹哨声存在。李医生是此次中国新冠疫情的吹哨人，他为国牺牲，被政府追封为烈士。据了解他留下的家中妻小将获得国家优厚持久的照料。

任志强先生

任志强先生诚然是中国成功企业家里的异类。常针对时事正直发言，获"任大炮"之称誉。

任志强是红二代，父亲任泉生1964年曾任职中国商业部副部长。任本人则是步步扎营，节节前进，1969年至81年参军服役，建立军功，而后经营国企麾下的房地产和金融产业，率先成为全国知名的房地产大亨。2011年他创建了读书会，引导青年关心时事，知识求进。所设微博拥有3700万粉丝，名声大振，盛极一时。

任志强吹第一哨是2016年2月。习主席视察中央电视台，台里出现了"中央电视台姓党"的横幅相迎。习也明言，新闻媒体首先要为党服务。任就此情的回应是，新闻媒体首先要为人民服务。此一立论和1980年代人民日报社长兼总编辑胡绩伟先生为人民日报定位的说法前后呼应，胡老说："人民日报是人民性在先，党性在后。"

任表态后受到了中共党内的处罚，他留党察看一年，微博账号被取消，护照被收缴，免除一切党内职务。当年3月11日我透过友人安排，专程前往华运地产公司会见任先生，关心他处境如何，他淡然告我，"没有什么。"我与他合影留念，并承他面赠我2013年他出版的"野心优雅，任志强回忆录"一册。

任氏发言，视人民在先，共党居后，是发挥他宪法保障的言论自由权利。1989年5月8日胡绩伟先生曾在《上海经济导报》发表"没有新闻自由就是没有真正的安定"一文，他强调说："任何一个国家的政府都想建立自己的权威。问题在于，这种领导权威只有在新闻自由的环境下形成，才是真正受到人民拥护的民主权威……"

2010年8月13日，美国麻省理工学院教授乔姆斯基（语文学、哲学、政治学家）在北京大学获颁名誉博士学位时致辞说："合格的批评者以及对待批评者的宽容态度是我们社会当前极需拥有的资源——缺乏合格的批评者，或者缺少对批评者的宽容态度，将会带来无穷恶果。"报导乔氏演说的《中国青年报》也评论说："这样一个批评者能否存在，本身就是一个社会是否开明的评判标准。不要把伟大的批评者当做国家的敌人。"

任志强第二次吹哨出现在今年3月初。他不满意国内处置疫情的措施，在朋友圈发表一文，直言说："一个渴望权利的小丑和共产党对言论自由的钳制加剧了疫情…应在这种愚昧中清醒。""没有媒体代表人民利益去公告事实的真相… 剩下的就是人民的生命被病毒和体制的重病共同伤害的结果。"他的发言被透露出来，在三月上旬他69岁生日后的第三天，他失踪了，同时失踪的还有他的助手和儿子。

针对他的关押失踪，美国新闻界不断有报道。《纽约时报》"新新世界"专栏的作家袁莉于3月31日撰文的标题是："消失的任志强：中共为何容不下一位忠诚的批评者。"认为"他的失踪加剧了人们的担忧，即中国正在倒退，并放弃将其从极端贫困和国际孤立中拯救出来的改革。"4月7日中国正式由北京纪检委宣布"北京华运集团党委原副书记、董事长任志强接受纪律审查和监察调查。"

《纽约时报》驻京记者赫海威于4月8日撰文的标题是："任志强被调查，曾撰文批习近平应对疫情不力。"文内说："任志强谴责中共庆祝自己在危机期间取得的成绩，而不是处理失误，任认为'这种遮羞式的宣传大约只能欺骗那些愿意被你欺骗的人，却无法欺骗那些只相信事实与真相的人'。"人权观察组织（Human Rights Watch）中国部门主管芮沙菲认为，任志强现已掉进了党国纪检的无底洞里……该案有力证明，中国当局对任何表面上的法治都予以制度化的蔑视。

美国国家公共广播公司（NPR）于4月7日评论说，"中国疫情的批评者正遭受调查……习不容忍别人逆其意而行，对任采取行动说明他是至高无上，可以为所欲为。"

4月8日，《星岛日报》美西版在中国要闻页刊登了"北京公开任志强下落，他严重违法，接受调查，或定重罪名，面临牢狱灾。"这应是了解中国国情者的一种推测。

以上是国际新闻界对任志强受押候审的种种批评，我认为是言之有物，是善意忠言。至今任志强违纪违法的调查结果尚未宣布。其处查结果，或重处，或轻判将是一个国内走向的风向标。

国内应有不少明智人士，一些红二代和元老对任志强所作所为是关怀和支持的，而对习的过分专权有意见。如对任重判严惩就益加证明习难以接受"忠言逆耳"，国际上的普遍反应也会是十分反面。任若加以从轻发落，视为触犯党纪，而非重罪叛国，例如留党察看或开除党籍，应可赢得国内外普遍的认可和好评。这说明习头脑清醒，可以力排重判之议，展现了他明智理性的一面。盼他有自知之明，在时过境迁的当前，不去做"毛泽东第二"，体认任是中共体制内的成员，其"初心"正是：爱党、爱国、爱民。不会是，卖国、害民、叛党。这一定性的认知是关键所在。

汪芳女士

汪芳女士年及65，曾任湖北省作家协会主席，是一级作家。据民国《江西省通志》记载，其祖父汪国镇北京大学毕业，抗日时期遭日军拘捕，拒不屈服，被日军残杀，年方50，为国捐躯。汪芳实乃忠烈之后。她以方方为笔名，从今年1月25日（武汉封城后两天）起持续执笔60天，写成"方方日记"。将困守武汉两月的所闻、所见、所感的日常生活和遭遇记载下来，逐日网上发表。这是文学创作，不是学术报告或是科学论证，不需要数据翔实、理论可靠、取得科研成果。而这是一篇难能可贵、即情发挥的作品，说出了一些武汉困守者的心声、烦恼、抱怨和努力。她不以"代言人"自居，是认真发言，言责自负。在全文结束时也切实地说，这是"结束"，而非"胜利"。但这一踏实本分的记录早先受到读者的称颂，其后却导致了网民的围攻，指其为"阴谋、煽动、抹黑、甩锅"，说她"扩大阴暗面，忽视胜利果"，并为"海外反华势力提供弹药，重伤中国。"等到该日记要在海外以英德两文译本出版的消息公布时，对她的攻击就更是上纲上线了，她已成为证据十足、百口莫辩的"卖国贼"了。中共官媒《环球日报》总编辑胡锡进推断说，方方日记出版，是用"我们利益的损失为方方在西方成名买单。"又另投一石下井地说："这个时候方方日记被美国出版商加紧出版，散出的不是什么好味道。"不久前国内又传出南京有一书法家出面邀请雕塑家某人要做一"方方的雕塑像"跪卧在杭州岳飞塑像面前，无数网民热烈跟进，视为良招。

美国《纽约时报》于4月15日刊文的标题是："方方的武汉日记和一场政治风暴"。文内说到"在武汉被新冠病毒吞噬时，中国作家方方伏案到深夜，写下自己家乡城市的生死纪事⋯⋯那是对武汉市民困在家里11周的恐惧、沮丧和希望的自然率真的呈现。她的叙述最近遭到了狂热的中国民族主义者的严厉指责，他们说日记的英文出版计划是对政府的诽谤，破坏了武汉的英雄形象。"

汪芳自称："自己既不是想被当做政府的欢呼者，也不想被塑造成一个满腹牢骚、为反对而反对的批评者。自己是见证者，日记凸显了医生、环保工人和互助的邻居的勇敢，同时誓言对渎职官员问责。"她回答媒体采访时谈及日记海外出版是因为国内出版商已一一退缩，作品在海外出版是每一个作者乐见的平常事。她也引用了一位日记读者的发言："我相信一个伟大的国家不会因为一本书的出版就塌掉。一个自信的政府也不会因为一本书就无端地指责作家。2020年以后的人民状态，取决于本国与各国政府对待新冠病毒的方式，而非一本小小的方方日记。"

针对方方日记的遭受围攻，国内有许多名人学者发话支持方方。作家易中天说："李文亮是个恪守职业道德的医生，方方也一样，没忘记自己是作家而已。"企业家俞敏洪说："坦率讲，我从方方的文字中没有读出对于中国有多少否定和危害，倒是觉得有些批评她的文字显得狭隘而固执。"作家阎连科说："方方日记和许多良知记者的书写才是里程碑上刻字的具体的文字。"同济大学教授朱大可说："方方以女性的敏锐和独特的勇气在众所周知的语境中，尽其所能地讲述围城中的事实和感受。"南京大学教授丁帆说："方方日记的文体更切近民众，也更能触动人心，直抵人的灵魂深处。"此外人大教授王景新、同济大学教授陈家琪、华中师范大学教授唐翼明及该校另一教授戴建业和湖北大学教授邹贤敏等也都各有论述，赞美方方。这些反应说明中国有大量的开明人士能仗义执言，力陈时弊。这显示中国仍有令人兴奋和充满希望的光明面。

如今国内官方对以网络暴力方式朝向方方的恶毒用语、人身攻击和安全威胁之论是置身事外，不加闻问，这不啻是背后撑腰和借刀杀人，其行径助长歪风，实不可取。中国的领导层需要深思熟虑，主持正义，改弦更张，开放言论。爱国、救党、护民都在此一举。

结论

我们常听说，危机当头是危险和机遇并存，掌握机遇，及时行动，便可化险为夷，"山穷水尽疑无路，柳暗花明又一村。"否则就会良机顿失，堕入深渊。中国处理当前疫情要求稳、求进、求成。先将国内疫情整治下来，并和国际配合、共谋全球抗疫成功。不要自夸"中国成功模式是世界标准"，而要深入探讨，何以新冠疫情在中国起步扩散，重蹈了非典往年失控之覆辙。要把蒋彦永、任志强、汪芳等吹哨人视为国之珍宝，让他们大力发挥，为人民发声，为建国献力。

此时此刻要让年近九旬、医术医德精湛、爱国爱民心切的蒋彦永大夫重享宪法赋予的行动自由权利，恢复其个人应有的基本生活尊严，户不封，亲友到访，行无阻，天下遨游。更也要提供汪芳和所有作家自由写作的环境。让他们升天入地，论古述今，想象丰富，作品动人。

任志强回忆录的结束语内说:"当所有的人都能发出呐喊的声音,为争取一个更美好的环境而努力时,这个社会才会变得更加美好。"任志强之愿正也是中国全民之愿。正所谓:"仁人义士不多见,言论自由要占先。为民服务非小可,岂能只说不实践。"

2020年5月1日

疫情正蔓延 放眼向前看

华裔科学家谈新冠疫情

1980年代在艾滋病重袭美国时,有一位来自台湾定居美国的科学家何大一教授对艾滋病毒进行研究,获得了新的理解和突破,研发了"鸡尾酒疗法",早期对患者进行干预治疗,延长了他们的生命。此一重大贡献让他一举成名,被选为美国《时代杂志》1996年度风云人物。如今何教授是美国哥伦比亚大学Aaron Diamond艾滋病研究中心主任。他正在率领该中心团队对新冠病毒进行研究。不久前他接受了美国国家广播公司(NBC)的专题采访,对话如下:

问:你当前从事的研究重点何在?

答:我的团队不是在开发疫苗。我们要努力生产小分子的药剂或是抗体,用于预防和治疗新冠病症。

问:现在进度如何?

答:进度不错。还没到人体试验阶段。我们的方向不错,要继续前进,可能在18个月内生产出药品或是抗体。

问:你曾严厉指责美国检测能力不足,现况如何呢?

答:民间在积极努力,政府正袖手旁观,是不可原谅的不负责任。(内容从略)

问:美国重新开放营业为时过早吗?

答:做为科学家,我以数据为准为用。试看中国和韩国抗疫成功,在新冠病例全无新发或极少时才再开放。如今武汉的生活还没有完全正常,但和我们相比,是很正常了……我想人人都想恢复正常,而最简易的方式是要避免反复。要控制疫情达到低风险,要集体讨论何时才是。现有数据告诉我们,这么快就开放是不智之举,是自找麻烦。

问:你如何看美国权威人士用"中国疫情"一词?

答:此时此说十分不妥当。(译文从略)

问:你来自台湾,台湾抗疫做对了什么?美国可以照学吗?

答:首先我要说,台湾从以往的非典和中东病毒里取得经验,用于新冠疫情。他们行动非常迅速。武汉疫情出现不多天就开始控制外人入境。对大陆返台者进行追身跟踪。这样做成效很大。每位确诊者都有监察追踪措施，每天两次探查。他们带手机出门就会被察觉而收到提醒信息，从而做好了抗疫工作，降低了病患和死亡人数。台湾做的非常好。

问：美国能照办吗？

答：是的。部分台湾作法可以效法。但彼此情况不同，美国情况要复杂许多。美国先要降低和稳定感染人数，再采取同样的跟踪和隔离措施。我们比台湾更重视人民的自由权利，尽管台湾做的也不错，但我想台湾人会比美国人更听话。（注：听政府的话。）

问：中国早期能做的更好吗？

答：首先，中国可以增加疫情早期时的透明度。尤其是针对武汉情况。假如他们在今年一月最初几周里不了解人传人而犯错，他们可以就此承认。但那时他们专注于当地的海鲜市场，视其为疫情之源，这显然是一失误。

中国另一错误是如今让美国主导疫情起源之说。我们都知道疫情在武汉起动。但是到底哪里才真正是疫情的最初源头呢？

我绝不相信，是一个实验室外泄而传遍全球。中国对此应有所知。我们知道蝙蝠便于传递病毒。但何以是武汉呢？武汉是一座蝙蝠少见的大都市。当然，中国有一两座生物安全性强的四级研究工作组在研究蝙蝠病毒。所以要问的是，是否有一些他们的科学家在深入蝙蝠洞穴进行研究时感染了病毒呢？这一讨论应该由科学界公开进行。有的科学家怀此疑问没有恶意，也非找茬……但是"为何是武汉"之问要加以提出。武汉起源有略微的可能性存在，在网上可以看到许多由同一组科学家摄制的视频，他们深入蝙蝠洞穴时自身防护不周。

问：最后一问是，你工作很忙，何以自遣？

答：近几个月来工作很忙，闲不下来。我很想打高尔夫球，但州长下了球场全关的禁令。我和许多人一样，蹲在家里看电视。由于我要了解最新情况，便有许多东西要去阅读。

我很欣赏何教授谈疫情的论述，十分中肯，面面俱到。我也乐闻中国富豪马云近来捐赠给何教授主持研究中心210万美金，支持中心研发抗疫药品和抗体。这是投得其所，用得其当。

疫情未见拐点 政客各怀心思

到5月10日为止，美国疫情感染者逾133万，死亡者达8.5万，全球死亡人数达28

万,随后美国的西班牙、意大利、英国和法国的死亡人数都达到3万左右。这一夺命疫情仍在施虐,未见拐点。于此,我要针对疫情略加论述。

川普作为:他主政美国,对新冠疫情的处理先延误时机,再仓促上阵,又推诿责任,更乱使歪招。

疫情一月里在武汉爆发,世卫组织和美国卫生专家都提醒川普留意,他充耳不闻。后来他宣布一些国际航班禁飞美国,但未及早启动国内疫情检测、隔离、治疗和社交间距等必要措施。情况恶化,他说自己不负责任,要怪罪中国、民主党、奥巴马和世卫组织等。他更倒行逆施,公开支持美国密歇根州、明尼苏达州等民主党人主政的各州州民上街示威游行,要立即解除禁足令,要停止交付世卫组织会员费(相对之下,中国近来两次增资5千万和3千万美金送达世卫组织)。美国多州为求自保,已组成区域联盟(其一是美西岸三州),彼此配合,共抗疫情。美国最新民意调查显示66%(三分之二)的受访者不满意川普处理疫情的成绩,又有81%(五分之四)的受访者支持禁足令的延续实施。此乃民心向背,一目了然。只可惜川普要立即"振兴经济",要不择手段,要连任取胜,而盲人骑瞎马,难以自拔。

病源争论:近来中美双方展开了论战,互指对方是新冠疫情的发源地。绘影绘形,各倡其说。此时此刻就此争议是本末倒置,非当务之急。世界极待全球合作,共御国际公敌的疫情,将当前最严重的卫生和经济危机平复下去。然后再按照科学精神和方法去探索病疫之源(正如何教授之议),以增强知识和理解,用于预防今后大流行疫情的发生。

中国赔偿:如今美国掀起一股风,(欧洲也有呼应),有朝野各方面的动议,要透过法律程序,视新冠疫情起源于中国,危及美国和全球,造成重创,美国可据此向中国索赔。此一构思和打算有三个盲点。一是,疫源至今难定、未定,箭头岂能直指中国?二是,疫情方兴未艾,抗疫是第一优先,岂能分心内斗,破坏合作,延误抗疫。三是,即使尘埃落地,确实证明了中国是冠状疫情的发源地,岂能首创恶例,怪罪中国,要负担全部赔偿责任?中国也是情不由己的受害者,不是刻意散布疫情危害全球。不该也没有能力成为索赔对象。以往的若干大流行疫情有不同的始发国,美国也曾是艾滋病爆发的大国,何国负起了赔偿责任?这种"疫责自负"的倡议行不通。

大势所趋:评论此次疫情发生有一说是"全球化致此,全球化解体。"是指没有全球化就没有疫情的全球扩散。今后各国应自成体系,自我保护,不要敞开大门,多与外界交往。但此说是短见的,是错误的。正所谓:"曾经沧海难为水"。世界已经开放,全球已成一体,这个情势是无法回收的。就国计民生而言,世界各国有不同的物质资源、自然环境、人力配置、生产条件和消费市场,要彼此交换,彼此互补,相依相赖，共生共存。

结论

此次疫情发生波及全球，全球各国都在努力抗疫，开发抗疫药品和疫苗，守望相助，同舟共济。最终，这一合作的成功经验和成果便也增强了今后全球抗疫的应对能力和安全保障。而我们更要拓宽视野，高瞻远瞩，针对全球不可忽视和极待着手的难题集思广益，寻求答案和采取行动。有关课题似应包括：气候变暖、经贸合作、消除贫穷、核武竞赛、能源开发、公共卫生和反恐措施等等。大家要互利互惠，和平竞争，造福人类，全力以赴。正所谓："海外存友邦，天下若比邻。共享全球化，天地都更新。"

2020年5月15日

面临疫情考验 川普失态万千

引子

常言道："疾风知劲草，板荡识忠臣。"这也是"时势造英雄"的另一说。唯有在时局严重之际，才能格外显出英雄本色。那么，川普总统在应对新冠病毒的关键时刻的表现如何呢？

他自称是"战时总统"，已披甲上阵，而其实际的全盘表现却迹近丢盔卸甲，临阵脱逃。川普以经商之道处理国事，特色是唯利是图，不择手段，行不厌诈，出尔反尔。近来，在全球疫情严峻的时刻又连续做了三桩糗事，充分彰显了他十分自私、无理取闹的作风，令人吃惊，为人不齿。

这三桩事分别是：一、暂停投资世界卫生组织，不参加全球抗疫联盟；二、美前总统小布什号召全民要齐心抗疫，川普发言指责讽刺；三、川普指令美国西点军校2020年应届毕业生要于6月13日集体返校，举行毕业典礼，由他现场致词。这三件事的交集点是，川普私心作祟，不顾国际和别人的安危死活。以下一一论证之。

一

4月14日川普指令行政部门暂时中止对世界卫生组织注资（会员费），此举立即遭到国际和国内诸多开明人士的反对，美国众议院议长佩洛西说："这超过愚蠢，这是危险。"川普此举的理由是，世卫组织抗疫情不利，不称职，又偏向中国。5月1日世卫组织总干事谭德塞公开表示："世卫组织于1月30日就宣布疫情构成全球紧急事件，供世界各国足够时间做出应对。"美情报单位也于1月23日和28日（武汉宣布封城之际）两次向白宫直接通报中国疫情发作。

5月4日全球联盟成立，号召世界共抗疫情，投入80亿美金去开发疫苗和诊治疾病。英国注资4.83亿美元，法国5.53亿元，德国5.7亿元，加拿大5.95亿元。欧盟主席说："今天全球展现了发扬正道的非常团结。"英国首相说："这是人道对抗疫情——我们团结一致，团结必胜。"美国对此联盟的号召不予理会，置身事外。

川普处理疫情先是漫不经心，毫不在意，后是慌忙应对，指挥混乱，成效低下。如今美国已成为全球疫情感染（140万）和死亡人数（8.5万）最多的国家。而此时此刻美国却要脱离国际社会，疫情自理，诚然是倒行逆施，为害重大。

二

5月2日，前总统小布什发布了一段感人的视频，用时不到3分钟，表示感谢医务人员，号召美国人民要保护邻居，和他们保持安全距离，展示同情和友善。他又说，我们不要做进行党派之争的成员，我们同属人类，在上帝面前是同样的脆弱和出色。次日（5月3日）晨川普就加以反应，自我中心，散发牢骚，他说："我感谢前总统布什的信息。但是，当弹劾案进行时，他没有提出应将党争搁置一旁，他没有发言反对美国历史上最大的欺骗案……"川普的过度反应显然是非常心虚，草木皆兵，认为布什的发言是话里藏话，影射指责，他必须要及时应战，倒打一靶。美国新闻媒体有一评论说："就川普而言，他的自我抱怨，要比疫情下无数家庭痛失亲人或丢掉工作更为重要，他才是受害之首……"川普对布什发言的反应充分说明了他是如何地只顾自己，面对疫情严酷，无心顾及，只专心去翻旧账，计前嫌。小人之心莫过于此。

三

美国西点军校于1802年3月16日创校，位于纽约市北面50英里的西点城，是美国5所军校里历史最悠久的学校，造就了19世纪以来美国最出色的将领和军官。无役不与，每操胜算。四年制的西点军校举行毕业典礼诚然是该校和美国关注的盛事，创校两百多年来迄未间断，按时举行。但如今美国面临新冠疫情的冲击，情势非凡。川普则公开宣布要于6月13日亲临西点军校，主持毕业典礼。西点军校应届毕业生在今年春假后一律受令归返家中住所，网上学习，遵守蹲户隔离规定，不得有误。如今若由全国各地应召返校参加毕业典礼，就要接受一切必要的检疫和安全措施，面临风险，后果难料。

此时西点军校的校长视服从为军人天职，立即接受了川普的决定。而有不少西点资深校友都公开发言不赞成。认为毕业典礼可以在事态平稳后补办。《今日美国》5月5日撰文的标题是："川普声称支持部队，其行径适得其反。"文内说，若上千学员返校，"他们要接受三周的检疫，检查疫情，于6月13日为了一个目的集中在一起——让川普总统最终可以向毕业生致结业词。他执意于此，不顾虑给学员造成的风险和不便。川普自视是穿军服者的英雄——但仔细看来，就事实而论，并非如此。他托词有足疾，令人怀疑地逃脱了越战的征召。他说他关心士兵，这难以定论……他以往的记录说明，他不尊重军队和其价值观。"

一位美国作家十分幽默巧妙地描写川普是如何的事必躬亲和唯我独尊，说的是："每有新生，他就是那个婴儿；每有婚礼，他就是那位新郎；每有丧葬，他就是那一死者。"这样川普就处处到位，担任主角了。

结论

川普在任三年多的不作为和不当作为，尤其是处理疫情不利，让他民调的声望落后于其总统大选竞争对手民主党候选人、奥巴马执政时的副总统拜登。川普要力挽狂澜之欲倒，便也露出小人本色，要借重西点军校毕业致词去提高他的声望和人气。这也正是他本人的标准作风，有利于己，置他人于不顾。

5月8日美国前总统奥巴马发言支持拜登竞选总统，他说："这次竞选，我们要纠正自私、愚忠、分裂和仇视别人的走势，此趋势一旦成为政府运作的定型，必将导致决定性的混乱灾难。"此言，义正词严，直指川普的败行。

这次疫情重创美国，国人伤亡，社会动荡，经济衰退，川普挺身而出的结果是，为民肇祸，为国添乱。有一说是"公道自在人心。"今年11月美国总统大选的结果，应可见分晓。正所谓："疫情施虐美国乱，全球重创倍加番。为国为民无作为，鞠躬下台要交班。"

2020年5月15日

观察美国警员暴力事件

美国明尼苏达州州府明尼阿波利斯城（下面简称：明城）于2020年5月25日发生一桩白人员警过度执法将一黑人致命的偶发事件，随后引起美国诸多城市的游行示威和暴动打砸，动乱持续，仍未停息。

中国《人民日报》于2020年5月29日撰文评论此事件，标题是："美式双标，该破产了"。为什么美国政府对发生在美国的"动乱"与发生在香港的"动乱"的态度与做法，完全不一样呢？我在美国就地观察的看法如下：

先谈美国川普总统对上述明城事件的反应。他指示各州要对示威游行严治严打，求治心切，饥不择言。指责上街游行示威者为"歹徒"（Thugs），言之过甚，又引申说："当掠夺开始时，射击就也开始了。"这示意着政府将强力压制。出此是川普的典型作风，出言夸大，吸人眼球，而非深思远虑的坦正之言。

美国百姓走上街头，示威反对白人警员暴力执法，致犯罪嫌疑人死于非命，他们自由充分地表达了抗议和愤慨，这是美国宪法赋予他们的权利，用之得当，用得其所。至今情势混乱，多处示威已演进成为街头暴力，纵火打抢。这是若干"有心人"的恶意促进所致，但这并不是美国社会崩溃败坏的前夕，也不是从此将每况愈下、一去不返。

再有，川普总统的发言也只是自成一说，其论调也并不代表美国的主流意向。川普面临今年11月大选，选情不利、逃避现实和责任。在美国疫情四散，经济下滑和人民走上街头抗议警员暴行的关键时刻，川普表现不当，有目共睹，也受到了美国多数人民严厉的指责，认为他自我中心，亲民不够，不能与民共鸣同感。美国历史学家一致认为美国历史上最受推崇的三位总统是华盛顿、林肯和罗斯福，他们的共同特色正是体恤民情，与民同在。

如今面对街头暴动，美国政府已采取行动，积极处理。明城事件起于5月25日。当天一位年龄46岁的美国黑人弗洛伊德（Floyd）在明城一家食品店执20美钞购买香烟，店员认为美钞是假钞，美警应召到现场查看，将嫌疑犯双手背拷，压在地上，面孔朝下。执法警员肖温（Chauvin）用左膝强压在他的头下颈上，用时达8分钟之久。尽管当事人恳求停止，告以呼吸窒息，该警员也拒不移位，在场另有三位警员，都未加劝阻，置身事外。待到救护车抵达现场时，当事人已昏迷不醒，送到医院抢救亦为时过晚，一命呜呼。正式的验尸报告也肯定了死因是强压窒息。

美政府现已采取的补救措施是将失职警员肖温以三等谋杀罪提起诉讼，将其他三名在场警员一并解职。又已调动5000名国民兵（National guards）进入各州协助当地警员维持秩序。动乱所至的美国40座大城市都已宣布入夜后戒严。23位州长和市长们也呼吁群众要冷静下来，减少破坏，恢复秩序。我住在地的华盛顿州也有多起和平示威出现。美前总统奥巴马于6月1公开发言，指责警员的暴力执法和抗议引发的暴乱，主张用政治方案去化解抗议者对执法不当的抱怨，以上措施和行动反应出美国民主制度的本色。

一是，人人有自由发言和集体行动的权利。美总统在内也是自由发言，言责自负，其内容可受到人民的反应和指责。

二是，生命可贵，人人平等的理想存在。警员误杀一黑人，社会上许多人，不分肤色和背景，可以走上街头一致抗议，要求政府纠正错误。历来，美国黑人的受捕和犯罪率高于美国其他种族，这是美国社会、经济和政治等多种因素造成的结果。

美国奇路大学（Keele University）教授克利夫德·斯陶特（Clifford Stott）认为，

此事件促发了美国群众对警员和黑人社区之间不良关系的留意和不满。美国有挥之不去的白人至上种族歧视现象存在，明城事件出现是最后一根稻草压断了骆驼背，直指歧视，强烈反应。我在美国长住逾50年，目睹了美国种族歧视的明显改善，但余味犹存，留有进步空间。

三是，美国政府在现行制度的要求下大体做到从善如流，遇事要及时作出适当反应和处理，尽力去主持正义和公道，并恢复社会的安定与和谐。

四是，警员在示威现场的应对方式将影响成效，轻易使用橡皮子弹、催泪弹或刺激粉末镇压，会加重乱局。新泽西州卡姆登市（Camden New Jersey）警员加入示威者行列，共举"反对种族歧视"横幅，和群众打成一片，保持了和平示威的进行。许多示威现场也一并出现群众守望相助的感人场面。

五是，美国的民主体制从来不自称是最完美和无缺陷的。而此一制度最有弹性、自省性和自我修复的能力。它可以支持人民各施所长，追求和实现理想。它可以有效监督官员为民服务，减少贪腐。而一旦大难发生，如二次大战期间，1941年12月7日，日本偷袭珍珠港后美国对日宣战，或是2001年911恐怖袭击事件发生，美国可以立即调动全民，团结一致，抗敌应变。

二战时期的英国首相丘吉尔的名言是："资本主义制度不是最好的制度，但目前还找不到比它更好的。"智哉其言，妙在其说！

美国约有90万名警员，他们责任重，权力大。美国当前要在执行法律和维护治安之间取得适当的平衡，执法要公正，不能过火，治安要平稳，不能紊乱。美国明城事件的发生将更进一步加强警员执法的监督，促进警员执法的改善，并提高全民抵制种族歧视的动力，应不是"双重标准"，而是唯一标准的更上一层楼。

正所谓："为民服务有警务，执法公正莫疏忽。人民监督十手指，百尺竿头进一步。"

2020年6月5日

控烟报国 未了心愿

2020年6月15日，我们夫妇接到医保单位的通知，前往指定地点做新冠病毒核酸检测，转天就接到检测结果："阴性"，安然无恙。在疫情流行中，有一传说是吸烟者患疫情者较少，要防身就要保持吸烟习惯。2003年非典在中国爆发时也有类似说法，据新闻报道，有大学学生们蹲在宿舍里集体吸烟，乐得其所。

诚然，吸烟行为是损害身体健康和引发及加重各种慢性疾病的主要原因，此恶习逐渐损害了吸烟者的呼吸系统、血脑循环系统、器官肿瘤系统、生殖系统和免疫能力等。使沦为诸症状入侵、首受其害的牺牲者，这岂能是"防病得法，自庆有道"呢！？

近来世界卫生专家和机构也撰文指出，根据大规模有系统研究的医学论文的结论是，吸烟人士大大削弱了肺功能和免疫力，更容易感染新冠病毒。而一旦患病，病情加重和不幸死亡的概率也加倍于非吸烟者。再有，使用电子烟的人也比非吸烟者更容易受病毒感染。台湾是亚洲地区控烟成效显著的一处，不久前已通令禁止电子烟的贩卖和使用，英国社会也发起了倡议，鼓励吸烟者在疫情期间乘势戒烟，以爱护自己和保护他人。这一号召获得了热烈的响应，颇有成效，香港的吸烟与健康委员会也在筹划类似之举。

今年5月下旬，中国在北京召开人大政协两会时，习近平主席特别参加了湖北省（大陆疫情首发地区）代表的分会，发言说：预防疫情和其他公众卫生危难的爆发是全国安全的当务之急，要系统化地努力去补短增长。李克强总理在大会上发表政府工作年度报告时也强调说，强化国家对疾病的预防控制是首要任务之一。

要贯彻习近平主席和李克强总理上述的意愿该如何着手呢？答案是全国大力有效推广控制烟害行动。中国是全球第一产烟、销烟、吸烟和烟害大国。拥有烟民三亿五千万，每天受二手烟害者（在家庭工作和社交环境里）高达八亿之多，每年因烟害致死夭折者已达140万人之众，这是国家社会最重大和理当减少的损失。因为吸烟是国际社会公认的"可以预防"的疾病。不吸烟就彻底断绝了吸烟上瘾和短命的不归之路，早戒烟就延长了生命和回归健康之途。

令人感到惋惜的是，以往中国第一夫人彭丽媛曾两次出面触及吸烟问题。她于2009年获得"控烟形象大使"的称号，2014年为了支持世界无烟日（5月31日）的活动，她和美国名人比尔·盖茨都穿上了红色的衣衫，宣传拒绝二手烟害，衣衫上印有"二手烟，我不干"的醒目字样。2015年9月下旬，习近平主席访美时，同行的彭丽媛在西雅图参观当地肿瘤医治研究机构福瑞德·哈金森肿瘤研究中心（Fred Hutchinson Cancer Research Center）时，得知该中心研发了戒烟有效方法，就反应说："我的家人吸烟，我希望有更好的方法帮他戒烟。"

彭丽媛两个动作涉及的领域正是控烟措施里的要招，一是帮助烟民戒烟成功，恢复健康；二是提倡非烟民拒吸二手烟，做最佳自我防护。只可惜这两个重点都没能获得政府和社会的及时响应，转化为爱民控烟的具体行动。星星之火未能燎原，是也，悲夫！

2019年10月中旬，我自美国回访大陆，本打算前去拜望红军老战士王定国，我和她于1980年代结识，曾数次登其门拜访，她也赠送我多幅字画，鼓励和支持我在大陆义务从事的控烟活动。我得知王老的夫君谢觉哉生前与习仲勋有亲切交往，彼此尊重，想透过她的协助去会见彭丽媛，面谈控烟构想，获王老家人告知，王老住院休养，不宜造访，此想乃罢。

2007年，我曾四次接受《中国科技财富杂志》采访。连续刊载四文："控烟救国人人有份"、"积极控烟三方共赢"、"全国控烟任重道远"和"中国控烟要走正路"。2012年，我最后一次接受该刊采访的标题是"控烟大业竟其成功"，受访时，我提出的总结是："中国政府就控烟工作而言，优先考虑税收，偏失了爱民护民的重担，也远离了国家一向提倡要贯彻实施的路线，那便是：'以人为本，为民服务'。知过必改，此其时矣。"随后我申诉了十点在中国控烟领域里必要、可行和可以奏效的措施如下：

一是在国务院成立"烟害防治工作领导小组"，将全国控烟工作提升到国务院直接掌控的高度；

二是政企分开，将担任政府控烟职责的"国家烟草专卖局"和推广烟草销售的企业组织"中国烟草总公司"彻底分离，各司其职；

三是在全国推动"无烟家庭"观念和展开行动，作为中国控烟大业有效和重要的切入点；

四是造福农工大众，掀起戒烟热潮。政府专门拨款，启动工作项目，宣传和帮助农工群众戒烟；

五是展开全国年度戒烟竞赛和增设控烟彩券。其收入大多还给购券者，留下部分收入用于控烟工作；

六是鼓励知名人士，各级领导率先完成戒烟，其中着重在卫生、教育、环保、政府机构和私营企业各方面；

七是中国的医学和护士院校要着重控烟意识的培养和戒烟服务的掌握；

八是认真有效地开展中小学内的控烟教育，并促使校区拥有名副其实的无烟环境；

九是由国资委带领的重要国家企业牵头，在企业内严格创造无烟环境；

十是加强中国全民控烟的意识和行动，透过立法、行政和媒体宣传的各种渠道和手段，掀起全国控烟高潮。

现回顾以上十点，应增加一条，那便是医院设立平价有效的戒烟门诊，并努力开发和使用有效戒烟产品和心理咨询服务。

杂志采访记者的最后一问是："你为什么会这样热衷于中国控烟工作？对中国控烟前景有何想法？"

我回答说："每个人在一生中能找到一个运作领域，乐得其所、乐在其中、乐见其成、乐不自胜，是很不容易的。介入中国控烟工作可以发挥我的潜力和才干，在中国从事控烟工作，便也是志在必求，得其所哉！中国当前烟害蔓延，后患无穷。政府和人民若能痛下决心，拨乱反正，挽狂澜之欲倒是大有可能的，但这是一桩任重道远、时不我与和不可推延的重责大任。我深切希望我的控烟意见可以受到国家的重视和采纳，逐渐实现，造福全民。"

我还在有耐心和不放弃希望的等着。有哪位仁人君子有渠道可以将我的心愿直送习主席夫妇或是李克强总理吗？是为盼！

2020年6月19日

中华百年动荡 前途走向何方

19世纪中期清朝势力衰退，世界列强，包括风头初露的日本在内，纷纷以强大武力进逼清朝，开展了予求予取的军事侵略。清廷屡战屡败，接应不暇，陆续签订了一连串的丧权辱国的不平等条约，面临挑战，情势严峻。此刻要回答的问题是，危难当前，国人应变图强，路在何方？回答此问持续了清朝、中华民国和中华人民共和国三个时段。

王朝利益置国民之上，清朝走向灭亡

向清朝发动侵略的始作俑者是大英帝国。它为了反应清朝特使林则徐的虎门销烟之举，和力挺英商以鸦片贩卖中国，于1839年派遣军舰直叩中国海岸，爆发了"鸦片战争"。清廷应战失败，于1842年签署了"南京条约"，在赔款之余割让香港为英国殖民地，又开放5埠与英国经商。其后列强诸国纷纷跟进，武力取胜后和清廷签下不平等条约，陷中国于水深火热难以自拔的困境。

清廷近邻的日本于1868年至1873年从事明治维新，向西方学习，创造了国势增强的新时代，也做好准备，于1894年向清廷北洋舰队展开致命攻击，清廷战败求和，与日本签订"马关条约"，让日本割据台湾五十年。

有鉴于日本维新有成，清廷也兴起"西为中用"之议，要学习获得西方科技发达和坚甲利兵之强。清廷于1872年至1875年间选派约120名幼童，由美国耶鲁大学第一位毕业华人容闳领队，分批赴美就学，他们成绩优越，生气蓬勃，也逐渐融入美国社会。正当多数学童已晋升美国大学名校走向结业之时，清廷决策者认为这批学童已迹近"全盘美化"，实不可取，便于1881年下令，强制他们辍学返国，不得延误。尽管美国多所大学名校校长联名致书清廷，盼中国学童可以继续留美深造，清廷对此请执意不允，硬将留美学童全部召回。这斩断了他们延长学习、益加充沛、可以返国后发挥更多报国潜力的机会，诚然是中国国运不济的重大损失。

这批学童返国后有不少卓越成名人物出现，其中包括：唐绍仪（民国总统）、蔡绍英（北洋大学校长，该校是北京大学前身）、梁如浩（交通大学创造者）、唐国安（清华大学创始人）、蔡挺干（海军上将元帅）和詹天佑（铁路建设大师）等。

清廷后来又丧失了另一革新机会。1898年清廷开明人士谭嗣同等六人与康有为、梁启超等理念配合，获清光绪帝之默许，欲推动君主立宪的"戊戌变法"，风声传到慈禧太后耳里，她于1898年9月28日下令将维新六君子推送北京菜市口刑场斩首示众，力绝隐患。

著名旅美历史学家余英时于2000年撰文指出，戊戌变法归于失败的决定因素是，清王朝利益和国家利益相互冲突，势不两立。清廷认为无论变法会给中国带来多大的好处，都不能为此付出满族丧失政权的巨大代价。

"攘外必先安内"，中华民国败走台湾

饱受西方文化影响又热心救国的孙中山先生以"驱除鞑虏，恢复中华"为号召，领导国民革命，历经十次行动失败，直到武昌起义成功，推翻了清朝，于1911年缔造了中华民国，结束了中国数千年的帝制，以崭新的面貌在亚洲出现。但民国四年，1915年12月20日，在北方主掌军政大权的袁世凯复辟称帝，改民国五年为洪宪元年，勉强维持了83天就彻底垮台了。其后中国出现军阀割据、混战不已的动乱局面，直到1927年黄埔国民革命军在蒋介石的领导下完成北伐，中国才展现出全国统一的初貌和逐渐发展的契机。

正也是好事多磨，1931年9月18日驻沈阳激进黩武的日军，由奉天特务机关长土肥原贤二等好战份子牵头，制造借口，发动了"沈阳事变"，突袭了张学良将军驻兵镇守的北大营。张学良决定不抵抗，让通盘武力远不如东北军的日本关东军顺利占领沈阳。张学良本人也从此背上"不抵抗将军"的恶名，受累终身。后来撤出东北的东北军奉调转驻陕西省，在张学良"西北剿匪副总司令"的头衔下，背上了消灭红军的任务，这便也种下1936年西安事变的伏笔。

1937年7月7日驻河北省宛平县的日军向国军挑衅，国民军29军宋哲元部队应声而起，开放了抗日战争的第一枪，日军侵华战争全面启动，这既是中国八年浴血抗日战争的开始，又是中共修养、壮大和最后统治中国的起步。蒋介石私心作祟，逼令驻陕的东北军和杨虎城率西北军联合剿共，其后果是西安事变于1936年12月12日爆发，蒋氏"先安内，后攘外"的战略部署彻底翻盘。

进入1940年代，日军侵华范围不断扩大，但日本已察觉到美国已箭在弦上，欲启动对日攻击，日本乃先下手为强，于1941年12月7日派遣海空两军偷袭了美国太平洋军事基地的珍珠港，造成美方重大损失。次日，美国正式对日宣战，美日双方在太平洋地区的战役开始。1942年8月3日到6日双方在中途岛战役中决一死战，美军事前截获译解了日本军事情报，充份利用，战力发挥，击沉日本4艘航空母舰，摧毁约300架日机，将日本3000名战士葬身海底，从此掌控了太平洋的制海权和制空权，美军攻势增强，逐岛扫荡，而日军顽强抵抗，美军牺牲重大。为减少伤亡和缩短战争时间，美军于1945年8月7日向日本广岛投下第一枚原子弹。第二弹又投向长崎，促成了日本提前投降。

苏联早已获得情报，得知美国研发制造原子弹成功，一旦投放，日本必定投降，便在西伯利亚部署军队，等候时机。广岛中弹后两天，苏联向日本宣战，挥军直入中国东北地区，先拆迁当地重工业设备去苏联，强奸无数东北妇女，再收缴储存日本关东军武器装备，日后全部移交给陆续抵达东北的中共解放军，让共军实力突然壮大。

另一方面，蒋介石指挥东北政局和战局双双失当。派他亲信而无能的熊式辉于抗日战争胜利后接收东北地区，不收编日治时代东北的地方部队，不接受美国建议，先遣美军到东北帮助安定局面，调派不服东北水土和气候的四川籍部队到东北战场，……这便是错上加错，层层加码，让中共在东北国共战争里大获全胜。其后的平津战役、淮海战役和中共渡江南下战役里，情势也急转直下，尽属共军天下了。1949年底国府撤守台湾，偏安至今。

党和民，谁的利益更大？中国前路走向何方

中共统治大陆后，毛泽东决定更改国名为"中华人民共和国"，和原来的"中华民国"比较，差别是以"人民"取代"民"，以"共和国"取代"国"，这一变异是必要吗？有一说是毛泽东要做开国元首，不能不改变国名，以遂其愿。但无论如何，这已创造了两个中国，隔海遥对，各持一说，迄今两岸分治逾70年，和平统一仍待来日。

中共立国之始，政治路线全面向苏联老大哥靠拢，至诚至切，不遗余力。1950年在斯大林的指使下介入抗美援朝的朝鲜战争，又挥军入越，于1980年代参加了援越抗美的越南战争，其间又发动多种全民运动，制造斗争，自相残杀。这种种倒行逆施都造成了中国人民和物质的惨重损失，错失了中国民生建设的大好良机，并和世界树敌，自绝于国际社会之外。

所幸，1976年毛泽东去世，四人帮（加上毛是五人帮）打倒，邓小平主政推动开放改革，中国才在崩溃边缘悬崖勒马，起死回生。

1979年1月1日在美国卡特总统任内美中恢复建交。2001年12月1日在克林顿总统任内，获美国支持，中国加盟世界贸易组织，这便也展开了其后中国与世无争，民生建设的黄金年代，让中国突飞猛进，蒸蒸日上，最后成为亚洲第一强国和国民生产总值仅次于美国的世界第二大经济体。这些成就都是有目共睹，历历眼前。

川普于2016年入主白宫，美中关系又生一变。先是美中贸易战大打出手，继之以疫情战彼此较量。如今是厮杀正烈，前程未卜。川普要力求连任获胜，私愿以偿，又面临政绩不佳，民调下滑，美国人民对他十分不满。他此时端出了中国，视其为他实现"美国第一"远大目标的唯一强敌和阻碍。近来他一再发出狠话，要在科技、经济、军事和政治各方面向中国下手，似已布下天罗地网，要中国一举就擒。这只能造成美中互损，两败俱伤的不良结局，无助于美国第一美国独享的局面出现。如今世界大局在美中对抗下已是乌云密布，雨水连绵，不知何时何日才能雨过天青，拨云见日。

1919年五四运动在中国爆发，反应了知识分子和大学生们对世局的不满和求变心切。他们推出"德先生"（民主）和"赛先生"（科学）兼收并取的口号和目标，又透过"打倒孔家店"的呼声，对中国儒家传统的思想和作为提出了质疑。而民主政体及科学创新正是太平洋对岸美国的特色，1776年华盛顿将军在美洲大陆上领导民军抵制并战胜了英军的进攻，建立了"美利坚共和国"，树立楷模："人人生而平等，有追逐幸福的权利"，又建立了三权（行政、立法、司法）分立，彼此牵制平衡的政体，创立了民有、民治、民享的原则，在短暂的（和中国历史对比）247年里跃登了世界第一强国的地位。美国也是名至实归的移民之国，全民组合除了土著印第安人（他们也是早期亚洲移民）之外，都来自世界各国，他们溶于一炉，拼搏奋斗，努力成长，共同创造了今日的美国。至此我们再一谈如今中国何去何从的问题。

1989年6月4日天安门事件在北京发生，呼应了五四精神，市民游街请愿，要求改革政治，抗击官倒，这一和平示威最后遭受了人民解放军的血腥镇压。死亡者应以千计。（确实统计迄今没有官方说法。）那时我天天去天安门广场，是手执上海"世界经济导报"记者证的美籍华人，可以自由出入学生们在广场周围设置的保护圈。在事件前的一个多月里，我现场拍摄了50卷照相底片。解放军于6月4日挺进北京后，局势混乱，情形险恶，我于6月5日手携50卷照相底片在北京建国饭店前跳上一辆出租车，付出400元人民币的高价，直奔北京国际机场。次日得以登机离境。在机场候机时我也接受了多家美国电视台记者的即时采访。我义愤填膺，力陈所感。

我认为邓小平是聪明千日，糊涂一时，他做出派兵镇压六四的措施是他平生作为的一大败笔。这错过了当政者顺从民意，进行政治革新的良机，并种下三大恶果。一是，人民变乖乖，不再抛头露面关心国事；二是，人民解放军声誉涂地，军民同心，水乳交融已一去不返；三是，助长了权贵贪腐者的声势，泛滥成灾，民心丧失，元气大伤。至今，六四事件仍是中共当政者挥之不去的一块心病，免谈、免议、免想！香港自1990年起30年来，每逢六四都举行烛火守夜，怀念六四。今年疫情仍在，香港当局取消聚会，但六四当晚仍有数千港民无视禁令，越过围栏和障碍物进入禁区，进行悼念。我坚信正义常在，真理不倒，六四终将正名平反。遗忘、回避和改写历史不是"自救有方"，而是自欺自残，封闭改进，放弃理想。

6月5日印度前驻华大使顾凯杰，在美国《纽约时报》发表评论文的结论是："尊重自由和人的尊严是通过人类共同命运的最佳途径。北京模式——一个专制的政党国家一心一意地夸大经济改善，而不提自由的政治选择——对某些人来说可能看起来很有吸引力。但是它不能被广泛模仿。这个方法取决于中国独特的文化和历史，只能在中国使用。相比之下，民主是基于普世原则，在任何地方的每个人都可以遵循。"以上所论应是旁观者的明智之言。

结论：清廷私利置于全国利益之上是120年前清朝戊戌变法挫败的主要原因。如今中共一党专政，其利益也凌驾于中国全民之上。静观世界大局，应知自由、民主、平等、博爱等普世价值正是大势所趋和放诸四海而皆准的。这又何尝不是中国应有的出路和走向。

正所谓："百年多变历沧桑，何去何从费思量。专制独裁无出路，自由民主家国昌。"

2020年6月19日

天将降大任于拜登也

美国建国244周年的国庆纪念日7月4日刚刚过去，展望前途我要为美国民主党总统候选人拜登既感到喜悦又难免担忧。喜悦的是他面对争取连任的川普，就目前情势来看，是胜算多多；要为他担心的是，拜登入主白宫后要收拾整理川普留下的烂摊子便也是千头万绪，十分棘手。川普以"美国第一"和"让美国再伟大"的美好标语开路，而其三年多来的施政所为却是分裂美国，恶化种族对立，败坏白宫名声和单打独斗，脱离国际合作，陷美国于不仁不义的深渊，肇祸深远。

川普的胡作非为和施政不利便给拜登创造了优越的条件和更高的民调赞许。最近美国多家民调显示，赞同拜登的百分比已超过川普进入两位数，而川普的下滑尚未到谷底。2016年大选川普胜过希拉里的六个关键州里如今的民调都已落后于拜登，这是大不利于川普的危险信号。一旦这些州在今年11月大选下川普失手，他的落败便成定局。

当前民主党掌握众议院，此次改选没有失控的可能，而参议院目前共和党以53席对47席是6席超出民主党。这次参院选举，民主党只要坚守原有席次，再夺下共和党4席，就能以51席对49席成为参院的多数党。由于川普当前声誉败坏，在参院选举中发生不了"母鸡带小鸡"的牵头作用，反而会导致"树倒猢狲散"的反面效果。可让明年拜登入主白宫后执政时，也拥有了参众两院均属民主党掌控的垄断局面。届时全面执政的拜登就得负起责任，百端待举，重振美国。这将是艰巨挑战，任重道远。

川普执政的四大败笔是：疫情失控，社会混乱，经济下滑和国际孤立。现略述如下：

一、疫情失控

川普处理疫情，先是不当回事，有了疫情通报，不采取行动，错失良机。等到疫情在美国爆发，又产生步骤混乱，措施迟缓的失误，最后川普又推卸责任，四处甩锅，怨中国、奥巴马总统和世卫组织等。当前全球疫情感染者逾千万，死者逾50万，其中美国死者约13万，在世界各国中居首。最新报导显示美国现有37州疫情上扬，前景堪忧。

7月3日川普总统专门前往南达科他州美国观光胜地，雕有美国四大总统塑像的拉什摩尔山庆祝国庆活动，发表变相竞选连任演说，攻击因黑人弗洛伊德致死案进行抗议走上街头的示威者是极左激进的民主党倾向者，他们破坏了美国的传统，民主的价值，与美国全民为敌……此一扭曲事实的"戴帽"言论已受到美国舆论界普遍的指责。

再有，在美国疫情严重上扬的关键时刻，川普执意举行7月3日的烟花庆典，不采取社交间隔和必戴口罩的要求，更是由他牵头树立了违背公共卫生信条的恶劣形象。如今在公共场合出现要带口罩已是美国朝野一致的共识，只有狂妄自私的川普才能以不带口罩显示其男人气概，做出此一大不韪的行动，却自鸣得意。

二、社会混乱

今年5月25日在美国明尼苏达州州府所在地发生了一桩白人警察过度失当执法将46岁黑人弗洛伊德致死的不幸事件。随后美国各地掀起了抗议的街头游行，反对警察暴力和种族歧视。但和平示威渗入了一些极端份子和非法人士的打砸抢行动，一方面扩大了破坏力，一方面使执法平息的局势益加复杂。

川普处理此事故是透过了有色的眼镜去观察，视示威者为"暴徒"，怪罪民主党从旁煽风点火，而忽视了改善警政和种族歧视的主题。美国此一事件也引发了世界多国民间的行动和呼应，一时间此呼彼应，局势大乱。犹有进者，此一示威行动也触动了美国社会对以往"奴隶制度"和解放黑奴战争里南方政府旗帜、人物和兵塞名称的检讨和非议，要将旗帜停用，人物塑象推迁，兵塞名称更换。川普大体认为这些建议和行动是大逆不道和动摇国本，期期以为不可。他的立场和美国当前的主流思潮并不合拍。其影响便是美国社会的混乱被加油添醋，益加难以平息。

三、经济下滑

新冠病毒疫情的延绵不断和全球扩散造成了世界消费、生产和经济情况的萎缩和下降。美国亦首当其冲，受损最重的是零售业、服务业、交通、旅游和科技产品生产业等。全球各地设有分部而总部在英国牛津的《牛津经济》机构，拥有250位经济和数量分析专家，专门预测外在市场的走势，及其对经济、社会和商业的影响。它采用失业率、家庭自由支配的经济收入和通货膨胀三个因素为投入的预测模型，指出了美国经济下滑的严重程度，是川普执政的重大失误所在，他要争取连任已难获得美国多数选民的支持。

四、国际孤立

川普施政的一大特色是在国际事务里"以退为进"，撤出了国际上许多重要领域的合作联盟，要自树一格，以单打独斗的面貌出现。撒手的联盟有亚太经济合作体系、巴黎气候协定、中程核武协议、伊朗核武协议、天空开放协议、联合国文教组织、联合国人权理事会和世界卫生组织等。美国在川普的决定下撤出这些有重要影响的合作领域，受到了国际社会的谴责和美国国内有识之士的反对，可是他自以为是，一意孤行，对世界的和平稳定和社会经济发展都造成了损害。

如今川普全力争取连任成功，欲转移全民对他执政失败的关注，也推出中国为敌，对中国进行全面攻击和指责。这自然丝毫无助于全球经济的复苏和社会动荡的平复。

综上所述可见川普执政的表现正是内政失当和外交失控，已败象毕露，不可收拾。

中国有一句俗语是："雪上加霜"，说的是情势不好，每况愈下。这也正是川普当前的处境。6月1日川普为了要步出白宫，到附近圣约翰大教堂前手执圣经拍照，做一宣传。动用了部队以催泪弹驱散了教堂前和平示威的群众，随后美国有39位四星上将联合及个别声明说，川普此举是令人作呕和痛心，有问题，危险大。美国原有"军人不参政不论政"的传统，但危机当前，他们已破例而行了。

今年6月23日美国前国安顾问博尔顿（2018年4月至2019年9月任职白宫）的新书问世，书名是《事发之室：白宫回忆录》，上市后立成畅销书，再版十多次，售书逾百万册。该书指出，川普的白宫是一片混乱，他只顾连任，忽视美国的国家安全和利益，书中也透露2019年6月29日川普在日本大阪参会时面请习近平自中国增购美国农产品，支持他连任成功，他又赞言习近平在新疆采取强硬手段，拘留异议分子，广建集中营是正确措施。

另一揭露川普家族内情的新书名为《太多和永远不够：我们家族如何造就世界上最危险的男人》。预订于7月28日发行，作者是玛丽·川普，她现55岁，是川普的亲侄女，拥有博士学位，是执业有成的心理咨询和病理分析专家。她在她爷爷弗利德·川普（川普之父）的豪华住所进出长大，目睹了家族里明争暗斗的内幕，和川普身受的家训是："世人分两类，成功者和失败者。必求胜算，不为失败负责任。""欺骗是生活的常态，""不需要同感、慈善和专长。"川普身体力行家训的结果便使他成了今日威胁世界健康、经济安全和社会结构的人。

玛丽的叔父罗勃·川普已向法院提诉，要求阻止该书的出版，出版商《西蒙与舒斯特公司》认为："限制令是对核心政治言论的事前限制，违反美国宪法里保障言论自由的第一修正案。"该书现已获法院批准出版，将提前于7月14日上市销售。

以上两书的作者非泛泛之辈，著书的内容可信性强，一是以近身工作高级幕僚身份叙述川普施政之短，另一是以家族成员立场解析川普养成之误。如今读者众，传阅广，铸造了川普的不利形象，这一"窝里反"的运作会转移不少美国人民的总统大选选票投向拜登。

现在我们再看看民主党总统候选人拜登面临的情势。

根据统计数字和分析观察，拜登此刻面对川普的情况强过2016年希拉里·克林顿对阵川普的情况。刚过的五、六两月拜登的竞选献金额均超越川普。民主党内部已形成大团结和一致对外的有利情势。副总统人选也呼之欲出，似将在沃伦参议员和哈瑞斯参议员之间做一抉择。两人均曾参加民主党总统候选人初选活动，有丰富的行政和议会经历，可以和拜登配合互补，共主美国大政。

如今美国许多重要的民间组织和社团，在教育界、环保界和工商界等都已纷纷表态支持拜登竞选。最近共和党内部的成员又出面组织了"43届同事"的行动组织，要跨党支持拜登入主白宫。该组织成员属共和党籍，都是美国43届总统小布什在任时的政府官员。他们目睹川普的无作为和非作为，忍无可忍，要催促川普鞠躬下台。

按照美国总统竞选规定，今年九十两月，川普要和拜登举行三次竞选辩论会。届时双方的施政方案都要宣布出来，彼此间也要攻守兼备，互争长短。他们谈论的主题似应包括：经济复苏、移民政策、环境保护、社会治安、对华政策、国防策略和国际情势等。

正所谓："施政不彰是川普，败坏分裂不归路。美国第一口号响，全民受损代价付。"

2020年7月10日

试论关闭休斯顿中国使馆

俗语说:"屋漏偏逢连日雨,天寒又添雪上霜。"中美关系自1979年建交以来已跌至谷底的不良情况又益加情势险恶了,美国政府7月20日正式通知中国驻休斯敦总领馆要在72小时内全部关馆。这一突发事件,已引起中美的热烈讨论和极端关注。我针对此事细加思量,略有所见。

首先要谈美方的立场和说法。美国国务院发言人卢比奥7月21日说:"美国不再容忍中国对美国主权的侵犯,对美国人民的恐吓,我们同样不能容忍中国商贸的不公手段,夺取美国的工作和其他极坏行为。"她又说:"美国下令关馆是要保护美国的专利权和美国人们的隐私信息。"在另一个国务院公开发表的声明里说,中国正进行"大量非法的情报刺探和具体行动,要影响美国内政,诱吓商业领袖和威胁美籍华人的在华家属"。美国参议院情报分会代理主席、美参议员鲁宾又加码说:"休斯顿中心的中国总领馆是中共谍报网的基地。"

但美国参议院也有不同的声音发出。来自曼恩州独立派的参议员金说:"和中国对抗有道理,但是如今的对抗升级,这是原有对抗的一部分呢,还是和今年11月大选有关?"美参院情报分会最资深民主党参议员沃纳认为:闭馆对中共有提醒作用,有行动后果自负,但难以有效纠正中国行为,盼白宫态度严谨,运用智慧和周全的政策去解决问题,而不是冲突加强,经贸失策和不断赞美中国的体制。

针对关馆事件,中方的回应是迅速明确的。王毅部长对此批评说,川普为连任求胜,出此下策。中国外交部发言人汪文斌在7月22日的例行新闻会上指出:"此次美国单方面限时关闭中国驻休斯敦领馆,是美对华采取的前所未有的升级行为。这严重违反国际法和国际关系基本准则以及中美领事条约有关规定。蓄意破坏中美关系,十分蛮横无礼。"他又说:"近来美国政府不断向中国甩锅推责,污名化攻击中国和中国社会制度,刁难中国驻美外交人员,对中国留美学员进行恐吓、盘查,没收个人电子设备,甚而是无端拘押。"中国的反驳义正词严,具体翔实。7月24日,中国政府正式发出通知,撤销美国驻成都总领事馆。

按说,每个国家的驻外使馆都自然肩负收集驻在国情报的任务,差别是运作力量的大小和手段的强弱。美国若对中国驻美使馆收集情报的方式不满,至多也应是"驱除几位指名道姓的外交官",而不该上升到强制闭馆的严重程度。故而美国下令关馆之举显然是借题发挥,另有所图。正如2017年,川普政府下令让俄罗斯关闭驻旧金山领事馆及另外两个纽约及华盛顿附近的附属建筑,报复俄罗斯对驻俄罗斯美国外交官人员数量设限。

中国驻休斯敦总领馆是美中1979年建交后在美国首设的总领馆。现有馆员约60人，管辖美国南部八州，肩负一般旅游签证和外交活动的任务。当前休斯敦关馆会更多影响该辖区与中国的经贸、投资和文化交流等活动。在疫情的影响下，签证任务很少，不成大碍。

美驻华武汉使馆的工作人员，今年元月大多撤回美国，后欲返华复职已遭到不便。中方坚持美方人员到华后要隔离两周，并提供个人医疗卫生信息，美方不愿接受这一条件，视为侵犯美方个人隐私权，乃相持不下，一事无成。有趣的是，此刻中国《环球时报》总编辑胡锡进倡导要推动民意调查，让中国人民公投决定中国对美国闭馆选择何处。很难想象，此举会对中国外交决策产生任何参考价值。

综上所述的结论是，美国关馆之举可能含有不同动机。

一是，美国对中国所为的确是日积月累，难以忍受，现在要真格对待，下手开刀，以关馆为先声。一旦中国强力反击，美国也抗得住，输不了。

二是，认定双方事态不会真正恶化到拳打脚踢，兵戎相向。如今做一姿态，表示不满，点到为止，何乐不为。

三是，川普冲昏头脑，为争取连任获胜，饥不择食，树中国为死敌，骗取美国人民选票。若走运获胜，再决定下一台戏该怎么演。

针对美国对休斯敦关馆之举，我的看法是：

一、美国的主流思想是中美有携手合作的必要，并不认定中国要争做老大，一心要把美国打趴。中美有携手合作的必要。90岁高龄的哈佛大学荣休教授、中国问题专家傅高义日前接受中国《环球时报》专访时说："中美两国的历史任务和共同责任是塑造一个国际新秩序，中美要全力避免军事冲突的发生，中美两国都有重要内务要优先处理。美国正经历历史上最糟糕的川普任期，但民主可让所有人提出建议，采取各种方法，让我们的社会变得更好……美国曾犯过很多错误，但美国仍然是一个有能力不断自我纠偏的国家。"

二、川普出尔反尔，频出新招，有关馆之举不足为怪。这并不说明美国已铁了心，认得准，要和中国全面为敌。中国面对此情，要沉着应付，可以关武汉美使馆为回应，但不可上纲上线扩大报复。中国也要尽力满足中美贸易第一轮协议的承诺，并在国际要务，如抗疫和反恐等领域里，和美国一并出击，顾全大体，忍辱负重。

三、川普竞选连任面临了疫情严重，经济下滑，社会混乱和国际孤立的困局，今后百日没有奇迹出现，他下台的可能性极大。美国近数十年来，只有两位在任总统竞选连任失败，一是卡特，二是老布什。如今川普和他们两位比较，处境更差，他想以商道治国，再拔头筹，休想矣！中国要开始准备明年起和拜登主政的美国打交道，朝改善双边关系的方向迈进。

四、中国要从长计议，从基本着手。不管国际环境如何，是瞬息万变，是风雨飘摇，都要虚心自省，不断自我改善，顺应世界潮流，制造宽松环境，鼓励国人发挥创造力，全面施展，造福全民和贡献世界。

正所谓："中美共荣有空间，和好互助尽开颜。鸡毛蒜皮应忽略，掌控大局齐争先。"

2020年7月24日

论中美善处有道

近来美中关系十分纠结、交织、敌对和充满变数。

2020年7月9日上午，由中国公共外交协会、北京大学和中国人民大学联合主办的"相互尊重，信任合作——把握中美关系的正确方向"的视频论坛在北京召开。由中国外长王毅致开幕词和中外名宿基辛格、陆克文、坎贝尔、赵启正、傅莹、郝平相继发言，中国公共外交协会会长吴海龙主持开幕式并做总结发言，此一论坛诚然是恰得其时和论得其所。

王外长致辞的要义是，中美关系至关重要，美对华要有客观冷静的认知，制定理性对华政策，不要敌视和遏制中国发展，要彼此尊重、欣赏和借鉴，探索和平共存之道。中国以善意和诚意对美，美方不得以凌霸和不公回报。尊重历史经验，双方坚持走对话合作之路，和平共处，合作双赢。

基辛格回应了王外长的发言，祝愿中美两国拥有合作、互信的未来。

前澳大利亚总理陆克文认为，当前中美战略竞争已进入新阶段，彼此要重新思考，打造新框架，指引发展、管控分歧，并进行舒畅的战略沟通，了解彼此的红线及核心问题何在，建立平等互惠关系。

赵启正说，中国不扩张，不争霸，不挑战美国，美国不能为转移国内矛盾，树中国为敌，中美合则两利，斗则俱伤。

原美国东亚事务助理国务卿坎贝尔认为，不要过度关注当前中美关系中的竞争面，中美要加强合作，平衡竞争因素，扩大双方人文交流。中美进行战略对话时要纳入亚洲和其他利益相关方一起进行，中美要携手对抗疫情。

傅莹主张中美要竞争和合作兼有，良性竞争，有效合作，构建"协调、合作、稳定"的双边关系。

吴海龙会长在总结发言时说，中美双方要合作，不要对抗。合作是唯一的最好选择，中美要共同探索和平共处，合作共赢之道。

我们综观以上意见可以得到的结论是，中美双方的精英人士都极端重视中美关系的开展，要在当前的困境和胶着里寻找出应行、可行的缓解、改善和加固之道。

今年6月21日纽约聊斋第七期沙龙的主题是"中美两国的故事——美国怎样失去了中国？中国怎样弄丢了美国？"美国福坦莫大学的美籍华人历史教授洪朝辉发言说："我不想、不能、也不敢对未来中美关系算命，因为历史能帮助我们产生四大功能：记忆、敬畏、谦卑和宽容。"他又阐明从1972年到2013年之间，中美相处是以"共享的敌人"和"共享的利益"为依托，但敌人和利益随时变化，只有两国的关系建立在"共享的价值"和彼此倚重"信仰外交"才能长治久安、垂之永久。而中美共享的价值应是圣经、论语和道德经的结合，那便是和平、友善和容忍三为一体，彼此加持。

于此我要借用洪教授的观念试论，美中相向，善处有道。

历史的四大功能：记忆、敬畏、谦卑和宽容。用之于中国，该如何展现呢？

记忆——中国要切记历史的教训，这包括早年向苏联的一面倒、镇反、肃反、大跃进、四清、青年下乡、反右、文化大革命等等，再加上极端的个人崇拜。这些愚昧和残暴的全民运动都加重了中国全民的苦难、落后和基本尊严的丧失，中国更是一穷二白，闭关自守，南征北讨，与国际社会为敌，趋近崩溃，直到了1979年开放改革政策开始，才出现了转机。

2003年10月24日，《南京大屠杀》一书作者张纯如女士就南京大屠杀主题，在美国旧金山市立学院致辞时说："有人相信，说历史是危险的，甚至是有碍和平与和解的，因为这可能是重揭伤疤，再掀旧恨。但我认为，忘记历史更为可怕，对人性施暴的罪行永远不能遗忘，也不容否认，以免危及人类文明的延续……假如一个国家要向其国民杜撰历史，那么此一国家便也断送了走向民主的未来，并且会让历史再演，重蹈覆辙。"此言是指向日本，但放诸四海而皆准。

敬畏——敬畏的对象是真理和民心，要以自由、民主、平等、博爱的普世准则为目标，服务人民、造福人民，以民为重，以民为本。将政党利益置于人民利益之下，在实现人民利益的前提下，让政党获益和执政。

就眼前看，这样要求当前一党专政行之有素的中国执政党是为难的，但是最终为了国家、人民和政党好，这根硬骨头迟早是要啃的。

谦卑——中国国家建设卓有成就是有目共睹的事实，然而执政者要多多归功于全民在工作岗位上的努力贡献和世界环境给予的发展良机。在国际社会的支持下，中国进入了联合国和世贸组织，让中国政经的发展蒸蒸日上。

中国要不断采纳邓小平"韬光养晦"的说法，低姿态从事建设，不夸张军事和经济实力，不要有意成为国际社会疑惧的对象和话题。老实讲，中国以人力众多、努力生产，成为全球第二大经济体，但是人均收入在全球的排行榜远非前列，中国尚不能以世界经济强国自居。

宽容——宽容是实现民主的必备条件。国家宪法里明列的各种人民可以享受的自由，如言论自由、结社自由、迁居自由等，都要存有宽容和公平的大环境和大前提才能真正实现。显然，有一言堂就没有言论自由，有一党专政就没有结社自由，有户籍限制就没有迁居自由。新中国建国后，对国民党部下、对知识分子、对民族资本家和富农等的追杀和围剿也都制造了社会的悲剧、分裂和破坏。好在如今大陆的环境已日见改善，文革式的蛮横和破坏已难复制和一去不返。中国要全民奉献，民族复兴，中国社会的环境和气氛还要不断宽容、宽松和宽厚下去。

洪朝辉教授的立论是中美两国建立共同的价值观是要标榜圣经、论语和道德经的"和、爱、忍"三点。现试以此求之于美国。

和平——美国与中国相处，要走和平的阳光大道，首先得做到以下两点。

一是，不要领头倡导军备竞赛。这不但会引起中国的自卫反击和全力对抗，并将带动全球核武强国的跟进和攀比。这一竞赛将浪费宝贵的世界资源（财力、物力、人力），并加深全球"恐怖平稳"的阴影，于事无补，伤人害己。美国如今已经退出了多项国际军备制约的协议，并高调宣传成立了第六军种的"太空军"，这又将军备竞赛引入太空，而隐患无穷。

二是，不要对台港内情的变化过分敏感，十分强硬的表态和介入，让中国因不容外力"干涉中国内政"而奋起出招反制，造成中美双方对抗增强，敌意扩大，有来必往，迄无宁日。为促进美国国家利益，美国的执政者要掌握轻重缓急。中国是"重和急"，台港是"轻和缓"。台港内情的变化和发展不会对美国利益形成严重冲击，而美中的恶性对抗对美国诸多不利。美国可以放心的是台湾和香港都不会实现独立，两地维持其稳定和繁荣对美国才是好消息，但美国轻易介入港台事件，指手画脚就会造成事与愿违的不良后果。

友爱——美国对中国展现友爱要落在实处。以下是应该做到和可以做到的。一是，在中国努力实现美中贸易协定第一阶段的承诺时，要体会和理解中方面临疫情尚未解除和经济衰退的重大压力，仍然全力以赴，去采购美方物质，是何等的困难和可贵，不得再吹毛求疵，增加中国应对的难度。中美双方第二轮的谈判也要从轻从缓，不要快速上马，增加变数。

二是，美国要鼓励和重视中国学生赴美就读大学和研究所，提供必要的方便和赞助条件。因为根据美方权威可靠的统计，中国访美学生有85%学成后继续在美国停留就业，对美国的科技创新和发展有重大及不可或缺的贡献，强逼他们回中国，或不接收他们在美国入学就会对美国国家利益造成难以逆转的重大损失。

7月6日美国政府宣布留学生（其中来自中国的人数约为1/3）新规，在今年秋季就读必须到校上课，不可网络就学。而绝大部分的美国高校都为了疫情威胁仍在，不能在校开课、学生到场。因而执行政府规定就要让许多中国留美学生就读不成，吃闭门羹了。就此，美国名校哈佛大学和麻省理工学院上诉法庭，幸而7月14日政府同意撤销此一规定。

如前所述，诸多中美名宿都主张两国间要加强人文交流，而学术交流正是其中最重要和有益的一环。科学和知识是全球共享，是没有国界的，美国岂能自树高墙，阻中国学生和学者于境外。

三是，中美双方要在抵抗疫情的艰巨工作里充分合作。美方不可持中国是疫情发源之地之说去怪罪中国，全面甩锅，而放弃双方强强合作的优势，共克病毒，造福人类。

当前美国的疫情仍十分严峻，未见拐点，南方多州在川普总统的催促下过早停止社交间距、公共场所戴口罩及跟踪患者的必要公共卫生措施，都发生了疫情反弹的恶果，要付出更多的性命牺牲的代价了。

四是，中美双方互斗，缩减了新闻从业人员在彼此国内可以长期停留以执行采访任务的人数，对他们也增加了背景的调查和行动的局限，这样做显然不利于双方实现"促进了解"和"增加认知"的重要任务，也形成交流活动中的一大困境。很希望美国主动向中方提出和解方案，彼此放宽规定，促进信息交流。

以上四点都是近在眼前、具体可行的促进友好的措施，盼美方能迅速操作，立竿见影。

容忍——英文有一句成语是"我活，你也活"。说的是接受现状，彼此存活。由于历史和文化背景的不同，中美出现了不同的社会制度，美方认为其民主制度可以全球运行，中方认为其特色社会主义制度适用于中国，接受西方的民主制度就有"水土不服"之碍。务实而言，这种分别和对立是要持续下去，而难以迅速化解的。美国应该放宽心，不要认为中国是野心勃勃，老二急于取代老大，中国并没有野心、必要和实力去争做全球魁首。中国不可能入侵美国体系，颠覆美国。美国也不可能以和平演变手法致中国体系于死地。

中美双方要"求同存异"，在广阔的国际和本国的共同利益处携手合作，如公共卫生、气候变化、减少贫穷、繁荣经济、防控恐怖、世界和平等领域，不要把意识形态之争和社会制度之别放在眼里和心头，挥之不去，自寻烦恼。"儿孙自有儿孙福"之说，可以扩大为"各国自有各国路"。

正所谓："天地大五彩缤纷，中美间莫计分寸。往远看共同努力，多携手和平共存。"

2020年7月24日

美国总统选情的影响因素

引子：距今年11月3日美国总统大选的投票日已不足百天。大选的结果将确定谁将入主白宫执政四年，是特朗普连任得手，还是拜登翻盘得胜。这一结果将重大影响其后美国内部的走势，能否使美国疫情缠身和经济下滑产生转机，能否对美国当前参与国际事务的独善其身和退群连绵有所改变。再有，对当前硬抗、围堵和打压中国的行为能否缓和及转向。如今美国人和全球人士都十分关心美国应届总统大选的结果便也是理当如此，顺理成章。

那么，有哪些重要的因素会在今后三个月里对美国总统大选的结果产生影响呢？一般观察有以下各点，我也要就事论事，表达己见。

疫情发展

当前美国新冠病毒疫情方兴未艾，未见拐点。美国的通盘表现比全球许多疫情入侵的国家更差。到7月28日止，美国已有430万人受到感染，死亡人数超过15万。这一公布数字还非常可能是低估实况。美国南部多州，归共和党籍州长带领，因响应特朗普总统号召，过早放下警惕，急于恢复经济运作，而遭受疫情反弹的冲击，加重了损失，要一切从头做起。疫情蔓延让美国日常运作全局打乱，严重停摆，若到了11月大选前仍情势不变，美国选民将归罪于执政者，蜂拥投票，轰其下台。

经济情况

这是和疫情发展紧紧挂钩的。当前美国的失业率创历史的新高。美国政府以"经济输血"大手笔振兴经济，成效不大。号召鼓励生产工业从海外回归美国，以增加就业和稳定经济，事与愿违。美国在疫情打击下受损最重的服务业、航空业、零售业和高科技生产业等都是惨淡经营，未见转机。不能"乐业"就难以"安居"。这笔账也要算在特朗普头上。

党内团结

这是指两党各自内部抱团，一致对外的情势。民主党已十分就绪，安抚和团结了党内的进步派。准备在今年8月上旬宣布辅佐拜登竞选取胜的副手，现有两三位非裔女强人跃跃欲出，个个胜任愉快，应能发挥加分加持的预期功能。并可能创造历史，成为美国首任非裔女性副总统，开天辟地，意义非凡。相对来说，共和党内部已产生了内讧。有数名共和党人组成团体公开宣布不希望特朗普连任，转而支持拜登当选。他们出钱出力，在美国总统大选6个摇摆州里投下资金，大力宣传，立场鲜明，反对特朗普。也有共和党籍的军政要员不避讳、不退缩，出面指责特朗普不配连任。因而，旁观大局，可以看到民主党和共和党的党内气势，前者涨，后者落，一目了然。不久前，美国的《亚太联盟》有250位知名人士出面，宣布支持拜登竞选，这是一股重要势力倾向拜登。

竞选捐献

支持竞选的财源对竞选成败有影响。今年4月份以前对特朗普团队的政治献金是滚滚而来，声势浩大。但，进入今年五六月已情势逆转，拜登团队的献金收入每月都超过了特朗普，此一趋势很可能不变，最后反让拜登"财大气粗"起来。如今，特朗普竞选资金的开销很大，成效不彰。而拜登方面的投资宣传，有的放矢，重点打击，效果明显。

电视辩论

按照美国总统竞选会的规定，特朗普和拜登在今年9月29日、10月15日和10月22日要进行三次政见辩论。每次历时90分钟，无广告插播，辩论会的主持人尚未敲定。以往美国最有名的总统竞选人辩论会曾在尼克松和肯尼迪之间进行，新面孔肯尼迪的表现胜过了政坛老手尼克松，为自己竞选总统加了分，1960年就任美国最年轻的总统。

我认为，特朗普和拜登的辩论能力是不相上下，两者都有足够的经验可以应对这种场合。届时特朗普会抛出"法律和秩序"的老调，以维护社会稳定者自居。但是他调兵遣将，动用军警，多次驱散和压制美国人民的和平示威行动，已受到广泛谴责。另一方面他要吹捧自己施政的成就，表示要继续努力，以竟全功。拜登则是以"改造者"自称，有具体施政方案提出，批评特朗普执政的失误，规划出今后的走向。

我认为特朗普辩论失利的机会大。因为他口不择言，会极力夸大自己的政绩，届时旁观者清的美国新闻记者将在辩论会后立即推出"事实核对清单"，根据特朗普发言内容逐字推敲，确定真伪，列表显示，公之于众。特朗普发言内容有任何水分和虚假，都要一一揪出，毫不留情。按照特朗普日常公开发言的一贯作风，势必漏洞百出，难以掩饰。而拜登发言的内容着重在未来计划，稳重道来，引人入胜，少有破绽可寻，立于不败之地。所以我的意见是，辩论会的结果可能有利于拜登竞选获胜。

以上五方面综合来看，拜登是领先特朗普的。以下四方面是相对持平，不能优劣立见。

秋季开学

如今特朗普极力主张，今秋各校要恢复上课，学生到校，授课照常。此办法争议未决。拥有170万会员的《美国教师联盟》的主席温加特7月28日公开说，该联盟首先要为学生和教师的安全着想，当前特朗普处理疫情杂乱无章，酿成大祸，若是教师在校区不安全的情况下被迫返校授课，他们可能以罢教行动为最后抗争手段。据统计，美国现有多数家长虽然希望子女返校就读，而对校区疫情难控十分担心。所以，一旦学生今秋返校就读，让疫情感染更严重，特朗普的失责就难以推卸。但如今学生返校尚未定案，返校后疫情如何发展也是未知数，倘疫情不发作，学生顺利复学，特朗普可以加分。至今这一秋季开学因素对美国总统大选的影响如何难以预测。

造势大会

本来美国民主和共和两党都准备在今年七八两月先后举行全党总统竞选人宣布和造势大会。因疫情影响，共和党已一再改变大会地点和举行方式。会议预定于8月24日至27日召开，开会地点由北卡州迁到佛罗里达州，再回到北卡州，原来计划的数万人参会已完全改样。民主党大会定于8月17日到20日在威斯康星州密尔沃基城举办，宣传的主题是"我们设定美国前进的蓝图"。两党在造势大会里都要明确立场，正式提出该党竞选政见。可以预见的是，两党总统候选人都要提高声调，自捧自扬，吸引注意，促进声望。而一般美国选民，早已各有定见，以党派、候选人或特殊议题为依归，拥有心目中的投选对象，对两党造势大会的过程看看热闹而已，难以改变初衷，不受太多影响。

健康情况

如今拜登77岁，特朗普73岁，都是老字号人物。谁入主白宫都是责任庞大，身心重压，能否在主政美国严重紧急事件发生时，头脑清醒，从容应对，身体健康，行动自如，便自然成为选民投票时的必要考虑。以往特朗普攻击讽刺拜登，冠以"瞌睡约翰"之外号，今年6月12日他出席美国西点军校毕业典礼时，也在电视镜头下暴露了双手举水杯和走斜坡步履不稳的现象。他批评拜登身体不适，自己也不妥当。所以美国选民比较拜登和特朗普的身体状况时，大多会认为他们是半斤八两，出入很小，不成为投票时取舍的重要因素。当然，选民们会全神关注今年九、十两月里拜登和特朗普电视辩论的表现，了解他们的竞选政见，观察他们的身心状况。

临时变化

2016年希拉里·克林顿和特朗普竞选总统时，在选举投票前的十月里发生了两桩大事，对选情产生了影响。一是，美国《华盛顿邮报》视频和专文两发，揭露了特朗普以往和该报记者谈论"女人经"的内容,说明了特朗普对女人的歧视和行为不轨,这引起了美国女权维护者的不满。二是,选前两周,美国联邦调查局局长向美国国会提出,要调查希拉里白宫电子邮件的使用是否有违规行为。以上两事都是"人有旦夕祸福,天有不测风云"的爆发,对当年总统大选选情产生了一些影响。到了今年10月,特朗普若认为竞选情形不利,大势已去,必须施出绝招"挽狂澜之欲倒",他便可能垂死挣扎,毅然出手。

那么,这一举动对大选结果会产生决定性的影响吗?谁知道!因疫情影响,为顾及大众安全,今年美国总统大选投票可能改为全面或部分邮投,不设投票现场。特朗普以往也曾邮寄选票。但如今他认为选票邮投的票源对他可能不利,便放言邮投可产生弊病和错误,不可取。这又是他自我中心,私心暴露的一面。又一情况是,特朗普曾公开宣布,正如2016年美国总统大选前他发话表态一样,他对2020年总统大选的结果,倘若拜登获胜,他是否欣然接受,还没有下定论。特朗普的老对手美国众议院议长普洛西说得好:"特朗普败选若不撤出白宫,点火生烟,也要把他熏出去!"特朗普以一国之首的地位说出以上的话,便也充分显示了他为人的风格是如何低下。

以上九点,描述了影响今年美国总统大选走势的有关因素,它们的综合作用将决定美国大选结果。我的结论是,难以看好特朗普。

正所谓:"常走夜路必碰鬼,反常运作惹是非。种瓜得瓜特朗普,热盼连任希望微。"

2020年8月7日

谈拜登选贺锦丽为副手

引子

8月11日上午,拜登竞选总部发布了一桩悬念已久、众人瞩目的消息,经过一段漫长认真的遴选过程,美国加州国会参议员贺锦丽(Sen. Harris)成为了拜登竞选总统大位的副手。他们要联手出击,战胜在任总统特朗普,改朝换代,于明年1月20日入主白宫。8月12日的下午,拜贺两人便首次以竞选伙伴的身份出现,在拜登家乡特拉华州威尔明顿城出席了视频草根捐款活动,相继发言,力陈政见。他俩都带了口罩,并保持社交距离。拜登断言,选贺锦丽为副手是庆得其人。贺锦丽直说,特朗普下台是天经地义。

承诺

今年3月15日,拜登在民主党内部竞选辩论会里发言说,他若代表民主党竞争总统大位,他将挑选一位女性副手一并出征。5月25日,非裔美国人乔治·弗洛伊德误死于白人警察的过度执法,引起美国街头暴动,对拜登形成的期盼是,他不但要选一位女性为其竞选副手,更要是一位非裔女性,以表示他反对种族歧视和号召更多的美国少数民族选民投票给他。那时约有七八位知名菲裔女士可列入候选名单,结果却是贺锦丽参议员脱颖而出,成为拜登的竞选副手。

背景

贺锦丽出生于加州奥克兰城,现年55岁。其父母都是移民抵美,父亲非裔来自中美洲的牙买加,母亲来自印度。贺锦丽从小由母亲带养,父亲曾任教美国斯坦福大学,是著名的经济学家。母亲曾任加拿大麦克吉大学教授,是肿瘤研究员,又活跃于民权运动。贺锦丽出身于学识渊博之家,身受的熏陶是要自尊自强。所以她充满自信、坚强独立。贺锦丽毕业于美国霍德华大学,再从加州大学里斯廷斯分校取得法律博士学位。她透过竞选获胜之途一直攀升。2004年至2011年她担任旧金山市首席检察官,2011年到2017年任加州检察总长。2017年成为美国国会参议员,而后进入参院内4个重要的工作委员会,表现出色。

她的政治立场界乎进步与温和之间,对温和及独立选民有吸引力。她的背景也和当前防止警察暴力的呼声十分合拍。今年3月,她退出民主党党内总统初选的阵营时支持拜登说:"我将尽全力选他为美国下一任总统。"

评价

拜登选贺锦丽为副手,称赞说:"她聪明,坚强有历练,她已经证实自己是国之栋梁……她熟悉施政之道,可作出重大决策,在第一时刻里尽职发挥。"

奥巴马总统支持贺锦丽说:"她可以愉快地胜任副总统,她事业的展现是维护宪法,服务人民。我和许多人都可以从她的事迹中看到我们自己的身影。不论你的出身、长相、信仰及爱好如何,人人都有存在的价值。今天是国家的好日子,我们要获得竞选的胜利。"

2008年在阿拉斯加州州长任上,被共和党总统竞选人麦可恩选为副总统人选的帕林女士在祝福贺锦丽成为拜登副手时又根据自己的切身经验,建议说:"不要轻易信任新人,全力和自己的团队合作,不要在别人打压下自我封口,在妇女前辈肩头上更进一步,坚持立场不要动摇。"帕林跨党向贺锦丽进言,超越党派,着眼大局,是难能可贵的。

贺锦丽在8月12日与拜登共同出席捐款活动时说:"我忠诚地加入拜登行列,和他联合作战,击败特朗普,重建家园,伸张真理、平等和正义。""我非常光荣的负起责任,我要全力以赴,立即上马。"

由于贺锦丽的出身和经历都让特朗普团队难以轻易为她戴上"立场极左"和"反对法律和秩序"的黑帽子,这很让特朗普头痛和伤透脑筋。他只能搜索枯肠和习惯行事地指责贺锦丽是:"美国参议院里最刻薄的一员"。特朗普自称是意想不到拜登选贺锦丽为副手,因为贺锦丽曾在民主党总统初选的辩论会里严厉指责拜登的施政所为,顶撞若是,她还能成为拜登的竞选搭档是特朗普难以理解的。特朗普的逻辑思维也显示他是"以小人之心度君子之怀"。

在家世和工作背景下身系牙买加、印度和加拿大三国的贺锦丽成为拜登的副手,消息传出,三国舆论的反应是乐见其成,喜不自胜。

美国新闻界大体认为贺锦丽膺任拜登副手之选是一个历史性和常规性的双向选择。这是历史的突破,可能有美国首位女性非裔者获选副总统的事情出现。这也是常规的考虑,贺锦丽做拜登副手相对安全,不让特朗普竞选团队有轻易的切入点去重袭贺锦丽身旁不存在的"阴暗面"。用通俗的话来说,这便是"狗要咬人,而无从下口。"

结论

我认为拜登在深思熟虑之后,决定选取贺锦丽为竞选副手是一个妥善高明的决定。贺锦丽浑身是宝,可以为他竞选加分,而获得更多独立派和少数民族选票的支持。拜登竞选获胜几率很大,成功后又可创造历史,是他主动选拔了一位杰出的非裔女性出任美国副总统。贺锦丽是一位有主见和实力的二把手,可以日常接近拜登,出谋献策,居于白宫决策中心,也可在拜登不能视事时立即负起重任,指挥国政大局。

我们常听说:"任何事都会首次发生(Every has its first time)",如今贺锦丽就十分可能成为身历其境的首创者。在一个以自由开放和民主平等为号召、并能大体实现的国度里,应会不断有许多令人惊喜的"第一"陆续出现。

在美国历史里有14位副总统后来成为总统,二战至今期间就有杜鲁门、詹森、尼克松、福特和老布什五位。拜登完成第一任总统后将达82高龄,他再竞选连任的可能性不大。那时只要民主党施政得体,获得民心,贺锦丽便是最自然而适当的2024年民主党的总统候选人了,她便可能再创奇迹,成为美国历史上首位女性和非亚裔总统。

正所谓:"拜登首选贺锦丽,联手大选众心齐。天衣无缝配合好,入主白宫符民意。"

2020年8月21日

铲除家暴 行动趁早

引子

据新闻报道说，在美国疫情蔓延、人人蹲家的情况下，家暴发生的频率升高了。家暴用普通话来说就是家庭里有人用过分粗暴的言行对待其他家人，这也包括乱伦之行，让对方饱受虐待，身心受损。美国疾病预防控制中心视家暴为严重的病态行为，命名为"亲密伴侣暴力"（Intimate Partner Violence 简称为IPV），对个人、家庭和社会都造成了持久性的损害。家暴也是一个世界各国家庭里或多或少都普遍存在的问题和现象，其共同性便是家庭中出现了以大欺小、以强凌弱的不幸情况。家暴的受难者便也是处境艰苦，迄无宁日。

以往

在历史久远之际，男性为社会的掌权者和中心体。丈夫和父亲在家里肆意打骂妻子和子女，形成家暴，被视为是家务事，外人不得过问，受虐者也投诉无门，求助无方，只能逆来顺受，忍痛度日。在中国古代，女性地位十分低落，女人要遵守"三从四德"，受缠足虐待，寸步难行，男子可三妻四妾，任意休妻，帝王可三宫六院，尽情淫乐。制止家暴在中国古代就更是无从谈起了。

近代

时代进步，知识开通，环境改变，行为改善，世人关注女权、儿童权利和基本人权的呼声日高，产生突破，终于有舆论支持，有立法生根，有行政措施出现，谴责、防范和制裁家暴，大大改善了家暴受难者的处境，和相对减少了家暴事件的发生。

原因

社会调查的结果显示，家暴在社会地位和经济收入较为低下的家庭里，比社经地位居高的家庭，更易发生，发生率约为后者的两倍。社、经地位低下的家长大多是教育程度较低，也可能染上了酗酒和吸毒的恶习，在吸入酒精或毒品过量的影响下失控而展现家暴行为，他们也可能是家暴的受害者，以往受到自己家长的虐待，如今成为家传其暴，恶性循环，依样实施于自己的子女。另一可能是，当家的大男人收入不足或失业待业，而妻子挺身而出，辛苦就业，赚钱撑家，堕落的丈夫们产生变态心理，不庆幸感谢，反而要表现和施展大男子的威风，"老子说打就打，看你能怎么样。"

当然，在富足家庭里也有家暴情形存在，可是出手者会有较多的自觉和自律，不会轻易或经常下手，而受害者也有更多的自卫条件和社会接触去防止和减少家暴事件的发生。

纵容

家暴发生后，受害家人有苦难言，也产生了家丑不可外扬、要尽力掩饰的复杂心态。被丈夫打得鼻青眼肿，浑身是伤的妻子在工作和社交场合里绝不会逢人就说："看看，这是我丈夫下的狠手……"有人看到伤痕问及时，反而会编造故事的说："真是运气不好，也是我自己疏忽，昨天在家里跌了一跤，把脸撞成这样……"孩子们在家受到父母过度虐待，身心受损，他们也不会到了学校向同学和老师直述真情。他们自认这不是好事，要掩藏起来。一旦有细心老师怀疑眼前学生是家暴受害者而加以垂询时，学生的反应也往往是支支吾吾、不吐实情。基于以上的心态，家暴受害者虽有自我维护和立即发声的必要性和紧迫性，但他们大多是三缄其口，避免主动揭发。

对策

1990年美国国会通过"家暴伤害妇女法案"，1996年又通过"枪支控制法案"，规定有家暴行为记录在案的人不能拥有枪支。美国各州各地的警察局和联邦调查局及检察署的分支机构都赋予了预防、调查和处理家暴罪行的责任。全国的家暴热线号码是1-800-799-7233，全国防家暴联盟的号码是1-303-839-1852。

处理家暴有三个时间程序：预防、处置和善后。也有四个介入层面：个人自强、家庭巩固、学校参与和社会支持。美国疾控中心在其"伤害防控"项下提供数据和统计，可供研究和防治家暴者参考使用，并提供以下信息。

策略和做法

一、教授安全和健康关系的有关技能——让年轻人和夫妻学习社交和情绪掌控技能，防范家暴手段，及家庭和乐要素。

二、阻止家暴产生——社工人员定期造访有儿童家庭，幼儿园及小学加强与家长联系，父母学习掌家和育儿之道，支持家暴受害者。

三、建立良性环境——增进学校环境和安全。改进机构政策和工作环境。改善社区物质和社会设施。加强家庭经济条件。建立工作单位和就职家庭的互助。

四、提供社会服务，增加安全和减低损害——设立受害者服务中心。改善住房条件，提供举报法律服务。为受害者提供善后支援。

以上种种措施可说是面面俱到，涉及面广。必须在政府领导，社会响应和人人参与的通力合作之下促其实现。家暴的狰狞面目和恶劣影响在人世间是尾大不掉，难以迅速铲除。我们只能面对现实，尽力除害，持久不息。

正所谓："家暴劣行存人间，此起彼落常相见。有恶必除齐下手，减少苦痛要争先。"

2020年8月21日

讨论存偏见和加标签

引子

《亚美导报》8月21日刊载了黄乔治先生的一佳作，标题是"中美对峙中，我们这种讨人嫌的骑墙派。"说明了时下居美华人骑墙派者的心态、为难和矛盾。他们很不舒服，若是跳下墙来，立场分明地做"捍卫祖国派"或是"支持美国派"，他们又各有为难之处，期期以为不可。这也说明了公然站队不容易。

智者有言：但正如毛泽东所言，在政治战线里选边站，明确立场，是必然的，任何人不站在人民阵线一面，就必然是人民的公敌。2001年911事件发生后，美国小布什总统也曾发狠话说："抗击恐怖主义，我们只有盟国和敌国。"这便也是黑白分明，不容分说。

世间百态

人世间的人和事却都不是两极分化和色彩分明的。这是要特别加以留意的事实。一般人看上去一目了然的雪就是雪，而终年毕生和冰雪打交道的爱斯基摩人可以把白雪按其特质分辨为许多类。艺术家和画家们对色彩和形象特别敏感，可以细加辨别。音乐家对音符和音响的辨认和理解也有远高于常人的独到之处。这种耳聪目明就也微差立晓，容不得蒙混过关。

早年我在大陆看一个高手比赛的电视节目，有20个透明的盛水器排列展开，从第二个盛水器里点放一滴墨汁，再陆续增加一滴，到编号20的盛水器里注入了19滴。节目主持人从各盛水器里任取了三批样水，登台赛手竟然能够把三批样水准确归位，找出其编号所在。这说明白黑之间存在一个陆续变化的灰色地带。

于是，行为的好坏也是循序渐进的。那便是，非常好，很好，好，不好不坏，坏，很坏，非常坏。

当然，人的好和坏也不是纯粹和绝对的。好人可能一时失误做了坏事，也可能一念之差，毁誉终生。坏人可以"放下屠刀，立即成佛"，也可能洗面革心，痛改前非。圣经约翰篇里说，一位妇人有通奸罪之嫌，被人群围住，要将她投石致死。耶稣对群众说，"你们中间从来没有犯过任何罪恶的人可以投下你的石头。"大家闻言后面面相觑，无一人可以下手投石。这象征说，世间没有一尘不染的绝对纯洁之士。

力求正解

小孩子随大人看电影，每有新角色出现就往往急不可待地问大人："他是好人还是坏人？"看美国建国早期的联邦军人和美国土著印第安人打斗的电影，小孩子轻易判断便是美国骑兵是好人，印第安人是坏人。殊不知，美国骑兵也犯过滥杀无辜的残暴行动,印第安人也有不少助人救人的慈善作为。

这种戴帽子,加标签的作法也出现在国家和地区上。例如有人会往好说,法国人浪漫,英国人现实,美国人富足,日本人守法。也可以说,山东人性急,四川人矮小,上海人滑头,难以对付的是湖北佬……那就是说,根据来处就有定论,大可对号入座。

存在歧视

美国早年存在种族歧视,按肤色和种族,将少数民族冠以落后和低等,唯白人是至上的。1964年我在台湾国立政治大学任职时,奉派前往美国匹兹堡大学攻读公共行政和外交事务研究所一年。我去校区附近街头寻找租房,便遭受到白人女房东的种族歧视,她对我说:"房子刚刚租出,招租牌即将拿下。"第二天我路过该处,招租牌赫然入目。

我敲门后对女房东说,"你是种族歧视者,你的房子不配我租用。"在她瞠目结舌,无言以对之际,我私心大慰,转身上路。

1970年我结业于美国西雅图华盛顿大学教育研究所后就职于西雅图中社区学院,担任心理辅导师,兼任外国学生顾问,并参加了许多外界的社会公益活动,我的表现让诸多白人同事很不顺眼(我是该院第一位亚裔心理辅导师)。1972年他们考核我的工作情形,一致建议学院院长,待到我两年试用期届满后予以解职,不得留院。我按规定,抗议上诉到学院董事会,全力反驳同事的决议,送上数十页的答辩书,又有院中其他部门的同事和许多学生出面,支持我留校,证明我十分称职。董事们听取了我的答辩后随即宣布,推翻学院领导的决定,我可以提前获得长期任职的资格。以后10多年我在学院工作便也是风调水顺,阳光普照。近50年前的这番遭遇反映了当时种族歧视的存在,我身临其境,首当其冲,而奋起应战,大获全胜。

我的大哥朋年抗战时期在四川三台,读东北大学时毅然投笔从戎,参加了青年军。退役后转学北京大学政治系,于1948年毕业。他是中文、英文、数学和学习成绩拔尖的高材生。留在大陆,没有随家迁赴台湾。落个铁证如山,出身不好,直批横扫,处境艰难,几乎丧命,仅以身免。我有兄弟姐妹六人。长大后大家的性格、志趣和专业都很有不同,这便是"人有十指,各有长短"的自然写照。出身归出身,不能依此定格定性。所以"牛鬼蛇神"和"黑五类"之说等都要戒慎恐惧,全力防范,不能倡其说,行其道,肇祸人间。

美国的头号标签大王是川普总统,他心胸狭窄,把对手和政敌都一律戴上帽子,冠以绰号,就此简单定位,笼罩和低贬别人。大家要头脑清醒,不可步其后尘。

归根结底

我认为,唯有见不多,识不广,缺乏信心,自以为是的人才会急于把别人确切分类、贴好标签、戴上帽子,以利自己放心,可对其人轻易做出进退取舍的选择。这显然是武断的,不当的,有害的。天生万物,各有千秋,人各有别,百貌并存。怕什么!人不可貌相,海水不可斗量。读书也不能只看书名,从不翻页。只看表面,专顾出身,就一定误判增多,丧失了认识"庐山真面目"的良机。这是待人接物的兵家大忌。我们要放心一点,自信一些,保留一下。对生疏的人士和事物要耐心、细心和专心去观察和理解,慢慢品尝,从容获得更加正确的认识和结论。

正所谓:"阅人绝不可貌识,观察亦不可偏执。耐心是好的开始,用心是好的基石。"

2020年9月4日

拜登待进白宫 两岸相应行动

引子

川普主政美国近四年来在美国、大陆和台湾关系的三角运作里出招,出尔反尔,造成不少紧张和混乱。如今,他在美国大选的民意调查里声誉下降,连任势微。拜登于今年11月大选获胜希望很大,他一旦入主白宫,美国对中国大陆和台湾的施政方向不会追随川普的旧轨,而会产生变化,那将是如何呢?

拜登其人

总结来说,拜登是资深的美国政坛人物。1973年他29岁便击败竞争对手而晋身美国参议院,而后六次连任直到2009年,为奥巴马在竞选总统时选为副手,于2009年直到2017年担任了美国副总统的重要职位。

拜登的政治特色是务实、稳重、亲和。立场不偏激,注重协调合作,少于新论新调。他在美国参院任职时曾主掌外交分会和预算分会,有关的历练让他熟于国内政府资金走向和国际外交情势,也被视为是对华外交老手。据统计,在2009年至2017年他担任美国副总统时曾8次和习近平主席会面和商谈,对习印象深刻,认为习是强硬而不温情,质疑美国霸权,深信中共权力至上,和习打交道是面临一位强大和不可轻视的对手。2013年他抵达北京,坚持了美国不接受中国"空中预警识别区"的要求,并促成美中合作,共同签署了2015年"巴黎气候协议"。曾担任拜登国家安全顾问和当前拜登竞选团队重要成员的杰克·沙利文发表意见说:"美国可以立场坚定,并和盟国合作,一方面和中国在某些互利双赢的领域里充分合作,一方面共同抵制中国的若干立场。正如拜登所为。"

美国对华

2000年在克林顿主政美国时取消了人权要求是中国进入世界贸易组织先决条件的原有立场，支持中国成为世贸组织成员。在美国众议院2000年9月19日投票通过支持中国加入世贸组织后拜登兴高采烈地发言说："今天众议院已踏出历史性的一步。这将对美国贸易和中国改变的新希望敞开新的大门。"美国的希望和构想是，中国进入世贸会振兴中国经济，产生务实的中产阶级，并更加和世界正规模式接轨，改善民生，司法独立，增进民主。

而近年来逐渐发现，中国势力崛起，但并没有走向被期望的途径。美国朝野对中国的看法和立场也相应改变，从友好到质疑，到警惕，到对抗。

拜登走向

20年前拜登任美国参议员时也支持中国进入世界强国之列，持乐观立场，认为中国将走上政治开明和促进地区安全之路。但如今他已改变口吻，视中国为主要战略对手，要结合盟邦对中国采取强硬的谴责和防范立场。他强调美国要恢复在自由价值和科技创新的世界领导地位。他的对华政策比川普更稳定，有一贯性和战略性，可以调整川普对华贸易政策，而敞开大门，在一些国际重要问题上和中国进行合作。例如气候变化，防恐行动和制止北朝鲜、伊朗发展核武等。美国今年5、6月份民意调查显示，大多受访者认为拜登会比川普更善于处理美中关系。拜登若就任美国总统，他公开对华政策的第一招可能具有风向标的作用，这要等候，留待观察。而中国将如何回应也是耐人寻味的。

在拜登入主白宫行将实现的预期下，海峡两岸针对这种可能应如何回应才更加适当和对己有利呢？我先说中国大陆，再谈台湾。

大陆应行动的方向

大陆的行动似应掌握以下各点：

一、针对美国总统大选不要有任何官方的表态，表示偏重或希望某一方当选。半官媒的《环球时报》也最好免开尊口，不可盲动。美国情报单位的估量是，中国更愿意拜登执政美国。此一期望若中国官方公开表示就给川普送上弹药，可籍以炮轰拜登将成为中国的同路人，与美国国家利益背道而驰，不配作总统。中国一贯的说法和立场是"不干涉别国内政"，这便也包括了不介入美国大选的漩涡。

二、努力改善中国经济和外贸情况。尽力执行美中贸易第一阶段协议，并争取在第二轮协议里（可望那时是和民主党主政的美国打交道了）获得中美双赢的结果。如美国降低中国入口物品关税，中国开放美国工商运作进入市场，双方在日常用品和高科技产品的交流下得以互补，而非对抗。

三、中国在国际舞台里采取低姿态，收敛而不张扬。尤其要避免在军事领域里耀武扬威，并主动加强和国际社会及美国在气候、防恐、止核及促进和平的重大领域内的充分合作。这将提升中国的国际声望和影响力，有百利而无一害，势在必行。中国有一成语是："满瓶的水不会晃荡"，中国就该这样。

四、针对台湾和香港，中国的政策和措施要走向缓和，放松和更加信任。首先，它们都没有走上独立的可能。再有，它们的稳定和正面发展会显示大陆相处有道的成效，也不会对大陆形成任何威胁。因而，对香港不要镇压，对台湾不要暗示武统可行、必行。这种宽大及放心的立场和作为也是中国施政益加成熟和稳健的重要指标。对台湾而言，中国越是文攻武斗，台湾越有理由和需要向美国靠拢，增购军备，做马前卒。两岸和平统一也只是时间迟早问题，大陆越全面进步，进程加快，统一越提前到来，水到渠成。

五、大陆要顾及"三民"，改进民权，改善民生和争取民心。这是长远之计，让人民得福，社会和谐，政党兴旺，国家强盛。中国顺应世界潮流，以自由、民主、平等、仁爱为皈依是必行之路，别无佳径可寻。以下再谈我对台湾走向的期待。

对台湾走向的期待

一、对美国大选的胜者不要作官方推测和站边。从表面看，川普对华态度强硬，对华不利，就台湾而言就是好消息。这一推论是错误的。因为中国不受打压，长足进步空间大，步子快，才更能提供两岸互通互利的更佳条件和环境，就才符合台湾利益。两岸双方都不能、也不可盼望在对方的失利中获利益，而要准备在对方的收益中分享。

二、要切实了解美国同情和支持台湾的上下限。美国力主两岸化解分歧不可诉诸武力，但不会在台独走向越线引发大陆武力攻击时做台海战争里台湾的铁哥们，血洒疆场，义无反顾。因为这种极端做法不符合美国国家利益。美国赞美台湾的民主体制，对台湾居民有情感，也陆续采取措施对台湾释放善意和友情，台湾应见好就收，不要自鸣得意，加以夸大，尤其不要借此向大陆叫板说，你看我后台有多硬！蔡英文主政台湾对大陆的作法自称是"不挑衅"，应切实做到这点。

三、台湾最终要放弃"购军备，护台湾"的不实之路。正如马英九所说，两岸军事力量对比十分悬殊，台海兴战对台湾而言便是"首战即终战"，美国不及也无力援台。所以台湾的正途是防止战争而非备战和迎战。美国军备售台对美国而言也是政治意义大于经济获利。其装备都不先进，解放军攻台时不够用，台海无战争就是全盘浪费。大陆要明确表示和平统一的立场，台湾要将军备预算移用于台湾民生建设。

四、将台湾内部建设好。两个重点便是民主进步和民生改善。台湾不能一党独大，长此以往。早年国民党独裁不对，当前和以后民进党独吞也不行。民主政治下政党轮换的存在不是形式，而是要素。有强大的在野党进行议政和有效监督，执政党方不会腐化和殃民。所以当前蔡英文之所为，追杀国民党，欲置之于死地，全力反蒋和去中国化，便都是违反民主和肇祸台湾的倒行逆施。台湾已趋于弱势的国民党也要尽力东山再起，拿出可以吸引台湾民众的政策和作为，产生力量，注入新血，牵制民进党，促进台湾的全民利益。

五、和大陆和平友好，相处有道。扬"九二共识，一中各表"的旗帜，行两岸互惠，造福台湾的坦途。对两岸最终和平统一的前景抱有信心，在本身民主建设卓有成就的基础上对大陆产生激励和支持，假以时日，顺其自然，两岸共同走上和平统一的阳关大道。两岸都要建立和平统一的共识，并深知这是理想目标而任重道远。这一目标要争取实现，不会是"馅饼天降，坐享其成。"

结论

变化和更新是世界常态。美国、大陆和台湾的三角关系也在时空的变化里产生挑战和机遇。我盼望也认为拜登登上美国总统宝座会调整美国的走向，对世界的和平与繁荣，环保的重视和改善，对美中交往的修正和修好都出现良好转机。

正所谓：美中友好正当时，两岸和统有来日。和平繁荣可双求，万众一心怀壮志。

2020年9月18日

川普给拜登架设亲中高帽

引子 美国总统大选已进入最后40多天的冲刺阶段。川普选情告急，其竞选总部为"挽狂澜之欲倒"在最近的网络宣传里施出了一石二鸟的招法，一面全力指责中国应为新冠病毒疫情扩散负起全责，而川普抗疫有方，另一方面则将拜登以往言论断章取义，诬指拜登是亲中误国派，势在必除。川普竞选团队出资安排在传播网络里播放900多道视频节目，以悲观恐怖的内涵制造主题"拜登登台执政会被中国掌控"。视频播放内容是片段引用拜登言论，描述美国工厂倒闭的惨象，恐吓国人。将川普施政失败轻轻化解，颠倒事实，自我吹嘘。以下是视频节目的用词和事实真相。

一、"我们（指美国）愿意看到中国崛起。"

此是2015年美国国务院午宴时拜登发表战略谈话的一句话。但全文是："让我表明立场：我们不怕中国崛起，我们愿意看到中国崛起，用负责任的方式继续崛起，这对中国自身最有利。因为中国要扮演重要角色，崛起的中国对亚太地区、世界和自私地说，对美国都可产生重要的作用。"

二、"中国要来和我们抢饭吃了，你们知道，他们并不是坏人。"

在拜登2019年长篇发言里捡取了这句话。全文是："中国要来和我们抢饭吃了，是吗？他们不够了解中国东海和西部山脉有多大的间隔存在，他们不知道要如何处理系统内存在的贪污腐化。但，他们并不是坏人，他们也没有和我们竞争。"

三、"我以往相信，如今更可确认，中国崛起是卓越的正面发展。"

这是2011年拜登在美国国务院接待胡锦涛访美午宴时发言的一句话。拜登敬酒时回顾了1979年邓小平访美的历史时刻，那是（美中建交后）中国最高领导人首次访美。拜登致辞的上下文是："以往有争论说，崛起的中国是否对美国和世界有利。我以往相信，如今更可确认，中国崛起是卓越的正面发展。这不只是对中国，对美国和世界也是如此。以往和至今我唯一的顾虑是，一旦我们两国对彼此的国家意向和内部需求产生误解，就可能导致两国关系的波动。这就是为什么我深信，眼前这种面对面的双边会谈，昨晚、今早和今晚的会议都是极端重要的。"（注：我应美国国务院之召，参加1979年初美国接待中国代表团的礼宾工作。受培训、接任务，历时约一个月，广开眼界。）

四、"中国已经成就非凡。"

此言亦来自2015年美国国务院午宴的战略对话。有关段落的全文是："我们一直对中国的一些言行保持深切的关注，中国对美国也是如此。这包括网络空间、海域安全、经济政策、基本人权等。这些疑虑的存在，阻止了我们的关系上达最高境界。但是我们承诺要全力以赴去体察中国的观点，也要让中国了解美国的看法。事实上，国务卿也知道，我从不会告诉另一位领导人，他的利益何在。因为他们有自知之明，超过我们。习主席了解中国利益超过我们。习主席也知道，我说到美国利益时也是直言不讳。亚太地区应该是和平的，繁荣的，不受到威胁和恐吓的。我们希望中美能继续合作，保持这个局面。在以往20年里，中国已经成就非凡，让5亿人民脱离贫穷。"

五、"他们说，中国中意拜登。"

视频宣传内容硬把美国众议院议长普洛西两次新闻采访拼在一起，示意说，普议长表示，中国希望拜登大选获胜。实际上，8月9日普议长接受《新闻视频》和《福克斯新闻》采访时说，美国情报系统过分渲染中国和伊朗可能介入美国大选，而对大选造成实际威胁的是俄罗斯。……美国情报机构要给中国套头戴帽,说中国中意拜登……但是中国并没有干涉美国大选。"(注:普议长受访后,美国本土安全部内一成员爆料说,白宫指使该部要宣扬中国可能介入美国大选。)

六、"中国是一个伟大的国家,我们希望中国发展。"

此句取自拜登2013年在宾夕法尼亚大学学生毕业典礼时致词的内容。该段的文字是:"我喜欢别人告诉我如何运用别国或别地的方言。例如,'中国要来和我们抢饭吃了。'中国是一个伟大的国家,我们希望中国继续发展。但是女士们、先生们,他们的问题很严重。我们拥有许多好条件他们都缺乏。我们有全球最好的大学,我们有公开公正的法治系统,我们有世界上最有活力的融资体系,我们在创新和科技领域里领先全球,我们拥有这一切只有一个简单的理由。斯蒂夫·杰布斯(苹果公司创业者)一次在斯坦福大学作报告,台下一位年轻人发问说:'我怎么样才能更像你,变成你?'杰布斯的答复是:'有新的想法。'在呼吸不自由的国度无法产生新颖的想法,那里无法挑战定论。因为唯有能够挑战定论才能产生改变。"

七、"中国的增长十分符合美国利益。"

2016年拜登访问奥地利时曾发此言。他说,"我们不会去抑制中国,我们不会去削弱中国的进展,中国的增长十分符合美国利益。但是有责任性的竞争对美国利益来说也是同样的重要。"

总结以上各段落可以看到,川普竞选团队的各种剪接和断章取义都是严重失实,制造误解。川普团队理当和拜登就正确对华政策进行真诚的辩论,而结果却是移花接木,误导观众,远离正事而不谈。这可能赢得一些掌声,但已在说谎的评估里登上顶峰。

行文至此我有三点感想:

一、在美国富兰克林学院执教的英国教授艾瑞克·欧鲁特最近出版一书,名为"国家说谎"。他指出,探索史实可以发现以往美国有许多总统为了布局或是遮羞会说些谎话,而次数最多和持时最久的是以川普为首选。据《华盛顿邮报》统计,川普就任美国总统后已陆续说谎达两千多次。他说谎花样翻新,急不可待,是他执政一大震撼事实。我认为,这种品德不良,说谎成习的总统不配连任。

二、从拜登的发言里可以理解到,他看待中国不偏不倚,头头是道。他主张的对华政策也是务实出发,不存幻想,又充满希望。我想他入主白宫后可能主导全局,对美中关系加以调整和改善。

三、中国在国际动荡的大局中,内外交迫,危机四伏。中国要深自检讨,做出正确和必要的调整和转向。再上行下效，全国一心共奔前程。中国面临危机，这也是一分为二，"危"是危险，"机"是机遇。遇危机而善处化解之，便正是"山穷水尽疑无路，柳暗花明又一村"了。

正所谓："频施诡计是川普，邪不胜正无去处。中国革新利全民，任重道远齐关注。"

2020年10月9日

论述台海兴战不会发生

引子：近来一个十分热门又令人担心的问题是台湾海峡会不会点燃战火，这不论是擦枪走火，还是"解放台湾"的蓄意进攻。我的判断是，情势紧张会持续下去，但挑起战火不大可能。

情势紧张

当前台海方面情势紧张来自三个方面：美中冲突，美台交密和大陆反应。

美中冲突表现有二，一是美国川普总统强硬的对华措施和态度，美国军演接近大陆沿海，他在大选里拿中国为攻击对象，一说中国是全球疫情肇祸元凶，要为此负全责。再说中国在经贸和工作领域里赚了美国人的钱，抢了美国人的饭碗，是可忍孰不可忍，必得采取严厉手段对付和制裁中国，在中国沿海兴起局部战争是可行手段。

美台交密是当前实况。美国卫生部长以和台湾加强疫情合作为名义访台不误。美国国务院次卿以祭吊李登辉去世为由亲抵台湾。美国白宫最近又批准以防御性武器售台，交付美国国会认可。这些作法都和美中历来签订的三个公告的精神和内容不符。但美国却二话不说地毅然执行了。

台湾内部也一再掀起两岸关系的议论，如先前马英九和蔡英文的"二英对话"，以及近来岛内出现的"台美建交"的说法。好在蔡英文头脑清醒，在为建交之议刹车，没有登车前驶。但这样的议论就已为大陆鹰派人士视为是蹿了禁忌红线，可以就此考虑发兵讨伐，提前统一中国了。

中国大陆对台湾政策的主轴是不急于统一，也不设时间表。可是态度明确，一旦台湾改称为"台湾共和国"，或正面宣示台独（在外力介入的支持下），那么解放军万弹齐发，解放台湾的日子就提前到来了。

各有计算

实际上美国、台湾和大陆都有自我利益最佳保护的基本考虑存在。在任何情况下若台海兴战，本身的基本利益就难以保全。

就美国而言，对中国大陆敲敲打打，兵上谈兵，可以。但不能真正和大陆兵戎相见。美国一直对"台美关系法"里护台到如何程度的立场不明说，采用的是"战略含糊"模式。这是要维护美国国家利益。对台湾说，这是有交待，我会做你的后援。对大陆说，这是有立场，我支援台湾，你和台湾解决纷争要采取和平手段。台海无战争就一切好说，但点燃战火对美国就麻烦了。出兵援台是远水难救近火，力量不够。也犯不着让美国军人血洒疆场，为支援台湾而牺牲。大陆出兵犯台，美国置之不理，就丧失脸面，声誉大损。

台湾务实的盘算是，台海兴战，台湾全毁。大陆不必出兵，只要向全球宣示，我们要内部处理，防止台独行动，决定收复台湾。从此刻起，台湾四周都进入战区范围，有任何飞机、轮船进入战区，是自寻毁灭，我已声明在先。台湾怪人李敖早年对我说过，大陆打台湾，只要放飞弹摧毁台湾的发电厂和海空港，台湾就立即瘫痪。那时，台湾的美式军备也都是一堆废铜烂铁了。

大陆此刻或近期对台动兵也绝对是有失无得，大大失策。因为台湾以现况存在对大陆不但没有任何威胁，反而是在经贸、旅游、文教互动多方面双方受益。大陆向台湾动武，要没收台商在大陆投资和经营的一切项目和机构吗？台湾兴战的极劣情势还能号召吸引外资进入大陆并维持外贸的正常运作吗？绝对不能！

再有，大陆在美国紧逼和国际形势险恶的现况下，正在调整国策，要如何刺激内需，如何开展国际经贸领域，如何安顿国内就业需求，如何安定民心……这种种需求都是中国掌权者的当务之急。此时此刻能够再向台湾同胞宣战，或是藉"武统"之举解决国内问题吗？

最佳出路

在台海不兴战的前提下，美国、台湾和大陆该怎样做才能找到自己的最佳出路呢？

美国总统大选只剩下两周时间。川普三年多以来的倒行逆施已经到了算总账的时刻。他全国民调落后拜登逾十点，决定大选胜败的摇摆州里也是落后于拜登，美国的大多数知识分子、老年人、妇女和少数民众都在苦难亲尝的情况下认清了川普的真实面貌。美国新闻媒体的社论也都是一面倒地批评川普，支持拜登。共和党内也是众叛亲离，催他下台。此时此刻哪还能有奇迹出现，去挽救川普的江山崩溃，退出白宫呢？

拜登入主白宫，要面对很大难题，去收拾川普留下的国内外烂摊子。但他是务实之士，有策略，有决心，有力量，可以融合调整美国的更新走势，让国内经济复苏，美中关系改善和国际局势好转。这将是一个缓慢渐进的过程。

台湾的最佳出路是面对现实，不存幻想，建设台湾，全力以赴。接受美国的友好协助，见好就收，不要张扬。对美国不可寄以"铁靠山"的厚望。台湾本身民主和民生建设成效越大，就越有前途，越有国际认可，越有对大陆更新改革的支持力和影响力。台湾要保持两党轮流执政的民主体制，不能走回往年国民党一党专政的老路。

大陆面临最大的考验是，如何高瞻远瞩，以民为念，逐渐放松一党专政的自我维护和高压手段。假以时日，做到国泰民安，两岸和平统一。为实现这个目标，中国一要切实做到和平崛起，善处近邻，造福亚太。二要逐渐从维稳模式转变为治本的维权。以法治为依归，以行动去实践。2020年8月北京中级人民法院以经济犯罪为由重判北京市前华运地产集团有"任大炮"之誉的任志强董事长入狱18年。关心这个事务的国际舆论圈大多视此举为"因言治罪"和杀一儆百，期期不可，无足为训。这无助于中国的全盘建设和社会稳定。任志强了解中国体制，获判后不再上诉。这是他自保自愿的无奈之举。相信他入狱之后会受到一些善待。

我曾于2016年3月11日上午在北京华运地产公司拜会任志强先生，当面一谈，事后也阅读了他赠我一览的自传本。我敬佩任先生，觉得他专心事业，关心民情，宽厚无私，心直口快。很希望他能提前获释，归隐田庄，安度余年。

正所谓："台湾兴战不可行，和平共存处处赢。大陆台美都努力，亚太繁荣齐振兴。"

2020年10月23日

何以看好拜登执政

引子

拜登持民调看好的优势进入11月3日，美国总统大选日却陷入了一番苦战，在4日的新闻报道里终于看到希望，可以跨过270总统选举人票的关口，击败川普，入主白宫。

我自今年初拜登参加美国民主党总统初选开始，就一直关心他的走向，不断撰文发表，为他敲边鼓，希望他可以带领民主党，将施政无成、言行无赖的川普总统替换下来，为美国和世界的前途展现曙光。终于，我如愿以偿了。

总统条件

除了俗话说，做总统要有总统的样。更切实地加以要求，他需要的是才德兼备，重用人才，亲民近民和高瞻远瞩。从拜登的背景和竞选期间的表现来看，他拥有这些必要条件，可以胜任愉快地成为美国第46届总统。

就政治经验而言，他29岁膺任美国国会参议员，连任六次，任职长达36年，再于2008年担任奥巴马执政美国的副总统两届，任期8年。在内政和外交两方面都是奥巴马的最佳副手，政绩斐然。

他的基本作风是中间务实路线，不偏激，不冒进，四平八稳。重视与人合作，协调取胜，不专权。他初进参院就遭受到家庭重创，爱妻和幼女车祸丧生，多年后又面临政坛新秀的长子被脑瘤夺命之痛。可是他都能忍痛自理，振作自强，在个人报效家邦的坦程里努力迈进。他重视环保、人权和弱势群体（这包括妇女、少数民族和移民），希望美国科技振兴，与国际社会和乐相处，对美中关系也会做适当的调整，减低对抗，增加合作。中国外交部副部长乐玉成11月4日公开表示，希望美国大选能够顺利地进行，并希望美中双方共同相向而行，推动两国关系沿着正确的轨道向前发展。

10月31日美国《华盛顿邮报》编辑部的评论指出，拜登主政美国会用人唯才，恢复美国联邦政府的公信度和行政效率，展现司法独立，回归"巴黎气候协议"和重入"世界卫生组织"。拜登也会在处理疫情和经济复苏两重大课题下推行更好的解决方案。美国人民可以预期，拜登作为美国的领导者是会以全国全民最佳利益为重的。

川普在美执政4年，最自满的方面之一是他自认善于结交作风强硬的专权者，又以"美国第一"为名，陆续撤出一些重要的国际组织、联盟和协议。他和欧盟，大西洋公约国家之间都建立了不信任及不合作的高墙，这促进了美国的孤立与衰退。拜登入主白宫后也得收拾这个烂摊子，便也是任重道远，负担不轻。

最后挣扎

美国总统竞选投票日，11月3日当晚。川普在白宫发言，一面谎称自己已经大选获胜，一面宣称大选日后邮寄选票的统计应该停止，计算这批选票是"非法的"。因为他知道许多支持拜登的选票都是选举日前投寄的，若能废止这些选票，他便胜算大增。然而，他没有权力这样做。美国宪法修正条例赋予美国各州自订规矩的权力，大选日投票日邮戳投递的选票可以在大选日过后几天内列入统计。所以诡计多端的川普要使这一花招为己谋利，也只能碰壁收场了。

针对川普以提诉讼手段干扰选票统计，肯塔基大学专攻选举法的道格拉斯教授说："他们（川普团队）的做法正好像是把粉条抛向墙壁，哪条贴上，哪条算。我告诉进修法律的学生，这不是好策略。你需要提出实际的法理争辩和真切证据。我想，也许这种政治的操作是要造成混乱，破坏选举的合法性。川普多年来一直这么作，但现在是一头碰墙了。"总结来说，在诸多法律专家眼中，川普之所为是缺乏法理依据的。

拜登自许

拜登要做一个什么样的总统呢？不久前他公开说："我做总统不是为自己，而是为别人。我做总统不分化，而是与人合作。我做总统要让人人发挥特长，而不是表现丑恶。我做总统不关心个人的电视评分，而更关心美国人民。我做总统不是去找人算账，而是解决问题。我做总统不存幻想，而是依靠科学、理智和事实。"我认为这是拜登的真人真话，可以兑现。

正所谓："众望所归是拜登，大获全胜主白宫。拨云见日推新政，举国欢腾沐春风。"

2020年11月6日

盼拜登妥善掌握对华政策

引子

拜登入主白宫已成定论，川普的胡搅蛮缠已进尾声。拜登执政后如何处理美中关系是他在国际外交领域里一个重要课题。他显然不会走川普全力打压中国的旧路，但他以美国国家利益和世界大局为重，一定要制定一套稳定持久的对华政策。近来美中两国关注美中问题的专家智库都就此议题发表了意见。中方发言者有清华大学战略与安全研究中心主任傅莹和中央党史研究室原副主任章百家等。中国发展高层论坛2020年年会于11月13日在线上召开，美方有前外交界和财政界高官及著名企业家和学者发言，主张中美要稳定竞争，彼此尊重，加强沟通和争取双赢。美国倾向民主党立场的《库布鲁金斯》学会也刚发表了《美国未来对华政策——对拜登政府的建议》，有17点具体主张。主要构思是加强合作，掌控分歧，中国是美国战略竞争对手，而非敌人。我参阅了这两组发言，愿就拜登对华政策一抒己见。基本大局：有三个要点，现分述如下

一、中美两国的历史文化背景和当前政治制度有很大不同。这个差异会持续存在。此现象是时代的产物，并不注定要彼此厮杀，一决生死，而这个背景对美中互动有定位，有牵制。

二、中国当前的体制和最大需求是取得国内的安定，在经济民生方面不断发展，立局东亚，展望世界。中国没有必要、能力和意图要在国际上取代美国老大的地位。中国的硬软实力都和美国差距仍大，中美基本利益有许多互补互利之处，合作面宽，敌对面小。所以美国面对中国不应产生危机感和压迫感。两国要相互善处，这是大方向。

三、美国要认清世局的基本变化。二次世界大战后，由美苏领导两营对立的局

面,和美国独霸,风骚全球近一世纪的光采都不复存在。如今我们面临的是多元化的世局,拥有实力的区域联盟兴起,欧盟在欧洲,东南亚联盟在亚洲。美国在全球的影响力已显著下滑。要维持美国利益就要和区域联盟打交道,讲合作,并承认中国是亚洲重镇之地,以协商、协调和协作为互动主轴。

美中交往:以下领域需要美国思量和行动

一、经贸往还:川普在经贸领域里对中国出手重,增高税,逼购买,断往来。这一处方不为拜登全盘采纳,要加以调整。降税是优先考虑之一。美国希望中国市场对美国更开放,中国不偏袒国企等,是合理的期盼。中国也需要有关整顿,更好地融入世界潮流。中美产品互补之处也多,应各施所长,集中生产,进行外贸交流。中国正在努力执行第一轮中美经贸协议的内涵(在面临疫情重大打击的情况下)。拜登上任后进入第二轮协议,双方要从长计议,达到互补互利的条款。东南亚15国刚刚签署了《区域全面经济伙伴关系协定》(PCEP),中国运作力大增。

二、国际合作:拜登上任后第一任务是处理疫情和经济复苏。这也是和中国配合经营的重要领域。如今美国疫情严重上扬,死亡者逾25万人,感染者近1200万。川普已束手就擒,拜登要收拾烂摊。美国要和中国合作,在疫情处理和疫苗派发方面交换经验,齐步前行,不要浪费时间和精力,去"追寻疫源,严惩中国"。

和中国合作的其他领域是气候变暖(拜登示意要重返巴黎气候协议,在压缩碳排放方面也要和中国做好榜样),朝鲜问题(美中协手压制北朝鲜暴君金三胖,走上朝鲜半岛无核化),反恐行动(两国协手对以种族仇恨为借口而危及全球的恐怖袭击加以防范),军备竞争(新型武器的竞争和发展仍在继续,这浪费资源,制造紧张,无一可取。美中要联手号召各国刹车改向)。

三、人员交流:美国以往是华人国际旅行的首选之国,出于疫情和美中交恶,如今已迹近止步。疫情过后,要大力提倡和恢复旅游。文艺演出也要全力推动。民间接触有百益而无一害。

在人员交流领域里另一重要项目是改变美国"锁门"现策,这对中国留美科技领域者是拒绝防范,偏见敌视。据美国可靠调查显示,近30年来中国旅美进修者约80%留在美国,对美国科技发展做出卓越贡献,这增强了美国的繁荣和国力,也有益于美国科技交流的推进。正所谓,"科技是没有国家界限"的,科技的成就可惠及全球。

四、人权港台:美国应该继续关心中国大陆人权的维护和港台的走向。就事论事,要提醒和鼓励大陆关怀民心,注重人权。港台两地没有独立门户的可能,美国官方处理港台事物不要过份操作,于事无补。例如,以高官访台和售台军备表示支撑台湾是惠而不实，无助于台湾的防护和美中关系的加固。台湾注重内部建设，推进两党轮替的民主政治方是台湾自强自保的唯一有效途径。

五、大使返任：美国现任驻华大使特里·布兰斯塔德在四年任期未满之前被川普回召返美，一说是，要协助川普竞选连任，另一说是川普借此向中国表态。但无论如何，美国驻华大使空悬至今不是常态。拜登上任后应立即派遣一位适当的人选到北京就任美国驻华大使之职。若能找到一位了解和友善中国的"中国通"高手，就最好了。

以上是我对拜登施政的几点期盼。在世局动荡和疫情蔓延的大环境下，中国防疫有方是一大成就。但中国仍要处理许多内外交迫的问题。中国似应着重于收拾民心，以民为念；改善民生，安居乐业和推行民主，改革体制三个方面。

正所谓："中国要康乐富强，不寻求威震八方。美中应努力修好，造时势做出榜样。"

2020年11月20日

台湾要善处大陆和美国

引子

拜登明年1月20日入主白宫，美国对大陆和台湾的交往和政策会清理川普之所为，做出适当的改变和调整。此时此刻，台湾作为三者中实力最弱小的一环，要如何自处，如何与大陆和美国打交道才能最为保护自家的利益，并开拓最佳的前程？这是一个引人深思和令人关注的问题。我要就此一陈己见，先谈台湾和大陆，再论台湾和美国。

台湾和大陆

以往情况：蒋中正和毛泽东两人是以往国共双方发号施令的领导者。国共两党曾两次合作，一是1920年代的协力北伐，清除地方军阀割据，形成中国统一局面。二是1930年代共御日寇入侵，两党分别主打正面战和游击战，以空间换时间，付出三千万军民伤亡的惨重代价，直撑到日军1941年12月7日偷袭珍珠港，美国正式对日宣战，亚太地区战局立转，最后美军于1945年8月6日和9日两投原子弹于日本本土广岛和长崎，日本天皇出面，于8月15日宣布无条件投降。不幸的是，二战结束，国共内战起步，蒋中正自认，拥有三百万包括美式装备的大军，要消除以往剿共未果的积怨，定可武力制胜，一偿心愿。但此举是违背民心及民主原则的。二战后国府接收大员奔赴沦陷区，贪污腐化，尽失民心。中共则施展了灵活运用的农村包围城市和统战争取民心两大高明战略。二战结束后苏军进占东北，把日本关东军装备移交给已潜入东北的中共军队，原满洲军人不为国军收编加盟共军。东北开战，蒋中正又越级指挥，犯下了调遣不当的严重失误，1948年末国军在东北战区彻底遭到摧毁。以后的平津、淮海和渡江战役便也在共军一鼓作气之下，摧枯拉朽，一气呵成了。

国府于1949年逃离大陆，撤守台湾，维持中华民国称号至今。中共于1949年10月1日成立中华人民共和国，其后30年里制造人祸，运动频繁，南征北讨，韩战越战，自我摧毁，几近崩盘。直到四人帮打倒，邓小平主政，1979年以后用改革开放新政治国，中国大陆才得复苏和生机再现。

今后走向：海峡两岸之间断线和冷战持续50多年。直到2005年4月26日至5月3日，国民党连战主席从台湾率团访问大陆，名之为"破冰之旅"。其后马英九主政台湾8年（2008-2016年），两岸关系缓和，交流频增，互通有无，各得其益。2016年蔡英文上台，民进党走隐性台独路线，两岸关系恶化，迄今未见改善。

大陆为本身利害着想，不会在台湾保持现状下（维持中华民国称号）毅然对台开战，掀起台海战火。此刻，台湾当局也不能趁势卖乖，尽量去做挑衅大陆的小动作，在口头和行动里推动"去中国化"和"去蒋化"。

台湾要以大陆为腹地，为依托，尽量开展经贸和文教等交流，保持沟通管道，为台湾造福，为台湾同胞扩大发展范围。台湾更要强化民主体制的运作，两党轮替，朝野互动，为中国最终和平统一做出铺垫、先导和贡献。

台湾和美国

历史关系：从近百年的历史过程来看，美国是东西列强诸国对华最为友善的一员。在二战里协手击败日本为其巅峰表现。国府于1949年退守台湾，1950年6月25日韩战爆发，美国立遣第七舰队巡游台湾海峡，协防台湾。1979年初美中建交，美国国会立即通过《台湾关系法》，明示美国立场是：台湾是中国的一部分，两岸纷争要以和平方式解决，美国可以暂时供应台湾防御性武器，此一承诺至今未变。可是，当前情势和美国民意，不会在台湾宣布独立、引发大陆动武时，对台湾加以军事支援。这不只是远水难救近火，更是违背美国国家利益。

美国近来的高官访台和继续出售军备给台湾，都是美国对华政策的运作。这对增进台湾的安全和地位没有实质作用。台湾不要就此自我陶醉，认为已经有了"铁靠山"，可以为所欲为和高枕无忧了。

今后走向：拜登入主白宫后，调整对华政策是优先于处理台湾关系。比起川普，拜登对华政策会更加务实、慎重和有连贯性地陆续开展，会走上和大陆减少冲突和增加合作的大方向。

拜登于11月23日发表任命布林肯为他明年1月20日执政后的国务卿，苏利文为国家安全顾问。此二人鹰派立场，作风稳健，专长称职，可代表美国民主党的主流方向。

可是，由于美国如今朝野对大陆的好感下降，戒心增多，美国对华的措施不会立即放宽。美国也会加强和盟邦的合作，这包括欧亚两洲，共同促使中国成为国际社会里"负责任"的成员，要多和国际惯例接轨，成为亚太地区和平繁荣的推进者。

台湾永远不能期望可以在美国打击中国之时获利。台湾只能在大陆全面进步之下更加安全和沾光。台湾要自掌命运，自立自强。不可沦为美国制华的马前卒，这是台湾生存有道的金科玉律。

11月25日中国国家主席习近平正式电贺拜登当选美国总统，祝愿中美两国走向合作，掌控分歧，维护两国人民的基本利益，并符合国际社会的共同期盼。此发言传出正面信息。

正所谓："台湾要自求多福，两岸应彼此互助。随时势听其自然，美中台妥善相处。"

2020年12月4日

完成西安事变的历史任务

引子

84年前，1936年的12月12日，张学良和杨虎城两位东北军和西北军的统帅联手在西安发动了震惊世界和彻底改变中国政局的西安事变。这促使日本提前向中国展开全面进攻，形成国共暂时合作，并种下伏笔，为中共最后击败国民党、在大陆建立新中国铺路启程。这个影响重大的日子刚过，我要针对此事做一评论，分为5个段落。

一、蒋介石私心在先

西安事变发生是蒋氏一手促成。在1935年中共残部落脚陕北之后，他有意要一鼓作气加以歼灭，却私心作祟，不动用中央直属的胡宗南部队，而命令驻防陕西的东北军和西北军合力出击。东北军奉命与红军交锋，立遭败绩。向国府请求支补，一无所得。张扬识破蒋氏要他们和红军厮杀，一石两鸟，坐享其成的诡计，便转而和红军接触谈判，拟订计划，要取道新疆与苏联接触，获得军援，再共同北上抗日。

蒋氏不满张扬奉命剿共不力，不够了解陕北政情变化，又自视过高，率文武大员亲临西安督战。张学良面求蒋氏改变"先安内，再攘外"的战略，受到痛斥，就被"逼上梁山"似地发动兵谏了。

二、张学良内外交迫

1931年九一八事变爆发，张受蒋指示，对日本驻沈关东军的进攻不加抵抗，而后退守关内，落得个"不抵抗将军"的恶名。被封以"西北剿匪副总司令"的头衔，与红军对手，惨遭败绩。他身负家仇国恨的重担（其父张作霖为日军炸毁火车专列而去世），决定抗日收复东北优先于剿共，又不能劝服蒋氏改变主意，便孤注一掷，发动了西安事变。他丝毫没有伤害蒋氏之心。蒋夫人宋美龄护夫心切，赶到西安说和。张学良决心放蒋，蒋于1936年12月25日搭机飞返南京。1986年7月19日我在上海和西安事变时奉命在临潼山上搜出蒋氏的孙铭九先生，时任上海市政协委员，畅谈终日，他详细告诉了我，西安事变发生前后的情节，我有录音收存。

三、共产党居中得利

红军退守陕北已近强弩之末。张学良和杨虎城不执行蒋氏剿共命令，红军重获生机。周恩来化妆出行，和张学良面商一切，东北军、西北军和红军三位一体的行动陆续展开，形成局面。待到西安事变结束，国共合作抵御日本入侵成为定论。对中共而言，便正是"山穷水尽疑无路，柳暗花明又一村"了。周恩来就此称赞张学良为"千古功臣"。

四、蒋介石后继无力

西安事变结束，蒋氏的威望不可一世，日正当中。这时他又犯了私心和歪念头。不放抵京请罪的张学良返回西安，开始了张学良软禁逾半世纪的非人待遇，促成东北军和西北军的势微和红军的壮大。二战结束后，不恢复张学良自由，赴东北接收，加以重用。国府大员，尽属蒋氏亲信，胜利后去沦陷区接收，财色尽收，民心尽失。直到1949年8月，美国国务院公布了对华"白皮书"，在国共对峙中完全放弃了对国府的支援。国府退守台湾，维持中华民国称号至今。

五、两岸和统待来日

国府退台后，大陆于1949年更改国名为"中华人民共和国"，待到1972年，再进入联合国，正式取代了中华民国的地位。而两个中国的局面也自然产生。两岸之间不谈判、不交往的冷藏局面持续了逾半世纪，直到2005年4月连战以国民党主席身份自台湾率团到大陆访问，和中共总书记胡锦涛见面会谈和发表公报，"破冰之旅"的任务已圆满达成。（我手边存有连战签名赠书"连战大陆行纪实"一册。）

"九二共识，各自表述"之论是两岸说明现状的框架。而双方的解释和认可度仍有不同。国民党执政台湾时更为积极，民进党在位则加以质疑。但无论如何，两岸和平统一只是时间问题，要因势利导，不可武力促成。

结论

1988年12月10日，"张学良将军全面自由研讨会"在华盛顿召开，共同呼吁在台主政的李登辉要结束对张的软禁，我参加了此会。两年后张获得释放。2001年10月15日张学良在夏威夷长眠，享年101岁。2003年10月23日蒋夫人宋美龄在纽约去世，寿高106岁。他们都是西安事变里的主要人物。我于2003年在香港明报月刊撰文"爱国宏愿仍待实现"的结论是："如今中国自由民主的建设前程未定，中国两岸的分裂持续至今。蒋介石在先，毛泽东在后，都需负起主要责任，中国统一、民主富强不但是张将军和蒋夫人两位爱国老人的遗愿和全世界华人之所求，更应为今日海峡两岸当政者汲取历史教训，而全力以赴的奋斗目标。"

正所谓："两岸和统待来日，有志一同要实施。安居乐业是起点，自由民主高档次。"

2020年12月18日

拜登执政 任重道远

引子

中国有"过关斩将"一成语，说的是克服万难，大功告成。前美国副总统拜登在2020年美国总统大选里的遭遇和结果正是此一写照。2021年1月20日他将入主白宫，成为美国历史上第46任总统，而面临十分艰巨的重任和考验，要收拾川普留下的烂摊子，振兴美国，"拯救美国的灵魂。"（引用拜登自许之言。）

通过考验

拜登登上总统宝位之前经历了两大考验，他都顺利通关。一是美国乔治亚州国会参议员两席重选，于2021年1月5日举行，民主党候选人沃纳克（Warnock）和奥绍夫（Ossoff）双双获胜，前者创造历史，是美国南部诸州第一位黑人膺任美国国会参议员；后者33岁，是当前参议院最年轻成员。他们进入参议院，造成民主党及共和党各占50席的平衡局面，让以后贺锦丽副总统主持参院会议时，可在民主党与共和党议案投票对等时投下决定性的一票，主宰议案的走向。这就给拜登全面执政（控制白宫和两会）提供了最佳的保障。

拜登就任总统前的另一考验是，遭受川普不认输，提起诉讼，和川普引导粉丝示威抗议，但诉讼被法院逐一驳回。参众两院肯定拜登大选获胜的议程于2021年1月6日在华盛顿进行时，遭到拥护川普的极端分子的暴行干扰，闯入国会，破坏公物，逼使开会议员休会迁避，但最后仍然完成了认证。美国司法部门也随后搜捕了许多违法暴徒，绳之以法。拜登指责这些人不是和平示威者，行为限于游大街，呼口号，挥标语,而是沦为打砸抢和入侵国会的暴徒。他说:"今天的情况提醒我们,这是一个十分痛苦的经验。民主制度有脆弱性,需要加以维护。这需要全民的意愿,领导者英勇引导,以全民利益为重。"

世界多国元首对华府暴行批评严厉,例如加拿大总理杜鲁多就指责川普鼓动暴徒,他说:"我们目睹暴徒对民主进行攻击,由美国现任总统和一些政客助阵。这令人感到震撼,极度不安,和十分伤感,但我们也在此周看到我们最亲近的盟邦和近邻的民主制度是安然无恙的。暴行无法立足于我们的社会,极端分子违背人民的意愿注定失败。"

针对川普主使华府暴动的劣行,已有两位部长就此宣告辞职,一是交通部长赵小兰,二是教育部长迪沃丝。国安部门和白宫内部也有多位现任高官拜辞职位,对川普已形成众叛亲离的败局。

国会又兴起再次弹劾川普的呼声,也有建议,由副总统彭斯引用宪法第25条修正案,视川普为严重失职,难当总统重任,要立即解职,由他接任。但彭斯已表态,不做此举。美国许多重要报纸都发表社论,主张川普辞职。拜登对以上两种主张都不支持,认为他当前的要务是处理国内疫情和经济衰退,不可再添枝节,偏失重点。拜登之见稳重务实,可圈可点。虽然彭斯和拜登都手下留情,但1月13日众议院以232:197票通过弹劾川普总统的提议。

有待深思

川普2016年当选美国总统,施政四年,了无建树。在美国的民主制度下为何能选出这样糟糕的总统,拥有众多铁杆随从和粉丝,可以祸国殃民到如此程度?

川普首次竞选总统的口号很响亮,"美国第一"、"清除污泽"、"推行新政"。这对极端右派分子、白人蓝领群众和若干保守人士等有很大的吸引力。2016年和他竞选的对手希拉里·克林顿,对他轻敌,竞选战略失误,又在投票前赶上"邮电箱门"事件,点点积累,方向偏失,将川普送入白宫。正如川普侄女玛丽·川普所说:"川普家教失调,性格病态,入主白宫将成祸害。"

民主制度的局限是,不能保证把称职者选为总统。而其长处是,失民心和不称职的总统难以获得连任。川普是美国近150年来第一位不参加继任总统就职大典的总统。拜登说得好:"我和他意见很少一致,这件事则是看法相同,他不来,蛮好的。"

重任在身

拜登1月20日入主白宫后,要立即面临国内和国际两大领域的重大问题和挑战。他已发布了执政时重要政府职位的任命者,背景优良,经历丰富,应可通过国会支持,一一就位。要员们的种族和立场也实现了他竞选的诺言，可以普遍代表美国人民多姿多彩的组合，他要做全民总统，在施政里照顾到选举他和不选举他的选民，顾及全民的利益。

在世界多元化的今天，美国当前虽然已实力下降，今非昔比，但是它仍然是实力雄厚，不是"纸老虎"。它要发挥影响全球的力量，就得以身作则和量力而行，作出有利于友邦和国际社会的真实行动。

拜登上任总统后，在处理美国十分严重的新冠病毒疫情时，除了应坚持和严厉执行控制疫情的主要措施（戴口罩、常洗手、保持社交距离）之外，也要有效加速接种疫苗，抑制疫情的扩散。并要和国际上已开发疫苗的诸多国家（如中国、俄罗斯和欧盟诸国）进行协调和互助，做到彼此认可疫苗的接种，以利相互交往和各种营业的正常运行。

在加强经济复苏方面，美国要扩大国际的合作面，不要敌视中国最近和亚洲东南亚各国缔造的贸易合作体，及与欧盟商定的投资贸易互惠协议。要尊重国际贸易的基本原则，让各个国家生产自身专长的产品，彼此进行通商交换。中国和美国之间，中国与欧盟之间，美国与欧盟之间都存在大量互补互益的空间，要加以开拓和运作。

美国对华的政策和实施，要仔细审视和探讨。把川普对华不当的措施修正和废除，让两国关系的发展建立在相互理解和尊重的大好基础上，逐步前进，造成良性循环，每况愈上。美国在气候变化、防恐行动、科技发展、压缩军备和打压北朝鲜盲动等方面既要和中国密切合作，也得与盟邦联手。

正所谓，一个巴掌拍不响。中国也应深刻检讨，目光长远，照顾全局。对国际社会诟病已久的人权问题、贪腐问题和对亚洲近邻"展示肌肉"的行动等，都得重新思考，另辟佳境。这样做，不是要讨好外邦，而是要惠及全民，在全球建立崭新进步的面貌和实况。

针对台湾，美国不要运用小动作，对台湾做些惠而不实的举动，如宣称，高官互访不受限制、美国对台军售源源不断等。台湾的安全和繁荣不会得益于这些措施。台湾要和大陆全面修好，交流交通，互补互助，而不是沦为美国对华的助手和马前卒。台湾要集中在民主和民生的建设，为台胞造成安居乐业的大好环境，在亚洲取得经贸互通及和平友好的全面发展。

结论

天已降大任于拜登。他机遇当前，任重道远。希望他能不负众望，复苏美国，友好美中，造福世界。正所谓："过关斩将是拜登，入主白宫大功成。天降大任多自勉，凯歌高唱获升平。"

2021年1月15日

盼拜登对华另辟佳径

引子

2月5日中国国务委员杨洁篪和美国国务卿布林肯通话说，美国应该"纠正近来的错误，应和中国合作促进中美关系健康稳定的发展，展现不冲突，不对抗，彼此尊重，合作双赢的精神。"2月2日，他也发言说："中美双方在抗击疫情、经济振兴、气候变化和建立全球卫生体系等领域里拥有很大的合作空间。"近来中国习近平主席和中国驻美大使崔天凯也公开倡言，中美关系要走向合作和减少对抗。

美方立场

拜登今年1月20日就任美国总统后的第一要务是平复疫情，复苏经济和安抚社会创伤。十多天以来，他全力以赴，表现优良，是好的开始。他提出1.9万亿美元的经济援助计划已获得美国国会的认可，有待实施。

拜登施政有总体观和连贯性。他认为对内对外浑然一体，把国内情况搞好了，在国际上就更有实力和发言权。再者，在国际关系里昂然迈进，功效大显，就也增加了国内复苏的力量和外援。2月4日拜登在美国国务院发表了上任后首次外交政策的演说，其中涉及中国的部分也自然拥有权威性和前瞻性。他认为中国不是美国的敌人，而是美国最严肃看待的竞争者。他说："我们将直面中国滥用经济地位，反制其在人权、知识产权和全球治理方面的好斗和高压行为。不过，当与美国利益一致时，我们愿意与中国合作。"这是一段软硬兼施的发言，留有余味，引人深思。2月9日，拜登在接受美国哥伦比亚广播公司（CBS）采访时指出，他预计中美间会有非常激烈的竞争。不过，他不会延续川普政府对华政策，而是专注于国际规则，并在合适的时候与中方展开对话。

具体说来，拜登推动美国对华政策涉及以下因素：

一、探讨川普以往对华政策，加以调整和修补。川普执政4年，对华政策的实施基本失败。他前后反复。早先自夸是习主席的好朋友，对习赞口有加。待到美国疫情发作，他处理失当，他又转口痛责中国是疫情之源和万恶之首，"武汉病毒"和"中国病毒"之言不绝于口。进入2020年，又生一变，他特别加重了中国进口美国货物的关税，而增加了美国消费者的负担，无助于美国人民的就业和经济反弹。但，冰冻三尺非一日之寒。拜登要扭转川普的失误也要假以时日，稳重推动。不立即降低中货入口关税，但可列为美中第二轮贸易谈判的内涵之一，加以探讨改变。中国面临疫情重袭，在承诺购买美国农产品方面仍能实现八成，已是不易成就。中美产品互补性强，有良好交换空间。

二、拜登对华政策的制定和实施要获得国会两院的支持。近年来，美国朝野对华的好感和信任在下降，对华的质疑和防范在增加。好在近来民意调查显示，美国民主党高层人士和美国国民的主流意见还是美中修好，正面交往。拜登登台，面目一新，美中关系的发展出现转机，倘今后4年双方的关系确有改进，合作多，冲突少，双方获益。美国朝野对华观感也自然改善，民主党继续执政4年也大有希望。那时美国也可能打破陈规，出现第一位拥有少数民族背景的女性总统。

三、掌握轻重缓急，循序渐进。拜登主政，要彻底收拾川普丢下的烂摊子，诚然是千头万绪，百端待举。拜登重用了大批八年前奥巴马执政时与他共事的成员，选用了能干出色的非亚裔的贺锦丽为副总统，任命的政要高官也反映了美国社会的组成，收纳了不同种族和背景的能人贤士。

促进美中合作，增强互惠互信，得从当前要务着手，那便是治理疫情和经济复苏。美中应联手，将双方、欧洲和俄罗斯安全有效开发的疫苗加速生产，制定好全球迅速接种的计划，全力实施，力促其成。这将造福全球人类。

经济复苏方面，美国要认知，中国已签署"亚洲全面经济合作伙伴关系协定"（RCEP），和"中欧全面投资协定"（CAI），这已巩固了中国对外经贸发展的前景和大局。美国要及时参加亚欧地区的贸易事务，唱和中国，不打对台。

四、美国倡言要支援亚太诸国，抵制中国扩张。此说陈义甚高，而实施时需要考量。这基本上是指中国军事扩张对台湾地区和临近国家形成威胁。最近中美双方都有"秀肌肉"的相关军事行动。中国军机频频出现在台湾航空识别区内，美国麦凯恩导弹驱逐舰最近穿越了台湾海峡。2月9日美国海军宣布，罗斯福号和尼米兹号两大航母战斗群将在南中国海域进行大规模军演。这是各自表态，而不是双方热战交火的前奏曲。因为中美双方高层都深切了解，不能经由擦枪走火之误，引发双方热战之实。当然，台湾海峡是海上交通要道，中国要给予各国船只和平通过之便。

美国刚和俄罗斯签署延期了5年的"消减战略武器条约"（SMART），这对核武控制和风险降低都有具体贡献。美国裁军大使伍德也于2月4日公开呼吁中国参加此一条约。国际军备竞赛是难以收场、耗资巨大和颠覆和平的错误走向。美、俄、中世界三大军事强国应作出表率，取得共识，及时收敛，停止军备竞争。中国要做到"和平崛起"，名副其实，也得省下发展军备的费用，转用于国内民生建设和社会福利方面。

中国措施

大体说来，国与国之间是利害为重，友谊次之。1970年代美苏对立，中苏交恶，美总统尼克松（以反共立场著称）和毛泽东主席一拍即合。尼克松1972年访华成行，和周恩来总理签署了"上海公报"，开启了美中复交的大门。如今美俄关系紧张，美国对华政策若实施不当，便会促使中国向俄罗斯靠拢，共同对抗美国。美国当政者要考虑这一可能性的存在。对中国而言，中国国家利益的指向是和好美国，防范俄罗斯。近两百年来的帝俄和苏联都是伤害中国，劣迹斑斑的侵略者。美国则没有一丝野心和行动要侵占中国一寸土地。

中国的基本利益和指标是风调雨顺，国泰民安，人民富足，国家安全。而非超越美国，称霸世界。中国当前的基本软硬实力（经济、文化、政治、军事、外交）都难以和美国并驾齐驱，平起平坐。中国没有必要，也没有意图要"君临天下，万国来朝。"所以，中国要认清，美国是历来西方列强中对中国最为友善的国家，应珍惜之，善处之。

因而，中国对美策略要慎重妥善。以合作交流，建立关系和信任为主导。并以韬光养晦的低调和稳重姿态面对世界。奥巴马总统早年说了一句意义深刻的话，"贫弱的中国比起繁荣的中国会对美国威胁更大。"如今中国强大了，繁荣了，是否可以更积极地兑现奥巴马的预言，中国不但不是美国的麻烦制造者，而是可以和美国携手，共同为世界人类造福的铁哥们儿。

在未来的第二次美中贸易谈判里，中国要细心解读和应对美方提出的条件，凡是合情合理，符合世界潮流的，都可接受采纳。中国可以更公平的对美开放中国市场，增强对专利保护的实施和对民企的扶持，削减对国企的偏爱和倚重。

此外，美国要重登世界舞台，提出"维护人权"的口号，是力倡其说，信以为是。这也不构成干涉别国内政，应加以口诛笔伐。中国在处理港澳台和新疆西藏内部情况时，不要轻易给美国和西方社会留下口实和明证，让他们可以就此指责中国，并带动国际社会一致行动。拜登执政美国的响亮口号是"促进和谐，增加团结"，此言用于中国中央和地方关系的发展和定位也很适当。

结论

俗话说："英雄造时势，时势造英雄。"身为美国最年轻的国会参议员（时29岁）和最年长总统（现78岁）的拜登，现已赋予"英雄造时势"的重任和契机了。他要妥善掌握，全力以赴，改善美中关系，恢复美中合作，让太平洋东西两岸的东西方大国同舟共济，共赴时艰，促进和平，造福人类。而习近平主席治理中国也要高瞻远瞩，秉公忘私，与时俱进，革新创造，使中国最终走上自由民主的康庄大道。

正所谓:"拜登就位施新政,任重道远定求成。中美友好势必得,全球和乐浴春风。"

2021年2月12日

解读美国国务卿的外交演说

引子:美国国务卿布林肯和国防部长奥斯汀两位已订于3月14日至18日出访美国在亚洲的重要盟邦——日本和韩国。双方协商议题应包括加强合作,推动朝鲜半岛无核化和应对中国。3月3日布林肯在美国国务院发表了外交演说,突出了中国问题。我现针对其发言加以论述。

布林肯提出美国外交策略涉及八个重要领域。其为:平复疫情、发展全球经济、应对气候变化、重振美国技术领导地位、改善移民政策、加强盟邦合作和更新民主价值。然后,他指名道性,提出中国是美国竞争、合作和敌对的目标。布林肯讲演的题目是:"为美国人民行使的外交政策。"

讲演中论及,中国诚然是21世纪美国面临的最大地缘政治考验。中国具有经济、外交、军事和技术能力,是唯一有足够的综合力量去破坏当前的国际秩序(这包括规律、价值和关系)的国家,但此一秩序使得世界正常运转,为美国所乐见。

他又引申说:"我们和中国的关系,竞争是应该的,合作是可能的,敌对是必然的。我们要展现实力与中国周旋。对抗中国的挑战,美国要寻求国际和盟友的合作与支持。"

他强调说:"拜登政府非常关注中国对人权的践踏,对香港民主行动和新疆族群信仰的打压。美国要在贸易领域里增加投资,为美国工人和公司创造公平发展的条件和立足点。美国也要防止中国骇客入侵美国的网络系统,阻止中国偷取美国的专利和公司机密。"

针对意识形态迥异的专制国家而言,布林肯说到:"民主国家越能向全球展示其成效,就越能驳倒专制国家的谎言——它们有更佳途径去满足人民的基本需要和希望。为达到此一目的,美国不会和专制国家进行军事对抗,或企图武力推翻其政权。以往我们曾经采取这一策略,而毫无成效。以后美国动武的充分条件是,目的明确,行动成功,符合我们的价值观和法律,获得全民的理解和支持。采取行动要军事和外交双管齐下。"

布林肯以上的发言,观点明确,立场分明。这也展现了美国民主政治的特色。在不同岗位的人可以根据自己的立场和信念自由发言,公之于众,这是各成其说,而非一堂之言。身为国务卿，他还是要执行拜登的决策，最后是拜登说了算。

拜登上任近两个月以来，稳扎稳打，逐步前进。发布诸多行政命令，纠正了川普执政时的错误举动。将疫情下压，向美国公民提出保证，今年5月底之前美国成年者都可以获得疫苗接种。1.9万亿的经济复苏方案赢得美国民意支持，先获得众院通过，3月6日也取得参院的批准。他完全逆转以往川普当政时的自我中心和吸引镜头的作为。低姿态，埋头干，成就可观。美国《纽约时报》3月5日一篇评论里说，拜登是："低声细语，促进了重大提案。"拜登的国际外交行动也是稳重慎行，不冒进突唐。

针对美中互动，美国国务卿布林肯的外交发言里说了很有道理的三点，中美之间"竞争是应该的，合作是可能的，敌对是必然的。"让我针对这三点说法一抒己见。

一、竞争是应该的：党争应该是良性竞争。各尽其力，各施其长。领域适当，共擅胜场。这要集中在科技创新和发展（如芯片研发），以后成果共享。这要避免军备竞争，花费巨大，不得其所，每况愈上，难以止步。

二、合作是可能的：中美两国拥有丰富的自然和人力资源，是领先全球的两个经济大国。双方在经贸振兴、能源开发、气候变化、公共卫生和文教交流等领域存在巨大的空间和机会，可以合作，造福彼此，惠及全球。中美双方应细心思量，寻求和制定优先次序及合作方案。

三、敌对是必然的：中美双方存在政治体制和意识形态的差异是由来已久，众所周知的。由于双方历史文化的背景不同，这个差异会继续存在。可是布林肯说得好，美国不会诉诸武力去改变现状。那么中美双方便要和平竞争，让时间和大势所趋去调整这一差异。

13届中国全国人大四次会议已在北京召开。突出了民生和经济建设一大重点。中国也极待改善人权，以"维权"代替"维稳"，以求一劳永逸。中国当局也要参照美国拜登总统的作风，埋头迈进，得其实惠。放低姿态，切勿张扬。

正所谓：中美合作天下庆，互补互助争双赢。求同存异齐发展，殊途同归环宇幸。

2021年3月12日

控枪除害 此其时也

引子：枪杀案层出不穷是美国社会难以排解的诟病和难题之一。今年三四月间美国的亚特兰大市、博尔德和瑞克山又发生三起集体屠杀案，共夺命35人。美国舆情一片哗然，社会和议会都掀起了热烈的讨论，并督促美国政府要采取行动，阻止枪杀事件的泛滥和发展。于是，美总统拜登开始行动了。

持枪来源：1791年12月15日美国议会通过美国宪法十条修正案，其中第二条是保证美国人民拥有持枪自卫的权力，以防范盗贼登门，政府暴政和外敌入侵。第二条修正案的原话是："有一个良好有序的民兵团存在，对各州的自由安全是必要的。人民持枪权不能侵犯……"如今美国六大军种成熟强大，抵御外敌的保国重任已由它们全力承担，不再需要民兵介入，但民间执枪进行自卫、打猎、娱乐、收藏和比赛等种种活动是仍然正常进行的。今后美国也不会出现任何议会议案去剥夺民间执枪的权利。

形成声势：人民执枪从事一切正常活动不在话下。可是，执枪杀人（这包括自杀、凶杀和误杀三方面），执枪犯案，和枪械制造、贩卖、走私以谋收厚利的非法行为也一并产生。这也就引发了社会的不安和增加了社会的混乱。

且看以下统计数字（很巧，大多和4数有关）：美国人口3.3亿，拥有枪支4.4亿。美国人数是全球人数的4.4%，拥枪比例占全球的42%。美国近年来每年因枪致命的人数约4万人（其中半数以上是饮弹自尽。）枪击死亡人数达4人以上被定位是"集团屠杀"。美国近3年（2019至2021）来爆发9起集体屠杀惨剧，送命者85人。从2009年到2012年全球集体屠杀案的31%发生在美国。

美国的保守派人士，其中不少是共和党员，美国民间支持拥枪的组织"全美枪支协会"（NRA），美国枪支制造生产和贩卖行销的商业组织，和美国诸多爱枪、玩枪、藏枪的人，再加上美国不少的枪支俱乐部、猎场和射击场，都不约而同的联合起来，主张放松枪械管制，抵制枪械管制的改进和加强。要通过全国普遍执行的控枪立法，如民间禁用攻击性武器，购枪者背景严加调查等，都需要美国参众两院共同的支持。而历来，阻力来自共和党背景者的一致行动，这些必要而有效的控枪立法都胎死腹中，未能成型。调查显示，如今由民主党担任州长的13个州加强了控枪措施，而14个州由共和党担任州长都放松了枪支管制。由于美国缺乏联邦控枪立法，每州各自行事，便也缺乏协调，松严不一。

自行设法解决问题，是美国拥有的特色之一。以往美国发生的枪击案便也引发了一些民间组织的出现，朝控枪的目标迈进。1981年3月30日，里根总统跨出车门后遭到杀手突袭，他逃过一劫，只受轻伤，他的新闻秘书布雷迪却弹中不治逝世。其后，布雷迪的亲友们发起成立"布雷迪行动（Brady Campaign）"，专门从事控枪立法和措施的推动。美国一些母亲因子女枪击夭折，她们和支持者共同成立了"母亲要求行动"（Mom Demand Action）的组织，呼吁控枪。

当今概况：一、美国拥枪人数多、比例高、死者众，其中突出的受害者是非裔和15-34岁的青年人。二、美国买枪获枪太容易，可以在展销会当场购买，可以邮购，可以自行组装，可以取自黑市，可以托人代购。美国的加州、伊利诺州、爱荷华州和东北部诸州民间执枪比例低，枪亡人数也相应减少。三、规定执枪者要有执照，禁用杀伤性枪械，购枪要经过警局和联邦调查局的缜密调查，可以减少枪击死亡人数，这都需要美国两院立法，而困阻重重。四、美国民调显示，绝大比例受访者主张加强控枪，但这一信念没有能转化成对州议员的大力要求和压力，让他们通过立法，支持控枪。

4月4日，美国纽约时报专栏作家克里斯朵夫发表"如何阻止枪支杀人"一文，提出美国自1975年以来至今枪亡人数总计逾150万人，这超过了美国建国245年以来所有战役死亡的人数（约140万）。他又幽默地比较欧洲人和美国人的不同，说："欧洲人发脾气，彼此动拳头，美国人掏枪。欧洲人在快车线上起争执，彼此谩骂，美国人动枪。欧洲粗野丈夫把妻子打伤，送进医院，美国丈夫把妻子枪杀，送进棺材。"

拜登做法：拜登今年78岁。他29岁起任职美国参议员36年，再任副总统8年，如今又进入白宫主政美国。他以往的政治言行都说明他是主张控枪和付诸行动的坐而言，起而行者。美国议会于1994年通过了民间"禁止使用攻击性武器"的立法，拜登是力促其成者。2011年他在竞选总统过程中也誓言一旦入主白宫，立即加强控枪行动。

4月8日拜登总统在白宫玫瑰园对议员们发表讲话，要制止枪支犯罪的蔓延。他说："枪支暴行流行美国，使美国蒙羞于国际，要力加防止。"他也强调说："控枪行动是任重道远，一向如此。议会不能只是议论祷告，而不采取行动去提高有效控枪立法。"他如今宣布六项行政措施，盼议会以后会通过控枪议案，以竟全功。他宣布如下：

一、管制"幽灵枪支"——幽灵枪支是盒装出售，80%制造完成，购买后再加装20%便总体告成的枪支。这没有编号，购买者没有背景调查，让执枪犯案者不在枪支上留下线索，被追查寻获。它们成为黑道和极端份子热爱的购枪、组枪方式。美国治安当局每年收缴的幽灵枪数量逾万，可见其流通量之大。

二、认定枪支撑臂稳定器需要按国家枪械法案规定进行登记。此器可让手枪变为步枪，加强了其稳定性和杀伤力。今年三月博尔德城的杀手动枪就使用了这种手枪加持的稳定器。

三、推动"红旗立法"——这让美国的警局、医护人员和家人可以申请法院，暂时收缴精神不稳定或有暴动倾向者的枪支，预防其滥用枪支行暴出现。拜登总统说："红旗法的实施可让集体屠杀者在犯罪前受到阻止。"美国的首府华盛顿和19个州都有现行的"红旗法"，这还有待扩大实施，遍及全国，需要国会立法通过。

四、加强购枪者背景调查——无论是正常途径购枪者，或是枪支展销现场及邮购枪支者都要加强其背景调查。要充分使用司法机构资料库的信息和联邦调查局的资源去识别购枪者的背景，减低购枪者滥用枪支的可能性。而最为透彻和系统性的背景调查立法还要靠国会通过。

五、支持资助社会反暴力行动——美国社区有许多自助组织存在，去加强控枪意识，支援枪杀者遗属，防范用枪自杀行动，促进控枪立法，充实自卫手段等。美国初步通过的两万亿美金国家重建计划里也含有资助社区行动的预算，这对全国推进控枪行动大有裨益。

六、提名控枪力行者奇普曼为美国烟酒枪炮及爆炸物管理局局长——该职自2015年起空悬至今。奇普曼到任会严格加强推动控枪措施。美国司法部也被交待任务，要每年提出枪支走私情况的调查，如今黑枪出入美国数量不小，是犯罪团体和谋利机构的拿手好戏。这也危及美国社会的安全。

结论：综上所述，可以洞察拜登总统从事控枪的构想和决心。他有控枪经历，了解控枪的重要和着力点，更知道这是民意所求。他登台的前一百天要集中全力推行美国经济复苏和国家建设两大要项。一旦推动上路，顺利运转，他就会抽出时间，兑现自己竞选总统时的承诺，"抑制枪害，造福全民。"他为人诚信，关心社稷，控制枪害，全力以赴，可望有成。

正所谓："枪害泛滥岂是福，拜登登台利剑出。全民合作铲其害，万众和乐齐欢呼。"

2021年4月16日

看阿拉斯加中美对话前后

引子

中美两国外交要员于3月18日和19日在美国阿拉斯加安克雷奇城举行了战略对话。这对今后世局发展、美中互动和中国自处发出了什么信息，产生了什么意义呢？这都是许多有心人关注的话题。我愿就此加以议论。

事前铺垫

美中两国在参会前都做了准备工作。美日印澳四国举行了网上高层对话，它们从四面八方罩住了亚太地区。拜登总统入主美国白宫后，首次国外出访的布林肯国务卿、沙利文国安顾问和奥斯汀国防部长是前往日本、印度和韩国，其为美国在亚洲地区三个重要盟邦。大家探讨的问题自然也包括了对"中国崛起"的关怀和对策。在阿拉斯加会议的前夕，美国又公布了对香港高官要进行制裁。这种种行动显然不是偶然发生，适逢其会，而是精心布置，有备而来。相对来说，中方对表态比较低调。中国外交高官针对中美外交战略会议的召开，是寄以厚望，主轴是：增加合作，减少对抗，让中美关系回归正轨。

会议情势

会议首日于3月18日召开，美方先发言，布林肯和沙利文各用时两分多钟，布林肯国务卿开场白指出：全球都在关注今后两天会谈的情况。美国政府坚持以外交为引导，去促进美国利益和加强循规蹈矩的国际秩序……今天我们有机会去讨论这些国内和国际的重要观点，让中国更加了解美国政府的意图和行动。我们也要讨论对中国行动的深切关怀，这包括新疆、香港、台湾，对美的网络攻击，和对我们盟邦的经济威胁。这些举止威胁了维护全球安全的现行规矩，因此这不只是内在问题，而是为什么我们势必在此日此刻提出这些问题。……我们要直接陈述我们的关心所在，阐明我们的优先次序，让美中关系发展的前途更加一目了然。

沙利文国安顾问随后说：布林肯国务卿提及的各种关心问题也是我们近两月来接触的盟邦和广大的国际社会所一致关心的问题。美国今日最大的任务就是要保证我们在全球和对中国采取的行动，对美国人民有益，并照顾到友邦的利益。我们不寻求对抗，但我们欢迎强烈竞争。我们也要为已为友坚守原则，我们要和你们讨论这些问题。

美方两人发言后，杨洁篪风趣地说："这番话译成中文，对译员是一大考验。"布林肯接话说："我们要给译员加薪。"这一言一答引起了哄堂大笑，成了严肃对话中有趣的插曲。

中国外交重镇杨洁篪致开场白：我希望我们的对话是真诚坦率的。中美两国是世界大国，要彼此携手。我们对世界和地区的和平、稳定和发展肩负重要责任。中国政协人大两会已经召开，我们订下了今后5年和直到2035年的社会发展的长远计划。……中国人均所得是美国的1/5，但已完成全民脱贫。……我们的价值观符合人道主义通行的价值观：和平、发展、公平、正义、自由和民主。我们以联合国的倡议为准。美国有美国的民主，中国有中国的民主。中国不对外宣战，中国注重和平发展。反其道而行者会自食恶果，这包括美国在内……美国应该修正本身形象和改善其民主体制……我们利益交集可以合作的领域有抗疫情、恢复全球经济运转、应对气候变化等。我们要放弃冷战思维和非零即整模式。

旧年除夕习主席和拜登总统进行对话，同意彼此加强联系，掌控差异，增加合作。此次对话也是秉承两国领导的意愿，盼有所成。

新疆、西藏、台湾均属中国内政，不容美国插手。中国人权已进步多多，美国人权则问题重重。希望中美两国都能自理内务，不要归罪他人。……世界已产生重大变化，在新的局势下中美两国如何增加合作是当务之急。……以往中美有过冲突，美国没有落到好处。……美国是网络技术高手，在这一领域里不得栽赃他人。

王毅外长接着说：中国不会接受美国片面的指责。中美关系已下滑很多，有害于两国人民，如今必须修整。美国不要霸气十足和干涉中国内政。美国于3月17日发布制裁香港人员，这不是待人之道，这不会改变中国立场，也无利于解决问题。我们要留意今后两天的情况，只要美方情愿，我们可以共同负起责任，完成任务。

中方发言内容十分犀利，让美方感到意外和震惊。于是，布林肯要补充发言，他说：杨先生发言很长（约17分钟），我和沙利文要补充一下我们的观点。我上任国务卿时间很短，但已和过百国际外交要员接触商谈。他们对你们的看法显然和你们自我的陈述不同。他们欣见美国回归世界政坛，对中国许多行动十分担心。……美国的领导方式在于美国和友邦的合作，完全出于自愿。美国在不断自我改进，美国并非完善。我们犯错、我们反复、我们后退。在历史过程里，我们不断公开透明地接受这些挑战，不加以忽视，不假装它们不存在，不把它们掩藏起来。这会感到痛苦和丑恶，但每次我们都能重振旗鼓，益强益善，将全国团结起来。

以往拜登任美国副总统时，曾造访中国，会见了当时的习副主席，他当面说：永远不要下赌注于打败美国。此话至今依然。

沙利文说：美国一大秘招是美国拥有善于解决问题的人民。我们和全球盟邦合作就更能解决问题。……我希望我们的讨论可以显示对彼此的信任，不是长篇大论，是掌握机会让我们说明我们来自何处，原则何在，我们的优先次序和长期战略如何。在今后的讨论里，我们寄望于此。

至此，杨洁篪掌握了最后一击的发言，他说：开场白前我应该提醒美方，要留意发言口吻。我没有这么做，后来美方致词的口吻是强势夺人，居高临下，才逼得中方做出反应……

3月19日第二天双方的会谈，是闭门讨论，没有新闻记者在场观察。双方对彼此关心的许多实质问题展开了坦诚的对话，两天会议结束后，并没有发表公报。杨洁篪对在场中国媒体表示，双方会谈是坦诚的，有建设性和有益的。尽管分歧存在，中国将坚决捍卫国家主权、安全和发展。

布林肯公开表示，美国关切中国人权问题、对台加压和中方实施网络攻击。但双方在伊朗、朝鲜、阿富汗及气候变化等议题存在利益交集，美国将和盟友就经济、贸易和科技问题进行谘商与合作，共同面对中国。

各界反应

美国新闻媒体对会谈过程最为关注。纽约时报3月19、20、21日三天陆续用社论和首页新闻消息加以报道，标题分别是：迎接中国挑战；暴躁交流显示中国对美益加强势；对抗美国，中俄定调，启动新冷战。

专栏作家强生在纽约时报发表的警语是，"这种措辞强烈的交锋会恶化世界两大强国之间的关系，似乎双方都要显示自己拥有强势。"英国路透社的报导总结说："会谈似乎没有取得外交突破。而双方展现的针锋相对暗示两国重置双边关系缺乏共识。"

美国"大西洋月刊"最近登载莱特作者一文，提出一个耐人寻味的新观点，他说："中美在阿拉斯加战略对话里交锋看上去是一大失败，而实际上是双方关系更加稳定的必要之举。因为当前所需不是双方走过场，表示可以泛泛合作，淡化彼此冲突的立场，而是需要面对现实。双方是强势对待，互不相让。谈合作，过早！避冲突，困难！中美竞争已进入艰苦的行动阶段。彼此的利益和制度相互威胁是既成事实，要彼此承认，而后采取行动。合作要从利益结合的小处作起，有进展，再扩大。要避免无意中冲突升级，不要误解彼此的意图和决心。阿拉斯加会议里双方展现本色，认清美中关系的实质，就是朝着彼此关系趋向稳定的方向迈出重要的一步。"

中美高层阿拉斯加战略对话3月19日结束后，清华大学战略与安全研究中心主任，前中国外交部副部长傅莹于3月20日发言说："今后中美关系走向的关键是，中美能否在同一个国际秩序框架内解决彼此合理的关切，实现和平共存。中美双方要冷静客观，采取行动，解决分歧，以合作取双赢。"有中国问题专家之誉的基辛格老先生也发言说："中美背景不同，看法有异，但现代科技、全球化传播和经济全球化都要求双方付出比以往更大的努力，推进合作。世界的和平与繁荣取决于中美之间的理解与合作。"

以上两位智者的发言都发人深省。中美必须和平共存，并且要相互理解与合作。

我的见解

阿拉斯加中美高层战略对话已经结束。双方都把本身的基本利益和立场及针对对方的不满放在台面上，相互认定，心领神会。今后双方进入行动阶段也会出现一些结伙拉帮的举措，美国团结其盟邦，中国和俄罗斯联手。目前拜登总统指称普金是"杀人者"，俄罗斯已召回驻美大使，返俄述职，并派遣拉夫罗夫外长于3月22至23日抵华与中方进行磋商，现已会谈完毕，并发表了联合公报。我不希望美中的对抗会发展到"打群架"的地步。这无益于中美，有害于世界。针对中美互动的走向我有以下看法：

一、基于中美文化历史背景的不同及社会制度有异，双方彼此的不信任和敌对会持续下去。但是，这一存在事实不可、不能也不应演化成双方"死斗"的依据和行动。求同存异是大势所趋，武力解决是不可思议。双方的对峙将是一个无烟火的持久战。会在科技、经贸、外交等领域里竞争和交锋，而不发一枪一弹。

二、竞争领域的要点是科技和创新。中国已摊出下一个五年计划和直到2035年的全盘发展方案。美国议会也正在酝酿"无疆界法案"，要以千亿美金投入充实美国科学基金，着重开发人工智能、机器人、芯片和高速计算技能等。换言之，中美双方都有了确切的认识和目标，今后强国间竞争的主轴是科技发展。有了科技切实领先就有了生产实力，民生建设，经贸振兴和军备充沛等。

美国著名专栏作家托马斯·弗里德曼于3月24日在纽约时报论坛版刊出一文，标题是："中国有理由不再尊重美国了。"文内列举了美国的振兴自强之道是："培训工人使能充分满足技术要求；建筑世界最佳港口、道路和通信设施；吸引全球最有活力和智慧的移民去充实我们的大学，去创业发展；完成最佳立法，去鼓励冒险犯难和压制盲目冲动；持续增加政府对研究工作的投资，以带动科学发展，使我们的企业可将最佳构思孵化实现，……我们不要空喊美国、美国、美国。我们要在有真实价值的奥林匹克竞赛里获胜。"正所谓"它山之石可以攻玉"，此一构思对中国有参考价值。

如今全球前四经济大国是美国、中国、日本和德国。这四国都有强大的科技和研发力量，既可形成良性竞争，又可互相取长补短。很希望以后世局的发展可以增加彼此的信任，减少政治斗争的思量。这样，所有科技的成果可以普遍分享，惠及八方。这对全球的繁荣进步和幸福安康会产生巨大的良好推动。

三、中美双方可以立即展开的合作项目要及早起步。这包括抗衡疫情，防止核扩散（压制北朝鲜开发核武和远程飞弹）和气候变化等。一切从小从头做起，步步扎营，每况愈上。

四、中国争取进步的当务之急是要改善加强国内发明创造的环境、条件和投入力量。1996年9月我曾获得中国科学院和中国民航的协助，在美国组成"改革创新"专题报告专家团，成员是美国斯坦福大学工学院副院长亚当斯教授及其夫人，美国俄亥俄州立大学刘亦吾教授和我一行四人。我们在上海和北京两地做了报告，论及工业、教育、经济和行政领域里创造发明的必要条件和途径。如今中国必须要在科学基础研究，资金投入，科研选项，人才运用，及多方合作（政府，研究机构，工商界）等方面切实着手，不断加强。

为培养人才、发挥人才、学以致用、创造革新，中国就必须提供一个适于创新和支援创新的大环境。这便需要以下各种必要条件：

1、国家以政策为引导，以资源为后盾，保护知识产权，支持科研发展，有效推动良好知识产权的商业化。

2、社会环境自由宽松，和谐礼让；实话实说，人权保障；赞美出招，犯错无妨；各尽其能，百花怒放。

3、家庭和学校教育要鼓励和提倡独立思考、自主自强；遇事求证，拒绝盲从。

1998年我将亚当斯博士在美的畅销书翻译出版，书名是：思维革新——创造的实践。后来我也列举了思维革新的要点，以打油诗一首说明之：

创新除旧谈何易，胆量认识连一气。
洞察机先早着手，当机立断非儿戏。
克服约束开天地，发挥专长齐努力。
资源分配得其所，情绪风险都分析。
奖励宣传应并举，管理交流两周密。
战略计划不可缺，团结合作成大计。

尾语

2021年3月18日和19日中美高官在阿拉斯加州安克雷奇城进行了战略对话。双方平起平坐，旗鼓相当。对话结果并没有提供两国今后应如何互处的答案，但启动了双方继续前行，各自努力的征程。正所谓："赤诚相见互摊牌，正式过招仍有待。两雄相争勿恶斗，良性竞争齐开怀。"

2021年4月16日

略谈大陆、台湾、美国三方互动

引子

近来不断传出大陆、台湾和美国之间互动的消息，众说纷纭，各有其说。5月4日美国《纽约时报》刊出一文，标题是："拜登对台政策充满风险"。作者是在纽约市立大学执教的新闻学和政治学教授彼得·贝纳特。我很关心大陆、台湾和美国的动态，那是我出生、成长和移居之所。现就此一话题一申己见。

议论观点

贝纳特教授认为，1、拜登就任美国总统后已默默而渐进地加强了美台关系，这是可能触发世界战争的危险之举。2、"只有一个中国，台湾是中国的一部分"是美国持有的立场。这安抚了北京，中国统一是迟早，而非不可实现的目标。这一模糊战略产生作用，维护了台海地区的和平，理当继续存在。美台双方如加紧行动关闭"中国统一"

之门，助长台独走向，北京越可能冒风险进行武统。3、拜登表示要加强台湾的协防。但美国远隔重洋，武力护台的军事力量鞭长莫及，难以到位，美国主流民调也不支持美国护台要付出血溅台海的沉重代价。再者，中国就近出兵，其军事力量可以对美国援台部队造成致命重创，使美国护台的承诺无法兑现。4、台湾数十年来建设有成，获得国际赞许和同情支持，要维持现状。贝纳特的结论是，美国应恢复模糊战略的立场，让美国、大陆和台湾三方受益，各得其所。

客观事实

美国、台湾、大陆的现况是如何呢？它们的主要利益何在？

一、美国

拜登入主白宫后，倡言要完成四大任务：整治疫情、复苏经济、种族和谐和气候变化。这是内政优先，外务次之。

拜登施政百日以来，先后推动了三组六万亿美金大手笔的美国全面重建计划。如今，疫情获得控制，经济复苏可望，防范种族歧视和进行警务革新等要事都在积极进行。拜登也宣布要调整国际战略，世卫组织归队，巴黎气候协议加盟，阿富汗撤军，支持豁免新冠疫苗知识产权。（此举不会短期内对疫苗增产和普及分配产生实质效果，但如此表态，立意良好，是令人称赞的。这是世卫总干事的评语。）

美国也正针对中国、俄罗斯、伊朗和北朝鲜拟定策略，逐步实施。当前，中国国力全面增长，在国际舞台上的作用日益加强，和美国存有社会制度和意识形态之别，便也引起了美国朝野的关注和疑虑，要对中国加强防范和采取对策。美国国务卿布林肯不久前说，美中之间在科技、金融和人权等领域里会有长期的竞争和纠缠，但是双方绝不会彼此"脱钩"，造成两败俱伤。全球化的结果是，你中有我，我中有你。要面对和解决世界性的问题，无论是气候变化、公共卫生、防恐止战、经贸发展、削减贫穷等，都需要世界各国同舟共济，共奔前程。其中，美中两国的责任和投入都是重中之重，不可偏废。往远处看，美中两国会求同存异，合作优先，冲突渐减。

二、台湾

蒋介石和蒋经国父子前后在大陆和台湾执政59年。二人过世，台湾进入民主制度初级阶段。在民主和民生建设方面都卓有成就，有目共睹。国民党和民进党也形成政权轮替，和平交接的稳定局面。如今台湾的要务有三。

1、在民主的进程里继续前进。不可倒退形成一党专政的局面。在野党对执政党进行有效监督，促其为民服务。执政不良，普选失败，就鞠躬下台。竞争上岗执政，要以获得民心的政绩和政见去争取，不可玩弄族群纠纷，或颠倒是非，巧取强夺政权。

2、要和大陆保持良好关系，增加交流，互惠互补。不要做无益无助的小把戏，小动作，发泄情绪，刺激大陆。要尽量使用和配合大陆的善意、资源和条件，去发挥台湾的潜力和能量。在经贸、民生、文教和科技等领域里稳步前进，长足发展。也要维持"九二共识，一中各表"的基本立场。让两岸和平统一今后水到渠成，自然实现。

3、在美台关系方面，美国对台湾示好，欣然接受，避免张扬。这样做也减少了美中摩擦的源头和话题。要知道，美中和好，台湾问题就不会突出，成为美中较力的热点，这也增强加固了台湾稳定发展的好局面。反之，美中交恶，会增添台湾的不利和风险。试问，美中全盘决裂，美国宣布支持台湾独立，台湾会落得什么下场？

三、大陆

大陆当前的局势是紧锣密鼓，多方考验。因全国上下通力合作国内疫情已良好控制，但尚未隐患尽除。大陆生产的疫苗免费赠送海外弱小国家，或平价出售，不求谋利，是对世界平复疫情做出了重大贡献。5月7日世卫组织批准中国国药新冠疫苗全球紧急使用权也是重大突破。这将缓解全球疫苗供应不足的困境。

国际上许多国家关注和批评大陆人权情况，论及香港、新疆和西藏，和大陆整治了一些观察敏锐，发言坦率的人士。这一举措不能统统戴上"干涉中国内政"的黑帽子。例如，有一人家闭门痛打子女，声传户外，有邻居关心提醒，此举是善意的，是难得的。中国受到批评，要自我检讨，有则改之，无则嘉勉。维权是维稳的先决条件。中国人权改善，便也造福全民和提高了政府在人民心中和国际社会的声望。

没有钱，充阔，迟早被揭穿。有了钱，装穷，大可不必。中国大陆接近全面脱贫，渐入富足之乡。便要谨言慎行，自谦自律，不可妄自夸大，或展现暴发户的丑态。在参加国际事务的广大平台上，要敦亲睦邻，高声合唱，要促进和平，救死扶伤，以正面贡献者和负责参与者的面貌出现。

大陆也要重视体制改革及加强科学和教育的发展，改善国人品质，培育和重用人才。不断提升国人对经济、社会前景的信心和对政府施政的满意度。

与台湾隔海并存，大陆不要加强武力威胁，宣称武统在即。大陆要以诚心、爱意和行动去展现"两岸一家亲"的实质和成效。今年2月，大陆停止了采购台湾凤梨（去年大陆是台湾外销凤梨90%的买主），理由是，台湾凤梨品质有问题，这也是对台湾加压的一种手段。

在国际上和外国关系变动下滑时，不要轻易发扬国粹，媒体普传，鼓动提高仇外敌外情绪，倡议实行游行示威和抵制外货。和美国闹翻了，就不喝可口可乐；和日本开斗了，就不买日制产品；和德国交恶了，就拒乘大众牌汽车……

结论

国家的力量和信心来自人民自我力量和信心的总和。这要努力付出，实质建立，没有捷径可寻。不要盼望对手"死翘翘"，要争取自己"硬梆梆"。此文落笔完成时，"五四运动"纪念日刚过。102年（1919年）前的5月4日，北平学生风起云涌，走上街头，呼吁要朝德先生（民主）和赛先生（科学）的方向大步迈进。时至今日，这一目标仍待实现。

正所谓："美中合作是良策，台湾发展莫失措。两岸相亲获双赢，普天同庆增和乐。"

2021年5月14日

美中两国不是生死对头

引子

美国拜登总统上任后的首次国际外交之旅已经起步，他于6月13日完成了七国首脑会议之旅，又于6月14日会晤了"北大西洋公约组织"的成员，下一站是欧盟。他快马加鞭，席不暇暖，为的是要宣扬"美国回来了"，美国已重返国际舞台，要民主国家联合起来和极权国家对抗，并指名中国有实力，有行动，打破了国际常规，对美国形成直接威胁。那么，拜登的所思所言有商榷余地吗？中国会是美国唯一无二的"假想敌"和强烈的竞争对手吗？

美中现况

1945年第二次世界大战结束后，美苏两大阵营冷战一段时间，到了1990年苏维埃联邦解体，美国便在国际上成为一强独霸。近20年来，全球化和多元化兴起，欧亚地区都有区域性组织出现，整合了本地区的全面力量，集腋成裘，形成格局。这也改变了美国唯我独尊的状态。

但尽管如此，美国仍然是世界上实力最强的国家，其政治、军事、外交、经济、文化的内涵和影响力至今是举世无双的。

中国从1979年开始，在邓小平的主持下，推行"改革开放"政策，让中国从自困自绝的陷阱里解放出来。2001年12月11日在美国的支持下，中国进入世贸组织（WTO），逐渐展开了中国产品远销全球市场的局面，使中国成为"世界工厂"，让中国的生产力日增，数年前已达到仅次于美国的世界第二经济国的显赫地位。中国个人和家属不断增加收入，全民脱贫功效日显。

可是，至今中国总体的硬件和软件实力和美国比，还是差距很大。中国的当务之急是建设中国内部，进入小康社会，让全民享受安居乐业的实质好处。中国政府没有，不必要，也不可能以蒸蒸日上，努力取代美国，成为全球魁首为行动目标。中国在历史上也没有对外侵略、扩张领土的基因存在。明朝郑和下南洋，是要显示中华文化辉煌发展的成果和威望。以后，明朝严禁出海，清朝依样实施。在十八和十九世纪欧洲强国去全球霸占殖民地的同时，中华大地是闭关自守，沉睡不醒，自我中心和不问外务的。至此，应有的结论是：美国不必过分捉摸和担心，认为中国会成为它的对手、强敌和毁灭者。

可是，正所谓："一个巴掌拍不响。"新中国的历史过程和当前作用使得美国产生忌惮。1949年后中国有太多的自上往下发动的全民运动，祸国殃民，一无可取。中国也需要改善人权，给全民提供一个和谐、宽松和充满鼓励的优良环境去发挥他们的能量、潜力和报国心愿。此时，针对民生建设和军备扩充两大任务，中国要以民生为重，军备为缓。世界上没有任何国家，这包括美国和俄罗斯，会向中国发动寻求自杀的热战。而以"为人民服务"为号召的中国的民生建设（个人所得偏低）还要继续加强。

美中互补

记得习近平主席说过一句话："太平洋很大，容得下中美两国。"此语更积极和加以延伸地说，便是："全球建设振兴需要中美两国彼此的理解、接纳与合作去达到其目的。"中美的特长和优点并不重复，中美的经贸结构可以互补和互助，中美的科技发展可以和平竞争，各显其能，中美在诸多国际事务上，如抗击病毒疫情、应对气候变化和打击恐怖主义等领域里可以各尽所能，携手合作。

美国专家已提出议论，认为川普执政时大量提高中国产品输美关税的措施是两败俱伤。这增加了美国消费者的负担，也并没有吸引制造业回归美国；这减少了中国外汇的收入，降低了中国购买美国产品的储备能力。川普在位时和中国签署了第一阶段贸易协定，中国全力执行采购美国农业产品的预定数额，也难以达标。再有，在全球生产、供应和采购大循环一体化、一线牵的大格局下，中国居于不可或缺的关键地位，美国的经贸发展能够和中国全面脱钩、而达到自给自足吗？

结论

美国有使命感，以全球推动民主自由体制为己任；美国有优越感，坚信自身制度良好，全民有创造力，有团结力；美国有危机感，唯恐有后者居上，取代了它的领导地位。

美国应该集中力量，发挥其使命感和优越感。拜登取代川普执政美国，恢复对国际事务的关注和参与，集中力量平复疫情，改善基建，发展科技和打击种族歧视，促进社会和谐等，都是切中时弊，运作得所。美国与日俱进，就自然巩固了它的领导地位。

美国对中国要采取友善理解及和平共存的态度和行动。到头来，中国不是美国的生死大敌，中国可以是美国理当结盟的友邦。

正所谓："美中敌对非良策，双方理解加合作。日久天长见真情，高瞻远瞩胜算握。"

2021年6月18日

美中互动 你来我往

引子：成语说："他山之石可以攻玉"，这是说外在之力可以帮助自身修正缺失。在美中互动十分纠缠和引人注目的今天，美国《纽约时报》于7月初发表了三篇评论中国崛起和美中互动的文章，言之有物，引人深思。我要引述他们的观点和一抒己见。

一

纽约时报7月1日刊载一文，"中国已经崛起，激烈竞争形成，"作者是该报编辑部成员施托克曼（Farah Stockman）。全文要点如下：

1、1990年苏联解体后中国随后崩溃的预测失灵。如今，资本主义制度和专制制度孰优孰劣的争议又起。

2、习统治下的中国成就很大，已经崛起，中国的经济、科技和军事力量强大，如今中国是全球最大的债权国。2028年中国全国生产总值可能超越美国。这形成对美国的威胁，美国两党一致行动，通过了"创新和竞争法案"（Innovation and Competition Act），加强美国对科研和高教的支持。

3、美中竞争有失控可能，但适当处理，成为良性竞争，可产生正面效果，彼此受益。此竞争应导引美国回归正途，投资科研，培养和重用人才，巩固生产供应链，探讨美国持久繁荣的走向和战略。或许美中竞争也可以触动中国领导讨论，去探寻民富国强的真正来源。

中国施展疫苗外交，美国也向全球扩大疫苗援助。中国推动"一带一路"，欧美国家向落后国家进行经济和基建支助。其结果将是赢上加赢，皆大欢喜。

4、中国深自检讨的结果可能会发现，中国的繁荣壮大并不来自思想和意识形态的引导，而是来自中国实行了"改革开放"政策，恢复了私有制度，听取了群众意见，决策时看重实效，全球事务要参与和贡献。这一走向是康庄大道，不容反其道而行。

5、经过2008年的全球经济危机和川普执政四年的胡作非为，中国可以设想，美国形态不是值得它效法的对象。"东方已兴起，西方正衰落。"可是，作者施托克曼认为，美国的民主制度再混乱，也比专制体制好。只要美国贯彻其作风，投资人民，以民为本，就会不断进步，一无所惧。

以上议论有三个重点。一是，中国已经崛起，美中竞争势在难免，但双方要良性竞争，各施所长，造福人类。二是，中国强国之道的靠山不是意识形态，而是吸取国际建设的良好经验，善加采用，兴国利民。三是，美国发展科技，注重人权的侧重和实施，方向对，效果好，这是放之四海而皆准。

二

《纽约时报》7月2日刊载一文，"习近平警告世界：中国崛起，势不可挡。"作者是巴克利（Chris Backley）和布拉德谢（Keith Bradsher）。该文着重说明：

1、中国不再接受外国指三道四的说教，要阻止中国崛起，便要触碰"铁的长城"，头破血流。国家和人民都向中共靠拢，形成铁板一块，密不可分。中共成就卓越，平复疫情，消减贫穷，掌控香港……中国也面临了外界的挑战。

2、明年中国两会召开，习将继续统治中国5至10年。中国共产党成立百年纪念庆典如期盛大举行，宣传到位，治安严防，习的致辞强调中共的成就，对建国初期运动频繁、家邦重创的失误绝口不谈，最后高呼的口号是："伟大、光荣、正确的中国共产党万岁，中国人民万岁。"这也掀起了庆典的高潮和广大群众的呼应。

以上的论点指出，中国高层现已完全抛弃了早年邓小平的卓见和措施——中国加强内部建设要埋头苦干，"韬光养晦"，不要张牙舞爪，对外张扬。如今在美国的警惕和号召下，许多国家都以怀疑和排斥的眼光注视中国。这也恶化了中国对外发展的国际环境，和增强了中国革新进步的阻力。

三

《纽约时报》7月2日另一文的标题是"革命和重建前受挫情况。"作者是迈尔斯（Steve Lee Myers）。

报导篇幅上刊载了中国大跃进、文革和六四情况的三张照片。

该文概述了中共百年的历史。从1921年建党开始，到1949年建国，到1979年改革开放，到习掌权9年至今。对每一阶段的动荡得失都加以描述。

最后谈到习，说他最初的走向和背景是改革为念的太子党成员。而2012年全面掌权后，他清除了对手，以及加强了党的控制。前美国外交高官和中国问题专家谢莉克教授（Professor Susan Shirk）2007年著书，"中国：脆弱的超级大国。提出中国统治者信心不足，因为中共的基础不稳，缺乏安全感，生怕会像以往苏联一样，其整体架构会突然崩溃，迅速倒塌。谢教授也认为，如今国内没有人敢正告习，他执行的政策将付出何等代价。"

谢教授直陈中共强大在外，内在信心不足，要戒备森严，要高压维稳。在"一言堂"的气氛下，下情上达的通道也堵死了。

专制国家的一个特点是，和领导者贴近的人大多要讨主子的欢心，报喜不报忧，常说些悦耳而真实不足的话。这种现象在民主体制坚实，言论自由的国家不会出现。然而，谎言盛行，铺天盖地，最终会动摇国本。

四

行文至此，我要引述6月18日《亚美导报》刊出作者王辉云"闲聊中国共产党"一文的精辟结论。说的是：

由于历史的局限，邓小平虽有意推动政治改革，并启动了"党政分家"，废除领导职务终身制等政策，但在"六·四"事件后，他并未在推动经济改革的同时继续深化政治改革。现在，尽管中国已经成为世界第二大经济体，但贫富两极分化，官员大面积腐败，民族矛盾上升，地缘政治恶化等问题却让党面临新的考验。由于未能深化政治改革，今日的习近平才有了机会效仿毛泽东，在党内定于一尊，并对邓的政治改革遗产提出挑战。他的不忘初心、中国梦再次给人们画出了美好的蓝图，很有可能将引领中国回归到那令人热血沸腾的艰难探索的战斗年代。

中国现代化进程的最大障碍就是政治体制。然而，深化政治改革，又谈何容易！当前，中共面临着"改革就要亡党，不改革就要亡国"的困境，这让一个百年老党，情何以堪？！

作者指出，共党建党百年面临最重大和最终的考验是，救党和救国，何去何从？

五

美中互动：美中是当前世界上经济、科技和军事力量最强大的领先之国。中国现已崛起，美国独霸的局面发生变化。但中国是否有意要抢先，和美国是否要极力防范，就敲定了双方今后互动的走向和内涵。一旦美中恶斗不息，你死我活，就要形成两败俱伤、一无是处的恶劣结局。尽管当今，针对国际要务，美中双方合作的领域仍然宽广，但双方缺乏互信，警惕高涨，以争斗为主流，就无法通力合作，共襄盛举。此外，欧美诸国批评中国轻视人权，中国如何反应，至关重要。

所以，美中双方面临的考验都是在当前严峻又微妙的情势下，双方如何适当互动，在维持本国基本利益的前提下，共同步入"柳暗花明又一村"的良好转换境界。

我一直认为，中国没有必要、实力和野心去和美国争夺世界第一霸权。美国也没有必要产生恐惧,中国要取而代之,因而势必要全面封杀中国的进步和发展。东西并存的中美两大国家终究要走向携手互助,优劣互补的途径,共同肩负起造福世界的重责大任。这也正如7月8日中国国家副主席王岐山在"纪念基辛格秘密访华50周年活动"时所说:"只要秉持全人类命运与共的理念,中美两国之间的问题就不会根本对立、不可调和,就能找到一条和平共处合作共赢的道路。"

7月2日传来好消息。美国政府六月工作报告里指出,6月里美国劳动市场增添了85万就业人数。美国就业增长和经济复苏的势头已出现。拜登执政日见成效,国内情势好转,这也相对减少了美国与华对抗的必要和力度。

结论:早年中共和国民党掀起斗争,意在铲除国民党一党专政的独霸和弊病,以缔结一个"自由民主的新中国。"中共应不忘初心,以此为念,力促其成。

如今台湾的建设已初见民主体制的形成。这对中共的改革自新提供了参考和鼓励。华盛顿和台湾保持密切的非官方关系,支持台湾拥有国际运作空间,但绝不会支持台湾独立。

中共若能脱胎换骨,去一党之私,改变独裁政体,以国家和人民为念,则可救国救民,实现中国和平统一,而功载史册,垂名千古了。

正所谓:"美中要良性竞争,中共要民主才成。民族要复兴振作,世界要和乐呼声。"

2021年7月6日

美中避免恶斗 双方诚心携手

引子:有两句俗语意义相反,而并存不误。一说是"历史不会重演",二说是:"历史必定重演"。后人从历史中汲取教训,不再犯类似的错误,就可以做到历史悲剧不再重演。反之,就会形成"历史重演"的不幸事实。

美国2001年军事介入阿富汗,2021年失败撤军。这一教训针对当前美中对抗情势而言会有什么启示和提醒呢?

智者有言

《纽约时报》9月8日评论版刊出一文,"反恐战争后,继以对华战?"作者是新闻界名宿托马斯·弗里德曼(Thomas L. Freidman)。他撰文说:"美国介入阿富汗20年重建国家的演习失败后,有许多美国人和分析者说,'假如20年前我们就有今天的见识,我们就绝不会走上那条路。'这乃兴起一问:我们如今在外交政策方面的作为,在20年后回顾时也可能说:'假如……我们就绝不会……'同一句话"。

我的答案是：中国。

我的担心要分段说明：从1979年到2019年的40年间美中关系已登顶峰。其间虽有起伏变化，但两国间经济稳定整合的成效已登峰造极。此一整合促进了世界经济全球化的进展，也产生了40年来世界两大强国之间的和平相处。要牢记，强国之间的冲突导致了翻天覆地的世界大战。

美中联手促进全球化的时代使一些美国生产业工人失业，而对其他产业扩展了大量新的外销市场。让中国、印度和东南亚一些国家千百万人民脱贫，也让许多货品物美价廉，让更多的美国消费者乐于接受。

总之，在这40年间世界经历了相对的和平与繁荣，与美中携手息息相关。

而近5年来，美中两国正走向分离，甚而是直接对抗的道路。我认为，起因是中国在海内外加强了霸道的领导方式和外贸政策，在经济结构实力方面产生了变化。

长此以往，很有可能美中两国，和很多其他国家，会在20年后回顾说，美中关系于2020年代初的破裂导致世界形成了更危险和更贫穷的局面。此时此刻，我们和中国都要回答一些严重的问题，因为一旦好景远逝不再，会让我们感到万分痛惜。一位学者认为，假如美国转移对中东的专注，而走上和中国战略抗衡的不归之路，有三个基本问题要就此提出。

一是，我们（指美国）是否有足够的了解，可以认定这一庞大和变化的中国社会的动力是要向全球推广专制主义？尤其是，这将引发美国全力的反击，而更加煽动了中国的国家主义。

二是，假如我们认为，形成一个合作联盟是美国独特的长处，我们向欧亚盟邦传递信息之余，有没有充分理解到它们和中国的政经关系的实况，而确认它们要维护其经济利益和价值观，就得采取一致的对华立场？

三是，假如我们相信，20年反恐战争之后，美国的优先重点是，内部修整——要改善在基础建设、教育措施、国民收入和种族平等各方面的缺点。此时此刻，要强调中国的威胁是更有助于，还是更有害于美国内部修整的实施呢？剑指中国可能激发美国国民更努力于内部建设，也可能使整个美中关系恶化，直接影响到产品供应链、学生交流和中国购买美国政府债券等。

无论如何，在反恐战后转向对华战之前，我们要三思而后行。我们的子孙后代在2041年会感谢我们。

作者见解

以上的议论十分及时和引人深思。我对该文所提的三个问题有以下见解：

一、从中国的历史文化背景看来，中国没有对外侵略和领土扩张的细胞和DNA。以往数千年帝制的中国是闭关自守，自给自足。今日的中国和国际社会往还是全球化影响下必然的生存手段。实现中国的古训："修身、齐家、治国、平天下。"也只到"治国"为止。那便是风调雨顺，国泰民安。习主席发言的口气可以很大，而他的重点是振兴国家民族，百姓安居乐业，中共掌舵长治久安。中国不必、不能也不会向全球推动意识战，和美国一争长短。

二、美国独霸全球、唯我独尊的时代已经过去。欧亚各国基于中国的全盘实力，会和中国保持良好的互动关系，它们也不会靠边站，在美中两国里明显取舍，欧盟诸国如此，在亚洲美国的三大盟邦——日本、韩国和新加坡，也都要维护其基本国家利益，不得罪美中两国。所以，美国要联合盟邦，采取统一的敌对中国的立场和行动是无法实现的，必将事与愿违。

三、美国集中全力从事国内建设，不能再增加和中国全力对抗的额外负担。美中两国在彼此交流和全球事务里合作空间很大。美国可以坚持自由民主和人权至上的呼吁，对中国不断提醒和鼓励改进，而不可视中国为生死大敌，志在必除。美国与中国善处有道，会加速美国内部建设修整的步伐和成效。

我真诚希望美国从阿富汗撤军是振兴美国的开始，也能掌握契机与中国携手，造福人类和世界。

拜习电话连线

9月9日拜登主动邀请习近平进行了他就任总统以来第二次和习的对话交谈，历时约两小时。

事后，白宫发布说："美中元首进行了广阔战略性的讨论，谈及双方利益的结合处和双方利益、价值和观点的分歧。……他们同意要公开和直接针对这两个领域进行互动……双方要如何负起责任，以保证彼此的竞争不会沦于恶斗。"

拜习电话交谈后，中方的描述是：中美领袖进行了深度的交谈……世界的命运有赖于中美之间能否保持友好……双方合作对世界有益，双方冲突将引发巨祸……美国不能一方面采取行动损害中国利益，而另一方面希望中国与美国进行合作。习主席说，"中美要展现发挥政治的勇气去推动中美关系，尽快回归稳定发展的正途。"美中关系不是一道是否搞好的选择题，而是一道如何搞好的必答题。

看来，美中关系的发展已出现"山穷水尽疑无路，柳暗花明又一村"的转机了。正所谓："往事往矣不可追，汲取教训得实惠。美中携手奔前程，造福世界人间美。"

2021年9月17日

可亲可佩的美国第一夫人

引子： 当然，美国第一夫人吉露·拜登（Jill Jacobs Biden）是一位名至实归的特殊人物。她是美国历史上，身为第一夫人和第二夫人时保持全职教学的唯一者。在拜登总统身负"拯救国家灵魂"重任时，她也是辅佐在旁、不遗余力的好伙伴。让我们仔细看看，她是何等人物。

一、家庭出身： 她的父亲唐纳德·雅各布斯（Donald C. Jacobs）祖籍意大利，在美国曾做银行职员。二战时服役海军，战后读完商业学校，主持了一家贷款公司。其母一直是家庭主妇，是英吉利和苏格兰的后裔。

1951年6月3日她出生于新泽西州汉蒙顿城。吉露自认从小拥有叛逆性，喜欢社交生活，以恶作剧者自居。她有独立个性，就学时喜欢英语课，是班上的好学生，15岁时就开始在餐馆打工挣钱，一心要发展自己的事业。

二、事业方向： 她喜欢英语，就也终于走上英语教学的专业。1975年她在特拉华大学获得英语学士学位后，便开始在中学执教英语。她上进心强，其后在两所大学修完教育硕士学位，再于2007年1月，时年55岁，在特拉华大学获得教育博士学位。

三、结缘拜登： 1975年3月经拜登弟弟弗兰克介绍，她初次和拜登约会。弗兰克在大学时认识了她，拜登大她9岁，仪表堂堂，时任美国国会众议员。四年前拜登的原配和女儿车祸丧生。她和拜登约会后回家告诉母亲说："妈妈，我终于见到一位气度翩翩的绅士了。"

1977年6月17日她在纽约市联合国教堂完成与拜登的婚礼，他们去了匈牙利的贝拉顿湖畔度蜜月。1981年6月8日他们的爱情结晶艾希礼（Ashley）女儿降生。

四、坚持教学： 身为第一夫人、第二夫人，而坚持教学不辍是十分难能可贵的。这反映了她的信念、价值观和个性。她认为："我很喜欢透过教学对学生产生重要影响。我对他们别有偏爱。教学让我感到心安理得。"

如今她是北弗吉尼亚社区学院（NOVA）执教英语的副教授。和另一老师同在一个办公隔间。保留了对学生个别指导的时间，是一位名声在外的热情老师，接近学生，教学从严。偶有要务在身，不能上课时，一定按照校规，预先请假。她认真教学，学院也用心加强了安全措施，学生入教室前要经过金属检测器。她在学院教员名单上采用了J. Tracy（婚前之名），不使用拜登之姓。

在美国，大部分就读社区学院和职业学校的学生都来自社会和经济条件较差的家庭。她对此深有体会。她曾多次应邀，在学院毕业典礼上以主讲贵宾身份致词，她便鼓励他们说："也许像我一样，人生并不如意。你们到达今天，已历经艰险，超过预期。但，不论你是谁，都要知道，今后会无往不利，事想可成……"在另一次讲演里她又说："有时候你的一天充满曲折和变数，难以顺利度过……但不论你的人生走向何方，今天你已经获得一技之长，是一个造船人，是一个领导者，这份成就不可剥夺……"我认为她的谈话发自肺腑，非常真实和感人。

五、辅佐夫君：从各个角度看，她都是拜登家庭和事业的好伴侣和好帮手。

今年夏天拜登的日子很不好过。疫情持续未了，通过预算受阻，阿富汗撤军遭受非议……她对报纸记者说："我爱他，深深感到痛苦。他的遭遇让我感同身受。拜登要促进两党合作，我不能做旁观者。"她认为美国的诸多难题不能轻易地迎刃而解，但她确认拜登是解决这些问题的最佳人选。她也认为拜登施政百天以来已初有成效。美国时尚杂志Vogue今年6月刊描述她到处宣讲，走遍美国42州，其身份"不是第一夫人，或是教授，而是拜登团队的重要成员，即参政，又议政。"她自己说："我到处旅行时，感到人民可以松下一口气了，这也是拜登当选的原因之一。人民希望有人能够入主白宫，抚愈国家创伤，平复疫情。拜登努力做到了，他是一个更加镇定的总统，可发挥降温作用。"

Vogue杂志评论吉露说："她有动力，勤劳，有人望，平易近人。她在推广一种新观念，显示我们最基本的架构应如何运作，这包括基本建设、教育措施和公共卫生等。她一面全力维持其全职教书工作，一面发扬她人性的光辉和掌握了人生的要旨。"

她在拜登身边展现的"不是政治人物和顾问角色，而是身为乃妻，有可靠的直觉和敏锐的洞察力，去赢得拜登的信任。"

拜登2019年4月25日正式宣布参加总统竞选。她全力以赴，联手出击，旅行宣讲时着重和拜登的反对者接触，力陈拜登的政见和理想。她认为这些人事后回想，可能得到的结论是："也许我们对拜登原有的想法是不对的。"有分析力的旁观者认为："在竞选宣言和策略做最终决定的时间，她都是亲临现场，协助拜登一锤定音。"

在拜登竞选宣讲时，两次有捣乱者冲上讲台肇事，一次她手臂一挥，击退来者；一次她置身拜登和捣乱者之间，阻止了来人的侵犯。这都是她护夫心切，付之行动。

拜登夫妇彼此情深爱切。在公共场合拜登以"吉利"（Jilly）和"宝贝"（Baby）的昵称直呼其妻。她外出旅行时，每隔几小时，拜登都要和她通话一次，这是关怀和细心结为一体。

六、着装风度：贵为第一夫人，她没有聘请时装专家为她服务。按说，第一夫人如何着装在公共场合出现是受到了世人全天候的关注，这不论当事人意向如何。对此她是名声卓著的疏忽者。她曾对一家时尚杂志记者说："我十分惊讶，有那么多人关心我的穿着。"她从不采用服装外交策略,而以不同方式取胜。

她担任美国奥运代表团的领队于今年7月前往东京4天。此次奥运会的主题是,为全球和人类,"要更好,更团结"。她在开幕式里穿了浅蓝外套和白裤子,裤腿上绣有"美国"的字样。配合了美国奥运会团员的标准服装,也发挥了为他们助阵打气的作用。她也穿着了一些美国服装设计师制作的衣服在其他公共场合露面。这都是以往曾经穿过的服装,要知道,美国超级的权贵女士每次在重要的公共场合出现都一定要服装翻新,避免重复。而她却另创一格,立意是:"重复着装可以突显其价值。服装可爱,贴身适用。就一定要重复使用,这是得当持久的投资。这一信息要广泛宣传,恰得其用,人人获胜。"

七、白宫生活:她在白宫生活的习惯是,起床早,做健身运动。早年她曾是长跑爱好者,每周五次长跑,路程是每次五英里。她也曾数次参加马拉松长跑竞赛。

拜登公务繁忙,而他们时常共进晚餐。拜登的爱好是通心粉,她是烤鱼,佐以红酒一杯。他们在就餐时谈家常,轻松自在。她常常阅改学生作业(登机出外时也会把改作业作为例行工作)和阅读信息,直到深夜就寝。

有记者问及她是否适应白宫生活,她说:"你知道,这十分神奇。一间屋子比另一间更漂亮,让你感到震撼。白宫服务人员知道我们承受的压力很大,他们便全力以赴,使白宫环境更完美,房间优美,花朵怒放,餐食香甜……"

拜登夫妇熟悉了白宫的环境,却遗憾地失去了在以往住所行动的方便。2017年6月,他们耗资270万美金在特拉华州一处海滩购置了一所度假楼房。拜登担任副总统的年薪是23.5万美金,吉露任教年薪近10万。他们额外收入的主要来源是著书和讲演所得。2019年他们公布的家产总值是1700万美金。在美国,这称不上是什么大富豪。

拜登总统对居住白宫的抱怨是:"以往不住白宫,我可以随便打开大门。如今身在白宫,我要打开朝向杜鲁门阳台的窗子,安全人员就得事先清退窗前远处公园的游客,以策安全,以防万一。"

总结:拜登总统夫妇是佳偶一对,值得敬爱。我衷心希望拜登面临的政治艰险可以最终化险为夷,雨过天晴。明年美国国会改选,民主党也应团结一致,战略成功,可以保持参众两院的微弱多数,让拜登的施政得到呵护和支持,顺利进展。吉露诚然是女中豪杰,人间罕见。我祝福她身心健康,教学顺利,家庭幸福。

正所谓:"辅佐夫君尽全力,教学不辍接地气。着装清雅树良风,第一夫人朝天立。"

2021年10月15日

美中互动要踏上正途

引子

历史悠久、声誉卓著的美国第一大报《纽约时报》销路宽广，立论严谨，一向十分关注美中的现状和关系走向。今年10月中旬到11月上旬已陆续发表多篇议论，集中于此一话题。显然在当前情势下美中互动的情况是全球关切的热门话题。那么，美中关系的何去何从究竟是怎样呢？让我用美国舆论、美国行动和我之所见加以说明。

美国舆论

于此我要引述纽约时报各篇议论文章的主要观点。

10月18日"不要称其为冷战"一文的结论是，中美历史文化各有其源，背景不同，中美之间的差异一定存在。但全球化已牵引两者同登一条船，彼此要依赖与合作是既成事实，双方要高瞻远瞩，拟定良好的互动政策和相关行动。

10月20日"中国已形成威胁"一文总结说："1979年中国开始改革开放，西方乐见其成。盼望中国可在经济和社会的领域里日加民主和开放。如今中国已势力强大，却反其道而行，对世界和中国的前途都形成不利。中国当前对内对外的行动是加压和威胁，已失信于天下。"

10月24日"拜登对华有何良策可施"一文指出，美国对华欲软硬兼施，但始终找不到确切答案。拜登欲联合盟邦，对华形成全面对抗（人权、科技、台湾……），但要掌握重点，优先处理可见实效的一部份，如贸易投资、气候变化和掌控军备竞赛等。

拜登政府若事事指责中国，视其存有最终颠覆美国的阴谋，就偏离了造福美国国民的目标，并增强了中国对美的敌意。美国的盟邦都要各自打算盘，不会一致登上美国对华的快车，同向行驶。

美中在人权和意识形态等领域里的分歧会继续存在，美国可以保持关注，但要理解，其影响力是微弱的。

美国要给中国可以获利的期盼，双方可以成为彼此尊重的伙伴，相互建立稳定和有建设性的良好关系。如今这一期盼仍待实现。

10月28日"中国试验新武器惊动了五角大厦"和11月4日"到2030年中国可能拥有一千枚核弹头"两篇文章都说明中国正在军备更新，成效可观。美国不可忽视轻敌，而要相应行动。

10月31日"中国持隐避心态，内部自理优先"一文指出：习近平主席最近没有出席G-20高峰会议和联合国气候大会的原因，除了疫情干扰的可能因素之外，更重要的是习认为他没有亲临会场的必要，他要留守中国，处理内务。据统计，疫情发作前，习每年平均出访14国，历时34天。而2020年至今，他是稳若泰山，足不出国。

11月2日"假如外星人入侵，中俄会和我们协防吗？"一文巧妙和慎重指正，如今世界人类的空前大敌是气候变暖，全球遭难。它的入侵是不分国界、人种和地区，是一视同仁，下手无情，形成热浪来袭，狂风暴雨，水面上涨，物种灭绝……

中美两国如今是全球排放二氧化碳和甲烷气体数量最大的国家，它们既有责任也有必要去认真合作，削弱和抑制气候变暖对地球生物形成的致命威胁。

11月6日"和中国没有冷战"一文开头便说："认为美国和中国已展开冷战是失当之说，这不符合历史、政治和美国的未来。拜登政府并不接受此说，但其行径却已展现了传统冷战的思维。早年美苏冷战集中在军备竞争和意识形态领域，如今美中对抗则在军事、经济和社会三个层面同时进行。

就经济层面而言，美中双方是深度的彼此依赖。2020年美中贸易总额超过5000亿美元（美输华1240亿美元货物，华输美达4300亿美元）。双方的贸易无法脱钩，许多国家和中国经贸往还密切，也不能登上脱钩之船。

美中两国的社会环结也是密切相关。在新冠病毒疫情和气候变化里双方更无法分手。中国王毅部长曾提醒说，美中全面关系不好，要在气候问题里充分合作，很难。

如今美国军事力量超越中国，中国正在推动军事现代化，要奋起直追。美国要维持在亚太地区的军事平衡力量，正和印度、日本等盟国加强合作。

当前在政治竞争的领域里也与前不同。早年斯大林和毛泽东曾努力输出共产主义，今天各地街头设有推动"习近平思想"的呼唤。中国正集中力量支持其集权政府和防范外界对它的批评和指责。无论如何，美中之间已经锁定了"合作竞争"的纠缠局面。

悲观者认为中国人口众多，经济进步，可以超越美国。但是我们只要重视和善处盟邦，我们的综合力量在本世纪里领先中国是无可置疑的。拜登的对华策略则要是经济、军事和社会方面齐头并进，缺一不可。

11月8日"习从容自如，重写历史，领导中国"一文论及，今年11月8日至11日中共将举行高层会议，对建党百年的历史和成就作出总结。其中将突显习的贡献至伟，和开国的毛，开放的邓，并驾齐驱。习是承先启后的英明领袖。这一总结已奠定为今后学校教育和文化宣传的主调。

以上是美国专家们对美中关系评论的概述。可归纳为以下三个重点：

美中之间当前的竞争不是传统的冷战模式，而是更加复杂和多元化，斗中存合，合里含斗。

世界和平与繁荣依赖美中的合作与贡献，这是大势所趋。双方如何掌握竞争与合作的内容与走向，是关键所在。

美中要暂时搁置一些争议，而集中在可以合作奏效的工作领域里，齐放光彩。彼此增进互信和友谊，为世界人类长远大计做打算。

行文至此，我要提出一位美国智者60多年前对美中关系的判断。其人是美国学界泰斗，美国哈佛大学的历史教授费正清（John King Fairebank）。1958年他再版更新其名著"美国和中国"。在全书结论里说："我们不可能断定，中共至今的失当行为足以导致它的自身毁灭。坚握这根稻草无助于我们。我们要面对美中关系的新局面，努力研究，感情成熟，才智高深，这需要美国的总动员。中国人要在西方列强的鼻息下学习和生活的时代已经一去不返。今后我们要学习如何在同一地球上共同生活相处。"他还认为台湾不能成为"两个中国"之一，而台湾符合民意的现有自主政体要加以维护和支持。正所谓："姜是老的辣"，费正清教授的见解至今属实。

美国行动

拜登上任美国总统后继续了一些前任川普总统对华的经贸抵制措施，而摆脱了川普的孤立行动，重新投入国际舞台。近来他亲自出席G-20高峰会议和联合国气候大会就是要现身说法，全力操作。

如今美国参众两院已形成对华警惕和防范的共识。中情局最近也专设了"中国情报中心"，要全力收集网络攻击和技术窃取等领域里中国动向的情报，加以整理分析，做出政策建议，供白宫决策者参考使用。美国中情局局长的说法是："我们已面临了21世纪最重大的地缘政治威胁，来自满怀敌意的中国政府。"

10月20日拜登总统提名的美国新任驻华大使伯恩斯在参众两院审询会议里发言说："中国是美国最危险的竞争对手。中国人太咄咄逼人了，在多处展开凌霸行为，这已引起诸多反对，让中国在国际上相对孤立起来。我们既不要夸大他们的力量，也不要低估我们的能力。美中竞争围绕于经济和技术力量，而非军事实力。"

美国为增强科技能量，参院已通过"中国法案"，增拨预算，强化美国在芯片、人工智能和高速运算等尖端领域的实力。

我的意见

美中的对峙与合作势必双管齐下，同时进行。如何将对峙变成建设性而非彼此杀伤，如何让合作可以互补和加以延续，这便是如今要慎加探讨的课题。让我分军事、科技和经贸三个领域来讲。

军事：我要率先指出，美国要彻底领悟和自我约束，切实领取多次涉外战争（一战二战除外)败北再三的痛苦教训(最后一例是阿富汗战争)。美国不要把军事武力的黑手伸的太长,做世界警察。要解决任何国际纷争都是采用"我的拳头大,我说了算"的唯一逻辑。要尽量优先使用外交和政经力量去化解国际纠纷。

美国应和中俄两国携手,形成协议,停止核武竞争和太空战略部署。国际社会(这包括中美两国的投入)也要促成朝鲜半岛无核化,和防止中东地区核武的扩散。

挺进太空是发挥军事力量的储备方式之一,如今中国要登陆月球,美国要入驻金星,这实非当务之急。英国王子威廉说得好:"我们要专心于拯救地球(免于气候变暖的灾难),不要以探索太空为首要目标。"

科技：人类如今面临的最大威胁,如气候变暖,能源不足,粮食短缺等,都要依靠科技的创新和发展,产生新的技术和产品去满足相关的需要。再有,人类日常生活的各种必需品也要充分供应。这需要原料充分,生产及时,储运有方,分配得当。这都要在科技和管理的领域里寻求答案和出路。

10月19日纽约时报刊载"核聚变有望实现,投资者用心注资"一文言及,透过核熔融反应技术可以产生巨大的绿色能量,此技术一旦成熟运用便可取代燃煤和燃油的使用,让自然环境更清新,让能源供应更充足。这需要国家政策和民间投资的全力投入,以促其成。

如今许多重量级的汽车制造公司都订下目标,要在二、三十年后停止燃油汽车的生产,转而生产电动汽车。于是如何让电动汽车蓄电池重量减少,充电迅速,能量扩大,成本降低,再加上普设充电站,方便驾驶者。这些改进都得在科技领域里求其正解。

发展科技要靠人才。川普执政美国时提高了门坎,减少和限制了中国高校毕业生和科研人员进入美国进修和工作的签证。要知道,1997年到2017年之间,中国大量科研人士和学生用J-1和F-1签证进入美国,人数之多是外国旅美者之最。2018年美国各大学颁发给中国学生4千多名在理工领域STEM(科学、技术、工程、数学)里的博士学位。他们大多数留在美国就业,部分返回中国,而和美国同行保持工作关系。中国一些科技发展也效法了美国的运作模式,从而增加了彼此的信任、成长和分享。这也让中国的科技发展增加了实力。

在全球化的今天,中美科技人员的交流和互助是双方受益。彼此疏远便一同受损。(以上内容和数据取自华盛顿邮报所载"川普政府削减中国科技人士入美签证,会反弹受损"一文)。

经贸：全球经贸已经形成浑然一体,世界各国各地要各司其职,各尽其能。全球的生产线、供应链和运输网也都是成熟发展，结为一体，是彼此依赖和同甘共苦。

中美经贸不能彼此脱钩。中美工商产品的互补性也强。中国擅长劳务密集的轻工业产品，如电器、服装、鞋帽、玩具等，美国则偏重高科技产品，如飞机和重机械产品等。于是双方可各擅胜场，生产其拿手产品，双方再通过外贸，彼此供应。

川普执政美国时和中国签署了首轮的贸易协定。中国在两年来疫情严峻的重压下尽力而为，已大体实现了购买美国产品的预定额度。第二轮美中贸易协议适时登场，双方要真诚检讨首轮贸易协议执行的得失，在二轮协议签订时进行必要的调整和改进。

美方可以考虑减少或免除部分中国输美货物的关税，让中国生产者多获利，让美国消费者更省钱。这是两全其美之举。美国坚持的几方面，如保护专利，减少中国政府对国企的贴补，增强对民企的扶植等，都是符合国际市场经济运作的原则，这也是中国要努力求进的方向。中方在第二轮中美贸易谈判时要尽力朝此目标迈进。

结论

为中美双方利益着想，彼此不宜纠缠不已，要尽早回暖到相互正常积极运作的正确方向。

11月10日，在英国召开的联合国气候峰会里传出好消息。在美中关系绷紧之际（双方有经贸和人权等方面的争议），两国联合公布，要携手在气候变化领域里采取必要措施，做出重要贡献。11月11日纽约时报有关报道一文的标题是："意外达成协议，缓解美中紧张"。

美中两国互存、互赖、互补、互助的现实性、必然性和重要性是有目共睹，不容置疑。双方要秉承耐心、细致、诚恳、善意和智慧去共同进行良性竞争和充分合作。达到此目标，是对中美双方胸怀、视野和胆识的最大考验和挑战。

美国白宫国际安全顾问苏利文于10月20日证实，拜登总统与中国习近平主席将在年底前安排一场双边视频会谈。确切日期待定。在美中激烈交锋之际，最高层级的外交接触将是重中之重。我希望在双方会谈的承诺与成果里可以看到更清晰和圆满的美中互动走向。

正所谓："美中互赖是本份，合则两益分则损。有智有谋寻出路，大仁大勇定乾坤。"

2021年11月12日

美中互动 走向如何

引子： 由美国拜登总统建议召开的拜习视频会已于2021年11月16日上午中国时间召开，两国元首倾谈了彼此的利益观点和相互的期盼。这缓解了近来双方的对峙，将互斗降温。此举是美中关系发展迈上正途的第一步。而12月6日白宫宣布外交抵制明年2月在北京举办的冬奥会，美中关系又生一变。那么，今后美中互动的走向会如何呢？我以美方论述、中方立场和理想走向三节一抒己见。

一、美方论述

《华盛顿邮报》11月16日社论说，美总统拜登和中国主席习近平于11月15日晚（美东时间）进行视频会谈三个半小时。拜说，"肩负美中两国元首的责任，我们要保证双方之间的竞争，不要在有意或无意之下变成冲突。我们要维持简单、直截了当的竞争。建立共识的护栏，理清分歧，进行合作"。

习可能认为，平稳国际局势、改善中美气氛是有益的。这可促进经济复苏，便于明年二月在北京召开冬奥会，他也可顺利实现在明年11月后继续5年执政中国。

针对中国在多方面展开的凌霸行为，美国不能放松警惕要和盟拜联手处理。

《外交政策》刊物撰文说：会谈没有重大突破。但双方同意要管控分歧，缓解在台湾、贸易和亚太地区的紧张情势。旁观者认为，"双方的会谈是彼此尊重、直接和坦率的。"拜登陈述了美国的基本利益和价值观。双方也论及在国际健康安全和气候变化领域里展开合作。美国"一中政策"不变，也反对中国单方面行动改变台湾现状。

美中元首会谈时双方都有要员列席旁听。美国有国务卿布林肯、国家安全顾问沙利文和财政部部长耶伦等。中方出现的要员有国务院副总理刘鹤、中共外交工作委员会办公室主任杨洁篪和外交部部长王毅等。

《纽约时报》11月17日头版头条新闻分析的标题是，"拜习会谈调解紧张。"文内说，在美中关系危险下滑之际，美中元首会谈没有产生重大突破。然而，两人力图避免将两国多方面的争议恶化为更广泛的冲突。拜登认为，美中之间有多方面的强烈竞争，但不会产生致命的对抗。他们会谈若可促成局势缓和，就是外交的成功了。

在缺乏互信的情况下要平稳双方关系，两国元首都已各尽其言，但关键是双方要坐而言起而行，调整政策，改变方向。

会谈后没有发表"联合公报"和列举合作方案。但值得注意的是，今年9月拜、习通话后，中美关系有所好转。美国国务卿布林肯和中国外长王毅在G-20首脑峰会里彼此交谈，其后又多次通话。美中两国气候特使克里和谢振华在十月份联合国气候大会里宣布美中携手合作。北京也赞扬二战时美国飞虎队援华抗日的义举。中驻美大使秦刚说，飞虎队的事迹是中美人民以生命和鲜血凝铸了双方深厚的友谊，此一友谊要继续下去。

11月16日，美国白宫发表简报说，拜登总统于11月15日和中国习近平主席举行了视频会谈，讨论了两国间的复杂关系和负责任地管控竞争的重要性。两元首论及双方利益和要务的结合与分歧所在。

拜登总统关心中国在新疆、西藏、香港和台湾的行动，在经贸领域里有不公平的措施，在亚太地区保持自由和开放的重要性，也包括要维持台湾的现状。

双方要进行竞争而不走向冲突，双方要保持信息的沟通，畅行无阻，在全球健康安全和气候变化的领域里要携手共进，造福人类。

他们也论及地区性的挑战所在：北朝鲜、阿富汗和伊朗。这一切关心问题双方以后要继续讨论。

二、中方立场

习主席在会谈里称，拜登是"老朋友"，以示友好。他提出中美相处的三原则是，相互尊重，和平共处，合作共赢。又说，中美两国是两艘在大海中航行的巨轮，我们要把稳舵，使中美两艘巨轮迎着风浪共同前行，不偏航，不失速，更不能相撞。中美两国要展现大国风范，平等互利，发挥能量，共同合作。

习主席在会谈中也底气十足地提醒说，进行新冷战，提高意识形态划线，阵营分割，集团对抗，将给世界带来祸害，玩火者终必自焚！

《中国新华社》11月17日发布新闻："中美元首视频会向世界释放积极信号。"香港《亚洲周刊》11月22日刊载两文评论拜习视频会谈。其一的标题是："中美互动分析未来全球局势"，结论是："美中冷战并非不能避免。两国共荣共存，可为人类建立更好的未来。"周刊另一文标题是："习拜会斗而不破的信息"，信息是："习近平呼吁健康积极的中美关系，拜登要确保两国竞争不走向冲突。"

综合以上中方的论述，结论是："审慎乐观，有后望焉；目标明确，任重道远。"

三、理想走向

拜习会谈是美中两国元首意在改善两国关系的及时之举。但意愿要加以实践，理想要付之行动。美中互动的理想走向是如何呢？我就此分两小节加以申诉。其一是，高瞻远瞩，造福人类。另一是，求同存异，顺其自然。

高瞻远瞩，造福人类：11月14日《纽约时报》一议论文的标题是："拜登的世界观究竟如何。"论文寓意深远地指出，拯救地球和维护万物生存是世界要务里的重中之重。国与国之间的勾心斗角都是相对次要的。一旦气候变化施虐得逞，全球温度上涨，海拔升高，狂风暴雨，涝干极端，全球已不适合人类居住，美国制服了中国，中国取代了美国，又有何用？

因而世界上各个国家，美中两国居其首位，要全力以赴，努力竞争的是，争先恐后为其人民提供最安全、最清洁的生活环境，迅速建立和使用清洁能源和相关技术，为民造福。也要尽力帮助贫弱国家改善其基本建设，减低其污染排放，增加其人民福利。

近来美国国会通过了拜登总统提出的总值逾三万亿美元的"基础建设"和"更好重建"方案，就正是计划长远，要逐步改进美国的基础建设，增加就业岗位，便利经济发展，加固社会保障，加强医疗保健，提供幼儿免费教育和应付气候变化等需求。

当前拜登总统沿用了特朗普重课中国输美货物关税的措施。这加重了美国消费者的经济负担，促进了美国的通货膨胀，恶化了港口货运的堵塞，算个总账，其实是得不偿失的。《纽约时报》11月25日评论版一文的标题是："中止破坏性的特朗普——拜登关税（对华）。"

这是真知灼见，有待实施。

当然，中国施政也要朝为人民增进福祉方向前进。这要顾及社会和民生两方面。要制造轻松环境，要鼓励创新发展，要放宽言论控制，要重视人权维护，要支持民营企业，要打压贪腐行为，要扶持贫弱族群。

附带一提的是，中国秉承了苏联早年的传统，政治挂帅，也把竞技运动和国家荣誉繁密挂钩，全盘政治化。因而对国内外运动健将的一言一行，凡涉及有"政治不正确"之嫌，就立即迎头痛击，全力反制。最近一例是国内发作，而全球尽知的彭帅事件。

奥运会网球女双冠军、中国网坛名将彭帅月前提出，曾遭受中国副总理张高丽性侵，这震惊了中国领导，北京立即展开全面攻势，不反应彭帅指诉，封杀彭帅消息。此举引发和扩大了国际上的关注和反弹。世界女子网球协会12月1日宣布，该会今后停止在华举办比赛，多名国际网坛巨星一致声援支持。此反应非中国官方始料所及。

美国白宫12月6日发布新闻声称，美国因不满中国人权不彰（彭帅事件又增一实例），决定采取外交抵制，不派遣政府人员参加明年二月北京冬奥会，运动员则参赛不误，不受影响。随后，英国、法国、澳洲和新西兰都加入了美国抵制的行列。中国官方对此强烈不满和指责，但木已成舟，无法复原了。

求同存异，顺其自然：求同是中美双方有共同关切时彼此协手，做相互有利和造福人类的事。这包括促进经贸繁荣，压缩军备竞争，防止核武扩散，减少区域冲突，助长科技发展和应付气候变暖等。

存异是由于中美历史、文化的差异由来已久，会持续存在。双方在意识形态、社会制度和价值观念各方面是各执立场，各成其说。然而这种差异不是需要立即解决的致命冲突，可以听之由之，顺其自然，让时间的进展去冲淡其差异，让全球化的作用去促进其融合。美中两国都要首先搞好内务，把自己的国家建设好，再争先为全球人类做贡献，努力向世界证实自己的制度是更优越的。

当前和今后也不存在什么"老二要争登首位，把老大取而代之"阴谋的设置和兑现。中国历史和文化的传统里没有强行扩大领土的基因和表现。中国的古训，"修身、齐家、治国、平天下，"实施时也只是到"治国"为止。那已是充分地光宗耀祖和名扬天下了。

请不要相信"中国威胁论"，也不要认为"中美难免一战。"美国要收敛"武力取胜"的行为，中国要证实是真正的"和平崛起。"

处理世界事务，中美互相的关系是：我中有你，你中有我。习主席在11月15日和拜登会谈时说的好："美中协手不是万能的，但美中分手则是万万不能的。"其言妙哉！

于是，美国要认可，中国在亚太地区是其大本营所在，位居老大，不容置疑。同时中国也要理解，美国涉足亚洲，是要和亚洲诸国打交道，以维护其基本利益，这势在必行，理所当然。

结论

拜习会后，中美关系的发展已另辟新页。彼此应避免激烈冲击，要谨慎行事，逐渐试探及磨合，共同悟出在行动上互利双赢的可行之道。让我们满怀希望，拭目以待。

正所谓："高瞻远瞩视野宽，求同存异相处善。同舟共济齐发挥，互惠双赢金不换。"

2021年12月17日

略谈美中过招的进展

引子：2022年降临，新年伊始，万象更新。美中世界两大经济强国的往还互动自然吸引世人关注。让我就此分三点加以论述：美国招数，中国行动，我的见解。

美国招数

美总统拜登于2021年12月9日号召全球百余国家参加了"民主峰会"的视频会议，他认为民主国家和专制国家的对抗是当前最肯定的挑战。

他宣称,"美国要以身作则,实现民主,并支持盟邦。"此会邀请了台湾代表和香港民主人士出席发言,也让人权状况欠佳的菲律宾、巴基斯坦和尼日利亚参会。中俄两国一致指责说,这是分割阵营之作和冷战思维之举。

美国国务卿布林肯于2021年12月14日和15日造访了亚太地区的印尼和马来西亚。他宣布美国将以投资和交流等方式和印尼加强合作,说的是:"我们必须保证这一全球活力最旺的地区不受威胁,全面开放。这对该地区人民有利。历史也证明,这样,美国也益加安定繁荣。"

他又说:"中国在亚太地区的诸多作为咄咄逼人,引起美国深切的关注,但不希望因此产生重大冲突……亚太诸国和美国打交道应比和中国打交道更加有利。美国已向亚太地区诸国无条件捐献了3亿剂疫苗,并在印度投资5亿美金兴建太阳能板工厂。2020年美国在亚太地区的私人投资已达3285亿美元,数额超过中国。"

2020年中国和亚太地区诸国的贸易额约6850亿美元,是美国两倍以上。在新冠疫情大作之下,中国一带一路的工程项目在亚太地区老挝、越南和印尼等国仍有施展。

东南亚诸多国家都不愿夹在美中冲突之间,新加坡总理李显龙说得好:"美国不应号召民主国家一致对抗中国。"

2021年12月17日美国参院全票通过法案,禁止美国采购涉嫌使用奴役工人在新疆制造的一些产品,这包括棉制品和太阳能板等。这示意美国关注中国忽视人权,掩饰劣行,美国不能坐视不管。12月23日此议案已经拜登签署生效。12月17日美国国会也宣布,一些美国公司以生物技术协助中国,加强了中国政府对若干少数民族的监控,和促进了中国的军事用途,这些机构要受到制裁。

去年12月15日美国参院以89票对10票的压倒优势通过了7680亿美元的军事预算,这超过了国防部原申请额240亿美元。此预算已于12月17日经向白宫签署定案。美议员认为,面临中俄的军事威胁和军事技术竞争,通过此预算是当务之急,此款将用于军备更新,人工智能和量子计算等方面。与中俄对抗是焦点所在。

而面临美国的整军经武,去年12月6日近700名美国科学家和工程师,其中包括21位诺贝尔奖得主,发表公开声明,呼吁拜登总统压缩核武装备。希望拜登于2022年发布"国家核武安全报告"时,承诺将美国现有核弹头数量削减1/3,并肯定美国决不首投核弹出击。

该声明指出,"明确美国不会发动核战可以减少核战爆发可能,这也显示美国重视防止核武扩散公约,采取减少核弹数量等行动,使核武竞赛降温"。以往身为副总统的拜登曾主张美国应带领世界放弃核武。如今也有一些美国议员产生质疑说："此刻这样做，是否会被认为是美国示弱之举，既助长了中俄核武的威胁力，也降低了盟邦对美国的信赖。"

综上所述，可知美国对中国是真心实意地防范有加。美国为了国家安全和基本利益，面临实力日益强大和去向莫测的中国，必须要审慎应对，不可掉以轻心。

中国行动

美国指认中国不是民主国家，北京自辩说："中国治国行使了高效特色的民主制度。"习近平主席在2021年10月一次中共高层会议里说："民主不是装饰品，而是要用来解决人民关注的问题。"他认为，西方社会正面临政治、社会、种族和疫情的分裂和冲击。而中国则促进了安定和繁荣。经济快速增长，处置疫情得当。

评论者认为，这些成果并不能说明中国就是民主之邦。因为中共治国不许可反对党存在，习近平掌权未经全国普选产生，在国内提出民主呼声的人会投入监狱，牢底坐穿。

中国正在加强管控香港和言论自由。1997年香港大学内树立了26尺高的铜质塑像，名为"耻辱之柱"，纪念六四事件死难者。此塑像已于2021年12月23日强制拆除。近来也有一些民间呼吁自由之声的网站遭到封杀。

不久前德国一所著名大学发布调研结果，以司法独立，言论自由和民选公正等为指标，排列民主国家的先后顺序。中国在176名国家里列名倒数第五，排为172位。丹麦名列第一，美国位居第36名。中国被认定是名副其实的专制国家。

中俄合作展开。习近平和普金于去年12月15日进行了视频会谈，这紧随拜登12月9日举办的民主峰会，形成唱对台戏。美国《纽约时报》12月16日就此专题报导一文的标题是："普习视频会谈高唱合作。"面临欧美压力日增，俄中两国元首在双方会谈时宣布，要阻止西方国家假借民主和人权之名干涉其内政。俄中要携手保护国家安全利益和加强全面合作。评论者认为，这正是抱团取暖，相得益彰。

自2013年起，普习会谈已超过30次。这次交往他们是礼尚往来，友善相待。会谈时习称普是"老朋友"，普称习是："亲爱和尊敬的朋友。"会谈室内悬挂了俄中两国国旗，比照俄美元首会谈时只出现本国国旗作衬，这显然象征了亲疏立判！

普习会谈论及要建立"独立的金融架构"，以减少对西方体系的依赖；要形成俄、中、印的唱和，三位一体。普金已造访了印度，和印度总理商谈了合作事宜。

普金表态支持中国举办今年冬奥会，在今年2月4日要亲临现场助阵，并就近和习近平举行高峰会谈，他强调说："在国际运动方面我们充分合作，反对将国际奥运政治化。"不久前俄中两国举行了联合军事演习，同意在登陆月球的太空活动里携手合作。

诚然，普习会谈前俄中各临其难。俄军压境乌克兰，风云骤变。俄要求西方国家不要军援乌克兰和将其纳入《西太平洋组织》，以免将组织势力更加向东推动。

2022年1月10日至13日，美国《西太平洋组织》和欧盟曾在日内瓦、布鲁塞尔和维也纳三地针对乌克兰情势和俄罗斯进行了三次会谈，并没有产生突破性的良好发展。双方是各持立场，互不相让，形成僵持局面。俄罗斯坚持乌克兰不得加盟西太平洋组织，以往隶属苏联而今入盟西太平洋组织的国家不得部署军力敌对俄罗斯。西方国家不做此承诺，而提出警告，俄若军事入侵乌克兰，将遭到西方国家严峻的经济和技术制裁，西方国家表示可在核武控制及欧洲的导弹布置和军事演习两方面加以调整，以配合俄罗斯的需求。但最后一锤定音者仍是俄罗斯总统普金，其意向令人难以捉摸，其作风一向是不确定性、威胁性和侵略性凸显并存。

美国国务卿布林肯正在进行最大的外交努力，去避免乌克兰突发热战。他于1月18日飞往乌克兰首府和乌克兰总统会谈。1月20日前往柏林，与当地英、德、法等国外交使节磋商。1月21日到达日内瓦会见俄罗斯外长，就乌克兰情势做总结谈判。这些努力有可能化解乌克兰面临的俄军入侵的危机，暂时维持和平。

当前中国的压力也来自多方面，经济复苏缓慢，疫情继续蔓延，房地产根基动摇，地方政府债台高筑，举办今年冬奥会面临风险，西方国家对中国人权指责纷纷，蒸蒸日上。

2022年1月17日美国《时代杂志》提出2022年世界面临六大危机，其中三者和中国有关。一是新冠病毒没有归零，中国没能战胜疫情；二是世界面临高科技冲击，中美是其中要角；三是中国处于多年之秋，内情复杂多变。总之，如今普金和习近平两人的日子都不太好过。

至此，我所见如下

中美关系还要经过诸多考验才能化险为夷，迎来好转。双方都要借重人类历史经验，寻获出路，避免灾难。以往的历史实例有，1961年美总统肯尼迪和苏联总统赫鲁晓夫磋商，化解了古巴导弹危机。1972年美总统尼克松访华，促成了美中关系正常化。这都说明，在两国间存在重大差异时，需要清除战略误解和加强危机管控。

中美之间的竞争和对抗会源源而来，不可避免。但导致双方热战爆发可能甚微。因为彼此的冲突没有恶化到你死我活，立决雌雄的严峻局面。双方都不会首先按下决一死战的按钮。

双方拉帮结伙的情势会继续进行。但大多数国家为本身利益打算，不会明显站边，向一方全面倾倒。它们要维持和中美双方的互动，取得平衡。

　　2021年11月15日拜习视频峰会时提出，美中要展开核武军控对话，此举应尽快实现。美国近700位专家向拜登提出要削减核武也是符合情理，应适时采用的良好建议。美中两国减少军备竞赛所省下的大批预算，可以高瞻远瞩，投向防止全球气候变暖，开发绿色能源，和农、渔、林、矿等各业增产的项目，造福人类，拯救地球。《纽约时报》1月16日一评论文指出，美国军备开销太大，是不当之举。中美也要在联手操作之余，鼓励俄罗斯加入同一阵营。

　　科技发展，经贸畅通，民生富足和情势安定应是中美两国要共同实现的目标。两国也各有优势和发展空间。美国软硬实力充沛，便于科技发展，可将成果用于全球和平建设。中国是全球生产和供应基地，地位突出，要善加自理和充分运用。

　　当前全球化的结果已形成全球一体，同舟共济的局面。中美两大国为了自家和世界利益，必须彼此关怀、照料与合作，以增进全球的和平与繁荣。

　　正所谓："同舟共济大势趋，发展经贸与科技。互惠共存良策也，收兵息武天下利。"

2022年1月21日

论及北京举办冬奥会

　　引子：一周前我那十多岁的三个孙儿女来我处小聚，我送了他们三人每人一张2001年2月我去美国休斯敦太空中心旅游时拍摄的我身穿宇航员装束的趣味照。在照片背后我增添的注语是："要努力实现更快、更高、更强是人性的一部分。它鼓舞了宇航员、奥运健儿和我们大家，全力以赴，去获得最大的成就。你们要加入这个行列，尽到你们的本职。"

　　举世关注的第24届冬奥会已于2月4日在北京顺利召开，闭幕日是2月20日。针对此一盛举，我要一陈己见。

冬奥始末

　　首届冬奥会于1924年在法国Chamonix城召开，较夏奥会于1894年起步要晚30年。而今年冬奥会在北京举行，使北京成为全球唯一举办夏奥会（2008年）和冬奥会的"双奥城市"。

　　历年来做冬奥会东道国次数最多是美国四次，法国三次。而获冬奥会奖牌数量最多的前四国是挪威（368枚），美国（305枚），德国（240枚）和奥地利（232枚）。中国到上次冬奥会为止，共参加了11届冬奥，获奖牌总数是62枚（其中金牌13枚）。杯葛冬奥会只发生了一次。1980年北京（以中华人民共和国之称）获准参加冬奥会时，国际奥运会组织不准台湾再以中华民国之称出赛，台湾抗议不果，便退出了比赛。直到1984年，台湾才能以"中华台北"之称回归比赛，运动员获奖牌时，要升台湾奥运会会徽之旗，奏其会歌。

从1967年起，国际奥运委员会对参赛运动员开始了禁药查验。违规最严重的国家是东德和俄罗斯。有一些参赛者药检呈阳性反应，被剥夺了奖牌和禁止参赛。

本会特色

此次冬奥会在北京举行拥有一些特色和非常情况。

一、如今新冠疫情方兴未艾。中国虽然是全面控制疫情情况较好，但是仍要强加防范，以免疫情扩大反复。在这种情况下举办冬奥便正是风险大，考验多，代价高，不容置疑。

二、这次冬奥会三个赛地，北京、张家口和延庆，都是降雪量不足，不能达到冰雪兼顾的必要条件。于是，人工造雪就势在必行，造雪的水源也得充分供应。这便大大增加了举办冬奥会的成本和周折，实际成本远超预算，北京是别无选择，要硬着头皮，照单全收。

三、因不满中国人权情况，由美国牵头带动的外交杯葛，做法是只许可运动员参赛，不派遣官方代表团出席，现有14个国家响应号召，其中包括美国、英国、加拿大和澳洲诸国。此举对冬奥会的气氛产生负面冲击，北京声称这是政治干涉奥运，并反对奥运政治化。

四、出于防范疫情扩散的安全考虑，此次冬奥会没有外宾观众到场观赛，观赛门票也没有向中国观众销售，到场观赛者只是特准特选的极少数人。室内和户外赛场在比赛进行时都是空空荡荡，人头几稀，缺乏在场欢呼助兴的热闹场面，对参赛者而言也好似泼了一头冷水。

五、冬奥会开幕时，主办方充分运用了高科技技术，在表演里展现了简约、安全、精彩的创意，凸显出此次冬奥会的主题："世界大同、天下一家。"

六、此次冬奥会的安保措施十分严谨到位。防疫措施、住宿安排和行动规范都丝丝入扣，顾虑周全，对参赛者提供了最佳保障。

七、中国克服万难，准时顺利召开了此届冬奥会，习近平的说法是，奥运提倡"更团结"，正是当今时代最需要的，世界各国与其在190多条小船上，不如同在一条大船上，共同拥有更美好的未来。习的见解陈意甚高，有待实现。

以上是我对此次冬奥会特点的描叙。本文截稿于2月14日，冬奥会仍在热烈进行，此时挪威在金牌和奖牌总数都获居首位。

观察总结

由于"事在人为",人为举办的奥运会就不会脱离体育、政治和商业因素的互动和彼此的推波助澜。让我就此在今后举办奥运的领域里提出一些看法。

一、对参赛运动选手加强药检是必要的,是必行的。因为公平和自然竞争是奥运基本精神所在。这不许可加入人为的非法行为——以禁药之助去促进运动员能量的发挥。此届冬奥会的一大新闻是俄罗斯15岁花样滑冰健将Valieva在率领俄罗斯获得团体花样滑冰队一举夺魁之后,被揭发数周前参赛后药检不过关,这破坏了此次团体赛夺魁的合法性,有待奥运会仲裁组织的最后裁定。很有可能,她个人并不知情,是她的教练、队医或是官方为增加她比赛获胜的可能,安排她服下了禁药。就常理而言,服禁药被查破的可能性很大,她应该不会自愿冒此身败名裂的风险,服禁药,走偏锋。

二、举办奥运时以强调"人权"为号召去抵制奥运,应不是维护和改善人权的最佳去处和办法。以往曾有尝试,但未产生实效。要尽量把政治和运动分开,在运动场合宣扬人权,只能点到为止。更不可强制运动员做政治表态。

三、要鼓励商业运作(产品和服务的广告宣传)和举办奥运挂钩。要争取商业赞助为奥运成本的重要来源。这是互利互惠,相得益彰之举。

四、加强奥运措施对运动员身心和食品安全的保障。以鼓励士气,让运动员在赛场尽量发挥,并感谢他们杰出的表现。再有,18岁的滑雪健将谷爱凌选择代表中国出赛,赢得大跳跃项目的金牌,是十分令人振奋和值得鼓舞的。

五、不要陆续扩大奥运会的规模了。要尽量节省开支,减少主办国的经济负担,加强举办奥运会的持续性。也要留意探讨奥运会设施在会后多元化使用的出路及可能性,尽到节省资源和爱护环境之能事。

六、要以奥运会的精神和表现为依归,推广各国全民健身的行动,大量开展民间体育活动,促进人类的合作、和谐、友谊、进步。

结论

2001年7月我获悉中国申办2008年夏季奥运会成功的消息,在海外华报发表了"狂欢下的沉思——中国将主办奥运会有感"一文。文内强调,"举办奥运会最可贵的目的是发挥个人潜力,发扬人性光辉,为国争光只是附带的产品,也非其主要作用。中国更需要的是一个温暖、同情、互助、友爱的大环境和社会风气,从而人人受到尊重、受到支撑、受到鼓励,胜者平淡处之,败者东山再起。人人发挥潜力,社会康乐富足。那时,中国即便不在奥运赛场上处处声势夺人、实现国旗飞扬,中国人民的幸福、中国地位的巩固，也将是不言而喻，有口皆碑了。"以上期盼至今仍有时效。

正所谓："奥运精神重团结，友谊合作不轻懈。更高更远更快捷，普天同庆人人谢。"

2022年2月18日

俄乌战争触动中国转向良机

引子：近来开战的俄罗斯乌克兰战争引发了全球的关注，成为国际新闻报道的热题。美国《纽约时报》3月7日评论版一文的标题是："俄国母亲解体已经开始。"该报3月6日另一文的标题是："在习的关键年里中国侧重稳定经济的计划。"这引起了我的兴趣，要就此加以评论。现分四个段落进行。

一、俄乌之战

此战于2月24日在普京的指挥下登场爆发。有可靠情报说，中国预先知情。2月4日冬奥会在北京揭幕时，普京亲临助阵，而习近平对普京说，俄向乌进军不要打乱冬奥会的进行，要在冬奥会后行动。冬奥会后4天（2月24日）俄军向乌克兰动手了。此情若属实，则表明习在普心中有分量，普要满足习之所求。

俄向乌进军前显然低估了西方国家会就此产生强烈反应和严厉制裁。拜登于3月1日发表国情咨文时强调了国内的经济复苏和国际的一致援乌两大重点。英国首相3月7日在美国纽约时报发表评论说："普京的侵略行为一定失败。"此说可以代表西方国家普遍的信念。

俄乌开战后国际社会对俄罗斯的各种制裁威力强大，迅速到位。除了不派兵到乌克兰参战外，大批常备及先进对空和对陆武器已源源空运抵乌，被充分运用，发挥作用。

国际对俄的经济制裁势如核弹爆发，力逾千钧，劲道十足。已使卢布减值过半，经济日趋窘困。全面制裁的具体手段有将俄罗斯剔除全球交易结算系统（SWIFT），冻结俄国中央银行在外国银行的存款，使该行不能运用其现有的6430亿美金的外汇储备。关闭了俄国的股票交易市场。德美两国宣布终止从俄国运送天然气到德国的管道工程。白宫3月8日公布，停止购买俄罗斯的石油、天然气和燃煤等能源产品。3月11日拜登和西方国家首脑宣布取消俄罗斯最佳贸易国待遇，和禁止俄国从国际货币中心（IMF）和世界银行贷款。

全球已有300多家科技、制造和金融等领域的大公司停止了在俄国的连锁营业，就美国而言有亚马逊、VISA、万事达卡、麦当劳、可口可乐、星巴克、苹果公司、波音公司和贝壳石油公司等。这是世界上民营公司的一致行动,声势浩大,非同小可。这一系列的制裁手段无异是布下天罗地网,要使俄罗斯动弹不得,束手就擒。

3月10日全球177位诺贝尔奖得主发表宣言,支持乌克兰,谴责俄军入侵,要求俄国撤军。这是一篇义正严辞的道德宣言,掷地有声!

3月14日中共中央政治局委员杨洁篪和美国总统国家安全事务助理沙利文在罗马举行会晤。美国强调关心中国的走向。双方同意要推动中美关系重回正轨,健康稳定发展。

由于俄军士气低落,后勤物资供应不足,直接影响了俄军战力的发挥。而乌克兰则是战志高昂,寸土坚守,绝不轻让,对入侵俄军进行坚强抵抗,形成战争拖延局面,让俄方难以迅速取胜收场。总之,俄军入侵乌克兰是一大失算,已成定论。

二、中国思量

乌克兰于1991年独立建国后,一直和中国保持良好互动关系。乌克兰的军事专家曾对中国航母和战机发展作出不少贡献。中国以民生产品输乌,满足了乌克兰的需求。

尽管24届冬奥会在北京举行时,中俄宣称要共同抵制西方的压力。可是俄军入侵乌克兰就产生了俄中友好关系的变数。周恩来总理于1953年会见印度代表团时提出和平共处五项原则:"互相尊重主权和领土完整、互不侵犯、互不干涉内政、平等互利、和平共处。"俄入侵乌克兰显然违背了这些原则,为中国视为不可。

在国际对俄国进行经济制裁时,中国也要善自思量,不可在十目所视、十手所指之下不断向俄罗斯输血,振兴其经济,助长其战力,否则将引发众怒,惹火烧身。美国商业部部长已就此向中国公司提出警告。不得以高科技产品,如芯片之类,供应俄国。

权衡利害,表明立场,中国外长王毅于3月7日公开发言说:"中方认为,要化解当前危机,必须坚持联合国宪章宗旨和原则,尊重和保障各国对主权和领土完整,必须坚持安全不可分割的原则,顾全当前乌方的合理安全关切,必须坚持对话谈判,以和平方式解决争端,必须着眼地区长治久安,构建均衡、有效、可持续的欧洲安全机制。"以上发言已明显指责俄军入侵乌克兰是违背联合国宪章的不当之举。

3月7日王毅外长就"中国外交政策和对外关系"主题回答中外记者发问时说:"中国愿继续为劝和促谈发挥建设性的作用,也愿意在需要时同国际社会一道开展必要的斡旋……中方也提出六点倡议,要防止出现大规模人道主义危机。(据联合国统计,至今已有两百多万乌国难民逃往国外。)

王毅外长的发言已说明中国正拉开和俄国的距离，而向国际社会指责俄国的主流立场靠近。这一表态寓意良深。

2022年对习近平而言是关键时刻，他将在今年11月中共二十大会议召开时确定自己继续主政中国5年。今年中国的要务是促进经济稳定，增加就业和社会保障，团结民心。此时此刻习若能适当处理俄乌之战所产生的困扰，就可提升他的威望和促进中国的和平发展。中国领导的最佳打算应是超越乌俄之争，成为动荡世界里发挥稳定作用的中心力量。

三、最佳出路

历史上对中国影响最大的三个列强国家是近邻的日俄两国，和隔洋相望的美国。现我就俄美两国提出论述。总体来说，俄国对华是侵略国，美国是友好国。

早年俄罗斯帝国对中国的侵害是至深至重的。趁清庭势微，帝俄于1858年5月逼清庭签订下"瑷珲条约"，1860年11月订下"北京条约"，掠夺了庞大的原属清朝的西伯利亚地区，也让帝俄获得了向东出口海港海参崴。1904年2月至1905年9月日俄战争在中国的辽东半岛开打，让中国人无辜受害。

1945年2月4日至11日，斯大林敲诈了罗斯福和丘吉尔，在"雅尔达会议"里，以承诺进攻日本为由，争取到在二战后在中国东北的特权，导致了蒙古脱离中国的独立，对中国权益造成甚大的损害。尤有甚者，1945年8月7日原子弹在日本广岛投放后，日本投降已成定局，苏俄随即向日本宣战，进军东北，搬走了东北重工业的设备，强奸了东北妇女，延长了占据东北的时间，扶植了共军立足东北，破坏了中国的和平统一。

1950年斯大林促使中国参加韩战，让中国和美国及联合国为敌，孤立了中国，也破坏了中国内战后在大陆迅速复苏建设的良机。中国参加韩战是多年后参加越战的伏笔。这一南征北讨使中国元气大伤。

1949年新中国建立之后，苏联开始援助中国，1960年中苏交恶，苏联立即撤出一切援助，并向中国逼还借债，造成人为的中国大饥荒，使中国人死伤无数。

以上史实的结论是，俄罗斯是对中国历时已久、为非作歹的恶魔之邦。

至此，再看看美国。在以往侵略中国的诸多列强里，美国对华是相对友好的。

美国将清朝在八国联军获胜后支付的庚子赔款大多在民国时代回用于中国，设立了清华大学，协和医学院来自洛克菲勒的资助而兴建，为中国的高教和卫生建设输以新血。二战时期中美协作，终止了日本在东亚的侵略。二战时飞虎队的援华抗日迄今传为美谈。出于多种原因，二战后中美曾不幸的两度交锋于韩战和越战。而1972年美国总统尼克松访华，和周恩来总理签署了"二二八上海公约"，重新展开了美中关系正常化的大门。

1978年在美国卡特总统任内美中建交。2001年12月11日美国支持中国（放弃了人权挂钩的前提）进入世界贸易组织，便也敞开了中国经贸直通世界市场的大门和开始了中国经济的腾飞。

国与国之间没有真正的友谊，只有利害之争。美国是民主体制，与中国隔洋相望，对中国没有领土野心，和中国的本质相对合拍。而往日的苏联和今日的俄罗斯都是专制政体，和中国接壤相处，其凶暴难改和野性毕露，对中国威胁不断，使中国防不胜防。

俄军入侵乌克兰之际，中国要做出适当和果断的选择，似应疏远俄国，接近美国，和美国迅速恢复正常交往，走上彼此互助互利的康庄大道。

2月24日尼克松基金会举行纪念尼克松总统访华50周年活动。中国驻美大使秦刚出席发言。他引用了习主席所说，"中美要相互尊重，和平共处，合作共赢，这就是洞穿历史、观照现实的行动指南。让我们共同努力，推动中美关系早日回到正轨，继续造福两国人民，顺应国际社会的普遍期待。"

良机已经展现，时机正在当前，诚盼中美两国的领导和人民都能掌握契机，让中美真正携手，造福人类。

3月8日美国《纽约时报》专栏作家托马斯·弗里德曼撰文"为什么习近平应该出手阻止普京？"该文的结论是："我希望北京与西方及世界其他许多国家一起反对普京。如果这样做，中国将成为真正的全球领导者。如果它选择与不法之徒同流合污，那么在肉眼可见的范围内，世界将变得那么不稳定，那么不繁荣——尤其是中国。习近平，你会怎么选？"此议论精辟独到，诚哉斯言！

四、陆台关系

俄乌之战也引发议论，这对大陆和台湾的关系有何影射和启示。这会不会促使大陆提前对台湾采取武统行动？我想，要探讨这个问题的最佳起点是检验大陆和台湾当前最理想的立场何在。

对大陆而言，中国统一不设时间表。统一应是迟早实现的目标。中国也曾明言武统台湾的三种情况：一是，台湾宣布独立，成立台湾共和国；二是，台湾内部发生重大动乱，民不聊生；三是，外国势力入侵台湾，支持台湾独立。显然至今以上情况都不见踪影。再有，美国一再表明的立场是，台湾是中国的一部分，不支持台湾独立，两岸纷争要以和平方式解决。

如今两岸间的商贸、文教和旅游活动等都是茁壮发展，两得其宜，互利双赢。台湾当局的言行举止对大陆也不形成显著的不利或威胁。因而大陆可以稳坐泰山，安然自得，只待水到渠成，两岸和平统一之日顺势实现。对台湾而言，不独、不战、待统，是万全之举。台湾的要务是加强内部民主建设。发展经贸，减少内耗，修好大陆，善处四邻。民进党不可一味追杀国民党，要形成一党独大。国民党更要充分发挥监督执政党的功能，也要维持活力，亲近民众，争取在政坛上东山再起。

结论："天将降大任于斯人也……"如今习主席治理中国和针对世界的良好时机已到来，他要及时运作，通过考验。中国在习的领导下最佳的选择是改弦更张，加入民主阵营，这也是良机当前，不容错过。

正所谓："俄乌交战启新机，中国转向天下利。脱身泥塘释重负，万象更新采良计。"

2022年3月18日

中国自新有道，自助有方

引子

俄乌之战已进入第7周，而战局胶着，前途难料。此战对全球的经济复苏和粮食供应产生了巨大的负面影响。对中俄关系予以严峻的考验。4月7日《中参馆》（China File Conversation）一些由世界中国问题专家们组成的论坛发表了"普京侵乌如何影响中俄关系"一文，文内由7位专家对两问作答。一问是，俄国入侵乌克兰，中国可以从此获得什么启示。二问是，今后中国会和西方益加脱钩，还是要储存能量，避免重蹈俄国的命运。

7位专家的发言内容生动精辟，引人深思，也掀起了我的思潮，要就此一谈，中国面临俄乌之战，走向如何的一些看法。

此文分为四个段落。一、俄乌之战对世界的冲击。二、俄乌之战对中俄关系的影响。三、中国就此可吸取的教训。四、今后国际局势的展望。

俄乌之战对世界的冲击

首先我要谈一谈普京发动战争可能是动机多端的。这包括：

普京要创造历史，实现其"恢复苏俄光辉，让俄国廿年后面貌全新"的壮志狂言。入侵乌克兰是兑现诺言，跨出一步。

发动战争理由正当，西方逼人过甚，要将乌克兰纳入《大西洋公约组织》，将敌对俄国的力量扩大到俄国边界。此可忍，孰不可忍！

以往俄国两次动兵，2008年8月入侵乔治亚和2014年3月吞并克里米亚。西方都是按兵不动，接受事实。如今将乌克兰如法炮制，西方国家仍然会是无可奈何的。若有反制，也是草草了事。

2月5日普京抵华参加冬奥会开幕式，和习近平共同宣称两国之间的合作是"无限量"的。他认为入侵乌克兰可以获得中国的支持。

以上四点构想都有偏失。一是，世界大局已产生巨变，俄国早已丧失在全球称霸的可能性。这是形势比人强，不由普京分说。二是，即使乌克兰进入北约组织，也不可能成为其后入侵俄国的基地。乌俄关系良好是彼此互惠，双方共求。三是，普京严重低估了西方国家对他入侵乌克兰会做出如此迅速强大的反制措施，军事援助乌克兰，经济和技术制裁俄国，而乌克兰战志高昂，寸土必守的强烈有效防御，都非普京始料所及。四是，中国要为自身长久国家利益优先打算，不会盲目跳上俄国战车，生死与共。中国展现的作法是表现中立，不入泥塘，袖手旁观，静观其变。

如今新冠病毒之疫情仍未获得有效控制。全球生产力和物质供应链受到严重破坏，俄乌之战的影响正是雪上加霜，推波助澜。

俄乌两国是全球粮食供应的大粮仓。平常生产大量小麦、大麦、玉米、向日葵油和肥料等畅销全球。如今战局影响生产和引发禁运，全球已产生粮食供应的危机。

俄国是能源产品生产大国，石油、天然气、煤矿、木材等均在其列。如今受到制裁，出口困难，价格飞涨，使许多缺乏此类物质的国家深受其害，苦不堪言。俄乌之战可能在今后两三个月之内收场。但是其余毒余害会持续很久。乌克兰人对俄国的怨恨和敌视要持续下去，俄国人民安居乐业的恢复要旷日持久，俄国国际关系的改善是举步维艰。俄国国内争取民主和政治改革的呼声和力量要受到压制。俄国有才之士要离国外逃的趋势将不断增加。中国也会逐步拉开和俄国的距离……总之，始作俑者的罪魁祸首就是普京！

俄乌之战对中俄关系的影响

从历史过程来说，早年的帝俄、苏联和今日的俄国都是中国的侵略国，恶迹斑斑，乏善可陈。

俄乌兴战之际中国必然要对中俄关系的定位和调整加以深思。有国际专家认为中俄关系的改变幅度不会太大。因为中国放弃俄国，并不能缓解美国对中国安全的现实威胁，有了声势削弱而不陷入混乱的俄国存在，对美国可以形成一些牵制。再有，今年2月普习在北京会面，共同发表了"无限合作"的宣言。今年秋天中共20大召开时也会确定习近平继续主政中国五年。此时此刻大力改变亲俄立场，似乎不合时宜，不便执行。而俄乌之战也的确为中国制造了机会，让中国头脑清醒，最佳的自强自立之道是加强国内军事、经济、社会和科技的建设，自力更生，诸邪莫侵。俄国入侵乌克兰，形成俄国孤立无援、四面为敌的局面。中国不可加盟俄国，要保持和西方国家的经贸、科技、文教交流，互助互惠，两得其所。

至今中国在处理乌克兰问题方面表现良好，美国应对中国加以赞美和鼓励，要促使中乌元首交谈，要在乌克兰总统倡议建立乌克兰安全机制的构想里纳入中国的贡献。美国应淡化"民主集团和独裁集团"生死斗争之议，不要在意识形态上捆绑中俄为一体。对习近平一再倡议的全球合作、人类共赢之说，要加以促进和推动。

中国就此可以吸取的教训

国与国之间没有永久的亲善和友谊。俄国应是中国戒备森严、防范在先之国，绝不可跳上俄国的战车，与其同行。1950年斯大林促使中国介入韩战，让中国孤立于国际社会，闭关自守，引发多种自伤自残的全民运动。让中国受苦受难，元气大伤。中国领导应有识别敌友的高度智慧，不要再遵奉俄国为"老大哥"了。中国保持和西方国家的良好互动关系是理所当然的。如今中国全盘实力大增，在经济、科技和军事领域里地位显赫，出人头地。在全球物质生产和经贸往还里居于中心地位，不可或缺。中国要保持这一地位，发挥这一潜力。为人类幸福和世界和平做出卓越贡献。

二战时最辉煌壮烈的援华抗日史绩是由美国飞虎航空队员们书写形成。他们于1942年抵华参战，消灭入侵日军，输送战略物资，贡献至伟，而杀身成仁，牺牲惨重，以血肉生命凝筑了中美友谊。

"铭记英雄——纪念飞虎队80周年及二战时期美国援华空军历史图片展"于美国时间4月9日在美国国家航空和航天博物馆举行。中国驻美大使秦刚出席发言论及中美关系时说："身处无数人用鲜血和牺牲换来的和平年代，我们没有任何理由去制造矛盾，扩大分歧，挑动对抗。我们唯一正确的选择就是互相尊重，和平共处，合作共赢。我们需要去书写更多像飞虎队一样的合作故事，为两国人民创造福祉，为世界带来和平与繁荣。"以上发言是语重心长、一言到位的。

台湾回归祖国，中国和平统一是时间迟早问题。不要速成，不要强求。中国对台湾动武，是违反国际期盼，肇祸大陆两岸，百害丛生，一无是处。

中国要不断加强国内司法独立、民企发展、民生建设、言论开放、教育改革和廉政利民的种种措施。其速度越快，人民受益更深，和平统一加速。

今后国际局势的展望

人类自誉为"万物之灵"，而在若干重要领域里成为"万物之敌"，这包括忽略全球气候变暖的重大威胁，加强军备竞争的不良走向，在国际公共卫生领域里产生严重问题（疫情泛滥）时缺乏协调与合作，放松保护自然环境的必要措施，以及恶化国与国之间贫富悬殊的情况等。

中美两国拥有全球最多的物力、人力、财力和智力资源，应当肩负责任，做出良好榜样。两者之间化解纷争和分歧，集中全力，针对上述种种问题，深思熟虑，寻求最佳答案，带领世界走上自救、自强的康庄大道。

正所谓："全球苦难诸多面，俄乌战后要重建。中美携手创佳境，人类获利福寿延。"

2022年4月15日

九十自述自勉

引子："人生七十古来稀"之语今日已不适用。如今八九十岁年登百岁的老人已比比皆是。上月（四月）我也欣然进入长寿者之列，过了九十大寿的生日。年及九十乃撰文自述自勉，对自己的生活经历做一回顾和审视。现分段论述之。

一、身世幸福

2004年我在中国大陆出版"你能够不吸烟"一书。在作者自述里提及："我出生于一个高级知识分子的家庭。抗日战争时期在四川三台长大，那时先父启芳公在当地任国立东北大学校长之职。他老一辈子爱国家，敢言敢行，正直清廉，助人为乐，树立了一个良好的楷模。先母王淑清生于19世纪末，毕生贤淑睿智，明辨是非，平易温和，宽厚待人。二老为人的风范也对子女们产生了潜移默化之功。有了这个家庭背景，再加上我个人学习的心得和处世的经验，我也成为一个秉性正直、热心公益的人……"

我现有两个成年儿子，都和我一样，烟酒不沾，学有所成，早已成家立业。保持了臧氏的良好家风。

二、及时转移

第二次世界大战和中日战争结束后，中国发生了兄弟阋墙的国共内战。我们先逃到厦门避难，再于1949年6月下旬从厦门渡海抵台。先父母此举改变了我们赴台子女四人毕生的命运。留在大陆，均已在北京大学毕业的大哥大姐，后来都遭受了"出身不好"之累，诚然是怀才不遇，遭遇坎坷。在各种运动的冲击下，他们都十分万幸，得以存活，仅以身免。

抵台后先父先主办"反攻杂志"，舆论救国，直言不讳，先后得罪了在台主政的蒋氏父子。1956年台中东海大学建立，他老应请赴该校担任经济学系主任。1961年病逝于东海校园。

三、贵人相助

1950年我在台湾省立一中高中毕业，考入海军机械学校和台湾大学机械系。为了节省家庭开支，我投入全部公费的海机校就读。1961年先父谢世后我想返回台北工作，乃得照料老母。但人在军中，无法左右调职。这时一位贵人出现了。那就是我在台中一中就读时的英文老师杨锦锺。她的丈夫胡旭光将军时任台北国防部联络局局长之职。要调入该局任联络官要有两个条件之一。一是曾经留学美国半年以上；二是曾经就读外语（英语）学校两年毕业。我不具备此条件。求助于杨老师，她便向胡局长推荐说："臧英年是我授教学生里的佼佼者，他英文程度很好，可以达到联络官任职的要求。"胡局长一手敲定，准许我调入联络局任职上尉联络官。我在联络局就任后，同事们立即认为我是"走后门"进来的，不够资格。正好赶上局里要举行讲演比赛，每个处派一人参加，管我的处长就指定我参赛。比赛结束我以首位胜出。同事们乃开始对我另眼相看。

1962年何应钦上将率"中华民国道德重整"代表团赴美参加活动，其随从参谋兼译员出缺，我获得推荐，并通过了英语测验，于当年4月随同何将军赴美公干，巡访了美国和欧洲。我工作努力，十分称职。赢得何将军的认可。在他的支持下我得以在1983年从海军退役。于年底离开我不喜欢的军旅环境。

四、离台赴美

海军退役后我先考入台北中国广播电台公司担任英语节目采访及播音员。再于1963年考入国立政治大学公共行政企业管理中心任职于培训工作。1964年我获得政大选派，前往美国宾州匹茨堡大学攻读公共行政和外交事务研究所一年。1965年秋返回政大担任美国教授授课的助理和同声译员。授课的美国教授之一是西雅图华盛顿大学教育心理系主任布瑞谋教授（Prof. Lawrence Brammer），他视我为可教之才，安排我获得华盛顿大学的免学费奖学金。

1967年秋天我离台赴美，进入华盛顿大学攻读教育心理专业，布瑞谋教授是我的导师。1970年我完成学业，获得教育硕士学位，有了新的专长，在美国立足滋长。布瑞谋教授诚然也是改变我前途方向的一位贵人。其后我和布瑞谋教授夫妇维持联系和友谊逾半世纪。今年5月19日是布教授夫人、玛丽安的百岁诞辰，我和内人都将应邀前往祝贺。她如今头脑清楚，交谈舒畅，作画创造，行动自如，是名至实归的人瑞寿星。

我于1970年至1986年在西雅图社区学院（中校区和北校区）前后任职心理辅导师16年，兼任外国学生顾问之职。乃利用工余和休假时间开展了大量的社会公益活动。

按照学校规定，在任职两年期满前，要有一个由三位同事（其他辅导师）组成的考核小组，对新任职的辅导员的工作情况加以核查，获得结论，再向校方建议，该员可以留任，还是两年工作期满后必须离职。这一由三位白人同事组成的考核组的建议是："两年期满，要他走人。"此建议直达校长室，批准执行。

面临此变我处变不惊，自备了数千言的自辩书，获得了许多同事和学生的书面支持和口头申诉，在学校董事会特设的申辩会里，我引用资料，慷慨陈词。其后获得董事会成员一致通过，撤销校长要我离职的决定。我自卫反击，大获全胜，为该院历史写下了崭新的一笔。

五、社会活动

在西雅图社区学院任职期间，经过申请批准，我获得了美国国务院中英文同声翻译的资格证书。这样我应邀五、六次在中国访美代表团参加的专业会议里担任现场翻译，结识了国内不少专业人士。

1970年保卫钓鱼岛运动在美国许多大学校园展开，我担任了华盛顿大学保钓组织的主席，主持了誓师大会、街头游行和向西雅图日本驻美总领馆投以抗议书等活动。

1979年美中建交，我应召于美国国务院，加入了接待中国代表团的礼宾工作。当年2月4日邓副总理率中国代表团抵达美国之行的最后一站，西雅图。我组织了当地华侨代表廿多人于2月5日前往邓氏下榻的旅馆，和他会面，并摄影留念。也就结识了与邓同行、后升任全国人大副委员长的黄华外长，并建立友谊，和他交往直到2010年11月24日他逝世北京。

1979年我加入杨振宁教授为总会长的"全美华人协会"（NACA），担任西雅图分会长，又于1983年将西雅图和重庆结为友好城市，我是西雅图的创始会长。

美国尼克松总统于1972年访华，和周恩来总理签署了"二二八上海公报"，打开了两国恢复交往的大门。次年中国民航派飞行员和工程师抵达西雅图参加培训，而后将向波音公司购买10架波音707客机飞返中国。我前往中国来客下榻的旅馆，看望了他们。1979年中美建交后，中国民航开始大批量购买波音飞机。我组织了西雅图的华侨在当地接待民航人员。逢年过节请他们到家就餐，并安排他们学习驾车，取得驾驶执照。1980年中国第一艘货轮柳林海号在贝汉廷船长的指挥下，到访西雅图港，我和西雅图港务局协调，安排了华侨和该船船员接触，结果是宾主尽欢，皆大欢喜。

1980年开始中国科学院陆续派遣十多位工程界专家到西雅图进修学习。他们也自然成为我们照料呵护的对象。

1980年代我们在西雅图组成一些友好访问团到大陆旅游探亲。我也曾率领美国专利律师团和创造革新讲座团去大陆进行宣讲。卡特总统任内，我曾应请，三入白宫。这一切活动涉及面广，影响深远。

六、舆论救国

1970年代初开始，我投稿美国华侨日报、旧金山时代报和人民日报海外版，论及时事，一抒己见。后投稿范围扩及西雅图西华报、澳门日报、星岛日报、光明日报、健康报、南风窗半月刊、大众健康杂志和中央电视台内刊等。近几年又成为美国亚美导报和澳门法制报的撰稿人。大陆、台湾和美国三地是我议论关注的集中点。

2006年开始直到2018年，我成为大陆中央电视台（CCTV）的英语节目时事评论员，该台外语部分后来独立出来，命名为中国环球电视网络（CGTN）。十多年下来，我做了数百个电视节目，论及不少重要和敏感的话题。我也在中国国际广播电台和北京广播电台等处接受采访，谈论时事。

在所有写作、电视和广播节目里我都保持固守三个"真"字。那便是，用真心，说真话，论真情。2017年，前中国国务院常务副总理李岚清赠我以勉励词："为中华民族伟大复兴而奋斗"，下款非常亲切而幽默，写的是："一个从未抽香烟的老头。"

七、推动控烟

我启动控制烟害的义务工作非常偶然。1992年1月7日晚我路过杭州机场，返回北京。候机场大厅墙上有不少"禁止吸烟"的警示，而有数十位旅客吸烟自若，烟雾四散。我商请在场服务者出面制止，得到的回答是："这不用管。"我灵机一动，就挺身在大厅中央大吼一声；"吸烟的旅客请注意，请到服务台交罚款10元。"我语声初了，数十烟头都纷纷落地。没有人愿意缴罚款。此事给我的启发是："做事站住理，便有效果。"当年9月下旬我在北京人民大会堂参加国庆宴会，经友人丁石孙先生（前北京大学校长）介绍，结识了在场的中国卫生部部长陈敏章。杭州"狮子吼"之情景及时映现，我商请和陈部长日后见面，要一陈"中国控烟之道"。他欣然应允，后来我在卫生部会见了陈部长，我之所见和他一拍即合，他推荐我到"中国吸烟与健康协会"担任外籍名誉理事。有此起步，雪球就越滚越大。我陆续担任了多家控烟组织的顾问，写作发行了4本控烟专著，参加了许多中外的控烟会议，发表演说，主持了一些控烟培训班，创造了许多控烟歌曲……2016年是猴年，我年届84岁。写了一首自勉诗，请老友金耀基（前香港中文大学校长）费心一书而就，内容是："舆论救国乐施其力，乐得其所。控烟利民乐见其成，乐在其中。"横批是，"何乐不为"。

2019年6月6日我返美定居前，中国预防医学会、中国心脏联盟和中国健康发展研究中心共同颁赠了我"中国控烟义工终身贡献"奖牌两枚，将我在华20多年控烟活动画了一个圆满的句号。

八、颐养天年

2018年6月下旬我和爱妻丽华终结了我们前后在大陆居留近30年的历程，回到美国西雅图定居。这不是"倦鸟知还"，而是另辟佳境。返美后我们的生活是舒适美满。

阅读是我每天必做之事。我有一首打油诗描述如下："书报杂志每天读，兴趣栏目多关注。兴之所至提笔写，下笔千言坦诚述。"

为了运用脑力和打发时间，我用手提电脑从事一些智力游戏。说的是："智力消遣玩数独，网上桥牌也兼顾。新增一戏叫'啃啃'，用心思索非常酷。"

海军机校的老同学们，留守台湾者有，移居美国者有。我们每周三下午在电脑上以云会方式聚会，谈近况，论时事，忆往年……各得其所，各取所需。另外周五下午是乐会，大家唱歌自娱，以乐会友，乐在其中。我做了两首"爱乐颂歌"，歌词是："爱乐云会真正好，独唱合声健身脑。定期欢聚每周见，增进友谊促社交。""放声歌唱十处好，高唱低吟百病消。余音绕梁千般美，欢乐共享万分妙。"

我们享受生活的一个重要来源是次子锡榕全家五口住在我们近处，约20分钟车程。锡榕工作顺利，儿媳云美贤惠，三个孙子女活泼健康，学习各有强项。他们经常驱车到家，看望我们，便也是"天伦之乐乐如何。"上月我过90整寿，他们也都加入了爱妻的弟妹们的行列，大家欢聚一堂，其乐融融！

九、感谢爱妻

我后半生享受了最大的全面幸福，其支柱是爱妻丽华。她为人着想，待人宽厚。操理家务，手到擒来。爱我护我，无以复加。和我为伴，同甘共苦。她在大陆以外国专家身份在北京的大专院校教英语逾十年。她为人师表，身教言教，1998年荣获外国专家最高荣誉奖"友谊奖"，在40多位获奖专家中是唯一的女性和教师身份。有妻若是，更复何求！我对她的赞美诗是："生活美满康庄路，爱妻疼我最深人。智慧勤劳全面手，女皇万岁要高呼！"

十、结论

九十寿门欣然入，坦荡一生走正路。反馈社会尽其能，健康平安享厚福。

2022年5月20日

论拜登就职后首访亚洲之行

引子：美国拜登总统入主白宫后于5月20日至24日首次出访亚洲韩日两国，行程紧凑，运作部署，意在如何？此行对中美关系有什么影响？现就以上两题加以议论。

出行时机

俄罗斯发起的俄乌之战,于2月24日开始,至今已逾时3月。可说是战局胶着,拉锯不已。但此战已充分暴露了俄罗斯战略、运补和士气低落的弱点,并显示了西方国家在拜登总统的号召下,反应迅速,经济制裁俄罗斯,大力军援乌克兰,对俄的入侵形成巨大阻力。如今战局虽未结束,但大体可靠的判断是,俄罗斯将以失败告终,出师不利,悔不当初。

此战有待结束,拜登已提前跨出一步,要把美国的关注点和注意力转移到亚洲,及时部署,安排如何长期和有效地和中国进行周旋和对抗。俄罗斯对美国而言,已失去"头号战略对手"的头衔,这顶帽子如今是套在中国头上了。

出访韩日

以往美国总统出访亚洲脱离不了北京这一站,如今拜登成行,只在首尔和东京两地活动,亲近韩日,疏远中国的立意十分明显。

韩日两国和美国如今关系贴近,具有最重要的经贸、安全和政治价值做为美国的忠实盟邦,在亚洲发生作用,推动美国的价值观和维护美国的利益。当然,这也是互利互惠,美国为韩日提供了军事安全保护伞,防范了俄罗斯和北朝鲜的军事威胁,也对两国的产品和投资门户开放,提供市场。

二战后,日本在美国麦克阿瑟元帅的监督和引导下改变了宪法,放弃了军国主义的倾向,拥抱了经贸救国的真谛,终于成为名至实归的经济强国。面对现实,饮水思源,日本对美国一直是十分尊重和信赖有加的。

1950年6月25日韩战爆发,北朝鲜入侵南韩,中国派遣人民志愿军入韩抗美,与美国领导的联合国军队打成平手。1953年7月27日韩战结束,美军付出约3.7万人牺牲的重大代价,南北韩并存,以北纬38度为界。其后的韩国虽然总统更迭,层出不穷,但依赖美军的驻防(如今有2.8万美军协防韩国)持久不变。

韩日两国是重量级国家,都拥有民主体制,便也成为拜登造访亚洲的首选两国了。

具体部署

拜登抵韩访问,新上任不到两周的韩国总统尹锡悦热烈欢迎。拜登声称美韩关系之良好已登顶峰。双方立场一致,强烈反对俄罗斯入侵乌克兰。拜登也一改美前总统川普"贴面亲热"北朝鲜的失当政策,警告北朝鲜不得发展核武,但也软硬兼施,保证谈判之门敞开。

尹锡悦总统对北朝鲜持强硬立场,但承诺北朝鲜一旦放弃核武,主张和平,韩国将对北朝鲜展开经贸协助。

访日期间的5月23日拜登公布"印太经济框架"(IPEF)正式成立，有13个创始国，其为美国、澳大利亚、文莱、印度、印度尼西亚、日本、韩国、马来西亚、新西兰、菲律宾、新加坡、泰国和越南（按英文国名字母顺序排列）。

白宫同时宣布，成立此框架将强化美国在印太地区的联系，创造一个更加强大、公平、更具弹性的经济，互利互惠，为民造福。

有观察者认为，美国倡议成立此框架，是针对中国牵头的"区域全面经济伙伴关系协定"(RCEP)，在印太地区里加强与框架成员的经济合作，抗衡中国在此地区的影响力。但此一框架不是传统性的贸易协定，未涉及减免关税和开放美国市场，对促进合作功效不大。

拜登访日时也举行了"四方安全对话"(QUAD)第二次峰会，由印、奥、日、美元首参加，意在加强彼此间的经济和安全合作，并巩固一致反俄入侵乌克兰的立场。

5月26日美国国务卿布林肯称："中国是唯一的国家既有意于改变国际秩序，又有不断增加的经济、外交、军事和技术实力去力促其成。"

以上操作，从中国角度看来，都是围堵中国和有针对性的"拉帮结派"之举，画小圈圈，抵制中国。正如中国社科院美国研究所副所长袁征所说："美国政府企图编织一个政治、经济和军事全面覆盖的大网，将中国笼罩在内。"而中国处变不惊最佳的反应是：专注自身发展，不断提高综合实力和国际地位，并坚持独立自主的外交政策，善处邻邦，振兴亚太。

中国行动

拜登亚洲行，动作频繁，用意明显，中国是如何应对呢？

要了解此时的中美互动，先要观察一下俄乌开战后中国的举动。俄乌兴战，中国大体保持了中立的立场。除以外交词令和口头上赞同俄国的行动，认为这是北约组织要扩张势力，将乌克兰纳入其中，迫人过甚，俄罗斯乃抢先一步，自卫出击。但中国没有以经济和军事援助向俄罗斯输血，守住这一关口，避免了西方国际社会对中国的谴责。

然而，要应对美国的挑战，中国认为不能失去俄罗斯这一重要盟邦。两国有一致立场，要对抗美国，以求自保。因而两国有默契在先，共同行动，于拜登访日期间的5月24日举行了联合空中战略巡防。双方各遣战略轰炸机，出现在太平洋领空。这种演习不可能是临时起意的应景之作，而是计划在先、准备有素之举。这样做中国就给足了俄罗斯面子，"我们是铁哥们儿，没得说！"对美国的示意则是，"中国不孤独，有外援。"

中国外长王毅也出动了造访太平洋8个岛国的友好外交之旅,从所罗门群岛开始,5月30日抵达斐济首府苏瓦。向诸国提出经贸、海港建设、渔捞和安全保障等计划,并提出旅游、外交、应变培训方案,许以两千名额的奖学金,今后5年在中国陆续实施。习近平主席也于5月30日向太平洋岛国发表书面谈话说:"中国对大小国家一律平等对待,不论国际局势如何变化,中国永远是你们的好朋友。"6月1日《纽约时报》一篇新闻分析论文的标题是,"在影响太平洋岛国的竞赛里中国已大步超前。"这正是中国突出包围,向太平洋诸国延伸入驻的具体行动。

5月23日拜登在日本答记者一问"中国若武力进攻台湾,美国将做何反应"时回答说:"美国对台湾要进行军事协防。"此回答引起轰动,似已推翻美国历来保持的"战略模糊"立场。而拜登就任美国总统后已第三次这样发言了,他并非"失言",而是有意如此。美国国务院随后澄清说:美国对华政策不变。

对此,中国政府发言人立即加以反驳,声称此言违反了"一个中国"原则和三个"中美公报"精神,是干涉中国内政,言词不当,无一可取。

然而,我们审视台海现状,中国大陆此刻对台动武是不必要和不可取的行动。台湾在多方面和大陆交流互补,台湾没有宣布独立,也没有对大陆形成任何安全威胁,拜登此言也只是说说而已,不必认真对待。美国对军事战略专家们已经做了多次沙盘演习,美国距台湾太远,远水难救近火,美国军事支援台湾,对阵中国解放军,毫无胜算可言。

美国体制

中国和美国对峙,要量力而行和"知己知彼",才能取得上风。美国是一个什么样的国家呢?

大体说来,这个于1776年建立的新兴国家是移民之国,全国人民除印第安人土著以外,都是从外洲外国进入美国的移民。此国也享有"冒险家的乐园"之美誉。它得天独厚,资源丰富,位处两洋之间,上下两端的邻国都和美国和善相处。二战后美国实力独霸全球,政治民主,经济发展,军力强大,国民安居乐业。这是一个信息畅通、全民发力、科技发达、教育普及的泱泱大国。

6月6日至13日美国"时代杂志"刊出全球百名最具影响力人物一文,其中在政治领袖栏下包括了拜登总统。

美国前总统克林顿对拜登的点评说:"拜登担任美国总统前16个月已经完全做到他竞选总统时的承诺——协助美国克服了空前的疫情,从下到上,从里到外实施了经济重建，恢复了美国的世界地位……我们仍然面对许多困难的问题，这包括平复物价上涨，而不引发经济萧条和打击暴力犯罪行为等。许多新闻的呼声和答案都是于事无补的。唯有一位领导者出现，他关心人民，胜于关心民调，他关心创造未来，胜于重写历史，才能达成任务。拜登乃其人也，这也是为什么我高兴他身为总统，担当重任。"

中美互赖

中美两国历史文化背景不同，政治体制有异。在全球化风靡世界之际，中美两国之间的竞争、合作与对抗（借用美国国务卿布林肯的三分法）是此涨彼落，不可避免的。但吾人希望的是，要有益于中美两国和造福世界，这三股力量要各得其分，各得其所。竞争要良性竞争，不是彼此割喉的生死决战。不要彼此全力研发"杀人利器"，从天而降，防不胜防。制敌于千里之外，取胜于无形之中。双方发展科技，在医疗、环保、增产等领域里有了突破和成果，在双方信任和保护专利的前提下，可以相互使用和推广。

中美双方合作的领域是宽广的。针对世界性难题，促进和平，气候变暖，防暴防恐，抑制疫情等，中美之间可以同心协力，共襄盛举，力促其成。

在对抗的领域里彼此要保护自我核心利益和价值观。中国当前的专制体制和美国的民主体制自然是不合拍的。先前，拜登总统还提出了民主集团和专制集团势不两立，必然对抗的口号。可是，一切要从实际情况着手，不可以，也不必要，用二分法把全球国家分为两大阵营。要立即彼此一分胜败，一决雌雄。

中美两国都要真实借鉴和实行1953年中国周恩来总理倡议的和平共处五原则："互相尊重主权和领土完整、互不侵犯、互不干涉内政、平等互利、和平相处。"此一指导原则也对当今的国家行为做了注解，互相尊重及和平相处是彼此"求同"之处，体制差别是"存异"之所。要在时间和实践的考验下逐渐扩大"同"的领域，和减少"异"之所在。

美国时代杂志6月刊也提出了对习近平的点评，由美国著名历史学教授华舍川姆（Wasserstrom）执笔，说的是："他自从2012年升任中共总书记后，对中国和世界都产生了重大的影响。其后不久他成为国家主席，并成为毛后最大的个人崇拜对象……如今他可以做，而尚未做的四桩大事，一是重新考虑疫情封零政策，世界卫生组织总干事明言，此举"难以维持"。二是改变在新疆违背人权之所为。（注：中国政府视此说与事实不符。）三是拉开和战争贩子普京的距离。四是安排其接班人。"试问习主席，这四件事有可为吗？

结论

最佳的出路是，中国成为一个性格温和的巨人，自立自强，收敛自守，慢慢走上民主之途，为全民造福，为国家争光，为世界和平繁荣做出更多贡献。美国则能成为一个关怀世界的强国，不称霸，不动武，关心和促进人类福祉，为全球树立公正优良的楷模。

正所谓："中美两国要合作，求同存异无不可。造福人类负重任，全力以赴莫蹉跎。"

2022年6月17日

世界局势险恶，美中加强合作

引子：2022年7月5日美国《纽约时报》评论版刊出"整个世界需要马歇尔计划"一文，作者是"开放社会基金会"主席，前联合国副秘书长马龙·布朗（Malloch-Brown）。他认为，"如今俄乌之战未了，全球已产生粮食和能源产品短缺，物价大幅上涨，多国债台高筑和气候显著恶化等多样重大危机，必需有新的马歇尔计划出现去带动全球复苏。上周结束的七国首脑会议誓言一致对抗俄国入侵乌克兰和对乌要实现马歇尔计划式的经济援助，但这是目光短促，顾小失大，全盘忽略了危及全球的重大灾难。"（注释：二战后1948年开始，美国启动历时4年的马歇尔计划，这又称欧洲复兴计划，协助二战破坏后的西欧重建，影响深远。）

美中两国是全球前两位的经济大国，它们之间的互动走向对全球安危都要产生重大的影响。此时此刻，美中应如何互处方能光明普照，佳音四传呢？全文用以下段落回答此问：美中有别，情势迭变，通力合作，中美互动，真知灼见。

美中有别

有5000年历史与文化的中华古国和1776年建国、至今仅246年的美国相比，一定是差别显著。大体说来，中国是内敛保守、佛儒两教并存，美国是外向进取、基督教和天主教畅行。中国人对大自然是欣赏敬畏有加，可以诗书歌颂，加以泼墨作画。美国人对大自然是探索开发有加，可以升空登山入海，意在一明究竟。

中国是东面朝海的陆地大国，明朝郑和下南洋后，出海成为禁令。元朝成吉思汗大帝入侵欧洲后，西征成为绝唱。中国将元朝的蒙古人和清朝的满洲人同化融入中华民族的大家庭。

美国的开国者是脱离英国统治，前往美洲新大陆寻求自由发展和民主建设的一伙人。美国的领土由13州开始，逐渐扩张，如今有了50颗星的国旗，代表美国现有的50个州。以白种人为首的美国人对美洲土著印第安人早年是连杀带赶，最后才出现安抚、安顿印第安人的政策和措施。美国更是移民之国，有最开放的移民政策，其对女权和少数民族的人权也是陆续改善，日益合理。美国的政治体制使这些改进成为可能。

美中有别不是优劣之别，而是各有渊源和特色，自成一家。

情势迭变

美中关系的变化是因时而异的。19世纪清廷势微，西方列强附加近邻日俄，纷纷入侵，先取得军事胜利，再签订不平等条约，将中国沦为"次殖民地"的地位。此时的美国是对华侵略诸国中杀伤性最低的国家。清廷西太后使用义和团的乌合之众杀害排斥洋人，引来八国联军入京，予清廷以重创。其后美国将部分庚子赔款在华兴建清华大学，美洛克菲勒家族也在中国创立了协和医学院。这是在中国高等教育和公共卫生领域里的重要贡献。

二战时期美国先以飞虎队援华对抗日寇入侵。以空战击落日机，以空运补助中国战略物资。1942年12月7日珍珠港事变后美国正式对日宣战，再在太平洋内展开血战逐岛收复，1945年8月7日向日本广岛投下原子弹，8月15日日本宣布无条件投降。中国在美国的支持下宣称为国际上中美英苏的四强之一。美中关系的友好达至登峰。

二战结束后国共展开内战，美国居中调停不果，国军在东北、平津、淮海和渡江战役下连连落败，溃不成军，美国放弃支持国府之立场，于1949年发布白皮书。国府迁往台湾，保持中华民国国号至今。

新中国于1949年建立后，受斯大林的欺骗和支使，中国以人民志愿军抗美援朝，从1950年到1953年和美国为首的联合国部队展开了血腥之战，最后双方打成平手，于1953年7月27日协议以北纬38度线为界将韩国一劈为北朝鲜和大韩民国两国。韩战是越战的伏笔，1970年代，美军和中国援越抗美的志愿军再度交锋，美中关系跌入谷底。

在美中共同与苏联抗衡的背景下，1979年1月1日美国卡特总统恢复美中邦交。2001年12月11日在小布什总统执政时，放弃了人权与加盟世贸组织挂钩的要求，支持中国进入世贸组织，让中国及时搭上便车，逐渐向全球行销产品，最终奠定中国为世界工厂和产品中心的地位。

2016年川普入主白宫，以"美国第一"为号召，和中国陆续展开了贸易战和科技战。这大大恶化了美中关系。2020年川普竞选连任失败，拜登主政美国，美中对抗的情势略见缓和，但是美国朝野已达成共识，视中国为超越俄国的最大战略对手。要对中国严加防范和采取行动。

俄乌之战爆发后，欧盟和西太平洋公约诸国采取了和美国合作，共同对付俄罗斯的立场，最近又发布宣言，要抑制中国。

如今美国对华政策产生了一个矛盾。美国一方面对中国进行围堵，一方面又希望中国要配合美国，"站起来"谴责俄罗斯对乌克兰的入侵。最近高峰会在印尼巴厘岛举行时，美国国务卿布林肯发言如是，他又强调说，美中两国在气候变化和全球健康的领域里有共同的利益。

和布林肯同时参会的中国外长王毅对布林肯的发言提出强烈指责，"美国不该攻击中国的政治制度，并用以往的冷战手法孤立中国。美国应降低中国进口美国货物的关税，并停止制裁中国的公司。美国恐华症的日益增长，最终将使美国对华政策走进死胡同。"

至此，我们得到的结论是，中美双方对中美互动的看法和立场是各持一说，互不相让。

通力合作

美国国务卿布林肯说，中美双方对一些国际事务拥有共同利益，此言不假。双方可以共同介入，力求其解的项目包括气候问题，抑制疫情，反恐措施，开辟能源，经济复苏，增加生产，铲除贫穷，保护环境等。

以上种种问题各有其严重性和紧迫性，对世界的繁荣和稳定形成冲击。

美中两国是世界上经济和军事力量领先的强国，有责任也有力量对上述问题提出应对方案，并贡献资源，进行操作。这要先在国内兑现实施。例如减少二氧化碳和甲烷的排放，压缩和最终关闭燃煤的发电厂，用电动汽车取代燃油汽车，普遍造林，并加强科研，针对上述各种问题，开发出崭新有效的应对手段。

联合国，诸多民主富强的国家，各种公益和慈善组织和基金会也要各施所能，成为取得成效的成员。

中美互动

这要掌握两个原则。一是进行良性竞争，二是尽量减少对抗。

在良性竞争的领域里可包括"半导体、人工智能、5G通讯、量子计算、能源开发"等各种科技发展。开发改善各种陆海空交通运输工具。增强发挥各海空港接送运转的能量和能力。促进贸易往还的互补和互利等。

在减少对抗的领域里，首先要抑制军备竞赛，武力抗衡和太空称霸。因为某一方在这些领域里有了突破发展，另一方就要奋起直追，争取更领先一步。这就形成了每况愈烈的恶性循环，让资源的消耗坠入无底洞。让世界和平产生隐患。

中美之间意识形态和政治体制不同，这不要形成彼此间专注的重点，要加强辩论，要立分优劣。体制的转化只能与时俱进，水到渠成。双方都要以"为民造福"为至上目标，用其行动和成果展现世界，一明究竟。

真知灼见

全球多元化的情势已经形成，有各种区域性的组织出现，一国独霸的局面已一去不返。美国要对此心里有数，中国要视其为畏途。在任何领域里排行的顺序都要听其自然，没有必要去产生保位和夺位的拼搏。让和谐、和气、和平的灵气充满人间。

结论

说到底，还是事在人为。期盼中美两国的首脑都是实事求是和高瞻远瞩的明君，可以在中美纠缠的局势里找出和踏上一条双方互利互补的阳光大道，为世界争光，为人类造福。

正所谓："中美合作齐上手，良性竞争要双求。减少对抗是良策，同舟共济利千秋。"

2022年7月15日

从佩洛西访台成行谈起

引子

今年4月美国众议院议长佩洛西预定访问台湾之行因感染新冠疫情而取消。7月间又传出佩议长访问亚洲诸国是要渗带访台之行。这引起了国际上多方面的争议，对此行的可否、得失加以议论，但最终是佩洛西自己说了算，她于8月2日晚10时许自新加坡飞抵台湾。此行说明了什么，又有什么影响呢？

出访背景

在美国承认"一中政策"和不与台湾建立官方关系的前提下，美国各界高官陆续访台的事实存在已久。25年前时任美国国会众议院议长的金里奇便曾造访台湾。而美国国会议员的访台之旅更是屡见不鲜。

但此时此刻，俄乌之战纠缠不已，美中关系紧绷，美政坛第三号人物的佩议长却执意要访问台湾，其惊动就非同一般了。

争议之论

针对佩洛西访台之行，事前美国朝野的议论十分热烈。美总统拜登从未明言劝阻其行，却公开表示美国军方认为此行时机不宜，应三思而免行。美国立法界的支持呼声很高，包括多位一向批评民主党执政措施的共和党国会议员在内，都主张佩洛西成行不误，不改初衷。美国舆论界是支持与反对之声并起。例如，8月2日评论家弗里德曼撰文认为，佩洛西访台是鲁莽和不负责任的。同天《纽约时报》一分析文章提出，佩洛西访台是她30年来挑战中国立场的延续。8月3日专栏作家史蒂菲斯在《纽约时报》撰文支持说："佩洛西顶住北京，好极了！"不少美国高官私下里向佩洛西表示，访台是挑衅北京，对中美关系发展不利。

国际舆论的主流之声是担心佩洛西访台有不良后果。例如澳洲外长黄英贤说："各方面都要用心考虑，如何行动才能减少当前的紧张局势，我们希望保持台海的和平和稳定。"若干美国在亚洲的盟邦也持有类似心态。

中国在佩洛西赴台之前的有关评论是相当克制的，除了提醒"佩洛西访台，玩火者必自焚。挑动台独，死路一条。美国政府言行不一……"，并没有发出强硬过激的狠话。只有前《环球时报》总编胡锡进的陪衬狂言说，佩洛西访台专机可能被解放军战机陪飞、阻拦或击落。中国当局允许这种言论出现也是胸有成竹，欣然默许。

台湾在佩洛西访台实现前，对到访是低调处理，不大肆宣传，以免刺激中国，产生变数。显然，此一重量级的外交到访，台湾和佩洛西的沟通和联系是不断的，是必须的，双方要预先敲定佩洛西在台造访的行程和内涵，这是不可或缺的惯例措施。也有可能，台湾是主动邀请佩洛西访台的。

7月28日，拜登和习近平电话交谈两小时17分钟，话题涉及台湾、乌克兰和美对华关税及产业法案等问题。那时佩洛西即将出访亚洲四国。拜习两人的谈话一定要针对此事交换意见。拜登会解说，美国体制不允许行政首长限制立法首长的去处，但此行不代表美国官方立场，美国的"一中政策"不变，美国不支持台独。这样说，可以缓解紧张，给习服下一粒定心丸。

到访过程

佩议长造访亚洲的第一站是新加坡。她搭乘美国军机于8月2日晚飞离新加坡，于当晚10时43分到达台湾松山机场。台湾外长吴剑燮抵机场欢迎，佩洛西下榻于台北喜悦大酒店。她抵台后宣布说："台湾具有充满活力的民主体制，我造访台湾表示美国坚定不移地致力于支持台湾，这符合美国的国策。"她也强调，中国可以孤立台湾，但不能阻止美国高官抵台访问。也表态说，美台可以加强经贸合作。她也赞扬了台湾在防疫、人权和气候变化等领域里的措施和成就。多数台湾居民对佩洛西的到访十分欢迎，但也有主张两岸统一者在街头展开条幅，画有佩洛西的肖像，并注以"丑陋美国人滚蛋"的字样。

佩洛西访台行程满满，她会见了台湾的蔡英文总统，参观了"人权博物馆"和台湾半导体大公司台积电，并接见了一些民运人士。

她重视人权的立场是持久不变的。她一贯主张，美中交往在经贸领域里获益，但不能就此忽视中国的人权纪录，不能阻止国家领导人批评中国。不为中国人权发声，美国就失去了在世界上任何其他地方谈论人权的道义权威。早于1991年，她和另外两位美国众议员路经香港造访中国时，在天安门广场展开了预制的条幅，标语是："献给为中国民主事业牺牲的烈士。"

美国思量

美国拥有一个言论畅通、交流无阻的民主体制。佩洛西访台成行之前，在铺天盖地的探讨中一定可以理出一个结论，佩洛西访台成行对美国通盘的国家利益是利大于弊，而不是弊大于利。这应包括以下四点：一是，表明支持台湾，符合美国国策。二是，巩固民主阵营，制中立场不变。三是，挑动美中波澜，不会导发热战。四是，提升拜登声望，利其继续执政。

为避免美中冲突升级，美方也采取了必要措施。一是，佩洛西专机8月2日飞往台湾时，特意避开台湾海峡，先东飞绕行菲律宾南端，再北转在公海上飞抵台湾松山机场。这免除了解放军战机升空监控的必要措施，和可能因此误发产生的擦枪走火。二是，美国国防部特意避开了8月4日至7日解放军实弹军演的日期，将原订的洲际飞弹发射演习延后，降低了火药气味。三是，指令美国里根航母舰队不进入台湾海峡。（注：1996年中国威吓台湾李登辉竞选连任，向台湾北面海域发射导弹，克林顿总统令遣美国两个航母战斗群舰队驶入台湾海峡。）

中国反制

佩洛西抵台后，中国的反应是迅速而严厉的：在大声谴责之下，宣布中国解放军于8月4日至7日之间，在台湾海域四周六个指定区域里展开海空实弹军演，至今在军演里已发射11枚飞弹；立即中止和美国进行军事问题、气候变化、遣返非法移民和国际犯罪等谈判；宣布对台湾进行经贸制裁，河沙（建筑工程重要原料）停止输台，若干台湾水果和鱼类禁止输入，并附带把佩洛西和其家人列入禁止造访中国的黑名单。国内也掀起了抗美反美的舆论呼声，此起彼落，震耳欲聋！

这样，中国也一石三鸟，各自中的。一是，振扬了爱国精神，矛头直指美帝。二是，进行了有效实质的四面攻台军事预演，为日后必要武统台湾做了铺垫。三是，实行诺言，对美国的反制是雷厉风行，压制了美国的狂妄。

这也可以解释说，中国是准备有素，排定了反击手段（注：大模型实弹军演是要提前准备，不可能是临时动议。）只待美方行动落实，便爆发展现。这也充满了及时收网，请君入瓮的味道。

台湾处境

台湾很可怜，夹在美中两大国之间，难以自主，只能适应。台湾当局面对俄乌战况，绞尽脑汁，要安排备战的军备和战略，以往兴"不平衡战术"之议，要准备特殊武器攻打解放军的软肋，当前又倡"刺猬战"之说，可用飞弹等拒敌于境外。

但是台湾安危的基本问题根本不是如何备战和应战，而是从源头上避免战争的发生。和中国大陆比，台湾面积太小，和大陆相隔80英里又何尝是可以自保的安全距离。因而，在任何情况下，大陆决定动武，便是万弹齐发，寸土不漏，台湾任何的军备和战略都立即摧毁失效，无从施展了。好在，如今大陆、台湾和美国三方都认定维持台海无战事的现况是最佳选择。台湾才获得此时的安全保障。台湾不要自我安慰，视购买美国二流军备是讨好美国的必要之举。台湾倾囊而出购置美国军备的预算在美国眼中也是不足轻重的。换言之，台湾自卫的最佳策略是加强内部民主和民生建设，善处四邻，充满活力，赢得国际社会的赞美和尊重。中国也要依样实施，力求改进，以造福全民，振兴中华。届时，两岸和平统一便也水到渠成，自然实现。

今后走向

今后美中两国之间的合作、对抗与竞争会三轨齐行。在诸多国际事务里两国必须要通力合作，这是互助双赢的。这包括，气候变化、疫情、反恐、环保和经贸等领域。意识形态和争做老大的对抗要淡而化之，推延免谈。在竞争领域里要着重避免军备竞赛，不要不断开发从天而降的杀人利器和破坏力强的毁灭绝招。科技发展，这包括晶片、机器人、人工智能、电池、电动汽车、量子计算、能源开发和农业增产等，中美双方要各尽其力，创造发明。美国国会刚通过2800亿美金预算，去支持开发国内的科技技术和产品。中国也在竭尽全力，用政府和民间的力量去促进晶片的开发和制造。这都是良性发展，乐见其成。

8月6日美国纽约时报编辑部在该报评论版发表了一篇颇有创见的评论，标题是"美中关系不必要这样紧张"。其主要观点是："地球上两个最强大的国家若能谋获降低紧张的途径，是对人人有益的。在以往的半个世纪里，从尼克松1972年访华开始，美中两国的首脑曾不断超越冲突，优先选择推动双方共同的利益。这对世界的稳定和繁荣做出了重大的贡献。

佩洛西访台时间不宜，增加了美中关系的紧张。如今美国可以采取一些措施去改善美中关系。

不要出于恐惧中国是经济对手，而采用对华的关税惩罚政策。美国从事竞争要专注于在技术教育、科学研究和工业发展等领域里大量投资，并加强与中国邻近国家的关系，去共同促进和保护美国利益。这样做不是要孤立中国，而是要巩固基础，在彼此有显著差异的领域里展开交锋，又在可以携手的领域里（首要是气候变化）保有共同进步的可能性。

不可过于简化和于事无补的视中国为具有敌意的强权国家。中美共享的价值观是追求繁荣。一个令人忐忑不安的现实是美中两国彼此需要。"

我认为以上言论比较平和有理，为美中关系改善提供了一个思路。

据了解，今年11月中共20大召开后，肯定了习主席继续主政中国5年，年底前可能实现习拜两首脑会面商谈之举，届时美中两国的最高决策人都要费尽心思，找到一条两国互重、互谅、互助、互信和双赢的道路。这既要从长计议，又是刻不容缓。

结论

正所谓，"安邦济世谈何易，美中互动连一气。同舟共济要加码，造福人类成大计。"

2022年8月12日

天将降大任于中美也

引子：2006年至2018年我在中央电视台（CCTV）担任英语节目时事评论员时，结识了马鸿先生(David Mahon)。他来自美国，长住中国，对美中两国的实况都认识深刻，也使用备忘录发表他的议论。2022年8月他刊出"寻求战争"（In Search of War）一文，见解精辟，引人深思。我在电子邮箱接获来文，就此撰文加以呼应。

我要分段引述他的观点，再进行评论。

佩洛西访台："尽管美国佩洛西议长8月2日访台成行，意在支持台湾，其效果是适得其反。台湾人民的本意是要尽量维持与中国并存的模糊空间，佩议长访台不必要地挑衅了中国，极度增加了美中关系的紧张。令人费解的是，何以佩议长认为访问台湾有助于美国或台湾的利益？也许此行可以显示民主党对华态度强硬，在即将到来的美国中期选举里可以凭此挣得更多的选票。但现在看起来，更像是美国冒险行事，去引发美中军事冲突，加剧彼此的关税制裁、禁运和指责，使美中两国未来增加了产生冲突的可能性。"

我见："以上分析十分中肯。佩议长此刻访台的确增加了美中关系的紧张，也给予中国现成的机会加强了对台湾四周军事行动的压力，和预习了一次今后武统台湾的军事演练。而佩议长访台的确显示了美国民主党不畏缩，对华持强硬态度。若此举在今后美国中期选举时真正成为欣然获胜的最后一根救命稻草，就此巩固了拜登施政的底盘和力量，这就也投资得当，本利双收了。

俄罗斯侵乌："俄侵乌已失血过多，面色苍白。尽管它在乌克兰已占地得逞，却要面临游击战的袭击，促使国力日衰，惹翻了西方国家，在经济上益加依赖中国。美府有人以台湾为工具去挑逗中国，就像乌克兰成为美国的筹码去对付俄罗斯一样。

北京反制佩议长访台，展开激烈的军事行动，便也落入了美国议员预设的圈套。（注：证实了中国具有侵略性。）尽管事实上，自1979年以来，中国没有涉及任何国际军事冲突。1979年中国进军越南，为时40天，双方均以获胜自称而收场。"

我见：国际观察者对俄乌之战的大体共识是，战争会拖延下去，俄方难以取胜。因而普京发令入侵乌克兰的决策可能是一大败招。而中国反制佩议长访台的军演和各种措施是否更加暴露了中国侵略的本性呢？未必！因为两岸统一是中国坚定不移的国策，和平统一是优先考虑。军演不能和武统行动划成等号。佩议长访台，中国便得做出反应。

美对华定位："美视华为直接对手，中国抵制了美国的全球霸权，促进了美国国内经济的失衡。北京也了解华府要围堵它，并带领其盟邦一致行动。但是，中国寻求的不是全球霸权，只寻求区域的影响和稳定。这遭到美国拒绝……假如美国要继续破坏中国的经济，并挑动中国的贸易伙伴疏远中国，美国就会事与愿违，将中国最终转化的更有侵略性，更能成为美国真正的政治对手。中国崛起不会威胁全球的繁荣与和平，反而是美国对自身衰退的反应产生了此一威胁。"

我见：以上见解言之成理。中国的优先考虑是在自己临近的领域里自立、自保、自强。中国没有野心和必要去壮志必酬，宏图大展，称霸世界。美国因"恐华症"过度而对华施展围堵，才不必要和不明智地增加了美中之间的敌意和抗衡。美国需要出现智慧高超的领导人，看清中国基本的立场、局限和走向。放下心来，放弃围堵，减少对抗，增加合作。

台湾的处境："由于习近平主席曾经坦称，要在其任内'解决台湾问题'。美国和诸多西方国家都认为美中冲突的爆发地就是台湾。中国正在积极准备进行武统。

1992年2月美中签署了《上海公报》，美国认知'海峡两岸的中国人都认可只有一个中国，台湾是中国的一部分。'国民政府于1949年撤离大陆，退守台湾。再于1987年取消了实施42年之久的戒严令。而后经济发展，民生改善，民主进步，赢得了国际社会的赞美和认同。近年来台湾科技发展，已俨然成为领先全球半导体生产的重镇。

近40年来，华府为维持其声势，在亚洲的运作里以台湾为马前卒。其对台湾的承诺是肤浅的，是摇摆不定的。一切按照美国内政的需要和进程而转变。"

我见：诚然，台湾的确是美中冲突的一大焦点，但这并不是火烧眉毛，大祸当前。俄罗斯入侵乌克兰，引起西方国家的强力抵制和迅速反弹，这一事实也引起中国思量，对台武统是不能轻举妄动的。考虑到大局和全盘，维持台湾不战、不统、不独的现状就是最符合中国、台湾和美国三方的基本利益。对中国而言，台湾回归不事关迫切，没有定期完成的时间表。对台湾而言，与大陆和平共存，避开战火，是唯一出路。对美国来说，与大陆决战于台海，是自取其辱，最坏选择。

当前，台湾自立、自保的底线是不超越大陆铺设的红线，这都可以做到，那便是不宣布独立（维持中华民国番号），不发生内乱（维持台湾社会安定），阻止外国势力进入台湾推动台独。

如今美国已采取手段加强美台关系，白宫已宣布要和台湾进行商贸会谈，促进双方合作。美国印第安纳州州长霍尔卡姆（Eric Holcomb）已先行一步，于8月21日率领了该州代表团抵达台湾，从事商贸和学术交流的协商。今后，类似的代表团也将陆续出笼从美国各地赴台进行相关活动。我认为这一发展是好事一桩，中国政府不宜就此对美国严加指责或施加报复，更不宜加强对台湾的军事威胁行动。

就此我要陈述一个重要的认识和观念。促进两岸统一进度的最佳途径是，两岸并进，和平竞争，共同加强自身民主和民生的建设，待到时机成熟，两岸自然统一。中国不能采取全面压缩台湾的手段，让台湾穷苦潦倒，走投无路，只好等待大陆接管。反而是两岸要扩展经贸、科技、文化、学术和旅游等交流，增加互赖互信，造福两岸同胞。就好像盼望失散出走的孩子回返家园，只能展现爱心，真情洋溢，热烈欢迎，不能挥动鞭子，枪口朝向，强迫就范。

再有，台湾要掌握的是，美国高官造访台湾，可以接纳，但不要得意和强求。美国军备售台，要尽量压缩，以免浪费资源。我对台海局势的总结看法是：风雨飘摇，有惊无险，现状可维持，台海无战事。

误读要改正："中国政府以往一再误解美国的政治生态。2016年川普入主白宫，中国视其为可以打交道的'商人总统。'在川普翻脸不认人、强攻中国之后，中国又误以为拜登总统是一位和平使者。正像大多大型国家一样，中国是透过了自身内政挑战的棱角镜去理解外面的世界。北京没有体察到，近来美国许多针对台湾的运作和发声是针对其国内人民的需求而为。因为如今美国人民的失望和分裂产生了压力，美国政府急于应付，便要展现对华强势，以转移化解美国人民的注意力和谴责。

近20年来，中国口吻逼人，军演一再，对美国海军在台湾海峡巡航做出过激反应，就中了美国反华人士的招。（注：这引发美国朝野增加了对华敌意。）如今中国似已觉察到，华府可能趁中国军力变得更强大前冒险挑起美中冲突。战争虽然不是近在眼前，但爆发的可能性存在了。

美中两国都最好停止煽动其国民热捧国家主义之风，并停止彼此抹黑，将对方妖魔化。"

我见：上述结论十分到位。因为在人性和理智的引导下，中美两国人民共同需求的都是国家繁荣，社会富足，人民幸福，家庭和乐。双方彼此极度丑化就会带动和增长过分自我中心和十分仇外的国家主义之风。

由于中美历史文化背景差异很大，了解对方不是轻而易举的事情。中国信息上达存有障碍，有只报喜不报忧、纳美言拒忠言的恶劣传统，形成过滤和筛选，使中国领导层难以全面掌握国内外的真实情况，从而易于做出偏失的决策，受损多，获益少。

中国只要维持言行合一，不侵略，不争霸，为民造福，敦亲睦邻。假以时日，信息畅通的美国一定会对中国好感益增，信任益加。

习主席建树："习主政中国建树丰硕。这包括，改善经济，支持私营，减少贫穷，打压垄断等。他应是毛泽东以来中国最强势的领导者，尽管当前还留下疫情归零、处理失当的尾巴。习处理区域外交不够稳妥，经常触动日本和韩国掀起反华情绪，极度增加了和印度的紧张。与邻邦相处，习成功地解决了和越南长期存在的边境争议，让马来西亚和新加坡人民增加了对华的好感。

但是正像美国领导人一样，习为了巩固国内的支持，极力展现他在国际上为了争取中国的利益全力以赴、奋斗不息的形象，但这引发了国内以后难以平息的国家主义之风。此次佩议长访台，中国国内民愤高涨，民间舆论大多认为中国没有采取更严格的手段对付美国。好在中美双方都能克制，没有产生更大的冲突。"

我见：习主席对中国振兴有重大贡献不在话下。但是，他亦可"百尺竿头更进一步"：改善人权，开放言论自由，用人也要"得天下之英才而用之。"不能局限在自己熟悉和信任的小圈子里。脱离俄罗斯圈子，步入美国殿堂，是中国前进的大方向。和美国相处，要"诚"字当头，不卑不亢。习主席要挑起大梁，抛弃私心，为民族复兴做出必要贡献。

今后的发展："佩洛西访台后，美国要员陆续访台成为常态。中国军演迫近台湾今后将视为常情。但美中双方都会极力把握，避免产生直接的军事冲突。美国国力继续衰退已事在难免。但美国可以像以往一样，努力复原其分裂和失衡的社会，修补民主的破损。这时，更加自信和稳定的美国仍将视中国为竞争者。而同时在许多领域里又将和中国成为合作者。中国显然是自信满满，但也有自知之明，知道本身存有短板和缺限。中国也认识到，与美国合作胜过与美国长期斗争。在中国有许多人都确认，唯有和美国恢复友谊，中国才能充分展现其经济和政治潜力。

当中国经济力量日渐增长，并继续推动一带一路计划时，中国在非洲、亚洲和太平洋地区的影响力也将腾飞直上，并促进中国和其贸易伙伴同登富足之乡，进而解除了美国对华的围堵。美国正在加速而非减缓中国的增长。这已促使中国在科技领域里更加独立自主，而未削弱中国的经济力量。华府对中国展开的贸易战反使自身受其害。这也带动了越南、孟加拉和印度产品外销的增长。美国可以减缓，但无法阻止中国崛起的步伐。"

我见：今后美国逐渐衰退，中国日益崛起是大势所趋。然而，这并不是中国取代美国成为老大，而是中美两国各有天地，各擅胜场。美中分工合作，共赴时艰，彼此互利、互助、互勉、互信仍是当今努力进取的正确指南。

处理今后全球的重大难题，如应付气候变化，防治疫情损害，减少军备竞争，保护自然环境，开放清洁能源，扩大农渔生产等，都需要全球的智慧、资源、项目和力量充分和专注的投入，尤其是中美两国之间在铲除了政治隔阂和军事斗争的前提下，双方可以开诚布公，通力合作，将科技研发和制造成果造福全人类。这个理想目标是可行的，必行的。中美双方元首应立即着手操作，把这一伟大社会工程深思构建，全面推动，力促其成。

结论：天将降大任于中美也，必先调其纠纷，促其合作。正所谓："全球难题非一般，中美携手要领先。造福人类成伟业，繁荣和乐尽开颜。"

2022年9月16日

中共廿大召开，中国挺身前进

引子：全球瞩目的中共二十次全国代表大会已于10月16日在北京召开。习近平主席涛涛万言指出大会召开之目的是要"为全面建设社会主义现代化国家，全面推进民族伟大复兴而团结奋斗。"

如今世局动荡，俄乌战争休战无期，疫情肆虐尾大不掉，全球经济全面下滑，美中较量与日俱增。此时此刻，中国的所作所为对全球局势都会产生举足轻重的影响。现就我的观察和理解就此做一论述。

美国舆论动向：美国《时代杂志》10月24日至31日双周刊登载一文的标题是："条条大路直通习近平"，副标题是："习的时代"——中国主席三次连任，首创一人走向影响全球。

近来《纽约时报》天天都有谈论中国的文章。10月10日，"中共大会即将召开，经济情况至关重要";10月11日,"习近平跳不出中共的老槽";10月12日,"我们突然同时向中俄展开对抗";10月13日,"拜登长远策略直指中国";10月15日,"中共大会即将召开,习近平大权在握";10月16日,"面临严重局势,习坚持强硬政策"。纽约时报多篇议论文章指出以下各点:

习近平着重一党执政,高度重视国家安全和意识形态,把其放在比经济发展更重要的位置。

习实现权力集中,显现了中共本质。他忠于党,要大力实现民族复兴。

当前美中在科技环境里的对抗非常激烈。美国要控制中国发展,自我称霸全球。但美国不能永远抵制中国发展,这将妨害中美两国在气候变化、网络安全等重要领域里的互利双赢。在这些领域里,中美同样受到威胁,唯有通力合作才是最佳出路。美国10月7日商业部发布的新规定已彻底封闭了美中在半导体方面的交流与合作。这形成大门紧闭、各自为政的局面,也迫使中国要自力更生,自寻出路。

拜登总统刚发表了"国家安全策略"报告,指出"中国是唯一有意重建国际秩序的国家,又拥有不断增强的经济、外交、军事和技术实力,去实现其目标。美国也要扩充军备,在太空、网络和海洋方面和中国展开竞争。"

美国正运用其对全球技术和生产供应链的影响力量去阻止中国获得半导体产品和技术,也呼吁其盟邦一致行动,而反馈是冷淡的。美国双管齐下的策略是,一面为自己撑腰,一面拖中国后腿。

习近平认为中共治国模式最好,中共专政是治国保障。他信心十足,反对势力微弱。

总结以上各论点,一是,认可习近平实力强大,颇有成就。但是担心习领导中国的走向要损及美国利益。二是,美国不可掉以轻心,要对中国严加防范,主动出击。

习主席的言论:习主席在中共廿大开幕式的发言里明确指出,大会的主题是要"为全面建设社会主义现代化国家,全面推进中华民族伟大复兴而团结奋斗。"中国现代化的本质要求是:"坚持中国共产党领导,坚持中国特色社会主义,实现高质量发展,发展全过程人民民主,丰富人民精神世界,实现全体人民共同富裕,促进人与自然谐和共生,推动构造人类命运共同体,创造人类文化新形态。"时间表是:"到本世纪中叶,把我国建成富强民主文明和谐美丽的社会主义现代强国。"

为实现上述目标,"必须充分发挥亿万人民的创造伟力。团结就是力量,团结才能胜利。"

针对习主席中共廿大开幕式的发言,10月16日《纽约时报》发表新闻简报说:"习发出严厉警告，中国正面临惊涛骇浪的重大考验，要以强硬统治回应。中国要在中共领导下保持团结。中国要在经济方面实现共同富裕。中国必需加快步伐，掌握对经济和军事竞争至关重要的关键技术，要坚持新冠清零政策，要维护国家安全，严格掌控互联网，努力争取台湾和平统一，绝不放弃武统选项。中国的外交政策在抵御西方霸凌行径和保护主义方面取得了一系列成功。中国要对世界事务进一步施加影响。报告里未提美国和俄乌战争一言一字，但发言内容处处映射美国。"

我之所见所思："今后美中互动会连绵不断，频频登场。我对美中双方各有期待，现申述之：

针对美国：美国对华显然是要走对抗、竞争、合作的三条道路，各有内涵，并行不误。

对抗的关键是不要走进死胡同，变得双方要真刀真枪，干戈相向。

细读中国历史文化背景可以知道，中国没有对外侵略性强的DNA遗传因子。中国历代君主的最高成就就是风调雨顺，人民安乐的"治国"成就，不是开疆扩土，威力万钧"平天下"的表现。元朝成吉思汗西征，贯穿亚欧两洲，并没有驻足下来，开发新的殖民地。明朝郑和率领庞大船队下西洋，也只是扩大接触，宣扬国威，所到之地毫无侵略杀伤之举。

待到19世纪，晚清势衰，列强入侵，中国反倒受尽耻辱，沦为赔款割地的次殖民地的地位。1911年清朝推翻，中华民国建立，其后38年历经军阀混战，北伐统一，和抗日胜利等阶段。二战后国共内战爆发，1949年国府溃败，退守台湾，维持中华民国称号至今。中共统治大陆后改国名为"中华人民共和国"，造成两个中国的事实，迄今两岸和平统一仍待实现。

中华人民共和国建国前卅年是内斗不断运动不休，南征北讨（越战韩战），迄无宁日。而国力民气大伤，直到1976年毛泽东去世，1979年邓小平主政中国，实行"改革开放"国策，中国才能逐渐恢复元气，建设有成。如今成为实力全面的泱泱大国。

但今日的中国并没有企图、野心、必要和条件去称霸世界，独占鳌头。中国要推进中华民族伟大复兴，和构造人类命运共同体，这没有打击美国，独霸全球的意念和内涵。

所以美国要静下心来，仔细分析，不要把中国列为生死斗争的头号假想敌。世界够大，可以容下不同政体和平共存，各自发展。

美中要进行良性竞争，重点是科技发展和经贸利益。要避开军备竞争，不要在太空、地面、海底开发精准、神速、强大的杀伤利器。中美更要携手领导世界防止核武扩散和核弹首投。如今，半导体、人工智能产品、量子计算、网络传播、电动汽车和机器人制造等领域是今后世界努力发展的方向，美中双方都可竭尽全力，专注开发。但美国就此对华恶性打击和封闭是不可取的。

美中双方经贸互补性很强，美国着重高科技产品，中国主打劳力密集产物。美国也不宜以"高关税"的手段去打乱中国产品输美的正常渠道，这祸及双方，彼此受害，有待修正。

美中合作的广阔领域是全球关注，美中互惠的许多方面，这包括气候变化、公共卫生、防恐措施、能源转换、环境保护、农工增产和消除贫穷等。但美中双方一旦在对抗时过火过头，又出现恶性竞争加油添醋，双方善意下降，信任丧失，要再谈友好合作就十分困难了。中国官方也曾一再提出这一顾虑。

针对中国：中共施政中国的最大考验是能否以一党专政框架实现振兴民族的民主政治目标。现指出一些实现目标要啃的硬骨头如下：

人民民主——要将"为人民服务"和"人民当家作主"两大目标实现，就得把宪法保障下的各种人民可享的自由一一兑现，这包括言论思想、宗教信仰、迁居结社等。

民生建设——要实现安居乐业，食品安全，住房价廉、环境清新等。

压制贪腐——要从基本着手。消除纵容贪腐的乐土。以行政体制、法制功能、道德风气、社会监督和高薪养廉五道关口制止贪腐不能、不敢、不肯、不易、不必发生。

重用人才——有创造力和前瞻性的是人才，要加以培养和重用。唯唯诺诺，听命如仪的是蠢才和奴才，要弃而远之。政府要得天下英才而用之，用人不能局限在自己亲近熟悉的小圈子里。

立法督政——让人大、政协发挥实力。前者立法严明，利国利民。后者议政论政，造福社会，不做花瓶和应声虫。

处理台港澳——要让这三地充分发挥民主政治的优点，成为实现民主的试验田地。针对台湾情况习主席在中共廿大开幕式里说："我们坚决以最大诚意，尽最大努力争取和平统一的前景，但绝不放弃使用武力，保留争取一切必要措施的选项。"蔡英文反应习的发言说："中华民国是主权独立国家，民主自由是台湾人民的信念和坚持。台湾的主流民意也清楚表达，我们坚定拒绝一国两制。台湾人民的共识是，国土主权不退让，民主自由不妥协，兵戎相见绝不是两岸选项。"

我认为维持现状，不独、待统、台海无战事，是有利两岸，并惠及美国的最佳选项。让水到渠成，实现两岸和平统一。

尾语：习主席设定的目标，"全面推进伟大民族复兴，"是宏伟、远大、可行的。但任重道远，不能一蹴而就。中国今后对内对外，要慎思善处，不虚浮，求实质，获民心，赢赞美。正所谓："民族复兴责任重，慎思善处要先行。举国康乐普天庆，世界繁荣又和平。"

2022年10月21日

论美国中期选举和美中互动

引子

美国中期选举于11月7日如期举行，选举结果尚未全面敲定，但，民主党小输即赢、共和党小赢即输的局面已经落实，而红潮汹涌、共和党腾飞的预测并未出现。助长了声势的拜登于11月14日前往印尼巴厘岛参加廿国首脑会议（G20）时抽空和习近平晤谈3个多小时，意在改善美中关系，防止恶化，寻求改进。

历史进程

此次美国中期选举有34位参议员、534位众议员和36位州长参加，被视为是对现任总统和执政党主政两年的信任投票。

一般说来，美国执政党在中期选举时大多会丧失一些议会席次。在以往22届中期选举里，执政党平均丧失26位众议院席次，4位参议院名额。两次例外发生在1934年罗斯福总统遭遇美国经济大萧条而执行新政之时，另一例是2002年美国惨遭911恐怖袭击之后，小布什总统号召全国团结一致，制裁恐怖主义。在这两次中期选举里执政党在参众两院都增加了席次。

美国选民参加中期选举的投票率平均约40%，比较总统大选平均55%到60%的投票率为低。两党出动的选民大多来自两党热心时政的中坚分子。执独立和中间立场的选民投票率较低。相对而言，他们更关心总统大选。

选前情势

2022年美国中期选举前民主党面临了严峻的局势。这包括新冠疫情肆虐不已；美国通货膨胀，物价上涨；全球经贸生产持续下滑；俄乌热战纠缠不止，美国全力支援乌克兰，负担沉重；拜登民调支持率滑入谷底；美中冲突加剧，前途堪忧等。

不少选前的调研结果都预测，共和党在此次中期选举里会声势大振，重挫民主党。共和党便也是信心满满，兴致冲冲地迎接中期选举。而民主党的对应则是临危不乱，全力出击。一方面宣扬民主党执政两年的成就比比皆是，一方面提醒美国选民，一旦川普之风吹遍全国，共和党在选后掌握参众两院时，该党并不能提供有效对策，解决美国面临的重大问题。

选举结果

已经揭晓的选举结果是,民主党在参院选举里已稳获50席次,还要在今年12月乔治亚州的参议员加选里夺取再一席次。众议院选举的统计还未结束,推算共和党可能以数席之多获得小胜。美国州长选举则是两党平分秋色,旗鼓相当,各获18州,打成平手。

这一结果和共和党大胜的预测出入太大。新闻分析多认为民主党把可能的大败化为了小失,有以下因素助成之:

一是,民主党员倾巢而出,投票支持民主党候选人,其比率超过了共和党员出动的比率。

二是,美最高法院以多数共和党为背景的大法官组成,裁决局限妇女堕胎权,这触怒了美国大多数妇女,他们要维权而支持民主党候选人。

三是,川普天女散花,大量支持全国各层次的三百多位候选人。候选人里有许多条件不好,受到选民的遗弃。川普乃成为选举毒药,害了一些共和党候选人。

四是,美国选民大多抗拒极左或极右路线,拜登路线适中,符合多数美国选民胃口。

五是,美国领衔号召盟邦支持乌克兰抵抗俄罗斯入侵,成绩显著,获得民心,从而转化为支持民主党候选人的力量。

选举影响

拜登在民主党掌控参院的支持下将会全力发挥,完成竞选诺言。吸引制造业回归,增加美国就业人数,缓解通胀压力,恢复经济增长,支持乌克兰战局获胜,打击普京武力扩张的野心,维护民主体制的完整。

拜登将加强在亚太地区经济、军事和外交的部署。以结盟合作方式集中力量应对中国的挑战。

拜登将在全球关注的一些领域里,如气候变化、核武扩散、清洁能源、减少贫穷等方面,号召各国共赴时艰,促进国际合作。

拜登是否寻求连任,是一个引人注目的问题。如今美国中期选举的结果,使拜登声势大涨,他获得民主党党内支持参加2024年总统大选的可能性大大增加。

今后走向

拜登将大力调整美中关系。尽管不久前美国发表的"国家安全策略"报告里指出。"中国是唯一有意重建国际秩序的国家,又拥有不断增强的经济、外交、军事和技术实力,去实现其目标。美国也要在扩充军备,在太空、网络和海洋方面和中国展开竞争。"考量全局和美国国家基本利益,拜登深切了解,美中之间要掌控抗争,避免失控,并扩大合作领域,争取双赢。

拜登和习近平可互称为"老朋友"。他们在担任副总统和国家副主席时期就有诸多交往,而奠定了双方的基本认识和友谊。拜登入主白宫后曾5次和习主席进行电话交谈。如今又抓住11月14日前往印尼巴厘岛参加廿国首脑大会之机,和习主席在会议召开前安排了长达3个多小时的当面恳谈,其唯一目的是要展现美方诚意,让美中今后的走向是冲突降温,合作回归。彼此获益。设定这一大局走向是至关重要的。

在这次中美元首的会晤里,习近平主席强调:当前中美关系面临的局面不符合两国政府和两国人民的根本利益,也不符合国际社会期待。中美双方需要探讨两国正确相处之道和正确的前进方向,造福两国,普及世界。中国无意于改变现有国际秩序,干涉美国内政,挑战和取代美国。台湾属中国核心利益,维护中国统一和领土完整是中国人民的共同心愿。中国致力于保持台海的和平稳定,但对台独是水火不容。自由、民主、人权是人类和中共共同追求的目标。

所谓"民主对抗威权"是不符合时代发展的潮流。中美体制不同,可进行探讨,平等交流。

中美竞争要相互借鉴,共同进步,不要你输我赢,你死我活。

打贸易战、科技战是完全违反市场经济和国际贸易规则,损人不利己。

中美两国经济深度融合,在全球经济疫后复苏,应对气候变化、解决地区热点问题,中美应协调合作。结论是,中美双方要相互尊重,互利互惠,着眼大局,创造好的气氛和稳定的关系。

拜登在拜习会晤时提出:"我和习主席相识多年,保持经常性沟通,但无论如何也代替不了面对面的会晤。

美国致力于保持两国各层次沟通渠道畅通。双方坦诚对话。加强双方应对全球性重要挑战的必要合作。

美国尊重中国的体制,不寻求其改变,不寻求新冷战,不寻求通过强化盟友关系反对中国,不支持台湾独立,两个中国,无意和中国发生冲突。希望看到台海和平稳定。

无意寻求和中国脱钩,阻挠中国经济发展和围堵中国。

美中要管控分歧,避免和防止由于误解误判或激烈竞争演变成对抗和冲突。双方要确定指导美中关系的原则,争取尽早达成一致。"

在习拜会谈中双方同意:"以后保持经常性磋商。在经贸、公共卫生、农业和粮食安全及人文交流等领域开展对话,争取合作。"

显然,在习拜会晤的3个多小时里,双方都坦率、详细地提出了本国的基本作法和利益所在,对彼此也各有期望,和表示意欲合作,获得双赢。然而,冰冻三尺非一日之寒。中美之间长期缺乏有效沟通已久,已产生不少隔阂和误解,这不是一次元首会谈就可以全面化解的。但重要的是,中美双方元首都已洞察当前情况存在的危机,要费尽思索,寻求出路。习拜的巴厘岛恳谈就是化险为夷的最佳起步和转机了。

美国国务卿布林肯已准备于明年初造访中国,意在和中国加强沟通,在重要问题上交换意见,避免冲突、这诚然是一桩重要的外交之旅。

美国大选

美国前任总统川普于11月15日晚间在其佛罗里达州住处公开宣布,他要参加2024年美国总统竞选,再度问鼎白宫。这是一个爆炸性的消息。合乎许多人的预料,也激发了舆论的点评。美国中期选举里共和党表现欠佳,共和党内有许多人指责川普,并公开提出,要在党内的竞争里挑战川普出线。但,川普已不顾一切,其代理律师已于11月15日晚登记参选,出面的组织是"川普2024年竞选总统委员会"和"川普拯救美国联合集资委员会"。

川普要在诸多诉案缠身,而在诉讼判定之前就宣布参选,这是预先布局,一旦判决有罪,就涉嫌政治陷害,公正不足。这在美国是史无前例的。

此次中期选举投票后,由美国联合新闻社(AP)组织的现场调查里发现,有54%的受访者对川普执"恶感",其中44%是"极度恶感"。许多共和党的大款资助者也在探讨今后如何将助选资金投向川普以外的竞选人。有新闻评论说:"川普在自己政治生涯最落魄的时刻宣布要再参选总统,这绝不会成功。"

川普已急不可待地开始对他在共和党内出线的两位可能对手(佛罗里达州长蒂桑提斯和弗吉尼亚州州长杨金)加以嘲笑和毁谤。这是川普的特色之一,屡试不爽。

川普宣布参加选下届总统,也大大提高了民主党推举拜登代表其出征的可能性。这一是,中期选举民主党表现良好,拜登领导有方,可获党内大多数人支持连任。二是,调研显示,若是川普代表共和党参加2024年总统大选,拜登是民主党内击败川普的最佳人选。(民主党内现无第二人可以有代表其出征,确保战胜川普的把握。)

结论 正所谓:"中期选举拜登胜,时局改善机会增。美中合作契机现,全球获益良机生。"

2022年11月18日

追思民主斗士鲍彤好友

引子

1989年六四事件发生，因受连累而入狱最高地位的中共高官是鲍彤先生。他是中共中央委员，曾辅佐赵紫阳总理执政。他于1989年5月28日关入秦城监狱，坐牢7年。出狱后坚持奋斗，维权不已。他于11月9日，年过九十，病逝北京。我和他曾有一段知心的交往，现撰文对老友鲍彤加以追念。

生日赠言

11月5日，鲍彤过90岁生日的时候说："人是天地之间一个非常渺小的历史存在……我的90不90不重要，重要的是我们大家要争取的未来，要争取的今天，要在今天做自己能够做、应该做、必须做的事情，并把它做好。"

以上是非常简要贴切的发言，展现了鲍彤先生内心所想，毕生所做之事。十分令人敬佩。我有缘和他结识，交往密切，获益匪浅，是一大乐事。

有缘相逢

2003年一天，我收到友人戴晴的电话说："你是控烟专家。我要给你介绍一位老烟客，看你有没有办法可以协助他脱离烟海，增进健康。我们即将有一个聚会，他要参加，也请你来，和他见面，此君是鲍彤先生……"

就是这一电话将我和鲍彤挂了钩，而后长相往还，直到他过世。

要和他见面，我是有备而往的。我带了一份我前写四本控烟专著的彩印页，吸烟代用品的"维尔戒烟贴"，再有，就是好奇心切，信心满满，要会见此一名士，见机行事，一明究竟。

我到达会场，果然看到只有一位先生手持香烟，吞云吐雾，心想这必然是鲍彤先生了。于是挺身而上，自我介绍说："是戴晴邀请我来的，我要设法帮助你戒烟……"他愣了一下，含笑回答说："谢谢你的好意，咱们以后专门安排见面，加以讨论……"

后来在我持续的鼓励和协助下，鲍先生的确是烟瘾大减，并有一段时间，他是完全拒烟于千里之外了。我很高兴，有控烟妙手在握，可以帮助不少烟客和难缠的烟瘾永别了。

持续交往

我从2006年起开始在北京万寿路中央电视台总部担任英语节目时事评论员的工作。这和鲍先生的住处不远。他住在万寿路军事博物馆对街的一座公寓楼，正北临街一座楼的二层是麦当劳餐馆所在。我和他结识后，就约好每次在中央电视台做完节目后就顺道在麦当劳餐馆和他会面聊天。每次都是他好意点购了咖啡和小吃供我享用。

我们聊天大约个把小时，论时情，谈往事，叙家常。天南地北，兴之所至，畅所欲言，一吐为快。我还做了三次录音，珍藏至今。2018年我返美定居后，每隔一段时间，一定和鲍君通话，互报平安。

鲍先生经历丰富，观察敏锐，曾介入中共高层，和我交谈时便可细细道来，侃侃而谈，对我是广开眼界，一大享受和心灵滋润，无限甜美。

当然，我们每次在餐馆会面都有一个尾巴影随，那就是公安部门派遣跟踪的保安人员。我每次都打电话和鲍先生约见，他们都窃听了电话，有两人及时进入餐馆的一角坐下，直到我们谈话完毕，离席下楼，他们才任务达成，相继回返。这帮人分班执勤，每天24小时驻守鲍寓楼下。这也是为什么我从来不去鲍家造访，以免多添麻烦。为了要全天候监视鲍彤行动，这笔安保的投入花费很大。还记得有一次蒋彦永大夫派车去接鲍彤前往解放军总医院检查身体，我加入此行。我们所乘汽车后一直有跟踪车随行，我还童心未泯似的探出车窗为跟随车摄影取证。而鲍彤坦然视之说："他们是奉命行事，十分辛苦，不必计较。"

再有，鲍君1997年返家定居后，有若干年，每逢六四敏感时期到来，鲍氏夫妇就受到特别款待，要护送到北京以外享受封闭式的"旅游"几天。这是当局用心良苦的安排。

鲍彤自述

鲍先生谢世后，其子鲍朴以"坦荡怡天寿"为题，发表了纪念他父亲的文章。我细读了全文，有以下的领悟：

一、鲍君修身的启蒙来自其父教他读"孟子"。他说："孟子使我懂得，人应当把别人当人；谁把别人不当人，谁自己就不配成为人。"

在我和鲍君的多次面谈里，他确切指出，把人当人，和把人不当人的两极对立人物，前者是赵紫阳，后者是毛泽东。言及为人之道，他又说："有了孔孟庄，如何做人就清楚了。"这是强调，孔子、孟子和庄子的言行是世人如何做人的表率。

二、鲍君加入共产党的引力有三。一是，他早年阅读共产党言论的著作，如斯大林著的"列宁主义问题"，产生了先入为主的影响。二是，近朱者赤。他自称："1946年冬天，我最初接触到共产党。那时，我身边最好的同学都是亲共的，有的已经是地下共产党员。"

共党早年以土地改革，维护工农为号召，和国民党的老大松散形成对比，对许多热情奔放，思维敏感的青年都产生了强烈的吸引力。这包括不少国民党要员的子女。例如鲍君1949年参加中共华东局组织部时的同事顾慰庆，他是抗日时期国府教育部次长顾毓琇之子，东北名士高惜冰之子高而公那时已是共产党员。而令人伤感和悲痛的是，这些意在救国的人士在中共建国后的诸多运动里大多被冠以"出身不好，潜伏分子"之罪倍受迫害，悲剧收场。不少1950年代初海外返回祖国报效的学者专家们也遭受类似命运。

三是，鲍君认为，"中国的希望在民主，国民党搞不了民主，民盟力量太小，共产党有力量。"他在2018年至2020年的鲍彤口述里说："我接受共产党是自觉自愿，是以一种追求的方式加入共产党的。"

三、渐行渐远：鲍君初入共产党参加工作的感受是良好的。他说："我从1949年7月进入华东局组织部直到1954年初……到华东的组织部，我很兴奋，一是觉得自己在讨论国家大事了。二是任何事情都可以自由讨论，没有任何禁忌，甚至可以提出毛泽东也不代表共产党。"

他的作风也是实话实说，在1957年"整风运动"期间，他就卷入了"反右派斗争"。自称，"组织上要求交代有没有右派思想和右派言论，我的回答是：有，我对所有右派都同情，同他们的言论都有共鸣。"这一直言不讳的后果是："1957年8月从我回来以后就开始挨批。"

1958年"大跃进"时期，全国各地放农业高产"卫星"，处处造假。鲍君就给中央写了一封信："我知道十亩地的水稻被移栽到一亩地上，过5天后收割，计产量。这种弄虚作假是歪风邪气，在当地老百姓当中影响不好，也败坏了我们党大跃进的名誉。"得到上峰的指示是："你反应的情况是不真实的。情况已经都清楚了……不要再提了。"

鲍君对大跃进的总结是："大跃进后，连续三年，全国饿死上千万人，既与天灾无关，也与土地肥瘠无涉。事后，可以看出的规律是：凡是'三面红旗'举得最高，反右倾最厉害，浮夸风最盛的地方，一定是饿死人最多的地方。"

这些可怕残酷事实的冲击，逐渐改变了鲍君的信念和认知，据鲍彤之子鲍朴所言："大概是经过了相当长的过程，父亲方始认识到那个他自动自觉以一种追求的方式加入的共产党，不知道从何时开始已经无影无踪。"此一变化显然是一个渐进渐变的过程。正如鲍君所说："我在党内诚心诚意一致地帮助它，我在党外就诚心诚意言行一致地去批评它，这就是孔孟庄做人的道理。"可惜他在党内外的双重努力都见效微微。遭受到的是"忠言逆耳"和"闻过则怒"的反应。鲍君生前最后阅读的一本书是余英时所著《论天人之际》，读后感只有一句："经历了毛泽东时代以后，中国就从此不再是中国了。"想想看，他一度最崇拜的毛泽东把他一生最热爱的中国糟蹋到"国不是国"，他的理想和希望都粉碎无遗，他认识的转化已彻底完成。这正如大陆上新闻斗士胡绩伟的经历一样,"老来醒,醒来老"矣!

爱妻协助

鲍君斗志坚强的重要助力来自他的爱妻蒋宗曹。他俩1968年4月12日成婚,相持相爱达54年。早于1955年2月28日蒋宗曹致函鲍彤时对"真正爱情"下了定义是:"这种关系是彼此了解、彼此尊重、彼此相爱,携手前进的……"她信守此念,至死不渝。

1989年鲍彤因六四事件受到关押,其爱妻义无反顾地选择了"爱人",而非"共党"。她确认国务院向全国人大常委会报告里,认定鲍彤犯的两条滔天大罪都是"莫须有",恶意捏造,师出无名。

附带一提的是,1996年5月27日零时,鲍彤7年坐牢到期,立即加以释放,也是虚晃一招,并不属实。因为其后一年鲍彤继续在国务院机关事务管理局的西山管理处拘留一年,不得回家。此一非法拘留的延长也自然是投诉无门,忍辱接受。

尾语:

鲍彤2022年11月9日凌晨去世前,向儿子鲍朴吐出的最后一言是:"杞人忧天"。这正是千言万语尽在一言之中,他临终还惦念着中国的前途和安危。我于11月12日和鲍彤之女鲍简通话,嘱其节哀保重。

鲍彤一生尽瘁,为国效劳,蜡到燃尽泪始干。正所谓:"伟大斗士是鲍彤,自由民主急先锋。热爱真理终生奉,不畏强权声誉隆。"

2022年12月16日

对华认知失误

引子:47年前的1975年我开始在西雅图英文报纸《邮情报》(Post Intelligencer)的"少数民族之声"专栏里撰写文章,该专栏持续4年到1978年为止。我为该专栏陆续发表了20多篇文章,其中首篇文章,用了"西雅图美籍亚裔示范组织董事长"头衔,标题是"一大误解"(A False Image)。此文有可读性,现译为中文发表之。

有一天我7岁的大儿子锡轮奔回家来向我哭诉:"爸爸,我回家途中有一个大男孩把我拦住,他抓着我,用手指把我的眼睛撑大,一面说:Chink! Chink! 这是什么意思?"(注:Chink是英语鄙视中国人之贬意词。)

诸多世纪以来,中国人就是中国人。他们和其他人群一样,是简朴正常的民族。然而,有许多时刻他们被描述成为特殊、神秘,甚而是绝对丑恶,用词如何就全靠指责者的解释和想像力了。

自从19世纪中叶华人抵达美国西岸以来,美国人对中国人的描述是一变再变。

那时，当华人廉价劳力对美国提供急需的服务时，这包括开拓金矿，建筑横贯美国铁路，种植农田和开设洗衣店等，他们便被视为是"最守规矩和勤劳的"，"守法"，"知礼"和"温顺"的。

等到他们的劳务完毕，不再需要，经济竞争突起时，转瞬之间他们就变成"危险"，"可恶"和"罪犯"。那时加州一位检察官的说法是："我相信中国人没有灵魂可以拯救，若是有，也不值得拯救。"

在日本于1941年偷袭珍珠港之前，美国商人以大量的废铁卖给日本，制造了炸弹投向中国大地。

珍珠港受袭后（美对日宣战），中国立即成为美国"最值得尊重和勇敢的盟邦"。1950年韩战爆发后，同一中国人民又成为"完全引人反感和灭绝人性"。

3年前的1972年，前尼克松总统访问北京，又是时来运转，美国对华看法是耳目一新。

是否是诸多世纪以来，中国人是反复变化，而产生了这许多彼此矛盾的形象呢？或者，这些形象是美国人受暂时的经济、政治或其他偏见的左右而创造产生的呢？

中国人在美国的公众形象受到损害，出于美国一些偏执者不公正的宣传，误导其随从者对中国和中国人产生了错误的认知。

至今许多美国人还认为中国执有所谓的"扩张主义"和有计划将"共产主义"行销世界。

可惜的是，尼克松总统访华三年以后，美国和中国的外交关系正常化仍然在一艘缓慢的船只上驶向中国。

美中恢复外交的一大障碍显然是美国的军事力量仍然存驻台湾。

很希望美国福特总统在其预期即将实现的旅华之行里可以改变这一情势。

在努力纠正诸多对中国和中国人错误理解和恶毒中伤的目标里，在美华人应该认识到，他们首要的选择就是要全力以赴，获得成功。他们不能把在美国只求个人发展，安居乐业，做为唯一的企求。

美籍华人年轻的一代对自己和根源的中国都已产生了更正面和自信的认识。

由此产生后果，他们对社区服务更加积极介入，对各式各样的种族歧视加以更主动和坦率的打击。

例如在西雅图，我们华人参加了室内运动馆的示威行动，青年们开设了"中国信息中心"，为不操英语的中国移民服务。中国学生启动了中国电台节目，专注于说广东话的听众。一个中国行动组织产生，用组织力量去打击种族歧视和偏见。

最终，我的最佳理想是，我儿子成为人父时不会再费心向他的孩子去解释"Chink! Chink!"了。（注：此愿如今已完全实现，Chink之称已不再入耳。）

补记：回看这篇40多年前撰写的文章，有很多回味。至今中美关系已纠缠不断，十分复杂。在美华人似应利用美国优良环境完善自己，对美国社会做出贡献。有余力、余心则可努力促进美中合作，为中国进步效劳。

2022年12月16日

苦口婆心 再进一言

引子

近来美国华尔街日报和纽约时报刊载了两篇议论中美情势的文章，前者是前美国务院高官，现任职圣地亚哥加州大学廿一世纪中国中心主任苏珊·谢克（Professor Susan Shirk），著文标题是："一个危险的旋转下降。"另一文出自KcKenna College（麦克肯纳学院）Professor Min Xin Pei（培教授）之手，论文标题是："习近平面临的疫情危险实际是转机当前。"

这两篇文章各有所指，议论到位。值得一读。我将举其要点，再提出个人意见。

谢文要意

她开头就单刀直入地说，中美关系正恶性迅速下滑，若不加以逆转，中美两国和全球都要遭受重大损失。

美中两国正进行高度的技术竞争，现各筑高墙，拒绝往还，结帮拉伙，互打群架。

但这种生死斗争并不是必然的。以往中美也曾友好相处，互利互惠。但在以往6年川普和拜登执政期间，中美双方都没有认真透过外交途径去化解双方的歧见。也没有在国际要务里通力合作，增强互信。

疫情发作后，双方都益加孤立，并更加受到国内政治的影响，走向双方关系的进一步恶化。

习近平主政后的作风是放弃集体领导，恢复一人专政，铲除异己，让随从者跳上自己操控的马车。他压制言论自由和私人企业，不谴责俄国入侵乌克兰，将疫情归零政策推到极限，让国内失业率大增，驱使私企、外企逃离大陆。

美国对付中国是过度反应，于事无补。但2022年11月习拜在印尼巴厘岛G-20会议时有了直接对话，这展现双方有意透过外交谈判改善双边关系，盼能逐渐产生效果，防止中美关系急转直下，跌入谷底。

我认为谢克教授的发言是内容中肯，提出警示。美中关系面临的危机必须改善化解，为全球提供佳音。

培文要意

近来中国出现源源而来的民间抗议，表面上看去，是不满于"疫情归零"政策的失误。而更深层的意义是指向多年来积累的不满，这包括经济滑坡，失业增加，房地产危机、社会掌控加强等。这便也是，冰冻三尺非一日之寒所致。

但面临此刻，便也是机遇到来。习可趁此一面改正疫情归零的失误，再进一步扭转他以往施政的偏差。不要走毛路线，政治挂帅，而要振兴经济，改善民生。向邓学习，面临政治危机，化险为夷，生机重现。

具体说来，习要重视经济发展，和私企加强沟通合作，开放舆论自由，让人民可向政府坦率进言。制定重大政策前，要集思广益，听取咨询。不要受困于西方国家执意颠覆中国的恐怖感。因而不顾一切，强力反击。

习继续执政10年，亲信都已安排，位居高津。中产阶级的人数和力量在不断增长之中，他们只求渐变更新，不求革命颠覆。

如今，习必须顺从民意，改弦更张，时不我予，机不可失。

以上培教授的发言是热情洋溢，对习寄以厚望，鼓励有加。他显然是以乐观者的立场做此议论。

其他看法

在大陆我有一位见多识广的好朋友，他就地观察，解析大陆疫情归零政策失败说："以前标榜自己是举国体制的优越性，说西方国家躺平，无作为。后来发现，人家都是尊重科学，尊重人权的正确作法，错的是自己。再有，专制独裁者从来不会认错，这也是民愤高涨的原因。老百姓被关了三年，损失惨重，代价极大。政府却没有任何交待。这恰恰说明了这个制度的危险，天灾人祸接二连三，根源在体制本身的缺陷。"

美国华尔街日报于2011年12月15日发表一篇评论，也指出中国体制的弱点，其说是："中国是一个力量强大的经济竞争国。其成功在于中国人民的能量和创造力，不在于中国的计划经济体制和国家贴补措施。"

以上两者的看法相互映印，言之成理。

我的见解

有一说是："时势造英雄，英雄造时势。"习近平是中共元老习仲勋之子，以往是时势造英雄，步步走上中国元首之高位，如今他"英雄造时势"的最佳契机到了。1980年代末蒋经国将台湾领向民主政治初级阶段，就是"英雄造时势"的成功一例。

当前的国际形势是险恶的。俄乌之战未了，疫情肆虐亦然，日本整军经武，美国军费高调，美中关系紧绷……

但一闪即逝的机遇之窗出现了。习要抓紧时机，毅然行动，告别专制之宿病，迎创民主之初阶。面对中共以往施政之失误，另起炉灶，加强国内民主和民生建设，处理国际事务则采用邓的"韬光养晦"，重视国际重大事务的参与，这包括气候变化，削减军备，经贸自由，清洁能源，减少贫穷等。

尾语

天已降大任予习近平，必须重任身担，完成大业。则国家幸甚，世界繁荣。

正所谓："更新窗口仍然开，良机错失不再来。为国为民应立醒，习氏力行众期待。"

2023年1月20日

转化气球危机为契机

引子

原订于2月4日抵华进行高峰会谈的美国国务卿布林肯，因发生中国气球飞临美国本土上空事件临时取消，延后安排。这是美中进行外交谈判、意在探讨和解、增加合作的一大挫折。何以发生此变，今后展望如何呢？

情势背景

2022年11月中旬G-20会议在印尼召开时，美国拜登总统和中国习近平主席当面商定，美国国务卿布林肯将专程访华，和中国进行高端谈判，促进沟通，寻求合作之路。若成行，这将是近4年来最高职位的美国要员访华。中美双方都认为，这是要在中美关系紧张时重启双方高层对话途径，适得其时，事关重要。

当前，中美关系紧绷。美国正和其亚太地区的盟邦，日本、印度和菲律宾，加强军事联盟行动。印度和美国探讨了如何加强军事、科技和贸易合作。菲律宾向美国开放了九个军事基地，供美国部署运作。日本增加了每年的军事预算，从全国生产总值的1%翻番到2%。美国也表态要对台湾增加军购质量。美国众议院院长麦卡锡也宣称会实现访问台湾之行。这种种安排都是风声日紧，和祥远遁。对中美关系的发展不利。

气球事件

今年1月下旬中国释放了一个气球，中方声称是气象气球，美国命其为侦察气球。此球于1月28日飞越阿拉斯加上空，进入加拿大领域，而闯入美国本土上空，为美国侦察发现，加以跟踪。

此气球约为三辆大卡车的体积，有太阳能装置，螺旋桨和尾舵可有限操控方向，随气流前进。飞行高度是六万英尺，超过美国民航机飞行的高度，无碍于美国的商业飞行。据美国国防部宣布，中国气球飞临美国上空这是第5次。川普执政美国时有三次，拜登上任初期有一次。但唯以此次漂游美国上空时间最长。

但无论如何，中国气球，不论是否是执行气象任务，飞入美国领空，就不好了。美国就此提出指责，便也是事出有因，言之成理。美国国务卿布林肯取消访华之行，就此说了一些重话："中国放射侦察气球，明显触犯了美国主权和国际法则，不能容忍。此情此刻，我就不能前往中国，进行建设性的访问了。"

2月2日晚布林肯和美国国防部长，军事联盟会主席和白宫国家安全顾问共同商谈气球事件后作出取消中国之行的决定。

美国各界对如何处置入侵中国气球有不同意见。激进者说，要立即将气球摧毁，并指责拜登总统处置缓慢，没有在气球初入阿拉斯加上空时采取行动。反对此举的人士说，在美国土地上空击毁气球，可能残骸落地，造成地面人员伤亡。也有人出谋献策，主张用一个大网或是挂钩，把气球拖到地面，这将是生擒活捉的大获全胜之举。美国军事联盟会主席米利将军和国防部长奥斯汀共同研究后的结论是，在6万英尺的高空上要用这种方法去拿下这么庞大的气球是行不通的。用飞弹攻击摧毁气球是唯一有效可行之路。

最后拜登总统下令，在气球飞离美国陆地后加以摧毁。2月4日下午2:34时，一架美国F-22猛禽战机发射了响尾蛇导弹，在南卡罗来纳州海岸线外6英里处击落了气球，坠入浅海。美国海军已派打捞船打捞，回收残骸将送往情报和国防部门加以研究分析。

气球摧毁后美国立即通报其盟国，获得一片支持和赞扬之声。美国也照会了中国，不要采取报复行动。

2月7日晚拜登总统发表历时73分钟的2023年国情咨文演说时，着重国内情势，呼吁共和党员要同心同力，振兴美国经济，针对气球事件只是点到为止地说，"我们已明确表示，一旦中国侵犯美国主权，我们就力加遏制，我们也这样做了（击落气球）。"

2月9日纽约时报评论版一文的标题是："总统拯救美国之道"，结尾的答案是："重建社会，提供机会，投资儿童，重视康复，和加强国内建设。而不是要对付中国，针对气球一事煞有介事，大发雷霆。"此言甚是！

情况分析

首先我要说，飞行侦察是不乏先例的。63年前的1960年5月1日。那一天，美国飞往苏联上空执行侦察任务的U-2飞机被俄国防空火箭击落，死里逃生的30岁驾驶员鲍沃斯被苏联擒获。

从1956年艾森豪威尔元帅主政美国时，美国就开始用U-2侦察机在苏联上空7万尺的高度飞行，收集情报。此一高度在当时超过了苏联火箭可发射到达的极限。苏联总理赫鲁晓夫便也忍辱负重一言不发，直到火箭技术改进，1960年5月1日成功发射，击落美国U-2侦察机。赫鲁晓夫才发言说："谢谢U-2，美苏之间的蜜月期结束了。"

美苏原订要在1960年5月14日举行两国元首面谈。U-2飞机落地，会议中止。双方经过会谈而减少摩擦和达成军备控制的机会都丧失无遗了。艾帅感到难堪下令停止了此一高空侦察行动，但拒绝向苏联表示歉意。

1960年美国以技术高超的U-2侦察机入侵苏联上空搜集情报，2023年中国以慢气球误入美国上空，这两个行动的差异很大。

美国U-2侦察机执行侦察任务被击落的另一例发生在中国大陆。从1961年开始美国的U-2侦察机就在台湾飞行基地，由台湾空军黑猫中队下属的飞行员在7万5千英尺的高空上侦查搜集大陆的情报，1962年9月9日中国解放军发射了三枚导弹，击落了这一侦察机，其残骸如今仍在北京博物馆展出。这一击中的，也结束了美国U-2飞机侦查中国大陆的行动。

至此我要分析一下中美双方针对气球事件的作为。

中方释放气球

中国似无必要释放气球去收集美国的情报。因为中国已有许多人造卫星经常不断在太空飞行，卫星上装设高效摄影录像设备，可以在飞越美国国土上空时执行侦察任务，"服其劳，尽其职"。这轮不到落后缓行的气球去勉为其难，执行任务。

所以，我相信中国外交部的声明："这是气象气球偏离航线，误入美国本土上空。"（注：美国已进行气球残骸打捞，事实如何定可水落石出。）然而中国释放气球也犯了错误。一是，放气球不得时。布林肯访华在即，此气球释放东飞，自然有进入美国国土上空的可能性。此球应在布林肯完成访华之行之后再放射。也许为万全计，以后不要在海外放飞这种气球去搜集气象资料了。再有，主管释放气球的单位（可能是中国国防部）和中国外交部门可能不通气，外交部不知道气球释放一事，便也无从劝止了。

另一失误是，一旦中国气球闯入美国本土上空，并已东窗事发，中国外交部理当立即主动和美方联络，告以这是气象气球误闯美国上空，请美方谅解。美国也可采取一切必要手段加以处置（这包括击落气球），中方一切认可。而实际上，中国气球被击落后，中国指责美国过激反应，违背了国际惯例。此一说法于事无补。

美国取消行程

美国针对中国气球闯入美国国土上空之举，三思而后行的决定是取消国务卿布林肯的访华之行。我认为此举是过度反应，小不忍而乱大谋。一者是，此气球既是是执行侦察任务，也是小小不然，成效微微，丝毫不能构成对美国国家安全的威胁。更何况，最后有击落气球的手段，一了百了，无不良后果。

再者是，当前中美关系滑坡，双方受损。布林肯访华成行定可有一定收获，缓解中美之间的冲突和紧张，为双方互动的前景展现一线曙光。美国若更能欣然大度地接受中国的解释，认可"这是气象气球闯入美国上空"，不加计较。这对中国释出大量善意，增加彼此互信，应为中国所乐见和欢迎。这便是好的开始，为中美今后谈判与合作闪出火花，正所谓："好的开始是成功的一半。"因此我的结论是，美国取消了布林肯的访华之行是错招，是失误。

展望未来

所谓"木已成舟"，已成事实是无法改变的。可是，往事已矣，来日可期。今后还存在一切可能性，转危为安，坏事变好。

我希望中美双方都要稳下神来，调整心态，确认双方合作才是互利互惠和造福世界的必要走向。尽快选定布林肯访华时间。充分运用此一会谈，对双方掌控分歧和增加合作做出可行即行方案，全力执行，坚持到底。此方案似应包括以下诸点：美方声称"一中政策"不变。不支持台湾独立。中国放弃对台威慑，美国售台军备与日俱减。

中美在商贸方面推动合作。美国降低中国入口货物关税。中国改善美企在华经营环境。

在国际问题方面，中美加强"应对气候变暖"，"减少军备竞争"和"防范恐怖袭击"等领域里的合作，为全球各国做出示范榜样。

美国联手促成俄乌之战及早结束，化解全球一大危机。

美国不要强调，而要缓和与亚太诸国的军事写作，对中国释放善意，促进中国在亚太地区实现"维持和平"中流砥柱的意愿和行动。

结论：中国网络上盛传的热议是：以往中美关系因小球（乒乓外交）而获益，如今中美关系因大球（气象气球）而受损。"我的乐观希望和真诚信念是，此一气球危机可化为契机。正所谓："美中友好是定律，布卿访华成大计。智勇双全破万难，阳光普照全球利。"

2023年2月17日

侯一民钞票设计和油画创作

引子：中国美术教育家，前中央美术学院副院长侯一民教授于2023年1月1日逝世，享年92岁。我和他相识多年，在大陆居留期间和他交往不断，也曾数次到他北京近郊戒台寺住处造访，得以欣赏他丰富高超的各种艺术创作，眼界大开，受益匪浅。

侯教授2006年出版了《泡沫集》，后又发行《泡沫续集》，均厚意赠我一阅。续集里有两篇文章谈到他和夫人邓澍教授联手设计中国人民币的往事，引人入胜，内容多采。

不久前我整理旧物，发现手边存有1988年侯教授夫妇设计的人民币2元券和2角券各一张，券上有他们的签名，这是一份有意义的纪念品。现就此一谈。

任务下达

侯教授开始人民币设计于1958年起步，直到1985年为止，前后长达27年之久，其中包括文革动荡的10年，他也曾为此事挨斗吃苦。

1958年他作为专家组成员，参加了第三、第四套人民币设计的全过程。1958年国务院指令下达，由中央美院通知他，到北京白纸坊的541厂报到。他都是在业余时间和假期去工作，这一工作任务是保密的，要做到"上不传父母，下不传妻子。"

任务分配

第三套人民币共有10元、5元、2元、1元、5角、2角和1角七种设计。正面出现人物，背面显示风景，各有各的主题和重点。

第三套人民币急于在1958年进行设计是由于中苏关系紧张。第二套人民币当中有几种是由苏联印刷的，原版还存在苏联。第三套人民币必须全部由中国自行设计印刷，不能再假他国之手。出人意料的是，第三套人民币发行后，在1967年文化大革命期中，被冠以"黑票子"的罪名，搞得几乎被废掉。其矛头主要是指向周恩来总理，污蔑他是"黑票子"的总后台。

人民币的设计者一致抵制对人民币的批判，但结果都被批斗，受尽侮辱。

最可恨又可笑的是，以"文字狱"手法，绘影绘形的编造罪名。例如，指出1角卷的设计里有反动标语。学生手执的农具有"铲"、"锄"、"矛"，再加上背后的红"旗"，正好是"铲除毛旗"罪大恶极的反动标语。

平反决定

直到四人帮打倒后，钞票设计者才获得了人民银行迟到的"平反决定"。说的是："人民币的设计工作得到中央美院大力的支持。罗文柳、周令钊、侯一民等同志亲自参加了人民币的设计工作，付出辛勤的劳动，对此我们表示衷心的感谢。"

1998年3月某日，在北京钓鱼台国宾馆举行了一个隆重的表彰仪式。由人民银行副行长史纪良主持，给钞票设计者每人颁发了一份"荣誉证明"，写明每人做历次钞票设计中所完成的工作。这也说得是，圆满结局，大快人心了。

油画创作

在侯教授昌平区戒台寺旁寓所内的一座大厅里存放了毛主席站在中国54种民族代表之前的一幅大型油画，命名为《六亿神州尽舜尧》，采借了毛主席"春风杨柳万千条，六亿神州尽舜尧"的诗意。

此画是1964年受北京文化官之邀请，由侯一民教授夫妻和周令钊合作完成的，突显了各民族团结在毛主席周围的题材。

这幅画在构图和技法上把西方的写实技法和中国传统的重彩人物画、壁画的技法结为一体，使画面的人物有和谐一致、庄重自豪的感觉。也画了几组手拉手的动作，去渲染民族间兄弟般的情谊和发自内心的幸福心情。

在文革期间，这幅画也被扣上了"为文艺黑线搞假繁荣"的罪名，有8年不能和群众见面，并遭受严重破坏。后来几经周折，幸得修复。我拜访侯教授时，欣然在此画前和他合影。我觉得此画"出生入死"的过程反映了历史的真面目，值得一提。

侯氏简介

侯一民教授是著名油画家、美术家、美术教育家、国家级有突出贡献专家、中国壁画学会名誉会长。

他擅长油画、壁画、中国画、陶艺、雕塑及考古鉴定。参与第三套、第四套人民币设计。1986年后参与锦绣中华、中国民俗文化村等园林创建，任总顾问。

2023年1月1日在昌平泰康燕园逝世，享年92岁。

感言

新中国1949年建立后，运动频繁，自我折腾，强调阶级斗争，处处政治挂帅。连设计钞票和油画创作都要受到影响。

侯一民、邓澍夫妇首先要接受指令，从事钞票设计和油画创作，再要身受风险，接受批斗修理，多经折磨后才获得平反。这是悲剧加喜剧，令人啼笑皆非。

如今中国早已向全球开放，和世界接轨。以往这些触目惊心的丑情、怪态和恶行应可顺应时情，避免发生了。

正所谓："政治挂帅要通吃，钞票油画小棋子。无奈侯邓齐介入，有幸脱身吉祥事。"

2023年3月17日

中美避免战争，彼此增进友谊

引子：近来美国纽约时报陆续发表多篇评论文章论及美中互动和今后走向，言之有物，可读性强。现我陈述各文要点，再加以评论。

美国媒体观点

"对华作战可造成重伤"（3月2日）——中美双方一旦因台湾问题或其他导火线引发热战，由于中国全盘实力的强大，必将战火引入美国本土，而造成重伤，后果不堪设想。美国要尽全力防止吓阻此一战争的爆发。

"对抗中国何者受益？"（3月12日）——尽管中美之间存在许多问题，双方的经贸往还则令彼此和世界受益，另一两国保持往还的重大因素是共同合作处理如气候变暖之类的全球难题。总之，和中国脱钩是不符合美国国家利益的。

增进美国安全的最佳策略是注重国内建设，加强教育投资和基本科学研究，使美国更加繁荣，并保持和国际社会的正面接触。对中国来说，也得这么做。

"习带领中国疏远以往友邦"（3月25日）——1979年中国执行邓小平"开放改革"政策，发展经济，国力日增，韬光养晦，避免张扬。如今习近平掌权中国，改变上述政策，和俄罗斯靠拢，疏离了往日协助中国发展建设的国家（以美国为其首。）美国拜登总统也见招拆招，呼吁其盟国加入行列，共同对中国的经贸科技发展进行围堵和对抗，这也形成恶性循环，每况愈烈。

"习普抱团对抗美国"（3月27日）——2022年2月俄罗斯总统普京参观北京冬奥会后返回俄罗斯就发动了入侵乌克兰的军事行动。其后中俄互捧互助，抱团取暖，联手对抗美国。美国对华围堵是促成中国亲近俄罗斯的重要推动力。

美国要认真反省，对华围堵，抑制中国发展，是否是符合美国最终国家利益的最佳政策。

"如何避免对华一战"（4月13日）——今后一二十年最可怕的地缘政治危机是中美展开热战。尽管如今双方都要避免战争，但都在积极备战，产生军备竞争，导致恶性循环。此刻双方应静下心来，不要进行口头和象征性的交锋，或进而引发全球灾难。当前美中冲突日增，双方都有责任。习近平国内加压，扩充核武，若再军援俄罗斯，就会使情势益加恶化。美国两党争先抵制中国，国内政治气氛使反华敌对益增，未见缓解，前途难料。这一气氛也增加了对美籍亚裔者的种族歧视，降低了他们在美居住的安全感。一个调查显示，如今旅美60%的中国科学家打算离开美国。

我们要认识清楚，美国对华最佳策略是和军事无关的。我们不要宣扬国家主义，而要着重解决美国内部存在的诸多缺陷。增加教育投入，造就人才，建设国家。这才是面对中国挑战的最佳出路。

"美中两国为何对抗？"（4月16日）——尽管当前中美政府之间在彼此妖魔化，但两国人民之间并不存在这种隔阂和敌意。

那么，美中之间的争执究竟何在呢？是因为台湾问题而美中擦枪走火，是因为老大和老二权位之争而拼个你死我活？好像都不是。

习近平掌控中国后的内外措施，显示了中国日益对内专政和对外蛮强，这失去了国际社会对中国的信任。这便也正是，人无信不立，国无信必衰之理。中国必需要言行合一，以积极的表现去增加国际社会对它的信任。

如今的现实是，盼望中国经济崩溃，美国国势日增，欧盟处处跟随美国，便都是无从着落的天真幻想。美国外交政策的目的也不能是颠覆中共主政的中国。

综上所述，可以看出美国舆论对美中关系的定位有三点：

一是，中美之间要全力避免热战发生，以免导致两败俱伤的悲惨局面。

二是，两国各有内部功课要做，中美争执在后，国内建设在先。

三是，解决重要国际问题需要中美携手，全盘合作，缺一不可。

对华政策

为美中两国国家利益打算，我希望美国今后对华政策能掌握以下重点：

一是，鼓励和欢迎华人来美旅游、观光、求学、就业和投资经营。

二是，放松"民主对抗专制"之论，不要以中国为假想敌，驱使中国跳上俄罗斯战车，捆为一体，增加了对美敌对力量。

三是，立即着手和中国合作，针对国际难题，如气候变暖和削减军备，一致行动，产生实效，增进彼此的信任和友好。

结论

中美是东西方社会实力最强大的国家，要携手言和，造福世界。这一重大任务要靠两国元首和全体国民一致努力，力促其成。

正所谓："中美合作天下庆，互补互助奔双赢。重责大任非小可，全力以赴求其成。"

2023年4月21日

怀念老友蒋彦永大夫

3月13日蒋彦永大夫逝世，大陆一位老友立即通过微信告诉了我。3月16日那天美国纽约时报刊载一文，标题是"协助揭发中国非典危机的蒋彦永91岁逝世"。蒋大夫是我深交近20年的好朋友，现写此文加以追念。

美报报道

纽约时报大致的内容是,著名的军事外科医生蒋彦永因揭发2003年的非典疫情真相成为国家英雄。后来因反对天安门广场镇压而受到制裁。他于3月13日逝世,享年91岁。他过世后香港和海外中文媒体广泛报道,而为中国官方媒体所忽视,这是中国处理政治敏感人物一贯的措施,不足为怪。

2003年春天非典在中国爆发之际,正值国内政协人大两会召开之时。中国卫生部门加以掩盖,低调处理,谎称疫情不严重。卫生部部长张文康在电视里宣布,北京只有12个非典病例,死者三人。看到谎报疫情,蒋大夫致函中央电视台四频道和香港凤凰卫视,披露实情,并保证说:"我所提供的情况完全属实,我对此负责。"外国记者也很快跟进报道此消息,登上纽约时报杂志。政府后来才承认以往处置失当,现要采取果断措施,治疗非典,拯救生命。

当时,蒋大夫已在他服务数十年的解放军301总医院退休有年,他目睹许多非典患者在301总医院和其他军医院出现,才直告新闻媒体说:"北京已有上百非典病例,军医出身的张文康卫生部长谎言一片,已放弃了他最基本作为医生应有的人格完整。"

随后世界卫生组织派专家到中国勘察实情,中国政府因卫生部部长和北京市长渎职而予以革职。蒋大夫的女儿蒋文后来对新闻媒体说,其父之举"不是要丢中国的脸,是掌握机会救人。"

非典爆发后的转年,2004年,蒋大夫公开致函全国人大,声称1989年天安门广场的镇压是错误的,学生们上街游行是爱国行动。六四当天许多枪伤者送往301总医院诊治,蒋大夫目睹惨状感叹地说:"是人民子女的解放军,手执人民给予他们的武器杀害了这些人……"他投函人大不久,夫妇两人就受到了拘留,他受禁293天,以后也失去了出国和出门的自由,在家受到软禁,直到去世为止。

蒋氏身世

蒋大夫1931年10月4日出生于杭州。父亲是富裕有余的银行家。他1949年就读于燕京大学,学医预科,再进入协和医学院学医。1957年开始在301总医院执业。他动手快,手术精,赢得"蒋大胆"的称号。

1966年文革爆发,他出身不好,父亲是银行家,堂兄蒋产士任台湾高官,他被定罪是反革命分子,下放青海劳改农场5年,挨打受罚,吃尽苦头。改造后于1971年返回301总医院工作,最后晋升为该院普外科主任。2004年荣获麦格赛赛奖,表彰和赞扬他在非典事件里卓越勇敢的贡献。2013年蒋大夫接受新闻采访时说:"我不是英雄,我只是说了一些实话。人人都说实话就没有什么需要隐藏了,国家也自然会更好。"

他一意要争取六四平反，除2004年致书全国人大外，又于2019年上函习近平，再次呼吁。这一来，官方对他的监控又加重了。对他的禁足提升到不可跨出大门一步。在家为囚，严惩不贷！

蒋大夫有一个幸福家庭，有贤妻华仲慰终身陪伴，甘苦与共，有子女个一，独立自强，孝敬父母。

首访未果

蒋大夫的内弟华益慰是我1947年在天津南开高中同班同学。我1978年自美首回大陆后，和南开老同学联系，见到了他。非典疫情发作后我获悉华益慰的二姐夫是蒋彦永，便请他介绍我和蒋大夫相识。安排好了，在2004年6月1日下午两点到蒋大夫301总医院干休所寓所登门拜访。

也正好是那天上午，蒋大夫夫妇出行要参加清华校友聚会时，被双双拦下，转送军管拘留。蒋大夫夫人华仲慰提前释放，蒋大夫受拘293天。此情四海传播，美国数十位国会议员致书江泽民，请释蒋还家，也有海外著名人权组织和精英人士一致行动，催促早日恢复蒋大夫人身自由。有了这些声援，和蒋大夫自己据理抗争的努力，他才能最后脱身，这既是吉人天相，又是邪不压正。

6月1日下午我从两点苦等到四点，打电话到蒋大夫寓所，无人接听，才败兴回返北京友谊宾馆住处。

一见如故

蒋大夫释放回家。我才于2005年春天在华益慰的陪同下初次和蒋大夫在他寓所见面。蒋大夫平易近人，谈笑自若，见多识广，幽默热情，充满了做好朋友的优越条件，我们相谈甚欢，就此订交。

他结识了不少民主进步人士，定期聚会，相互交流。我便也加入了这个行列，常常在他们聚会的场地出现。蒋大夫参加活动的必备设备是一台手提电脑，要就此架设，录音录像，以竟全功。

蒋大夫诚心待人，交游广阔，他也成为大家的义务医务咨询师，有问必答，有求必应。一天他看到我右耳后面有一个肉瘤，就立刻建议要加以割除。他更是说做就做，把我带进301总医院外科诊室，身手快捷地把我耳后的肉瘤割除了，并取样检查，后来告诉我，"这个肉瘤是良性的。"

不时在蒋大夫家造访做客时，也会扩大朋友圈，在他家结识一些同时到访的友人。其中一位可贵者就是美国亚美导报社社长李维华博士。我和她在蒋寓初会时发现，她的叔叔李寿晋是我1947年在天津南开高中同班好友。有了这个渊源，我2018年返美定居后便也成为亚美导报的特邀撰稿人，持续至今。我今年要出版一册自选集，也要多劳维华去编辑和印刷出版了。

2003年6月上旬由蒋大夫出面组团，组成了一个20多人的西藏拉萨旅游团，按年龄看，成员是"少、中、老"圆满组合。我是年逾7旬的八老之一。妙就妙在我们八老旅游期间无一犯发"地段高、空气薄"的相关病症，有几位小年青的，反而是"对号入座"犯了病。拉萨游大家是乘兴而去，兴尽而返！

良医楷模

蒋大夫称得上医术精湛、医德至上。他以"病患者至高无上"为从医准则。坚认"病人的利益是第一位的。"他接手许许多别的医生不敢干的复杂手术，为病人着想，以个人的实力为后盾，经过重重考虑，力求成功，不许失败。他认为，"疑难复杂病人找上门来，我通过为病人解决病痛，来提高自己为病人服务的本领，进而产生为更多的病人解决痛苦的机会。"他从不接受病人红包，有时还让病人或家属居住在他家里。

一位跟随蒋大夫的研究生说："他不光是位老医生、好教授，也是一位有社会责任感的人。无论是在对待病人、还是在做人上，他对我们要求都很严。但首先他自己先这样做。他的言传身教也深深影响着我们。"

蒋彦永大夫先做了良医，又做了良相该做的事，揭发非典，要争取平反六四。

2003年6月9日香港《生活周刊》采用蒋大夫头像做封面，下面显示的说明是，蒋彦永：人民利益高于一切。

正所谓："坦荡君子蒋彦永，揭发非典立首功。平反六四进直言，义正词严朝天冲。"又云："忠言逆耳遭围攻，剥夺人权门户封。仁人志士受摧残，天理正义一扫空。"

2023年4月21日

可盼拜登连任获胜

引子：4月23日拜登终于在许多人预料下宣布要竞选连任了。他的说法是："为拯救美国国魂，我要竞选连任，以竟全功。"这真是堂堂皇皇，宏愿待偿！那么，他的竞选条件和连任胜算又如何呢？

临危受命

拜登可以说是一位身经百战、历尽沧桑的政治人物。他有循序渐进，竞选上任的辉煌经历。1972年他29岁就当选美国特拉华州国会参议员，连任6次，历时36年。其间主持了参院司法委员会8年，又有4年担任参院外交委员会主席要职。身历其境，千锤百炼，他深深掌握了司法和外交两大重要领域里的内涵和运作。

2009年至2017年他担任了奥巴马执政美国时的副总统之职，进入国策施政的运作核心，成为奥巴马总统的得力助手，在个人经历和见识上都更上一层楼。

2020年美国在川普执政4年后天下大乱，拜登挺身而出，在诸多民主党竞争总统候选人的行列里杀出一条血路，从最初的落后，到最后的取胜，击败群雄，代表民主党出征竞选，打破了川普连任获胜的美梦，成为美国第46任总统。

重任当前

拜登入主白宫，要收拾川普留下的烂摊子，这包括疫情严重，经济下滑，脱离国际，闭关自守，社会动荡……。拜登上任后执政的优先顺序便是"先安内，后攘外。"两年下来，他政绩可观，符合众望。

白宫发言人贝斯对拜登的看法是："他化解了美国数十年面临的最大危机，将制造业从海外搬回本土，重建国内基本建设，加强医疗保险，降低药品价格，维护了每个美国人的尊严和权利。他有高超的经验、判断和价值观。"

美国的政治作家霍华德·劳曼认为拜登是平易亲民的政治家。他说："拜登不是一个学者，他也不是一个理论思想家，但他是一个伟大的街头政治家。"

亲领丧痛

拜登早年面临丧失妻女之痛。1972年12月18日，他的首任妻子内莉亚·亨特和长女内奥米死于车祸，长子和次子身获重伤。2015年5月30日，他那英俊有为，政治前途看好的长子博·拜登，在46岁壮年时患脑癌去世。这些沉痛的打击使拜登更加了解和关怀一般平民家庭的伤痛和不幸。他贴近民众，为其核心成员。

拜登第二任妻子吉尔·雅各布斯于1977年6月17日和他成亲。她是一位能干贤惠的职业妇女，让拜登重拾了生活和政治的兴趣，有能量和表现可以让拜登在竞选活动里加分。

拜登担任国会参议员期间（1973年到2009年），他每天从家乡威尔明顿的寓所搭乘美铁，历时一个半小时，到达华府工作。傍晚工作后再乘美铁回返住处。他这样做是为了每天可以返家照料他的两个儿子。长此以往，36年下来，他积累搭乘美铁的次数已超过7千次。他与美铁的深厚友谊被称为"美铁乔"。（乔是他英文名的简称。）为了纪念拜登对美铁和美国铁路客运的长久支持，2011年3月19日，位于美国东北走廊的威尔明顿站被命名为"小约瑟夫·拜登"车站，这诚然是"人间佳话"明显一例。

年龄考量

拜登现年80岁。若连任成功，卸任时将达86岁高龄。因而他的年龄和健康状况便自然成为美国选民关注的一面。美国有不少年长的知名人士就此公开表达了意见。

著名性学家——94岁高龄的威斯特赫莫博士说:"我认为拜登总统应该竞选连任,但他不要常登讲台,我不希望他跌倒。"现年89岁的美国妇权运动领导者斯特曼说:"只要他健康无碍,没有更佳的候选人,我支持他连任。"一位79岁的资深民主党党员说:"年长者有瞬间闪失出现是不足为奇的。我支持拜登,他坚定不移,获得尊重。"

当然,健康情况是因人而异,各有出入的。三、四十岁的人生活习惯不好,长城自毁,未老先衰。也有八、九十岁的老人善于自理,而精神充沛,老当益壮。

拜登的私人医生近来宣布:"拜登十分健康,是一位精力充沛的80岁长者。他烟酒不沾,每周五次运动锻炼,获'高龄超人'之誉。"

辅佐人选

美国选民也关注副总统人选。因其身负两大重任。一是,参议院投票形成50对50的僵持局面时,由副总统投下决定性的一票,他支持的一方获胜。贺锦丽副总统曾数次如此操作,通过民主党主张的议案。

副总统的另一重大任务是,在任何情况下(总统死亡、失踪或因故不能执行总统任务)总统无法视事时,他要立时接管国务,担任总统任务。有评论家对贺锦丽的全盘条件看好,认为她堪当此一重任。她和许多以往的副总统比较,是卓有成就,绝不后人。这篇评论文刊登在美国纽约时报3月4日的评论版。标题是:"让贺锦丽获得她应得的好评价。"

连任有望

概括来说,拜登总统竞选连任获胜有望,拥有以下强点:

一是,拜登任上对内对外建树累累。如今美国经济情况和走势见好。实际GDP(全国生产总值)增长,就业人数增加,生产企业回归,通货膨胀压力下降。这对美国选民大众是好消息。可归功于现任总统,便会投票支持,助其重返白宫执政。

二是,拜登率领西方国家对抗俄罗斯入侵乌克兰,抗争力强,迄不松懈。全面局势对乌克兰最后获胜看好。此举获得国际称赞和国内支持。此情有助于拜登连任获胜。

三是,民主党内没有强力对手和拜登在民主党内初选时一争长短。他可以在党内初选时顺利过关,加速和加强整合。如今民主党内高层支持拜登连任,呼声一致,势力强大。美国历史里有26位总统竞选连任,有16位成功,得胜率逾60%。

四是,2024年总统大选,共和党谁人出面尚未决定。川普势气旺,但讼案缠身,一旦判罪敲定身败名裂就丧失竞选资格。

另一竞选呼声甚高者为佛罗里达州州长德桑蒂斯（Gov. DeSantis）。他面临的一大难题是如何跳出川普投下的阴影。他既要和川普拉开距离，划清路线，又要避免顶撞川普的铁杆粉丝，这是进退两难，难以化解的纠缠。也将削弱他获得提名后竞选获胜的推动力。

以上四种情况若在明年11月总统大选前不发生巨大变化，拜登连任情势看好。

当前拜登民调的支持率仅及40%，到明年总统大选投票日还有一年半时间，民调会不断升升降降。一些民调数字也不和竞选胜败直接挂钩，美国民主党内的专家们对拜登连任获胜执审慎乐观的立场。

对华政策

近数月来中美关系十分动荡。美国击落飘越美国上空的中国"侦查气球"。美国临时取消国务卿布林肯预定出访中国的行程。中国抗议蔡英文过境美国和美国众议院议长麦卡锡在洛杉矶会谈。中国就此出动在台湾四周的军演。

中美双边关系显然是国际双边关系里最重要突出的一环。中美关系紧绷，就也变数增加，前途难料。幸好，5月8日中美互动情势展现了一线曙光。中国外长秦刚和美国驻华大使伯恩斯在北京进行了交谈。

秦刚提出："最高优先是要平复中美关系，要避免双方关系下滑，和产生意外事件。"双方会谈后美驻华大使伯恩斯借推特发言说："我和中国外长秦刚进行了讨论，论及美中关系面临的挑战，双方要恢复衔接，和扩大高阶层联系。"以上对话诚然是中美关系紧张时刻出现了为人乐见的缓解之声。

5月8日起中国秦刚外长出访德国、法国和挪威。这些国家都期盼中美关系和缓好转。这符合其国家利益，它们也会敲边鼓，促进中美关系的改善。秦刚外长出访欧洲三国表态说："中国可大力协助欧洲面临的挑战，欢迎欧洲掌握时机进入中国市场，助长中国现代化和欧洲整合继续前进。"

至此，拜登总统今后的对华政策似应掌握以下各点：

一是，配合众望所归，美国和中国增加缓解，减少敌对，趋向合作。

二是，在科技竞争领域里（如芯片、人口智能，电动汽车，充电池等）要灵活运用，美国不要视中国为死生大敌，要全力封杀。

三是，继续关注中国内部人权和民生建设的发展，对中国的改善寄以厚望。

四是，勿对台港情况过度敏感，两地生存有道，可以自理。中国为自身利益打算，不会对两地痛下杀手。

结论

我希望也预测拜登竞选连任可以成功，不是无的放矢，而是言之有据。拜登2024年再度入主白宫，其施政成效将惠及美国，兼善天下。我也盼望美中关系的发展会逐渐获得改善，渐入佳境。正所谓："拜登连任众所盼，拯救美国得胜还。中美合作获双赢，伟大目标待实现。"

2023年5月19日

第六部分 各报散登（1979–2018）

此部分的文章散见于中国大陆、台湾和香港各报刊。跨时为1979年至2018年。

我于1960年代开始撰文投送各处发表，至今（2023年）已逾千篇。是乃，天女散花，到处飞扬，兴之所至，下笔成文也！

和平统一中国

刚参加了中国驻旧金山总领事馆开馆的庆祝会,听到中国驻美大使柴泽民先生在致辞中特别提起了"台湾回归祖国"的一份热望,我心里颇有感想。

不错,中国统一问题一直是许多中国人所关心的一件大事。在中美建交前后,这也是美国官方最留意的一个问题。今年1月29日邓副总理抵美访问,卡特总统致欢迎辞时特别说明美国的传统作风是"情愿采取和平的方式去解决和对方存在的歧见。"这个说法强烈暗示了美国官方对中国处理台湾问题的一种期望。

在中美建交以前,国际局势对中国统一的障碍很大。建交后,国际局势虽然有所改善,但要实现中国统一的目标,仍需要中国政府和台湾当局双方面很多的耐心,高度的智慧和充分的努力去争取。

以往1年里,我有一些经历见闻,都和中国统一问题发生某些联系,现在作一叙述。

去年11月份初我担任全美华人协会西雅图分会中国旅游探亲团的领队去了中国一个月。在北京时,我去会见了"中国对外友好协会"的谢邦定副会长,一面交给他30多封华盛顿州各界首要人物向中国人民致意的友谊信,一面也谈到一些彼此关心的问题。其中包括中美建交和中国统一的展望。谢副会长谈话的态度很恳切,给我留下一个良好而深刻的印象。

在北京,我也曾两次看望中国政协常委程思远先生,听他谈起当年李宗仁先生决定自美国回祖国定居前后的一番周折和安排。程先生是李氏多年的秘书和好友。在他的谈话当中,使我深深体会到李宗仁先生在世时为争取中国和平统一所从事的努力奋斗是辛苦和令人敬佩的。

旅游团到北京的前一站是南京。我们参观了纪念国父孙中山先生的中山陵和二次世界大战后国共和谈期间中国共产党在南京的办事处,梅园新村。一到中山陵进口,看见庄严高耸的国父铜像,便使人想起了国父临终前的名言:"和平、奋斗、救中国"。在梅园新村。看到周恩来总理的遗像、遗物等,一位中国伟人舍身奋斗、争取中国统一的景象也在眼前浮现了。

今年1月底,邓副总理抵美访问时。我参加了美方礼宾接待的工作。在华府和中国代表团团员们朝夕相处,不断交谈。了解他们对台湾同胞的感情和中国统一的愿望是他们发自内心的。

邓副总理于2月3日率中国代表团到达西雅图。当天西雅图晨报破例用中文大标题在第一版登出:"欢迎中华人民共和国邓小平总理来西雅图访问"。第二天晚上,邓副总理、黄华外长和柴泽民大使共同接见了西雅图当地的一些美籍华人和学生代表。随后，黄外长肯定的说明了中国处理台湾回归祖国问题是采取积极的态度，而做法却是谨慎而开朗的。

4月18日中国货轮"柳林海"号到达西雅图。这是轰动西雅图的一桩盛事。上午船只到达码头时，美方准备了一个简单而隆重的欢迎仪式。美国交通部长艾当士、华盛顿州雷州长、国会参议员麦哥纽森等都参加了欢迎的行列。全美华协西雅图分会和美中友协也派了代表去码头展开了用中文书写的欢迎标识。当晚，有一个数百人的盛宴在西雅图的华盛顿大厦举行。欢迎由北京到达西雅图的中国代表团、柳林海号全体人员和华府中国大使馆的一些外交人员。晚宴后，柴泽民大使和许多参加聚餐的华人见面谈话，对中美建交的过程、中国自卫反击越南的因果，以及中国统一的展望，都有一番扼要而生动的叙述。

柳林海号停泊西雅图的一周里，有许多船上和岸上的活动，促进了中国船员们和西雅图华人的友谊和感情。柳林海号有两位航海经验丰富的船长。其中之一的贝船长汉庭更是一位谈笑风生的幽默大师。在社交场合中他的妙论和急智都一再赢得美方人士和华侨们的赞美与喝彩。4月21日，贝船长接受了西雅图邮情报总编辑劳迪的访问。谈到中国统一问题时，他充满感情也满怀信心的说："台湾同胞是我们的骨肉兄弟，我们（中国）和台湾进行商谈是站在手足相亲的立场。目前台湾当局的蒋经国不要和我们谈判。但是这个和台湾交谈、交往、恢复旧好的一天终究要到来的"。

8月下旬，我在西雅图见到刚从北京来的张素初女士。她是路过西雅图，准备去纽约长岛艾代路佛大学读书的。张女士的先父是前国民党陆军上将张治中。张将军曾担任二次世界大战后国共和谈期间国民党代表团的首席代表。他是一个真正的爱国者，为促进国共两党的合作和争取中国统一，奋斗到底。他平生的愿望也正是绝大多数中国人的愿望——愿早日见到中国的和平统一和富强康乐。我见到张女士，听到她的讲解。使我对于张治中将军爱国奋斗的热忱和经过都有了进一步的了解。

今天的中国领导人，以往的孙中山先生、周恩来总理、李宗仁先生和张治中将军，都在不同的时期为着同一个崇高的中国统一的目标而舍身奋斗。他们的做法和目标又何尝不是反映出全部中国人的愿望呢。

"血浓于水"的真理恒古不变。中美断交30年，而今中美建交，两国人民之间的友谊之门大开。在旧金山中国总领事馆的建馆招待会里，我们一方面看到中美国旗并列、数百位中美人士欢聚一堂的盛会，听到中美双方代表快乐兴奋的致辞，共同为中美人民友谊和中美两国友好合作的前途干杯，一方面我们也深深的感触到，台湾海峡两岸的中国人，是无法世代结仇、老死不相往来的。中国和台湾双方面一定要努力克服一切障碍，达成中国和平统一的目的。造福所有的中国人。美国采取敌华政策20多年，都有顺应国际局势，作180度大转变的一天，中国和台湾之间的兄弟阋墙之争，还会永远持续下去，没有和解的一天吗？

旧金山《时代报》1979年12月26日

怀念老将何应钦

去年12月21日年届99高龄的何应钦将军在台北去世了，不然他现在已逢百龄寿诞之庆了。我很怀念何应钦将军。26年前我和一批从台湾跟随他去美国参加活动的年青人在一起，我们一贯尊敬而亲切的称呼他一声"老将"。在心目中他是一位雍容大度的长者。他热爱生活，热爱人类，热爱国家。

平易近人 公正廉洁

1962年3月我在台湾国防部联络局接到派令，去担任何将军的侍从官。并随后随他两次去美国，一次去欧洲。我的任务到当年底才完成。在追随何将军工作的十个月里我和他朝夕相处，对他处世为人的风范领会颇深。用"平易近人，公正廉洁"八个字去概括对何将军的看法应该是十分恰当的。

记得我初次去会见何将军，不免有些担心事。一见面心里的石头就落地了。他亲切的告诉我，不久要随他出国参加世界道德重整组织的一些活动，出国前好好准备，安心工作，不必挂虑和紧张。

出国前我先在台北牯岭街何寓所工作一段时间，立刻对何将军亲切待人和家用节俭的作风有所体会。何将军的信件到达寓所，都由追随他工作多年的曾有忠上校拆阅整理，再交何将军过目。其安排过程毫无藏私之处。

3月底我随同何将军夫妇自台北经东京去美国。飞机到达到东京前我正思索如何为何将军夫妇填写旅客入境表格时，何将军已从头等舱走到我面前说："参考我手边的样张填。我常出国，有这个准备，你照着填，容易一些"。

到了东京我们住进一家日式旅馆。我刚把行李收好，何将军已来敲门。他说："我看你的房间不错。你先休息一下，等到吃饭时间我会电话通知你。在日本我语言通，会照料自己，不要你担心"。

招人不按电铃

4月初我们到达美国加州洛杉矶世界道德重整组织的南花街总部。我住在何将军夫妇隔壁房间。有一个电铃从何将军房间直通我室。但何将军一直用电话找我，不用电铃。这个分寸之别的掌握给我很深的印象。我建议他用电铃叫我，方便些。他说："打电话是一样的"。

我随何将军在国外活动期间，也负责为他管账。在支出方面他是公私分明的。一次我们团体乘车转移，他要我为团员们采购一些水果饮料备用。再为他买几罐他喜欢的苹果汁，同时也告诉我："苹果汁我自己付账，不是公帐"。

1962年6月的一天我和何将军两人住进一间美国主人安排的招待所楼上。晚上临睡前我看到何将军在走道查看，便问他在做什么。他说："每到一个生地方，一定要把环境看清楚，先做好应急的准备。"

在美国每天一早，何将军都要我把当天的报纸上的重要消息向他简报一番。他随身也带了一个英文小册子，一有空就翻看着。"活到老、学到老"是何将军生活的特色之一。

在他面前畅所欲言

"人微言轻"这句话是由来已久的。但在何将军面前我即可畅所欲言，也受到他的重视。我替何将军翻译，拟信稿，提供参考意见，深深觉得何将军有"纳言"之雅量。在外国主人宴请何将军的时间，我常坐在何将军身边从事口译，在主客交谈中自己往往没有时间下咽。何将军不时告诉我说："这些闲谈不重要，我暂时不讲话，你先把饭吃好再说"。

1962年底我担任侍从官的工作结束。其后5年我不时去看望何将军，每次见到他都有如沐春风的感觉。1967年我离台赴美进修。留美期间也曾多次写信问候何将军及拍电报向他祝寿。我最后一次写信给何将军是1986年底，趁一位老友返台进行学术研究之便，把信带交给何将军。信里附了一张南京大学外宾招待所的明信片，那是以往何将军在南京的一所住宅。也附了一张1986年6月间在温哥华世界博览会取得的世界和平纪念卡。我特意把中、美、英、苏、法、德、意、日等八国展出馆的纪念章盖上。送给何将军做纪念。二次大战结束前，何将军曾担任中缅战区盟军总司令，那时的同盟国和轴心国还在进行生死存亡的斗争呢！在何将军身旁工作时，我曾建议何将军用口述历史的方式把他经历见闻变成历史记录保存下来。我觉得何将军对国事沧桑和世间变乱的说解和看法是值得后人研究的。

奔丧未获台湾签证

1985年9月我参加全美华人协会的中国旅游，在南京古庙地上看到一块抗日纪念牌，题字者是中国陆军总司令何应钦上将。当晚江苏省两位副省长宴请，我向他们提出那块石碑应该竖好珍存。他们说那块石碑可能是文革时期移动的，以后一定加以适当安置。

今年年初在西雅图听一位退役的国军将领告诉我,他如何在大陆时受到何将军的爱护和启发,以及何将军在50年代初在台湾出席军事会议时如何受到全军将领们的敬爱等等。何将军是"出将入相、官拜极品"的人物,在这个背景下做到"平易近人、公正廉洁"是谈何容易啊!

去年10月我在美国申请签证去台湾,好去参加何将军的葬礼,未能获得签证。只好拍电报给何将军女儿何丽珠女士。电文说"追随何将军工作是我平生最珍贵的经验"。

《华侨日报》1988年7月14日

赞颂邓颖超

邓颖超女士过世了。人生自古谁无死,死后原本万事空。但世间却有少数人可以名垂青史。同已故周恩来总理一样,邓女士是其中最佳例证。

令我尤其感动的是,1978年她写信给中共中央,1982年对此信又加以增补。

不搞遗体告别,不开追悼会。她放弃了有的人一向热衷和视为当然的"身后殊荣"。

遗体解剖后火化。她作了这个有勇气、有意义的决定,强调了人人对科学研究作出贡献的重要性。

以往住屋,应交公使用,不搞故居和纪念等。这是大公无私的表现,充分说明她的价值观是人民在先、她在后。

对个人亲属不要求特殊照顾安排。这个要求是多么令人感动而可贵啊!

人民日报 海外版 1992年7月18日

祝爱妻生日快乐

妻子的生日就要到了。为了祝贺,我特地剪贴了一个英文生日贺卡,夸赞她是我"最成熟高雅的妻子,完美浪漫的情人,青春焕发的朋友和永恒真挚的伙伴"。这绝不是肉麻,的的确确是发自我内心的真情流露。

爱情对我们来说,既是感情,又是艺术,也是方法。没有深厚的感情就谈不上爱,缺乏艺术就枯燥无味、没有情趣;不讲究方法就难以解决夫妻生活中的问题。如此,我们夫妻间的感情越来越深,越来越浓。

我们是美籍华人,在美国生活了几十年,也经常回中国,对国内的生活和环境都有相当的了解。我们觉得在任何环境里,夫妻感情的培养和增进都是不可或缺的。夫妻失和,家庭生活单调乏味,必然会影响子女的心理,甚至会给社会带来不安定,相对来说,夫妻和睦、家庭生活丰富,也自然会把积极、欢乐和生动的气氛,传播到社会环境的每一个角落里去。所谓"修身、齐家、治国、平天下",人的素质沿著这个顺序逐步升华是有一定道理的。

有人认为,理想的夫妻关系应当是:妻子对丈夫"百依百顺",丈夫对妻子"妇唱夫随"。可是夫妻生活又总不是超现实的。所以有人就认为"谈恋爱可以追求理想;过日子就得讲求实际"。还有一说是,"婚前要睁两眼,看个清楚;婚后要两眼一睁一闭,得过且过。"其实,这都说明他们夫妻之间缺少一种高效"黏合剂",一种神圣的基础。

幸福婚姻是建立在夫妻间的相互爱慕、关心、沟通、尊重和信任上。而这种关系的培养和加强,就要讲求艺术和方法。

例如,我们夫妻两人都是有主见和创意的人,对一些问题常会有不同的看法。这自然起源于两人的观察角度、敏感范围和经验领域的不同,关键在两人善于相互商量讨论。我们两人各有自己的专业,她教英语,我从事商业咨询和公益活动。表面上看起来两个人"隔行如隔山",在业务上根本没有共同语言,实际上互补长短、互相印证的机会比比皆是。她教英文,我可以告诉她,假如我是学生我有什么希望和要求。我作咨询和公益活动,她可以告诉我,假如她是我服务的对象,她有什么感受和打算。事业、家庭、社会的问题我们都谈。有一次,她的一位朋友对她说,"我有话要告诉你,但你不要对你先生讲。"我妻子立刻制止说:"凡是你告诉我的,我都会告诉他。你不准备让他知道的,也就不要告诉我。"

当一方生气时怎么办?我妻子曾对我说。"我生气时讲的气话,说的再重 你也不要在心里去。你要保持冷静并坚持和我接近。"于是在她偶而发火的时候,我既不和她顶撞,也不乱发"大丈夫"脾气,那样实际是一种"死要面子活受罪",有时我说:"你发火也是因为我作事不当引起的,谢谢你提醒我"。想想看,这样她的火还怎么能发得起来呢!待她冷静下来以后,我们再作讨论,"疙瘩"也就解开了。

国内的习惯是夫妻之间不讲"我爱你"之类的话,很强调含蓄,强调心照不宣。我们的作法则不然。我们私下经常而自然地讲"我爱你",而且常常在回答"你为什么爱我"时,侃侃而谈,百说不厌。

生活中"举案齐眉,相敬如宾"的说法,往往会成为空话,但是我们很重视这个作法。平时彼此讲话都很容气,"请你"和"谢谢你"之声不绝于耳;动作也很有礼貌,既温柔又有风度,习惯成自然,而且我们也乐意这样作。

幽默感是增进夫妻感情的一个重要手段。我曾答应婚后每天耍逗她大笑几次，到现在我都没有违反这个诺言。我们常常制造和运用一些中英文的简短暗语，彼此传递信息或是逗一逗笑。有一次我在抚摸她的脚时说："你的脚大漂亮了。"她追问我，"你说有多漂亮？"我回答说，"仅次于我的脚。"她笑得眼泪都流出来了，说："好哇！是预谋自夸！"就这样，彼此大笑一场，生活增加了生气，感情也会增加几分。

我们也注重保持生活的情趣。我们的接近是一种情感交流，一种安慰，一种合作，一种沟通。家务事我们各尽其长。轻活是她的，重活就是我的，从不相互计较。

去年十一月我岳父从美国来北京探亲旅游，我们请了国内的一些亲朋好友聚餐。席间我朗涌了一首献给爱妻的小诗：

丽华丽华听我说，你既开朗又利落。
真情流露爱心浓，轻松愉快幽默多。
贤妻良友真可敬，亲密相处常切磋。
同舟共济终身伴。好事成双不多磨。

（本文作者臧英年，系全美华人协会文化委员会主席，前西雅图市华人领袖）

《知识与生活》1992年第5期

有缘千里来相逢
——谈"善待吾土、善待吾民"

我和美国小弟弟美康是有缘份的。他结实，能干，活泼。年方12岁，身高一米二，体重45公斤。6月5日下午3时，1993年世界环境日20周年纪念大会在北京人民大会堂召开。他是1993年"全球500佳"个人奖得主之一，专程从美国飞到北京来参加领奖和有关活动。但是，我怎么会碰上他呢？

5月28日下午5时我接到美国老友贝斯先生的传真，内容说："我的朋友泰瑞迈克和他的12岁儿子泰瑞美康将于5月31日到达北京。他们要住进西苑饭店。美康是一个卓越出色的童子军，由于他在生态方面的特殊贡献，如今荣获"全球500佳"环境奖。他是该奖最年幼的得主。一般情形下此奖只领发给资深而有造诣的成人。这个颁奖典礼是由联合国环境规划署所安排。请和他们传真联络，并尽可能在北京对他们加以照料。"就这样，我便和他们父子挂钩了。

5月31日深夜我和美康的父亲迈克通了电话，知道他已安抵北京，下塌西苑饭店。该饭店是中国国家环境保护局接待参加这次世界环境日活动的一所外宾定点饭店。迈克在电话里告诉我，这是他和他儿子第一次到中国和远东。他们刚下飞机，觉得和美国是日夜颠倒，十分疲惫，次日要好好地睡一天觉，我们约好了6月2日见面。

我如约在6月2日下午和迈克见了面。一进他客房门，发现他儿子美康还埋头大睡，便赶紧问他，怎么他们抵京已有两天，儿子的疲劳还没有恢复过来。他说："甭提了，美康抵京后因身体疲劳，又人地两疏，心情精神都不好。看电视节目虽有一些国外电影和运动节目，都不够精采……他一直嚷着想家，要立刻回去。我也准备在6月5日美康领奖后，提前两天去香港…。"我便一面提醒，一面安慰他们说："这不是你们第一次来中国吗，怎么能身临宝地，空手而返呢，要是你们疲劳还没有完全恢复，咱们明天上午再出动。先到附近看动物园的大熊猫，再去颐和园逛风景，也欢迎你们到我们的住处走走。"

这个建议显然有了作用。我们约定6月3日上午见面，展开预定活动。离开旅馆房间前，我又向美康的方向看了一眼，他满头金发，胖胖的脸，在沉睡中，显得平静安详，无忧无感，天真可爱。3日上午我们先一道去了动物园，下午再去颐和园并来我住处小坐。问起美康对中国有什么了解。他思索半天，进出三句话："中国离美国很远，中国有熊猫，中国有丝绸。"美康倒底是个怎么样的孩子呢？

首先，他受到"家学渊源"的好影响，是一个身经百炼、获奖累累的童子军。他父亲迈克是美国加州休斯敦地区的童子军总监。负责当地和国际间的许多童子军活动的筹划和安排。总监是无收入的义务性的工作，他的本行是彩色玻璃制品制作，有20多年丰富工作经验。迈克非常重视幼子美康在童子军方面的训练，在训练中把美康培养成一个手脑并用，服务热心的好儿童。

美康在美国是"儿童从事环境保护联盟"的先进卓越分子。该联盟的宗旨是帮助儿童了解环境保护问题的重要，并指导他们如何做环境保护工作，去取得具体成效。该联盟的另一目的是促进人类之间基本的互爱互助。要先从儿童做起，唯有儿童产生这个共识，接受了这责任，地球才有生存和新生的希望。美康是联盟里的大使和童子军，他在休斯敦设立一个"联盟童子军环境奖"，专门颁发给青少年，表扬他们对环保工作的特殊贡献。这个奖可以给个人，也可以给团体。获奖者或团体需要开始并园满地完成一个环保工作计划。这项工作不但要发动其他儿童参加，并且在受奖者撤离后，工作还可以继续有效地推行下去。

美康和一批童子军去了一个半岛帮助当地工作的生物学家拯救要绝种的小海龟。工作时拍了录相，然后又加了这篇报道。这篇报道生动逼真，开头便说："在连续生存了七千多万年以后，海龟已面临绝种的威胁……"该报道结尾的一段是："大体说来，我们都获得了一个今生最珍贵的经验。我们已经略尽绵力，为我们的邻居，面临绝种威胁的海龟，作微小而重要的服务。"

在美国和世界上许多地方爱动物，爱植物，爱护环境的呼声很高，具体行动也不少。有这份爱心和行动，也自然会扩大到爱"人"的领域里。缺乏这份爱心的人，要爱其他人也是很困难的！

7日一早，泰瑞父子自北京搭机飞了香港。我一早去了西苑饭店，并送他们去机场。途中我给美康一个临别中国的知识测验。因为他已去了不少地点，显得是神采飞扬，大有所获。他的答复是："熊猫可爱，会伸懒腰，会打呵欠。明陵是地下宝殿。长城太雄伟，太长了。毛泽东纪念堂是九个月建成的。故宫太太太惊人了。颐和园我可以永游不倦，是最佳去处。天坛是天府天设，很好玩。"最后他眨眨眼睛对我说："几天下来，我终于习惯别人常常盯着我看的那股劲了。再有，这里的出租车开起来可真野真蛮！总结他们的中国之行真可说是"败兴而来，乘兴而去！"

1992年《中国之友》第4期

从送报纸开始……

一天，朋友聚会，晚餐时一位友人突然告辞说．"对不起，孩子放学了，我要去接他"。临走，他补充道："我的孩子不敢自己过马路"。我随口问了一声："你的孩子几岁？""11岁。"11岁！我沉默了。继而想到我远在美国的两个儿子……

我的两个儿子，从小在美国长大，10岁起就开始做报童，在邻近送报。每个星期天送一次周报、每个月有二十多美金的收入。他们把这份自食其力辛苦挣来的钱自行支配。我们给他们开了个人的银行户头，他们也把买书刊、玩具后剩余的钱存进自己的帐户。

入了初中，他们开始送日报，每天放学到家就推上小车风雨无阻挨家挨户投递，他们的月收入也增加到一百多美金。进了高中，打工方式又是一变。每周抽出十多个小时在快餐店或商场工作。每月的收入也更上一层楼，有了两三百元的进账。等到他们要读大学的时候，每人在银行的存款已有好几千美金了。

如今我们夫妻俩都在中国长住．妻子是文教专家教专业英语。我从事一些自己的业务，对远在美国的两个孩子我们非常放心，自信他们是努力上进的翩翩少年，自发力强，具备开拓前程的基本条件。说起来，这得益于他们每年的打工生活。他们从小接受这种"自食其力"的锻炼，身临其境，是逐步增长的参与人和受惠者；而我们不过是从旁推动的总设计师和目击人。

　　当然，送报和打工，赚钱是好处之一。但这既不是唯一的好处，也不是重要的好处。美国的中等家庭，夫妻都有职业，每月给子女一份零用金是轻而易举的事。安排子女送报并不是要省下这份零用，而是要从小培养孩子们一些重要的观念和习惯。其中包括以下各点：

　　当思来之不易，恒念赚钱维艰——他们送报，每一分钱都是自己挣来的。既不是"伸手牌"予求予取，不费吹灰之力，也不是手到擒来，得来全不费功夫。在赚钱的过程里。他们要满足订户的要求，报馆的条件，要花心思，卖力气，付代价。这样挣来的钱能不珍惜的自慰吗？

　　养成量入敷出、"计划"经济的习惯——挣钱用力气，花钱也谨慎，他们每月的支出要自己动脑筋，怎么去用，何时用．用多少。全由他们当家作主，我们不加过问。他们从小就喜欢读课外书，也喜欢买积木之类的玩具。这样，他们就兴之所至地自行购物。为了省钱，他们就得货比三家，就得注意大减价的广告，这样他们也涉及了初步的信息收集、比较和决策的关连，比较有主张和有计划地进行采购。

　　养成重视工作的态度——小孩送报看上去不是大事，但是他们必须认真地把工作做好。如果送周报时的效果不好。那么就不能顺利地送日报，如果送日报的效果差，那么入高中后在快餐店和商场打工就无法承担，也无法接受更高的要求和责任。只有工作好，辞工时才可以得到好评，或得到雇主的推荐信，为下一个工作争取到高的起点。这样，他们工作起来自然很认真。久而久之，便养成了一种良好的工作习惯。

　　养成守时的观念和作风——他们每天送日报，必需在下午五点完成。下午三点半到家，有一个半小时的间隙去完成任务。五点过还不把报送完。收不到报纸的订户就电话找上门来，虽然其态度是和平的，但语气是严厉的。所以他们每天下学绝不能走走逛逛，延迟到家。这样，注重时间和如期交卷的习惯便自然养成了。

　　体会了事有缓急、情有轻重的真谛和工作在先、娱乐在后的道理——送日报风雨无阻，更不能误点。有时候，我们有外出旅游或消遣机会，要在五点之前动身，或在当天三点半以后回到家，这个外出的机会，他们就得放弃。他们懂得若要和家人一同外出，就会与送报的要求任务冲突。送报是不能放弃的，那么便得放弃娱乐的机会。孩子们是贪玩的。要他们放弃一个好玩的机会是多么心痛啊，在这个交换和"牺牲"的经验里，他们已领会了优先次序的要求，也实践了身体力行的过程。

　　体会了互相合作的必要——由于每个孩子都会遇上重要的节目实在不愿意放弃，而参加节目的时间又与送报时间抵触，他们必须学会最佳策略，平时和邻近的另一个报童商量好合作办法,以便在临时需要时互相替补。这就要求他们平时就得花时间了解对方送报的个个门户。或预先把自己的弟弟妹妹训练好,以便紧急时替自己送报,这样事到临头便有替身,可以把握大好良机,尽情欢乐一番。

体会了礼貌的必要和善待顾客的好处——报童都得在月底向订报户收报费。平时服务好,有礼貌,收费时可以多取得一些小费。倘偶尔订报者搬家,他们满意报童的服务便不会忘记事先把报费和小费付出。因此,他们必须注意自己的工作态度。

孩子有了这样的人生体验,走入社会还有什么可怕的呢?现在我的两个孩子都大了。尽管他们还没有如何特殊的出人头地,但是他们敬业乐群,具备了在美国社会里闯天地的基本条件。我完全可以放心地让他们飞出巢去。他们有坚硬的翅膀,可以随心所欲,游刃有余地飞往他们乐意去的地方。

《三月风》 1993 年 4 月 总 101 期

厕所:国家文明状况的写照

有人说一个国家的物质和精神文明状况一到该国的机场就一清二楚了。一是看机场的公共照明设施是不是先进设备、美观实用而清洁整齐。二是看厕所的情况,着眼于其设施、管理和使用状况。此说不无道理。

两年前我在北京旧书摊上闲逛,看到一本标题引人注目的书《中国需要厕所革命》。是中国社科院博士研究员朱嘉明的杰作。他在出版绪言里说:"在中国众多积重难返的社会问题中,厕所问题不能不是其中最为年深日久的了,而此又是与人们的日常生活密切相关的问题。"其言甚是。他认为,喊出中国需要厕所革命的这一举动将会有深远的意义和影响。便不厌其烦地收集了大量有关厕所、环境卫生方面的图文资料,印出了那部集子。真是用心良苦。

我的内人是在北京旅游学院教旅游课的文教专家。去年8月中旬我们俩去安徽黄山旅游,兴致勃勃地登上黄山,美景当前,一了宿愿。下山后,她去了一次在黄山大门汽车站附近的公共厕所,其情景真是触目惊心,不堪闻问。中国自实行开放改革政策以来,在许多方面都大有进步,唯独在厕所状况方面改善不多。如今在国内去不少地方办事,要上厕所,大体上是可以跟着臭味走,便直达目标。中国是个非常讲究吃的文明古国。但对处理善后问题就漫不经心、十分马虎。这真是只顾上,不顾下,开头好,收尾差。其原因何在?

首先是观念问题。中国的传统观念是:厕所不臭还叫厕所吗?"有批准预算权的决策人不重视厕所条件,不提出设计要求,不分配修建良好厕所的必要经费。设计者和施工者便也马马虎虎从事。厕所落成，便成了三不管地带，在管理清洁方面，放任疏忽，一发而不可收拾。再有，使用厕所的人也缺乏厕所需要保持清洁的看法和习惯。更使设计差、起点低、管理坏的厕所每况愈下。最后，一旦有人对厕所情况差有所抱怨或不满，他们也是投诉无门的。

尽管今天中国报纸上、电视里的大新闻是廉政建设、整顿银行、打击假货等重头戏，整顿公共厕所的事也不应掉以轻心。只要全国上下、修正观念、下定决心、普及教育、改进设施、严格管理、有效执行，中国的公共厕所自然会出头有日、面目一新。

《参考消息》1994年9月24日

省了蛋　害了店

不久前，韩国一家跨国大公司驻香港办事机构的总经理郑先生来京办事，住在一家观光饭店。约我去饭店谈事，一起吃早饭。我们在餐厅里落座，要了两份西式早点，其中包括煎蛋。

煎蛋上了桌，郑先生拿起装有花椒的小瓶，还没等把花椒倒出来，瓶底上用来堵洞的小纸片就脱落下来。那片纸一落，瓶内大量的花椒就撒满了郑先生尚未动用的煎蛋上。显然，这个蛋没法吃了。

我请附近的一位服务员过来，告诉他发生了的事，我的话还没讲完，他就急不可待地对我们说，这个花椒瓶不是他装的，他只负责接待客人。

我立即耐心地告诉他，不论是谁装的花椒瓶，事已至此，换一个重新煎的蛋，送上来，就行了。他说，这得请示经理，他不能决定，煎蛋能不能换。

我和服务员说过来又说过去，他还是不能决定。这时，丝毫不懂中文的韩国经理就用英文问我是怎么回事。我就按照实情告诉了他。他听完我的解说，神色立变，早饭也不吃了，便立即结帐，愤然离去。而后从旅馆搬走。

在国内，我们常听到"铁路警察，各管各段"的说法。这个观念和作风，用在国际服务方面就无法适用了。旅馆和餐馆经营，是一个整体操作与配合，设备、气氛、价格与服务要相辅相成，其中的服务条件也至关重要。客人若对服务不满意，就是对整个餐馆的不满意。旅馆和餐馆接待客人，客人有抱怨，服务人员要立即担当下来，加以处理和补救，绝不能强辩，更不能把责任推到他人身上。

推卸责任和推脱做事之风在国内一直盛行不衰。因为往往担当责任和出头做事，做好了，没什么；出了事，就倒霉。这也反映了流行已久的说法："多做多错，少做少错,不做不错。"而"不做不错"又是什么局面?开放改革,处处要有新经验,新要求,新做法,怕做、怕错、怕负责任是不行的。

《今晚报》1994 年 11 月 13 日

两岸相争,得利的是外国

几年前偶然结识了大陆上的一位围棋九段高手张文东。他年富力强,热情真挚。我们是忘年之交。他说高手过招,不外是"取外势"和"占实地"两者之间的配合运用。运用之妙,存乎一心不说,交手双方的心态和精神状态也常常是决定胜负关键因素。他这番话,使我想起了如今海峡两岸之间关系紧张的情形。

早年,一位美国学者也提出了,双方抗衡,最后是以双赢收场,不要落得两败俱伤。此一说是否也适用于当前海峡两岸面临的情况呢?我想,是的。

兄弟阋墙之争和敌我两国生死存亡之争有一个基本差别。前者要费尽心思,取得重修旧好,和平共存之道;后者是处心积虑,在所不计,要进入克敌制胜的凯旋门。

前几天,朋友在台北聚餐,大家桌上聊天时一致的看法是,两岸相争,外国得利。一旦两岸冲突升级,先是外国军火商乘机而入,高价销售给台湾精尖武器,继而大陆采取对应措施,使影响海峡两岸的国际关系恶化,台湾的政经形式吃紧。大陆上更要动员不少人力、物力,用于应变和应急。而这份人力、物力本来是极端缺乏,而应用于大陆上经济、教育等和平建设方面,才是道理。

台湾政治民主、经济发达、社会稳定、民心向上,处处以实力为后盾,国际活动空间便自然存在,国际声誉也自然保持。着就是围棋高手"占实地"的原则和办法。

大陆人多地广,要"取外势"以配合身份,也是理所应当的。所以,两岸相处,要各行其可行之道,不要针锋相对,同钻一个牛角尖。

"唇亡齿寒、相依为命"的道理,也适用于两岸关系。台湾经济发展,在大陆上经济投入的力量便自然加强。台湾经济退缩,在大陆经济投资的信心和能力也自然减弱,这也会冲击一九九七年回归大陆的香港,造成一连串的不良影响。

务实、求实、自救、救人,似乎是所有影响国运的政治家们应掌握的基本原则和操作要点。

海峡两岸有不同看法,存在隔阂。此时此刻,双方的意见沟通、岐见化解就更重要。故海协会、海基会的对话应及早恢复。别忘了,到底是兄弟阋墙,而不是敌我矛盾的生死斗争。

《联合报》 中华民国八十四年九月二日 1995 年 9 月 2 日

钱用在刀口上 军备非当务之急

刚在报上看到北京以二十亿美元高价和俄罗斯签成了在中国大陆本土自主生产苏澄二十七战斗机的协议，而台湾方面购置新型战斗机和安置空对空飞弹的措施也在加速进行。这种海峡两岸以军事对峙，相互竞争的表现，十分的令人震惊和不安。

海峡两岸兄弟阋墙之争是永远不应该提升到兵戎相见、两败俱伤的悲惨境界。一旦双方动武，将形成中国历史上最令人悲痛和损失最大的一场内斗和横祸。

海峡两岸的经济建设都面临紧要关头。大陆上许多大中型公营企业都面临运转不灵的难关。私人企业的发展在缺乏公营企业提供原料和支持的情况下，也前途堪忧。此时此刻，如何振兴经济，搞活企业是当务之急。发展军事，耗用资金的重要性不应该居为首位。就台湾来说，尽管可以充实军力，达到与大陆对比不致非常悬殊的地步。但这份军力要冲锋陷阵时，显然也不会是决胜疆场的最佳保证。更何况台湾经济的现状和发展前途也不是处处美好的玫瑰园景色。多花一分不必要国防经费，就少了一份维持经济繁荣所需要的资金。所以，如今海峡两岸在军火库储蓄品上大投资金，都不是得当之举。

海峡两岸要能和平竞争，就必须避免制造不必要的紧张气氛。双方经济、文化、教育、科技等的交流要持续在亲切、和好、信任和务实的基础上去推动。此互动关系也好似逆水行舟，不进则退。停滞下来，倒退回去，以后要补救和挽回，就难免事倍功半了。此时此刻海峡两岸都得尽量避免走这步悔手棋，甚至是影响大局的一步"臭"棋。在军事竞赛上互争长短，显然会破坏和平气氛，制造紧张，影响交流，为智者所不取。

国家建设先要内部充实，再谈对外延伸。如今大陆上教育经费之缺乏，以募捐方式推动兴学的"希望工程"计划显然不是振兴教育，重视知识的最终答案。如今大陆上的领导阶层又提出"科技兴国"的口号，把不急用和不必要的军事经费用去支持科技发展，自然会产生更佳的回收效果。对台湾来说，也是如此。台湾的治安、交通、房地产，处处需要"输血"，多花钱在"坚甲利兵"上，听起来可能不错，但在应得实效方面来说，就不一定是在把钱花在刀口上了。

《联合报》中华民国八十五年二月五日 1996年2月5日

在西雅图捉螃蟹

美国的西雅图是一个风光明媚、湖山交映的城市，我在西雅图已经住了30多年。在那里要找户外消遣，可供选择的项目很多。爬山、滑水、泛舟、野餐、露宿、钓鱼、捉螃蟹……样样俱全。

谈到捉螃蟹，我十多年前就开始在西雅图初试身手了。那是我进入此行道的初级阶段。抓螃蟹的去处是西雅图市南端海水进出口的岸边。在风平浪静的月夜里，在海潮上涨时刻，把汽车开到岸边，穿好高及胸口的橡皮衣，一手持电筒，另一手操鱼网，漫步在沙滩。涨潮时螃蟹自海边涌入海港觅食,其身影在沙滩上清晰可见。捉蟹者看到猎物，就把鱼网当头套去，螃蟹钳住鱼网不放，这就正中猎者下怀,一擒而就。

但，我发现抓到手的螃蟹尽管块头够大，但螃蟹的味道总不能和在市场买到的螃蟹媲美。几经思索之后，得到一个可靠的结论，那就是捕捉螃蟹处是轮船出入的要道,海水污染不可避免，螃蟹的肉质受到影响。于是我就不再去港口岸边捉蟹了。最近几年，我又恢复抓螃蟹的消遣了。抓螃蟹的去处变了，是挥师北上，在海水没有污染的西雅图北部的海湾里。这里捉螃蟹的方法是放笼子或用捉蟹网圈及铁三角架，在岸边码头或水中浮动码头上操作。

自己有小舟或游艇，便可以去海湾中间放下捉蟹笼，垂到海底，上面有绳,牵以浮标，露出海面。每隔几小时，甚而是下笼后过夜，笼主可操舟或驶船到笼边收笼取蟹。运气好，一笼可打上许多只大螃蟹来。笼中的诱饵可用鲜鱼头、鱼身、鸡肉或鸡腿等。据捉蟹老手讲，以鸡为饵比用鱼对螃蟹更具有吸引力。可能是螃蟹终日与鱼虾为伍,司空见惯,对罕见的陆上的鸡肉就别有所好了。笼中不论是放鱼头还是鸡肉，都得将其用铁丝或尼龙线牢牢系在铁笼上，铁笼设有进得去出不来的装置。这样，入笼的螃蟹也只能就地享受它们最后的晚餐。

不具备舟艇条件的捕蟹者便只能就近操刀。在码头上抓螃蟹就得使用圆圈式或三角式的捕蟹设备了。都是把蟹饵捆在捕具正中心，捕具落到海底时就平推开来，拉起时，便引成一个圆桶形，或三角形合拢的立体，在捕具上肆意饮餐的螃蟹们便由于迟走一步，遗憾终身了。收捞捕具要快，以防已入圈的螃蟹溜走，功败垂成。

捉螃蟹下捕具的地方是否是海底螃蟹会聚之处，下捕具的时间是否是螃蟹涌入的涨潮时分，下捕具在海底逗留时间是否恰到好处，蟹饵对螃蟹是否可口，有没有吸引力等因素，就大体上决定所捕螃蟹数量约多少了。幸运时，一捞可得肥蟹多只。

在海边捉蟹要遵守几项严格规定。一是要有常年或临时捕蟹许可证。抓到螃蟹后可以带走的硬壳的公螃蟹，大到壳的宽度约 16 公分。捕蟹者有一量具，抓到的螃蟹要长度过关，才能收留。壳不硬，不能保留。因为软壳蟹体重轻不成熟，留下是"暴殄天物"。不够大的不能留，留下是"浪费资源"。母螃蟹更不能留，留下让螃蟹无下卵机会，是"竭泽而鱼"，罪莫大焉！违犯以上各条例，都一律有固定的罚款，少则数十元，多则数百元。工作人员查到违规者，便照章罚款，铁面无私。对了，捕蟹时每人可捕数量也有规定，季节不到,螃蟹少时，每人能捕的定额较少;螃蟹成熟，大批出现时，配额较多。

正所谓，"兴高采烈抓螃蟹，守法重纪贪心灭。保护资源利众生，细水长流朝天谢"。

《中国教育报》 1996年12月15日

我的太空人外甥

今年，俄罗斯"和平"号轨道空间站事故频出，成为人们关注的焦点。5月份，美国航空航天局发射"阿特兰蒂斯"号升空为"和平"号空间站补充物资。鲜为人知的是，执行任务的宇航员中有一名是华裔，他就是——

美国开发宇航事业已近40年。美国航空航天局在1959年从有喷气机飞行经验和工程训练背景的500名军职候选人中选出了7位首批宇航员来，到1996年已有16批宇航员入选，总数是268人，现役者104人。迄今只有3位有华裔背景的宇航员出现，其中便包括了1995年最后入伙的、我的外甥卢杰博士。

他的母亲是我的小妹雪莲，祖籍辽宁，他的父亲是卢景辉博士，来自广东。他俩都于40年代末自大陆去台，50年代初从台湾赴美。

卢杰是1963年生，在宇航员1995年班19人中他年纪最小，而他和同班另一人却被选为班上参加宇航任务的带头人。今年5月15日他在美国东海岸肯尼迪航天中心乘"阿特兰蒂斯"号航天飞机升空，9天后，任务完成，顺利返回。航天飞机在太空和已在空中巡航11年的俄罗斯"和平"号空间站会合，将两位美国宇航任务专家互换，并将科学仪器、补给品和一台136公斤重的制氧机运上太空站。巡航9天里也完成了一系列的科学实验和太空摄影等工作。

卢杰从小就观察敏锐、想象丰富、理解力强。小时他看到美国街头的垃圾工人搬运灵活，身强力壮，威武姿态很令他美慕，于是一天他就瞪大了眼、张大了嘴说，"我长大要做垃圾工人。"显然;这个"理想"后来落了空。

卢杰也是一个手脑并用、智力超前的小孩子。两岁多的小卢杰就学会了看钟点。他5岁开始上幼稚园,正赶上那年是美国总统竞选年。老师向班上学生问："今年竞选总统的是什么人？"花样百出的答案在知识不足、但充满幻想力的幼稚园学生里提出："我爸爸，是我爸爸.","邻居的罗勃叔权……"，还有一个学生信心十足地说："是我，是我。"最后,，卢杰发言了。他准确地说出共和党总统候选人是尼克松，民主党是汉弗莱以及他们的政治活动和政见如何如何。这番讲述称得上是"一鸣惊人"，原来，他在家里看电视的同时就顺便把这些信息都消化吸收了，如今老师一发问,他就倾囊而出,尽情发挥了。此后，他就名正言顺地成为班上的"知识库"，发言权与日俱增。

除了卢杰有自学、自悟的好理解力外,我妹夫景辉和妹妹雪莲也掌握了"助子成龙"的要点。他们日常鼓励儿子发问，供给儿子阅读书籍，以开放、开明的态度去诱导卢杰学习和进取。当然，儿子肯主动奋发自强，父母再顺水推舟地使把劲也不费力。

从小，卢杰在小学和中学的学业成绩便一路领先，从不落后。入了高中，他对摔跤产生了兴趣，就通过选拔，加入了摔跤队。这既是一份荣誉，也是一番磨练。卢杰在摔跤队的一番经历对他如今从事宇航事业所需的体力、耐力和应变力都像是多了几分前期培训的准备。

1984年卢杰以优异成绩从康奈尔大学电机工程系毕业,升研究所进修又面临主修专业如何选择的问题。因为他擅长理科，觉得继续攻读电机不太过瘾,就转选应用物理学，入了美国极负盛名的斯坦福大学就读博士学位。

1989年夏天，卢杰取得斯坦福大学应用物理博士学位。毕业后去台湾读了两个月的中文。加上他在斯坦福大学选读中文课的基础，卢杰的中国话讲起来虽洋韵犹存，但却朗朗上口。他写中文也有两下子，去年，卢杰送给我和我内人每人一幅他穿宇航员装的单人彩色照，胸前配了宇航员的标志徽章,两侧各有美国国旗和航天飞机的小模型为陪衬。他特别用心用中文写下我们和他自己的名字，我们很欣赏他这番努力。

卢杰博士后的工作是在卡拉诺多州立大学开始的，在那里他从事天文研究,1992年再转到夏威夷大学做物理科研和教学。

他开始在夏威夷大学工作后，一位身边的同事在1992年的某一天告诉他说："我申请了宇航员的工作。"这句话立即打动了卢杰的心，他想他自己条件不错，是名牌大学物理学博士，研究天文物理、太阳火焰等专题已发表数十篇重量级的论文，在国际和国内学术报告会里也已崭露头角，享有名声，并执有高难度的飞行驾驶执照，有运动员的身体，加在一起不正是一位宇航员的最佳材料吗？

他立即整理好自己的资料，把申请函投寄到美国航空航天局。1994年夏天，他突然收到该局的通知信，说他已通过初选，可以去德州休士顿詹森航天中心报到，参加体检和面试复选。这个好消息从天而降，他自然喜出望外。他在航天中心基地居留约一周，通过了道道关口、重重试验的体检和面试。最后录取名额只有19人，卢杰以优异成绩入选为1995年宇航员候选人班9位任务专家之一，其他10位入选者是驾驶人员。

人们一直流传一种说法，在太空里唯一可以肉眼看到的地面人造建筑是长城。我曾向美国宇航员空军上校普瑞考特求证过这一点。他说他以往两次执行太空任务都曾努力一试，但都没有看到。因为长城在山峰的骑线上，要天空晴朗，光线照射恰到好处，才有机会用肉眼看到，他尚无此好运。卢杰在太空任务完成后，发传真告诉我："经过长城上空我多次拍照，都可惜云层作梗，效果不佳。"

相信卢杰以后会有访华机会，那时他会以愉快的心情回到他父母的祖国和发源地，头头是道，讲宇航，现身说法论太空,乐在其中矣！

《环球时报》1997年10月19日

开放改革与民主政治

在电视节目里看完温哥华召开亚太区经济会议的报道，在冠盖云集、盛况动人的场面中，亚太地区经济合作、金融危机和经济建设走向都成为与会首脑面临的热门问题。3年前的1994年2月，中国江泽民主席曾前往与温哥华近邻的西雅图参加当年的亚太会议。那时美国仍然将中国的人权问题和其贸易最惠国待遇措施牵在一起。我便在西雅图出版的华文报纸《西华报》上以"回顾与前瞻"为标题撰文说："我主张美国应该给予中国最惠国待遇。这样做的确是互惠互利，两得其益的事。我也主张中国要继续不断和努力加强人权的改善，中国政府应痛下决心，视中国人权改善为当务之急，是万善之首，更是可以和必须实现的目标"。如今最惠国待遇不和人权问题挂钩是早已解决了，但中国人权状况的发展又如何呢？

几个月来，魏京生抵美就医的消息已经成为国际新闻报道里的瞩目专题。他成行美国，自然是中国在人权措施方面的一个进展。他是名声卓著的人权斗士，获得网开一面，出狱就医的机会是理想的。希望王丹和其他类似情况的入狱者也可陆续获得解脱。

中国要改善人权，必须得从基本处着手，那便是在言论自由，友党活动和地方选举等各方面注入活力，让人民当家作主的条件和现实更充沛，更发展。这样做，既可带动全民报国的意愿和表现，也可为执政者表扬政绩，获得民心奠定最佳的基础。

要更开放言论自由

早年蒋经国治台时期最大的贡献是他在去世前开放了台湾的党禁和报业。从而台湾的言论自由和政治开放都产生了重要的质变，而更上一层楼。尽管今天台湾还存在黑金运作、社会治安、资金外流等不少问题，其晋身"民主政治初级阶段"的事实已有目共睹和不容否认了。

近半年内中国发生了一连串的大事。香港回归、中共15大召开、江泽民访美、长江大坝工程进入第二阶段。在国内外局势开展的今天，便也正是当政者因势利导、革新政治、提倡法治的不二良机了。执政当局要更开放言论自由，减少"报喜不报忧"的倾向，放松"新闻导向"的压力，以赢得广大读者、听众和观众对新闻报道内容的信赖、兴趣和关怀。文艺活动的内容也要接触现实，反映现实，不要走上歌功颂德的虚套。支持友好党派要诚心诚意，刻意安排和全面辅导既会丧失友党热心参政，实现监督和充分贡献的动力和成效，也会为中国顺应世界潮流，走向民主政治带来不利的影响。全面操纵的选举，缺乏反馈，失去监督，结果是能者出头不易，庸人在位不难，而国家和人民的利益都一并伤害了。

重要课题由国内做起

3年前我在《西华报》发表的意见如今仍然适用。我曾说："目前中国面临的重要课题还是要先从国内做起。在改革经济的同时要改革政治。而廉政建设也是政治改革范围的一个标题。若缺乏民主政治的实质，缺乏法治对人权的保障，经济发展的基础和进度都不会步入理想境界。希望中国的经济和民主建设能够并驾齐驱，蒸蒸日上，让中华民族在促进世界和平与繁荣的领域里大放异彩"。

香港《信报》1997年12月16日

五星旗照遨游太空

最高高度是248.7英里，最高速度是每小时17,500英里，飞行时间是9天5小时20分钟，飞行距离是380万英里。我想，这应是五星旗照太空遨游的创举。

1994年夏天正在美国夏威夷大学执教和进行天文研究的卢杰博上收到美国太空总署的通知，说他已通过宇航员的初选，请他前往德州休斯顿詹森太空中心参加体检和面试。初选入围者来自数千名申请人，个个都是顶尖高手。他在太空中心基地居留一周，竟然通过了重重把关、要求严格的体检和面试，在百余名同时参加复试的竞争对手中脱颖而出，入选为1995年班9位任务专家之一。

卢杰.1963年夏出生于美国纽约州，是我小妹臧雪莲和妹夫卢景辉博士的长子。他自小便聪明过人,悟性强，观察敏锐，又喜欢动手操作。1984年卢杰以优异成绩在美国康奈尔大学电机系毕业，再进入加州斯坦福大学攻读应用物理，1989年取得该校物理博士学位。

他是美国1995年宇航员班中最年轻的一位，却又是该班中的首选，于1997年5月15日担任了84次的宇航机升入太空的任务。每个宇航员执行太空任务都获得太空署者特许，可以在升空前将个人选定的纪念品检查后放进一个小盒子里，随同宇航机升空,宇航机返航后,携带纪念品升空的宇航员便可签发证书,送给纪念品的原主留念。难能可贵的是,我和我妻子苗丽华的一张合影照。身后背景是中美两国的国旗,在这次卢杰执行任务时,便由他带上太空。返航后,他领发的证书,连同原照片,都在去年9月寄到了我们在北京的住处。

那是1989年夏天,国家外国专家局选派学员在美国丹佛大学参加了一个高级企管人员的讲习班,我应丹佛大学主办人之邀前往执教,在培训期满的学员毕业典礼中,礼堂背后张挂了中美国旗,我们夫妇在国旗前摄影留念。去年5月卢杰邀请我们返美参加他执行任务的宇航机随同火箭的发射,我们应邀前往,也选定了我们在中美国旗前的合影照,请他带上太空。我们收获的证书,除注明此照"已经太空游"外,也注明了宇航机的起落时间和地点,并提供了以下的宇航数据:"最高高度是248.7英里,最高速度是每小时17,500英里,飞行时间是9天5小时20分钟,飞行距离是380万英里。"我想,这应是五星旗照太遨游的创举。

主持人语:

臧英年先生是中国吸烟与健康协会美籍名誉理事。他和夫人都是驻北京的外国专家。1989年,臧先生执教于国家外国专家局在美国丹佛大学举办的高级企管人员讲习班。在毕业典礼上,夫妇二人在中美国旗前合影。后来,这张照片由美国太空总署送达太空遨游。我特意从臧先生处借来珍贵照片,请他讲述《五星旗照遨游太空》的故事。

《生活时报》1998年4月12日

实做实说救中国

说假话容易,可以连编带造,顺口开河;说真话困难,因要面对现实,承担责任。但事到临头,还是说真话好。因为说假话迟早要被拆穿,便后果堪忧,难以收场。美国克林顿掩饰白宫绯闻的最后发展,可为殷鉴。

陈案引起不满

陈案判决后,北京市街头巷尾普遍的反应是失望和不满。"收下几只手表,几台录像机,一辆银马车,住进公费建造的豪华公寓,连吃带喝,就判了十六年。看上去是大刀阔斧,实际上转移视线。把陈希同真正和更大的罪行都略而不说了,这是避重就轻欺骗百姓"。

他们又说:"要是陈希同全部贪污只是几块表、几台录像机,一部银马车。那还要花好几年的时间去清查清点!要是陈希同住进公家招待所,尽情享乐一下,就值得一共判十六年,依此判法,还有多少领导可以继续稳坐办公室的?用障眼法,也不能低估观众的水平呀！"

中国开放改革二十年，进步良多。其中之一便是在朋友间私下讨论国情的是非好坏，已构不成反革命罪。基本说来，是发言者无罪，举报者无赏。这也就是自由民主初步的初步。

将激起民怨

但百姓的头脑也是很清楚。陈希同曾是权贵人士小圈子里的成员，如今犯了罪，便会从轻发落。这既是"刑不上大夫"，也是对"同志"宽松的基本操作。但过分安排，就激发民怨了，更也不利于中国廉政建设的前途和发展。大贪污犯不在公正执法下加以严惩，便也放出了鼓励讯号，让当前和今后的贪官污吏更要变本加厉，胆大妄为，取民之所劳，拿国之所有，据为己有，毫无忌惮。这岂是国家之福！

再说，"防民之口，胜于防川"。民怨和民愤不能妥善处理，合理宣泄，日积月累的爆发之势，又何尝下于长江决堤之可畏！国家改革更新，要全民参与。上面努力号召，下面纹丝不动，上面胡作非为，下面怨声载道，便大事难成，前途堪忧。

十亿多人的重担必须要十亿多人自己去背负。但领导失策，失信于民，这个负担就愈加沉重了。陈希同案旷日持久的拖延，虎头蛇尾的收场，显然是不得民心，只招民怨。这不利于呼吁全民共赴国难。笔者衷心希望这种做法以后不要重演。政府要从说实话，做实事，表实情的基础上尊重民意，争取民心，带动民力，共建中华。时机紧迫，责任艰巨。除此，已别无选择。

香港《信报》1998年9月11日

名至实归苗老师

1998年9月30日下午，国务院总理朱镕基在北京人民大会堂接见了1998年荣获国务院"友谊奖"的46位外国专家和他们的配偶。朱镕基在接见现场恳切地说：各位专家不远万里来到中国，克服了生活习俗上的种种不便，也克服了工作环境和条件方面的种种困难，从各个方面帮助中国人民的建设。你们付出了辛勤的劳动，做出了巨大的贡献，我代表中国政府向你们和你们的家属致以最崇高的敬意和衷心的感谢！

在46位获奖外国专家中只有一位是女性，那便是已在北京联合大学旅游学院持续任教了7年的美籍文教专家苗丽华老师了。

比起经济技术专家来说，文教专家在评选过程中脱颖而出是很不容易的。因为经济技术专家的贡献可以用科技成果去衡量，有硬指标，大多是看得见，摸得着，信得过。授课的文教专家的成就便不是那么好说了。教书好，好在哪，是比较难以判断的。但，旅游学院推荐苗老师为获奖专家时说："美国专家苗丽华教学经验丰富，客观介绍美国文化、教育现状，进行中外文化的比较；教学生动活泼，启发式教学，信息量大，涉及面广；积极参加我院历年英语活动，举办外语专题讲座，收效良好。每年6月及12月圣诞节日苗老师邀请学生到她的住处参加联欢活动，节目丰富，宾主尽欢。学生们敬仰苗老师的人品，许多学生都将她视为自己的好朋友。她的教学表现了理论和实践的结合，身教与言教的互补，是优良教师的楷模。"

学生能把一位外籍老师当成自己的朋友看待，是非常难得约。因为，苗老师是具有特殊吸引力的老师。例如，学生在英活口语练习中遇到困难时，她会耐心地等，鼓励学生发言，从不疾声厉色。这样，胆小和害羞的学生都逐渐鼓起勇气，努力一试，而最后谈吐自如，英语朗朗上口了。9月25日那天下午，旅游学院特别为苗老师举办了一个茶会，庆贺她荣获"友谊奖"。会上，有一位女同学动情地说："受到苗老师的鼓励，我不但增加了自信，我还决定要和苗老师一样，以后去做一个教学认真、成绩优良的好老师……"在子承父业都常常难以如愿的今天，有学生专心要步苗老师的后尘以执教为事业，是如何的感人至深啊！

苗老师刚在旅游学院上课时，发现教室地上有脏东西，黑板也不干净，她就告诉学生,一切都弄好，再开始上课。学生们立刻就领会到了,要听苗老师的课，就不能耽误课堂里的时间。他们便立即学会了一定在苗老师上课前,把教室打扫得干干净净。大家也提前在教室里等候苗老师的到来，因为这堂课上起来，是轻松自在，气氛活跃，收获丰富，不可或缺！

苗老师教课的当天，一定是早上准7时出门,赶班车。在旅游学院教书7年,她没有一次误点误车，也没有少上过一堂课。曾经有两次她必须要短期出国旅行，苗老师都事先把要教的课加班上完，课程的进度一点没有受影响。

苗老师的丈夫是美籍华人臧英年，他在中国从事义务控烟工作已进人第七个年头。苗老师既是他从事此项义务工作的一座"强大美妙的靠山"，也是他"美丽温柔的妻子，浪漫风趣的情人，推心置腹的朋友，守望相助的伴侣"。这话是她先生自己老老实实、甜甜蜜蜜说出来的。

《人民日报》海外版 1998年12月25日

孩子听话，未必就好

半年前，在中央电视台的《成长的烦恼》节目里；听到一个小学生的谈话，引起我很多感慨。这个小男孩被认定是个"小顽童"，游戏打闹的时候多，读书用功的时候少。他白天在学校和同学打架,受了点轻伤,老师让他写一份悔过书,回家交给父母。他回到家里,没有照办。直到老师登门家访,才匆匆忙忙从书本里找出这份悔过书来。母亲责问他:"你这样调皮,不听话,是好孩子还是坏孩子?"他回答说:"可能是不好也不坏吧。"这个回答有道理。因为"调皮"本身不是好或坏的必然标准。一般来说,灵活的孩子,大都比较调皮,调皮的方式也好坏参半,孩子不会调皮,未必就是好事。

国内不少父母常常划两个等号:"调皮=不听话;不听话=坏孩子"。因为大人话的正确性是不容怀疑的,不听大人的话,能是好孩子吗?

电视台的人又问这个小男孩,为什么听不进父亲的话。他回答得很坦率:"爸爸的话,三句有两句是重复的。"

这个小男孩在学校出了问题,回到家,爸爸便是一顿打。结果,孩子学"乖"了,到家一看,爸爸的车还在,就躲到街上去,熬到爸爸的车不在了,再进家门。

当然,做爸爸的也有自己的苦恼。"文革"中长大,学无专长,如今虽然经过努力,收入也不错,但一直后悔当初没有机会好好学习,于是,就把自己的理想寄托在儿子身上,见到儿子不用功,出问题,"恨铁不成钢"的情绪就上来了,就打儿子。

另外一位在电视现场的母亲,问自己的小孩:"儿子,你的功课太差了,你打算怎么办?"那小孩勇气十足地说:"今后我的三门课都要考过60分。"她母亲冷冷地说:"要是你能三门都及格,太阳也就能从西边升起来了。"小男孩难过地低下了头。母亲的讽刺显然是刺伤了他的心。

这个节目发人深思。小孩淘气,天性使然。家长应当以鼓励的态度去引导孩子,将孩子的冲动和精力转向学习和探讨科学知识。

"望子成龙"是人之常情。但是既不能一厢情愿,也不能操之过急。人们通常说的"不打不成材",其实是一大误解。对子女的爱和关怀要在言行双方面去体现。孩子凭直觉和聪明可以体会到父母对他(她)是否真爱。总而言之,孩子听话,未必就好。

《当代家庭教育报》 1999年4月10日

尽心尽力为报国

1949年夏天,我随家人离开大陆,从厦门渡海到达台湾。之后,在台湾上学,入伍。

1967年秋天,我获美国西雅图华盛顿大学奖学金,攻读教育心理学。在华盛顿大学,我即获选为中国同学会会长,会长下任后,又连做了数任同学会的顾问。读书期间,如何日后报效祖国的思索也常系心头。

1972年2月，美国尼克松总统访华成行，但年前的11月，我先在报上看到了这则好消息，就立即打电话到西雅图五号电视台，建议该台"观点"节目主持人专辟一个座谈节目，让当地华侨发表一下他们对尼克松总统访华的观感。这个建议立即被电视台采纳了。

在电视座谈会上，我发表的主要看法是："我赞成尼克松访华。因为美中两国相隔久，误会深。正因为两国间政治和经济制度不同，彼此间沟通和交流的需要和重要性才更大。尼克松访华将开辟美中人民的交往之路，是势在必行，是意义深远的。"有人把我的名字通报给美国联邦调查局，该局便对我展开了一系列的调查；而有不少人也开始视我为"毒蛇猛兽"一般了。当时，我坦然处之，知道，我的观点是"超前"的，难为许多人理解，但我要力倡其说，因为我认为大陆的进步，才是台湾的佳音。当然，这一来，台湾方面也一夜之间，把我从"贵宾"名单上坠入了万恶不教的、禁止入境的"黑名单"。直到1993年，我入台的禁令才最终解除。

在七十年代和八十年代，我在美国不遗余力地展开促进美中建交和交流的活动。我以美中人民友好协会全国委员会委员、全美华人协会西雅图分会会长和西雅图重庆友好城市协会会长等身份，不断在各种新闻媒体里提倡美中建交，我主办了许多美中交流活动，也大量接待了中国的移民、访问学者和政府及工商代表团人员。在1979年至1984年间，我也参加了在美国接待邓小平、薄一波、李先念、李鹏等中国领导人的活动，并曾受卡特总统的邀请，三进白宫，在中美交流的活动里留下了不少难得的足迹和美好的回忆。

1990年初，我和妻子决心到北京长住，她受聘为文教专家，我试图在企业咨询和公益活动方面报效家乡。

1992年11月，我和卫生部陈敏章部长见面交谈之后，他推荐我到中国吸烟与健康协会担任美籍名誉理事。后来，我又陆续在台湾、澳门和上海义务担任了各处控烟组织的顾问。最近，我又开始为联合国儿童基金会中国办事处做顾问，并在首都医科大学任教，专攻控烟问题。我陆续写作发表了100多篇中英文的提倡控烟、禁烟和戒烟的文章，参加各种控烟学术会议和去不同单位做控烟报告也是我例行"私"事之一。1996年初，吴阶平先生在一个公开集会里颁给我"控烟活动家"的称号和证书。

祖国常在我心中。从七十年代到九十年代，我为祖国尽了微薄之力。也许到了21世纪，我要再投入海峡两岸和平统一的工作了。但我身为炎黄子孙，一直是热情不减，信心充沛和全力以赴地从事自己选定的工作，在任何环境里都希望可以掌握时机，略尽绵力，反馈社会。

《人民日报》海外版 1999年6月10日

恭贺张学良百龄寿诞

5月15日上午，近千名东北大学校友、张学良先生的亲友故旧和有关领导人齐聚在北京全国政协的大礼堂，共同庆贺张公的百龄寿诞。这一庆典是东大校友会主办的，礼堂讲台正后方墙上高悬了一个红绸黑字大寿幅，条幅左下角写明是12万校友同贺，喜气洋洋。9时许庆典开始，由东大北京校友会执行会长阎明复主持，他细述了张老校长一生伟大动人的事迹。接着又陆续有10多位张公的亲友和学生作了报告，庆祝会在诗歌朗诵和祝福生日快乐的歌声里愉快圆满地完成。

历尽沧桑，不问世事的张公已于4年前从台湾迁往山明水秀的异国之地夏威夷。还记得在1988年12月上旬，我特地自西雅图前往华盛顿，参加了一个"张学良将军全面自由研讨会"。两年后，张公在台湾的监护彻底解除了。我手边还珍存着张公亲笔签名的一本收集他早年手迹电文的书籍，他签名送我，是表示他念旧的真情厚意。因先父臧启芳20年代在张公兼任东大校长时，曾任该校法学院院长，1937年至1947年又担任东大校长10年。在抗日战争期间，先父努力奋斗，维护了东大的存在，许多东北子弟才能入校攻读，学有所成。

我应邀在祝寿庆典中发了言，认为祝寿的含义有三方面，那便是缅怀既往，激励当前，展望未来。

当前说"不"，已势头火旺。但数十年前张公便曾大声疾呼和身体力行地做到了6个"不"字，其为：提倡科教，不遗余力；用人唯才，不存私心；抵御外敌，不畏强权；牺牲为国，不顾小我；看透人生，不重名利；爱心充沛，不计前嫌。他在大半世纪前就有这样开明的思想和作风，真是十分出色和令人敬仰的。他重教育，倡体育，用人才，兴建设，辟海港，畅交通，抗日俄，抵外侮，爱国家。以行动代替空言，充分表现他是一条铁血铮铮的中国好汉。时至今日，他往日的种种作为，仍是样样可取，事事可贵，条条可行！

西安事变前，中共中央诚意提出了《国共两党抗日救国协定草案》，呼吁国民党要改革政经，实际放权。张学良更苦劝蒋介石停止内战，一致对外。但逆耳忠言，于事无补。在别无良策之下，张学良和杨虎城联手发动了震惊世人的西安事变。事变当天，在张、杨公开发表的八项政治主张里，又列举了政治改革的种种事项，只可惜蒋介石唯我独尊，唯武独尊，推延了中国民主建设的日程，也导致了如今中国尚待和平统一的局面。

前事不忘，后世之师。借鉴往日经验，面对当前环境，展望光明未来，香港已回归，澳门回归指日可待，和平统一将待完成。祖国和平统一，中国民主强大，人民富裕安康,相信是世纪人瑞张学良先生平生最大的未了之愿,也是中华全民争取实现的目标,是四海侨胞共同期望的圆满结局。真可谓"兴国尚未成功,全民仍须努力!"

《人民日报》海外版,2001年

爱国宏愿仍待实现
——有感于张学良和宋美龄的先后去世

2001年10月,张学良在夏威夷奥世长辞;今年十月,宋美龄则在纽约安详过世。这两位声名卓著、即热爱又献身中国的世纪老人,前后凋谢于远离故国的异邦,隐隐中又有着多少无奈、冷寂和悲伤?

蒋介石倚重的亲密助手

宋美龄一九二七年和蒋介石成婚。在二战前后,她挟第一夫人之贵,成为蒋氏处理外交和内政时必然倚重的亲密助手。在漫长的岁月里,她对中国的发展便也留下了千丝万缕、持久深入的一个烙印。

张学良则凭东北易帜和挥师入关消弭中原大战之威,而立之年就被蒋介石晋封为陆海空军副总司令,但他却于一九三六年发动西安事变,在一瞬间改写了中国和他个人的历史。西安事变形成了国共两党暂不动武的格局,加快了日军侵华的步伐,提高了蒋介石抗日治国的威望,也让张学良大半生丧失了自由。

事变是蒋介石自促其成、自受其苦的结果。张学良当年奉蒋介石之命剿共失利,随后发现蒋氏是意在要东北军和红军拼个两败俱伤。他无心再和红军作战,要北上抗日,但多次当面向蒋氏请求都遭痛斥,无法改变蒋氏先安内后攘外的既定政策。逼到最后,张学良和杨虎城便毅然联手兵谏了。

西安事变发生后,国内局势紧张险恶。南京方面产生了主战及主和的内争,各路军阀虎视眈眈。中共为了自保和听命于共产国际,也积极介入。张杨两军内部也产生了分歧和不稳。当此关头,宋美龄力排众议,亲赴西安调停,与夫君共患难,她努力助蒋脱险,一是夫妻情深、命运与共,别无良策;二是她胸怀全局,不希望蒋氏丧生,中国再掀内战,让日寇坐享其利。她和宋子文、端纳飞抵西安后,就立即和张、杨、周(恩来)协商谈判。几经周折,终于达成蒋介石口头承诺而不签字的各项协议,并由宋美龄、宋子文和端纳三人联合保证:张学良放蒋绝无后顾之忧。至此张也及时收场、如释重负。他不但决定放蒋、且坚持要送蒋回京,以示好汉做事好汉当和负荆请罪的诚意。当然,他到了南京,便也开始了他被软禁逾半世纪的苦难生涯。其间仗有宋美龄极力协助,他才能先后享有于凤至和赵一荻的近身陪伴,幸免类似杨虎城那样全家遭难的悲惨结局。

宋以蒋氏利益为重，终究是蒋家的人，她可以着重朋友情谊，改善张的处境，但同时更要以蒋氏的利益和意旨为依归，不会也不能改变蒋对张监禁终生的决定。因为蒋对张怀恨至深，认为是张对他叛离才造成了中共坐大和国府退守台湾的后果。

蒋介石从不虚心检讨：正是他自持私心、权术不当、放纵部下、丧失民心，又深怀不能放张以免纵虎归山的心病，才给予中共可乘之机，将大好河山拱手相让。在蒋氏刚愎自用、目光短浅的误导下，他首先扼杀了张杨联合抗日的请愿，引发了西安事变。其后，他又辜负了宋美龄在西安事变里稳定时局、沟通对话和助他出险的苦心和建树。他未能顺其势、得其福、享其利，在个人声望如日中天时处理好事变后的大局。他认为用张剿共所托非人，今后更要专权、立威和用人谨慎，非心爱部下、乡亲至戚不予重用。这自然是手足自缚、难以服众，去治国良君之道远矣！于是，在中共武装夺权下，国府便也日益走上政经滑坡、军事溃败的穷途末路了。

如今，中国民主自由的前程未定，两岸分裂的情况持续至今。蒋介石在先，毛泽东在后，都需负起主要责任。中国统一、民主富强，不但是张将军和蒋夫人的遗愿和全世界华人之所求，更应为今日两岸当政者汲取历史教训而全力以赴的奋斗目标。

明报月刊特辑 2003年12月

于是之逝世有感

前北京人民艺术剧院于是之副院长的追思会刚于1月25日在首都剧场举行，新京报次日在特别报道里的标题是"于是之终于可以安心走了。"我对这一"标题"的解读是，"终于"说明了于是之卧病多年，终得解脱，"安心"是讲他在艺术界奋斗一生，贡献良多，别而无憾，"走了"是说他与世长辞，享年86岁。

我和于先生仅有一面之缘，那要追溯到20年前1993年的5月份。那时北京人艺在北京举行了一个首赴台湾演出"天下第一楼"话剧的临行庆会，我应邀参加，和人艺赴台演出团团长于是之见了面，并请他将一本大陆出版的"张学良将军纪念册"，在台湾面交少帅张学良，获得其签字后，带回北京由我存为纪念。张学良是我先父启芳公的旧交，1920年代张兼任东北大学校长时先父在东大任法学院院长。1937年西安事交发生后，张学良遭到软禁，先父奉派接任东北大学校长之职，历时十年，度过了东北大学抗日战争前后最艰苦的时刻，东大从沈阳陆续迁校到北平、开封、西安，而四川三台，直到二战结束后，东大迁回沈阳，先父才于1947年辞职离任。有了这段渊源，我请求张将军在纪念册上签名，他也欣然应允。

于是之先生在1993年5月率团访台期间，"天下第一楼"话剧圆满演出，轰动宝岛。他见到张学良夫妇，返京后他将获签的纪念册，他和张氏夫妇见面的合影，以及报纸的有关报导都送给了我，由我珍藏至今。于是之便也是我心目中的"受人之托，忠人之事"的翩翩君子。其后我没有机会和于是之再见。

在阅谈有关于是之先生"安心走了"的新闻报道里，我产生一些联想。

首先我觉得中国大陆的文化演艺人士在国内早年特殊的环境里是处境艰难，历经折磨的。我相识也耳闻不少文艺名人都是在一生中起伏动荡，或九死一生，或不幸夭折。实令人感触良深，无限痛楚。卓越的文艺人士都是最敏感的，最人性化的，最有责任感的，在运动频繁，政治挂帅的大环境和情势下，他们都被推到风头浪尖，处境艰险，脱身不得。在"一穷二白"的早年环境里，即便是知名文艺人士，他们也收入有限，不产生"经济效益"。老年时遭遇变故，身心受损，重病缠身，便也是贫病交迫，难上加难。

新京报新闻报道于是之先生逝世消息的一个小标题是"谦卑平和背后的苦闷。"其中说到："……其实于是之是有很多内心痛苦和内心不愿说出来的事情……"我把他列入受苦受难的文艺人士之列，应不为过。

于是之去世前处境很艰苦，他卧病多年，在病危需要住院急救时，竟然是走投无路，求助困难。正如他的老伴李曼宜所说，要住院，靠宋丹丹，濮存昕出面安排，才能如愿以偿，这两位善心的文艺界晚辈都成了于先生的"救命恩人"，而官方的及时援手在哪里呢？

于先生自承，内行当官变"两个外行"，在自己早年担任北京人艺副院长时，院务缠身，不可开交，行政领导没当好，专业演艺也疏忽了，这一现象在中国很常见。专业人士，出人头地，又是党员身份，提升为领导，却是"行政"和"事业"两头落空，一无是处了。中国有不少名演员，运动明星都晋升为政协委员，人大代表，不知道他们在"殿堂宝座"上发挥了多少"为民服务"的真实作用？据了解，代表出租司机登上人大代表席位的某先生，早已脱离了"司机驾车谋生"的领域，但他对"出租司机"艰难处境的"仗义发言"有多少声音和作用呢？天知道！

宋丹丹和濮存昕是两位著名艺人和公益活动支持者，宋丹丹除了是技艺高超的演员外，早年她在电视节目中力言"打骂孩子，望子成龙"是最坏办法，其言甚得吾心。濮存昕在许多公益活动里领头代言，贡献良多，令人敬佩。中国社会里需要出现更多的名人志士，和宋丹丹及濮存昕一样，热心公益，敬老尊贤。中国在位的执政者更要为民服务，言行合一。这样，中国建设"和谐社会"，实现"小康社会"，才真正有希望。

享年86岁的文艺名人于是之的逝世引发了我不少感想。多年来我运用中英文在国内外媒体，透过电视、广播、讲演和撰文发表我关心祖国进步和盼望环境改善的坦率观点，又在中国从事控烟义务工作逾20年，也真是孤军奋战，缺乏外援，苦乐兼尝，一言难尽。但我坚持初衷，奋斗到底，便也是求仁得仁，乐得其所了。

2013年1月28日

敬爱有加 怀念胡老

在7月4日这天写一篇追念胡绩伟先生的文章是具有特殊意义的。

普世价值

1776年7月4日美国脱离了英国的统治，在新大陆美洲建立了世界上第一个民主体制的国家。在其国家宪法和立国精神里明言正告，"人人生而平等，人人有追求幸福的权利，人人可以享受自由，人人要有博爱精神。"这些理想和目标在历经二百多年的追求和实践里，已益趋成熟和完善。其中遭遇两次重大的挑战，一是国内以"解放黑奴"为焦点而爆发的南北对抗的内战，历时四年，于1865年结束。关注解放黑奴，领导北方政府而获胜的林肯总统也从此名垂青史，成为美国历任总统中名声最著的总统之一。从此南北统一，双方合作也没有"秋后算账"的恶果和后遗症。败军之将的南军统帅李将军在战后也受到了适当的礼遇和安排，并没有被列为"甲级战犯"，严加处置或斩草除根。这便也促进了"社会和谐"和维护了"个人尊严"。

美国面临的第二次重大挑战来自1941年12月7日。那天日本发动了对美国军事基地珍珠港的突袭，美国立即向日本宣战，这也是美国正式加入世界第二次大战同盟国行列的开始，从此奋力展开了对德意日轴心国的自卫反击。最终于1945年8月6日和9日，两枚原子弹投向日的广岛和长崎，结束了旷时日久，杀伤惨重的世界第二次大战。二战中美国以同盟国盟主的地位压制了德意日发动的侵略战争，对消减战火，恢复和平，抵制军国主义的侵略扩张，贡献至伟。

这样，美国在平息1865年内战后奠定了国家和平统一，蒸蒸日上的基础，再于1945年二战获胜里证实了民主政体的耐力、潜能和优越性。

那么，谈论美国和追念胡绩伟先生又有什么关联性呢？其关联性便是，胡老一生追逐的目标便是希望中国可以最终成为一个"自由、民主、平等、博爱"的国家，这一普世价值是放诸四海而皆准的。

深厚交往

我于2012年9月14日到北京医院重症监护室和病重垂危的胡老见了最后一面。即时他神智清醒，但已不能讲话，他知道我是谁，我们两手相握，千言万语尽在不言中。两天后他刚刚过了九十六岁生日，就与世长辞了。人民日报上没有立即报道他过世的消息，直到近两周后的9月28日，人民日报才在报端角落处登出有关消息，简短过甚，不成体统。我随后在海外报纸发表意见说，胡老过世，政府以这种方式对待，岂是家国之福！

和长期工作于人民日报的三位新闻斗士，王若水、刘宾雁和胡绩伟，我都在1980年代初开始按此顺序先后结识。并和他们维持了终身的友谊。

我与胡老的交往，有两个特点。

首先，我是以美籍华人侨领身份长期做美中两国民间交往和社会公益活动的志愿工作者。有许多社会接触和媒体往还的丰富经验，也一贯借重新闻界发表我的见解，我也是身体力行，名至实归，爱戴祖国。这样我便和胡老有了"共同语言"，我们可以不加保留地尽情交谈，乐在其中矣！

再有，我于1988年至今在中国大陆长住，其中2002年至2004年返回美国期间，再来北京，承胡老厚意款待，曾多次在他家投住，短则数日，长则数周。有了这种朝夕相处和近在咫尺的条件，我和胡老的交流便也相当深入，并获益匪浅。我也顺便协助胡老和他国外的友人取得联系，并将他多篇长文送往海外报刊发表。他也非常热心地支持我在大陆开展的控烟活动。我们彼此的定位是，"可靠、可贵、可交的好朋友。

我手边存有许多胡老来信和胡老夫妇多姿多彩的生活照片。

切身体会

于是，我追念胡老，便不说他的"丰功伟绩"，而是以近身观察的视角和体会，对他"为人处世"之道加以叙述。其中包括：乐观、坚持、进步、自醒、热情、细致、创见、自律、真诚、可爱十点。

在我心中的胡老是：

乐观——胡老在性格方面的一个特点和亮点是无可伦比的乐观。在任何逆境和不良的情况下，他都抱定了"时来运转，好景可望"的乐观想法和心态。1966年到1976年的文化大革命时期，和1989年"天安门事件"后，他都长期受到不平待遇和政治打压。可是他锐气不减。信心不变。这种信念和决心让他自主自强，立场坚定，突破阴暗，重见光明。

坚持——他早于1937年投身革命，加入共产党。是认定共产党可以革旧创新，造福全民。后来发现共产党掌握政权后逐渐脱离了原有的理想和目标，"从一个争取自由民主的党，变为一个军事独裁专制的党"。但他也从不放弃其爱国爱民的初衷，以忠言逆耳的方式，大义凛然的态度向共产党提意见，希望共产党可以革新自救，与时俱进。但这一期望越到后来，越是失望了。"六四"事件后他因独特力行，仗义执言而受到"留党查看"的处分，但他绝不"自我检讨，自我认错"，以求自保。最后还是共产党自下台阶，取消了对他的处分。

进步——"与时俱进"对许多人来说往往是一句陈义甚高的空话。但胡老就特别用心去加以实践。他为了要听取不同意见，了解多样说法，探取了多样有效的措施。一是每日绝早起床，收听海外几家电台的播音，以了解国际上对中国时势的观察和看法。二是订了大量的报纸杂志（胡老是正部级离休高干，每月可享用一定额度的书报订阅费，我手边就存有一份胡老的订阅单），集中在政经、文史、新闻和读书的领域，也有一些书报赠阅的来源。这样，他就有许多读物供他浏览和研读。三是，有朋友将网上收集的参考消息向他输送，更不断有至亲好友登门拜访，彼此交换对国情时事的探讨意见。1993年胡老赴美访问三个月，接触面广，眼界开拓，他的思想和认知又进一步地开放了。跨进九旬大关，他竟然又加强了对"共产"的定义与起源等方方面面的研究和解析。他真是"活到老，学到老"的最佳的典范！

自醒——共产党自夸是一贯"光荣、伟大、正确"。胡老则是坦率地说，他个人是"老时醒，醒时老"。他以最严格和虚心的方式检验自己，说明和证实自己在不同人生阶段里有新的醒悟和领会，是如何在各种运动中"受难、受害"而最后"受益"和"成长"，这和时下卷土重来的"批评"和"自我批评"的口头倡议诚然是"实虚对立"，"诚伪分明"！

热情——胡老知道我热衷于中国的控烟活动，便不时将看到的有关新闻报道剪送给我，还破例为我写下"无烟家庭"的题字（他平常是不肯题字的）。从2006年起每天到胡寓所为胡老进行按摩的杨大夫，是胡老笔下一再称赞和感谢的对象。多年前他去昆明参观"世界花卉博览会"，后来写了一篇热情洋溢，见解深入的长文，送我一阅，文内提出对博览会的观感和改进意见。这也是他用心观察，细心分析和热心参与的诸多实例之一。

细致——胡老拥有职业新闻从业人员的最高素质，对外界事物的观察既仔细又深入，逻辑性强，推理到位。例如，他主持《人民日报》工作时，就提出人民日报办报宗旨是"人民性在先，党性在后"，对共产党革新的看法是"先改善，后加强"的领导方式。这种"先后分明，次序重要"的观点和理解正是关系重大的要点所在。另一个有趣的例子是，胡老指出古人所言"百岁难寻百岁人"之说是不对的，宜成："百岁可寻百岁人"更为合理。这看上去是小事一桩，但也说明胡老务实和推理的细腻处。

创见——观察入微又深思熟虑的人就可以产生创见。胡老是其中之人。早年他曾建议,将"海南岛任由台湾投资管理",将"深圳作为政改试点",将"九寨沟开发为旅游胜地"。第三个建议是实现了,这带来了许多经济增长和文化建设方面的实惠。前两点未能实现,其应否一试,及得失如何,就要费人思量了。

自律——在中国新闻文化界里有不少烟酒中人。但胡老终身不沾烟,并在我的建议下,在家中客厅里张贴了"禁烟标志",成为"无烟家庭的先行者",是令人感到欣喜的。他在感酬中偶进红酒,个人从不自酌自饮,也是令人钦佩的。在清廉方面他更是当代高官里千中挑一的最佳例证。靠薪水过日子,不找外快,也从不借其地位,接受字画礼品等馈赠。他向家乡内江捐赠藏书时说到:"有一套八卷本的《中国语文大字典》,但是只有七本,因为第八本出版时,我实在没有钱买了。"这寥寥数语既是"语重心酸",又刻画出了一个高风亮节的长者风范。胡老起居定时,有条不紊,用餐也十分节俭。我是胡寓里少有的"随时登门,即席用餐"的访客之一。家中吃饭经常是三菜一汤:简单明了,绝不奢侈。

真诚——他深论"胡赵新政",对抗"极左思潮"。主张"没有新闻自由就没有真正的社会安定","企业家要有社会责任感","实行新民主主义"等。针对两岸局势,他真诚的看法是,台湾有内斗,大局不稳。台湾的国民党和民进党之间不能形成以往大陆上国共两党互斗的局面,这将造成两败俱伤,玉石俱焚。台湾要内部团结,振兴民主,发展经济,安定社会,也要两岸互动,共创双赢。台湾有了民主建设的好成绩,更可鼓助和促动大陆的民主进程。两岸都在民主政治的坦途中挺进,两岸和平统一便可水到渠成。这都是他理论结合实践的真知灼见。他写了不少怀念老友的文章,都是言之凿凿,语重心长。我也十分欣赏他多年来写下的"元旦报平安书",是切实坦率总结过去一年工作与生活的情况和有关感受,最后都以妙笔生花的打油诗一首总其成,令人感受良深。

可爱——胡老从不道貌岸然,令人望而生畏。而是面带笑容,红光满面,亲切和蔼,平易近人。他也有即兴的幽默感和逆来顺受的高招。在文革十年动乱期间,他成为人民日报社里的打压对象。在"打扫厕所卫生"的工作里他用心操作,一丝不苟,在批判他的斗争活动里他从容应对,一一化解。他庆幸一生中有三位爱他至深的女士:"母亲和两位贤妻"。他诚然是"身在福中深知福"的一位真心人和幸运者!

2006年9月16日我参加胡老九十大寿集会时献上的贺词是:"九秩大寿人人庆,一生为民样样高,童心依旧天天乐,老而弥坚处处好"。

理想成真

总之,我心目中的胡绩伟先生是一位坚持原则,热爱真理的伟大斗士,他爱国爱民，义无反顾，执着奋斗，坚持到底。他热盼中国可以最终走上自由、民主、平等、博爱的康庄大道。我乐观以待，认为胡老的理想终将实现。

《一生追求老时醒——胡绩伟纪念文集》2013年7月4日

有志者事竟成

引言：多年来我在助人和成事两方面采取行动，可说是："有志者事竟成。"现列举部分事迹，按发生顺序陈述之：

一、参与促进交流：1970年代初我通过美国国务院甄审，获得中英文口译资格证书，其后我多次为中国访美代表团参加学术研讨会时担任同声传译，促进交流，达成任务。

二、拜访打开通道：1973年中国民航公司购买美国波音707客机10架。接机飞行员和工程师抵美接受驾机和维修培训。西雅图华侨对来客敬而远之。我和老华侨刘君专门前往他们封闭的旅馆拜访，表示友好，此后美中建交，中国民航大批人员抵达接机，受到欢迎，已成常态。

三、沟通捐肾成行：1970年代初，一位美籍华裔人士肾功能衰竭，有待大陆居住的孪生兄弟来美捐肾救助。我作为中间桥梁，负责与大陆和美国红十字总会联系，促成了捐肾之举。

四、促成码头欢迎：1979年4月18日中国货轮"柳林海"号抵达西雅图海港。港务局长不许可华侨到码头迎接。我致函中国驻美大使馆加压西雅图港务局改变主张，达成效果。到岸中国船员与华侨展开一系列友好活动。港务局局长因此向我称谢。

五、建立友好城市：我1981年携带华盛顿州34封政要信函送交北京中国人民对外友协，建议大陆选一城市与西雅图结为友好城市。1983年6月3日重庆市市长于汉卿率团抵西雅图完成签约。

六、咨询进入佳境：1970年我任职西雅图中社区学院后投入当地家庭咨询服务工作，后获推选担任了全美家庭服务协会（FSAA）董事会成员一连三届，为时9年。可就亚太美人在家庭服务里的处境、需要和措施发言，提高认识，促进行动。

七、接待邓氏访美：1978年12月我在西雅图社区学院任职时，接获美国国务院通知，前往华府培训三周，而后参加1979年元月下旬中国代表团（邓小平副总理领队）访美时的礼宾接待任务。我应召前往，圆满达成培训和接待任务。我更欣然就此结识时任该团三人医务小组组长吴蔚然，后担任北京医院院长，和时任该团顾问的李慎之，后出任中国社会科学院副院长，兼美国研究所所长之职。我和吴、李两君其后终身交往，友谊深厚，引为荣幸。

八、参与婚姻促成：1983年美籍华人哈佛大学医学院毕业生黄子贤与大陆东方歌舞团团员乌兰托娅恋爱成熟，只待婚娶。国内不批准。我直函中国文化部部长朱穆之和北京市委书记高戈，为之促请批准。事成矣！

九、呼吼香烟落地：1992年1月7日我在杭州机场候机室看到"禁止吸烟"张贴下烟雾弥漫。请值班人员出面劝止，不果。乃当场高呼："吸烟旅客请到服务台交罚款10元"。室内烟头全部落地。这是我在大陆开展控烟义工之始。

十、投信背垫改进：1993年10月12日我致函中国铁道部韩杼滨部长，促进火车严格执行禁烟规定，也建议改善软卧背垫设计。此建议获采纳实施。

十一、建议摄影开放：早年，陕西省西安市兵马俑博物馆不许可游客在馆内兵马俑坑旁摄影。我于1994年5月4日致函国家文物局局长张德勤，建议开放禁令，馆方安排收费摄影服务。为馆方添收入，为游客增风趣。此请获执行。

十二、举报夹带扣压：1995年12月中旬一天，我在北京海淀区邮政局甄局长室内看到大量美国烟草公司制作的骆驼像年历蓄势待发，次日将进入家家户户。我立即和北京电信部值班室通话举报，当晚命令下达，年历停止发放。

十三、带动邮卡发行：1997年9月第10届世界烟草或健康大会在北京召开，我联合卫生界人物建议邮电部发行控烟邮票，推广控烟信息。邮电部发行了戒烟明信片，正面反应。

十四、上书古树保存：2001年习近平执政福建省期间，外商要在福建省福州市灵泉寺古庙附近兴建高档旅游宾馆，若施工将损毁该寺旁的古树和古道。我获悉此情况，从美国函告习近平。他实地勘察后取消了此一投资项目，保护了古树古道。

十五、玉成连战获赠：2005年4月中国国民党主席连战以"破冰之旅"号称，造访大陆，会见中共胡锦涛总书记。我事前获悉连战祖父在日治台期间赴中国内政部申请将原有日本名姓改为中文的连横。我传真给存储此资料的南京第二历史档案馆，请将该资料复制一份送来访连战作为纪念。此举大功告成。

十六、开始电视评论：2006年爱妻丽华建议我联系大陆中央电视台英语节目部，自推自荐，做控烟节目。这是我其后13个年头（到2018年6月返美定居乃止）担任中央电视台时事评论员的开始，陆续做了数百个节目，谈事论政，一吐心声。

尾语：正所谓："助人为乐无限好，有志竟成乐陶陶。促进和乐尽全力，反馈社会直到老。"

2023年4月20日

怀念臧伯母

欧缬芳

今天我是怀着诚敬的心情特意来参加"先贤臧启芳追思会"的。

臧启芳先生是我在六十多年前有幸认识的老伯,也是在之后若干年中,在北京、台湾两地追随他老人家左右的晚辈尊崇的长者;更有幸的是,在他乡异地的美国也还有机会和他的夫人、子女有着密切的往来。其实,可以说我虽不是臧府中的成员之一,但在我内心的深处始终都认为他府上的各位都是我自己的家人了。

有关老伯的卓越学养、事功才情、道德风范,在这两天中已经有许多学者贵宾介绍得很清楚了。其实,在整个中国社会中,所谓的"识与不识"对他的为人和成就都有着一致的尊敬和好评。

他的大女儿臧慕莲在她的怀念父亲的一篇文章曾说"半个世纪飘然已去,改天换地,父亲的功过应由历史评说。风雨过后不一定有彩虹,人生旅途或许没有痕迹。东大的一位老学生却说:'老校长在抗战时期保存了东北大学,功不可没。'父若有知,可告慰天国。"但我认为臧老伯在天上确是一道彩虹,在人生旅途中,也的确留下了一个又坦诚又纯真的好典范。在这里已无需赘言。

在今天这个追思臧老伯的大会上,我却想借这个机会来追思和表扬他老人家一生中最爱的伴侣,他美满家庭中的一位功臣和他成功事业背后的最大支柱和后盾——他的夫人臧王淑清女士,也是我铭刻在心、永志不忘最敬爱的臧伯母。

我的臧伯母在世享寿八十三年,她的一生以我看来是很成功的。她敏慧坚毅、谦虚慈霭、善良敦厚,待人诚之热情,真可说是能做到委屈自己,宽待他人。她能自然而然地实践了我国儒家的理想:"老吾老以及人之老,幼吾幼以及人之幼。"也发扬了西方基督教"爱人如己"的精神。

我今年也已八十四岁了。在教育界服务了超越半个世纪,在台湾大学和美国布朗大学任教各有四分之一个世纪;也曾经在社会中结识了不少成功的女性,其中有早至当时参与辛亥革命的志士先辈,例如有卓国华、卓国兴两位先辈,后被尊称为革命新娘,因当年起义时她们曾乔扮为新嫁娘,在花轿内暗藏兵械运送供应给革命军。在台湾时我常在举行的纪念会中给她们做演讲的翻译(将粤语翻成国语),她们这些老志士们是令人十分敬佩的。此外,在社会中我也曾有机会结识过不少的女性学者、专家、教授和大企业家等等,她们也都各有专长;但在我心目中,臧伯母的风范和品格与她们相较是绝不逊色的,只是她们有不同方面的成功而已。

臧伯母在家中事上抚下,相夫教子,令老伯没有后顾之忧。她为人处事没有不周全、不尽责的时候。对长辈：服侍她先生的继母，友爱他们的兄嫂；对下照顾自己的妹妹，抚育教养六个子女，使他们都能有很好的学识和成就。我和她老人家的关系仅仅不过是她女儿的同学和室友而已，她竟能待我等同她自己的孩子。我有幸，在青年时远离家人、求学异乡的生活中有了她老人家。无论在我困顿求学的艰苦时，还是后来家居生儿养女的忙碌中，都曾经得到过伯母太多的关爱和看顾。过去几十年，我生活中的点点滴滴都彰显了伯母的爱心和恩典。

在我的回忆中，从伯父那里得到过许多谈文讲诗的教导和乐趣，而在伯母的谆谆教诲中却得到了终生的受益。

她老人家和我从来都没有谈过有关国家社会的大事，也没有督促过我该如何大力追求财富与地位；她跟我说的都是些基本的为人处事原则，也就是妈妈长辈的叮嘱教导。记得她告诉我说："一个人做事要有自信，但不可太低调畏缩，或太过自卑。谨言慎行，大方端正才是最要紧的。你看我，在所谓大人先生们集会的场合中，从不轻易大发议论，因为我知道，我不能完全了解外界大环境的情况，就不要遇事加以胡乱评论，更不能随便诽谤旁人，万一讲错了话，就会让人家耻笑了，这样别人也就不尊重你了。一个人要守着自己的身份，我尽力管好我的家，教养我的儿女，这就是我的本分，我的职责。要是再有多一点的力量，就多一点照顾需要的人们，又有什么可在别人面前夸耀自己呢？！"

她其实也不是一个很古板、很保守的老太太。那年，她知道她大女儿结婚典礼后有个小小的庆祝舞会，她在家里曾和我们这些孩子们一起练习过舞步，这给我们带来不少的兴奋与惊奇。可是，在慕莲姐婚礼的那天，我因为充当伴娘，又忙乱、又高兴，如今回想却想不起来伯母究竟跳了舞没有？只记得，当时与我预约的伴舞是还上小学的、新娘最小的弟弟臧凯年。而后来，新娘又介绍我一个舞伴，那就是当天的伴郎，也就是后来和我结婚六十年的李荫阶先生。

在我读书的时候，北京大学学生的生活很清苦，周末和休假日，我就是臧家的食客。那是1948年，东北的乡邻很多都跑到北京来就亲。我知道臧老伯为官清廉，家中并不丰裕；但臧伯母一肩扛起重任，事必躬亲，持家有序。我到厨房一看，她家是用大蒸笼蒸饭的，不能用小饭锅煮，因为食者人众。座中除了家乡中的远亲近邻，还有他们照顾提携的流浪他乡、艰辛求学的后辈学生，一开饭，常常是好几大桌所谓的"流水席"。我常想，伯母真是太伟大了！她怎能维持这样的大局面呢？

后来我们迁徙到了台湾，最初无处落脚，伯母就把我接到台中和她同住。那时，大家都过着清苦的日子，伯母从来未把我看作是个外人。我身体不好，而且正在怀孕，伯母有时趁着孩子们去上学后的中午，悄悄带着我去菜市买一些肉和昂贵的炼乳，收着给我一个人"独吃"，因为家中孩子多不够分配。有一次，我竟昏倒在菜场中，伯母弄不动我，逼得向员警求救，送我回家。回到家，她老人家又心疼、又怜惜地对我说："怎样搞的？你竟昏倒在地，怎么就这样不争气呢？！"这就是这位你亲生的妈妈对你说的妈妈的话，听到了你能不落泪吗？！我最大1的孩子今年六十一岁了，她生下来从医院抱回家时，第一天身上穿的就是伯母亲手缝制的小布衫，腿上绑着的是伯母做的布带子；那时，还没有时下出售的机织婴儿内衣。伯母说，这样，可以让孩子的腿长得直而且漂亮，不致长成"罗圈腿"，这是我们东北人的"例儿"。这些物件供应了我三个儿女，当他们出生时都是臧奶奶打扮的。至今这些物件也是我的珍藏，仍旧收得好好的。

亲爱的伯母！你的隆情厚爱、身教言教，在这里不能一一细述。您赐给我的恩惠和影响，却比我一生所受的教育好得多，高得多。

伯母，我真想您！

2011年2月27日于旧金山

作者简介：

欧缃芳，1927年出生，北京大学肄业（1946-1949），台湾大学中文系毕业（1953），美国乔治亚大学语言学研究所硕士（1975）。历任教于台湾大学中文系，美国国务院外交学院中文系，美国华盛顿特区乔治城大学中文系。

第七部分 书序尾语（1999–2014）

此部文章大多出于我所写和我所译的著作。有几篇是友人为我写书序，再加上我为《陈情表》和《战乱与革命中的东北大学》两书作序。写序时间是1999年到2014年。

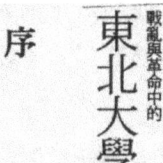

为发挥创造力作证
——《思维革新》译者感言

做许多事都要有缘分、条件和努力三者合一,才能大功告成。此书中译本的产生正也说明了其中道理。

1985年一天,我偶然在美国西雅图友人处看到了本书原作者亚当斯教授另一佳作《突破思维的障碍》,内容生动,发人深省。我就灵机一动地打电话到斯坦福大学,找到他。我们相谈甚得,并立即商定了一个"战略计划",由我出面,设法安排他去中国,以发挥创造力为主题,做些学术报告。这个计划对他吸引力很大,因为他向往中国已久,但从未成行。能借做报告的机会去中国,便是正中下怀。那时他的爱妻玛丽安是在斯坦福大学校友会主持培训工作,他们是恩爱夫妻,形影难离。他希望玛丽安能一道去中国,报告在教育方面如何革新创造。为了要争取亚当斯教授成行,我也一口答应下来了。

然后,我又邀请到在美国俄亥俄州立大学任教财经管理多年的老友刘亦吾教授加入,我自己是教育心理专业,这样我们便凑成一个四人"特定工作小组"。这已万事俱备,只欠东风了。一是要获得中国方面的邀请,二是要解决费用问题。正好年前我刚以全美华人协会西雅图分会会长和西雅图重庆友好城市协会会长身份接待了一个抵美访问的中国科学院代表团,我便商请中科院安排我们在华的讲演和接待,结果如愿以偿。1973年和1978年我曾在西雅图组织华侨,接待中国民航抵西雅图接机的工作人员,我便又请求民航协助,减免了我们北京返美机票大部分的费用,其他国际旅费便由我全部负担了。

我们应邀于1986年9月在上海和北京两地做了几场报告,一切顺利。亚当斯教授夫妇先行返美,我再度发挥创造力,设法让他们以减价票坐进了头等舱。后来,亚当斯教授以其新著《思维革新》(即此中译本的原著)送我,还特别在书内幽默地题词说:"助你成为更加危险的人物。"他示意说,得该书之助,我会创造力益增,便更能犯险冒难,所向披靡。这也居然被他言中了。从1992年起,我全力在中国投入控烟、禁烟的义务工作,口诛笔伐,四处奔波,经年累月,锲而不舍。推展工作要不断发挥创造力,实乐在其中矣!卫生部的老部长崔月犁数年前告诉我:"你干这个活,有得苦吃了"。显然,在创造发挥之下,我已化苦为甜,乐得其所了。

美中建交前后,我曾努力活动,并应邀三进白宫,为促进美中交流略尽绵力。发挥创造力,是从事工作的必要条件。我妻苗丽华在北京以美国文教专家身份任教已进入第九个年头。她教书出色,爱心充沛,现已荣获国务院授权国家外国专家局颁发的

1998年"友谊奖",她也是46位获奖者中惟一的女性。有她伴我在北京同甘共苦,历十年如一日,我便有了她这座美妙强大的靠山,在华从事义务控烟工作时发挥创造力,便也如鱼得水了。

译此书时,我眼前时时涌现出中国奋发图强和当前困境如山的强烈对比。中国在应变中需要发挥创造力,而欲求其成,又真是谈何容易。没有一个人、一本书、一个想法、一个绝招,可以奇迹般地拓宽或舒畅中国开放改革的大道。但,开道还需行道人。只要国人都志在改进,身体力行,打破陋习,不屈不挠,其总体力量就十分可观了,是所谓众志成城。不断发挥创造力,我既是实行人,也是受益者。我确信,发挥创造力可使人人受益,团体进步,家国振兴,这是大事一桩,非同小可!而创新之见,既得爱护,又需培养,更要付诸实施。这是一个曲折、艰难而必要的过程。面对现实,我们已经别无选择,必须全力以赴。

这本书笔调轻松,好似恳谈,有深入浅出之妙,便于实用之美。相信国内各级领导、各界人士,包括培训对象、青年学子、工商人士和家庭成员,都能开卷获益,各有所得。将此书内涵细心消化,灵活运用,便能改善险象环生的处境,开辟生机蓬勃的未来。良机当前,切勿错过。为提高读者阅读兴趣以及本书的使用价值,为鼓励读者多运用意识思维,我特别在每章后面提出一些建议思考的问题,希望读者就此发挥创见,拓宽思路,增加收获。译此书,我们曾力求其"信、雅、达",无奈因功力有限,难以圆满达标。译文有失误处,还请读者多加指正。

最后,我们要感谢美国驻华大使馆文化处协助解决此书版权并资助此书中译本出版,中国社会科学出版社费心编排,加以付印,及合作译书的李昆峰先生辛苦良多的投入。此外,爱妻热心督促,甜美照顾,都是完成译书的必要资源。当然,若没有十多年前与亚当斯教授的中国之行,也播不下此本中译本诞生的种子。总之,如今万事妥善,译本付印,这既是事在人为和天意使然合而为一,也是创造力奏效的又一例证。

1998年夏于北京

为发挥创造力作证

做许多事都要有缘分、条件和努力三者合一,才能大功告成。今天适逢一个强调创造力的时代,一个人要想事业有成,一个团体要想获得成功,一个国家要想取得发展和进步,不提高自己的应变能力和创造才能是不可能的。有鉴于此,我作为一名美籍华人,特将詹姆斯·亚当斯新著《思维革新————创造的实践》翻译出版奉献给祖国,供有志者储备一件创新武器。

　　亚当斯是我的一位美国朋友。1985五年的一天，我偶然在美国西雅图友人处看到了亚当斯教授另一佳作《突破思维的障碍》，内容生动，发人深省。我就灵机一动地打电话到斯坦福大学，找到他。我们相谈甚得，并立即商定了一个"战略计划"，由我出面，设法安排他去中国，以发挥创造力为主题，做些学术报告。这个计划对他吸引力很大。因为他向往中国已久，但从未成行。能借做报告的机会去中国，正中下怀。那时他的爱妻玛丽安是在斯坦福大学校友会主持培训工作，他们是恩爱夫妻，形影难离。他希望玛丽安能一道去中国，报告在教育方面如何革新创造。为了能争取亚当斯教授成行，我也一口答应下来了。

　　然后，我又邀请到在美国大学任教财政管理多年的老友刘亦吾教授加入，我自己是数育心理专业，这样我们便凑成一个四人"特定工作小组"。这已万事俱备，只欠东风了。一是要获得中国方面的邀请，二是要解决费用问题。正好年前我刚以全美华人协会西雅图分会会长和西雅图重庆友好城市协会会长身份接待了一个抵美访问的中国科学院代表团，我便商请中科院安排我们在华的讲演和接待，结果如愿以偿。1973年和1978年我曾在西雅图组织华侨，接待中国民航抵西雅图接机的工作人员，我便又请求民航协助，减免了我们北京返美机票大部分的费用，其他国际旅费便由我全部负担了。

　　我们应邀于1986年9月在上海和北京两地做了几场报告，一切顺利。亚当斯教授夫妇先行返美，我再度发挥创造力，设法让他们以减价票坐进了头等舱。后来，亚当斯教授以其新著《恩维革新》（即此中译本的原著）送我，还特别在书内幽默地题词说："助你成为更加危险的人物。"他示意说，得该书之助，我会创造力益增，便更能犯险冒难，所向披靡。这也居然被他言中了。美中建交前后，我曾努力活动，并应邀三进白宫，为促进美中交流略进绵力。从1992年起，我全力在中国投入控烟、禁烟的义务工作，口诛笔伐，四处奔波，经年累月，弃而不舍。推展工作要不断发挥创造力，实乐在其中矣！卫生部的老部长崔月犁数年前告诉我："你干这个活，有得苦吃了…。"显然，在创造发挥之下，我已化苦为甜，乐得其所了。

　　译此书时，我眼前时时涌现出中国奋发图强和当前仍需克服困难的强烈对比。中国在应变中需要发挥创造力，而欲求其成，又真是谈何容易。没有一个人、一本书、一个想法、一个绝招，可以奇迹般地一夜舒畅中国开放改革的大道。但，开道还需行道人。只要国人都志在改进，身体力行，打破陋习，不屈不绕，其总体力量就十分可观了，是所谓众志成城。不断发挥创造力，我既是实行人，也是受益者。我确信，发挥创造力可使人人受宜，国体进步,家国振兴，这是大事一桩，非同小可!而创新之见，既得爱护，又需培养，更要付诸实施。这是一个曲折、艰难而必要的过程。

北京亚太经济技术研究院院长吴明瑜先生看到这本《思维革新-创造的实践》，高兴地说:"历史正处于世纪变革之交，未来的世纪将会是更加纷禁复杂、日新月异的变动世纪。无论是个人、团体还是政府，只有具有高度的应交能力和创造能力，才能在汹涌澎湃、变化万千的潮流中立于不败之地。"

这本书语调轻松，好似恳谈，有深入浅出之妙，便于实用之美。相信国内各级领导、各界人士，包括培训对象、青年学子、工商人士和家庭成员，都能开卷获益，各有所得。将此书内涵细心消化,灵活运用，便能改善险象环生的处境，开辟生机蓬勃的未来。

《人民政协报》1999年2月4日

《你能够不吸烟》自序

在中国，我义务从事控烟工作逾十年，长期与我为伴的是我的爱妻苗丽华，她一贯对我爱心充沛，情爱有加，支持得力，信心十足。她不断提醒我，要我把多年来从事控烟的经验加以总结，写出一本主张控烟和拒烟，提倡禁烟和戒烟的书。她对我寄望甚深，，鼓励最大。有了这个基础和动力，我便也是势在必行，待机而动了。

2002年9月下旬，我自美国回到中国，参加北京大学历史学系的一个中日问题研讨会，在会上做一专题报告。行前，我和在北京的一位老朋友通话，得知有一个禁烟调查的报告会要在北京召开，我若赶得上，便可参加。9月26日晚我到达北京，次日下午就出席了这个由"中国少年儿童新闻出版总社"和"联合国儿童基金会驻华办事处"联合主办的招待会，会中报告了上述两机构合办的一个全国少年儿童禁烟宣传调查的结果。此调查从2002年上半年开始，历时半年，共计有20多万儿童参加。活动的内容包括宣传禁烟活动的意义、开展禁烟调查、组织青少年禁烟座谈会征集禁烟宣传广告用语、开展禁烟征文和禁烟绘画比赛并开辟网上禁烟论坛等等。

透过书面问卷和网络论坛，许多青少年都发表了他们对禁烟和吸烟问题的独特看法，归纳起来，主要有:

1、好奇心和受环境影响是导致青少年吸烟的最主要原因。环境影响包括朋友、同学、家庭、社会和媒体等。

2、84.5%的少年儿童都能认识到吸烟不仅对吸烟者本身和被动吸烟者身体有害，而且会造成空气污染。但也有相当一部分少年儿童受媒体的影响，对吸烟的危害没有足够认识。另一方面，女孩认为吸烟有害的人数要多于男孩。

3、相对来讲，少年儿童比较容易接受男性吸烟现象。在一部分少年儿童的意识中，男性吸烟居于"正常现象。"

4、近九成的少年儿童赞成禁烟，其中女孩人数多于男孩。"影响国家税收"和"禁止不了，没有作用"是不赞成禁烟的主要原因。

5、少年儿童认为禁烟的最好办法是寻找"替代品"。

如今我便根据这些青少年在网上表达的意见进行解说，意在鼓励和启发他们在禁烟问题上真正用心、用脑、动口、动手，对他们自己关心的问题进行深思，并采取行动。

写书给读者，先要投其所好，再要因势利导。投其所好是要符合读者兴趣，让他爱不忍释，将书读完；因势利导是要顺水推舟，更上一层楼，让读者别有所获，益成气候。以上两个条件是相辅相成，缺一不可的。

基于此，我便顺着青少年网络禁烟论坛提出的话题和回应去做文章，这便也是按照他们的兴趣去发言，去谈一谈他们已经表示关心的事务。可是，谈禁烟、谈吸烟、谈戒烟，并不是一个十分吸引人的大题目，其吸引力和有趣度地无法和许多流行的时尚和耀眼的明星等相提并论。于是我便得格外下工夫，在这个比较枯燥无味的题目上增添一些风采和趣味，附加一些话题和内容，跳出"烟、烟、烟"的小圈子，迈进"人、人、人"的大领域。因此我在谈禁烟和吸烟问题对，便也延伸到做人道理、做事方法和处世方针等更宽阔和更生动的话题和范围。这样，不但可增加本书的可读性和实用性，也拓宽了读者的视野和境界，更可加深读者的心得和领会。

此书另一特点是，我还专门为读者准备了"思考"和"作业"，这是呼应读者关心的课题，鼓动读者用心思考，采取行动，获得成果。这既是思想理论的验证，又是手脑并用的锻炼，更是"爱人爱已"的身体力行。换言之，这本书的内容不只是看看了事，点到为止，其内容是更要加以推行和付诸实施的。也惟有中国社会形成一股"人人参与、人人控烟"的风气，中国吸烟的恶习和大难才能削减。

由于青少年网络论坛的内容还不能包括禁烟和吸烟问题的全貌，我便特意在网络论坛前后增加了"吸烟问题引论"和"控烟知识集萃"，使全书的内容更充实、更有用、更可读。引论里也提出了许多实例和相关问题。

再有，我写此书不但是为青少年而写，也是为全中国的烟民和非烟民而写。烟民阅读此书可以触发或加强他戒烟的愿望，支持他戒烟的行动，并协助他戒烟成功。非烟民细读此书，可以加深了解为何吸烟有害，害在何处和拒烟必行，行之有方。同时让他们切实体会吸烟者的处境、心态和戒烟困难的理由何在，并可采取合情合理、有效务实的方法去协助他们关心的亲友戒烟成功。所以这本书是为全中国人民而写。可说是人人可读，开卷有益。

至此，我也要特别感谢"中国少年儿童新闻出版总社"，该社邀请我参加北京的报告会，又给我提供青少年网上论坛的内容。有了这一接触和这些资料，我才有了完成此书不可或缺的基本材料。总社的卢勤副总编和牛婧女士对我帮助最多，特此称谢。

我有幸结交多年的四位漫画家：华君武、丁聪、方成和王复羊都提供了他们提倡控烟的一些漫画，做为本书的插图，而使本书图文并茂，风采益增。我十分感谢他们的情谊和支持。在此深表谢意。

做成许多事都往往是"有缘"和"惜缘"的巧妙结合，此书的诞生也源于此。

2004年2月于北京

《你能够不吸烟》书序

吴阶平

吸烟有害健康，已经是不争的事实。世界上许多国家都在向这一陋习宣战，西方国家已经大力推动控烟，成效卓著。而我国目前在这方面还远落后于国际水准，依然是吸烟大国。

臧英年教授是美籍华人。数十年如一日，在中国宣传吸烟对健康的危害，自费在全国各地不遗余力致力于戒烟活动，反映他热爱中华民族的一片赤子之心，令人感动和钦佩。

他在机场、商店、医院和饭店等公共场所，一看到吸烟者，必上前进行劝阻，在他的大胆直言下，绝大多数吸烟者都赶紧熄灭香烟，取得良好效果。为此，他也受过误解和委屈。但他义无反顾，坚持初衷，世界控烟组织对他的义举给予高度评价，党和国家领导人接见他并给予充分肯定，许多专家学者支持他，这令臧英年教授感到欣慰。

一年前，臧英年教授向我介绍他在戒烟活动中的趣闻、体会和经验时，提出撰写有关戒烟方面图书的设想，并希望我能为其写序。在广州收到臧英年教授寄来的书稿，看过初稿，欣然提笔，写此小序。

本书内容翔实，每章篇幅短小精悍，言简意赅；形式新颖多样，采用对话形式，将普遍关心的问题和错误的认识写出，加以评解并提出正确观点和控烟的实际操作方法。他将打油诗、数字成语和名家漫画穿插在各章节，诙谐幽默，寓教于乐。

良好的生活习惯要从小时候培养，不良的陋习也应从小时候防范。控烟的艰巨性和关键在青少年，可以看出本书的文字语气尽量贴近青少年，可谓用心良苦。

本书是一本有针对性的难得的控烟活动工作手册。

2004年3月26日于广州

《戒烟指南》诞生记

我很高兴《戒烟指南》这本小册子可以在国内出版，和中国广大的烟民和非烟民见面。1992年起我在中国全力投入控烟、禁烟和戒烟的义务工作，至今一晃已有十余年。在我起步工作时，有一些好心的朋友劝告我："你不要去做这桩费力不讨好的事。中国吸烟风盛，没有禁烟和戒烟的环境和动力，你来自国外，单枪匹马，又能发挥什么力量去劝服中国的吸烟大军放弃烟草，回头是岸呢？你若有时间、有精力，做点其他的事，岂不更好！"

1993年我把在《中国之友》杂志上发表的一篇文章"吸烟戒烟在中国"寄给了中国卫生部前部长崔月犁，他认真地给我回复了一封信，他认为中国大多数烟民在农村，要促使农民戒烟，是难若登天的百年工程。等到我誓不回头地踏上中国控烟义工的道路时，他已成为支持我从事控烟的积极分子啦！

在中国，我受到两位医学专家的鼓励和支持，对我来说，可真是"大旱逢甘雨"，喜出望外。一位是1992年初次见面的前卫生部部长陈敏章，一位是中国医学界泰斗吴阶平先生。他们两位都曾非常热心而亲切地支持我推动控烟工作，在许多关键时刻，予我以大力协助，使我得以发挥更多的潜力，在中国的控烟工作里一尽所能。我十分高兴和感谢他们在公务繁忙之际注意到中国控烟工作的重要性，时时加以关注。美国是世界上控烟工作做得较早而卓见成效的国家，美国控烟界流行的一句名言是："烟害致命是可以预防的"。那就是说，拒绝吸烟或及早戒烟，就可以避免吸烟折寿的不幸后果。换言之，因长久吸烟而短命，是自取其损，而不是必然要发生的事。

多年来我已陆续写作和发表了200多篇提倡控烟的文章，散见于国内外报章杂志。这本小册子里的一些文章，其中心议题是鼓励和支持烟民戒烟，也谈及助人戒烟之道。但严格地说，这并不是戒烟方法和步骤的详细介绍，这是鼓励烟民戒烟和体会烟民处境的真心话，没有任何吸烟致病，病情恐怖的威胁之言。俗话说："解铃还需系铃人"，我将此句略加改变就成了"戒烟还需吸烟人"因而此书的重要起点是协助烟民自省和自悟，深入了解吸烟之害，准备应付戒烟之难，决心采取戒烟之举，逐步走上戒烟成功之路。

华君武、丁聪、方成和王复羊四位漫画家提倡控烟的漫画在书中出现,我在此深表谢意。

您看过这本小册子,倘觉得内容不错,颇有收获,请再介绍给其他亲友一读,让有益的信息和知识更加广为流传。

您有什么意见和指正,也请坦率写下,寄给以下地址:北京市和平里北街14号民族出版社汉编四室转臧英年收,邮编100013.

2004年9月于美国华盛顿州

《无烟是福》序一

丁石孙

（全国人大常委会副委员长,前北京大学校长）

我很高兴能为我结交多年的老友美籍华人臧英年教授写一序文,纳入他"无烟是福"的新著。

1983年8月,我赴美参观访问时,在波士顿举行的全美华人协会年会里和臧教授首次见面。我们相谈甚欢,从此保持了联系和友谊。1992年9月29日在北京人民大会堂的国庆酒会里和他相遇,我当场介绍他和卫生部陈敏章部长相识,后来是陈部长推荐他成为"中国吸烟与健康协会"名誉理事,让他和中国控烟组织接合。这便使臧教授踏上中国控烟义工征途的第一步。2004年臧教授出版他第一本推动控烟的著作《你能够不吸烟》一书时,我也欣然成为此书的推荐者。

相交多年,我得知他一向是坚持义工,注重公益;坦诚直率,热情洋溢;著书论说,勤奋不已。做义工往往是吃力而不讨好,费心费神,无名无利。而他却能在中、美两国坚持工作数十年,锲而不舍,甘之如饴,这谈何容易！

他刚完成的这本《无烟是福----创建健康环境》一书,可说是他多年来在中国从事控烟工作的结晶之作。这本书总结了他的经验,讲述了他的历程,提出了他的主张,贡献了他的心血。他力倡中国控烟工作要先从家庭开始,再扩大到社会的各个环境里。此书内容理论和实践并存,烟民和非烟民兼顾。他格外体会到烟民和非烟民的心态和处境,用他们可以理解和接受的方式提出烟民戒烟和助人戒烟的可行途径。针对中国控烟的现状和前景,他也洞察实情,直言不讳,这既展现了他的真知灼见,也显露了他的爱国热忱。

《无烟是福----创建健康环境》一书在中国举办绿色奥运之际问世,是恰得其时,适得其所。此书可读性强,应用面广,有插图、歌词、诗句、幽默、实情、内涵。我乐于为之写序推荐。

我相信任何读者阅读此书都会是开卷有益，爱不忍释的。

《无烟是福》序二

罗豪才

（全国政协副主席，前最高人民法院副院长）

收到著名控烟活动家臧英年先生的新作《无烟是福----创建健康环境》的书样，我正忙于人民政协的会议，未能及时启封阅读。闭会后，我用差不多半天的时间加以浏览，厚厚一册书，长达四百页。该书议题突出，思想明确，形式多样，既有说文、漫画、故事、歌词、倡议以及图表-问卷，还有名人题词、国外禁烟令等,内容丰富,知识性强，论述有理有据,漫画诙谐幽默，很能引起人们的兴趣。更主要的是该书议题重大，意义深远,控烟事关个人、家庭、社会环境的健康。臧先生于2004年出版《你能够不吸烟》一书时我曾加以推荐。现再欣然着笔,为他的新作写一序言。

臧先生是一位美籍华人，为人热情、执着沉毅、乐于助人。他十余年如一日，在中国宣传吸烟的危害，不遗余力地投身于控烟事业。他在公共场所见到吸烟者就劝戒，见到社会组织的负责人就述说烟害，倡言建立无烟家庭、学校、医院、企业、机关等无烟区，为创造健康的环境奔走呼唤，持之以恒，不舍不弃,精神可嘉。他还著书立说,四处讲演，不辞辛劳。他崇尚对健康的不断追求、义无反顾的执著精神 热爱中华民族的赤子情怀，令人钦佩，感人至深。

我认识臧先生是1995年，在人民大会堂的一次聚会上，经北京大学老校长丁石孙先生介绍说，罗豪才教授是北大副校长，也是一位烟民。第二天，臧先生便给我打电话劝我戒烟。我说我是一位"资深"的烟民，烟龄长，始于1958年,烟瘾大，一天近两盒，没有戒烟的思想准备。以后每次见面和通电话,他都不厌其烦地动说我戒烟，并赠送戒烟贴给我使用。其实，当时我已发现有轻微的肺气肿，而且有加重的趋势。有一次,可能是患重感冒，肺气肿加剧，一吸烟胸部就十分不适,加上日益意识到吸烟在公共社交场合很不受欢迎，身上有很浓的烟味，人家不敢靠近，距你数尺之外。所以后来有一天，我下定决心,说戒就戒，成效明显。，至今，我戒烟已有六、七年的历史了，感觉良好。

吸烟有害健康，这是不争的事实。世界上许多国家都在向这一陋习宣战。这些年来，我国的生态环境的保护和建设有了长足的进步，控烟事业也有了很大的发展,这是多方面努力的结果，其中也包括臧先生所做出的贡献。然而，我们还必须清醒地看到，我国依然是吸烟大国，在控烟方面远远落后于国际,控烟事业任重而道远。控烟不仅是个人健康的需要，也是社会文明的体现，不仅涉及法律，也关乎道德，不仅需要政府的大力推动，也需要全社会的共同努力。我们要努力减少产生新烟民，特别是在青少年群体中，应多做烟害宣传工作。要在学校、机关、社会团体中推动控烟自律，提倡建立无烟环境。媒体要多做控烟、戒烟、禁烟的引导和宣传，发挥舆论在控烟中的积极作用。政府要发挥主导作用，加强控烟的法制建设，采用多种形式支持控烟活动，如逐步扩大禁烟的场所等。奥运即将来临，我们应以此为契机，加大控烟话动，努力营造控烟、戒烟、禁烟的良好氛围，创造健康环境，切实做好这一利国利民的要务。

《无烟是福》序三

吴蔚然

（北京医院名誉院长）

多年执业行医，目睹许多长期吸烟病人的心、肺、脑功能遭受损害，及至病情发展到难以控制时才深感悔不当初，惜为时已晚。"吸烟有害健康"是有确凿科学依据的。

我国虽已在2005年正式参加世界卫生组织制定的《烟草控制框架公约》，但现实状况仍使人深感忧感。公众场所吞云吐雾，面对"禁止吸烟"视而不见的大有人在，不仅害己，也使其邻近的人被动吸烟，遭无妄之灾。唯有加大力度推动控烟工作，才能使我国逐步走出困境。

美籍华人臧英年先生十余年来自愿、无偿、极其热情地投入我国的控烟事业，他在报纸、刊物上发表大量有说服力的精辟文章，他在广播和电视中露面，接受采访或公开演讲，他还深入家庭、医院、机关等单位实地了解情况，并介绍控烟知识和戒烟方法。他针对不同对象从不同角度、不同切入点谈论控烟问题，使之深入人心。他已经发表过两本控烟著作，一本是针对青少年的《你能够不吸烟》。另一本是针对成年吸烟者的《戒烟指南》。现在我介绍的《无烟是福——创建健康环境》是他的第三本有关控烟、禁烟、戒烟的著作。全书文笔流畅，配有多帧名家漫画以及打油诗、顺口溜等，既有信息又有幽默，越读越有味道而不愿释手。我和作者相识近30年，1978年12月中美建交，次年1月下旬邓小平同志率中国代表团赴美访问，我作为医师随同前往。臧英年先生参与美方国务院接待工作，我因而和他初识。此后，他长时间在北京工作和生活，我们常相晤交谈。我钦佩作者多才多能，以及他对控烟事业的执著精神。他有一颗热爱祖国的赤子之心。

《无烟是福》感恩与感谢

现谨以此书献给我的先父臧启芳、先母王淑清和爱妻苗丽华;以示我感恩和感谢之意。

先父启芳公毕生爱国爱民、敢言敢行、正直清廉、助人为乐。先母的为人风范则是贤淑睿智、明辨是非、平易温和、宽厚待人。基于此,我也秉性坦率、急公好义、乐观进取、绝不后人。近40年来,我在美、中两国持续从事了大量的公益活动,其中包扩社区建设、中美交流和义务控烟等。究其源,寻其根,我要感恩于先父母的养育和启迪。

我更要感谢我的爱妻苗丽华。她是我爱侣、情人 挚友和工作伙伴的美妙组合。我在中国义务从事戒烟工作十六年,不断受到她全心全力的支持、激励和提醒,使我在奋斗中不退缩,在受阻时辟新径,在散漫时可集中。与其说我在中国的控烟活动和著作出版是我的专业和专著,还不如说是我们共同努力的心血。我要特别感谢爱妻苗丽华。没有她,就不能出现被誉为"中国控烟活动家"的臧英年。

2008年3月21日

陈情表
——建国海归PK院士五十年

序文

我受到现住成都的好友陈廷祚教授的叮嘱,希望我能为他即将出版的近似自传式的著作《陈情表》一书写序。这使我感到荣幸,也不无犹豫。因为他是名符其实的医学专家,半个多世纪以来一直努力不懈地在医学科研领域里工作奋斗,贡献卓著,有目共睹。他的接触面广,必有一些熟知和敬佩他专业成就的人可以更贴近、更切题、更妥善地执笔写序,胜过我的条件。然而他竟然看重和属意我这位非医学领域的门外汉动笔写序,这就令我感到重责在身,又让我顾虑重重难以下笔,唯恐有辱使命。

可是,我还是作出决定对此邀约不予推辞。我准备一面就陈教授这一重要学术成果,终被某权贵人士豪夺窃取的事实一抒所想,也要引申论述一下,陈教授个人的遭遇和悲剧是时代悲剧的反映和缩影,而此一时代悲剧在实质上是由于作案人明知弱势者为内定右派,竟然不惜采取"乘人之危、暗箱操作、蒙上欺下、巧取豪夺"的手段,以求达到盗名欺世的目的。他自戴桂冠,成为顶替该项成果的得主而"名至实归",不被揭发,垂数十年之久,诚属天下奇闻!由此不只明确了道德沦丧的观念,而且加深了时代悲剧的蔓延。因而,在阅读陈教授的这一著作时,我们除了在欣赏其内涵和文采、了解体会他的遭遇和心态之余，不禁使人感到义愤填膺的同时，也应该追溯一下其祸根何在，并力陈其弊，为后人戒！

此一冤情直到九十年代之后，才陆续得到四川省卫生厅和中国科学院追查核实，予以证实。可是当年那个良心泯灭、窃据科研成果的作案人却仍在中国媒体陋习的延伸和保护下"英名"无损，辉煌仍旧。针对陈教授不平的遭遇，我有如下感触：

一. 早年，在新中国成立前夕，有许多学者学人放弃了远走海外、发展事业的机会，留在国内不走。更有许多海外学人已在欧美学成就业，前途似锦，却都在建国初期响应了祖国的号召，抛开海外大好前程的一切，兼程返国，参加建设。结果他们绝大多数都在后来各种由领导主宰，万民跟进的群众运动里被扣上"学术权威"、"反动人士"、"右派份子"、"外国间谍"等种种罪名。在欲加之罪、何患无辞的情况下，而备受苦难，甚至折磨致死，或自杀身亡(身后的罪名是"自绝于人民")。既或是免于一死，或身败家裂、或苦役劳动、或闲散浪费、或不知所终……。总之，他们都是不同程度的壮志空投，学识无用，英才浪费了。早年被选拔为公费留学丹麦的学者陈教授就是其中一例。

我还认识一些和陈教授背景情况相似的人。他们都是解放前不走，或解放后归来的报国有志的高级知识分子，后来面临各种群众运动的摧残和打击，便也是各蒙其难，各受其害，事与愿违，莫此为甚！他们许多人劫后余生，到了开放改革后，又重整旗鼓，投入国家建设，十分令人敬佩。他们常说自己是"无怨无悔"，但隐约中难免还有一份"有怨难悔"的凄凉。

二. 在黑白不分的环境和悲惨世界的笼罩下，大量流行和助长了人性最丑恶的一面，那便是自私自利、无德无耻、贪婪霸占等道德沦丧的行为。此时正是恶人当家得势，君子受尽凌辱了。

陈教授的科研成果受到剽窃，而顺利无阻，无由申辩，就正如他在陈情表中所说，这一案件是人类有史以来，仅有的两例顶级学术腐败之一。因而我们更要追究和责怪制造黑暗、促成悲惨的相关人物和相应体制，正是由于他们的存在，才令社会冤情不断，动乱不已。

三. 有鉴于此，我认为，保护知识产权，维护人性尊严，是科技发展、社会繁荣、国家进步、人类文明的基本指标和促成因素。例如，美国建立知识产权保护的制度已有约两百年的历史，美国立国的精神也强调人生而平等，人人有追求幸福的权利。尽管美国的民主制度在实施中仍存有瑕玷，但它基本上是保障了民权，鼓舞了全民创造力的发挥，让知识的力量化为实用，既增添了财富，藏富于民，也普遍促进了社会的文明和进步。

再回到陈教授科研成果被掠夺的情况来说,这种事件之所以可能发生就正是"一叶知秋"的显示。中国在开放改革、进步发展的过程里要严防权贵和任何人士以各种条件和手段去夺取别人心血结晶的成果和建树,据为己有,有恃无恐。中国也得建立"投诉有门"的通畅渠道,例如,让最高学术机构可以举行公平听证或审理伸冤人的投诉,让新闻媒体多发挥仗义执言、揭发黑暗面的警吓作用。当前"信访处"的安排几乎是接近形同虚设,而效果低微的。

四. 时至今日,中国以往不幸的历史和过程对今人又有了什么提示和激励呢?尽管如今我们已经大量摆脱了"运动"的冲击和专制的摧残,可是,"百足之虫死而不僵!"今日社会仍充满了形式主义的运用,"假、大、空"的操作和黑影仍然是阴魂不散,肇祸人间。学习、开会、签名、宣言、挂牌等种种举措都往往流为形式,是应付差事,无实际效应,其主事者和参与者都心知肚明,但又碍于情势,是不能不做,或不敢不做。现试举一例以明之。2009年1月上旬,我接到一位大学教授的信息,其中一段是:"最近一段时间比较忙,目前我们学院正在开展学习科学发展观活动,有写不完的材料。国内的很多作法,其实还是文革及文革前的惯例,仍然喜欢搞运动。现在这样做,根本没有多少效果,只不过是浪费人力、物力、财力而已。"

显然,用文革方式搞运动、搞学习的惯招去建设新中国和开拓新局面是行不通的,是钻死胡同。更何况,今日的国民已眼界大开,知识普遍提高,信息灵通。以往封锁新闻,阻止传播,一手遮天,手到功成的方便日子已一去不返了。

因而中国要真正从事建设,要实现利民兴国,必须和唯有迈向尊重知识、重用人才、发展科技和发扬民主的阳关大道。这别无选择,时不我待。中国要在坚实有效的根基上发力,要在群策群力的发挥下成长。

陈教授的大作里有五个编目。在第一编"陈情表"里详细说明了身蒙冤案前后的情景和原因。第二编"解尘说事"里增加和扩大了范围,讲述了自己在运动频繁之下的处境、折磨和感受。第三编"信函"里展示了个人谈真情、说真事的电信记录。第四编"杂文"的内容是作者在细读书报和网站信息后,慎密思考,用心推敲,而启迪产生的一些真知灼见。第五编"诗词"则是淋漓尽致地发挥了诗词的各项功能,以诗言史,以诗明志,以诗会友,以诗抒情。此一综合运用真是妙在其中,意在其境,赢人赞赏。

总括来说,这是一本真人真事,实话实说,内容丰富,情感真挚的作品,倘不做"立言传世"之求,实已显"警世醒人"之功!

至此,我要讲一下我和陈教授初识的情况是如何有戏剧性。1990年初我在参加一次卫生部新药审评会时，初遇陈教授，他是药审组的主持人。审批会后他突然问起我，"你是东北人，知道臧启芳老先生吗？""他是我的先父"，我回答说。这一回答出乎陈教授的意料，他立即告诉我："令尊大人1935年在江苏盐城担任行政公署专员。那时我是中学生，听过老先生激昂慷慨的抗日演说，印象很深刻。"就这样我们立即拉近了距离，也建立了友谊，在其后近20年的时日里持续交往，联系至今。

自1992年起，我全力投入中国控制烟害的义务工作。1996年我取得美国卫生部出版的"戒烟指导手册"，特请陈教授将全册内容译为中文。翻译期间我们也一直联系磋商。他非常认真、仔细和妥善地将全书译妥。只可惜我后来寻找资金出版的努力劳而无功，我感到十分遗憾，好书没能出版，既劳动了陈教授付出大量时间和精力，却没能付以任何补偿。这也说明了在中国推动控烟工作非常艰苦的一面。

我和爱妻苗丽华在北京友谊宾馆长住了十多年，全靠她以外国专家身份任教，我们才获得这一安置。住馆期间，陈教授和他的小女儿建源都曾到宾馆作客。最近十年里我只是偶尔和陈教授通个电话，还要借重他的大女儿建华的协助才能互通信息，因为陈教授已因年长失聪，要靠笔录才能传话给他了。多年来我一直在海外多家中文报纸写杂文，论时事，谈观感。也曾寄一些发表的文章请陈教授过目指正，他都很认真的加以阅读，并以口头或书面的反应和我交流。我们持久不变的"君子之交"也为彼此间增添了一份关怀、温暖和喜悦。

直到2007年6月中旬，我应邀去成都几处宣讲控烟、戒烟之道。我特别请地主安排车辆，送我去成都陈教授的寓所一行。在那里他和他的长女建华及女婿同住，获得了良好的照顾。我们相见甚欢，以写代谈，丝毫无碍于相互的沟通和彼此互报平安的真情实意。

2008年5月四川汶川大地震爆发，成都也受到波及，我赶紧打电话向他问候，幸而是吉人天相，有惊无险。另一使我高兴的事是，2007年在美国工作返抵国门的陈教授的小女儿建源，全力鼓励她父亲要学会电脑中文打字，以便自行书写和与人沟通。这时九旬高龄的陈教授竟然是从头学起，一丝不苟，毅然动手，连打带敲，居然很快就全盘掌握了电脑打字、上网的技能，他也充分使用这一"新招"，不断和我通信。只愧我比他年轻十多岁，却鼓不起勇气再去学电脑中文打字了。就此而言，在陈教授面前我真是心服口服，自愧不如了。

日前打电话到成都，又获建源告我，陈教授请在台曾任行政院院长和国防部部长的盐城老乡郝柏村将军为他的新书题写"陈情表"书名三字，此请已如愿而偿。1999年6月3日我曾在台北拜会了郝柏村先生，他当面告诉我，他在盐城中学就读时也听过我先父到校宣讲抗日和民族自救的演说，印象深刻。有谁会想到，七十多年前先父一次讲演的两位听众，在数十年后都成为我结识的人，其中的玄机和缘分是太神奇，太巧妙了。有了这一缘分，又有了多年来和陈教授的友谊和交往，我无论如何也不能推脱他要我为书写序的邀请。我便也甘冒写序时，文有不周，言有偏失的可能闪失，而毅然一试，完成此序了。陈教授此著只谈个人事迹，不论家国情结，倒使我阅书得益，阅后有感，便就借题发挥，多言几句了。

最后，让我诚恳地向陈教授深深祝福，并要说："我佩服你的精神和行动。吐出心中话，披露昔日情，中国需要有更多像你这样的人，蜂拥而出，照样去做。这样，真理才愈辩愈明，人气才愈涨愈旺，国家才更有前途，人民才更有幸福。"

2009年1月20日于北京

《铲除烟害处处好》
——前言：好书人共赏 控烟应推广

近几年内我写了三本提倡控烟的书，其为《你能够不吸烟》、《戒烟指南》和《无烟是福》。在中国谈控烟，原本是一个"很严肃、太枯燥、少谈论、无兴趣"的话题。我竟然一连串出了三本颇有销路的书，都接二连三入选为中国文化部和财政部"送书下乡工程"用书，令我喜出望外和备受鼓动。现在我又再接再厉地写出了〈铲除烟害处处好〉一书，按说，在一个果腹为先、致富为上，而"精神食粮"相对缺乏的环境里，有些书尽管是"内容丰富，启发性强"却难以上市畅销，更何况是极冷门，不上眼的"控烟书"呢。

去年春天我有意专门浏览了一些书店，问一声："你们这儿有谈控烟、戒烟主题的书吗？有登门顾客要买这种书吗？"回答一律是："没有！没有，从来没有！"可是；我如今却不听那一套，又专门写了这本书。这有六个基本充分甚至上佳的理由，应可吸引读者购书阅读。

一是补了缺题空挡。中国烟民众多，而有意戒烟者甚少。1996年全国吸烟调表里发表的统计数字，7个吸烟者中有1人表示有戒烟愿望。我要补充和引申探讨的是，可能7个有意戒烟人中只有1个是想买书，而7个想买书的人里只有1个想到要买"如何戒烟"的书，而7个想买"戒烟"书的人里只有1个开口问书店里到底有没有戒烟书，而7个被问到的书店里只有1家说，"可能有"。然后此书店的店员找遍了各书架后向要买书者说："找不到！可能已经卖完了。"

基于以上的推理和假设，我决定写控烟书时要换个方向，不朝向"吸烟者"，而锁定"不吸烟者"。首先我知道就吸烟问题在中国以"不吸烟者"为读书对象而写书出版是绝无仅有。我若下笔成书，便可享受"前无古人、开天辟地"的独特地位。因而我写出此书，一旦有任何非吸烟者要看，就"非我书莫属"，要直奔该书，别无选择了。

二是提供解套协助。尽管中国浩荡的烟民群众是洋洋得意，自"戕"不息，前途已卜，视死如归。但他们身旁定有许多焦心似焚，却爱莫能助，提心吊胆的妻子儿女存在。可是他们亲眼看到近距离的丈夫或父亲抽烟，内心焦急是一回事，要帮得上忙，劝助他们戒烟成功是另外一回事。吸烟男士在家中妻小上前劝阻他们抽烟时，有多种手到擒来和当即见效的说法可以将劝戒者支开、斥退和制服。现择录其严词拒绝和痛加责难的部分内容，供读者参阅。

1、"小孩子懂什么！吸烟是大人正当的事，别多嘴！"

2、"你长大不要学我抽烟就行了，你现在胡说什么！"

3、"爸爸赚钱养家是那么容易吗？不吸烟，不应酬，能赚回钱，供你吃、住、花销吗？"

4、"爸爸身体好，没病！抽烟又有节制，不多抽。孩子的一片孝心我领了，不用再说了。"

5、"你现在小学快毕业了。等你上大学时我一定戒。这事好办，不要着急。"

6、"你爷爷抽了一辈子烟，活到八十八。比起他，我的年限还长呢！放心吧，好儿子。"

7、"你自己不把书读好，到爸爸这儿挑东说西是怎么回事！赶紧走，读书去。"

8、"你还真乖，爱护爸爸，有孝心。来！拿这些钱去买点什么。爸爸戒烟很容易，说戒就戒，但不是今天。"

9、"老婆，你可真够忍心的。要我把唯一的嗜好，抽烟，戒掉。你经常打麻将，我说过你一个字吗？"

10、"老伴！商场如战场，竞争激烈。敬烟开便门，容易下手。我能只敬烟，自己却不抽吗？放心！我抽烟是陪衬，问题不大。"

11、"老伴，看见没有，我抽的是过堂烟，嘴里转转就吐出来了，不进肺，不伤人！我可以陆续抽，不要怕。"

12、"老婆，你要是能够冲锋陷阵，代我干活，我就待在家里，顿顿做饭，绝不抽烟！什么时候你准备好了，要和我对调，我就立即开始戒烟。"

13、"老婆，看到领导老王退休后的结果了吗？他退休回家，老伴逼他不准抽烟。那可好。两年后他就因戒烟犯病，死了！我还是放宽一些，少抽为妙，不能戒烟。"

14、"老伴，一位老中医告诉我，任何吸烟年久的人都不能立即戒烟。吸烟多年，身体对香烟的吸入已达到平衡状态。一戒烟，失去平衡，死期就不远了。我必须维持吸烟的习惯，才能延年益寿。"

15、"老伴，放心吧，我有打算。你看我们那五岁的孙女有多漂亮。她结婚的时候我一定以不吸烟者的身份出现。要不然，到咱们金婚纪念日也行。"

我写这本书，便是要提供"指点"，让不吸烟者而担心家中老伴、父母或其他家人吸烟的读者可以心中明了，一是如何解读和应对吸烟者的谎言和强辩，二是如何真正帮上大忙，助吸烟者成功戒烟，永离苦海。

三是可为读者开窍。此书内容可切实认真提醒不吸烟者，既不能茫然无措，"坐以待毙"，甘受二手烟害，也不能对身旁吸烟亲友，视若无睹，让他们"慢性自杀"，走上不归路，更不能让他们在吸烟时散发烟毒，危害他人。所以，为了自卫、自救、自保、自强，非吸烟者要熟读本书，明白究竟，可以避开烟害，自救救人。

四是创造幸福家庭。"家家有本难念的经。"家里若有烟民在，这本经就格外难念。家人互助互守，相亲相爱，首先要铲除家中致祸的根源之一，那便是，有家人吸烟，散布烟毒，要正本清源，协助家中的吸烟者成功戒烟。不论他是退休在家的祖父母、年少莽撞的青少年，还是正在辛苦就业、努力拼搏的中间一代。三代家人要紧密合作，熟读本书，取经取法，共同协助家里的吸烟者把烟戒掉。此一成功建树将为全家带来最大的幸福与和谐。此不为也，更待何为？此时不做，更待何时？

五是提供送礼佳品。天下有许多喜庆日子和喜庆事件，如过年过节、购屋购车、生日诞辰、官晋一级、留学升学、旅游度假、家添子女、大病初愈、大难不死，等等，都是值得恭喜庆贺，并应赠以实物，用表其诚。这时，此一"控烟有术 戒烟得助"的实用手册，就可以及时登场，派得其用了。如当事人是烟民，便可翻阅此书，再将此书送给关心自己吸烟的亲友。如当事人是不吸烟者，便可熟读此书，发挥控烟威力，助心爱者戒烟成功，增福添寿，皆大欢喜。盼天下有识之士一拥而上，购阅此书。

六是阐述控烟策略。本书读者中的吸烟者不论是否有意戒烟，读者中的不吸烟者也不论是否有意助人戒烟，若能基本掌握吸烟有害、害从何来，和除害有方、策略如何的知识，他们便更能奠定信心，产生动力，付诸行动，在全民控烟的号召的伟业里，尽其所能，一显身手。于是，我将此书的前两篇命题为"烟害何来"和"除害有方"，便是要提供有助益的信息，为读者引道铺路。从事控烟工作的专业人员和制定控烟政策的各层领导也可参阅其内容，有所收获。

综上所述，读者可以知道我振笔疾书的这份成果，这是一本大有目的、大有作为、可读性高、实用性强的著作。请用心翻阅，一读为快！

助人戒烟，马到功成！推动控烟，造福社会！

双七翁臧英年定稿于2009年9月2日

《铲除烟害处处好》推荐序

王陇德
（全国人大常务委员会委员 中华预防医学会会长，北京大学公共卫生医学院院长）

我乐于应邀为在中国从事控烟义工多年并拥有"控烟活动家"之称的美籍华人臧英年教授的新著《铲除烟害处处好》写序推荐。这是一本有特色、有实用价值的精心之作，可以在国内推动控烟的工作里发挥积极的功效。

我国烟害弥漫，烟民有3.5亿人之众。国内又有5.4亿的非烟民每日沦为二手烟的受害者。他们是束手无策的沉默多数和弱势群体。这个不良和不幸的现状必须加以改善。

回顾往事我们得知，任何国家和地区要在控烟工作上获得重大的突破和进展，首先要靠国家有效控烟措施的严格推动，更要靠广大非烟民深入了解烟害之可怕后自主自发产生的反应和行动，一方面自卫维权，拒受二手烟害；另一方面敦促政府立法，在公共场所禁止吸烟，并严格执行禁烟规定。

臧教授所著此书便正是对症下药和及时出招。他用深入浅出、感染力强和易读可行、便于接受的内容和表达方式呼吁政府采取更有效的控烟措施，尤其是要去支援非吸烟者，让他们增加认识，了解烟害，产生动力，付诸行动；同时，也更加积极鼓励吸烟者要早日走上完成戒烟、利己利人的康庄大道。故此书此刻出版是恰得其时和恰得其用。

令人感到振奋的是，全国人大常委会于2005年8月28日正式批准《烟草控制框架公约》，2006年1月9日起公约在我国生效。从此我国也进入了响应公约号召，实现公约要求的执行阶段。《2008年世界卫生组织全球烟草流行报告》的出台，提出了不少新的更为有效的控烟策略，臧教授所著此书的内容正好可用于促进控烟工作目标的实现。

臧教授曾出版了三本提倡控烟的畅销书，分别是《你能够不吸烟》、《无烟是福》和《戒烟指南》。前两书曾于2005年、2006年和2008年列入中国文化部和财政部"送书下乡工程"用书。如今他又完成这本书，便也是前后呼应，自成体系了。此书内容丰富，发人深省，满怀创意，可供实践，诚为控烟领域中难得一见的一部佳作。

多年来臧教授一直在控烟活动中努力奋斗，勇往直前，心胸坦荡，无私奉献。他现在是我主持推动的卫生工作人员控烟双十行动专家组和公众教育与临床控烟专家委员会的成员。近来我们又有多次共同议事、共同参会和同做控烟节目的良好合作经历。我乃欣然执笔，为此书写序推荐。

《进攻日本》译者序言

最近两年以来中日钓鱼岛之争已成为引人关注的热门话题。日方的运作和挑衅是花样翻新，层出不穷。日本右翼人士一再登陆主权属于中国的钓鱼岛，其距台湾东北百余里，和日属琉球群岛则逾400里之遥。2012年夏，日本东京都知事石原慎太郎倡议要集资"购买"钓鱼岛，同年9月11日，日本前首相营直人采取行动，将特该岛购为"国有"。日本现任首相安信晋三则更是变本加厉，先是支持其内阁要员三人前往"靖国神社"参拜，其后又有168位国会议员一并前往，这是二战后近70年来议会成员最大规模的集体出动，声势浩大，前所未有，释放出"军国主义"复苏的明确信息。

安倍晋三又提出修改日本宪法的政见，争取日本右翼激进人士的支持，为2013年7月的日本上层议院的选举造势，其具体主张是降低两院批准"修宪案"交付全民议决的门槛，从三分之二多数改为半数以上通过。而修改宪法内容的目的是，将当前国家自卫队升级为国防军，并恢复拥有对外宣战权。这些重大的改变已尽扫日本原有"和平宪法"的面目和精神，掀起了二战期间亚太地区遭受日军施虐摧残的许多国家的疑虑和不安。日本从此走上"整军经武"之路，亚太地区的和平安定也产生了不良的变数，并受到负面影响。

如今，美国雷蒙德·载维斯将军和丹·温法官的英文原著《进攻日本》译为中文在中国出版，便恰得其时，适得其所。此书的翔实内容，可让读者们重温二战历史，了解当年日军横扫亚太地区时，行为残暴，作恶多端，杀人放火而不眨眼的真切事迹。这一段史实既不容误解和忽视，也不容遗忘或掩盖。

更加重要且意义深远的是，吾人要"认识过去，把握当前，开拓未来"，切实理解到，国家式微，外敌入侵，物必自腐，而后虫生。中华民族的振兴之道既不是醉生梦死，也不是洋洋自得，而是要上下一致，革新图强，人人自立自尊，社会和谐进步，经济繁荣腾飞，政治民主开放。正所谓：成事在我，匹夫有责。振兴中华，共创大业。

2014年5月

《进攻日本》译者后记
——有缘相逢

2004年9月下旬的一天，我在北京友谊宾馆参加由总部在美国旧金山的"世界抗日史实维护联合会"主办的"九一八事变研讨会"，有幸结识了一并参会的本书作者丹·温先生。我们相见恨晚，从此结交。随后他委托我协助他，将他所著的《日本在中国的超级大屠杀》一书在中国出版。作为该书英文中译的校订者和联系人，与发行该书的北京大学出版社打交道，我欣然应命，该书于2005年9月顺利出版。

二次合作

五年后的2009年，丹·温光生又在美国出版了《进攻日本》书，是前书的扩展和修订版本，增添了很多材料，内容也更丰富，讲述了二战时日军的暴行以及盟军进攻日本本土的计划和投掷原子弹的历史真相。他希望此书的中译本可以在中国出版，献给中国读者，并由我完成翻译工作。我觉得这是一本好书，追叙历史，内容翔实，发人深省，寓意深远，就接受了此一任务。

在中国不断进步、和平崛起的过程里，日本与中国摩擦不断。如今亚洲局势动荡，国际经济衰退，中国也面临社会建设和政治改革双轨并行的复杂挑战。此时此刻，中国国民需要掌握正确的信息，有慎思明辨的头脑，并需要具有报国热忱的广大人民关心国事，参与活动，身体力行，各尽其职。阅读此书，细加思考，可以提醒和激励读者提高他们的爱国情操。

我尤其佩服本书作者丹·温先生的智慧、热忱和执著。针对第二次世界大战亚太地区的史实和向日本投掷原子弹的真相，他已先后出版了四本书，分别为《无愧于心》《日本在中国的超级大屠杀》《进攻日本》和《杜鲁门与麦克阿瑟》。在以上的著作里，他揭示了日军的残暴罪行，日本战后的掩非饰过，原子弹势在必投的原因以及杜鲁门总统的正确决策和麦克阿瑟将军的自负与失误。这也让我们感受到，历史的真相并不是"尽人皆知"和"一目了然"的，个人的私心和政治的运作往往会成功地掩盖真相，欺骗世人。如今我们乐见丹·温先生挺身而出，著书立言，对史实于以拨乱反正，还以真貌。

译书过程

我承认，翻译此书并不是一气呵成的。近几年我在大陆专注于控制烟害的义务工作，只是断断续续地在翻译，犯了"三天打渔，两天晒网"的大毛病。幸好有我爱妻苗丽华的近身提醒和鼓励，并花了许多时间查对书中涉及的大量的日本人名的正确中文译名。在2013年春季，我终于将本书初步译完，并开始寻找出版社出版。

作者感谢的对象都以英文原文出现，未加翻译。为了增加本书的知识内容和可读性，我特意征得本书作者同意，将2005年8月1日美国《时代杂志》出版的"原子弹投放广岛60周年专刊"里的几篇文章译为中文，增列在本书的"附录"里。同时我也将自己以往在海外报刊上发表过的《对原子弹投掷日本的深思》一文列入附录，以飨读者。

译后有感

在翻译此书和参阅有关资料时，我有许多感想。

一是，忽略历史和试图改写历史的行径都是任意妄为，难以持久的。二战期间，日本在亚太地区，尤其是在中国的种种暴行，令人发指，惨绝人寰，绝对是侵略，是兽行，是贪婪，却美其名为"抵制侵略性的西方殖民"和建立"大东亚共荣圈"。这种颠倒黑白和自圆其说是难以立足的。二战后，德国承认和检讨希特勒及纳粹党人的罪行是迅速的、深入的、真诚的，但日本却一面掩饰罪行，一面转移目标，忘记是日本首先偷袭珍珠港，反而怪罪美国"不人道"地投下两枚结束战争的原子弹。

二是，20世纪20年代和30年代的中国，军阀内斗，生灵涂炭，给予日寇以侵华之便。

二战结束后，中国又两岸分裂。1951年美国和日本共同签署了《旧金山和约》，排除了中国的参加。美国代管琉球群岛到1972年归还日本时，又将台湾外岛钓鱼岛的管理权交给日本。从此，埋下了中日争岛纠纷的导火线。

中国今后若要防止日本政要再参拜靖国神社，收回钓鱼岛管辖权，就要靠中国整体实力的壮大，即真正的民富国强。而要实现这一目标便更是兹事体大，任重道远。

三是，历史的演变和时局的变化常常受到一些偶发因素的影响，从而产生重大的转向和不同的后果。例如，希特勒早年对犹太人形成的偏见，导致他掌权德国后展开了对犹太人的清洗和大屠杀。"西安事变"延长了中共的存活。美国原子弹投掷日本，提前结束二战。而苏联乘机入侵东北，扶持共军壮大，最后击溃国军。

四是，国家体制是影响国家动向和兴衰的重要因素。近代日本是天皇制，二战之际日本人崇敬裕仁天皇，而他又受到日本帝国主义和好战黩武者劫持，让日本的军事外侵一再扩张，对亚太地区造成巨大的损害，但最终作恶自残，让日本挨了两颗原子弹，痛苦收场。二战期间日本军人效忠天皇、战死疆场的强悍作风也使战争更为惨烈，人员伤亡更多。

应有的教训是，任何众人蜂拥的狂热，不论是效死天皇、种族歧视、宗教牺牲还是领袖至上，都是人间祸水，造孽无穷。

此外，我们必须认清的一点是，日本人普遍具有坚忍、守法、自律和自强的优点,和谐相处,注重礼让,这也增加了日本社会的亲和力和稳定性。然而,日本人民要提高警觉的是,不要被私欲膨涨、贪心不足的政客牵引,再走上扩充军备、破坏和平、制造麻烦、长城自毁的歧途。

多年执教于耶鲁大学,现已八旬高龄的卡甘教授说得好,"民主是人类经验丛林里最稀有、娇贵和脆弱的花朵",要滋养和培育民主,甚而只是维持其存在,都要靠"自由、自治和自强的公民",再加上"卓越的领导"。他又进一步阐明,这种公民不是与生俱来的,他们是良好教育的成果。中国必须增加教育的投入,改善教育的内涵,提高人民的素质,重视人才的选用,方能面对全球化、城市化的挑战。

五是,第二次世界大战后,中国是战胜国,而日本是战败国,但日本因受到美国刻意的扶植而成为世界经济大国。今后中国要实现和平统一,一定要不断改善和促进海峡两岸关系,在双方开诚布公与精诚合作之下,互利互补,建立共赢。那样,处理中日关系、中美关系便都有了坚实的基础和力量,而振兴中华、贡献世界的理想也可以逐步实现。所以,两岸的和平统一定要经过不断地探索磨合以及共同的努力去推动和实现。

结尾一言

我很荣幸能和本书作者丹·温合作,将其大作译为中文在中国出版。此书应广为传阅,好为众人提供一份营养十足、内涵丰富的精神食粮。在安排出书的过程里,我获得了在美国驻华大使馆任职多年的好友杨更琪先生的大力协助。最后和广西师范大学出版社达成协议,出版此书。我十分感谢杨先生的支持和广西师范大学出版社的投入,再有,此书译文的录入由梁红霞女士完成,也感谢她对此书的贡献。

2014年7月4日

《战乱与革命中的东北大学》序

我很佩服此书的作者张在军先生的远见、执著和成就,写出这本好书,在一个起伏动荡的大时代下,用东北大学的历史为主轴和牵引,就事论事,影射全局,发人深省,引人慎思。

校运与国运同步

从1923年4月26日沈阳东北大学建校直到1950年春季解体的过程里,十足反映出在中国动乱的大环境里一所高等学府如何挣扎求生,千辛万苦,流离失所,校址多迁;东大师生员工如何尽其在我,坚毅不拔的建校、护校、迁校、兴校不已;也反映出在中国,科教兴国的处境是如何的艰难,而卓绝奋斗的结果还是让这一拥有辉煌成就的高等学府在政治优先的考虑和处置下解体消失了。针对这一个情况进行思量，我们应有何领悟和推论呢？

忆往与理解并行

一、张氏父子的可贵

论及东北大学就必然要讲到建校的张作霖和张学良父子。他们的具体成就是：

1、科教兴国付之实施。张作霖是草莽英雄，和文人学者相去甚远。但是他看到若在东北可以办一座高等学府，就自然增加了振兴东北，科教领先，实力加强，抵御外敌的力量。拥有这种见识，又拍板兴建东北大学是难能可贵的。少帅张学良秉承父志，加以跟进，便也是锦上添花，相得益彰。

2、捐钱助学自解私囊。这是张学良的作为，他把钱花在刀口上，是恰得其所、恰得其时，充沛东大的实力和建设，可以吸引全国著名教授前来就职，各执教鞭，也给就读学子创造了理想的学习环境。九一八事变前，张校长资助数十名毕业成绩优秀的学生前往美、英、德三国深造。他们学成返国后不少成为名师，在教育界贡献良多。

3、敦请学者建设学府。张学良有自知之明，了解教学要敦请学者专家主持，对校务的运作他就不加过问。先父臧启芳于1926年春执教于东北大学，后任法学院院长，和其他各院的院长都是欧美深造学成返国的称职学人。

4、爱护学生全力以赴。三十年代在北平和西安数次学运启动，学生走上街头和军警对峙时，流血事件一触即发，张学良都亲自出马，疏通当局，安抚学生，化解对抗。东北大学迁校时，他也用心支持，力促其成。

5、金玉良言余音犹存。他对学生讲话时都一再强调自省在先，自强在后，怀技在身，报国有日。对国家式微外敌入侵的看法也是"物必自腐而后虫生"和"自力更生强敌却步"。这都是掌握要点，一言中的。

二、后继有人的贡献

东大建校后最初的三位校长是王永江、刘尚清、张学良。其后以代校长身份主持校务的有宁恩承、王卓然和周鲸文。其中宁承恩和周鲸文对东大的建设颇有贡献。九一八事变时东大情势告急，宁承恩安顿校务，临危不乱，坐镇校园，最后撤离，令人钦佩。1990年代末，我曾多次路经旧金山，看望宁承恩老先生，我们坐谈终日，说南道北，其乐无穷。周鲸文于1936年在北平期间受到敦请，主掌东大校务数月，也发挥了稳定和改善校局的正面效果。如今我和他的儿子周昆交往不断，也进一步了解到周鲸文爱校和爱国的情思。

三、先父掌校的作为

正如本书作者张在军所言，先父臧启芳是主掌东大校务任期最长的一位校长。他1937年到任，1947年离职，主持校政达十年之久，又面临了东大多次迁校（北平到开封，到西安，到三台，返沈阳）和长期办学的严峻考验。我觉得先父对东北大学的贡献有以下各点：

一是临危受命，继往开来。张学良因1936年西安事变兵谏后遭受软禁，东大失去领导，陷入群龙无首的困境，难以自拔。停办东大的声浪已风云大作。此时先父坚持立场，力陈东大不能停办的理由。后经挚友齐铁生推荐，上峰同意，先父于1937年1月接掌东大校务，离开江苏省无锡区督察专员任所。这既是一个维持东大继续生存的要务，也是一个引人指责的根源。有些东北人士，包括东大师生，认为这一任命是中央政府要从张学良手里抢走东大的指挥权，用CC派（注：指国府要员陈果夫、陈立夫两兄弟）背景的先父介入，达成任务。殊不知先父不是求名求利，而是用心良苦的要维持东大存在，让家乡子弟有就学和栖身之所。先父曾在陈果夫（时任江苏省主席）麾下任职，也是陈氏有"知人善任"之贤，而非"自成派系"之私。（那时日本已霸占东北，陈氏乃启用先父和王德溥等东北名士在江苏省任职，先父在江苏先后主政盐城和无锡两行政督察区，政绩良好，市民称庆。）

东北大学面临第二次存亡危机是东大于1937年在西安立足之后，又有上峰指令东大西迁到青海的荒蛮之地，果应命实施，大多数教职员是不会前往的，东大的命运也自然终止了。先父的应变措施是及时在四川三台获得了当地县长郑献徵的支持，而迁校入川，先斩后奏，在木已成舟的情况下也获得教育部的追认。这一奋斗的成功又来之何易呢？总之，先父要维护东大的存在，是志在必成，尽其在我的。

二是唯才是用，公正透明。先父掌校任职的准则是："我聘请教授一向无畛域之见，我所求的是学问品格，不问他是哪校出身，哪省人士，哪国留学，这可以从先后在东大任教的教授名册中看出来。"此一准则实施的结果是，群贤毕至，饱学之士纷纷到来，使东大成为众多优秀学人的荟萃之所，而让学生们获益匪浅。有名师在校，东大教学和研究的领域也不断发展，让东大进入国内一流学府之内。

三是百鸟齐鸣，百花齐放。先父全心全意在学校提倡思想开放，学术自由。各种社团和活动，各种观点和展示都蜂拥而出，各擅胜场，不一而足。要维持这种风气和环境，是需要见识和勇气的。再有，1943年东大首先响应"十万青年十万军"的号召，有数十位同学弃笔从戎，加入了青年军，其中也包括了正在就读东大的我的大哥臧朋年。

四是清廉正直，树立校风。先父以身作则，不贪一分钱，不做一点假。每逢上级检查单位到东大查账审阅,都是账目分明,一丝不苟,迅速查明,圆满结束。那时,校长之职也是收入菲薄。在三台八年的抗日时期,家中变卖了以往收藏的略有价值的物品,补充家用。家母手存的一些金银饰物也全部投入"献机救国"的行动里。

五是事成身退,有始有终。抗日战争胜利后,先父以东大校长、教育部特派员和东北行营教育处处长三重身份前往东北,接收东北教育设施和恢复教育运作。只可惜那时国共内斗已经爆发,接收大员,先父除外,大多滥权贪腐,这便也加速了国府失败,退守台湾的进程。先父见大势已去,难以作为,便于1947年4月辞去东大校长之职,再于1948年12月率未成年子女过上海,迁厦门。1949年6月告别大陆,渡海赴台了。1950年秋我在台湾考取了台湾大学和海军机械学校,为了减少先父的经济负担,决定投入了免费就学的海军机校。其后在台湾海军服役达十三年。

今年九月我的译著《进攻日本》一书经广西师范大学出版社发行问世,书中内容阐述了二战时期日军在亚太地区的暴行及美军投掷原子弹的真相,我在书内的"献词"里写下:"谨将此译作献给我的先父臧启芳和先母臧王淑清。他们树立了爱国护家、心胸坦荡、助人为乐、正直高尚的典范。"

四、作者著书的成就

我细读此书得知作者张在军先生写书的准备很完善,写书的"本钱"很充足。他有丰富的民国教育史研究写作的经验,为写书收集参阅和整理了大量的资料,此书也编排有序,顺畅易读,全书问世补充了研究东大校史的一些空白,并引发了读者的深思和感叹。

书内出现了一些长住大陆的东大校友过往的陈述,他们有的指责先父"夺权牟利",有的放言先父"贪污腐化",有的推论先父"为何反对张学良"。………我要认真的告诉他们,这都是庸人自扰,不得其当;雾里看花,难窥其实。他们为了适应环境及配合时势,言论立场极左极偏,不论是"自以为是的发言"、"违背良心的编造",还是"投机取巧的作为",都是违背事实的,不得识者一笑。我和书中提及的不少人都曾直接交往,畅所欲言。其中包括宁恩承、白世昌、金锡如、殷宝璩、郭衣洞(柏杨)、徐放、于学谦和许多赴台东大校友,他们对先父的观察、理解和公正评价应该是更有依据和令人取信。

反思与前瞻一体

2014年11月上旬,亚太经合组织会议在北京胜利召开,中国的地位和影响十分突出。亚太地区的繁荣进步和整体合作又跨出了一大步。此时此刻,我们可针对中国形势做一盘点。

一、中国以往的失误

今日中国正畅谈"区域合作","科技兴国","依法治国","政治改革"和"以民为本"等种种话题和目标。但要有独立思考,见解深入,论得其用,用得其所的真知灼见和建国方略出现,并付之实施,否则以上的种种目标是难以兑现的。于是,高等知识分子和大权在握的领导干部便要率先负起责任,爱国利民,义无反顾。

新中国早年以往最大的失误便是,各种运动太频繁,打击面太广,尤其对知识分子进行残忍无情的打击,冠以"臭老九"的恶名,认定"知识越多越反动"。结果使有头脑有知识的人在各种全民运动下备受摧残和折磨,而心存恐惧,惶惶不可终日,只能苟且偷生、但求自保和保护家人,也有许多学者名人因身受迫害,生不如死,以自杀了断,死后还被冠以"反动分子自绝于人民"的黑帽子。50年代初的梁漱溟老先生在全国政协开会时挺身而出,仗义执言,直接顶撞了毛泽东而身遭重创。彭德怀元帅在参加庐山会议时"为民请命"上书毛主席而深陷厄运。长住大陆的我的长兄臧朋年也因出身世家,自己又是"青年军"和"臭老九"双重身份而备受折磨,仅以身免。

二、中国当前的挑战

当前中国的处境十分艰险。官商勾结,畅行无阻,创造财富的高科技、高产值的产品付之阙如。为增加就业机会和盲目追求"国内生产总值"的增长,中国已成为低端产品"世界工厂"的所在地,同时也付出了诸如破坏环境,浪费资源;贪腐当道,民怨冲天;贫富悬殊,人心不稳;道德沦丧,败行普及;权威得逞,法治难行等惨重代价,这岂是家国之福!

如今,治国掌权达65年的共产党也已感到危机四伏,有"亡党败国"的倾向出现了,近年来中国国家领导人也言已及此。当前政府也采取了一些应急和维稳措施,将行使已久的一些落伍措施废除。这包括取消劳教制度,改善户籍严控,放宽独生子女政策。此外,也加快步伐管束干部行为,严惩贪污腐化,提倡依法治国等等。这是要逐渐脱离"以人治国"和"人比法大"的陋习,并要在贯彻以党治国的前提下维持社会的稳定和进步。而实际上这是难以两者兼顾的。因为"以党治国"至上至尊,就是党比法大,而抵触破坏了"依法治国"的基本要求。

三、中国今后的出路

中国当前以"一国两制"包容港澳两地,以后也希望扩至台湾,形成两岸和平统一。但全世界没有一党专制坚持到底,和一国两制持之永久的成功先例。所以共产党最后退出一党专政和中国实现"一国一制"的前景是难以回避和理所当然。台湾已奠定民主政治运作的基础,当地环境优美、民风朴实,成为吸引大陆同胞的旅游胜地,也为大陆发展提供了参考模式。因而中国当前的领导层和专家学者们都要积极出谋划策，制定施政方针，让中国逐渐过渡，最后走向自由民主，大功告成的理想目标。先让言论自由和基层选举在党内和国内特定的地区认真有效实施，就可成为中国政治改革的试验区。如今世界上先进发达的国家都早已奠定了重视教育，保护专利，科教兴国，注重人权，以民为主的运作常规和基本模式，这也是中国努力发展的方向。

后语

在东北大学前后近30年兴衰的过程里我们看到国家和社会的大环境对教育的发展可以产生"助成之"和"摧毁之"的重大影响。而国家政策主导者，教育工作者和学校师生有真知灼见，责任感，认知感和奋斗精神也可以达到弦歌不坠，排除万难，教育发达和国家振兴的良好结果。

如今中国要脱离困境，自立自强，一定要励精图治、体制改革和认真推动尊重人才，用心培养，科教兴国，鼓励创新的国策，有妥善的通盘计划，有充分的资源支持，有贯彻实施"百年树人"目标的决心和行动。

老实讲，中国国民要接受号召，实现其"中国梦"，能达到"安居乐业，平安是福"的境界就心满意足了。而政府领导也必须责无旁贷的去创造一个和谐、和平、和乐的大好环境，从而人尽其才、物尽其用、货畅其流，让中国人有更佳的条件、士气和保障去实现他们的理想和宿梦。唯有人人强，才能国家强；唯有人人富，才能国家富。

2014年11月中旬，北京

第八部分 报导作者（1986-1997）

多年来有不少新闻报导讲述"臧英年的故事"。从不同的角度切入，各成一说。

这种报导有数十篇，有的洋洋数千言，有的短小精悍，散见于国内外报刊杂志。现取四篇构成此部分。

美籍华人臧英年谈"创造性"

中国新闻社记者 多多

美籍华人臧英年先生率领的专家讲学团被人们称为是一个"充满创造性"的讲学团。美国斯坦福大学工学院副院长艾达慕教授、斯坦福大学成人教育部负责人艾达慕夫人、俄亥俄州立大学经济系教授刘亦吾先生等均是讲学团的成员。9月上旬,专家们从上海讲到北京,题目都与"创造性"分不开——《政治和创造性》、《经济外贸和创造性》、《成人教育和创造性》、《机关企业和创造性》……,臧年先生自己呢,则以《政革与创造性》为题作为此行演讲的最后一个内容。

这位全美华人协会总会文化委员会的主席,1971年在接受电视采访中赞成尼克松访华。1975年又走进白宫去见卡特总统的中国顾问,成为华盛顿州正式出面主张美中建交的第一位华人,他还是西雅图重庆友好城市的创始人和前任会长。在旅居美国20年的后一半时间里,他风尘仆仆往返大陆达12次,这次是他第13次来华,这个专家讲学团则是他自费聘请来的。

臧先生认真地对记者说:"创造性很有用的,现代化建设要人才,人才的最大特点就是创造性。我们需要创造性。"

记者询问"创造"的含意时,他答道:"'创'就是从无到有,'造',就是花样翻新。"接着不无感叹地说,"中国的政革尽管势在必行,但许多传统习俗和观念却仍束缚着人们的创造性,阻碍着改革的步伐。"

他讲了一件事:"一次,某地一位市长请他吃饭,菜肴十分丰富,剩了许多。臧先生请市长将剩菜带回家去,市长连连摇头说:"这怎么行呢?"

臧先生说,在美国,剩菜都带回家。在中国,这样做就有失身份。不是要讲节约么?可是,面子和虚荣阻碍了实事求是。"这是个观念问题。"他说。

臧先生进一步阐述了改变观念的重要性,他说,在中国上级奖惩下级有时不是以工作的好坏为标准,而是用听不听领导话,同领导关系好不好进行衡量。下级也就用这种观念来要求自己。这正迎合了官僚主义者所好,结果反而是上下配合,相得益彰。

演讲的时候,臧先生在书写板上面了一个"政革三层次"的模式图。观念上的改革;措施方法上的改革;制度本身的改革。

他说,这三个层次中,首先是观念上的改革。没有改革的思想,就没有改革的行动,而行动又要靠制度的保障。所谓行动就是有效的措施和办法,没有他们一切都会落空。他指出,观念上的不满足于现状而希望不断更新,这就是创造,是改革的动力。

他还说:"邓小平很了不起。他提出不要头衔,这在中国是个创举。现在,中国农村实行新的经济政策,军队进行减员,干部设立离退休制度……中国不仅打开了大门,而且已经在许多方面进行了创造性的改革。"

臧先生是1967年到美国攻读教育心理学的。他出生在中国的天津,长在四川。因其父是原"国立东北大学"校长,1949年,正在读中学的臧英年随父亲去了台湾。他毕业于台湾的海军机械学校,并在海军服役直到1963年。听说他留在大陆的哥哥和姐姐因为他们的家庭背景,在"文革"中均受到了冲击。看来,是中国的改革使臧英年重新燃起了希望。不信,看看他演讲时朗诵的一首自己作的小诗:

> 家破人亡国腾翻,
> 心灰意懒情何堪,
> 乾坤一转昨日死,
> 举国四化今朝欢。

中国新闻社北京 1986 年 9 月 30 日电

青云高处有鸿雁
——记美籍华人臧英年夫妇

陈伟源

做中美友好工作,从"保钓运动"开始

70年代初,日本政府侵犯我国钓鱼列岛主权,美国支持其立场。日、美这一行径不仅遭到两岸中国人民的强烈抗议,也使广大旅美华人义愤填膺,各地纷纷发起组织集会和示威游行的"保钓运动"。臧英年是西雅图市的主要负责人。

那是一段沸腾的时光。臧英年和其他组织者凑到一起,他们办期刊、出战报、派人出去与美国各地组织联络,壮大钓运声威。他还以大会主席的身分,在华盛顿大学主持了有上千人参加的保钓誓师大会,组织并参加了声势浩大的示威游行。过后他又带着另外两名代表斗志高昂地到日本驻西雅图领事馆递交抗议书。酣畅淋漓地表达了他们爱护祖国的热情。

1972年,中国恢复联合国的合法席位后,在国际上令人注目。臧英年见中美建交的时机日渐成熟,就在西雅图领头出面,成立了"华盛顿州促进美中关系正常化委员会"的组织。翌年他见到杨振宁教授时,又决定把这个组织改为"全美华人协会西雅图分会",以便和杨振宁教授做会长的全美华人协会联成一体。

"中国和美国是两个伟大的民族,对世界和平与发展至关重要。我必须为两个民族的友好与合作做出实质性的贡献。"臧先生这样说，也是这样做的。1976年春，在美国加州的一个中国问题讨论会上，组织会议的林汉生教授提出去白宫进言，推动中美建交的想法。臧英年一听，立刻赞成，并在西雅图展开了活动。此后他和林教授等人一起，共同写信签名寄给卡特总统，要求美国与中国尽快建交。信寄到白宫后，引起卡特总统的重视，并指定他的中国事务顾问奥森博格博士出面，邀请加州的林教授、王灵智教授、黄德庆先生和来自西雅图的臧英年四位组织骨干来白宫面谈。此行，更加坚定了臧英年推动中美建交的信心。

臧英年旗帜鲜明的主张中美友好，招致台湾当局的反对和攻击。然而，他没有畏惧，索性一不做、二不休，挺身跃上政治论坛，自觉履行起维护中国声誉的义务。过后，臧英年又给卡特总统和万斯国务卿写信，再次陈述中美建交的益处和加速进行的必要。国务院助理国务卿和白宫公共关系部主任分别代表卡特总统和万斯国务卿回了信，表示对臧先生意见的重视。

1977年8月，美国国务卿万斯即将访华，臧英年也写了长信，还附上有关资料和他自己写的文章，陈述中美建交对双方和对世界的好处。臧英年曾三次接到白宫的邀请，第一次是会见奥森博格博士，第二次是参加美中合作协议在白宫签字仪式，中国领队者是薄一波副总理，第三次是邀请他去会见卡特总统和他的高级幕僚人员。这是一个特别为华盛顿州数十名有影响的人士安排的聚会，臧英年是其中唯一的美籍华人，这件事本身也说明，臧英年从事美中友好工作是受到美国政府的重视的。

1978年12月15日，中美两国发表联合公报，定于1979年1月1日起，中美正式建立外交关系。中美两国的建交是历史发展的趋势，但它的进展也有着臧英年的一番苦心。1月28日，邓小平副总理访美。邓副总理一行2月3日到达西雅图，臧英年作为当地的华人协会主席，和会员们与当地的美中人民友好协会联合安排了热情的接待工作。当时还有人感慨地对臧英年说："不知美国人知道不知道，这样热烈的欢迎完全是出于我们自发的心愿！"

建设重庆——西雅图友好城市的"功臣"

臧英年为中美关系的友好发展倾心尽力，被台湾报刊认为是"美国与大陆政治、经济、文化、科技交流的核心人物之一"，曾长期被列入台湾"政府"的黑名单。

臧英年，祖籍辽宁省，抗战时期随家南迁四川省三台。抗日战争胜利后回到北平。1947和1948年就读天津南开中学高中部。1954年毕业于台湾海军机械学校后在台湾海军供职。1962年曾作为台湾"总统府战略顾问委员会主任委员"何应钦的侍从官和翻译员陪同何应钦出差欧美。退役后于1967年到了美国西雅图市定居，在华盛顿大学研究生部完成教育心理学专业。他说他非常注意公益活动，因为他觉得，一个人要发挥力量和回馈社会，首要的就是要了解和深入社会。所以他才选择了个人甚感兴趣的社会公益工作，并于1970年至1986年在西雅图社区学院担任教职。

臧英年1949年离开大陆后一直想回大陆看看。机会终于在1978年10月来到。他特别珍惜这次机会。为此他边组团边和华盛顿州各界名流联络，其中包括州长、市长、议长、报社及电视公司总负责人和华盛顿大学校长等。说明愿意为他们捎信过去。他的这一想法，正符合了美国人的心愿。大家赶紧写信，热情表达对中国人民的友好心愿，这批信件竟达34封之多。

1980年10月，在热心接待中国民航驻西雅图人员两年后，臧英年应中国民航公司的邀请再度回国。这次，他决心要抓住机会，再做些实际性的事情，即要为西雅图市和中国某个城市牵线，建立友好城市。他的这一想法不仅符合西雅图人民的心愿，也是互惠中美的措施。

但是，建立友好城市需要市议会通过。市议会的9位议员中至少得要5位赞同。做他们的工作，可不是一件容易的事。为此，臧英年四处奔走，八方游说，竟然在很短时间内争取到了5位议员表示同意与中国建立友好城市的意见。在此基础上，臧英年又赶忙代拟有关文稿，一到中国，就向中国人民对外友协呈递了建议书。

中国方面选择了重庆市。不久，西雅图市议会也很快通过了该市与重庆市建立友好城市的议案。

1982年秋，臧英年和西雅图市议会议长作领队，率29人的友好访问团去了重庆市，双方就开展经济、文化、技术等多方面的交流与合作进行了诚挚而友好的交谈。1983年6月3日，由重庆市市长于汉卿率队回访西雅图市，双方正式建立了友好城市。事后，臧英年又协助重庆市和西雅图市进行了多方面的交流活动，促使相隔万里的两个城市紧密地携起手来。而为此立下头功的，应是臧英年先生了。

中国"控烟活动家"

1986年臧英年退休后担任了美国一家公司对华业务的顾问。他后来也进行了个人的投资，由于缺少经验和环境因素等等，收获微微。他不甘心，要另寻良策报国。

"我必须要做更多和更有意义的事情。"

臧先生非常反对那些不守法的吸烟者。他在规定禁烟的火车站或是飞机场候机室里碰到吸烟者，都要走过去制止："请你们不要抽了。""嘿，他们还真的不抽了。我就想，我不是想为祖国做点事吗？控烟，健康,也是一件大好事。"1992年臧英年在人民大会堂见到了卫生部部长陈敏章，说他对中国的控烟有兴趣。陈部长说，"好！中国的吸烟与健康协会里还没有外国人当理事的,你就来吧!"从此,臧先生就一心一意地在中国干起了义务控烟工作。

中国有3亿多烟民,中国在吸烟、产烟量等方面都不幸取得世界多项冠军,而且行情看涨。加上有些人认为,男人不抽烟不潇酒,男人不抽烟打不开局面,换句话说,男性美体现在吞云吐雾的姿态上,事业的大厦必须用香烟来打地桩。所以,臧英年知道,要改变这种观念和行为,与烟对抗,得有必要的知识、适当的方法和道德勇气。而政府的行政力量,社团家庭的参与,也是战胜烟魔的必要条件。

他把戒烟难的心态种种划为:不想戒,没有必要;不便戒,得不偿失;不敢戒,心有余悸;不会戒,欲戒不成几种。但无论如何,抽烟绝不是咱们的口福,抽烟有害健康。而戒烟成功,也得循序渐进,要有效克服烟客不想、不变、不敢和不会戒烟的四道难关。在痛下决心、运用得法和环境支持的三大条件下,获得戒烟的成功。

为此他写信给邓小平、江泽民、李鹏,给中国铁道部、给中国民航局……他从1992年开始从事控烟工作,虽然分文不取,但干得非常投入:在报刊上发表文章,到大学去演讲,在电视台、电播电台发出呼吁,"口诛笔伐";在任何禁烟公共场所,不管是任何人吸烟,他都要面带笑容又严肃认真地跟他说"请不要吸烟";对吸烟广告,或是见到的,或是听到的,他更是"嫉恶如仇"。如他听朋友说,大连市有公共汽车为洋烟作广告,满街走,就马上打电话到大连市政府,提请当局注意,建议剔除。

也许,人们都不会相信臧英年会有当年禁烟英雄林则徐的锋芒,但是,人们看到越来越多的公共场所禁止吸烟,人们愈加深信他是"吾道不孤"而"上天不负苦心人"。至今,他在机场候机室和火车等禁烟公共场所的出击纪录是百战百胜。

近年,他还专门带上戒烟站,走到哪里就劝戒到哪里。他从事控烟的实践心得是,有准备才能起步,有机会才能操作,有原则才能持久,有先手才能奏效,有策略才能成功,有呼应才能取得全面效果。而控烟工作必需政府和全民参与,才能获得成功。

他从事控烟工作的精神真是:全力以赴,忘我为公,千方百计,持之以恒。为此吴阶平为他颁发了控烟"特殊贡献奖"及"控烟活动家"称号。

臧英年在中国从事控烟是义务的,靠他的美国退休金来支持。他也知道在中国控烟应如何做,戒烟一传十,十传百,所以不能放弃努力。

夫妻双双献华夏

"我写过百多篇提倡控烟的文章,也有人写过我,但还没有别人写到过我夫人的。我们夫妻结为一体,都是一个愿望,愿为祖国做点实事。"臧先生的爱妻苗丽华,现以文教专家身份在北京任教,她也特别抽时间跟笔者谈了谈。

臧英年的父亲臧启芳先生二十年代在东北大学做过法学院院长,三、四十年代曾担任过天津市市长、江苏盐城区和无锡区行政督察专员、东北大学校长等职,权贵在身,声誉卓著。臧夫人苗丽华的先祖苗澄曾做过清朝康熙朝代的兵部尚书,武状元,直隶和四川总督等官。她的祖先也很突出。

身高一米八的臧英年,潇洒大方,极富幽默感。在中国的这几年时间,他的工作是既充实又自我满足的,他认为,他工作上有成就,是和家庭亲情密切结合的。

夫人苗丽华女士则特具东方女性的柔美,又兼有西方人的浪漫。她现任教于北京旅游大学,在国内教书已有7年。她说:"教师之可贵,不在于他教过多少学生,而在于他以身教和言教激励学生,产生影响。"

"我和学生的关系很好,但一开始,我就跟他们说清楚了,你们要守规矩,你们认真读书,我卖力气教书。然后我们才好好地玩。"苗老师的玩实在是玩得开心。每年的暑、寒假里她都要各办一次活动。暑假时,或是郊游或是在自己门前大院里举行游艺会,寒假时,则在宾馆的专家俱乐部举行。有节目、有抽奖、载歌载舞,宾主尽欢。晚会中的臧英年更是妇唱夫随,全力服务,哪处需要,哪处上岗。每一次活动,都得投入大量的精力和不少花费。

苗丽华老师的可贵之处还有,她上几次课后就能将全班学生的名字记住。现在全校6个班140多名学生的名字,她都一一记牢,而且她还给学生每人起了一个英文名字。她深得学生们的喜爱和尊敬。因为她从未缺课,教学优异而热情活泼。

有一位叫马丽的学生这样说她:"我永远不会忘记你,你像太阳一样地有一个开朗的笑容,你的每一堂课都使我精神振奋。你非常的温柔、耐心。是一个非常了不起的老师。"另一位叫南希的学生这样说:"中国人比较相信缘份。我能与你在一起,这就是我的缘份"。

笔者采访他们时,始终注意到,在臧英年眼里,苗丽华活像个天真无邪、温柔美丽的淑女,而在苗丽华的眼里臧先生又像是一个英俊十足、风度翩翩的少年。双方似乎永远不以自己应该享有什么而去要求对方做什么,都在努力以各自方式去表示对对方的支持和尊重。事业上相互支持,生活上相敬如宾。他们就像是一对初恋的恋人一样,因为他俩的家中装满了幸福家庭所特有的浪漫和温馨。

1997年年4月 《海外华人》

嗨,自费控烟的倔老头!

代丽丽

美籍华人为控烟归国24载 丁石孙、罗豪才、胡绩伟都被他游说成无烟家庭——

10月中旬,中国控烟协会举行了成立25周年庆祝大会,表彰了为我国控烟履约作出突出贡献的单位和个人。在这份长长的获奖名单当中,绝大多数人都是有着卫生部门或健康教育机构头衔的,只有一位老人,没有任何现任职务,介绍仅是短短的几个字"美籍华人 控烟活动家"。可是,就是这样一位完全是民间背景的老人,从1992年开始就以义工的身份,积极推动中国控烟,甚至为此离开美国归国定居,20多年来为宣传控烟多方奔走,不遗余力,并倾尽了毕生积蓄。

家里布置得像控烟办公室

这是一位有着传奇色彩的老人,名叫臧英年,出生于一个高级知识分子家庭,父亲是上世纪三四十年代国立东北大学校长臧启芳,他本人青年时期曾担任过何应钦将军的侍从官兼英文翻译。退役后,他一直在美从事教育工作。一直在为中美建交呼吁奔走。退休之后,原本应该颐养天年,可这位老人竟然放弃了原本安逸的生活,义无反顾地回到祖国,为控烟事业奉献了整整24年的光阴。

老人住在回龙观的一座普通居民楼里,还是没有电梯的6层。敲开门,满头银发却精神矍铄的老人站在记者眼前,耄耋之年,看上去依然身强体健。臧英年的家很朴素,家具陈设十分简单,最显眼的就是几个书柜,里面满满当当,摆放的全是跟控烟有关的书。两本厚厚的材料夹里全是他20多年来的文字积累,大多数都是他撰写的宣传控烟的文章。几面墙上也贴着控烟宣传海报,就连一个小闹钟,都是"禁止吸烟"的造型。这些宣传品平时在公共场所司空见惯,可还真没见谁会把这些东西贴在自家的墙上。臧英年就是这么一个怪老头,他把自己的家布置得像个控烟办公室。

卫生部长举荐他当控烟义工

这位老人是怎么与控烟结缘的呢?这要回到1992年的一天。臧英年在杭州机场候机,候机室里烟民众多,大家吞云吐雾,屋里烟雾缭绕,可旁边的墙上就贴着"禁止吸烟"的大字。这让臧英年十分反感,便去找工作人员,请他们出面制止。没想到对方只是冷漠地回答:"这没什么,大家都习以为常,没人抱怨。"臧英年继续坚持,对方却为烟民"开脱",说是飞机常误点,乘客需要吸烟解闷。这样的态度让他既失望又气愤,于是决定要管一管这件"闲事"。他愤慨地站到大厅中央,高声喊道:"杭州机场严格规定禁烟,吸烟的旅客每人罚款10元!"话音一落,点燃的香烟全部熄灭了。正是这个成功的经验启发了他,让他相信:依法办事,控烟是可行的。

另一桩触动臧英年迈向控烟义工征途的事是他大哥的病逝。他大哥有30多年的烟龄，尽管被弟弟劝阻后戒烟了，但早已形成的肺气肿已经难以挽回。1992年，大哥在二手烟的侵袭下突然发病，后来又被医生误诊为心脏病，结果不幸丧生。这个悲剧对臧英年冲击很大。在这之后，一个偶然的机会，让臧英年结识了当时的卫生部部长陈敏章，他向陈部长提出了想以义工身份投身中国控烟的想法，陈部长很支持他，并介绍他和当时的中国吸烟与健康协会翁心植副会长联系。就这样，臧英年便正式跨出了控烟义工的第一步，以后便是一发而不可收拾，在这条路上越走越远。

"不受欢迎"的控烟宣传员

多年以来，臧英年身体力行，只要看到有人吸烟，就会毫不客气地上前阻止，并递上一块戒烟贴。他是社会活动家,常常参加一些活动，在这些活动场合，他也会游说现场的每一个吸烟者。他还常常主动上台发言，倡议人们将烟掐掉，没有话筒时会突然起身，高声"布道"。哪怕在婚庆等喜庆场合，他也依然我行我素。这样的做法甚至招来一些人的反感，不愿再邀他出席活动。

挨个劝阻只能是小范围的，要想大范围地推广禁烟，还需要宣传鼓动。臧英年写书、发文章、做节目、印发宣传品、到各地演讲，并为一些机构提供义务咨询和培训，每一件可能会有作用的事情他都愿意尝试。他的夫人苗丽华也是著名的美籍文教专家，曾荣获外国专家的最高荣誉"友谊奖"。她既是臧英年的人生伴侣，也是他的工作助手，一直在协助他做各项控烟工作。臧英年的很多想法也是源于夫人的建议。

别人去外面做演讲，一般都是主办方邀请的，常常还要索取些劳务费，但臧英年去做讲座，从来都是自己主动联系。这是个费力不讨好的事，没什么人愿意接受这个不请自来的演讲者。好在他是社会活动家，认识不少各界名人，尤其是政界要员，他充分利用自己的人脉资源，不论到哪里参加活动，都想趁机"蹭"上一堂讲座。他请老朋友们出面介绍，一些单位碍于介绍人的情面，才愿意为他提供地点，组织人员。

前不久，2015布鲁塞尔国际烈酒大奖赛在贵阳举行，一位忘年交邀他参加，臧英年并不爱酒，但他想到参加活动的人很多，当中肯定有不少烟民，他们都是应该被规劝戒烟的对象。于是，臧英年欣然前往。去之前，他给老朋友郭应禄打电话，问他认不认识当地的医院,可以介绍他去做个提倡控烟的报告。郭应禄是中国工程院院士，著名的泌尿外科专家，由他递话，事情自然水到渠成。当地的医院很配合，报告十分成功，他还借机与当地的疾控中心建立了联系，又一个新的控烟"据点"建立起来。多少年来，臧英年就是用类似的办法，以这种近乎精卫填海的精神，在控烟的道路上一点一滴地做着努力。

倡导无烟家庭帮助名人戒烟

在公共场合，人们都反感二手烟，却很少有人站出来阻止。究其原因，多数人都是害怕招致吸烟者的反击。但臧英年就从来不怕，他在任何场合，只要是看到有人吸烟，就会主动走过去劝阻。他身材高大，气宇不凡，有一股压得住人的气场，被他一说，吸烟者往往心里嘀咕，以为他是哪里的领导干部，不敢得罪，便乖乖掐掉了手上的烟头。

臧英年从1995年开始倡导无烟家庭。所谓无烟家庭，第一是家人都拒烟，第二是来客不供烟，第三是来客禁吸烟，第四是助亲友戒烟。20年来，他一直在为这件事多方奔走。人家家里是私人空间，不让人在家吸烟，或者不让客人吸烟，比公共场所戒烟更难推进。但这个倔老头就是非要迎难而上。政界人士和社会名流都被他盯上，因为他们特殊的身份会起到很好的带头作用。到这些名人家里做客，他会不厌其烦地劝人家戒烟，还要劝人家将香烟收起来，不给客人提供，再把禁烟标志贴到人家的墙上。第十届全国人大常委会副委员长、北大前校长丁石孙，第九届、十届全国政协副主席、最高人民法院原副院长罗豪才，《人民日报》原总编辑、社长胡绩伟等人都曾是他的游说对象，也在他的帮助下成了无烟家庭。

臧英年做控烟没有机构背景，也没有任何经费支持。可他到各地演讲、出版书籍、印制各类戒烟宣传品等，每一件事都要花钱，这些都是他自掏腰包。这些年来，自己的退休金绝大部分都被用在了这个上面。手头拮据时，甚至不得不变卖一些个人收藏品。往年，他致力于中美关系，到各地访问时时常会获赠一些名人书画，这些书画作品如今已经被他变卖一空，款项都花在了控烟上。

最脏的奖品颁给最美控烟人

2013年，著名的民间环保人士叶榄设立了一个奖项——"林则徐禁烟奖"，将它颁给了臧英年。奖品是他历时54天、行程10000余里捡来的几百个烟头。他用这些烟头在一张7.4平方米的布幅上拼贴出一个"7.4亿人感谢您"的奖状。叶榄说："这可能是世界上最脏的奖品，但获奖者的精神却是崇高的，值得我们敬仰。"

如今，已经84岁的老人身体仍然强健，却也抵不住岁月的侵蚀。"明年我就要回美国去了。"说起这句话时，臧英年语气中包含着十分复杂的感情。他在中国控烟24年，可谓倾尽心血，中国的控烟事业尽管取得了一些进步，但依旧步履维艰，距离他的理想目标还有很大的差距。"我也觉得很遗憾，但做人要懂得适可而止，我已经尽了最大的努力，也就知足了。"

就在他即将离开中国的最后一段时间，他仍然在为控烟做着最后的努力。他在整理书稿，计划临走前再出一本控烟的书。还有他念念不忘的"无烟家庭"，也得到了社会上一些支持,他已经写好了推广手册,希望这个项目能在中国生根发芽。

北京晚报 2015年10月28日

《戒烟大王》臧英年

顾铭

这是一个挺"特别"的家。大门上不客气地贴着"室内请勿吸烟"的标牌;开门迎接客人的是一位绝对中国相貌却一副"老外"口音的女士,她笑容可掬地说:"您好,我是臧太太。

这就是著名社会活动家、美籍华人臧英年先生和夫人苗丽华女士的中国之家。

第一眼看到臧先生,会猜不准他的实际年龄。这位身材高挑的花甲之人,仍然有着挺拔潇洒的身姿和利落灵敏的风度,只有花白的头发透露出岁月的"秘密"。等到与他交谈,就更会感到惊讶,因为连我这个年轻人也得费点劲儿,才能赶上与他流利的话语同样畅通的思路。

祖籍辽宁,落下一口浓浓东北腔的臧英年,说起四川话却字正腔圆。1979年,作为西雅图华侨领袖的他,就用地道的川腔迎接邓小平访美。

臧先生算得上"名人之后",父亲臧启芳曾贵为天津市市长,最令臧先生自豪的是父亲曾接张学良将军继任东北大学校长。

"先父是个清官。"臧先生再没有了别的誉美之词。

出生在跌宕不安的年代,年幼的英年随父亲在中国流转迁徙。生在天津,到过南京,5岁赴川。虽然祖籍辽宁,落下一口浓浓的东北腔,但说起四川话却字正腔圆。1979年邓小平访美时,作为当地华侨领袖的臧先生便用地道的四川话欢迎邓小平,"他乡遇故音",邓小平自然十分高兴。提到了四川,臧先生兴致很高,他忽然间笑了起来:"我还会说一种'黑话'哩"。原来是那时的娃儿们为了交流"秘密",在每个字的母音前加上"Le"的音节,大人绝对听不懂。臧先生马上演练了一番,那么纯熟自如,好像昨天还和小伙伴们"窃窃私语"过。在场的人不禁赞叹他的记性。但臧先生却认真地说:"这没什么。外语长久不用会忘,但母语是永远也忘不了的。"那份发自心底的乡情令人动容。

虽然在台湾海军机械学校"误闯军营",臧英年还是受益匪浅。英语上的"出人头地",使他的语言流畅而得意地迈向新的成功。

不过臧先生是个爱说爱笑的人,严肃的时候并不多。在他的语言里,生活永远充满了趣味和新鲜劲儿。抗战胜利后,小英年又随父"复员"回到北平。年少气盛的他可不甘心总在父亲的羽翼下过安稳日子，他决心要出去闯荡，便只身跑到天津念寄宿的南开中学，为此，他多念了一年高一。

"这可影响了我的一生，"臧先生说，"否则我一到台湾便会念台大。"结果却是，1950年臧英年高中毕业后，选择了台湾海军机械学校。

"主要是因为经济条件不太好，读军校不要钱"不过臧英年马上就发现自己是"误闯军营"了，这位活泼机敏、感情丰富的英俊少年并不喜欢呆板的军营生活。

"我的性格实在不适合当军人，"臧先生几十年后仍如是说。

"您后悔了吗？"我忍不住问道。"不，不后悔。"臧先生不假思索地回答说，"人生的发展受很多因素的影响，人要善于掌握有利的方面，发挥自己的优势。"

臧先生确实从那段生活中得到了不少"好处"。运动员般健壮的身子骨，举手投足间的英气与麻利，整洁的生活习惯，"连放筷子都是训练有素的。"但最大的收获还是在英语上"出人头地"。其实他并不是什么"语音天才"，只是多了一份接受挑战的勇气。

"那时我就读海军机械学校，有美国水兵来打球，同学们都发愁讲英语，让我去，我就去了，硬着头皮上了，这倒好，以后有事都找我，口语就越练越好了。"

"土"办法练出个纯正的"洋口音"，年轻的英年却从中悟出个道理：机会需要创造，而不能坐等。后因为国防部联络局胡旭光局长的认可。臧英年"破例"进了国防部联络局。"那时进联络局的不是经过外语培训的，就是留过美的，只有我是'土'的"。于是乎，联络局的人便存心要出出这个从"后门"进来的"新人"的洋相。刚上班不久，便被"推举"参加全局演讲比赛。万没想到，"下马威"却变成了他迈向成功的第一步，臧英年出人意料地击败了所有"正宗"出身的对手，勇夺桂冠。

"这一下可把联络局给震了。"臧先生笑起来，带着年轻人般的顽皮和得意。头一次"亮相"就给"头儿"留下了印象。后来澳大利亚女篮到台湾访问比赛，副局长便点名让小臧去接待。

"这可是个好差使呀，"臧先生眨眨眼睛说，"都是年轻漂亮的女孩子，小伙子们谁不想去？那时候我年轻英俊，也会两手篮球，服务又周到，姑娘们对我可满意啦。"看着臧先生故作一本正经的样子，我和苗女士都忍不住大笑起来。

机会果然如臧先生所言，越闯越多。1962年何应钦为出访欧美，要找一名翻译作侍从官，联络局马上想到了臧英年。对于当年在"何公馆"的面试，臧先生记忆犹新。

"一进去，秘书便给我两份材料，要我立即把英文翻成中文，把中文翻成英文。"臧英年在这阵势下不免有点紧张，但毕竟"肚里有货"，不怕来真格的，定定神，就轻轻松松地度过了考试大关。从此，一个身着神气的海军上尉服、时常面带微笑的英俊小伙便追随在何应钦的左右，频频出现在公众场合和记者们的镜头前。

在华盛顿大学获取教育心理硕士学位后，穿了10多年军装的工科毕业生变成了心理学专家，并迷上了公益事业。而真正促使臧英年投身社会活动的，还是重大的政治事件。

虽然在军队里已初露头角，但臧英年总是学不会安分守己。从军队退役后，他一心扑在"改行"上，他要做自己喜欢的事，过自己追求的生活。几番周折，他在华盛顿大学拿到了教育心理学硕士。就这样，穿了10多年军装的工科毕业生，"鬼使神差"地变成了心理学专家，在西雅图社区学院担任心理咨询顾问。从那时开始，臧英年又"迷"上了原本陌生的公益工作。他为美国军人和处于家庭矛盾中的台湾妇女当过"心理辅导员"；他向移民的孩子们讲解过社会福利条规，让他们帮助自己的父母……不管做什么，臧英年都觉得"有趣"、"有意义"，从来没感到过"乏味"。参与公益活动的初衷是想了解美国社会，却没想到一发不可收拾，先后担任了几十桩公益工作，臧英年又成了公益界的名人。

不过真正促使臧先生走上社会活动之路的还是重大的政治事件。1971年，他发起和组织了西雅图"保钓运动"；同年得知尼克松访华的消息后，臧先生主动打电话给电视台。"为什么没想到采访华人。"结果便有了25年前那次震动西雅图的谈话。

"我认为中美之间需要沟通，总统访华是非常必要的，中美的隔阂对两国都不利。"这种在今天已为大多数人视为当然的论调，在70年代浓厚的反共反华气氛中却不失为"惊世骇俗"之举。为此，整整26年，臧先生不能进入台湾。但冷静而倔强的臧英年不顾偏见和攻击，仍然投身于促进中美友好关系的民间活动。他曾组织专门机构，推动中美建交；他曾3次应邀入白宫进言，大胆陈辞，促进交流；他曾四处奔走，热情地接待邓小平、李先念、李鹏等多位中国领导人；他曾促成重庆市与西雅图市结为友好城市……这点点滴滴的幕后活动，没有风云人物的耀眼光芒，也得不到让人倾慕的权势利禄。臧先生努力为干实事，点滴经营，终于成为西雅图历史上著名的华人领袖，中美友好关系史上不容忽视的重要民间人士之一。

"当年我打电话给有企业家参加的俱乐部午餐会，请他给给我时间就中美建交问题演讲。"这样的毛遂自荐和以智取胜是臧先生惯用的"伎俩"，对此，臧先生有个十分形象的比喻："生活么。就像在舞会上找女朋友。首先是要看到漂亮的女孩，找到目标，然后便要掂量掂量自己的本事，是不是这块材料，接下来要有勇气去说'你好'，至于最后是否成功就要看方法了。"结果，"幸运"这个苛刻的"美丽女神"频频向勇敢、灵敏的臧英年绽颜微笑。

1992年，中国杭州机场候机厅内，面对一个个在"严禁吸烟"的告示牌下吞云吐雾的烟民，一位动作敏捷的花甲老者突然出现在大厅中央。他高喊："吸烟的旅客请到服务处交吸烟罚款十元！"臧英年在中国的戒烟生涯，便从那一刻正式开始了。

1978年，在离开大陆29年后，臧先生终于回到了度过美好童年和少年时光的故土。从此他的生活中又多了一项常规内容：美国大陆之行，迄今已有70多个来回了。到1990年初春，臧先生定居北京，表面上看起来是为了陪文教专家的夫人在国内教书。"实际上是她陪我，"臧先生坦率地说。幸而从小在美国长大的苗女士也很喜欢这种生活，"北京是我的故乡"，苗女士说话时笑得十分灿烂，"只是中文说得不是太好，最怕接电话。"苗女士眨眨眼笑了，那种顽皮的样子与臧先生的神情如出一辙。

人们也许会不相信，臧先生从1992年开始全力投入的不是投资赚钱，而是"赔本"的活儿：为中国吸烟与健康协会义务工作。"实际上我单干，大部分事都是自己琢磨着干。"臧先生说着搬出来好几本翻得陈旧了的笔记本，上面密密麻麻写满了字，还画着图，有剪报，有自编的歌谣。

说起戒烟，臧先生如数家珍。从吸烟的危害到戒烟的措施以及全民控烟的可行性和操作方案等等，几乎可以写一部《戒烟学》了。臧先生仍旧重视宣传，他在国内外刊物上发表了100多篇有关戒烟的文章，仅《人民日报》就有10来篇。

臧先生介入控烟活动却完全事出偶然。1992年1月7日，他在国内杭州机场候机，看到大厅里有很多人在"严禁吸烟"的牌子下吞云吐雾，臧先生最反感不守法规的行为，便到服务台请求干预，但没有结果。臧先生灵机一动，拿出早年进行政治演说的架式，站到大厅中间高喊道："吸烟的旅客请到服务台交吸烟罚款十元。"结果烟头纷纷掐灭了。苗女士在一旁笑道："哦，这种事情他经常做。"

就在那年4月，与臧先生感情良深的长兄因长期受烟害而发作肺气肿，不幸去世。这给了臧先生沉重而切肤的打击。不久，臧先生便与卫生部长陈敏章有了一次有关戒烟的谈话。陈部长热情地推荐他做了中国吸烟与健康协会名誉理事。臧先生从此付出了全部的精力和热情，在国内"白手起家"，正像他自称的那样："我不是什么领导，而是从美国来的'臭老九'。"

臧先生靠着在美国多年从事社会活动的丰富经验，靠着其活力和敏感，靠着对故土家园的眷恋之情，终于开创出了一片天地。现在他担任着海内外七项控烟活动的义务职务。在中国的控烟事业中，随时都可以听到他的声音，看到他的身影。

臧英年身上找不到"功成名就"的满足感和"元老"式的城府，他的锋利和激情在岁月的长河中并没有被消磨掉，反而更加燔熠闪光。

从臧先生扑素的家居中走出，心中仍回旋着臧先生火一样的热情，与其说是与他共同回顾了一段傅奇的人生，倒不如说是从他那里感受了一次真实而振奋的生活。臧先生那句真挚的话语，我愿意有更多的人能听到："今天中国每一个人充满信心，保持锐气，国家就会有希望；每一个人做好自己的工作，国家就会强盛。"

《中华儿女》1997年第二期。选题策划：杨苡怀；文字编辑：张新华

臧英年获控烟义工终身贡献奖

本报讯（记者张蕊）6月6日，中华预防医学会、新探健康发展研究中心、中国心脏联盟，向美籍华人臧英年教授颁发了中国控烟义工终身贡献奖，以表彰他在我国义务从事控制烟害工作作出的卓越贡献。

中国控制吸烟协会会长胡大一教授指出，今年86岁的臧英年热心公益事业30年，在中国义务开展控烟工作27年。其控烟文章和著作深入浅出、易懂可行，控烟演讲感染力强，控烟劝戒方式便于接受，特别是其在公共场所直言劝戒吸烟的做法，令人称赞。

《健康报》2018年6月7日

第九部分 白宫通讯（1977–1980）

1977年至1980年间，中美建交前后，我曾多次致电白宫，为促进美中建交和交流力陈己见。也获得白宫重视，赐电回复。此部分刊载11次的电讯往还。

致电国务卿万斯

```
MAILGRAM SERVICE CENTER
MIDDLETOWN, VA. 22645

2-022376E225002 08/13/77 ICS IPMRNCZ CSP SEAB
1 2065244514 MGM TDRN SEATTLE WA 08-13 1223P EST

GREGROY TSANG
7710 31ST AVE NORTHEAST
SEATTLE WA 98115

THIS MAILGRAM IS A CONFIRMATION COPY OF THE FOLLOWING MESSAGE:
 2065244514 MGM TDRN SEATTLE WA 100 08-13 1223P EST
ZIP
SECRETARY CYRUS VANCE
DEPT OF STATE
WASHINGTON DC 20500

YOUR FORTHCOMING TRIP TO PEKING TO NOMILIZE U.S. - CHINA RELATIONS IS
CRUTIAL TO AMERICAN INTERESTS AND TO WORLD STABILITY. WE LOOK FORWARD
TO YOUR MISSION ACCOMPLISHED AND RETURN WITH SUCCESS.

GREGORY TSANG PRESIDENT, CHINEESE AMERICANS FOR NORMALIZATION OF
U.S. - CHINA RELATIONS, STATE OF WASHINGTON

12:23 EST

MGMCOMP MGM
```

致电卡特总统

```
MAILGRAM SERVICE CENTER
MIDDLETOWN, VA. 22645

2-022202E225002 08/13/77 ICS IPMRNCZ CSP SEAB
1 2065244514 MGM TDRN SEATTLE WA 08-13 1220P EST

GREGROY TSANG
7710 31ST AVE NORTHEAST
SEATTLE WA 98115

THIS MAILGRAM IS A CONFIRMATION COPY OF THE FOLLOWING MESSAGE:
 2065244514 MGM TDRN SEATTLE WA 100 08-13 1220P EST
ZIP
PRESIDENT JIMMY CARTER
WHITE HOUSE
WASHINGTON DC 20500

TO ESTABLISH FULL DIPLOMATIC RELATIONS WITH THE PEOPLES REPUBLIC OF
CHINA NOW IS VITALLY IMPORTANT AND BENEFICIAL TO BASIC AMERICAN
INTERESTS AND WORLD PEACE. SECRETARY VANCE'S TRIP TO PEKING SHOULD
COMPLETE THE PROCESS OF NORMALIZATION OF U.S. - CHINA RELATIONS. YOUR
STRONG LEADERSHIP IN THIS DIRECTION IS TIMELY AND COMMENDABLE.

GREGORY TSANG PRESIDENT, CHINEESE AMERICANS FOR NORMALIZATION OF
U.S. - CHINA RELATIONS, STATE OF WASHINGTON

12:20 EST

MGMCOMP MGM
```

致电卡特总统和国务卿万斯

```
MAILGRAM SERVICE CENTER
MIDDLETOWN, VA. 22645                    western union Mailgram

2-000345E226002 08/14/77 ICS IPMRNCZ CSP SEAB
1 2065244514 MGM TDRN SEATTLE WA 08-14 0022A EST

  G TSANG
  7710 31ST AVE NORTHEAST
  SEATTLE WA 98115

THIS MAILGRAM IS A CONFIRMATION COPY OF THE FOLLOWING MESSAGE:

2065244514 NL TDRN SEATTLE WA 100 08-14 0022A EST
PMS PROFESSOR LIN HANSHENG CARE COALITION FOR NORMALIZATION
OF US-CHINA RELATIONS, 1250P DLY ASAP, RDM REPORT DELIVERY BY
MAILGRAM, DLR
PORTSMOUTH SQUARE CHINA TOWN
SAN FRANCISCO CA
WE SENT TELEGRAMS TODAY TO PRESIDENT CARTER, SECRETARY VANCE AND DR
BRZEZINSKI URGING US GOVERNMENT TO ESTABLISH FULL DIPLOMATIC
RELATIONS WITH THE PEOPLE'S REPUBLIC OF CHINA NOW. NORMALIZATION OF
US-CHINA RELATIONS WILL LEAD TO AN ACCELERATED PACE OF FRIENDLY AND
CONSTRUCTIVE INTERCHANGE BETWEEN THE TWO COUNTRIES. THE AMERICAN AND
CHINESE PEOPLE CAN JOIN FORCE TO CONTRIBUTE ENORMOUSLY TO WORLD
PEACE AND HUMAN PROGRESS. WISH YOUR PEOPLE A GREAT SUCCESS IN YOUR
RALLY IN MARCH. WE MARCH IN SEATTLE ON AUGUST 22ND. MORE POWER TO US
ALL.
  GREGORY TSANG, COORDINATOR, CHINESE-AMERICANS FOR NORMALIZATION
FOR US-CHINA RELATIONS, STATE OF WASHINGTON (7710 31ST AVE NORTHEAST
SEATTLE WA 98115)

00:22 EST

MGMCOMP MGM
```

国务院助理国务卿豪才·卡特来电

```
                    DEPARTMENT OF STATE
                    Washington, D.C. 20520

                                October 14, 1977

Mr. Gregory Tsang
7710 31st Avenue, Northeast
Seattle, Washington 98115

Dear Mr. Tsang:

     On behalf of President Carter, I want to thank
you for taking the trouble to let him have your views
on U.S. policy toward the People's Republic of China.
The President strongly believes that the formation of
our foreign policy should involve the American people,
and he is very pleased to have the contributions of
as many Americans as possible in this process.

     While it is impossible for President Carter to
respond personally to all of this correspondence,
every communcation is carefully read and noted, and
the contents are reported to the Secretary of State
and to other Department officials as well.

     In view of your interest, I am pleased to
enclose material on the topic you raised with the
hope that you will find it useful.

                              Sincerely,

                              Hodding Carter III
                              Assistant Secretary
                              for Public Affairs and
                              Department Spokesman

Enclosure.
```

第九部分 白宫通讯（1977–1980）

国务院助理国务卿豪才·卡特来电

DEPARTMENT OF STATE
Washington, D.C. 20520

November 11, 1977

Mr. Gregory Tsang
7710 31st Avenue, N.E.
Seattle, Washington 98115

Dear Mr. Tsang:

Secretary Vance has asked me to thank you for sending him your articles on U.S. relations with the People's Republic of China. It was thoughtful of you to bring this material to his attention.

Although the Secretary and Department officials cannot comment on all of the material referred to them, a submission such as yours is carefully reviewed as an important reflection of public opinion on foreign policy issues. Your interest in foreign affairs is most encouraging and I hope you will not hesitate to write again should you have additional material to share with us.

Sincerely,

Hodding Carter III
Assistant Secretary
for Public Affairs and
Department Spokesman

总统助理文汀顿来电

THE WHITE HOUSE
WASHINGTON

November 30, 1979

Dear Mr. Tsang:

On behalf of the President, I thank you for spending the day with us here at the White House on October 26. I trust that the information from the President's senior advisors was helpful to you.

The comments and suggestions offered during the day were particularly helpful to me and, I feel, helped to broaden the perspectives of the Presidential assistants who participated or attended.

We will continue to welcome your advice and your support. To facilitate this communication, Betty Rainwater will be available to you when you need assistance. Her phone number here at the White House is (202) 456-6754.

I hope you enjoy the enclosed memento of the occasion. It is a token of our appreciation for your participation in the meeting and a reminder of our desire for a closer working relationship.

Cordially,

Sarah Weddington
Assistant to the President

Mr. Gregory Tsang
North Seattle Community College
9600 College Way N.
Seattle, WA 98103

Enclosure

卡特总统来函

THE WHITE HOUSE
WASHINGTON

Chinese New Year, 1980

Rosalynn and I send warmest New Year greetings to our fellow citizens of Chinese ancestry who celebrate the coming of lunar year 4678.

Tradition has it, I am told, that the Year of the Monkey is often associated with financial adroitness and skill. At a time when we are facing some of our most challenging problems in this area, I hope this bodes well for our efforts to end inflation and achieve economic stability and growth. I hope it also portends prosperity and success for each of you who individually and as an important ethnic group contribute so much to our nation's vitality and strength.

We wish you and your families good health, happiness and full enjoyment of the fruits of your hard work.

Jimmy Carter

国务院公关部威廉姆斯来电

DEPARTMENT OF STATE
Washington, D.C. 20520

March 4, 1980

Mr. Greg Tsang
North Seattle Community College
Seattle, Washington 98103

Dear Mr. Tsang:

The Department of State is sponsoring a Foreign Policy Conference for Asian-Americans in Seattle on May 10, during Asian/Pacific American Heritage Week. Our goal is to bring together representatives of the Asian-American communities in Washington to discuss with officials of the Department of State foreign policy issues of mutual concern. Invitations will be mailed out later this month.

Please send me at your earliest convenience the names of Asian-American leaders in the northwest whom you feel should be invited to the conference. I am also developing a list of cooperating organizations to be listed on the conference program. Please give me your suggestions in this area also.

Thank you for your assistance on this important conference.

Sincerely,

Penny Williams

Penelope A. Williams
Organization Liaison Officer
Bureau of Public Affairs

第九部分 白宫通讯（1977-1980）

致电卡特总统

```
MAILGRAM SERVICE CENTER
MIDDLETOWN, VA. 22645

4-0022575117002 04/26/80 ICS IPMRNCZ CSP SEAB
1 2063672413 MGM TDRN BOTHELL WA 04-26 0231A EST

GREGORY TSANG, PRESIDENT SEATTLE CHAPTER
NATIONAL ASSN OF CHINESE AMERICANS
15423 WOODFERN LN NORTH
BOTHELL WA 98011

THIS MAILGRAM IS A CONFIRMATION COPY OF THE FOLLOWING MESSAGE:
2063672413 MGM TDRN BOTHELL WA 89 04-26 0231A EST
ZIP
PRESIDENT CARTER
WHITE HOUSE
WASHINGTON DC 20500
YOUR DECISION TO LAUNCH THIS HUMANITARIAN RESCUE MISSION TO FREE
AMERICAN HOSTAGES IS BOTH COURAGEOUS AND NECESSARY THE MISSION EVEN
THOUGH NOT ACCOMPLISHED HAS DELIVERED THE STRONGEST MESSAGE TO THE
WORLD WITH THE BACKING OF ALL AMERICANS YOU CARE ENOUGH ABOUT THE
SITATION TO TAKE THIS CALCULATED RISK WE SALUTE TO THOSE SACRIFICED
IN THE MISSION AND SUPPORT YOU FULLY IN THIS TIME OF CRISIS
  GREGORY TSANG, PRESIDENT SEATTLE CHAPTER NATIONAL ASSN OF CHINESE
  AMERICANS
  15423 WOODFERN LN NORTH
  BOTHELL WA 98011

02:34 EST

MGMCOMP MGM
```

总统助理威克斯勃来电

THE WHITE HOUSE
WASHINGTON

April 15, 1980

Dear Mr. Tsang:

On behalf of the President, I am happy to enclose a copy of the proclamation designating the seven day period beginning May 7 as "Asian/Pacific American Heritage Week."

Sincerely,

Anne Wexler
Assistant to the President

Mr. Gregory Tsang
North Seattle Community College
9600 College Way, North
Seattle, WA 98103

Enclosure

卡特总统来函

THE WHITE HOUSE
WASHINGTON

May 15, 1980

To Gregory Tsang

Thank you for your message following the rescue mission in Iran. Your kind words are helpful to me. I deeply appreciate your expression of support on behalf of your membership, and I am pleased to send my best wishes to each of you.

Sincerely,

Jimmy Carter

Mr. Gregory Tsang
President, Seattle Chapter
National Association of Chinese Americans
15423 Woodfern Lane, North
Bothell, Washington 98011

第十部分 英文论著（1975–2019）

20 多篇文章取自《西雅图邮情报》（Seattle Post-Intelligencer）"少数民族之声"（Minority Voices）专栏。其他诸文各有来处，其中包括侄重孙女黄雪滢（Candice Huang）2011 年对作者的访谈一文。

A False Image

The other day my seven-year-old son, Eric, rushed home crying, "Daddy, a big boy stopped me on my way home. He grabbed me and pulled my eyes up at the corners and said, 'Chink, Chink.' What does 'Chink' mean?"

For centuries, Chinese have been Chinese. They are just plain, normal people like everyone else. Nevertheless, they have been portrayed, from time to time, as being peculiar, mysterious, or sometimes, decisively vicious, and ugly, depending on the interpretation and imagination of their critics.

The Chinese image in America has changed many times since their first arrival on the West Coast of the United States in the middle of the 19th century.

When the Chinese coolies' cheaper labor was urgently needed in America at that time to work in the gold mines, to build the first trans-continental railroad, to farm the land or to manage laundry operations, they were admitted as "our most orderly and industrious citizens," "law abiding," "inoffensive" and "tractable."

After their services were no longer needed and economic competition dominated the scene, they were transformed immediately into "dangerous," "deceitful" or "criminal." In the words of a California attorney of the era: "I believe that the Chinese have no souls to save, and if they have, they are not worth saving."

Before the Japanese attack on Pearl Harbor in 1941, American businessmen sold scrap iron in vast quantities to Japan to manufacture bombs which were dropped indiscriminately in China.

After Pearl Harbor attack, the Chinese people were declared overnight, "the most respectable and courageous of our allies."

Again, following the Korean War that started in 1950, the same Chinese people were labelled, "Totally belligerent and inhumane."

Three years ago in 1972, former President Nixon's trip to Peking set still another tone for a different view of the Chinese people.

Have the Chinese changed so much back and forth throughout the centuries to uphold these contradictory images? Or are these images an American creation that was dictated by temporary, economic, political, or other biased human considerations?

The public image of the Chinese in America has suffered from unjust prejudices propagated by bigots who goad their followers into even more outrageous falsehoods about China and the Chinese.

Many Americans today still share the false belief about Chinese so-called "expansionism" and their plot to "communize" the world.

It is a pity to see that three years after President Nixon's visit to China, the process of "normalization" is still on a "slow boat to China."

The continuation of U.S. military presence in Taiwan has certainly proved to be a stumbling block on the road to full diplomatic recognition between the U.S. and the People's Republic of China.

It is to be hoped that President Ford's upcoming trip to China will, once and for all, rectify the situation.

In the struggle for elimination of false and malicious beliefs about China and the Chinese, Chinese in America should recognize that they have no choice but to actively work toward the success of this struggle, rather than make their sole occupation the obtaining of individual advancement through business and career adventures.

American Chinese of the younger generation have already adopted more positive and confident opinions of themselves and their country of origin, China.

They have, consequently, become more involved in community service, as well as more active and outspoken in fighting racist practices in all directions.

In Seattle, for example, we have Chinese involved in domed stadium demonstrations and Chinese youth have opened a Chinese Information Center to serve non-English-speaking Chinese immigrants.

Chinese students have started a Seattle Chinese radio program on KRAB to reach Cantonese-speaking audiences. A Chinese affirmative action group has been organized to fight racism and discrimination.

Ultimately, it is my dearest wish that my son, when he has his own children, will be spared the anguish of explaining, "Chink, Chink"!

Board Chairman, Seattle Asian American Demonstration Project
Seattle Post-Intelligencer – Sat., March 15, 1975: MINORITY VOICES

Losses In Asia

This country still carries a big stick and uses it impulsively. This obsession was best exemplified by our style in retrieving the captured U.S. merchant ship, MAYAQUEZ, and her 39-man crew from the Cambodians.

To execute this mission, we decided to land our Marines on a military base in Thailand without any consultation with the Thai government. Then we proceeded to bomb the petroleum stocks on the Cambodian mainland 37 minutes after the crew of the MAYAGUEZ was safely aboard an American destroyer. Finally, we had 15 Marines killed, three missing and 50 wounded.

So, with heavy casualties, we have consummated our campaign for morale by trampling on a small nation while violating the sovereignty of another. We could not bear the thought of doing just the minimum to rescue the ship and her crew; we had to teach the Cambodians a severe lesson, a lesson for whole world to ponder.

Even before we could finish the applause and celebration of our successful expedition, we were chilled by the adverse responses from our Asian allies.

Thailand firmed up their schedule for "Yankees go home." Laos terminated our AID mission and exhorted us to get out of there by the end of June. Even the Philippines, our most faithful ally at all times, demanded that our military bases on their soil be removed.

By the end of April, we "lost" half of Indochina when South Vietnam and Cambodia changed hands. Now the other half is gone following our fantastic rescue mission in Cambodia.

After settling down from our initial joyfulness over a happy ending of the MAYAGUEZ incident, we should ask ourselves two important questions:

First, was this incident unavoidable?

Second, was it essential to resolve this incident by such a dramatic overkill?

Everything considered, we have to answer "no" to both questions.

Furthermore, could it also be true that our reaction to the seizure place too much emphasis on telling the world that "we could not be pushed around any further"? As a consequence, we hit much harder than necessary to get the job done.

Dr. Kissinger, Secretary Schlesinger, and General Westmoreland all argued in one way or another that we should adopt, first of all a tough foreign policy and an abrasive military posture as a remedy for our defeat in Vietnam and Cambodia.

Do we still believe that our setback in Indochina was attributable simply to a misuse or underuse of arms and military strategies, or were there other factors more influential and relevant that resulted in the Asians' total rejection of the American formula?

Let's face it. Our economic interests in Asia for raw material, cheap labor and consumers' market cannot be promoted or sustained by a military persuasion or by our direct connection with the corrupt regimes.

The time has come for the United States to reexamine and readjust her orientation and relationships with the developing countries in Asia. Instead of playing an exploitative role, we should strive to accommodate our national interests as well as theirs in a more balanced and realistic manner.

The time has come for the United States to pursue peace and prosperity through world order and the concept of an interdependency with other nations.

A genuine basis for our security and the greatness of our nation does not rely upon a display of military strength or a capacity for exploitation but comes from our compassion for mankind.

The MAYAQUEZ incident model, therefore, deserves no repetition.

Seattle Post-Intelligencer – Sat., May 31, 1975: MINORITY VOICES

Human Targets

Once upon a time different ethnic peoples got together. Instead of living happily together, thereafter, they confronted each other and engaged in fierce competition.

Then, this human practice took over. This practice is a form of attack and aggravation that insinuates itself slowly and subtly, but annoyingly. It comes in different forms, sizes, and disguises.

It makes you feel "smart" to impose this practice on other people; it makes you feel "good" to lower others to the bottom level; it makes you feel "strong" to choose human targets.

This practice is a form of arbitrary judgment of our fellow men. We condemn them to an inferior status through ignorance, arrogance, or selfish motives for our own economic, social, political, or psychological advantages.

What we are talking about is the good old-fashioned, individual, and institutional racism.

The formula of racism goes something neatly like this: Whites presume superiority over the nonwhites. A classic opening remark about nonwhites made by a racist is: "All Chinamen are…"

Then "Chinamen" could be easily switched into "Japs", Negroes, etc. to fit the specification of a nonwhite party. To cover up his tracks, however and to explain for himself to a challenging nonwhite, the racist would throw out another favorable statement: "You know what, some of my best friends are …"

For a long time in our society, the whites have enjoyed the exclusive right to be the bosses and superiors. They decide the destinies of the nonwhite minorities. History records many ugly events and outrageous treatment of racial minorities. At one time or another, Asian, Black, Chicano and Native Americans have been the target of exploitation, confinement, enslavement, or elimination.

Today, two centuries after the founding of our beloved republic, we can still detect the stinking odor or racist practices at many places. Let's turn to some live situations to illustrate how they maneuver and manifest themselves.

One day my brother and I went to see a house that he was planning to buy. We were graciously greeted there by a white neighbor.

"Am I glad to see you people here," he said. "Half an hour ago, a Negro was here looking at the house." I bet he was ready to call us "Chinamen" to the next visiting "white" party.

When a foreign student from Asia wrote to a local community college about financial aid, he was told by a counselor: "We don't have financial aid here for you. You should apply to other countries."

After the Chinese boys from Taiwan had dominated the championship for several years in the Little League World Series, the American president of the league investigated the Taiwan team. When he could find no violation, the game's rules were changed to bar the Chinese boys from attending the tournament.

Our prolonged, bloody military involvement in Southeast Asia could only be sustained because we were experimenting on the Asians whose lives somehow or the other, are much less valuable as measured against the "white" standard.

Following the same line of reasoning when a Vietnamese student, a graduate of the University of Washington, attempted to hijack an American commercial airplane in 1972, he was shot to death by a white fellow traveler.

The student was completely demobilized by a white pilot who yelled repeatedly: "Kill, kill, kill, that bastard." Would they do just the same to a white passenger?

A Walt Disney production, "One of Our Dinosaurs Is Missing," was shown in five Seattle theaters lately. In the movie, many youngsters saw Fu Manchu, a white actor portraying a Chinese spy. He was a peculiar creature – mysterious, incompetent, evil and cunning, simultaneously. His followers were all cast in one mode, having the rigidity of a rock, the strength of a lion and brains of a dinosaur.

A group of concerned Asians showed up in front of the Renton Theater on July 22nd to picket against the showing of the movie. Their action certainly carried a clear message that the racist slant behind such a film should be immediately challenged and corrected.

In mid-May this year, we witnessed the largest ever Chinese demonstration of thousands strong against white police brutality in New York City. This event is of historical significance to their struggle for human dignity.

To rectify racism, a deadly human disease, we need the active participation of all parties. The racial minorities must stand up boldly for themselves, and the white majority should respond understandingly and supportively to their brothers struggle for humanity and equality. As a matter of fact, without the efforts of many whites in the Civil Rights movement, we would be far from where we are today.

Human physical differences are to be accepted, treasured, and appreciated. How dull it would be if we all looked alike.

Let's stop racism that results in endless human conflicts and catastrophes. Let's embrace the philosophy that all are beautiful – red, brown, yellow, black, and white skin!

Seattle Post-Intelligencer – Sat., August 2, 1975: MINORITY VOICES

The Two China Question

Last Wednesday was the 26th Anniversary of the People's Republic of China. As a socialist state with a quarter of mankind and great inspiration to the Third World nations, China commands and deserves full attention.

A program celebrating China's anniversary will be held today (Saturday) at the Wing Luke Museum, 414-8th Avenue South, Seattle. Those who want to know more about the People's Republic of China should attend the free event.

Since the birth of the Chinese Republic, Americans have observed and speculated on China with feelings of confusion, curiosity, discomfort, and resentment.

"Who lost China?" was the theme of an endless and fruitless debate in the 1950's. "What's new in China?" became a fashionable topic in the 70's after Nixon's trip to Peking.

China, with its ever-growing strength, has puzzled, intrigued, and worried many Americans.

Professor Andrew March, however, very thoughtfully presented his "Clues to a Chinese Puzzle" (P-I, Sept. 27, 1975) saying, "It is striking that so many American intellectuals and professionals can come increasingly to admire China's achievements in such areas as medicine, food production and water control, yet willingly ignore the Chinese explanation of what made all this possible; the success of the revolution."

Historically, the Sino-American relationship did not travel on a smooth path. Before the 20th Century, many colonial powers rushed to China's shores for a share of the "loot." Americans quietly joined them to make sure that they would not be left behind.

To attempt to regulate the contending foreign forces in China, President McKinley declared his "open door" policy for China in 1899. Such a policy said in effect, "Let's get our equal share."

The Pearl Harbor attack in December 1941 placed the U.S. and China on the same side. In 1943, President Franklin D. Roosevelt abolished all unequal treaties with China.

After the war, the U.S. government adopted a conventional, but not necessarily practical or imaginative approach to back Chiang Kai-shek in his struggle with Mao Tse-tung for the ultimate power in China.

When Chiang collapsed in the late 1940's, the U.S. Department of State published a "White Paper" signaling its intention to close the book on U.S. involvement in the Chinese Civil War.

The Korean War broke out in 1950 and changed the situation again between Washington, Peking, and Taiwan. In the next 20 years, U.S. played the leading role as an architect for a "two-China policy," signing a mutual military defense treaty with Taiwan and creating SEATO (Southeast Asian Treaty Organization) to guard against a potential Chinese expansion in Asia.

In the spring of 1972, President Nixon visited Peking and officially reversed the direction of the U.S. policy toward China.

Premier Chou En-lai and former President Nixon signed the historical U.S.-China Shanghai Communique, in which the U.S. recognized that "Taiwan is a part of China" and affirmed the "ultimate objective of the withdrawal of all U.S. forces and military installation from Taiwan."

However, in the last three years, the United States has done very little in curtailing her involvement in Taiwan. As a matter of fact, American military, economic, and diplomatic relations with Taiwan have been strengthened instead.

With the latest development in Southeast Asia, the U.S. will need to review its relationship with China. President Ford is going to deal with such matters when he arrives in Peking before the end of this year.

We can hardly expect U.S. troops to withdraw from Taiwan overnight. However, a definite timetable of withdrawal should be established.

Chinese deserve a chance to solve their own problems. When Chiang Kai-shek was alive and in power, he was considered "indispensable" to Taiwan's security and survival. His death did not change the routine in Taiwan. (Chinese are invariably ready for any eventualities.)

Americans don't like someone to meddle in their business. Why should the Chinese feel otherwise? The time has come for the U.S. to disengage itself from the Taiwanese connection, and to honor its commitment as set forth in the Shanghai Communique.

Seattle Post-Intelligencer – Sat., October 4, 1975: MINORITY VOICES

Chinese Center Valuable Aid to Asians

The Chinese Information Center on South King Street in Seattle's International District is a household word for many recently arrived Chinese immigrants. By no means has this been achieved accidentally.

For three and a half years, a group of concerned and determined Chinese Americans has worked to build this nonprofit, volunteer organization. Their sole concern is social services delivery.

Those active in the center are mostly bilingual Chinese and English students from high schools and colleges and other young adults employed in various occupations.

So far, they have served more than 500 clients. On Saturdays at the Wing Luke Museum, they conduct free classes in English and Chinese relevant to driving so that immigrants can pass the written road test. The museum directors have been most generous in providing working space for the center in the past three years.

A year ago, the staff succeeded in bringing to the center bilingual representatives from various social and health services agencies to serve the non-English speaking clients directly.

Had these young, volunteer workers been very cautious, polite, and conventional at the outset, eager to obtain the seal of approval or support of the community leaders, they could have run into an obstacle course so painful and discouraging that nothing would have come out of their initial efforts. Thank goodness for their "unsophistication" and "ignorance" in the social protocol!

Historically, many barriers exist between the potential availability of various social and health services and their full utilization by Asians in need of such arrangements.

Some Asians do not know of the existence of the services; others, for various reasons, are unwilling to become agency clients; still others might be willing to try but handicapped by not having language facilities or transportation to get there.

Repeatedly, I have seen many Asians I know experience discouragement. One Japanese American told me of her humiliating experience at the State Employment Security Dept.: "I was looked over by this interviewer at the desk and he burst out to say; 'Well, I think you are too short for anything.'"

Asians in this country, noticeably the Japanese and the Chinese, have been singled out frequently as examples of the "success" achieved by minorities. We are reminded of how the Asians have "made it." This stimulating message is supposed to illustrate to other minorities that "if they try harder, they could have it made, too."

Typically, the words of praise applicable to the Chinese run like this; "They work hard with no complaints. You can always get your money's worth out of them. They still have strong family ties, very low criminal records, and very few are on the welfare rolls…after all, they have no problems."

Truthfully and sadly enough, this "success" story periodically is reinforced and perpetuated by many respectable Chinese community leaders themselves: "Chinatown is under control. We have no problems. If they (the non-English speaking Chinese) need anything we'll take care of that…" It must be pleasant for politicians to hear all this.

A number of Chinese community leaders today are burdened with ties to the Nationalist Party in Taiwan. They have yet to overcome their anti-China fixation. Perhaps it will take more than two American presidents to visit Peking to wake them up.

The social issues that confront New York, San Francisco, Los Angeles, and Seattle's Chinatown today are far too complicated to be handled by any one group. To do anything constructive in the community, we desperately need a meaningful dialogue and sensible cooperation between the leaders, the young and the progressive.

The diligent workers in the Chinese Information Center set out to serve the community. "Have I gotten credit this time?" I salute them all.

Seattle Post-Intelligencer – Sat., December 6, 1975: MINORITY VOICES

Social Casework

To follow an admirable tradition of SOCIAL CASEWORK, this issue focuses on the situation of Asian and Pacific Islander Americans, a human concern seldom discussed and barely understood. Readers of SOCIAL CASEWORK will be reminded that the reality for these American minorities is neither rosy nor simple. Readers are also certain to derive implications for their involvement in social work.

Historically what has happened to many Asian Americans is not at all enviable. It has exemplified some of the worst aspects of American institutional racism: massacre, exclusion, and concentration camps were all imposed on Asian Americans at one time or another; and the newer Pacific Islanders are likewise subjected to dehumanizing discrimination. Much of the racism directed against Asian/Pacific Americans today is subtler and more "sophisticated" than in the past, but it is no less pervasive. Its subtlety and concealment can, in fact, deceive even its victims and therefore be more dangerous than overt discrimination.

Stereotyping is both a convenient and dangerous game to play with people. Many have applied it to Asian/Pacific Americans, putting their bigotry to work with unconscionable enthusiasm. Meanwhile they have ignored what Asian/Pacific Americans have to say for and about themselves.

To express the fact simply and honestly, Asian/Pacific Americans are not "all alike." Neither have they achieved the status of a "model minority" as is often credited to them. And, contrary to a common belief that "Asians have no problems," they have a myriad of unresolved problems, as individuals, as families, and as communities.

Of great concern to social workers is the tendence for many Asian/Pacific Americans to avoid seeking individual and family services when they need them the most. How to approach Asian/Pacific Americans sensibly and sensitively, and how to work with them effectively remain a challenging undertaking for all in the helping professions.

An invitation is extended here by seventeen Asian/Pacific American authors, each one a practitioner or educator in the area of human services, to share their experiences and observations as being particularly pertinent to the practice of casework, group work, and community organization among these thousands of neglected Americans. The authors' ideas and their recitals of facts explore two realms: (1) Seven articles deal with individual ethnic groups within the broad spectrum of Asian and Pacific Island peoples, leading to an appreciation of the variety and complexity of their cultural heritages, uniquenesses, and personalities. (2) The remaining six articles deal with the special problems, issues, and activities that transcend the ethnic boundaries of each of the peoples and link all Asian and Pacific Islander Americans together for mutual support, strength in unity, political expression and, above all, self-esteem.

It is especially encouraging to observe here not only that Asian/Pacific Americans have organized nationally in the Pacific Asian Coalition, but that they have also developed a prototype training program which has already begun to prepare members of these minorities for professional work in the human services delivery systems.

It is equally encouraging to learn of the rigorously developed plans for the Asian American Mental Health Research Center—probably the most thoroughgoing and potentially the most far-reaching plans of any minority group.

Several of the articles deal with, or make pertinent references to, the relatively recent immigration of Pacific Islanders Hawaiians, Filipinos, Guamanians, and Micronesians, for example—and the consequent broadening of the ethnic brotherhood to embrace these peoples.

Unfortunately, missing from this issue is any discussion of some 130,000 Vietnamese immigrants who arrived in the United States last year. The precipitous decision to bring these refugees here evidently was made without advance planning for their resettlement and integration into American life. It would appear that few, if any, ethnic minority social workers have been involved in work with these Vietnamese men, women, and children. This situation, and the stated plan to distribute these individuals and families widely (preventing formation of Vietnamese enclaves), militate against groups such as PAC having close alliance with these refugees. These factors also conspire against the study of the problems of these new immigrants and the gathering of research data—as was possible for the articles about other Asian minorities (living in relatively stable communities) which appear in this issue.

Ultimately, what these authors present—intriguing, surprising, shocking, and disturbing as it may be—will stimulate nonmembers of these ethnic minorities to reassess their relationship with and perceptions of Asian/Pacific Americans and will provide fresh perspectives for Asian/Pacific Americans themselves, who may be newly motivated to examine where they are and where they want to go. These articles, in their total impact, should also stimulate family service and other voluntary agencies, as well as governmental organizations at every level to review their current practices, minority staffing, and plans to serve these (and all) deprived Americans better.

This body of articles should have a very broad appeal to sociologists, demographers, cultural anthropologists, social psychologists, and those in the helping professions. As one of the latter, and as an "insider," this guest editor has found many insights in these articles which are germane to his counseling of minority young adult students, and to his concern for effective family service. Like him, counselors, social caseworkers and group workers, psychologists, and mental health workers generally can benefit from these articles.

It is not essential, or even suggested, that the words of these authors be accepted as "infallible;" it is insisted, however, that their testimonies be treated seriously. Their efforts to reach each reader are both sincere and forceful. Their messages merit not only our close attention but our enthusiastic and vigorous response, as well.

March 1976, Editorial Notes – The Asian/Pacific American Perspective

Asian Center Will Meet Ethnic Needs

A multi-service center to coordinate, consolidate and strengthen efforts to serve Asian-American residents in the Seattle International District has long been needed.

The Asian Community Center which will be constructed in the district seems a sensible move.

In the last several years, a number of Asian-American self-help operations have been started in the international community. This "doing-it-ourselves" is a natural response to the human needs of Asian-Americans, as these people cannot be reached and served effectively by traditional services, which lack intercultural sensitivity and bilingual capacity.

While this practice of self-help reflects the growing strength of Asian-Americans in managing and improving their environment, there are some weaknesses in such operations:

First, they result in an uneconomical utilization of human, financial and physical resources. Each organization has to have its own bilingual staff, volunteers and funding support and an office where services can be provided.

Second, self-help efforts foster an undesirable competition between various Asian-American groups. "Each one for himself" is a practice emphasized in our highly competitive American society. To follow suit, Asian-American groups in Seattle have had their share of internal dissension. The most recent incident was the struggle between the Chinese influence and the multi-ethnic orientation over the control of the proposed Asian Community Center.

Fortunately, the worst of that struggle is over, and a public corporation has been formed. Ben Woo, president of the corporation, is an able architect both in his profession and in community services. His leadership and sense of direction for the center should make the project successful.

At this time, available funds from the city ($200,000) and from the federal government ($185,000) are enough to begin such a project. The burden now is on the Asian-American community to expedite this fruitful project.

Third, "Asians Serving Asians" is a practice of separatism. It is a transitional approach necessary to highlight unmet Asian-American needs and to explore better alternatives of service delivery. But, under no circumstances should such an operation be kept separate forever from regular service agencies.

Eventually, the expertise of Asian-Americans should become a permanent force in the total system.

But politics is, after all, a game of power rather than a manifestation of humanity. Asian-Americans still lack the wealth, numbers, and political experience to have significant impact on elected officials.

An example of this fact was brought home the night of March 27, 1976, when the domed stadium had its fantastic opening. Fifty-five thousand spectators cheered.

However, the spectacle offered no comfort to the 1,000 Asian elderly of 65 years and over who live nearby in the International District. Their main concern was for the shaky future of the International District Community Health Clinic, which provides medical care by bilingual nurse practitioners at a readily accessible location.

The health care center receives financial help from a variety of sources, but it will be closed this fall unless the city and county jointly share the $117,000 expense of the multi-lingual program.

When the domed stadium was located near the International Center, reactions from the district were mixed. Joyful prospects for the business community conflicted with fears for the gloom future facing Asian elderly in the district.

A petition was circulated asking King County Executive John Spellman to consider Asians' concerns. The establishment of the health center, however, was the only positive response from the county.

Once again, we put our trust in the system to respond favorably to the needs of Asian elderly in the International District. The Asian Community Center could serve this need, could house the community health center, and could eventually become a real multi-service center for Asian-Americans.

Seattle Post-Intelligencer – Sat., April 3, 1976: MINORITY VOICES

Asian Immigrants Need Helping Hand

Asian-American immigrants in this country are plagued by a great many problems, but the worst are unemployment and underemployment.

When the 1965 Naturalization and Nationality Act ended the century-old restrictions against immigrants from the eastern hemisphere, thousands of Asian immigrants came here in pursuit of the American dream.

Sadly, despite their dedication to hard work, these newcomers often face a struggle for survival. They could make a much greater contribution to society, if it weren't for the roadblocks that exist.

The alarming situation of unemployment and underemployment was dramatically described in a thought-provoking program, "Another Point of View," which was aired on KING-TV last week. Tran Ba Hoi voiced his deep concern over the condition of Vietnamese immigrants, and Sil Kim reported the shocking findings of his research on Korean War brides.

Through my work as a counselor, I hear many similar stories. It is tragic to witness the frustration and sadness of many Asian-Americans who are unemployed or grossly underemployed.

It's not enough to blame the sagging economy nor to assume that Asian-Americans, along with other minorities, should suffer more because they are outside the mainstream. It's inconceivable that we can allow this underutilization of human resources to continue.

To meet the vocational needs of Asian-Americans in this state, we have two types of programs: the ESL (English as a Second Language) classes and vocational-technical courses offered through the community colleges or training institutions such as SOIC (Seattle Opportunities Industrialization Center.) These programs, however, have limitations, among them:

- The ESL classes usually are not designed to meet the vocational needs of Asian immigrants.
- With the exception of programs offered at Seattle Central Community College, the ESL classes don't have a bilingual approach. Therefore, they are less effective in helping Asian immigrants to learn English or to develop a positive self-image.
- The vocational-technical programs in existence are designed exclusively for the English-speaking students. As a result, Asian students struggle very hard without being able to accomplish much. Sometimes they are excluded when verbal aptitude scores are a prerequisite.
- Many Asian immigrants must maintain a full-time job in the afternoon or night shifts while pursuing full-time studies during the day. This robs them of favorable learning conditions. Quite often they are forced to drop out in order to qualify for minimal jobs.
- Counseling services sensitive to Asian students' needs frequently are unavailable. Too often, Asian students are advised to enter programs to fit their level of English achievement, rather than their level of ability.
- Job placement – the finishing touch of a vocational training program is seldom integrated into the existing structure.

Facing all these handicaps, Asian immigrant enrollees are quite vulnerable when striving to succeed in the vocational programs. We really don't have any programs designed to accommodate their bilingual and bicultural needs.

Surely, it's time to review and improve significantly all existing vocational programs to better serve all students. Improving these programs will benefit not only the students involved, but the total American society as these students become useful citizens.

Seattle Post-Intelligencer – Sat., June 5, 1976: MINORITY VOICES

Next Time, a Joint China-Taiwan Team?

Taiwan's withdrawal from the Olympic Games in Montreal brought forth some very strong opinions.

Senator Goldwater, a long-time defender of Taiwan, suggested withdrawal of U.S. participation under the circumstances. Goldwater's stand was seconded in Seattle by the KIRO editorial commentator on July 13, 1976.

Pierre Trudeau, Canadian prime minister, insisted that "if (the athletes) come from Taiwan, they should come as Taiwan, not China." He further suggested that Taiwan's rejection of the International Olympic Committee's ruling was more a display of political consideration than an expression of athletic interests.

So here we are, as the Chinese say: "The father-in-law claims that he has presented the convincing argument while the mother-in-law declares that she has really made her points."

At the time when the Olympic Games have just concluded and our memory of the event fresh, we should assess the Taiwan issue and examine its implications.

Until 1971, Taiwan was successful in holding off the admission of the People's Republic of China into the United Nations. Nevertheless, 1975 marks the beginning of Taiwan's retreat from the international Olympic Games unless Taiwan joins with Peking as one China team in future Olympic events.

The U.S. ping pong team visited Peking in the spring of 1971 and paved the way for normalization of relations between the U.S. and China. A joint venture of the athletes from Peking and Taipei might be a concrete step in bridging the gap between "two brothers in quarrel" for many years.

Regrettably and tragically, a state of hostility has existed between Taiwan and Mainland China for more than a quarter of a century. To control Taiwan and to justify the existence of a national government on the island, Chiang Kai-Shek – and his successor – presented a distorted, negative picture of Mainland China to the people in Taiwan. This technique, however, has proven less effective as the years go by.

Last year China released from prison ten generals and colonels formerly under Chiang's command. They elected to go to Taiwan with Peking's approval. However, Taiwan firmly rejected their repatriation, a most unusual act of refusing their own comrades to return home.

In this election year, all American presidential candidates have offered plans to continue normalization of U.S.-China relations. However, they all face the same task of explaining how to handle the issue of de-recognition of Taiwan as the Republic of China.

I believe the U.S. is in a strategic position to facilitate the process of a peaceful reconciliation between Peking and Taipei. However, this mission could be done not so much by trying to get "some assurance by China that it would not invade Taiwan," but by providing the persuasion and conditions under which the communication and meaningful contacts between Taiwan and China can and will take place.

If Washington were to inform Taipei that the defense treaty with Taiwan will be terminated at the end of three to five years, then Taiwan would have time to explore a peaceful settlement with Peking. People on both sides of the Taiwan Strait should be encouraged to correspond with each other; a visitor-exchange program initiated; trade of Mainland China's natural resources with Taiwan's industrial products arranged and a joint team for Olympic Games formulated.

All these measures would ease misunderstandings and animosity, then build up trust and brotherhood. In due time, the call for unification of China will become feasible and desirable for both parties. A China, peacefully unified, would not only conclude a disturbing chapter of Chinese turmoil, but in the long run, enhance prosperity in Asia and provide stability to the world at large.

Seattle Post-Intelligencer – Sat., August 7, 1976: MINORITY VOICES

Gang Fights: 'Only Tip of an Iceberg'

Two weeks ago, a case of physical violence occurred in South Seattle. Asian students from two schools were involved and the victim, a Filipino student, was badly hurt and ended up in the hospital.

In the past several years, gang fights have happened more than once among different cliques of Asian students from South End schools where the concentration of Asian students exists.

This time the incident alerted both the local Filipino and Chinese communities. Representatives of Filipino Youth Activities and Chinese Affirmative Action met to discuss its implications. This joint effort reflects a community involvement in developing strategies and initiating action to ease tension and to prevent similar tragedies.

Gang fights involving Asian students reveal only the tip of an iceberg of some very serious social problems faced by Asian immigrant families. When their parents came to the U.S., they had many strikes against them as they adjusted to American society. The hurdles, to mention only a few, include language difficulties, cultural differences, limited community support, a tight labor market and practices of discrimination.

In non-English speaking Asian immigrant families, teen-aged children constitute a serious problem in education. The teenagers are usually trapped in an awkward situation – too old to learn English with as much fluency as younger immigrant children and too young and inexperienced to be gainfully employed.

Bilingual staff and programs in certain public schools provide some assistance to them. However, the roots of the problems facing such students go much deeper than what could be handled traditionally by an educational approach within a school setting.

When school curriculum is beyond their reach, schoolteachers and administrators see them as confirmed "problem" students. Their parents furnish no model and pride to them. Their community provides no constructive guidance or employment of appropriate recreations. The process leads to the formation of an angry and alienated Asian youth. When left alone to find their own solutions, their outlets for self-expression and their means of personal gratification, they turn to mischievous adventures to demonstrate their existence and to get public attention.

When kids become "wild," their Asian immigrant parents are tortured by very puzzling questions: "How could my kids turn into such 'strangers' and 'monsters'?" "How could they treat me with such disrespect and ungratefulness when I work so hard to support them?" "How come I have completely lost them when they live right under my roof?"

One Chinese student commented on his relationship with his father: "I seldom see him at all. He keeps such weird hours, working at a restaurant. It won't do me any good seeing him anyhow; he can't answer my questions…"

The problems of delinquent Asian youth are, therefore, complex and involved. To tackle problems of such dimension, we need the coordination and commitment of many parties.

- We need a more stimulating and responsive school environment to treat Asian immigrant students with understanding, firmness, and persuasion for positive changes. Of course, in a school setting everything counts such as the school philosophy, curriculum, instruction, counseling, student activities and various services. They all contribute to the academic and personal progress of students.
- We need more initiative and participation of parents to communicate and cooperate with schools in activities and arrangements conducive to student learning.
- We need a more forceful and meaningful community input to monitor school activities, to assist students' parents and to provide community resources for student growth.
- We need more exploration for government funding or special programs that positively facilitate student development. This effort might be expanded to include efforts of parent education and parent employment upgrading. The stronger the position of their parents and the healthier the school environment within and beyond, the better the chances for Asian immigrant youth to become productive citizens and to fulfill their American dreams.

Seattle Post-Intelligencer – Sat., October 9, 1976: MINORITY VOICES

At Last, Asians Test the Political Waters

During the 1976 presidential election, something exciting happened to Asians in Washington State. They formed a grassroots movement, "Washington Asian-Pacific American Political Caucus," and supported the Carter-Mondale ticket.

Volunteer caucus workers had a busy time in the two months. They held strategy meetings, presented their concerns to Carter campaign headquarters, organized a rally, conducted press conferences, met Senator Mondale and Mrs. Carter during their tours of Seattle, and assisted in mailing and telephone calls.

An important stimulus to activities by Asian-Pacific Americans here came from the Democratic Presidential Campaign Committee, Ed Chow, an Asian-American, who was appointed assistant campaign director in Washington State. Both the director of minority affairs and the director of Asian affairs came to Seattle from Georgia. Asian-Pacific Americans responded positively to such encouragement.

For a long time, Asian-Pacific Americans have been reluctant to transform their political awareness into collective actions, even though they understand that politics is a way of life in America.

While they know that being visible, organized and affirmative gets the job done, they duck active participation in the political process. Why? Why is there such a gap between their realization and action? Are they necessarily "slow learners" in the American political dynamics?

Some people might answer that "Asians are no good at politics to begin with. They don't know how to organize, maneuver, or press a point." But this isn't a valid answer.

Without being politically savvy, could the Chinese have survived racist attacks in 19th and 20th Century America? Could overseas Chinese have established themselves in many foreign countries? Could the late Chairman Mao and Premier Zhou Enlai have developed political mastery?

It is not true that Asian-Pacific Americans have no talent for politics. Instead, they have been handicapped by a number of factors.

It hurts Asian-Pacific Americans to be cast as passive, nonpolitical, and not managerially inclined. "They make good technicians, engineers, but..." Such an image kills any talent search among Asian-Pacific Americans for political pursuit or appointments.

"It's too bad that we could not use him, a man of such strong educational background, but no track record..." How can anyone establish a track record if he is not allowed on the track?

Another factor affecting Asians in their political achievement is their self-image of what they can do in America. As a minority group, they may see their best opportunities outside the political arena. This view serves to deflate their political motivations and discourages pursuit of an academic path leading to political careers.

Asian-Pacific Americans also suffer from the same handicaps borne by most other minorities. These groups generally are characterized as being small in number, poorly organized and without financial resources. Translated into political terms, this means: "Who needs to worry about Asians?"

Because of cultural differences, candidates of Asian descent have to struggle to project the "appropriate" political image: assertive, self-assured, and glamorous.

White politicians usually win elections by concentrating on white constituencies. When Asian-Pacific candidates appeal to the same groups, they are criticized as being unconcerned about their own people. What a dilemma they face.

Seattle Post-Intelligencer – Sat., November 27, 1976: MINORITY VOICES

Letter to Editor

President Jimmy Carter's pardon of draft evaders aroused mixed reactions from the American public and Capitol Hill.

Many praised the act of forgiveness, while some veterans turned in their military decorations in protest. Still others suggested that the pardon was a job half-done.

To begin with, draft evaders had a good variety of motivations. Some opposed the Vietnam War vigorously for moral, religious, political, or humanistic reasons, while others acted solely for their own preservation. And there were those who fell somewhere in between.

To evade the draft, one had to fight against various conceivable constraints, such as "obligations of a patriotic American," "test of courage and masculinity" and "disappointment to loved ones who despised evaders."

It is, therefore, "mission impossible" to classify all draft evaders as a whole or to judge them categorically. I have a good friend, Mike, who was a draft evader but also a person of profound insight and great courage.

He loved America too much not to act out his convictions. He evaded the draft after his appeal as a conscientious objector was rejected. However, he risked his life at the front in Vietnam as a freelance war correspondent.

He reported enthusiastically and truthfully about the Vietnam War, its waste, crime, and inhumanity. Consequently, condemned as a "draft evader," he was hunted by the United States Government as a criminal for several years to come.

Not every draft evader was as involved and courageous as Mike but suffice it to say that there were both heroes who fought the war and brave ones who refused.

As individuals of free will, we may choose to disapprove our national policy or involvement in a particular direction.

When that happens, what shall we do? How long and how patiently shall we wait for its rectification through legislative mandates and/or administrative actions? How soon and how openly shall we act individually to reject our duties as citizens?

How shall we strike a delicate balance between the stability of law and order and the mobility of timely change activated by personal defiance and risks? As we have the vanguards to maintain legitimacy, do we also need nonconformists to enlighten us by acting unconventionally, precariously, and sometimes, unlawfully?

Could it be true that occasionally certain categories of people expose themselves to speed change? Then some draft evaders did qualify to join that rank.

President Carter's pardon to draft evaders not only recognized the imperative of healing our nation's wounds, but also preserved the American spirit of humanity and self-renewal that has distinguished herself as a great nation.

Ask not whether the pardon to draft evaders was justifiable; ask only whether we have enough humanity to ourselves and compassion for others to negate the necessity of raising such a question.

The Seattle Times – Sat., March 5, 1977

Shipping Out Aliens Not the Answer

Is there a simple answer to our unemployment problem? Some say there is: Transport all illegal aliens back to the countries of their origin.

This solution has had the backing of the U.S. Immigration and Naturalization Service Commissioner, Leonard F. Chapman, Jr. (Chapman reportedly has been replaced by Leonel Castillo). While Chapman headed the service, he asked Congress for additional budget for more immigration agents. They, in turn, would catch more illegal aliens and deport them.

Similar suggestions have come from many quarters. Recently, a Seattle VFW post passed a resolution urging the government to seek out illegal aliens and remove them from U.S. soil. The thinking is simple: "There are about eight or nine million illegal aliens in the U.S. They outnumber unemployed Americans. If they were all removed, there would be no unemployment here."

At present, the Immigration Service in Seattle and Spokane routinely rounds up illegal aliens and trucks them away. Agents hit the Yakima Valley, Wenatchee, and Spokane areas.

Six thousand arrests were made last year. This chasing-catching-shipping business seems endless. It goes on in other places, too. In San Francisco, Los Angeles and New York, the sizeable Chinese enclaves are popular with immigration agents.

But will these practices really solve unemployment problems?

If shipping illegal aliens out would instantly solve unemployment, then perhaps President Jimmy Carter should immediately "declare war" on illegal aliens, seal off our borders and track down the illegals. Maybe we should have rewards for illegal alien catchers.

However, before we leap to such simplistic solutions, it helps to recall some incidents from our past. Before the turn of the century, Americans blamed Chinese immigrants for working "willingly" for low wages and displacing white workers. The cry was: "Chinamen, go home." Congress responded by passing a Chinese Exclusion Act in 1882. It was the law for 50 years.

Several years ago, organized labor blamed foreign students for replacing American workers in the labor market. Union demands led to the immigration service tightening up on temporary work permits for foreign students.

Each time when the going got tough, there was always a certain group of people to blame. The assumption was "if we can fix them, we are saved."

The current illegal alien situation raises relevant questions:
- Who has lobbied to keep Congress from passing laws that could, once and for all, stop employers from hiring illegal aliens?
- Who has benefitted most from the illegal alien traffic to the U.S.?
- Who arranges and protects the entry and stay of illegals into the U.S.?
- Who "accidentally" passes the word to immigration agents to show up and arrest illegal aliens after the seasonal work is done and they become unneeded?

We may not know exactly who they are, but we do know they are not illegal aliens. Whoever they are, they have good reasons for keeping the system operating as it is today.

Today, American minorities suffer higher unemployment rates than their white counterparts, but the remedy to their joblessness cannot be found in the "illegal alien go home" formula that sounds so persuasive at first.

When Mexican President Lopez Portillo met President Carter at the White House in February 1977, they discussed the illegal alien problem. Carter appointed a cabinet-level committee to study this complicated issue. The results of the study may bring about development of a new U.S. immigration policy.

What's needed is consideration of all the various alternatives. To what extent will the American unemployed jump into jobs left by illegal aliens? How much has the illegal alien force really damaged, or contributed to the American economy? If we change immigration procedures, how will that affect agriculture, labor, and consumers? How do immigration policies fit in with economic needs and social and humanitarian considerations? Will it affect our foreign affairs?

Undoubtedly, there is no solution that can please us all, but a serious effort is needed in dealing with the sensitive human issues at hand. Hopefully, the answer does not lie in an all-out effort to catch all illegal aliens and deport them simply because we have deluded ourselves into thinking that will result in full employment.

Seattle Post-Intelligencer – Sat., April 16, 1977: MINORITY VOICES

Asian-American Myth

America is a land of freedom and opportunity. However, there is more opportunity for the rich than for the poor; more freedom for the strong than for the weak; more of both privileges for the white males than for the minorities and women.

In this highly materialistic and individualistic society, one' potential to preserve and promote self-interest depends heavily on two qualifications: an ability to make "big money" or a way to cause a "great trouble."

Asian-Americans, being polite, quiet, and industrious have not excelled in either capacity – wealth or force. Consequently, they are in the same boat with other minorities, the poor or the weak. Their influence upon American political process is minimal; their vulnerability as a target for exploitation is great.

When President Gerald Ford spoke for the first time as president to a joint session of Congress on Aug. 2, 1974, he firmly pledged: "To the limit of my strength and ability, I will be the President of the black, brown, red and white Americans..." The "yellow" race of Asian-Americans was conspicuously omitted from his pledge. This "presidential slip," perhaps, reflects the inclination of the nation as a whole to forget Asian-Americans conveniently from time to time.

In the early years of exploration of the West, human greed and selfishness took command during economic competition and resulted in exploiting Asian laborers. Later discrimination spread from local harassment to the U.S. Congress where a variety of discriminatory laws were passed against Asians.

Discrimination against Asian-Americans continues today. During World War II, of course, "a Jap is a Jap" was enough to put thousands of American citizens of Japanese ancestry in relocation camps.

An FBI announcement in Chinese was posted on the walls of every large American Chinatown in the winter of 1971-1972, urging Chinese Americans to report to the FBI if they suspected someone of being a "communist" or "Maoist spy." Why was this "invitation" extended to Chinese Americans and not to Russian American citizens urging them to do the same? The FBI's distribution of such posters had too much of a racist bias to disguise itself.

So often we hear of the "success story" of Asian-Americans – they have achieved the status of "model minority" and they can "always take care of themselves."

It is untruthful and damaging to perpetuate an Asian-American "success myth," even though it does say: "Be happy and satisfied, Asian-Americans. You have already made it"; "Be smart, other minorities. Try harder like Asian-Americans"; "We have a happy ending with Asian-Americans. Relax, establishment." Have you ever seen such a fantastic case of killing three birds with one stone?

But let's look at the real Asian-American story. According to the 1970 Census, the income of Chinese Americans is below U.S. average, even though Chinese males top the nation in their percentage of college degrees. Forty-one percent of Chinese males earn an annual income of less than $4,000, considerably higher than the national average of 31 percent. And the income of Filipino Americans is near the rock bottom for all Americans. Today, elderly Asian-Americans and new Asian immigrants are troubled by many serious problems.

However, it is both cheerful and exciting to see the growing strength of a grassroot movement involving many younger Asian-Americans, who are bringing social change to their communities. Their patience is running out. Their waiting period is over. They are acting now.

In Seattle we have just witnessed the birth of a Health Clinic in the International District. It is a product of the joint efforts of many concerned Asian-Americans, including County Councilwoman Ruby Chow. Filipino Youth Activities has established reputation as a viable organization for Filipino American. The Interim Office, the Asian Counseling and Referral Service, the Chinese Information Center, the Chinese Radio, and the Chinese Affirmative Action group are additional examples of Asian efforts to help themselves. It is hoped that such self-help practices eventually will stimulate the establishment to improve services for all Americans.

We did not create the world, but we can make it better for everyone. To be a part of that positive influence, we have to modify our sole occupation in profit-making and exploitation to accommodate more concerns in social and human terms. It would be a great step forward,

indeed, if we manage to temper our "rugged individualism" with a touch of "collectivity."
Seattle Post-Intelligencer – Sat., June 6, 1977: MINORITY VOICES

Hope for Closer Ties with China

U.S. Secretary of State, Cyrus Vance, is scheduled to visit the People's Republic of China for five days starting August 22, 1977. His mission will be to consult with the Chinese leaders about normalizing U.S.-China relations.

Many expect Vance's trip to bring about closer ties to Mainland China.

At an Asia Society banquet in New York on June 29th, Vance announced the Carter administration's first major policy declaration on China. He emphasized that China's role in maintaining world peace is vital and that it is important for the U.S. to establish constructive relationships with China. He said such a relationship "will serve only peace and threaten no on." Vance said that the U.S. will proceed to strengthen ties with the People's Republic of China, leaving the Taiwan issue to be settled by the Chinese themselves.

At a press conference on June 30th, President Jimmy Carter reaffirmed Secretary Vance's statement that the U.S. wants to explore ways to normalize its relationship with China.

Although no one can predict the outcome of Vance's trip to Peking, there are certain long-term advantages to normalizing relations between the two countries.

Cultural, historical, and geographical differences between U.S. and China have led each nation down its unique path of national traditions and achievements. We Americans, enriched by the pioneering spirit, have built the strongest and richest country on earth. We have proudly developed our capitalist system that stresses free enterprise, individualism, and conquest of nature.

Drawing strength from their great traditions and responding to their sufferings under foreign imperialism in the 19th and 20th centuries, the Chinese have developed a socialist system that promotes state planning, collectivity, and self-discipline.

The American capitalist system favors the strong and the able, giving them powerful incentives for self-advancement. Competition is the rule. Our system operates on the assumption that the supply of natural resources is potentially unlimited under the probe of modern technologies.

This system, however, does breed many professional crimes and social evils. It commercializes our lifestyles and dehumanizes our human relations.

The Chinese socialist system, on the other hand, stresses communal sharing, a balanced development, and limitation on the privileges of the elite. "Serving the people" is the highest measurement of personal worth, not individual advancement. Nature is not to be exploited but treated with care for long term benefits.

The socialist system, nevertheless, confines the imagination and drive of those who are more egocentric or less imbued with social concerns. Such people, however, are often the ones most capable of advancing themselves in a capitalist society.

The two systems have their particular strengths and weaknesses. Perhaps the world today is both lucky and spacious enough to accommodate both systems and will see their coexistence for many years to come. Then perhaps what will come about is a modification and improvement of both as a result of their prolonged interaction.

Some time ago, both Dr. Margaret Mead, an eminent American anthropologist, and Dr. Joseph Needham, a world-renown British historian, commented on the China experience and its implications to the world. They noted that the Chinese are endeavoring to reconcile economic rationality with other qualities of life. The Chinese experiment merits our attention.

The earlier the normalization of relations between U.S. and the People's Republic of China, the more frequent and productive will be the dialogue, exchange, and stimulation between the two. Both nations will emerge better equipped to contribute more vigorously to world peace and the well-being of all mankind.

Seattle Post-Intelligencer – Sat., August 6, 1977: MINORITY VOICES

Bakke Protest

Here in Seattle, as well as in 16 other U.S. cities, people will come together to protest the California Supreme Court decision in the Bakke Case on "reverse discrimination." The Seattle march and rally will be held at noon today in front of the Federal Courthouse.

This country has come a long way from 19th Century days when it was a crime for black slaves to learn to read. The slaves have been freed; women given the right to vote; and school children spared the pretense of "separate but equal" education. In the 1970's affirmative action programs work to correct the past injustices. Yet, the affirmative action programs to admit more women and minorities to professional schools now are being attacked as examples of "reverse discrimination" against white males.

Just how far can we afford to go, concentrating on a "me-first-you-never" philosophy?

Affirmative action programs are not magic formulas to cure all evils, but a very fundamental and necessary human experiment meant to benefit all. The programs are a gradual but important way to redress yesterday's wrongs.

Critics of affirmative action programs use many arguments to show why such programs are actually reverse discrimination. They say: "It is a violation of equal treatment. No one needs to suffer the psychological burden of being rejected or accepted on racial grounds."

They say: "Americans believe in the merit system. Affirmative action violates this scared principle."

A Wall Street Journal columnist has developed a rationalization for blacks, suggesting that it would be a "put down" for them if they have to be recruited under affirmative action. Obviously, this columnist is too well fed to understand starvation, too well read to understand inadequate education.

President Lyndon Johnson countered such arguments in an address at Howard University in 1965. He said: "You do not take a person who, for years, has been hobbled by chains and liberate him, bring him up to the starting line of a race and say, 'You are free to compete with all the others,' and still believe you have been completely fair."

Affirmative action has come to national attention because of the Bakke Case, which will be heard by the U.S. Supreme Court on October 12, 1977. Allan Bakke, a white male who was twice refused entrance to the University of California at Davis's Medical School, sued, contending the school's affirmative action program denied white applicants the equal protection of the laws. The California Supreme Court agreed, and now California regents are appealing to the U.S. Supreme Court.

The court's ruling in this case will have a far-reaching impact on the future of affirmative action both in college admissions and employment.

The issue at hand is not whether Bakke is better qualified than the minorities who were admitted. The issue is whether there are any better arrangements than affirmative action to achieve social justice and human equality.

Education and employment are the two sure channels for individual betterment in the U.S. system. Affirmative action helps minorities and women to start their race, hopefully to a better finish.

Admission to a school does not equal graduation, and employment does not ensure success. There are 101 hurdles in studies and employment that confront women and minorities. Who says it is such a great favor just to admit them into the rat race?

White males long have enjoyed their privilege to have a white male president, doctor, or attorney, but minorities, too often, are denied the opportunity to find such people of their own backgrounds. They, too, should share the expectation of having more of their own become professionals. Affirmative action is a first, necessary step toward such a realization.

Those who join the march today, those who support the overturning of the Bakke decision do so with no malice toward Bakke. On the contrary, they care strongly about Bakke, about minorities, about women and about the United States. A verdict striking down affirmative action would greatly damage social justice and human equality.

Seattle Post-Intelligencer – Sat., October 8, 1977: MINORITY VOICES

Skills Are More Than Skin Deep

A female native American social worker recently was hired as a counselor for the Chicano division of the University of Washington's Minority Affairs Office. Her appointment drew criticism and resistance from those who questioned how effective a native American would be in working with Chicano students.

It is not surprising that members of various minorities, when it comes to protecting the few professional positions available to them, have almost territorial instincts. However, as more and more of these positions open up, we need to look at who will fill them from a broader perspective.

In most cases it is true that minority candidates for job openings in the helping professions can be expected to serve clients who share their ethnic backgrounds better than professionals who are not acquainted with those ethnic backgrounds. But a shared ethnic background should not be the only factor determining which applicant is hired for the job. It takes much more than the simplicity of an ethnic matching to guarantee a successful relationship between a counselor and a client. Ethnic matching might give minority counselors a head start in their jobs, but it by no means assures continued competence. After all, counselors are human and there are enough of them in various "colors" who should not be counseling anyone at all.

For a counselor to serve clients of a different ethnic background is a difficult and challenging task but not a mission impossible. Usually, a competent counselor can find some way to assist any client as his or her professionalism is brought to bear on the task. In my opinion, many clients are more appreciative of the efforts and accomplishments of a counselor who has overcome the barriers that normally exist between people of different cultural origins.

In our efforts to change a system that for the most part ignores the basic professional and personal needs of minorities, we cannot afford to become dogmatic about ethnic matching. Instead, we should encourage the professional growth of all people and join forces with anyone who desires to bring positive changes to the system.

Today we are seeing one native American hired to counsel Chicano clients. Tomorrow we may see many minority counselors serving many different kinds of people. Eventually, our maturity will allow us to appreciate and serve all people regardless of their ethnic backgrounds.

By then, affirmative action programs and minority affairs offices will no longer be necessary. We will all truly have become members of one big happy American family.

Seattle Post-Intelligencer – Sat., December 3, 1977: MINORITY VOICES

Asians Weren't Welcome Here

The Immigration and Naturalization Service (INS) of the U.S. Department of Justice usually is the first federal agency to deal with those who want to become new Americans.

Historically, however, the INS has given Asian immigrants more than their share of scrutiny and not enough of a welcome to this land of freedom and opportunity.

Around the turn of the 20th Century, many Chinese immigrants were subjected to exhaustive questioning and inhumane treatment. When they landed in San Francisco, the Chinese were sent to the notorious Angel Island detention facilities. Such unfortunate beginnings remind of racial discrimination against Asian immigrants.

The other day I went to the Seattle Immigration and Naturalization Service and picked up a copy of the service's booklet, "Our Immigration." It provides a quick history of U.S. immigration.

To describe the masses who flocked to America a century ago, it said: "Between 1881 and 1920, 2.35 million aliens were admitted for permanent residence. Nearly 90 percent came from Europe."

In those years, U.S. industry was looking for a source of unskilled and undemanding labor. Industrial expansion demanded a greatly increased labor force. Yet, despite needs, a very selective approach was used toward Asian immigrants. The immigration service booklet says:

"By 1880, immigrants had become a problem requiring more attention by Congress. In addition to the Chinese Exclusion Act and contract labor law, Congress passed several acts between 1880 and 1920."

This paragraph tries to gloss over, briefly, and inconspicuously, an ugly page in U.S. history – the violent discrimination against Asians. Even to this day, U.S. immigration officials prefer not to recall such incidents. The pertinent question is: "Why, when immigrants were needed, when immigration was in full swing, were Asian immigrants blocked by acts of Congress?"

The Chinese Exclusion Act that passed in 1882 was not repealed until 1943, allowing the establishment of annual Chinese immigration quota of 105. Then a 1946 presidential proclamation increased the Filipino quota from 50 to 100.

Modest as these numbers were, nevertheless, they showed a significant attitude change and a reversal of immigration practices.

Between 1946 and 1959, more than three million immigrants came to the U.S. Most of these immigrants, however, came from Europe, including many from the nation's recent enemies from WWII such as the Germans, and the Italians. Asians were admitted very selectively as war brides, orphans, and refugees. These Asian immigrants constituted a pitiful share of the total immigrant volume.

Not until the passage of the Immigration and Nationality Act of 1965 which abolished the quotas based on national origins were Asians permitted to come here in significant numbers.

Through my professional and community activities, I have from time to time contacted the Seattle INS office. I recall both friendly and frustrating experiences.

Some officials there are rude and insensitive in dealing with their clientele. Once I phoned an INS investigator on behalf of an alien unable to speak English well. The investigator was more interested in finding out who I was rather than listening to the problem that provoked the phone call.

Recently, a young Asian woman, a University of Washington graduate, took her citizenship test. She was asked a number of potentially embarrassing questions, including whether she had engaged in prostitution. She said, "No." Following each reply, she was asked the follow up question: "Are you sure?" This insensitivity is by no means an isolated case.

It is encouraging that ranking officials with the Seattle INS generally are understanding when such issues are brought to their attention. However, these attitudes need to filter down to the operational level where most individuals make their contacts.

To treat people with sensitivity and courtesy speaks well for the American spirit and the Immigration and Naturalization Service is good a place as any to demonstrate such spirit.

Seattle Post-Intelligencer – Sat., February 4, 1978: MINORITY VOICES

Parade Due on Bakke Case

The Seattle Chapter of the National Committee to Overturn the Bakke decision will hold a demonstration on April 8, 1978. A march will begin at 1:00 PM from Hing Hay Park in the International District to the Federal Court House at 5th and Madison. A program to include speeches and singing will commence at 2:30 PM.

The United States Supreme Court is presently deliberating the Bakke case arising out of a "reverse discrimination" suit filed by a white man, Allan P. Bakke, against the University of California at Davis Medical School. Bakke contends that the special admissions program at Davis is unconstitutional because it violates his rights guaranteed by the Equal Protection Clause of the Fourteenth Amendment. Bakke, in other words, claims he was discriminated against in favor of minorities.

If the United States Supreme Court decides in favor of Bakke, the decision will institutionalize the legal concept of "reverse discrimination," hamper severely all affirmative action programs, and offset the achievements in the last 20 years for non-white ethnic groups in the areas of health, education, and employment.

The federal government's position in the Bakke case is against Bakke and also against Asian Americans. The government's brief on the Bakke case challenges the constitutionality of the rights of Asian-Americans as "minorities" and as participants in affirmative action programs. The federal government bases its position on superficial and misinterpreted statistics which reveal neither the true status of Asian-Americans nor the plight of recent Asian immigrants.

In the late 19th and early 20th centuries, Chinese immigrant workers were subjected to massive violent attacks during the white men's campaign of "Chinamen, go home." The passage of the Chinese Exclusion Act in the U.S. Congress in 1882 arbitrarily denied rights to Chinese immigrants on ethnic grounds.

Many of them were forced to flee the United States during that time. Then Japanese Americans were corralled into relocation camps in the Midwest during the Second World War in punishment for their ancestral inheritance.

In the past several decades, Asian-Americans in the United States have had to live with or live up to the label of "the model minority." They are praised as being well-mannered, hardworking, and highly educated. This stereotyped image, however, increases problems for Asian-Americans in their struggle for racial, social, and economic equality.

Racial discrimination persists today despite claims to the contrary. The Bakke case decision by the Supreme Court will have significant impact no less for Asian-Americans as for all minorities and women.

As a matter of fact, the continuing struggle for equal opportunity and against racial discrimination is a task for all Americans regardless of their ethnic origins.

Bakke's supporters contend that affirmative action programs favor minorities on account of race alone. Ironically, before the radicalism of the 1960's which gave birth to affirmative action programs, the existing practices especially in higher education, did give members of one race the advantage over another on the basis of race alone. The advantage at that time belonged to the white majority.

For a long time, blacks, Asian-Americans, and other non-white minority groups were discriminated against in their admission to law schools, medical schools, and graduate schools.

The Supreme Court is expected to hand down its decision sometime this month or next. Its decision should overturn the Bakke case to pave the way for a long journey toward achieving

social equality and human justice in our beloved country of the United States of America.
Seattle Post-Intelligencer – Sat., April 1, 1978: MINORITY VOICES

People-to-People Exchanges with China

Without much fanfare, people-to-people exchanges between this country and the People's Republic of China have been stepped up. Two delegations, for example, recently visited Seattle, their last stop before returning to China.

One group was a Petrochemical Delegation, sponsored by the National Council for U.S.-China Trade, the other, a Marine Science Delegation hosted by the Committee on Scholarly Communication with the People's Republic of China.

The marine scientists were headed by Lo Yu-Ju, deputy director of the National Bureau of Oceanography in Peking. They visited seven states in the U.S. to observe American oceanographic research and experimental techniques.

At Woods Hole Oceanographic Institution in Massachusetts, they were welcomed by Senator Ted Kenney, who said, in part: "I see this as an important start in the development of strong links of cooperation between the scientists and scientific workers of both countries. Oceanography is not and can never be the scientific domain of any single country. It will always depend on the joint work of all nations interested in studying the sea. Future ties between Woods Hole and Chinese sister institutions, and individual contacts between the scientists of our two countries, will make a vital contribution both to science and our mutual understanding."

In Seattle, the Chinese scientists toured the Pacific Marine Environmental Laboratories on May 24, 1978. The next two days were spent at the Department of Oceanography at the University of Washington. The Chinese and their hosts exchanged dinner invitations.

Lo Yu-Ju, a visitor here on three previous occasions, said that he had been overwhelmed by the enthusiasm and hospitality of the American scientists. Lo predicted that the exchanges would lead to better cooperation and would benefit both countries. A U.S. marine science delegation will visit the People's Republic in September.

Three national organizations in this country are active in arranging official exchange programs with the People's Republic. They are the Committee of Scholarly Communication with the People's Republic of China in Washington, D.C.; The National Council for U.S.-China Trade, and the National Committee of U.S.-China Relations in New York City, which has brought to the U.S. various sports delegations and displays of Chinese archaeological treasures. A 180-member performing troupe from the PRC will begin its U.S. tour this summer under committee sponsorship.

Two U.S. organizations are involved in people-to-people exchange programs. The U.S.-China People's Friendship Association has sent to China thousands of Americans including many from this area.

The National Association of Chinese Americans (NACA) began to sponsor China tours this year. Dr. Yang Cheng-Ning, physicist, and Nobel Prize winner is NACA's president. So far, the organization has ten chapters, among them a Northwest division. Aim of the association is to promote friendship between the U.S. and the People's Republic of China and to advocate immediate establishment of full diplomatic relations between the two countries.

While the Chinese scientists were touring the U.S., Zbigniew Brzezinski, President Carter's National Security Adviser, was in Peking trying o find ways of improving relations between the U.S. and the People's Republic. The complexity and seriousness of world affairs today demand such an improvement to safeguard America's interests.

What U.S. leaders must decide is how soon to normalize relations with China. This country cannot afford to stay in its present state of impasse.

Meanwhile, the people of both countries can benefit from interaction. Normalization of U.S.-China relations is essential to providing a more stable world situation. Such a move would be a boon to all mankind.

Seattle Post-Intelligencer – Sat. June 17, 1978: MINORITY VOICES

Fairness Benefits All

Many of us view affirmative action programs and the Bakke decision as a battlefield to decide the final fate of two rivals – white males versus minorities and women. It is a clear-cut situation of "you win, I lose." "When you got your job, I lost mine; when you got promoted, I was by-passed."

However, can we really diagnose this important human issue in such simplistic terms? Could it be true that the implementation of affirmative action programs will bring to all of us certain long-term advantages that will far outweigh the short-term inconveniences to some of us? Could it also be true that the implementation of affirmative action programs can make both parties winners, while its abolishment could make us all losers?

A cover picture on Newsweek several months ago did a marvelous job of illustrating the "wind-lose" view. It portrayed a white student and a black student engaging in a tug-of-war, each holding one end of a rolled diploma. This picture gave the impression that the diploma was the last and only diploma to possess. So, the white and black had to fight it out.

But who knows – there could be diplomas for both.

American women and minorities made their most significant breakthroughs in employment during World War II, as they took on many tasks previously forbidden to them. This fact proved the capabilities of women and minorities, and their great potential for productivity.

Today we don't have a shooting war with any foreign countries, but we do have serious domestic problems such as inflation, energy shortages, urban crises and racial conflicts. To bring solutions to these problems, we have to have a society that stresses social equality and justice for all.

The encouragement that women and minorities have gotten from affirmative action programs will translate eventually into dynamic forces to improve our economic as well as social conditions as a whole. Then there will be better economic advancement, more job openings and happier workers and citizens everywhere.

Several years ago, I was invited to Boeing Co. to speak at an equal employment seminar. When I arrived at the gate, I told the guard that I was expected at the workshop and waited for a Boeing training officer to show me in. When the officer arrived, the guard cast a suspicious look at me, and asked the officer in a sharp voice, "Is he an alien?"

Labeling people is always easy to do. Once they are classified it seems we know exactly how they should be treated and what they deserve. Nevertheless, no matter how a person is categorized – as alien, Asian, minority, woman, naturalized citizen, or red-blooded all-American – he is entitled to have just as many enthusiasms, confidences, dreams, obligations, and rights as anyone else.

By the same token, women, and minorities in America should rightfully bathe themselves in the so-called "mainstream," and join forces with all Americans to build America a great nation of prosperity and humanity as well.

When Mayor Charles Royer's memorandum on the subject of "affirmative action in filling positions" arrived at the desks of all city department heads last April, reactions varied. Some city departments followed the instructions readily, others reluctantly and still others defiantly. Both the city police and fire department brought their complaints to the court.

When the Bakke case was debated at the Supreme Court, many participants of affirmative action workshops raised questions and made statements as follows:

"If the Supreme Court rules in favor of Bakke, how will such a ruling affect the affirmative action programs?"

"As a manager, I certainly would hire the most qualified applicant for the job opening I have in my department. Well, when the minority or women applicants are not as qualified…"

"We have really been trying to hire minorities and women. But when you are looking for them, they are not around."

"Union rules say seniority and experience come first. To implement affirmative action programs is to violate those golden rules."

"Hell, when someone's employment or promotion is at stake, any competitor is meant to be cut down."

These statements are usually made with great sincerity, sometimes anxiety or hostility. However, when you looked around in the conference rooms, you detect immediately the under-representation and sometime total absence of minorities or women. This by itself speaks well for why we should have affirmative action programs and workshops.

Seattle Post-Intelligencer – Sat., August 12, 1978: MINORITY VOICES

Bridging East-West Gap

At long last, Chinese Americans from Seattle are gong to visit the People's Republic of China. The first delegation to tour Mainland China in the last 30 years leaves November 1, 1978.

This first group, all members of the Northwest Chapter of the National Association of Chinese Americans, will tour seven major Chinese cities in one month. As president of the local chapter, I will be leading the group.

Because this is the first delegation of Chinese Americans, members will be welcomed as the vanguard of groups expected to exchange visits between the countries.

On the eve of the group's departure, support has been given by ranking government officials from state, county, and city and by industries, businesses, and media. These leaders are sending messages of best wishes and greetings to the people of China through these Chinese American ambassadors of good will.

Besides sightseeing and visiting relatives, the tourists will search for their roots in China. The delegation ranges in age from 30 to 82 years of age.

It will be interesting to compare the experiences of the Seattle group with those of groups who have visited Seattle recently from the People's Republic of China. It has been my good fortune recently to meet with delegates from the People's Republic while they were traveling in this country.

Two members of the Chinese Press Delegation that I met in Washington, D.C., told me that they were surprised by what they found in this country. The pair also were astonished by the lack of understanding of China displayed by their American contacts.

The surprises are not confined to Chinese visiting this country. The Americans who have gone to China have had some of their expectations shattered.

Some have been well-prepared for the experience. Others have not been so well equipped, psychologically.

For example, one of my colleagues, a geographer, compared his China tour experiences with previous trips to Russia, South Africa, and Asia. He was very much impressed by what he had seen in China.

Another traveler, a journalist, drew heavily on her American background to examine China.

She described her trips in detail, without much appreciation for what the Chinese had accomplished, historically.

Seattle has a fine reputation among the visitors to this country from the People's Republic. As U.S.-China relations further improve, this city undoubtedly will increase its leadership role in the promotion of understanding between the two countries.

Few cities in the U.S have the potential for playing such an important role.

The delegation that departs next week is the first of three such groups from this area planning to visit the People's Republic in the coming months.

While this delegation, upon its return from China, will, by no means, be capable of completely bridging the gap between East and West, members may be able to help us travel a little farther along the way to friendship with the Chinese people.

Seattle Post-Intelligencer – Sat., October 28, 1978: MINORITY VOICES

Journey of a Thousand Miles Begins

The visit of Chinese Vice Premier Deng Xiaoping to Seattle earlier this month left this writer with some profound memories and insights.

The vice premier and his party arrived in Seattle the afternoon of February 3, 1979. In the next 40 hours, the Chinese delegation followed a busy schedule.

The party toured Boeing and the Port of Seattle. They were honored Sunday at a luncheon in the Washington Plaza. They attended a banquet at Canlis restaurant, hosted by Pacific Northwest industrialists and business executives. They joined Northwestern editors and publishers for Monday breakfast and a press conference.

Vice Premier Deng, Foreign Minister Huang Hua and the chief of the Chinese Liaison Office, Chai Zemin, managed to fit in a social gathering with members of the Seattle Chinese American community.

While many were pleased with the historic event and charmed by Deng's display of statesmanship, wit, poise and sense of humor, demonstrators appeared to suggest that the Taiwan issue remains unsolved.

The diversions, however, were overshadowed by the expressions of friendship. Whenever the Chinese guests and their American hosts mingled, a climate of enthusiasm, rapport and spontaneity emerged.

Seattle has never before honored an Asian or foreign dignitary with such an extravaganza. The event was a source of pride to most Asian-Americans and members of the minority community.

For 30 years, the United States has evaded the reality of China. Then in December came the announcement by President Jimmy Carter that full diplomatic relations would be established January 1, 1979.

Normalization prompted Deng's visit to the United States. His visit should serve as a spur for cultural, technical, commercial, and educational exchanges between our two great countries.

When Foreign Minister Huang Hua met with a group of Chinese Americans at the Washington Plaza, he said, "To modernize China, we may learn from the American experiences of success and failures."

While we may have impressed our Chinese friends with our technology, openness, and diversity, we may have troubled them with our social disorders and our preoccupation with the dollar sign. It will be interesting to see if China can use the American experience selectively, leaving the evils behind.

Is it possible to combine American strengths with Chinese virtues to create a new social order that balances individualism and collectivity?

Vice Premier Deng's trip is key to achieving a better U.S.-China understanding. In China they say, "A journey of a thousand miles begins with its first step."

Right after the community luncheon at the Washington Plaza on February 4, 1979, one of the guests said, "I wonder whether they know we all come to this occasion enthusiastically and voluntarily."

Chances are that such enthusiasm requires no translation for our Chinese guests.

Seattle Post-Intelligencer – Sat., February 17, 1979: MINORITY VOICES

Sino-Americans Cheer Diplomacy

Time has changed, so have people. Until this year it was inconceivable that a public gathering could ever be arranged in the Seattle International District to celebrate the normalization of U.S.-China relations and the Chinese National Day. Well, at long last it happened!

On October 1, 1979, at the Sun Ya Restaurant, three hundred people attended a social hour, buffet, and program to celebrate the 30th anniversary of the founding of the People's Republic of China.

There were, of course, many "firsts" for this special event. American and Chinese national flags stayed side by side at the party; Seattle Mayor Charles Royer spoke with a great spirit; many VIPs and celebrities mingled with the Chinese guests and friends of China from the local communities; telegrams of congratulations came from Governor Dixy Lee Ray, Lieutenant Governor John Cherberg, King County Executive John Spellman, City Council President John Miller and Boeing Commercial Airplane Company President, E. H. Boullioun. Last but not least, the welcoming speech was delivered in English, Cantonese, and Mandarin.

To many members of the Seattle Chapter of the National Association of Chinese Americans and the Seattle U.S.-China People's Friendship Association, this special celebration demonstrated a great success for their persistent efforts in promoting friendship and understanding between Americans and Chinese.

When the big news of full diplomatic relations with the People's Republic of China was first announced by President Jimmy Carter last December, many Chinese Americans in Seattle rejoiced, while a few uttered words of anger and disappointment. Still others accepted this change as a fact of life without much emotion.

For a quarter century following the Korean War, the United States had adopted a policy of containment and isolation of China. This practice and climate had conditioned Chinese Americans to see China, their country of origin, not as a source of pride but a target for shame or resentment.

Then, the tremendous turmoil during the Chinese Cultural Revolution in the late 60's offered no help whatsoever in easing the tension between our two great nations. Many Chinese Americans, therefore, were caught in a conflict of "love and hate" toward China, some hesitated under great confusion, others chose to follow the American official policy of opposing China.

Today, our American national interests have coincided in many ways with those of the Chinese. However, it still takes insight to see that the improvement of U.S.-China relations and the strengthening of exchanges will benefit both partis in the long run.

Having the privilege to work with the American protocol team during Chinese Vice Premier Deng's historic visit to the United States in January 1979, I witnessed the great elaboration and respect the American government had built into the process of receiving Deng's party. This clearly demonstrated the dramatic change of America's attitudes toward China. Well, better late than never.

April 18, 1979, marked another day of great excitement to many of us in Seattle as "Liu-Lin-Hai" arrived, the first Chinese flag ship to arrive in an American port in the last thirty years.

Her visit brought many activities to the local Chinese American community. People got to visit the ship; the ship's crew was escorted on a tour of Seattle and entertained at a city park.

This past June, several scores of Chinese from Peking arrived in Seattle. Serving with the Civil Aviation Administration of China, they are here to attend workshops arranged by the Boeing Commercial Airplane Company. Upon the completion of training, they will fly to Peking the three 747 jumbo jets China purchased.

Naturally it was exciting for many Chinese Americans to see six young and versatile Chinese gymnasts competing with other international athletic stars at the Kingdome on October 7, 1979. Seven countries, Australia, Canada, China, Japan, Mexico, New Zealand, and the United States participated in this Pacific Gymnastics championship. The American team and the Chinese team emerged as the top two in the competition.

As Chinese Americans, we felt proud on both accounts. The day before the competition, members of the Chinese gymnastic team went to Tai Tung restaurant for lunch. I will never forget the expression of joy that flashed over the face of an old Chinese waiter. As he watched the Chinese gymnasts, he said to himself with a broad smile and visible excitement, "what a young generation!"

Yes, time has changed; so, have people. When Mayor Royer spoke enthusiastically at the party of October 1st celebration, about the friendly ties between Seattle and China, he proclaimed that message for us all.

Seattle Post-Intelligencer – Sat., October 27, 1979

Governor Ray Hopes to Renew 'Happy Relationship' with China

"Well, do you recognize this?" Governor Dixy Lee Ray handed me a slip stamped with a squared figure on it. I was somewhat unprepared for this inquiry when I walked into the Governor's office in Olympia on October 15, 1979. I went there to conduct an interview with the Governor about her trip to China last September. She had led a state delegation of ten persons that spent two weeks traveling in the Orient.

She continued, "I received this stamp in Shanghai as a souvenir from our Chinese host. This stamp says Governor Dixy Lee Ray in Chinese." Using my expertise in Chinese, I said, "Governor, the message from this stamp says Governor Ray only. The Chinese translation of your last name means thunder. It's a very powerful word indeed. When you read the Chinese character thunder, it sounds like Ray." Governor Ray laughed and responded immediately, "That suits me fine."

We covered a great variety of subjects in the interview: missions to be accomplished by the state delegation to Peking, prospects of various exchange programs with China, Governor's full use of her Polaroid camera in the streets of Peking and Shanghai, the Chinese food, Vice Premier Deng Xiaoping, the unspeculated speculation of China in the year 2000.

I asked the Governor whether her China trip was initiated by an invitation from China's Vice Premier Deng Xiaoping. "That's correct," Governor Ray replied. "When he was here visiting in the State of Washington, we had an opportunity to become acquainted. As a result, he did invite me to come with a few people from the state, so I was very happy to accept. We wanted to go last spring, but with the legislature in session clear into June, we were advised that it might be better to wait until fall after their hot season was over, and it was very warm still in Shanghai, so I was glad we took his advice."

The Governor's delegation was hosted by the Chinese People's Association for Friendship with Foreign Countries which made the travel arrangements for the delegation to stay in China for ten days. Governor Ray commented, "Things went, I must say, very, very smoothly. We were most warmly greeted… and we can't say enough in praise of our hosts."

The Governor said Washington State is in a good position to promote trade with and to provide technical assistance to China. She mentioned that geographically, Washington State, besides Alaska, is the closest state to China. Therefore, it is very economical to use Puget Sound posts for transportation of goods between the United States and China. Also, the long existing historic, artistic, and cultural ties between our region and China makes it easy to "reestablish something which has been a happy relationship in the past," she said.

Ray cited specific examples of areas in which Washington State can provide technical assistance to China and in which the Chinese government is greatly interested: reforestation, greenhouse development of seedlings, aluminum industries, hydroelectric development, and the liquidation of coal for producing electricity.

I mentioned talking with Mayor Charles Royer about promoting a sister city project with China and receiving a positive response from the mayor. Governor Ray encouraged such an idea by saying that these people-to-people contacts are always valuable. To suggest another way that people-to- people contacts can be established, the Governor described the "friendship force" program initiated by President Jimmy Carter. Governor Ray discussed cultural exchanges, commenting first on the sports, and performing arts she saw in China "Acrobatic displays were astonishing and marvelous," she said. "Peking operas were enjoyable but very difficult to understand. The young people at the Children's Palace are being well trained in dance, art, and music, etc."

Then she said with great emphasis, "You remember what a tremendous appeal the King Tut exhibit had in Seattle? Well, when you think about some of the new tombs that are being opened up in China, think what an enormous impact that would make. It could draw a tremendous interest in China as well as being economically very beneficial."

I next asked Governor Ray for her impression of Deng Xiaoping as a person and a leader of China. Without hesitation, the Governor expressed, "I find him very impressive. He is quick, intelligent, and very pragmatic. I think he is the kind of person that truly has the best interest of all the people at heart. He knows from his own activities and his own travels; he knows what must be done. He knows that you can't accomplish miracles; that when you undertake a very big and complex project, it has to be done step by step and he knows how important to put the basic things first. I think he is really one of the world's great leaders at the present time. I think that he has the support and loyalty of the people around him and as far as I could tell, the great numbers of people in China who agree with his proposals as to how they can begin to build an industrial base and a strong modern nation. So, I look for great things to happen."

Concluding the interview, I asked, "What would you expect to happen to China, say twenty years from now?" The Governor said, "Well, it's always dangerous to speculate and prophesize, but I would expect in 20 years that we would see many significant changes, because historically, the Chinese people have always been very determined and hardworking and once setting goals, are really very effective and very efficient in achieving these goals. We know from the overseas Chinese that, wherever in the world the people of Chinese origin lived, they have become very successful businesspeople. It took about 20 years for Japan to rise out of the ashes of war and be a modern nation. I think China will too, coming from a different background."

The International Examiner – January 1980

Chinese Cannot Remain Silent

Speaking up in public has never been a distinctive characteristic of Chinese Americans in this country, and there is a good reason for them to be that way. However, the time has come for them to reconsider where they stand and to make necessary changes accordingly.

During the week of February 28 – March 4, 1983, my comments about the massacre in Chinatown's Wah Mee Club were broadcast on the radio. I mentioned my concern about the situation and suggested that something must be done about it. By any stretch of imagination, my comments could not be labeled as either "radical" or "devastating." However, I received a call from an old friend who said, "Gregory, people in Chinatown are talking about your making comments over the radio. They are concerned. They don't like to hear anything 'bad' about Chinatown. Such remarks may scare people off and hurt the business in Chinatown. Well, be cautious. Don't speak too much."

Tradition of Silence

It was true in ancient China as it is true in China today that speaking up or speaking too much has not been considered a virtue. On the contrary, there are strong social persuasions or philosophical statements that discourage such behavior. For example, one saying goes, "It is better to involve yourself in one thing less than in one thing more." Another saying is, "Diseases descend into the mouth while disasters come out the mouth."

As Chinese, therefore, who come to the United States as immigrants or are born here as citizens, we are not free from certain Chinese traditions, including the one that cautions people not to speak up, or not to speak too much.

A few days ago, I asked an old friend what his thoughts were about the mass murder in Chinatown. He responded, "I really don't have much to say. I don't know for sure; there are so many speculations…"

"But you visit Chinatown all day, every day; you must have some opinion."

"Well, Greg, I just can't suggest anything."

This man is an old-timer and a highly respected, elderly gentleman in Chinatown. However, after this great tragedy hit there, he just didn't have much to say about it.

On February 20, 1983, the day after the Wah Mee Club slaying, I attended a community meeting at the Chong Wah Benevolent Association where Mayor Charles Royer and Police Chief Patrick Fitzsimons pledged to "give first and highest priority to bring the murderers to justice." The hall was nearly packed. During the question-and-answer period, however, only one older Chinese gentleman in the audience took advantage of the opportunity to ask questions of the mayor and the police chief.

It's very hard to imagine facing such an explosive and terrible crime and suffering so much from the loss of dear ones and still exercising such constraint as those in the audience did.

After the meeting was over, I felt very sad and frustrated, and started to walk away from the Chong Wah Hall. A television reporter stopped me and asked, "You just attended the meeting. What do you think about it?"

I'm quite sure he grabbed me out of desperation to get some response from the audience to fill up blanks of his news coverage. Before I could respond, nevertheless, a well-dressed Chinese looking fellow approached us and pointed at me saying, "He is not from Chinatown." I ignored him and made a few comments with the reporter, then left.

The following day I was again approached by the same television station to join Mayor Royer for a brief appearance on the afternoon news to comment on the Chinatown murder case. My comments were focused upon the social and cultural environment surrounding and troubling Chinese immigrant families.

Let's face it, I was hardly the best pick among all Chinese Americans in Seattle to say anything authoritative or to tell the "inside story" about the tragedy. I could be, however, one of the very few who were persuaded successfully by the TV station to publicly say anything at all.

It was very true that the earlier Chinese laborers who immigrated to the United States in the mid-19th century and the beginning of the 20th century had to stick together to protect themselves. At that time one of the rules for survival in an alien and potentially hostile environment was that "you keep your mouth shut." Unfortunately, this necessity for survival and self-preservation have carried over into modern America to become both a trademark and a liability of Chinese Americans.

Must Cooperate

When Mayor Royer asked in the Chong Wah auditorium, "You have to tell us what you are afraid of. What is going on? What do you fear for the future?" he asked, in a way, a century-old question that has yet to receive a direct, good answer.

Facing this unfinished task of catching the third suspect in the mass murder, we Chinese Americans have to cooperate fully with city authorities by providing all necessary and useful information to them.

We cannot satisfy ourselves by saying, "This mass murder incident is an isolated case that can be forgotten as soon as all suspects are caught, and justice is served." Instead, we have to continuously ask ourselves many serious questions about the factors and prevailing circumstances that led to this type of terrible crime. Then we must do what we have to do from now on to make Chinatown a better place to be in and to better assist immigrant families that need timely support.

Unless we speak up and deal with these issues openly and forcefully, we have not learned enough from this Chinatown tragedy.

Seattle Post-Intelligencer – Sat., March 12, 1983

Cigarette Industry Is a False Economy

China is trying to engender a better quality of life and lifestyle for its huge population, but the widespread habit of cigarette smoking poses a big hindrance. Moreover, the bad habit continues to be popular because there are insufficient public awareness campaigns to warn against the addiction's dangers.

A nation's good health condition is a barometer of national quality, as well as a prerequisite to make an improvement in it.

In an attempt to open up trade with China, British colonialists imported large quantities of opium in the 1840s to get the Chinese population addicted to the drug. Then they increased the price of it. Meanwhile the Qing government induced a movement, albeit a weak one, to ban opium-smoking and its trading.

But today, domestically, and foreign-produced tobacco products sell rampantly on every street corner, posing a great threat to people's health.

To many, cigarette smoking is no evil, because the harm of cigarette smoking is less obvious and immediate compared with that of opium.

The majority of Chinese smokers are farmers, whose education level and living conditions pose a difficult prospect for the anti-smoking efforts. Intellectuals, those who should set examples by refusing to smoke, regrettably smoke too much.

Meanwhile, some local economies, for example in Yunnan, depend on their tobacco industry as pillars to achieve economic growth.

This situation largely hinders the efforts to reduce levels of smoking.

Fortunately, efforts to restrict smoking are gaining ground in China. Last year, Premier Li Peng made a public call to control cigarette smoking. A law has been passed forbidding any news medium from running tobacco advertisements. Shanghai enacted regulations to fine those smoking in public places.

But I think more effort should be taken on the issue.

The State's top officials should call on people throughout the country and abroad to donate money to fund smoking-control.

The proposal to siphon off revenues received by the government from cigarette taxes towards funding anti-smoking activities should be put into effect.

The All-China Women's Federation and Youth League should attach more effort to check the growing number of female and teenage smokers.

It is also imperative to promote non-smoking in the military.

Meanwhile, a heavier tax on tobacco should be imposed to deter its consumption. This could substantially slash the total sales of cigarettes without affecting the State's tax revenue in the industry. Many developed countries have adopted the method.

The country should work out an overall scheme to gradually reduce the acreage growing tobacco and arrange for people employed in the industry to shift to other work.

Effective measures should also be taken to cut the import and smuggling of foreign cigarettes. Corporations, such as tobacco joint ventures, should be banned.

The country should develop and make widely available the methods, medicines, and equipment to wean smoking addicts off their habit.

Regulations are needed to forbid smoking in meeting rooms and offices. Local governments at all levels should set up anti-smoking regulations.

China Daily – Tuesday May 2, 1995, OPINION, China Through My Eyes

Smokers Urged to Stub Out Bad Habit

Tide has turned in the battle to control smoking in China.

China, as the host of next year's 10th World Conference on Tobacco and Health, can point to some solid gains in halting smoking habits. If smoking remains unchecked, it will result in 35 million premature deaths by the year 2025.

Though China has a good fighting chance to improve its economy, public health, and social norms by steadily reducing the harmful effects of smoking, much remains to be done.

In my opinion, an increase in tobacco taxes to finance smoking-control programs should be given to improve public health, support smoking control activities, boost the national economy, and strengthen the overall smoking control impact.

More public campaigns should be waged to persuade people to give up smoking. Postage stamps should be issued to highlight the importance of the forthcoming world conference and to emphasize the necessity of tobacco control.

So far, China already has taken many steps to combat its smoking problems. These include the following:
1. The law, enacted in October 1994, bans tobacco advertisement from all media. However, transcontinental tobacco companies have devised a number of alternate schemes to increase the use of their products. New measures to stop these are needed.
2. Smoking in all public places in Beijing, including the Great Hall of the People, has been banned. The same initiative has been taken by dozens of other Chinese cities.
3. President Jiang Zemin agreed to head the honorary committee of the forthcoming 10th World Conference on Tobacco and Health.
4. The Soong Ching Ling Foundation in May 1996 distributed hundreds of video tapes called "For the Health of Tomorrow." The move targets tobacco control among China's youngsters and urges them to work with anti-smoking projects. This is part of the foundation's wider campaign to encourage Chinese children not to smoke, sell, or accept cigarettes.

Similarly, many more community organizations could contribute their energies and expertise to anti-smoking campaigns. For example, youth and women's organizations could be a driving force to promote a "non-smoking family" project. And elderly citizens' groups could work to help youngsters stop smoking.

A couple of other steps are needed to maintain and accelerate the ant-smoking momentum. One is a two-pronged offensive on treatments and devices to help smokers quit.

On the one hand, more must be done to publicize effective methods and make them more available. On the other, authorities must move against the many bogus or substandard "quit-smoking products" in the local markets. The cessation of smoking must be given a higher priority than it has today.

Furthermore, the existing ban on tobacco advertising should be extended to all forms of cigarette advertising and promotion. Barred from the media, the big companies turn to sponsoring sports events where their names and logos are prominently displayed, handing out free cigarettes to young people, or distributing to open-air merchants free umbrellas emblazoned with the brand names. Several countries that have adopted this total ban approach have greatly reduced the total number of smokers and their consumption.

The strategy against smoking should proceed on four fronts:
- Prevention – keeping non-smokers from taking up the habit.
- Protection – shielding non-smokers from the demonstrated dangers of inhaling "second-hand smoke."
- Cessation – assistance to help smokers to quit.
- Change in social norms – making smoking undesirable or unacceptable by society.

The forthcoming world conference which will draw some 2,000 participants, will review existing measures of tobacco control and seek new ways to maximize that impact. It is expected to sharpen the awareness of all Chinese to smoking issues.

The fight against tobacco in China will make it possible to save millions of lives and to prevent suffering. It will significantly reduce the market of transnational tobacco companies targeting 350 million Chinese smokers. It is a major challenge for public health in China and elsewhere.

Hopefully, China will eventually become a nation full of proud, healthy, and smoke-free citizens.

China Daily – Tuesday, June 25, 1996: OPINION, China Through My Eyes

Interview Transcript of Gregory Ying-Nien Tsang
by Candice Hwang

Candice Hwang (CH): Let's just start from the beginning of the list that I gave you. Could you give me a little background on basically what you did as a community leader?

Gregory Ying-Nien Tsang(GYT): First of all, I went to the States in 1967 to study at University of Washington Graduate School. Then finished the program and started working as a counselor at Seattle Community College three years later in 1970. It is my philosophy and value system that tells me that if you are in a foreign country – in this case I went to the States from China – you have to know, first of all, the environment (the culture, the history, etc.) better, so you can function more effectively and use your talent. If you want to do that, you have to get involved. I'm talking about working as a volunteer or joining different social programs, so basically you learn from participation. Once you have more experience, you can then find more leeway. I eventually started the sister city program, linking Seattle and Chongqing together as sister cities. So, it's very true that you must have the idea that you want to get involved, you want to learn from your experiences, and you have a goal to achieve, to make it work. I think I did just that.

CH: When did the sister city relationship start?

GYT: First of all, I went to Beijing in 1981 from the States. I went to see the vice president of the Chinese People's Friendship Association with Foreign Countries in Beijing. I suggested and said Seattle had no sister cities with China. Could you select one to match up with Seattle to become sister cities? That was quite a request because US and China established relations in 1979 and this was just two years later. So, he was surprised that I came in with this proposal. Of course, I went in prepared. What I did was collected letters of support from six out of the eleven city council members, which is a majority. They all wrote letters of support suggesting that I could go ahead and make a proposal to China. Ask them to consider matching Seattle with a sister city in China. Not only that, but I actually collected 35 letters from Seattle and community leaders throughout Washington State, including the governor, mayors, city councilwoman, executive editor of a newspaper, and president of the state senate. I had all these powerful people behind me because I told them that the United States and China have established diplomatic relations. Now Seattle is in the position to interact with China. Nevertheless, we needed something to stimulate this spirit of exchange and I do believe that sister city is a very good idea because that gives us a channel, a reason to interact. I convinced all of them. Of course, in Seattle I've been an active community member for many years, so when I asked all those people for support, it wasn't a question out of the blue. They knew my background, so they were happy to accept my recommendation. I went in with thirty some letters and it landed on the desk of the Chinese Association. Its vice president was convinced that this was a serious request, so he said why not. The following year, in 1982, they told me, okay, we have chosen Chongqing. And I liked that since Chongqing as you know was the war capital of China in World War II. I grew up in Sichuan Province so, I spoke Sichuanese and felt quite comfortable with the selection. In 1982, I arranged to have the mayor of Chongqing and his delegation come to Seattle which included himself, two vice mayors, one liaison chief, and one person in charge of commerce. No, sorry, we went to Chongqing first in 1982 to lay the groundwork. The following year, 1983, I invited these five members I mentioned before including Mayor Yu Hanqing to come to Seattle to visit. We signed the sister city agreement on June 3, 1983, in Seattle. Not only that, but I also think it's not easy to bring the China delegation to the States for a visit at that time, so I arranged for them to have a tour. I took them particularly to the locations where there was the Chinese Embassy and the five consulates throughout the States. We first flew to Washington D.C. I knew the Chinese Ambassador to the US quite well, so he received the delegation. We went to New York City and met the Counsel General. We went on to Houston and San Francisco, so they were extremely happy. They departed back to China after a two-week tour. The reason I did that was I thought it was important for Chinese ranking officials in this case the people from Chongqing city to know more about the United States, not just stay in Seattle by itself. That they could travel across the continent in any direction would give them a much better understanding of the United States, and with this understanding, perhaps the activities in the future can be better facilitated between the two cities.

CH: So, mainly then it was you who was organizing from the American side:

GYT: Correct.

CH: There were no government organizations or anything of that sort?

GYT: No, not at all. But again, we need the participation of the government. When we talk about sister cities, this has been agreed upon by mayors of both sides. As I mentioned earlier, I did get the letters of support from six members of the Seattle City Council and, as you know, that carries weight. And the mayor at that time, I know him quite well. I knew him since he was a broadcaster and a journalist earlier. That provided some personal understanding and connection. But of course, when you push a project like this, you cannot depend on friendship alone. It has to be the right approach, the right kind of program that deserves support, so the mayor supported it. On the Chinese side, I went to Beijing and got the association's response which chose Chongqing, so the action has to be approved by mayors on both sides.

CH: Who was the mayor of Seattle at that time?

GYT: Let's see, his name is on the tip of my tongue. Later believe it or not, he became Chairman of the United States Mayors' Council. He also went to Harvard University, to the Institute of Government Operations. His name is Charles Royer.

CH: So then, over the course of time, how long did this Seattle-Chongqing Friendship Association last? I mean is it still going on today?

GYT: I suppose so, because I was the first president and then I left this position in 1985. Every two or three years they have someone step in. I think symbolically the association still exists in Seattle. As you know, the importance of this particular arrangement was prominent. It was very obvious in the early years. It was just a couple of years after the US and China started developing relations. At that time as you know, very few people came from China to visit the United States and once they landed, they didn't have the support to help them out even though there may had to be some kind of a hosting organization, but that contact was limited to attending conferences or attending banquets, and so on. So, through the sister city project, I could mobilize a lot of US citizens, mainly Chinese Americans, and the American organizations that I had connections with, to receive Chinese official delegations to help, for example, the pilots and engineers coming from China, to receive a Boeing 707 to Boeing 747. Of course, they still came over primarily with invitations by the Boeing company, but how about their social life? I thought they could not do much at all by themselves, so I mobilized or encouraged members of the sister city association and the Seattle Chapter of NACA. NACA is the National Association of Chinese Americans, a different connection, given the orientation. Because I was head of both, I had many members who had dual membership and came from both associations, so they invited these people to their homes during weekends and taught them how to drive a car. That interaction was quite active. I think it satisfied both parties. I mean the Chinese visitors and the Chinese Americans in the Seattle community were very happy because they felt they had done a good job.

CH: NACA and the Seattle-Chongqing sister cities were different things, right?

GYT: Completely. One is called Seattle-Chongqing Friendship Association. The other is called National Association of Chinese Americans. Let me give you a very good example. In 1979, immediately after the diplomatic relations resumed between the two countries, China sent the first vessel to visit the Port of Seattle. That was a very important event of course, to have a Chinese vessel arrive in the port. However, at that time, the Harbor Administration did not know the importance of having Chinese Americans involved in making the Chinese sailors and captain happy. They felt it was a purely American official event. So, I called them up and said I'd like to have some representation from our group to go to the pier to welcome the arriving vessel and the crew. The response was a no. It's not needed. It's too late because we need security clearance and in only two weeks they are coming. You know what I did? I called the Chinese Embassy in Washington, D.C., and said we are ready to receive the Chinese crew coming from the ship. I think that they'd be very happy to see familiar faces. If there are just Caucasians or the official delegation, I think there will be disappointment. I said why don't you guys call Seattle. Talk to them and tell them that you're demanding this. It would be desirable to have Chinese Americans involved. So, they did! The following day I received a call from the Harbor Administration saying, "Oh Mr. Tsang, I think it's a good idea if your people do show up." Not only that, because of our involvement, we could take care of these visiting sailors, the captain, ranking officials, etc. They were extremely happy because they felt they had this warm welcome. The day before their departure, they hosted a banquet. Of course, I was the top guy in that occasion. I sat at the head table with the captain, but the director of the Harbor Administration was sitting at the next table. The captain of course praised me highly and later I tapped on the director's shoulder saying you see what happened now? And he said, Gregory, I'm glad you did this.

CH: So, is this mainly what both NACA and Seattle-Chongqing Friendship Association did?

GYT: A lot of people, as I mentioned earlier, belonged to both associations. They are slightly different. NACA is primarily people with perhaps a college degree – intellectuals, scholars, employees. But the other one, the Friendship Association, is primarily old-timers from Seattle Chinatown. Their ancestors came from Guangdong or other provinces. They are businessmen primarily. They don't have credentials of teaching at a college and so on. NACA and Seattle-Chongqing Friendship Association membership has a slight difference, but I could cover both territories.

CH: So then, what were some notable events that the Seattle-Chongqing Friendship Association collaboration host?

GYT: First of all, what we did was for those Chinese students and scholars who came to Seattle to study in Washington State. We made sure we knew their arrival time. We tried to provide support and transportation. During Chinese Lunar New Year, they were invited to private homes and so on. And then of course when there were events like October first, the Chinese National Day, I organized a party, inviting the mayor and city council members to show up as well as the Chinese visitors at the same time. Other things, for example, which is very important is that in 1984, the Chinese Association of Science and Technology sent a delegation to the States to have an exhibition entitled the 7000 Years of Scientific Discovery. Basically, what they did was demonstrate the techniques or inventions of China, like paper making, Chinese painting, and many other things. This was a very successful exhibition. It went to New York City, Chicago, and came to Seattle. It lasted, I think, four months or so. Of course, this is something that we supported. What happened was we not only received visitors coming from China, to provide support in whatever business they were doing, but also to make them feel at home. We are part of a community, so they're not strangers. And when an official delegation came, we did everything we could. The other important event, of course, happened in 1979. At that time, the Friendship Association did not exist yet, but NACA existed at that time. When I received an invitation from the American government to participate in a team working as a liaison in the US State Department, I got a call asking me to fly out to Washington D.C. to receive a one-month intensive training. There were about five or six of us coming in from different part of the States. At that time believe it or not, the State Department had no interpreters. No one who spoke both English and Chinese worked in the State Department because there had been almost 30 years of separation from China, and they were not prepared. All of a sudden, things changed drastically. They had no staff within to do the job well, so I was invited as one of the five or six people working to receive the first official visit by a top-ranking Chinese delegation led by First Vice Premier Deng Xiaoping of the State Council on January 29th. He was on a nine-day visit to the US. After D.C., Deng Xiaoping's party arrived in Seattle in which I organized the Chinese American citizens from the community, about 25 of them, to visit them at the hotel where they stayed. In those early days, believe it or not, people were reluctant to see Deng Xiaoping, thinking he was a "Communist."

CH: Were these people Chinese or Caucasian Americans?

GYT: You mean those people who went to see him?

CH: The 25 people that you mentioned, were they Chinese?

GYT: Who went in to meet Deng Xiaoping? They were Chinese American citizens. Just the ones that I associated with throughout the years, so it wasn't a sudden invitation. They were happy to see Deng Xiaoping, but a lot of other people were thinking that it was ridiculous. Believe it or not, when Deng's delegation arrived in Seattle on February 4, 1979, just months after United states and China established diplomatic relations, many were reluctant to see him as I mentioned before. Because of my involvement in Washington D.C. of working with the delegation as a liaison, as a protocol person, I could organize the party in Seattle to meet Deng Xiaoping. We took pictures and he lectured a little bit. Then he took off, but the Minister of Foreign Affairs, Huang Hua, stayed on and spoke to us for about half an hour, telling us how important it was to have an involvement. China's policy towards overseas Chinese is to mingle and establish themselves in foreign countries so they could develop a career and if they have the time, desire, and the ability to assist China in this reconstruction project, they are welcome. But first and foremost, their attention should be to the country in which they reside. That was a very smart statement by Huang Hua. We took a group picture of course. Later I had the picture developed and enlarged, with me standing next to Deng Xiaoping. I gave this to Minister Huang Hua when he had already changed positions to become Vice President of the People's Congress. I gave him two big, enlarged pictures of the group photo and asked him to get them autographed for me from Deng Xiaoping. And he did! I kept one and gave the second signed photo to the mayor of Chongqing as a gesture of friendship. Again, all of these things that I have done as a community leader plus involvement in this organization was to break the ice. To see that those who come from afar, even though there were a lot of preconcepts by the locals, thinking that they were "undesirable," it was time to understand each other since the situation had changed so much now between the two countries. How can you do that? By people-to-people contact, that's how!

CH: The picture that you mentioned, do you still have it?

GYT: Yes, of course I still have it. I can send you a copy.

CH: Yes, please, thank you. So then, what sort of people were mainly involved? They were all American citizens of Chinese descent, right?

GYT: Primarily yes. They were all American citizens of Chinese origin or Chinese ancestry.

Sometimes we have important activities, but you cannot confine yourselves to inviting all those people in Chinatown to attend. As I mentioned before, I was very active in many ways in Seattle by writing for Seattle Post-Intelligencer as a columnist and lecturing to promote cultural exchanges. So, through my contacts and all those people upstairs in government and the city council, when projects or events came, I would select who could promote this particular activity and got them involved. What I'm trying to say is this. If you are purely an American born Chinese, and you know only what you know within your limitations, it may not be good enough. Because I'm educated and have a Chinese background, I work at a college and am involved in 20 different volunteer assignments. I know how to deal with the press, how to see the big boss, and persuade them to accept my recommendations. All these conditions have to be linked together to be effective.

CH: What was the impact of the Sister City Friendship Association on the Seattle community?

GYT: Well, in the early days, when interaction or communication between China and the United States was limited, I think what we did was tremendous. Of course, later on, when trade began to expand and there were more people coming, this help or liaison or association, have become less important. But without our building up of this foundation as a steppingstone, the other things would not happen that rapidly, so I think this association, also NACA, did serve a very important function to play the right role at the right time.

CH: So then, mainly what both of these organizations did was they established the original link, the original communications.

GYT: True. As for NACA, let me mention this briefly. At first, I set up in Seattle an organization to promote normalization of US-China relations. Later I realized Dr. Yang Zhenning who received a Nobel Prize in Physics for his outstanding achievement had already set up a similar organization. I contacted him and said it wasn't good that I had this organization in

Washington State, and he had the national NACA somewhere else. I mentioned that I would change my organization into a local chapter of NACA. He said why not, so that was it.

CH: Besides the communication links, were there any political results of the sister city relationship or any economic results?

GYT: I do believe that after the Seattle-Chongqing Friendship Association started, the delegation that I took to Chongqing in 1982 included the executive editor of the newspaper, Seattle Post-Intelligencer, the City Council President, President of the State Senate, etc. It was a very powerful group. Once they made contact in person with China, they returned to Seattle and became much more interested in affairs, news, or activities dealing with China. Later on, when any Chinese delegation came to Seattle, they tried to get involved as much as they could so, I think what we did was very helpful.

CH: Have you heard of any other sister city examples that were relatively successful?

GYT: Many. In China, as you know, there is a Chinese People's Association for Friendship with Foreign Countries. Since this is a good practice, Seattle has many, many sister cities, 20 or 30 of them with different countries. Seattle has more than 20 because so many countries, at one time or another approached Seattle, or Seattle approached the other side. In many cases, there is a person that plays an important role. For example, an American citizen with origins in who knows which country tries to link that up. In my case, it was China. In China, they have this association that has set up relations with all the different cities. For example, Shanghai is with San Francisco. The reason I began to contemplate sister city is I visited San Francisco in 1980. I served as simultaneous interpreter for a seminar organized by the American side that was hosting people coming from China. I met, believe it or not, the mayor of Shanghai. He told me that Shanghai was the sister city of San Francisco. I thought, oh wait a minute, if you have this sister city, I'll also do something about it myself. That was in 1980. I went back to Seattle and began to make my moves to get the support needed to make it a reality. What I'm saying is sometimes when you run into something, or you meet someone, or hear something, it depends on how creative and aggressive you are to translate all that into something else. It could be a similar project, or a project following that. So, that's what I did. Without knowing about the Shanghai and San Francisco sister city relationship, I would not have even considered what to do next. But I heard about it and thought I'll do something similar on my own.

CH: So, do you think that the sister city relations was successful in Seattle?

GYT: Nowadays, I think very few people are doing that anymore because this happens usually in the early stages of two countries linking up with each other. Once you have official activities, once you have trade activities, and you have a lot of people go to study abroad, and so on, then this liaison, the civilian organization, becomes less important or active.

CH: What were your goals when establishing this?

GYT: Well, it's simply because I believed strongly that this could help in bringing China out of this shell of isolation. As you know, in the early years, the Chinese leaders and the people themselves had made some drastic, terrible blunders and mistakes, including the Cultural Revolution, the Great Leap Forward, and anti- this and that. So, I believed strongly, to bring China out of this isolation, it was important and desirable to have the American exposure. That's why I initiated this project. Of course, when I first did that, I confronted a lot of resistance, particularly people coming from Taiwan. They felt that I betrayed Taiwan because I left it and went to the States. Also in Taiwan, I served as an aide-de-camp to General Ho Ying-Chin (He Yingqin), a five-star general. They thought, how could I, all of a sudden, promote mainland China for a sister city to Seattle. They criticized me right and left, but they couldn't confront me in person because they had not much to say except having a different ideological orientation, which I discounted. It's not at all that I promote or support the Chinese social system, but I do believe that China needs this contact, so it happened in 1978, when United

States and China both announced they were going to establish diplomatic relations the following year, I called channel King 5 Television, and suggested to the program director to set up a panel discussion to get opinions of the local people in Seattle as to how they looked at this coming situation the following year. Oh, I'm sorry, I made a mistake. This happened much earlier. It was actually 1971 not 1978, really early, when Nixon announced his visit to China. In 1971, I called the local television station, and they thought it was a great idea since the Chinese Americans never spoke up. The station said that they could never seem to be able to get them to talk about this sensitive issue. I told them not to worry about it and that I would organize it. I organized a party of five going in. In that panel, I mentioned my concept, like I told you earlier, that it was important for the United States and China to know each other better, otherwise these two big nations would have a lot of problems in the future. I also mentioned in the panel discussion that I did not support any approval of the Chinese system, but that I believed because of the differences between the two great nations, this communication was even more important, so I fully supported Nixon's decision to go to China. Of course, I threw a bomb in the community! They said wow, what happened to this guy; he must be a spy or something. In fact, they called the FBI and threw my name in, suspicious that I had committed treason. So, there was a lot of investigation into my background. Of course, I had nothing to fear, and nothing came out of it. Later of course, in 1979, before I was asked to help serve with the Chinese delegation led by Deng Xiaoping, the US State Department did the same background investigation. They had to make sure my background was clean, and that there was no possibility that I'd do something drastic or bad. I had nothing to hide, so what I'm saying is that when you're doing something significant or important, at the same time, it could rub the wrong way with a lot of people. It could step on somebody's toes, and they could react emotionally and instantly put you down or discredit you. When this happens, you have to be ready for that which I passed.

CH: Was there a lot of anti-Communist or anti-China sentiments then?

GYT: At the time, yes. I'll give you one more concrete example. Since I wrote for the Seattle Post-Intelligencer as a columnist, I knew this one reporter quite well who specialized in political affairs, including dealings with China. This was very important because when I attended a gathering, I'd call him up and say why don't you come and cover the news. Once when somebody wrote a letter as a reader to the newspaper, I received a call from the editor asking whether I knew this guy. I read it which happened to be written by a consul from the Taiwan government at the time. I said to publish the letter, but to make sure to put down his title since he was not a regular reader of the newspaper, but rather speaking on behalf of the interests of Taiwan's government. I requested that if he could reveal his identity, then have the letter published so, they called him and said that it would be published only if his title and name were printed since he was representing the Taiwan government and not as a regular reader. The consul replied by saying to forget about publishing the letter. Another interesting thing that happened was when the sister city project started and the newspaper revealed that I was involved, many people were mobilized to speak against the idea of establishing sister city relations. Again, I received letters addressed to the city and the City Council. These letters were sent to me to look at and I told them all the letters were the same. What happened was that the Taiwan government printed the letters and sent them out to the people they had connections with to sign their names on the letters. I told the city that this was not a true response from the local citizens but was an organized campaign by the Taiwan government which didn't like Seattle being a sister city of Chongqing in mainland China. Those letters came from one voice, not from the people so, were dumped.

CH: Okay, so I think this is pretty much it for my questions. Do you have anything else that you'd like to add?

GYT: Well, I think this seems to be true. I think the Chinese who went to the States to study, even today, concentrate on getting a degree, on getting a good car, a big house, getting married, and having kids. They do not feel important enough to get involved in local activities or to learn about the American culture or get involved in the political process. I think that's sad. Of course, in the States, in the early years, the Chinese worked on the railroads, in restaurants, laundromats, and so on. They worked for survival and didn't have any aspiration to go further and get involved, but these days things are changing. The governor of Washington State was, Gary Locke, Chinese American, and now the US Secretary of Commerce. He's coming to Beijing any day now to act as the new US Ambassador to China. Another person, Robert Wong, a schoolmate of mine at University of Washington, studied political science in 1972. During that time, there was a campaign in the States in major college campuses called the Diaoyutai Movement. Japan claimed Diaoyu Islands as theirs and we said it was China's, so that movement broke out in major campuses in the States. At that time, I just graduated in psychology in graduate school, so I chaired the campaign in Seattle for the Diaoyutai Movement. What I'm saying is that, if you are in a foreign country as an immigrant, or as a second generation, two things are essential. Number one, you have to mingle to learn what is happening and truly get involved, not just confine yourself to your professional area, which is very limited. Because politics is something that even though you don't like it or want it, it's going to affect you anyhow, so you might as well prepare to know more about it, and how to maneuver. Get involved in campaign activities, cast your vote, and send some money if you can for support. That's important. That is in any country, particularly in the United States, you have to be a part of it, you should have your say. That is why I'm glad to see that the second or third generations of Chinese Americans in America have now been involved more actively, but still, it's a work in progress. This is something that many Chinese going and staying in the United States don't understand. I think it's a pity that they don't see further down the road to change their philosophy and practice.

CH: For this immersing into the culture, do you think people-to-people diplomacy is more effective than a government-to-government formal diplomacy?

GYT: No, you cannot say this is more effective than that, but you can say that these two are two different channels that need both to be open and fully utilized because they are complementary. I think in many cases, if you have only your official delegations to visit a country, they contact only the officials of the other side. If you have only scholars to visit a college in other countries, again, this a limited channel. There's a program in the States that I like. They invite people coming from China to stay in American homes, a homestay program. I like that because with homestays, you can talk with people in general. They are not government officials, and they are not professors. Let me mention one concrete example. Taiwan has opened up the so-called individualized travel or foreign independent travel, that is visitors from mainland China do not have to go with a group. By doing that, they can get away from the scenic spots or other tourist attractions if they want to, eat what they want, and talk to people in person when they visit. I think this would enhance the level of comprehension and increase the appreciation of the cultural aspect of the places they visit. When I spoke to a lot of people who went to Taiwan and returned to mainland China, they were very impressed by several things. Number one, people in Taiwan are more courteous, follow the law more faithfully, have freedom of speech, and have free elections. These impacts are extremely important because as a current affairs commentator on CCTV International, an English television program, I'm asked to comment on the tourist experience to Taiwan when scheduled. The most important thing is the people-to-people contact, so that they would appreciate more the cultural and social environment of other places. China has many things to improve on and to learn from Taiwan. That comes from people-to-people contact, including sister cities, which is of similar nature.

Beijing, August 08, 2011

Courage to Push for Smoke-Free China Should Come from the Top

China can achieve a great deal when it focuses, as mega-events in the last few years have shown. Nevertheless, tobacco epidemics, an obvious and serious threat to the public health in China, have escaped the close attention of the Chinese authorities so far. Why?

With over 300 million smokers, China loses one million lives annually due to smoking-related diseases. It's true that fantastic events like the Olympic Games will climax and catch public eyes immediately while tobacco control is a prolonged engagement and much less glamorous. China's laggardly tobacco control efforts are, most probably a matter of negligence or intent, rather than an incapability to get the job done.

China joined the WHO-initiated Framework Convention on Tobacco Control (FCTC) in 2006. Five years later in January 2011, when the obligations of the FCTC should have been met, China's delivery was extremely pitiful.

No national law was established to ban smoking in public places, and smoking was barely reduced. Smoking, not recognized as a chronic, addictive disease but considered a "bad habit," is not covered under China's medical insurance. Illegal and disguised tobacco advertisements and promotions spread everywhere, and tobacco taxes were not sufficiently raised to lower tobacco sales.

All in all, China received a score of 37 out of 100 on the five FCTC key indices in 2011, according to a report by the Chinese Center for Disease Control and Prevention.

All countries with good tobacco control have demonstrated three common characteristics. Public health workers and medical professional have taken the initiative to promote tobacco control ideas and actions. Non-smokers at large have changed their previous status of "a silent majority" into vibrant protesters demanding their right to reject secondhand smoke. Governments have responded to the call and installed tobacco control legislation and corresponding practice.

Reportedly, about one half of Chinese male doctors smoke and governmental actions in tobacco control are inadequate. However, we have seen glimpses of hope burst out in China.

In December 2011, Xie Jianping, deputy director of Zhengzhou Tobacco Research Institute, was appointed an academician of the Chinese Academy of Engineering (CAE), for his research in refining low tar cigarettes. Public fury was soon sparked, and around 100 academicians wrote letters to the academy, asking for the CAE's review of this appointment.

In April this year, the State Tobacco Monopoly Administration (STMA) applied for the 2012 National Awards for Science and Technology. Under a chorus of opposition from health officials and the public, the application was rejected.

Not long ago, the China National Tobacco Corporation (CNTC), a sizable donor to the China Green foundation, was given an award by the foundation for its "significant contribution to ecological protection." Anti-tobacco activists were outraged at this outcome and strongly criticized this award.

The above developments signify the growing awareness and corrective actions taken in China to combat the harm done by tobacco.

However, the finishing touch has to come from the Chinese government, which is responsible for protecting the welfare and health of the Chinese people.

Other than fulfilling the FCTC requirements as mentioned earlier, China's mission of tobacco control needs an extra push.

First and foremost, the State Council could establish a tobacco control commission relevant to tobacco control concerns. This team can make plans and policies for implementation. As tobacco control is an important and complicated issue, the creation of a top-level command would be most helpful.

The function and structure of the STMA and CNTC should be split to avoid the present pitfall of combining regulator and producer, emphasizing tobacco taxes and profits at the cost of people's health and welfare.

China can start a "smoke-free family" campaign. All visitors would be banned from smoking at the home turf. Instead, smokers could be encouraged to quit under the friendly persuasion of the "smoke-free family" members.

Central authorities could institute a "tobacco control lottery" and use part of its revenue to finance tobacco control activities. Chinese medical colleges and nurses' training schools should set up classes to teach smoking cessation skills to students. Upon graduation, they could better manage smoking cessation services to help their patients.

The public-school curriculum should include tobacco control. Students' positive attitude and built-up strength would carry into their schools, families, and society to benefit everyone in the long run.

For more than two decades, I have voluntarily committed myself to the task of tobacco control in China. It is my firm feeling that this is an important, urgent, and achievable mission in China. But time is running out and disasters are waiting if the government continues to delay or evade this vital task.

GLOBAL TIMES – Monday, September 17, 2012: VIEWPOINT

Remarks to Celebrate the 40th Anniversary of US-China Diplomatic Relationship

Ladies and Gentlemen,

As a Chinese American having roots in China and having been a local resident for 52 years, I am very glad to attend this 40th Anniversary of US-China Diplomatic Relationship.

US and China are two important and powerful nations, economically, politically, and militarily. Our strong and lengthy friendship has been a blessing to the world. Let's keep it up.

Fifty-seven years ago in 1972, President Nixon travelled to China to sign the Shanghai Communique that opened the door to US-China friendship and cooperation. Thirty years ago in 1989, after the Tiananmen incident, President Carter arrived in Beijing to reassure the necessity of US-China relationship to be maintained and flourish.

Today it is even more crucial that the US and China shake hands instead of having their arms crossed. Ten and 20 years ago in Beijing, I attended the occasions celebrating the 20th and 30th Anniversary of US-China Diplomatic Relationship, and here I am in Seattle, celebrating the 40th Anniversary.

I would very much like to see that the concept and practice of "America First" to mean US will take the lead to achieve the following tasks: to protect the environment, to enhance human rights, to lessen poverty, to stimulate economic growth, to combat terrorism, and to preserve world peace.

At the same time, China will also need to do its homework, to improve its political system, to provide better services to its people, to construct a positive relationship with her neighboring countries and to play the role of a responsible state holder. I am quite optimistic to see all these happen in due time and during my lifetime, after all, I am only 87 years young.

Ten years from now, when I show up at the 50th Anniversary as a 97-year-old participant, I can simply and cheerfully say, "Look what has happened. I told you so." Thank you all.

May 11, 2019, Wing Luke Museum, Seattle, WA

图片（3）控烟活动

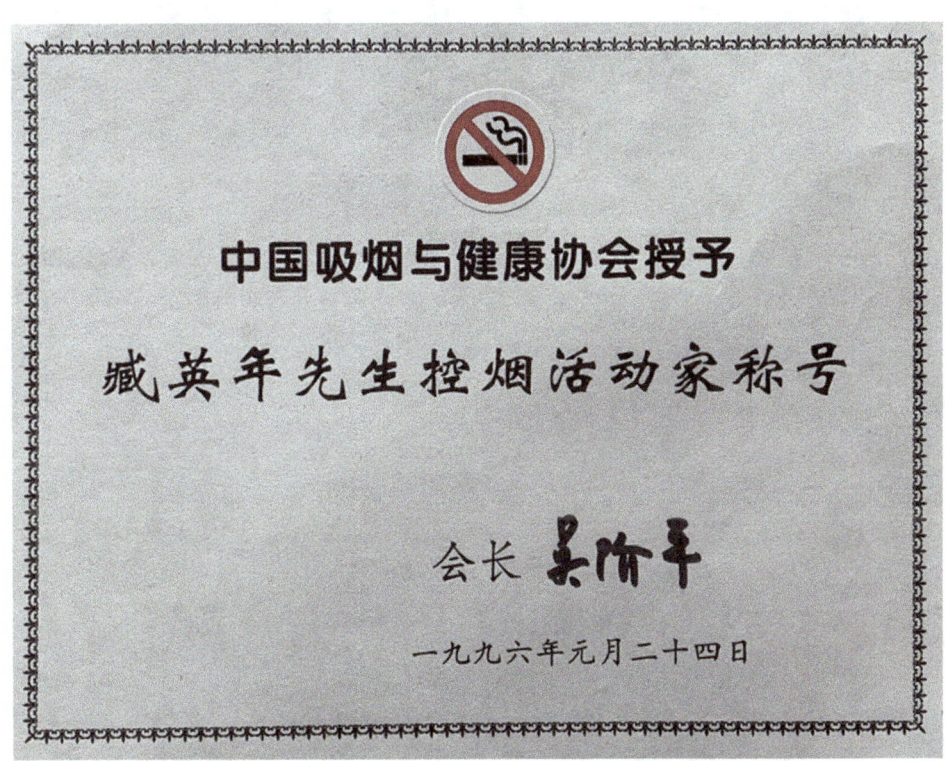

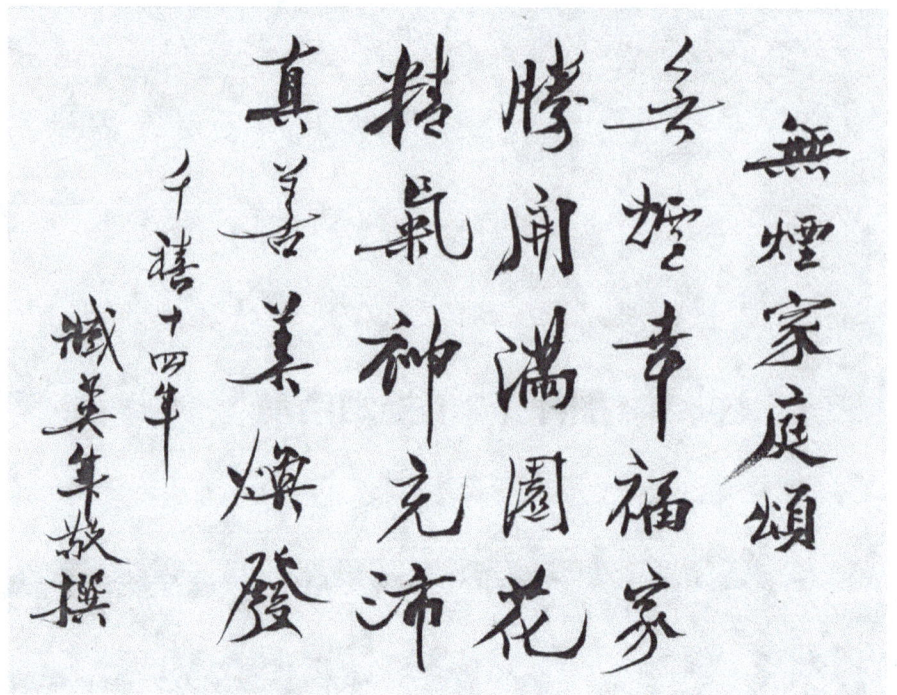

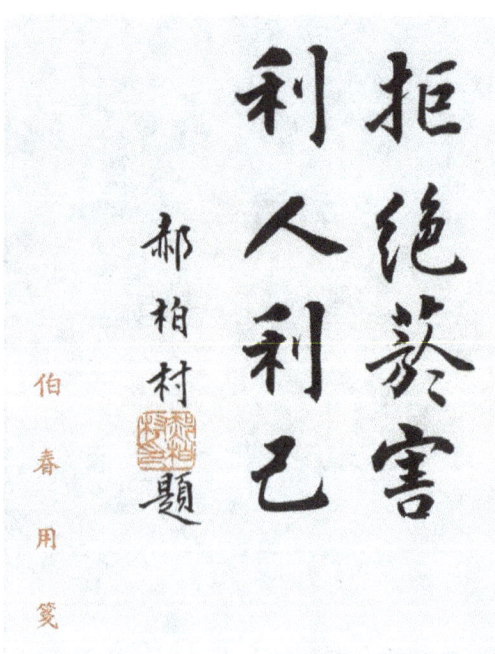

上：无烟家庭颂，臧英年词，金耀基撰
左：世界无烟日，臧英年创意，高龙绘图
下：郝伯村为作者题词

图片（3）控烟活动

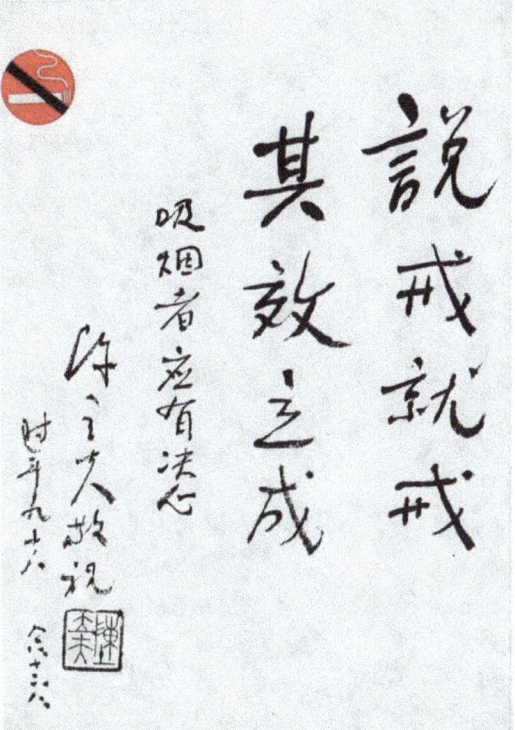
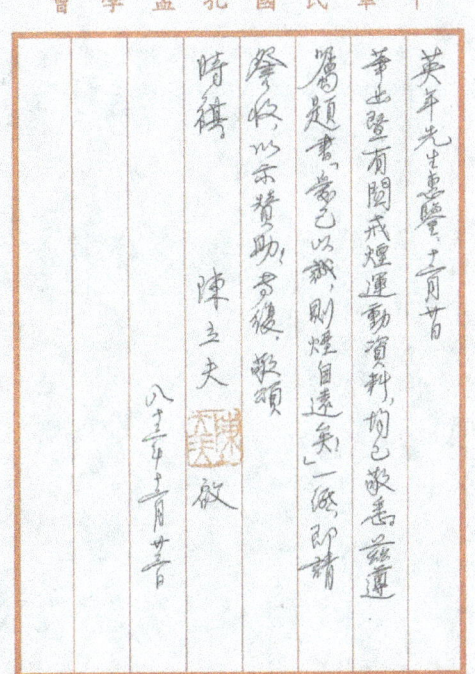

陈立夫手迹题词四幅

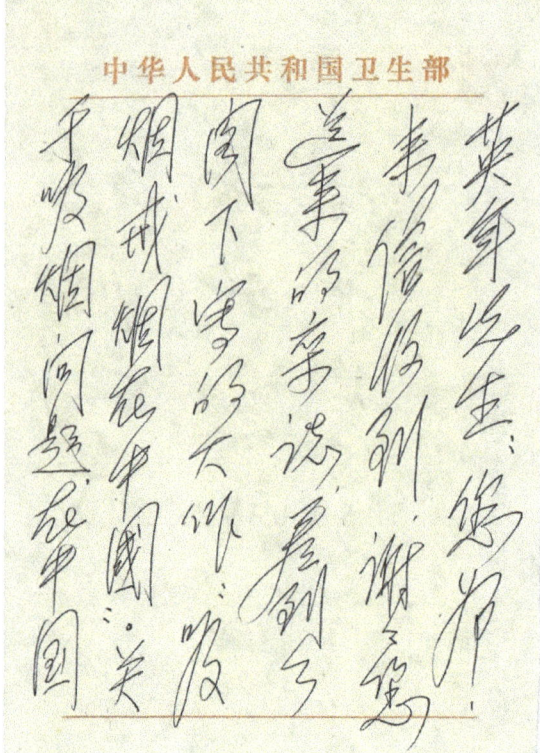
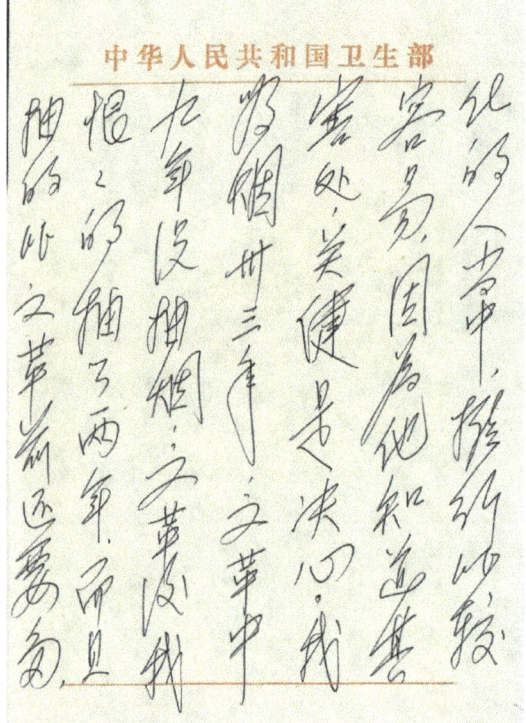
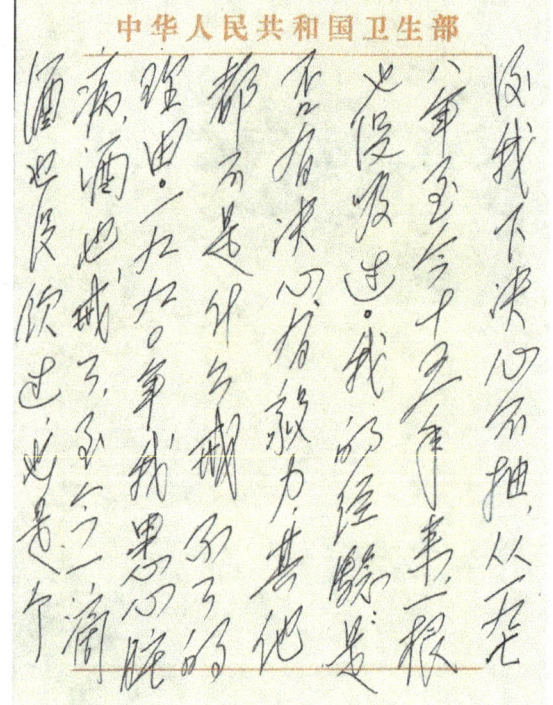

崔月犁来函

图片（3）控烟活动

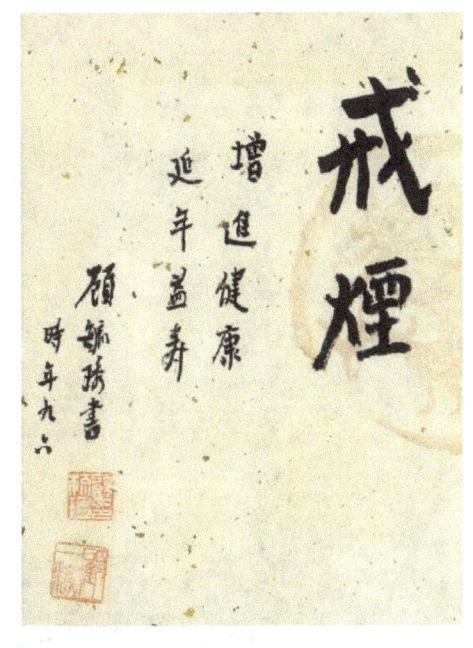

左上：世界冠军不吸烟
上：顾毓琇为作者题词
左：凌青题词

李岚清支持作者控烟题字两幅

控烟贡献荣誉证书

图片（3）控烟活动

左：颁赠控烟终身贡献奖嘉宾合影及奖牌两幅照片

下：出席颁奖嘉宾签名

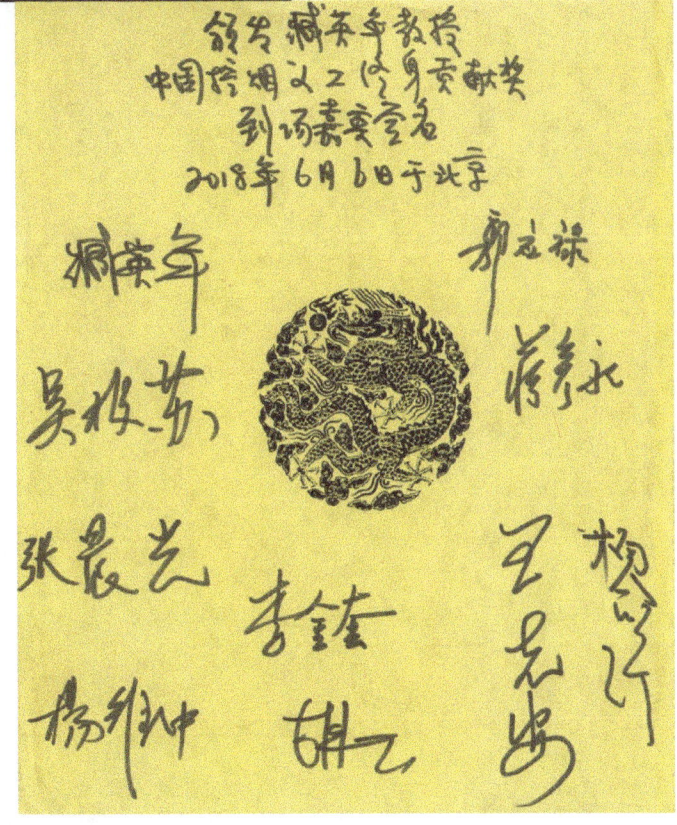

图片（4）亲友活动

图片（四）亲友活动

1980年秋作者在纽约大学石溪分校拜访杨振宁教授

1999年参加国庆酒会与杨振宁教授合影

顾毓琇来函

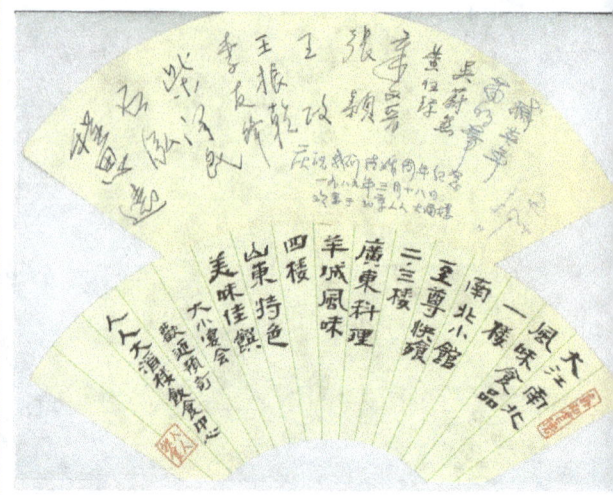

左：程思远来函
上：宴请好友于人大酒楼

宴请老友于友谊宾馆

图片（四）亲友活动

吴阶平来函三封

英年自选集

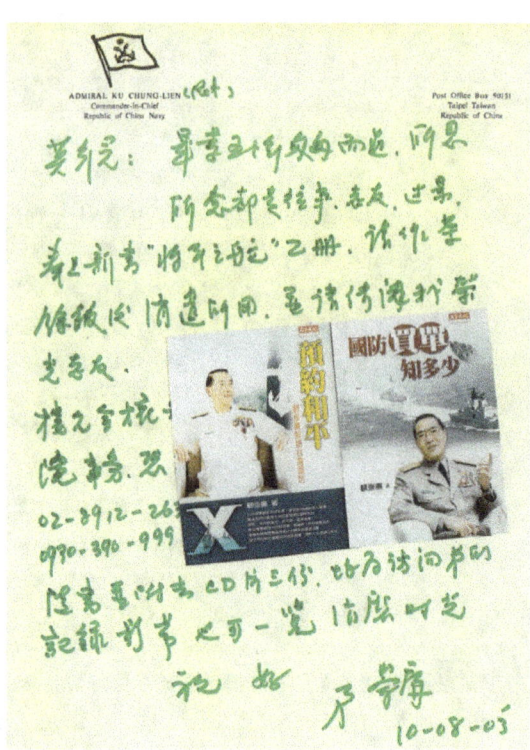

陆铿来函　　　　　　　　　顾崇廉来函

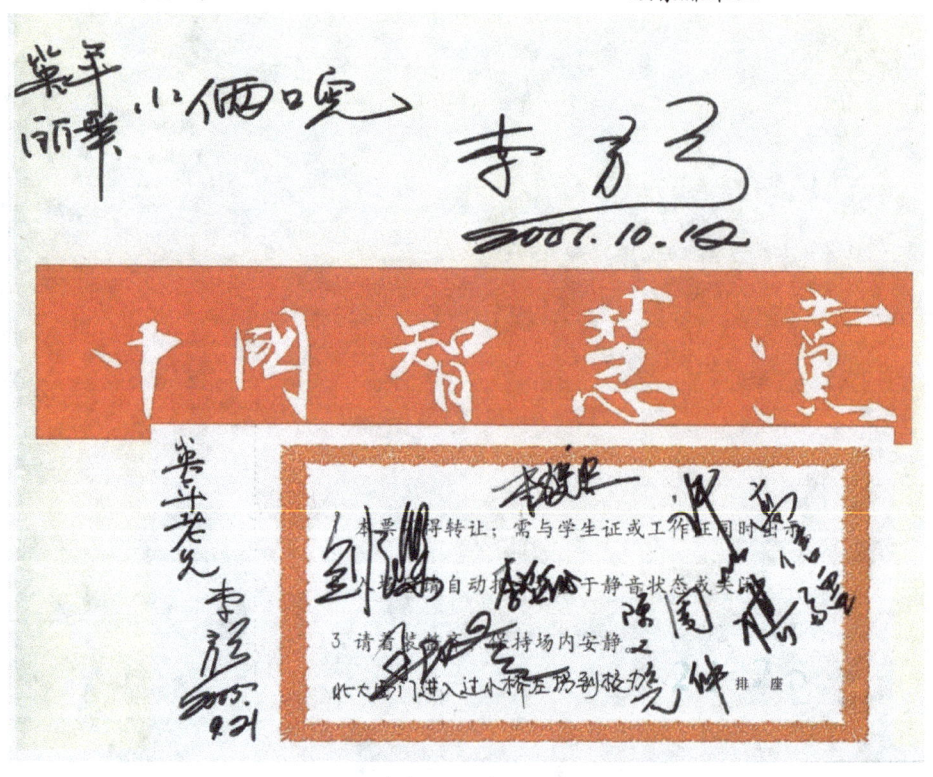

李敖和好友签名

图片（5）家人照片手迹

作者先父母于1950年代在台湾合影

英年自选集

上：臧英年华盛顿大学硕士学位证书
左：先父臧启芳题词

图片（五）家人照片手迹

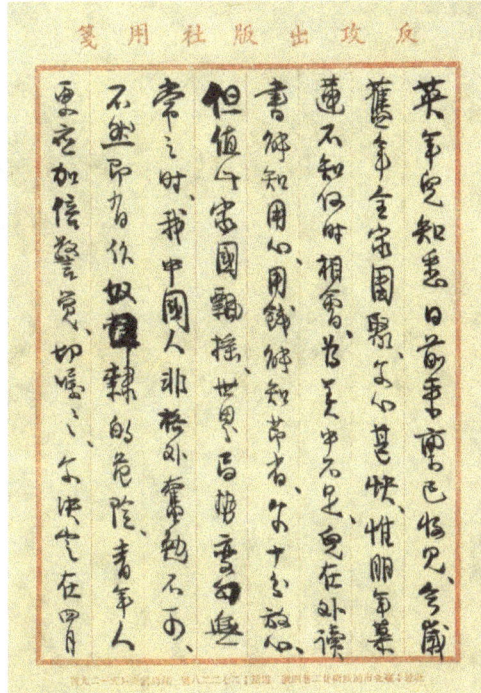

先父来函

先父来函　　　　　　先父绕口令

英年自选集

上、下：臧英年苗丽华夫妇合影
左：太空游证书

祝贺爱妻诞辰喜日

引子：今年1月7日是我爱妻丽华72岁诞辰之日。我们结婚一晃35年，这也是我一生最快乐的岁月。

诗歌示爱

这些年来我陆续写了不少诗歌赞美爱妻，一诉衷情。1988年在北京昆仑饭店举行的婚宴里，我曾当众高歌，歌词如下：

丽华丽华听我说，我爱你情真意挚。
有缘千里来相逢；同心永结天作合。
丽华丽华，健康活泼。乐观进取爱生活。
刚柔并济性情好，秀外慧中情爱多。

丽华丽华听我说，我和你多么快乐。
朝思暮想甜蜜蜜，相敬互爱笑呵呵。
我是泰山，你是黄河。山高水深相配合。
同心合力求幸福，英丽年华共开拓。

丽华丽华听我说，我有你天高海阔。
如虎添翼真美满，如鱼得水多快活。
全力发挥，从容不迫。共渡幸福的生活。
不羡鸳鸯不羡仙，白首偕老浴爱河。

1990年11月11日我在北京政协餐厅款待好友时尽情歌唱如下：

丽华丽华听我说，你多么开朗俐落。
真情流露爱心浓，轻松愉快幽默多。
贤妻良友，可敬可托。亲爱相处常切磋。
同舟共济终身伴，好事成双不多磨。

丽华丽华听我说，你多么高雅洒脱。
待人接物有分寸，敬业乐群重原则。
孝女佳人，别树楷模。共享甘苦同工作。
三生有幸结爱侣，家庭和乐幸福多。

丽华丽华听我说，我祝你永远快乐。
笑口常开精神好，青春心态不凋落。
敦亲睦邻，大家快活。嫦娥天降得其所。
荣华富贵非所愿，携手齐唱永乐歌。

1990年12月16日在北京友谊宾馆接待旅游学院师生时我又高歌一曲，说的是：

丽华丽华听我说，我和你多么快乐。
情话绵绵谈心事，兴致勃勃干工作。
相辅相承，平起平坐。走遍天下笑声多。
落叶归根回中国，比翼双飞共收获。

1994年我祝贺爱妻生日，做了一首"爱情小夜曲"给她，借用了台湾"绿岛小夜曲"的乐谱唱出。歌词如下：

这友谊宾馆是爱情之船，在月夜里摇呀摇。
丽华丽华，你也在我的心坎里飘呀飘。
你是我的太阳，阳光普照，照亮我的康庄大道。
你是我的朋友，守望相助，同甘共苦，肝胆相照。
你是我的情人，朝思暮想，香甜美妙。
你是我的妻子，柔情似水，白首偕老。
这种幸福真是地设天造，不羡世间千般福，我们快乐逍遥。

这友谊宾馆是爱情之船，在月夜里摇呀摇。
丽华丽华，你也在我的心坎里飘呀飘。
你是我的太阳，温暖照耀，热情生动，多么美好。
你是我的朋友，推心置腹，直言不讳，深入探讨。
你是我的情人，浪漫潇洒，身姿苗条。
你是我的妻子，宽厚善良，很会撒娇。
这种良缘真是天知地晓，人间哪得几回瞧，我们尽情欢笑。

2017年我过85岁生日时，又有歌颂爱妻，振振有词之作：

1. 天赐良缘识侬早，白首偕老无限好。欢天喜地过家常，深情蜜意活到老。
2. 数旬结缡瞬间过，爱河永浴甜蜜多。人间仙侣长厮守，打情骂俏老愈乐。
3. 善待亲友好榜样，关爱弟妹领头羊。宽厚自尊意境高，节俭慎行展现强。
4. 热心教学二十年，受惠子弟计以千。实至名归获褒奖，良师益友爱无边。
5. 结伴还乡三十载，义工奉献齐开怀。同甘共苦情深切，反馈社会联手来。
6. 夫妻恩爱要加码，笑口常开好办法。谈吐幽默随处在，细心温存一大把。

1998年9月爱妻丽华获得中国国务院颁发外国专家最高荣誉奖"友谊奖"。次年我在国内《海内与海外》杂志发表"老婆是自己的好"一文，赞美爱妻，全文如下：

有一些俏皮话是出处不明，但流传甚广，自成其说。例如："儿子是自己的好，老婆是人家的好。"面对此说，我要另倡新议地讲："老婆也是自己的好。"就我而言，这是千真万确的事实，我要一诉衷情，论其究竟。谈一谈刚获得国家外国专家局颁发1998年度"友谊奖"的我的贤内助。

我的爱妻苗丽华，温柔大方，慧美过人，其父是北京人，她从小随父母迁居美国

祝贺爱妻诞辰喜日

东部宾夕法尼亚州,在一个没有其他东方人的美国乡村环境里长大。她是家中长女,下面还有三个妹妹,两个弟弟。五十年代从亚洲移民美国的家庭往往都是从零起步,家中人人都要艰苦奋斗,力争上游。她所属的家庭也不例外。她父亲平素身兼三职,她自己在小学五年级便开始在邻居家担任看顾三至五岁小孩的工作了,进入初中后,又开始照看婴儿。这比照看幼儿责任更重,要连换带洗,连喂带哄⋯⋯十六岁做了高中生,就利用周末和寒暑假期,合法地去公司和工厂干活了,电脑打卡,缝纫上钮和糕饼制作的工作都陆续做过。这对她来说,是磨练学习,增加收入和开拓眼界,样样皆是。中国有句俗话:"长女若母",她既是家中六小的带头羊,比长住家中的母亲更有涉足社会和英语应对的经验。于是下面的五个弟妹就都以她马首是瞻,它也在读书和做事各方面为他们树立了一个好榜样。身先士卒,负责认真,无微不至,亲切带领的习惯便也在环境的要求下迅速养成,而终身受益了。

在农村长大也有一个都市小孩无法享受的好处,那便是田园广大,牧场纵横,花香鸟语的自然风光。由于临近住户都是一帮男孩子,大家凑在一起骑野马,打垒球,她便毫不犹豫的参与其中。起初,男孩子们还想来个"欺生欺软",结果发现这个女孩子是"不让须眉",样样来得,才打消了有关念头。他们骑野马是没有马鞍的,要抢步在先,抓住马鬃,一跃而上马背。于是大家各选一马,各逞其能,也无形中成为一种比赛。大家忘形地追逐,尽情地欢笑,喜乐之声遍洒田野⋯⋯还有一次,丽华在马上奔驰时,前面突然窜出一条草蛇,马惊失蹄,她也前冲落马,好在她身手灵轻,在地上翻了个滚,就鲤鱼打挺地亭亭玉立起来。她非常怀念数十年前她那段胆大自在的田野生活,这也奠定了她乐观进取,努力拼搏的人生态度。

七十年代初她从美国名校康奈尔大学社会学系毕业,为了要兑现"读万卷书,行万里路"的理想,就单枪匹马地背了个小包,从美国东岸出发,花了九个月的时间,游遍了欧洲、中东和东南亚四十多个国家。她"艺高人胆大"不说,旅行沿途也获得不少好心人的照料,偶有惊险,也都化险为夷,安全过关。世界旅行拓宽了她的眼界,扩展了她的心胸,也发挥了她自立、自强的精神。

有了这番旅游的经验,后来她曾在美国的旅行社任职,并于80年代十多次担任美国旅华团的美国领队。她擅长英、中、日三国语言,头脑清楚,经验丰富,待人亲切。指挥若定,在担任旅行领队时,一致赢得旅游团中旅客的好评。那时,在中国旅行,往往有设备和服务双方面的困难,要处理美国旅客的不满和不理解,还要努力促使中方陪同人员解决问题,是一件不易操作的夹缝工作,这时她的旅游知识、美中背景、领导才能、语言条件和优越性格就联合产生威力,就迅速奏效了。要获得美中宾主两面的信任、支持和赞美，是谈何容易呢！

　　每次美国旅游团来华，美国各地的旅客都先集中飞到西雅图，在机场会合。这时，丽华手执旅客名单，悬领队标志。在西雅图国际机场把全团旅客汇总起来。一面点清人数，认识面孔，一面约法三章，进行说明。这一切工作都要在启程飞华的当天完成。旅行团成员少则二十多人，多则五、六十人，丽华却能在和旅客们见面后一两天内，把每个人的名字准确无误地叫出来。这份记忆力和敬业心是十分令人佩服的。有一次，丽华带队，在广州乘火车北上，那是全团抵华的第二天，我在火车上和丽华打招呼时，她从车厢一头走到另一头，把我介绍给五十多位客人，人人的名字都先讲出来，令我大吃一惊。

　　从1990年起，丽华就在北京开始以美籍文教专家身份任教了，她记名字的"绝活"，便也自然在班里学生身上发生了作用，因为上了一两堂课，老师就记住了全班学生各自的英文名字，学生的感受和震撼是非常深刻的。"哇，老师这么注意我。能立刻直呼其名，我不可掉以轻心……"更精彩的是。学生毕业离校后两三年，在街头和丽华相遇时，她还能说出学生的名字，这里我要补充一句，她一开始上课，就帮助每个学生取一个英文名字，她记住的是英文名字，不是中文名。如今每学期，她在北京联大旅遊学院教五个班，共有一百二、三十名学生，这种对号入座、见脸呼名的功夫可真是十分了得，非同凡响。我和她一道在电视银幕上看美国电影时。电影明星一亮相，我正在搜索枯肠。要记忆其人为谁时，爱妻早已脱口而出，直呼其名了。为此，我们也常常相互取乐，进行竞赛，是采用围棋让子的方式，她先给我一两分钟，让我先开步走，进行思索，看看能不能把银幕上的明星的姓名叫出来。无奈，我是不入流的业余棋客，要和专业九段的高手过招。让了子，我还是白搭，而不堪一击！

　　为了制造"闺房之乐"我常和丽华玩些小游戏。倒如要决定谁先起床，把垃圾放在一起，决定是我为她准备咖啡，还是她为我倒茶等。这时的游戏叫做"比五"。数到五两人同时伸指头，像是行酒令一样，大一数者赢。那便是5吃4，4吃3，3吃2，2吃1，而1胜5.要是我走运，双方一出手，我就获胜，我就一定把比赛次数放宽到三战两胜者为赢，必要时，再改为五战三胜。总之，用意是为丽华制造最佳胜机。有时候，我们也有言在先，是要"一赛定天下"，既不能反悔，也不能延长。但，一旦我获胜，我就会主动改变胜者的权益是"胜者有权决定该怎么办"。然后，眉头一扬地说"我决定我去给你泡咖啡了。""因而，这个游戏不论是怎样玩，十之八九的结局是，我要为爱妻服务。有时，

　　她也会特别体贴地说："我们不要比了，我去泡茶，带冲咖啡。"

为了怕平素的营养缺乏需要的成份。我们一直每天服用各种维他命片的习惯。这个准备供给维他命片的任务便说好了，是归我管，可是丽华教书时提前出门，她一定是在离家前就把我当天服用的一份准备好了，放在客厅小桌上，我后来起床时，就可以一眼看到，不会错过。于是，我便有了"片在口里，甜在心上"的自然享受了。

为了增进夫妻情趣，我们都为对方取了一些"小名"，这都是双方认可，不能为外人道的。在电话交谈里，我只要这样称呼她，必然引起她的大笑。在家里我们平素讲话和打招呼，也都采用这些亲密而有趣的小名，那便是"千情万趣尽在小名中"了。

发挥幽默感在家庭夫妻间是一副有效的润滑剂，可以化解摩擦和紧张，也是一副增强剂，可以添加夫妻欢乐和情趣，例如，我有时讲话不当，引起了爱妻不满的反应，我就会用英文说：Testing, Testing, this is a recording."其含义是："这是试验，这是试验，这是录音。"因为试验时犯错，是常见，录音的话与当今的实情不符，也情有可原。她立即知道，我这是认错了，便也嫣然一笑，不再追究，不再生气了。夫妻交谈时，或心不在焉，或气在心头，说了气话或错话，是常见的事。但化解误会的关健是，不要僵持己见，不要冲突升级。要釜底抽薪，要提前认错，才是道理。夫妻吵架时，能及时认错，和提早赔礼的一方，是既有勇气，也具爱心的。自然另一方也要有爱的默契，立刻接受"认错"和"赔礼"，而不是趁此，便赶尽杀绝，立下马威。我还记若干年前，我向一位结婚近半世纪的老先生请教，他们夫妻维持婚姻的相处之道为何。他认真地回答说："我们一吵架，就双方憋着劲，谁先认错，谁先软化，谁就输了。这样，我们常常同处一室，两三个星期都不交谈……"显然，这个老办法对这对老夫妻而言，是习以为常，棋鼓相当。我和丽华却采用不了这个配方。和她闹气，都是我先认错，也因为基本是错在我方。有一次，丽华不满我的做事方法，勃然大怒地说："我看，你还是跳湖吧！我立即接着说："你看，跳哪个湖，比较恰当？又说，"你怕我冬天跳湖，会着冷，等春暖花开时，再跳湖，也不迟。"想想看，妻子要我跳湖，我就准备跳，连跳湖方式都要先征求她的意见，她的火还能继续发下去吗？常要性格的大男人，自己在妻子面前，死不认错。绝不服输，就是输定了！记得有一句西谚说："做父亲的，可以献给子女最佳的礼物，就是献给他们一个快乐的母亲。"夫妻吵架场场获胜的大男人，不是仗了嗓门高，就是拳头大，能留给妻子一张快乐的脸，和愉快的心吗？再说，闭门在妻子面前认错，是调解"内部矛盾的最佳手法，是不丢面子，代价最低的好办法。对此道一向生疏的"大丈夫"们，不妨一试。保证是投入有限，而硕果丰收。

在家里，大人打孩子，常常强调说："这是为你好！"但这很可能大人打小孩是在为自己出气。或是其他找法都不灵了，才出此下策。而挨打的孩子，心里也明白这点，抱定了挨打而不情愿的心态，于是，大人说："这是为你好"，也是白说了。夫妻吵架，也往往出现"这是为你好"的说法。例如，丈夫吸烟，屡劝不成，太太一横心。可能把丈夫吸烟的工具全收拾起来，或丢入垃圾箱了，其中包括打火机、烟斗和烟灰缸等。但，"这是为你好"的话，对烟瘾正浓，不愿戒烟的丈夫来说。便正好是加强内斗的导火线，丈夫反击的方法很多，例如说："你为我好，就把我吸烟的东西丢个一干二净。那么我为你好，把你喜欢打的麻将牌也丢入垃圾箱，行不行呢？"比较缓和，而同样有效的反击口吻是："老伴儿！我只有这么一个嗜好，其他吃喝嫖赌的坏习惯都没有，你还忍心让我走投无路，一无所好吗？"我非常体会吸烟的丈夫们瘾君子的处境，也知道他们为什么不能接受妻子说，"这是为你好"的真心话。可是，夫妻互爱互助的重要条件之一，就是双方要充满爱心，讲真心话。因自私而动情绪的蛮不讲理的丈夫，拒绝了妻子的美意和真言，其损失就太大了！

　　我做事往往轻重缓急不分，常按兴趣取舍，让丽华担心而提醒我，她口气再重，我也不会老羞成怒，或是说些什么"这些事由我办，你办不了，也管不着……"之类的赌气话，因为我的确知道"她是为我好"，我庆幸还来不及，还能向爱妻顶撞，多添麻烦吗？

　　逗丽华笑，是我常做的事，机会很多，俯拾即是。例如，我们一道外出，她突然提醒我："把肚子收进去"。我立刻回答说："收进去？本来就没有肚子。还需要往里收吗？"一面我也紧紧腰带，接受了她的提醒。一次，我们在天安门广场路旁散步。前面出现了一个女警察。我就以认真的口吻问丽华说："我得过去看看，问她一句，看看她是不是警察"。

　　她直觉反应地对我说："你怎么那么无聊……"说到这儿，她才醒悟到我是在开边玩笑，忍不住大笑起来。因为我常要逗丽华笑，逗笑的方法也得不断翻新，有些老招，用多了，就不灵了。例如，我前面所说："让我去看看她是不是警察。"要是她回答说："好吧！你去看看吧！"我逗笑的招就失灵了。但好在逗笑机会很多，层出不穷，她防不胜防，至今我还保持了婚前向丽华许下的诺笑："我要让她笑口常开"。

　　1989年6月中旬。我刚从北京经东京回到美国西雅图，就接到卡罗亚多州丹佛大学的电话，邀请我去该校中国高级企业主管人员讲习班授课，这个班有数十人，是中国国家外国专家局主办的。美方培训的主特人认识我，邀我前往授课。这样，当年七、八两月，我就和丽华两人双双前往丹佛大学，就地住扎，就地授课。九月底，我们也一同接受了国家外国专家局的邀请，回到北京参加了国庆庆典的活动。留京期间，丽华也决定接受了中国人民银行研究生部和中国金融学院的聘请，于1990年2月起在两处以文教专家的身份任教，这样，便也开始了我门落叶归根，在北京长住接近九年的一段生活。

1992年秋季，丽华将任教处转往 北京联大旅游学院，这样便可以充分发挥她旅游方面的特长。同年九月下旬我们在人民大会堂参加国庆酒会时，经友人丁石孙教授的介绍，我认识了卫生部的陈敏章部长。这也是我在国内全力投入控烟义务工作的正式起步，至今已特续七八年头，可说是越干越起劲，越做越精神了。

平心而论，丽华做老师，是为人师表中的上选。她爱心充沛，细心有加，耐心十足，热心处处。用"敬业乐群"四字去概括她的教书作风，是最为恰当的。执才而骄的老师制造了恐惧感，不知平易近人；道貌岸然的老师产生了隔离感，不能与学生打成一片；应付了事的老师掀起了厌恶感，破坏了学习的情绪。这些模式都不为丽华所取。她教学活波，热情奔放，鼓舞学生，认真负责，在学生心目中是一位"良师益友"。这是大家对她有口皆碑的评价。

学生把老师视为知己，既是教学成功的重要指标，也是难以达到的一个目的。推心置腹，以诚相待，互敬互助，双向交流，这都说明了朋友之间有良好的关系，师生交往达到了这种境界，学生学习的情绪和上进的动力还能不高涨吗?

爱护学生和纵容学生是两回事。丽华初在旅游学院上课时，发现课堂往往是地上不清洁，黑板也不擦。她上课后就宣布，要学生把环境弄干净，再讲课。她立场严明，绝不例外。学生也立刻接受了她的意见，都争先把课堂整理得干干净净地，好迎接苗老师到课堂。

任何班上都有学生学习参差不齐的情形存在，有的学生信心差、功底浅，在英语口语里发言，"难开尊口"，困境如山。而成绩好的学生，又有随时发言，霸占讲坛的倾向。这时，一个好老师就得掌握分寸，在鼓励和抑制两方面做得恰到好处，支持学习差的学生多发言，帮助常发言的学生做必要的收敛，这也要在"不打击士气"的原则下巧妙做到。丽华教课，便切实地做到了这一点。

每年6月和12月中旬左右，在学校寒暑假开始之前，丽华都把全校她班上的学生统统请到我们的住处友谊宾馆来，开一个宾主尽欢的集会。一切费用都由我们自理。6月份就安排学生们使用宾馆的娱乐设施，如露天网球场、游泳池等，冬天就租用馆里的专家俱乐部二楼大厅。举行舞会、抽奖和团体游戏。全部节目都由丽华细心安排。也给学生供吃供喝，我则是处处做帮手，全力以赴。而师生情谊的发展和师生交流的效果也达到了巅峰。丽华在旅游学院执教7年，没有请过病假，或因事缺少过一堂课，两次和我一道短期出国参加亚太地区控烟学术会议，和赴美参观我外甥卢杰博士担任美国太空总署任务专家的太空航天机发射，都事前把课上好，不影响教学进度，是多么认真负责。

每年在来华服务的外国专家中有一个全国性的评选，入选者由国务院授权国家外国专家局颁发"友谊奖"。在今年8万多服务中国的外国专家中有46人获奖，其中惟一的女性便是我的爱妻——苗丽华。在国庆的前两天各位得奖的专家和家眷都受到邀请，集中在北京友谊宾馆了。得奖者的夫人们和我这位先生也都沾光参加了得奖者的一切活动。9月28日晚，国家外国专家局万学远局长在为得奖专家和他们配偶接风的晚宴上致辞，口口声声各位得奖者的"夫人们"，把我这一枝独秀的惟一先生也包括在内了。等到丽华上前领取万局长颁发的纪念品时，万局长还特意先把应发给得奖者配偶的一份纪念品，给了她，随后又立刻纠正"错误"，换发了正确的一份记念品。这个万局长自编、自导、自演的小话剧也赢得了一个满堂喝彩。

9月29日上午钱其琛副总理在友谊宾馆主持了专家颁奖典礼。丽华从国务院王忠禹秘书长手里接到了中英文对照、金碧辉煌的一份奖牌，我当时喜悦的心情远远超过了我在任何情形下自己的获奖。30日上午，朱镕基总理亲自在人民大会堂接见了各位获奖专家和他们的配偶，他简短发言，情词恳切，热情洋溢，妙语如珠，给予了我们深切的感受。

我们在北京长住9年的最佳帮手是一直在我们家做饭打杂的马阿姨，她认真负责，干净利落，令我们处处满意。她也为苗老师获"友谊奖"而高兴，并且她告诉我说："您太太是热情、大方、开朗、乐观"。

我是"人在福中，深知福"的幸福者。愿人人幸福，家家和乐，社会进步，国家振兴。

尾语：自2018年6月告别大陆，返美定居，迄今已4年半。在新冠疫情爆发后，我和爱妻都尊从医嘱，各打5针疫苗预防。这已尽到自身防护之能事，幸而没有疫情染身。外出也一律戴口罩，加强防范。

目前我以阅读和写作为乐，爱妻助我在网上搜查参考资料，我们的通力合作可说是完美无缺，天衣无缝。

我目前行动缓慢，不良于行。爱妻一手操办内外事务，快捷能干，手到擒来，很了不起。她还每天不断提醒我要"多散步，多散步"，不能久坐沙发，损害健康。我则保持了婚前的承诺，每天要向她逗笑不已。这是金科玉律，严格执行。

我们是一对佳偶，做到了彼此爱护、欣赏、尊重和体谅。

2023年1月1日

祝贺爱妻诞辰喜日

作者臧英年与爱妻苗丽华于 2023 年 6 月 15 日合影

后　记

　　我很心满意足，一生做了许多自己喜欢又擅长的事。多年来趋福避祸，一帆风顺，如今返美颐养天年，有爱妻苗丽华陪伴，无限甜美，我真是一个"人在福中深知福"的幸运儿。得天独厚，我欣然以"天之骄子"自居。

　　如今我的自选集行将出版，其内容反映了我为人处世的两大重要准则，一是助人为乐，全力以赴；二是，反馈社会，尽其在我。

　　行年九一，我庆幸自己至今头脑清晰，身体粗安，行动见缓，并无大碍。每天我都快乐轻松，自遣有道。这包括阅读书报，提笔写作，做智力游戏，和亲友进行微信、电话、云会等友好交流。

　　现选集完成，大功告成，分赠亲友一阅，便也是友情至上，爱意送享。顺祝亲友们健康、如意、快乐、幸福。

臧英年，2023 年 4 月 20 日，91 岁诞辰日

Copyright ©2023 by the author

All rights reserved. No reproduction or translation of this book may be made without written permission of the author.

版权所有，没有作者书面授权，任何人不得以任何方式复制或以任何语言翻译本书。

封面设计：臧英年

英年自选集

美国　印第安纳　印第安纳波利斯
USA, Indiana, Indianapolis
www.yamei-today.com
IngramSpark
Amazon.com & whlee@iupui.edu
印张 7 X 10 英寸　字数 546,933
2023 年 8 月第一版　2023 年 8 月第一次印刷
ISBN: 978-1-942038-14-6
LCCN: 2023909687
定价：$68 (USA)

www.ingramcontent.com/pod-product-compliance
Lightning Source LLC
Chambersburg PA
CBHW080408130526
44592CB00049B/2221